CONTABILIDADE E GESTÃO TRIBUTÁRIA

Dados Internacionais de Catalogação na Publicação (CIP)

```
C759  Contabilidade e gestão tributária : teoria, prática
      e ensino/Clóvis Luís Padoveze ... [et al.]. — São
      Paulo, SP : Cengage, 2017. 432 p.: il. ; 26 cm.

      ISBN 978-85-221-2597-5

      1. Gestão tributária. 2. Contabilidade. 3. Tributos.
      4. Sistema tributário - Brasil. I. Padoveze, Clóvis Luís.


                                         CDU 336.22:658.15
                                         CDD 658.15
```

Índice para catálogo sistemático:
1. Gestão tributária   336.22:658.15
(Bibliotecária responsável: Sabrina Leal Araujo — CRB 10/1507)

CONTABILIDADE E GESTÃO TRIBUTÁRIA
Teoria, prática e ensino

Clóvis Luís Padoveze
André Luís Bertassi
André Roberto Cillo
Geraldo Cillo
Luiz Gustavo Camarano Nazareth

CENGAGE

Austrália • Brasil • México • Cingapura • Reino Unido • Estados Unidos

**Contabilidade e Gestão Tributária:
Teoria, Prática e Ensino**
Clóvis Luís Padoveze, André Luís Bertassi, André Roberto Cillo, Geraldo Cillo e Luiz Gustavo Camarano Nazareth

Gerente editorial: Noelma Brocanelli

Editora de desenvolvimento: Viviane Akemi Uemura

Supervisora de produção gráfica: Fabiana Alencar Albuquerque

Editora de aquisições: Guacira Simonelli

Especialista em direitos autorais: Jenis Oh

Copidesque: Arnaldo Rocha de Arruda

Revisão: Silvana Gouvea e Daniela Paula Bertolino Pita

Diagramação: Cia. Editorial

Pesquisa iconográfica: ABMM

Indexação: Silvana Gouvea e Casa Editorial Maluhy

Capa: BuonoDisegno

Imagem da capa: Crevis/Shutterstock

© 2018 Cengage Learning Edições Ltda.

Todos os direitos reservados. Nenhuma parte deste livro poderá ser reproduzida, sejam quais forem os meios empregados, sem a permissão por escrito da Editora. Aos infratores aplicam-se as sanções previstas nos artigos 102, 104, 106, 107 da Lei no 9.610, de 19 de fevereiro de 1998.

Esta editora empenhou-se em contatar os responsáveis pelos direitos autorais de todas as imagens e de outros materiais utilizados neste livro. Se porventura for constatada a omissão involuntária na identificação de algum deles, dispomo-nos a efetuar, futuramente, os possíveis acertos.

A Editora não se responsabiliza pelo funcionamento dos links contidos neste livro que possam estar suspensos.

> Para informações sobre nossos produtos, entre em contato pelo telefone **0800 11 19 39**
>
> Para permissão de uso de material desta obra, envie seu pedido para
> **direitosautorais@cengage.com**

© 2018 Cengage Learning. Todos os direitos reservados.

ISBN 13: 978-85-221-2597-5
ISBN 10: 85-221-2597-X

Cengage Learning
Condomínio E-Business Park
Rua Werner Siemens, 111 – Prédio 11 – Torre A – Conjunto 12
Lapa de Baixo – CEP 05069-900 – São Paulo – SP
Tel.: (11) 3665-9900 Fax: 3665-9901
SAC: 0800 11 19 39
Para suas soluções de curso e aprendizado, visite
www.cengage.com.br

Impresso no Brasil
Printed in Brazil
1ª impressão – 2017

Prefácio

A discussão filosófica entre a verdade relativa e a verdade absoluta é resolvida facilmente: existe claramente a verdade absoluta; duas delas são: a morte e os impostos.

A questão tributária em nosso país reveste-se, naturalmente, de características próprias, e, de um modo geral, podemos dizer que nosso sistema tributário é altamente complexo se comparado com as estruturas tributárias de outros países considerados economicamente mais desenvolvidos. Contudo, esta é a nossa realidade e com ela é que devemos trabalhar.

Temos de entender essa realidade, na maior profundidade possível, para que os profissionais que trabalham na área tenham condições de ajudar os principais interessados no sistema tributário, que são os empresários.

A complexidade do sistema tributário brasileiro está basicamente centrada em alguns pontos. Primeiro, a opção feita pelo governo brasileiro de dar ênfase aos impostos indiretos (ICMS, IPI etc.) em vez de aos impostos diretos (IR, IPVA etc.), tornando dificultosa a operacionalização tributária no dia a dia das empresas, pois os tributos indiretos envolvem as transações de compra e venda de mercadorias e serviços. Os tributos indiretos são inúmeros, com inter-relações complexas entre eles e entre os governos federal, estaduais e municipais. Em segundo lugar está a enorme quantidade, que beira a 100 tributos em vigor. Em terceiro lugar – e talvez este seja o ponto mais importante – estão as obrigações acessórias e burocráticas, que dão um trabalho enorme para as empresas e, que, provavelmente, constituem o mais importante elemento do "custo Brasil".

Fala-se muito também na alta carga tributária brasileira. Analisada de forma individual e só no aspecto econômico, a carga tributária brasileira está na média da maioria dos países. Portanto, ela não é alta. Provavelmente o maior problema social seja sua distribuição e a eficácia do seu uso governamental.

Os principais profissionais, que atuam na área tributária – formados em Ciências Contábeis e Direito Tributário –, são hoje indispensáveis para qualquer empresário, que tem como função básica produzir riqueza e, para esse fim, não pode ficar preso a um sistema tributário que iniba essa produção. Assim, os contadores e tributaristas têm de apoiar os empresários, para que estes fiquem tranquilos na busca do lucro empresarial e da geração de riqueza econômica.

As principais funções dos profissionais que atuam na área tributária, com ênfase para os contadores, são: a) apurar corretamente o valor dos tributos a serem recolhidos de acordo com a legislação; b) identificar a menor carga tributária possível, dentro da lei, para cada empresa ou grupo empresarial; e c) mitigar ao máximo as possibilidades de riscos tributários.

Para atingir esses objetivos faz-se necessário um conhecimento completo e profundo do sistema tributário brasileiro, a fim de identificar as aplicações específicas para cada empresa ou grupo empresarial. Esse conhecimento direciona-se, então, para o conhecimento da apuração do valor a ser recolhido dos tributos, sua contabilização e seu impacto financeiro e sua gestão para otimização da carga tributária.

O painel apresentado motivou a estruturação deste livro, cujo objetivo é apresentar todo o sistema tributário e suas inter-relações que impactam o mundo empresarial brasileiro, tendo como referência básica o processo de apuração, contabilização e gestão tributária. Para tanto, todos os tributos mais importantes são trabalhados de forma classificada, e para cada um deles são apresentados uma base conceitual, a legislação básica, os contribuintes, as alíquotas, as principais aplicações, a apuração e a contabilização.

Um aspecto importante deste livro é a preocupação em unir as questões teóricas e as práticas. As questões teóricas remetem ao ensino e à aprendizagem, ao passo que as questões práticas remetem ao mundo empresarial. Nosso entendimento é que este trabalho permitirá tanto uma utilização para o ensino de contabilidade e de gestão tributária como utilizá-lo como um manual para aplicação nas empresas pelos profissionais que atuam nessa área, ou seja, contadores, consultores, advogados tributários e empresas que prestam serviços contábeis.

Salientamos também a razão do trabalho em equipe. Um tema complexo como este dificilmente pode ser organizado de forma adequada por uma só pessoa, por mais conhecimento que ela tenha. Dessa maneira, fizemos questão de um trabalho a cinco mãos, e todos os autores desta obra têm grande experiência na área e transitam tranquilamente entre o mundo acadêmico e o profissional.

Esperamos que este trabalho seja útil a todos e estamos abertos a contribuições para as próximas edições.

Os autores

Sobre os Autores

Clóvis Luís Padoveze

Atua em contabilidade, controladoria e finanças há mais de 40 anos. Passou grande parte da vida profissional nas Indústrias Romi S.A., companhia aberta de bens de capital sediada em Santa Bárbara d'Oeste, São Paulo, onde foi *controller* por muitos anos. Atualmente trabalha como instrutor de treinamentos e consultor profissional em empresas de médio e grande porte. É responsável pela controladoria do grupo Nelson Paschoalotto, de Bauru, São Paulo. É mestre em Ciências Contábeis pela Pontifícia Universidade Católica de São Paulo (PUC-SP) e doutor em Contabilidade e Controladoria pela Faculdade de Economia, Administração e Contabilidade da Universidade de São Paulo (FEA/USP). É professor titular da Faculdade de Gestão e Negócios do Mestrado Profissional e Acadêmico e do Doutorado em Administração da Universidade Metodista de Piracicaba (Unimep), São Paulo, onde é responsável pelas áreas de pesquisa em finanças e controladoria. Tem mais de vinte livros publicados em várias editoras sobre finanças, contabilidade e controladoria. Autor dos livros *Controladoria estratégica e operacional*, *Contabilidade de custos* e *Planejamento orçamentário*, *Introdução à administração financeira* entre outros, por esta editora.

André Luís Bertassi

Graduado em Ciências Contábeis pela Universidade Metodista de Piracicaba (Unimep), mestre em Administração pelo Centro Universitário Salesiano de São Paulo (Unisal-Americana-SP). Doutor em Administração pela Unimep. Atuou como professor titular da Faculdade de Americana (FAM) e da Faculdade Liceu Coração de Jesus (Unisal-Americana-SP), foi contador da Prefeitura Municipal de Nova Odessa, São Paulo, e professor do Instituto Brasileiro de Administração Pública. Atualmente é professor adjunto do quadro permanente da Universidade Federal de São João del-Rei, lotado no Departamento de Ciências Administrativas e Contábeis (Decac). Área de atuação: administração pública, contabilidade pública e controladoria pública. Pesquisa: sustentabilidade, indicadores de responsabilidade social na gestão pública, gestão de empreendimentos em rede, contabilidade para usuários externos, controladoria e contabilidade gerencial e educação e pesquisa em contabilidade.

André Roberto Cillo

Professor de Contabilidade Tributária, Contabilidade Gerencial, Gestão Financeira e Controladoria em cursos de graduação e pós-graduação. Foi eleito o Contabilista do Ano na cidade de Piracicaba em 2011. Tem 35 anos de experiência profissional atuando como contador, auditor, perito judicial e consultor de empresas. Foi proprietário de empresa de contabilidade e atualmente é diretor jurídico e conselheiro de empresa. É bacharel em Ciências Contábeis e Direito, com especialização em Auditoria e Finanças e mestrado em Direito Empresarial.

Geraldo Cillo

Professor de Contabilidade Tributária, Contabilidade Rural e Contabilidade Avançada na Universidade Metodista de Piracicaba (Unimep), ganhador da medalha Joaquim Monteiro Carvalho, concedida pelo Conselho Regional de Contabilidade do Estado de São Paulo (CRC-SP) e da medalha de mérito Antônio Ítalo Zanin, concedida pelo Sindicato dos Contabilistas de Piracicaba. Foi eleito o Contabilista do Ano na cidade de Piracicaba em 1984. Tem 62 anos de experiência profissional como contador, atuando como consultor de empresas e proprietário de empresa de contabilidade desde 1960. Contador e administrador de empresas, com especialização em Teoria Contábil e especialização em Finanças.

Luiz Gustavo Camarano Nazareth

Doutorando em Administração pela Universidade Metodista de Piracicaba (Unimep), mestre em Administração pela Universidade Federal de Lavras (UFLA), especialista em Gestão Estratégica em Finanças pela Universidade Federal de São João del-Rei (UFSJ), graduado em Ciências Contábeis pela Universidade Presidente Antônio Carlos (Unipac), qualificado profissionalmente em Marketing e Endomarketing pela UFLA. Atualmente é professor adjunto na UFSJ, lotado no Departamento de Ciências Administrativas e Contábeis (Decad). Atuou, na UFSJ, como coordenador do curso de Ciências Contábeis, membro do conselho diretor e professor dos programas de pós-graduação. Foi professor da Fundação Bradesco. Atuou como contador no Município de São João del-Rei. Em 2004 recebeu menção honrosa conferida pelo Conselho Regional de Contabilidade de Minas Gerais pelo seu desempenho na graduação. Possui dezenas de publicações científicas nas áreas de Contabilidade e Administração.

Sumário

Siglas e Abreviaturas   XIV

Introdução   XIX

PARTE I – FUNDAMENTOS   1

Capítulo 1 Sistema Tributário Brasileiro   2

1.1 Conceito de tributo   4
1.2 Funções dos tributos   9
1.3 Estrutura jurídica   11
1.4 Principais atribuições do contador em matéria tributária   14
1.5 Circunstâncias modificadoras da obrigação tributária   15
1.6 Retenções   25
1.7 Incentivos fiscais   25
Questões e exercícios   26

Capítulo 2 Arquitetura Tributária Brasileira, Regimes de Incidência Tributária, Enquadramentos, Atuação do Fisco e Crimes Contra a Ordem Tributária   29

2.1 Arquitetura tributária brasileira   29
2.2 Tipos de empresas para fins de tributação   30
2.3 Regime de incidência tributária e enquadramentos   36
2.4 Recolhimento tributário por Substituição Tributária   46
2.5 Interação entre regimes de incidência tributária e enquadramentos   49
2.6 Atuação do Fisco federal   50
2.7 Crimes contra a ordem tributária   51
Questões e exercícios   52

PARTE II – TRIBUTOS SOBRE COMPRA E VENDA DE MERCADORIAS, PRODUTOS E SERVIÇOS 54

Capítulo 3 Imposto sobre Produtos Industrializados 55
3.1 Legislação básica 56
3.2 Elementos essenciais do IPI 60
3.3 Principais aplicações 65
3.4 Contabilização básica 77
3.5 Obrigações acessórias 77
Questões e exercícios 77

Capítulo 4 Imposto sobre Circulação de Mercadorias e Serviços 79
4.1 Legislação básica 79
4.2 Elementos essenciais do ICMS 87
4.3 Principais aplicações: quem pode creditar, ICMS sobre o IPI etc., ICMS sobre EE, telecomunicações etc., ICMS de exportação etc. 92
4.4 Substituição tributária 96
4.5 Tratamentos específicos do crédito acumulado 97
4.6 Contabilização básica 101
4.7 Obrigações acessórias 102
Questões e exercícios 102

Capítulo 5 PIS e Cofins 106
5.1 Legislação básica 106
5.2 Regime cumulativo – principais atividades 109
5.3 Regime não cumulativo – principais aplicações: quem pode creditar 111
5.4 Substituição tributária e tributação monofásica 114
5.5 Apuração e contabilização básica de IPI, ICMS, PIS e Cofins (cumulativo e não cumulativo) 115
5.6 Obrigações acessórias 122
Questões e exercícios 123

Capítulo 6 Crédito de Tributos sobre Imobilizações 125
6.1 Legislação básica 125
6.2 Possibilidade de crédito 127
6.3 Resumo das incidências cumulativa e não cumulativa 130
6.4 Contabilização 130
6.5 Obrigações acessórias 131
Questões e exercícios 134

Capítulo 7 Imposto de Importação e Imposto de Exportação 135
7.1 O Imposto de Importação (II) 137
7.2 O Imposto de Exportação (IE) 138
7.3 Impostos e contribuições incidentes na importação: IPI, ICMS, PIS e Cofins 140
7.4 Exemplos de cálculo e contabilização básica 144
7.5 Benefício fiscal na exportação 148
7.6 Obrigações acessórias 152
Questões e exercícios 152

Capítulo 8 Imposto sobre Serviço de Qualquer Natureza 153

8.1 Legislação básica 154
8.2 Elementos essenciais do ISS 154
8.3 Sujeito passivo direto e indireto 162
8.4 Contabilização do ISS 164
8.5 Obrigações acessórias 165
Questões e exercícios 165

Capítulo 9 Simples Nacional 167

9.1 Conceituação básica 167
9.2 Legislação básica 168
9.3 Necessidade de contabilidade 171
9.4 Apuração do débito tributário simplificado 173
9.5 Apuração do tributo simplificado a partir de receitas decorrentes de substituição tributária 187
9.6 Tributos não abrangidos pelo Simples Nacional 190
9.7 Contabilização básica 191
9.8 Obrigações acessórias 191
9.9 Benefícios não tributários 192
9.10 Transferência e aproveitamento de crédito de ICMS 194
9.11 Simples Nacional a partir da Lei Complementar n. 155 195
Questões e exercícios 196
Anexos 197

Capítulo 10 INSS sobre Faturamento 202

10.1 Legislação básica e mudanças na estrutura conceitual 202
10.2 Apuração do tributo 204
10.3 Obrigação acessória 209
10.4 Contabilização básica 209
Questões e exercícios 210
Apêndice I: Relação de Atividades Sujeitas à CPRB – Anexo I da IN RFB n. 1.436, de 2013 211
Apêndice II: Declaração de Opção da Sistemática de Recolhimento das Contribuições Previdenciárias (artigo 9°, § 6°, da IN RFB n. 1.436/2013) 217

PARTE III – TRIBUTOS SOBRE O LUCRO 218

Capítulo 11 Lucro Real 219

11.1 Conceituação básica 219
11.2 Legislação básica: contábil e tributária 219
11.3 Contribuintes 222
11.4 Fato gerador 223
11.5 Base de cálculo 223
11.6 Período de apuração 224
11.7 Alíquotas 226
11.8 Principais adições e exclusões e controle no Lalur 227
11.9 Exemplo de cálculo introdutório 229

11.10 Incentivos e deduções do imposto devido   231
11.11 Utilização de saldo credor   239
11.12 Custo dos produtos vendidos e depreciação   241
11.13 Transações com empresas vinculadas no exterior: *transfer pricing*   243
11.14 Imposto de renda diferido de prejuízos fiscais compensáveis   247
11.15 Imposto de renda diferido sobre diferenças temporárias   249
Questões e exercícios   258

Capítulo 12 Lucro Presumido e Arbitrado   262

12.1 Lucro Presumido   262
12.2 Lucro Arbitrado   274
12.3 Exemplo e contabilização: Lucro Presumido   278
Questões e exercícios   279

Capítulo 13 Distribuição de Lucros ou Dividendos   280

13.1 Sociedades anônimas   280
13.2 Limitadas   282
13.3 Formas de distribuição de lucros   282
13.4 Base de cálculo para os juros sobre o capital próprio (JSCP)   284
13.5 Exemplo e contabilização   285
13.6 Distribuição de lucros com base no Lucro Presumido e Arbitrado   287
13.7 Distribuição de lucros com base no Simples   288
13.8 Distribuição disfarçada de lucro   289
13.9 Prejuízo acumulado na transição do Lucro Presumido para o Lucro Real   290
Questões e exercícios   290

PARTE IV – TRIBUTOS E ENCARGOS SOBRE A FOLHA DE PAGAMENTO   291

Capítulo 14 INSS e Outros Tributos Incidentes sobre a Mão de Obra   293

14.1 INSS   293
14.2 Contribuições do Sistema S   297
14.3 Contabilização básica   299
14.4 Obrigações acessórias aderentes à folha de pagamento   306
Questões e exercícios   306

Capítulo 15 Fundo de Garantia do Tempo de Serviço (FGTS)   308

15.1 Legislação básica   310
15.2 Base de cálculo e alíquotas   310
15.3 Contabilização básica   311
15.4 Obrigações acessórias   312
Questões e exercícios   313

Capítulo 16 Contribuição Sindical   314

16.1 Conceituação básica   314
16.2 Contribuição sindical dos empregados   314
16.3 Contribuição sindical patronal   317
Questões e exercícios   318

PARTE V – OUTROS TRIBUTOS, RETENÇÕES E RECUPERAÇÕES 320

Capítulo 17 Outros Tributos   321

17.1 Impostos municipais   321
17.2 Impostos estaduais   324
17.3 Impostos federais   327
Questões e exercícios   335

Capítulo 18 Tributação na Fonte, Retenções e Recuperações   339

18.1 Retenção de tributos nos pagamentos efetuados pelos órgãos da administração pública   341
18.2 Retenção de tributos nos pagamentos efetuados por empresas privadas   345
18.3 Retenção do INSS de serviços de terceiros   346
18.4 Retenção de ISS   348
18.5 Saldos credores, recuperações e compensações   349
18.6 Contabilização básica   349
18.7 Obrigação acessória   354
Questões e exercícios   356

PARTE VI – GESTÃO E PLANEJAMENTO TRIBUTÁRIO   357

Capítulo 19 Gestão e Planejamento Tributário   358

19.1 Gestão tributária   359
19.2 Planejamento tributário   366
Questões e exercícios   376

Capítulo 20 Tributos nos Custos e na Formação de Preços de Venda   377

20.1 Regra geral de incorporação de tributos nos custos e preços de venda   378
20.2 Estruturação do *mark-up*, margem desejada e tributos sobre o lucro: visão geral   379
20.3 Tributos nos custos e despesas   385
20.4 *Mark-up* II – incorporação dos tributos no preço de venda   386
20.5 Tributos na formação de preços de venda a prazo   392
Questões e exercícios   396

Referências Bibliográficas   398

Índice Remissivo   408

Siglas e Abreviaturas

Bacen – Banco Central do Brasil
BC – Base de Cálculo
CEF – Caixa Econômica Federal
Cetad – Centro de Estudos Tributários e Aduaneiros
CF – Constituição Federal
CFC – Conselho Federal de Contabilidade
CFOP – Código Fiscal de Operações e Prestações
CGSIM – Comitê para Gestão da Rede Nacional para Simplificação do Registro e da Legalização de Empresas e Negócios
CGSN – Comitê Gestor do Simples Nacional
CLT – Consolidação das Leis do Trabalho
CMV – Custo da Mercadoria Vendida
CNAE – Classificação Nacional de Atividades Econômicas
CND – Certidão Negativa de Débito
CNDT – Certidão Negativa de Débitos Trabalhistas
CNPJ – Cadastro Nacional de Pessoas Jurídicas
Codac – Coordenação-Geral de Arrecadação e Cobrança da Receita Federal do Brasil
CPC – Comitê de Pronunciamento Contábil
CPC – Código de Processo Civil
CPF – Cadastro de Pessoas Físicas
CRA – Conselho Regional de Administração
CRC – Conselho Regional de Contabilidade
Crea – Conselho Regional de Engenharia e Agronomia
CRF – Certificado de Regularidade do FGTS
CRM – Conselho Regional de Medicina
CST – Código de Situação Tributária
CTN – Código Tributário Nacional
CTPS – Carteira de Trabalho e Previdência Social
CVM – Comissão de Valores Mobiliários
Danfe – Documento Auxiliar da NF-e
Darf – Documento de Arrecadação das Receitas Federais

DAS – Documento de Arrecadação Simplificado
Derf – Documento Específico de Recolhimento do FGTS
DSR – Descanso Semanal Remunerado
Eireli – Empresa Individual de Responsabilidade Limitada
EPPs – Empresas de Pequeno Porte
FG – Fato Gerador
Fipe – Fundação Instituto de Pesquisas Econômicas
FPAS – Fundo de Previdência e Assistência Social
Gefip – Guia de Recolhimento do Fundo de Garantia do Tempo de Serviço e Informações à Previdência Social
GIA – Guia de Informação e Apuração do ICMS
GPS – Guia da Previdência Social
GRDE – Guia de Regularização de Débitos do FGTS
GRF – Guia de Recolhimento do FGTS
GRRF – Guia de Recolhimento Rescisório do FGTS
GRSU – Guia de Recolhimento Sindical Urbana
IBGE – Instituto Brasileiro de Geografia e Estatística
IFRS for SMEs – International Financial Reporting Standard for Small and Medium-sized Entities
IN – Instrução Normativa
IVA – Imposto sobre o Valor Agregado
LC – Lei Complementar
LMC – Livro de Movimentação de Combustíveis
Ltda. – Limitada
MEI – Microempreendedor Individual
MEs – Microempresas
MP – Medida Provisória
MTE – Ministério do Trabalho e Emprego
MVA – Margem de Valor Agregado
NBC – Normas Brasileiras de Contabilidade
NCM – Nomenclatura Comum do Mercosul
NF – Nota Fiscal
NF-e – Nota Fiscal Eletrônica
NT – Nota Técnica
OCDE – Organização para a Cooperação e Desenvolvimento Econômico
Paes – Parcelamento Especial
PAT – Programa de Alimentação do Trabalhador
PGFN – Procuradoria-Geral da Fazenda Nacional
PIB – Produto Interno Bruto
PLR – Participação nos Lucros e Resultados
Pronas/PCD – Programa Nacional de Apoio à Atenção da Saúde da Pessoa com Deficiência
Pronon – Programa Nacional de Apoio à Atenção Oncológica
RB – Receita Bruta
RBA – Receita Bruta Acumulada
RBC – Receita Bruta Corrente
RBC$_S$: Receita Bruta Corrente Segregada
RBT – Receita Bruta Total
REB – Registro Especial Brasileiro

Recine – Regime Especial de Tributação para Desenvolvimento da Atividade de Exibição Cinematográfica
Refis – Programa de Recuperação Fiscal
Reidi – Regime Especial de Incentivos para o Desenvolvimento da Infraestrutura
Reporto – Regime Tributário para Incentivo à Modernização e à Ampliação da Estrutura Portuária
RFB – Receita Federal do Brasil
RIR – Regulamento do Imposto de Renda
RSR – Repouso Semanal Remunerado
Sebrae – Serviço Brasileiro de Apoio às Micro e Pequenas Empresas
Senac – Serviço Nacional de Aprendizagem do Comércio
Senai – Serviço Nacional de Aprendizagem Industrial
Senar – Serviço Nacional de Aprendizagem Rural
Senat – Serviço Nacional de Aprendizagem do Transporte
Sesc – Serviço Social do Comércio
Sescoop – Serviço Nacional de Aprendizagem do Cooperativismo
Sesi – Serviço Social da Indústria
Sest – Serviço Social de Transporte
SIF – Sistemas de Informações Fiscais
SRFB – Secretaria da Receita Federal do Brasil
ST – Substituição Tributária
STF – Supremo Tribunal Federal
STN – Secretaria do Tesouro Nacional
Sudam – Superintendência do Desenvolvimento da Amazônia
Sudene – Superintendência do Desenvolvimento do Nordeste
TST – Tribunal Superior do Trabalho
VTNt – Valor da Terra Nua Tributável

TRIBUTOS

Cide – Contribuição de Intervenção no Domínio Econômico
Cofins – Contribuição para Financiamento da Seguridade Social
CPP – Contribuição Patronal Previdenciária – para a seguridade social, a cargo da pessoa jurídica
CSLL – Contribuição Social sobre o Lucro Líquido
FGTS – Fundo de Garantia do Tempo de Serviço
ICMS – Imposto sobre Operações Relativas à Circulação de Mercadorias e sobre Prestações de Serviços de Transporte Interestadual, Intermunicipal e de Comunicação
IE – Imposto de Exportação
IGF – Imposto sobre Grandes Fortunas
II – Imposto de Importação
INSS – Instituto Nacional de Seguridade Social
IOC – Imposto sobre Operações de Crédito
IOF – Imposto sobre Operações de Crédito, Câmbio e Seguro, ou relativas a Títulos ou Valores Mobiliários
IPI – Imposto sobre Produtos Industrializados
IPTU – Imposto Predial Territorial Urbano

IPVA – Imposto sobre a Propriedade de Veículos Automotores
IR – Imposto de Renda
IRPJ – Imposto de Renda das Pessoas Jurídicas
IRRF – Imposto de Renda Retido na Fonte
ISS – Imposto sobre Serviços de Qualquer Natureza
ITBI – Imposto sobre Transmissão de Bens Imóveis
ITCMD – Imposto sobre Transmissão *Causa Mortis* e Doação
ITR – Imposto sobre a Propriedade Territorial Rural
PIS – Programa de Integração Social
TDA – Taxa de Defesa Agropecuária
TFAMG – Taxa de Controle e Fiscalização Ambiental do Estado de Minas Gerais
TIS – Taxa de Inspeção Sanitária

DECLARAÇÕES E DEMONSTRATIVOS

Caged – Cadastro Geral de Empregados e Desempregados
CSN – Cadastro Sincronizado Nacional
DBF – Declaração de Benefícios Fiscais
DCTF – Declaração de Débitos e Créditos Tributários Federais
Decred – Declaração de Operações com Cartões de Crédito
Defis – Declaração de Informações Socioeconômicas e Fiscais
Derex – Declaração sobre a Utilização dos Recursos em Moeda Estrangeira Decorrentes do Recebimento de Exportações
Dimob – Declaração de Informações sobre Atividades Imobiliárias
Dimof – Declaração de Informações sobre Movimentação Financeira
DIPJ – Declaração de Informações Econômico-Fiscais da Pessoa Jurídica
Dirf – Declaração do Imposto sobre a Renda Retido na Fonte
DITR – Declaração do Imposto sobre a Propriedade Territorial Rural
DMED – Declaração de Serviços Médicos e de Saúde
DSPJ – Declaração Simplificada da Pessoa Jurídica
ECD – Escrituração Contábil Digital (*Sped* Contábil)
ECF – Escrituração Contábil Fiscal
EFD – Escrituração Fiscal Digital (*Sped* Fiscal)
EFD-Contribuições – Programa Validador da Escrituração Fiscal Digital das Contribuições Incidentes sobre a Receita
EFD-Social – Programa em fase de desenvolvimento, na Receita Federal e nos demais entes públicos interessados, tendo como objetivo abranger a Escrituração da Folha de Pagamento e, em uma segunda fase, o Livro Registro de Empregados
e-Lalur – Livro Eletrônico de Escrituração e Apuração do Imposto sobre a Renda e da Contribuição Social sobre o Lucro Líquido da Pessoa Jurídica Tributada pelo Lucro Real
Perdcomp – Pedido Eletrônico de Restituição, Ressarcimento ou Reembolso e Declaração de Compensação
PGDAS – Programa Gerador do Documento de Arrecadação do Simples Nacional
Rais – Relação Anual de Informações Sociais
Sefip – Sistema Empresa de Recolhimento do FGTS e Informações à Previdência Social
Siscomex – Sistema Integrado de Comércio Exterior

Siscoserv – Sistema Integrado de Comércio Exterior de Serviços, Intangíveis e Outras Operações que Produzam Variações no Patrimônio
Sped – Sistema Público de Escrituração Digital (pacote geral de ações)

ESCRITURAÇÃO

AC – Ativo Circulante
AñC – Ativo não Circulante
CR – Conta de Resultado
PC – Passivo Circulante
PñC – Passivo não Circulante
PL – Patrimônio Líquido
RF – Receita Financeira

Introdução

Plano da obra e metodologia

Partindo da premissa de que todo cidadão e toda empresa encontram-se mergulhados em um ambiente repleto de normas e alíquotas, esta obra faz um convite aos docentes, profissionais e alunos de graduação e pós-graduação que necessitam de reflexões acerca de contabilidade e gestão tributária.

O objetivo deste trabalho é apresentar a estrutura conceitual tributária, jurídica e contábil. Além das principais atribuições do contador em matéria tributária, serão evidenciadas todas as circunstâncias modificadoras e inibidoras do crédito tributário, bem como a arquitetura tributária brasileira, os tipos de empresas e as suas respectivas modalidades de recolhimento do tributo, os procedimentos contábeis e administrativos quanto aos registros fiscais, sua gestão e planejamento, destacando os principais reflexos dos impostos na informação contábil e na mutação patrimonial.

Toda problemática apresentada ressalta certas dimensões dessa emergente área de conhecimento e ajuda o entendimento das diversas óticas e facetas da gestão tributária. O livro utiliza-se de uma base teórico-prática alimentada por renomados autores e instituições, bem como pela experiência profissional e científica dos autores, com a pretensão de evidenciar as principais concepções e práticas gerenciais tributárias construídas sob os anseios da maximização dos resultados das organizações.

A ideia central foi estruturar um texto científico e didático com a intenção de oferecer aos leitores uma leitura inteligível e descomplicada, subsidiando-o para que ele possa desenvolver uma estrutura básica do pensamento tributário que se adapte a qualquer tipo de empresa ou contexto no qual esteja envolvida, ratificando a relevância de sua contribuição na formação de quadros profissionais e na elaboração de novas abordagens teórico-conceituais, metodológicas e práticas.

Todos os números, normas e conceitos sugeridos são explicados dentro dessa abordagem didática, da mesma forma os enquadramentos e a apuração e escrituração dos débitos tributários. Procurou-se também utilizar ao máximo os parâmetros usados no mundo real para melhor validação das conclusões obtidas. Dessa maneira, o texto contempla tanto a visão clássica e legal dos tributos como aquela que deve ser aplicada no ambiente empresarial.

A obra está segmentada em seis partes. A Parte I deve ser aplicada de forma integral, pois constitui o ferramental mínimo e indispensável para a escrituração contábil, a sua gestão e o planejamento tributário.

A Parte II contempla o arcabouço jurídico-contábil a propósito dos tributos sobre compra e venda de mercadorias, produtos e serviços (IPI, ICMS, PIS, COFINS, II, IE, ISS). Buscou-se evidenciar a conceituação básica da legislação, a necessidade e a contabilização básica, bem como suas aplicações e obrigações acessórias.

A Parte III aborda os tributos sobre o lucro.

Na Parte IV o leitor terá acesso aos tributos e encargos sobre a folha de pagamento.

Por fim, as Partes V e VI apreciam as retenções, recuperações, métodos e formas de gestão tributária.

Propomos neste livro uma significativa mudança metodológica em relação aos diversos textos já existentes sobre o tema, constantes na estruturação do nosso sumário. Assim, ele visa contemplar a escrituração contábil e toda norma jurídica de todos os tipos de empresas e seus respectivos métodos e formas de apuração do débito tributário, além dos principais documentos, declarações e demonstrativos fiscais.

O livro está didaticamente construído para facilitar a docência e o processo de aprendizagem, aprofundado no nível necessário ao profissional, permitindo-lhe utilizar-se dele como um guia em suas rotinas diárias, e propiciar ao empresário uma tradução da linguagem fiscal presente no mundo dos negócios.

Temos consciência de que a dinâmica proposta motivará bastante os alunos e empresários, uma vez que temas como "planejamento tributário", "guerra fiscal" e "crimes contra a ordem tributária" são discutidos no livro refletindo a realidade organizacional e universitária em matéria tributária.

Dessa maneira, sugerimos a seguinte condução básica da unidade curricular Contabilidade Tributária:

1. Apresentar inicialmente (após o plano de ensino, boas referências bibliográficas, critério de avaliação da disciplina e o seu escopo etc.) o Capítulo 1, Sistema Tributário Brasileiro.

2. Desenvolver o item 1.3, Principais atribuições do contador em matéria tributária, dentro da abordagem que o professor julgar necessária.

3. Desenvolver em seguida, integralmente, as Partes II, III, IV e V na ordem em que está apresentada.

4. A Parte VI é optativa, uma vez que os capítulos ali presentes vão além da escrituração contábil e podem assim ser considerados tópicos mais avançados, ficando por conta da avaliação do professor a sua necessidade e o tempo a eles dedicados.

* * *

Este livro possui material complementar disponível para professores, na página do livro, no site da Cengage, que inclui slides em PowerPoint© para auxílio em sala de aula e um Manual do Professor, contendo a solução dos exercícios do livro.

parte I

FUNDAMENTOS

Esta parte contempla os fundamentos da contabilidade tributária: conceito de tributo, impostos, taxas, contribuições de melhoria, empréstimos compulsórios, contribuições sociais, de intervenção do domínio econômico e de interesse das categorias profissionais ou econômicas. Apresentaremos a estrutura jurídica e as funções do tributo, as circunstâncias modificadoras e inibidoras da obrigação tributária e as principais atribuições do contador em matéria tributária.

Os fundamentos devem ser aplicados de forma integral, pois constituem o ferramental mínimo e indispensável para a apuração do tributo, sua escrituração contábil, gestão e planejamento.

Nesse contexto, é importante compreender que arquitetura tributária brasileira contempla um conjunto de fundamentos, variáveis fiscais e societárias, que parametrizam os diversos enquadramentos e regimes de incidência tributários em nosso país.

O sistema de informação contábil permeia esses valores. No âmbito da contabilidade tributária é fundamental a utilização do método como ferramenta operacional na aplicação efetiva do cumprimento das obrigações acessórias.

Nesse contexto apresentaremos as características e finalidades mais importantes dos principais documentos fiscais e declarações e demonstrativos federais. Todas as informações presentes nas obrigações tributárias devem estar alicerçadas nos fundamentos e materializadas em documentos fiscais hábeis harmonizados com a escrituração e as demonstrações contábeis como o Balanço Patrimonial, Demonstração de Resultado do Exercício, Demonstração de Lucros Acumulados, Demonstração das Mutações do Patrimônio Líquido, Demonstração dos Fluxos de Caixa e notas explicativas.

capítulo 1
Sistema Tributário Brasileiro

Para entender a dilatação empírica das normas e da carga tributária no mundo dos negócios é importante compreender a origem do tributo e discutir a evolução da tríplice convergência de interesses entre Governo, empresa e sociedade.

O livro *The income tax: a study of the history, theory and practice of income taxation at home and abroad*, de 1914, do professor e pesquisador Edwin Robert Anderson Seligman[1], demonstra que a embriologia tributária está relacionada ao processo histórico de desenvolvimento econômico, de trocas de mercadorias, produtos e/ou serviços. Com a criação da moeda, o aumento das riquezas e a valorização das relações jurídicas, os tributos contribuíram para a potencialização da hélice tríplice: governo/empresa/sociedade.

As organizações empresariais interagem com a sociedade e com o governo de maneira muito completa, conforme demonstrado na Figura 1.1[2]. Pressupondo que sistema é um conjunto de partes ou elementos organizados e relacionados entre si, pode-se afirmar que a empresa é um sistema. A empresa vista como um sistema aberto interage com o governo e com a sociedade. Essa interação provoca influência nas pessoas, aumento nos padrões de vida e o desenvolvimento da sociedade[3].

Deixando de lado questões políticas e ideológicas, a existência de um governo é necessária para guiar, corrigir e complementar o sistema de mercado, que, sozinho, não é capaz de desempenhar todas as funções econômicas[4]. A gestão governamental dos tributos sofre a influência do perfil político do gestor público, alternando entre perfil distributivo, alocativo ou

---

[1] SELIGMAN, Edwin Robert Anderson. *The income tax:* a study of the history, theory, and practice of income taxation at home and abroad. The Lawbook Exchange, Ltd., 1914. p. 3-14 Disponível em: <https://archive.org/details/cu31924021092733>. Acesso em: 19 maio 2017.

[2] CATELLI, Armando. *Apontamentos de sala de aula*: disciplina controladoria. Tese (Doutorado em Controladoria e Contabilidade. Faculdade de Economia, Administração e Contabilidade da Universidade de São Paulo, São Paulo, 1994).

[3] PADOVEZE, Clóvis Luís. *Controladoria estratégica e operacional:* conceitos, estrutura, aplicação. 3. ed. São Paulo: Pioneira Thomson Learning, 2012, p. 13.

[4] GIAMBIAGI, Fabio; DE ALÉM, Ana Cláudia Duarte. *Finanças públicas:* teoria e prática no Brasil. 4. ed. Rio de Janeiro: Elsevier, 2011, p. 9.

estabilizador. Os tributos, uma vez arrecadados, retornam à sociedade na forma de produtos, mercadorias e/ou serviços, oferecidos ora coletivamente ora personificadamente.

A Figura 1.1 ressalta ainda o entrelaçamento dos atores que compõem a hélice tríplice governo/empresa/sociedade evidenciando a relevância dos aspectos tributários no ambiente remoto abarcado pelo Sistema Tributário Nacional. O Sistema Tributário Nacional está regulamentado pelo Código Tributário Nacional (CTN), introduzido pela Lei n. 5.172, de 25 de outubro de 1966.

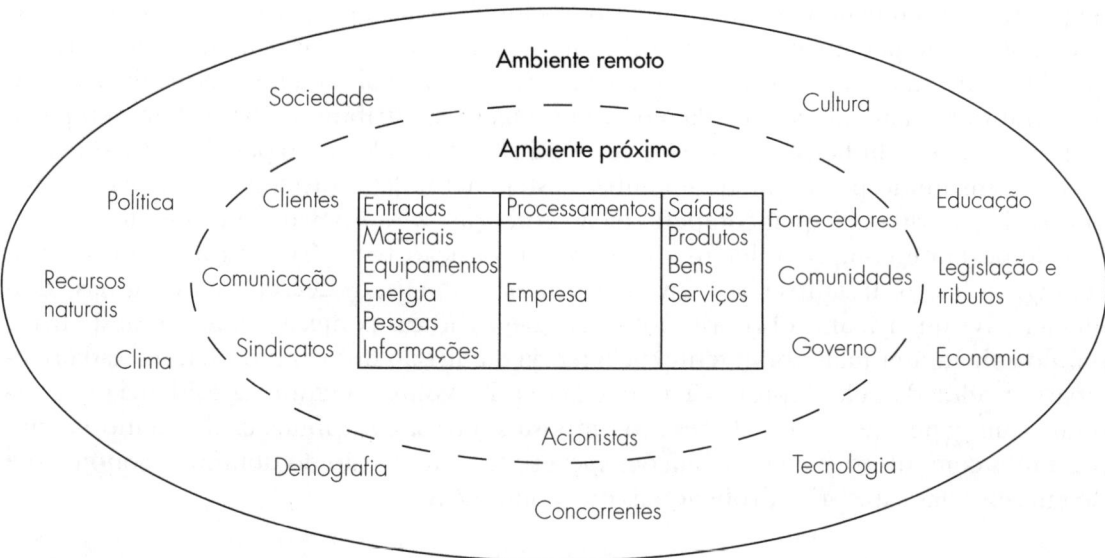

Figura 1.1 A empresa como sistema aberto[5].

O governo necessita da arrecadação tributária para suprir as necessidades sociais, obtendo receitas por meio de uma grande variedade de mecanismos, e tem como fonte principal de receita a arrecadação tributária. A majoração ou redução dos tributos reflete na economia como um todo.

As políticas fiscais compreendem o fornecimento de bens públicos; a distribuição de renda, que permita uma sociedade equilibrada e justa; e uma política econômica visando um alto nível de emprego, estabilidade de preços e a obtenção de uma taxa apropriada de crescimento econômico. Para o governo, a regulamentação e a fiscalização tributária deveriam reduzir a elevada informalidade, a concorrência predatória e o empreendedorismo por necessidade, contudo a contrapartida dessa regulação deveria atender às necessidades sociais prementes sem induzir a mortalidade precoce dos empreendimentos pelo excesso na ponderação da carga tributária, bem como pelo elevado número de atos normativos.

A justiça tributária proposta possui duas vertentes: da equidade vertical e da equidade horizontal. Na equidade vertical há o princípio de que grupos que possuem mais recursos devam pagar mais tributos, e grupos com menos recursos pagariam menos. Na equidade

---

[5] Adaptado de: BIO, Sérgio Rodrigues. *Sistemas de informação:* um enfoque gerencial. São Paulo: Atlas, 1985, p. 19.

horizontal, independentemente da escolha financeira de cada grupo, todos seriam tratados de forma semelhante pelo governo quanto à política tributária utilizada. No Brasil, a equidade horizontal é predominante.

1.1 Conceito de tributo

A Lei n. 5.172, de 25 de outubro de 1966, dispõe sobre o Sistema Tributário Nacional e institui normas gerais de direito tributário aplicáveis à União, aos estados e aos municípios, na prática denominada Código Tributário Nacional. Seu artigo 3º estabelece que tributo é toda prestação pecuniária compulsória, em moeda ou cujo valor nela se possa exprimir, que não constitua sanção de ato ilícito, instituída em lei e cobrada mediante atividade administrativa plenamente vinculada; em outras palavras, o tributo é obrigatório, seu pagamento ocorre em dinheiro ou em espécie, não é caracterizado como penalidade e somente pode ser instituído por lei na qual também esteja definida a forma de cobrança e a atribuição da autoridade à qual compete sua arrecadação, *a posteriori* do lançamento.

É importante compreender que o termo "legislação tributária" vai além do CTN e abrange as leis, os tratados e as convenções internacionais, os decretos e as normas complementares que tratam sobre tributos e relações jurídicas conexas. Optou-se neste livro, por possuir caráter mais abrangente, pela teoria da divisão dos tributos denominada pentapartite, adotada pelo Supremo Tribunal Federal[6]. Assim, a Figura 1.2 evidencia que tributo é um gênero e as suas classes são: impostos, taxas, contribuições de melhoria, empréstimos compulsórios e contribuições sociais, de intervenção do domínio econômico e de interesse das categorias profissionais ou econômicas.

Tributos	Base legal
Impostos	Artigo 145, I, da Constituição Federal (CF); Capítulo I do CT
Taxas	Artigo 145, inciso II, da CF; Capítulo V, Seção II, Título IV do CTN
Contribuições de melhoria	Artigo 145, inciso III, da CF; Capítulo V, Seção II, Título V, do CTN
Empréstimos compulsórios	Artigo 148 da CF; artigo 15 do CTN
Contribuições: sociais, de intervenção do domínio econômico e de interesse das categorias profissionais ou econômicas	Artigos 149 e 195 da CF

Figura 1.2 Tipos de tributos à luz da teoria pentapartite.

---

[6] BRASIL. Supremo Tribunal Federal, *Recurso Extraordinário* n. 111.954/PR, *DJU* 24/6/1988; AI-AgR 658576/RS; Relator Ministro Ricardo Lewandowski, 1ª Turma, julgamento em 27/11/2007; AI-AgR 679355/RS, Relator Ministro Ricardo Lewandowski, 1ª Turma, julgamento em 27/11/2007.

1.1.1 Impostos

O imposto é um tributo no qual a obrigação surge independentemente da contraprestação estatal em relação ao contribuinte. Os impostos poderão ser instituídos pela União, pelos estados, pelos municípios e pelo Distrito Federal, e a forma de criação deve seguir ritos jurídicos próprios, inerentes a cada esfera governamental com atribuições e obrigações específicas, bem como a forma de sua destinação.

Os impostos serão classificados em diretos ou indiretos de acordo com sua incidência. Se a incidência do imposto originar-se da renda do indivíduo e/ou de seu patrimônio, ele será classificado como imposto direto. Porém, se a incidência originar-se do consumo de mercadorias, produtos ou serviços, será classificado como imposto indireto. A Figura 1.3 evidencia a classificação dos principais impostos de acordo com sua incidência.

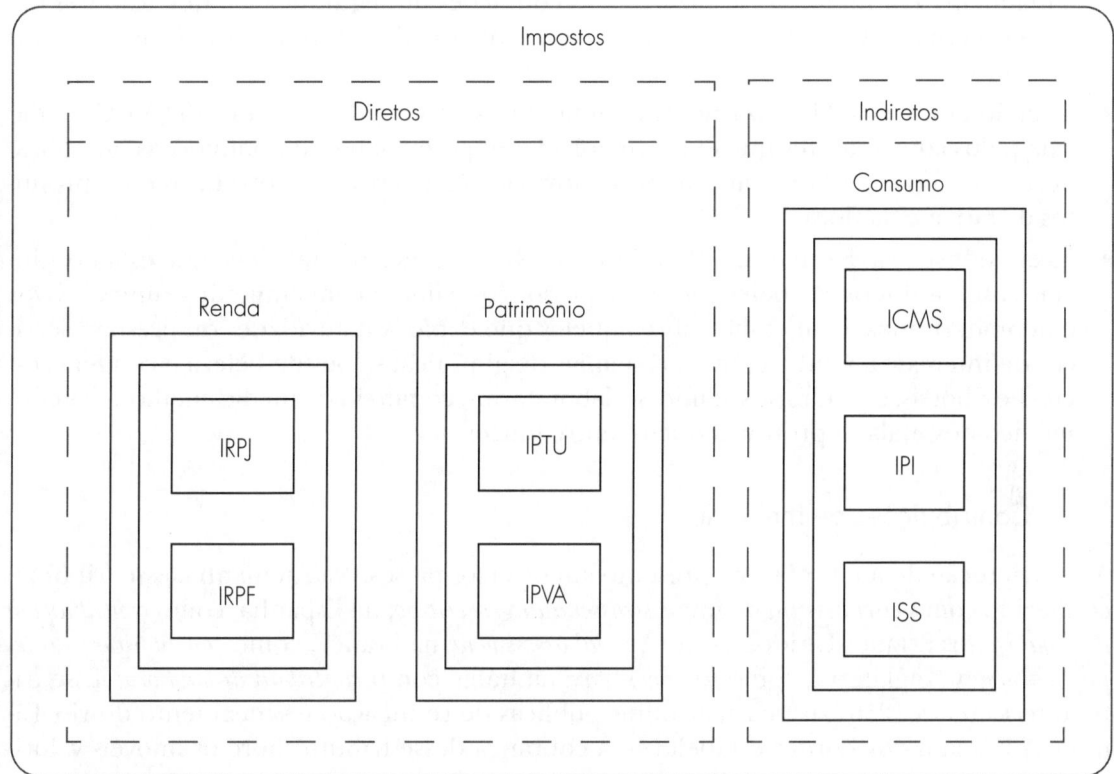

Figura 1.3 Tipos de impostos de acordo com sua incidência.

1.1.2 Taxas

A taxa é um tributo que existe somente quando há uma utilização efetiva ou potencial de um serviço público prestado ao contribuinte ou posto à sua disposição pela União, pelos estados ou pelos municípios e pelo Distrito Federal. Considera-se serviço utilizado pelo contribuinte:

- **Efetivamente**: quando por ele utilizado a qualquer título.
- **Potencialmente**: quando, sendo de utilização obrigatória, seja posto à sua disposição mediante atividade administrativa.

Ressalta-se ainda que a taxa também poderá ser cobrada quando há o exercício regular de poder de polícia dos entes públicos. Considera-se poder de polícia a prática que regula a segurança, a higiene, a ordem, os costumes, a disciplina da produção e do mercado, o exercício de atividades econômicas dependentes de concessão ou autorização do Poder Público, a tranquilidade pública ou o respeito à propriedade e aos direitos individuais ou coletivos[7].

Exemplos:

- Taxa de Defesa Agropecuária (TDA): surge, no Estado de São Paulo, em virtude da realização de diligências, exames, vistorias, autorizações, fiscalizações, ações de vigilância epidemiológica e fitossanitária, inspeção higiênico-sanitária, entre outros atos administrativos, visando o combate e a erradicação de doenças e pragas.
- Taxa de fiscalização e licenciamento de veículo: o artigo 130 da Lei n. 9.503, de 23 de setembro de 1997 (Código de Trânsito Brasileiro), estabelece que essa taxa é devida anualmente em razão da fiscalização das condições de segurança e a quitação dos débitos do veículo. Os valores da taxa de licenciamento são diferenciados de acordo com o Estado.
- Taxa de Controle e Fiscalização Ambiental do Estado de Minas Gerais (TFAMG): é devida pelos contribuintes que exercem atividades potencialmente poluidoras ou utilizadoras de recursos ambientais, inclusive atividades que envolvam produtos e subprodutos da fauna e da flora.
- Taxa de Inspeção Sanitária: a Prefeitura do Rio de Janeiro estabelece que esta taxa incide sobre todos os estabelecimentos e pessoas que lidam com alimentos, animais vivos e hemoderivados, bem como sobre aqueles que exploram atividades ou prestam serviços de interesse à saúde, como: academias de ginástica; salões de beleza e congêneres; creches; hotéis; consultórios, clínicas e laboratórios; comércio de medicamentos, material médico-hospitalar e produtos óticos, entre outros.

1.1.3 Contribuições de melhoria

A contribuição de melhoria está presente em diversos países. Na Alemanha, esse tributo é conhecido como *erschliessungsbeitrag* e *strassenanliegere beitrag*; na Espanha, como *contribuición de mejoras*; nos Estados Unidos, como *Special assessment*; na França, como *contribuition sur les plus values*; na Inglaterra, como *beterment tax*; na Itália, como *contributi di miglioria*. Esse tributo nasceu em 1250 para custear obras públicas de retificação e saneamento do rio Tâmisa. A Câmara dos Lordes estabeleceu a cobrança desse tributo sobre os imóveis valorizados diretamente por obras públicas[8].

Salienta-se que até os dias atuais a contribuição de melhoria existe com o mesmo propósito. O CTN estabelece que a contribuição de melhoria poderá ser cobrada pela União, pelos estados, pelo Distrito Federal ou pelos municípios, no âmbito de suas respectivas atribuições, contanto que haja nexo causal entre a melhoria havida e a realização da obra pública, tendo como limite total a despesa realizada e como limite individual o acréscimo de valor que da obra resultar para cada imóvel beneficiado.

---

[7] BRASIL. Ato Complementar n. 31, de 28/12/1966. Dispõe sobre o imposto de circulação de mercadorias cobrado pelos Estados, extingue o pertencente aos municípios e dá outras providências. *Portal da Legislação*. Palácio do Planalto, Brasília, DF. Disponível em: <www.planalto.gov.br/ccivil_03/ACP/acp-31-66.htm>. Acesso em: 13 out. 2015.

[8] SILVA, Edgar Neves. Contribuição de melhoria. In: MARTINS, Ives Gandra da Silva (Coord.). *Curso de direito tributário*. 14. ed. São Paulo: Saraiva, 2013, p. 24.

1.1.4 Empréstimos compulsórios

A Carta Magna de 1946 estabeleceu, em seu artigo 4º, que somente a União, em casos excepcionais definidos em lei complementar, poderia instituir empréstimos compulsórios. A Constituição Federal (CF) de 1988 ratificou esse entendimento e apresentou os pressupostos necessários para sua cobrança: atender a despesas extraordinárias decorrentes de calamidade pública, de guerra ou sua iminência e fazer investimento público de caráter urgente e de relevante interesse nacional. Salienta-se que a aplicação dos recursos provenientes de empréstimo compulsório será vinculada à despesa que fundamenta a sua instituição.

A criação de empréstimo compulsório é privativa da União, e, após um lapso temporal, há uma promessa de ser restituído ao contribuinte em prazo certo ou indeterminado (amortizável ou perpétuo) e, eventualmente, de fluência de juros[9]. Por esse motivo existiu uma calorosa discussão jurídica acerca da classificação do empréstimo compulsório na categoria de tributos e na forma de contabilização. Atualmente essa discussão foi superada, pelo fato de a questão de restituição ao contribuinte não o descaracterizá-lo como tributo de acordo com o CTN.

1.1.5 Contribuições

O termo contribuição vem do latim *tribuere*[10] e significa "pagar, garantir, designar", verbos que remetem ao termo *tributum*. Ao adicionar o prefixo *com* à palavra *tribuere*, tem-se *contribuere*, que significa "designar, distribuir, pagar". A análise etimológica do termo facilita o entendimento desse tributo, uma vez que surge uma contribuição se verificados, concomitantemente, o benefício e o fato descrito na norma, diferentemente dos impostos, em que basta o acontecimento do fato para surgir uma obrigação tributária. A contribuição também não pode ser confundida com "taxa", uma vez que não remunera serviços cobrados ou disponibilizados pela administração tributária.

De forma prática, imaginemos uma classe com 40 alunos de um curso de graduação. É natural que ao final do curso os alunos queiram uma festa de formatura. Assim, desde o início eles se organizam para que a festa seja um sucesso. Alguns alunos, porém, por motivos particulares, decidem não participar do evento. A situação toma então o seguinte rumo: 32 alunos participarão da festa e oito não participarão. Obviamente os oito alunos que optaram por não participar do evento não terão com o que se preocupar em relação ao pagamento das mensalidades da comissão de formatura; entretanto, os 32 que optaram por participar deverão *contribuir* mensalmente com um valor para o fundo de formatura como contrapartida dos benefícios provenientes da festa descritos na norma ou no contrato previamente estabelecido.

A natureza jurídica das contribuições é motivo de grande divergência na doutrina. As contribuições se distinguem umas das outras pela finalidade a que se destinam e podem ser subdivididas em: contribuições sociais, de intervenção do domínio econômico e de interesse das categorias profissionais ou econômicas.

---

[9] FALCÃO, Amilcar de Araújo. Conceito e espécies de empréstimo compulsório. *Revista de Direito Público.* São Paulo, v. 14, p. 38-46, out./dez. 1970.
[10] DA CUNHA, Antônio Geraldo. *Dicionário etimológico da língua portuguesa.* Edição digital. 4. ed. rev. e ampl. Rio de Janeiro: Lexikon, 2010.

1.1.5.1 Contribuições sociais

As contribuições sociais são tributos destinados ao financiamento, por toda a sociedade, de forma direta e indireta, de gastos relacionados à atuação da União para a manutenção da ordem social. A ordem social tem como suporte a primazia do trabalho e como objetivo o bem-estar e a justiça social[11].

As contribuições sociais compreendem a contribuição do salário-educação, as contribuições do "sistema S" incidentes sobre a folha de salários e demais rendimentos do trabalho pagos ou creditados, a qualquer título. Também compreendem os tributos previdenciários incidentes sobre a pessoa física que lhe preste serviço, mesmo sem vínculo empregatício (INSS), a receita ou o faturamento (PIS/Cofins) e o lucro (CSLL).

As contribuições, uma vez arrecadadas pela União, não serão partilhadas com outros entes federados. Estados e municípios não recebem parte do valor arrecadado. Essa distribuição fica clara quando se observa a CF/1988[12], ao afirmar que serão redistribuídos aos Estados e Municípios o produto da arrecadação dos *impostos* apenas.

1.1.5.2 Contribuição de Intervenção no Domínio Econômico (Cide)

As Contribuições de Intervenção no Domínio Econômico, de competência exclusiva da União, são também tratadas na literatura como contribuições interventivas ou, simplificadamente, Cide. Há que se concordar que algumas atividades econômicas merecem sofrer especial controle fiscalizatório, regulação do fluxo produtivo pelo ente federal, a fim de obter uma melhoria do setor beneficiado.

Nessa classe de tributos destaca-se a Cide-Combustíveis[13], que tem como finalidade subsidiar os preços ou o transporte de álcool combustível, de gás natural e seus derivados e de derivados de petróleo; e também financiar projetos ambientais relacionados com a indústria do petróleo e do gás e programas de infraestrutura de transportes. Outro exemplo é a Cide-Royalties[14], que financia o Programa de Estímulo à Interação Universidade-Empresa para o Apoio à Inovação.

1.1.5.3 Contribuições de interesse das categorias profissionais ou econômicas

As contribuições são de interesse das categorias profissionais (dos trabalhadores) ou econômicas (dos empregadores):

- As contribuições de interesse das categorias profissionais têm como finalidade o financiamento de órgãos que regulamentam profissões, ou seja, conselhos regionais de

---

[11] BRASIL. Constituição (1988). *Constituição da República Federativa do Brasil*. Brasília, DF: Senado Federal: Centro Gráfico, 1988. 292 p. Artigo 193.

[12] BRASIL. Constituição (1988). *Constituição da República Federativa do Brasil*. Brasília, DF: Senado Federal: Centro Gráfico, 1988. 292 p. Artigo 159.

[13] BRASIL. Lei n. 10.336, de 19/12/2001. Institui a contribuição de intervenção no domínio econômico incidente sobre a importação e a comercialização de petróleo e seus derivados, gás natural e seus derivados e álcool etílico combustível (Cide) e dá outras providências. *Portal da Legislação*. Palácio do Planalto, Brasília, DF. Disponível em: <www.planalto.gov.br/ccivil_03/leis/LEIS_2001/L10336.htm>. Acesso em: 24 mar. 2016.

[14] BRASIL. Lei n. 10.168, de 29/12/2000. Institui a contribuição de intervenção de domínio econômico destinada a financiar o Programa de Estímulo à Interação Universidade-Empresa para o Apoio à Inovação e dá outras providências. *Portal da Legislação*. Palácio do Planalto, Brasília, DF. Disponível em: <www.planalto.gov.br/ccivil_03/leis/L10168.htm>. Acesso em: 13 dez. 2015.

classe [Conselho Regional de Contabilidade (CRC), Conselho Regional de Medicina (CRM), Conselho Regional de Engenharia e Agronomia (Crea) e Conselho Regional de Administração (CRA).
- A contribuição sindical enquadra-se como contribuição econômica.

Ressalta-se que a contribuição confederativa não está contida no bojo doutrinário de tributo, pois não é compulsória e decorre de contrato administrativo, conforme determina a Súmula n. 666 do STF.

> **ATENÇÃO**
>
> Os preços públicos e laudêmios são erroneamente enquadrados no conceito de tributo.
> Preço público é o valor do serviço prestado pelo governo e utilizado de forma efetiva pelo contribuinte, como a taxa cobrada pelo ato de estacionar em via pública[15].
> Laudêmio é o valor pago pelo vendedor de um imóvel em terreno outrora de propriedade da União; por exemplo, na venda de um imóvel à beira-mar.
> As tarifas e as multas são espécies de preço público e exemplos clássicos desse equívoco. A tarifa é uma prestação pecuniária facultativa, com finalidade lucrativa, decorrente de contrato administrativo, devendo ser contabilizada como uma obrigação contratual. A multa, por se tratar de uma sanção por um ato ilícito, também foge ao conceito tributário. Dessa forma é fundamental que a multa exigível perante o descumprimento de obrigação tributária seja contabilizada separadamente do valor do débito tributário principal, quando este for recolhido em atraso.
> O laudêmio também decorre de contrato administrativo, devendo ser contabilizado como uma obrigação contratual do contribuinte proprietário de um imóvel valorizado pelo ente público.

1.2 Funções dos tributos

Para compreender as funções dos tributos precisamos rever questões antes abandonadas e tentar compreender sua embriologia nas funções do governo. As ações governamentais buscam contribuir com o desenvolvimento econômico. A literatura aponta que o governo tem três funções básicas: alocativa, estabilizadora e distributiva.

A função alocativa consiste em oferecer à sociedade serviços necessários que a iniciativa privada não suporta. Uma breve análise dos gastos públicos nos permite compreender que desde o início do século XX foram crescentes as demandas coletivas e consequentemente as atribuições assumidas pela União, Estados, Municípios e Distrito Federal. Para tanto o governo tem buscado, a cada dia, novas fontes de recursos financeiros para custear as suas atividades e alavancar a qualidade de vida e o bem-estar da sociedade. A estrela desse cenário é o tributo, pois ele exerce sua função quando instituído com a finalidade de melhorar o resultado dos cofres públicos.

A amplitude e a diversidade geográfica dificultam a atuação do governo e o crescimento da economia, endógeno e exógeno, de forma isonômica. Nesse sentido, as políticas fiscais têm um papel fundamental na função estabilizadora e distributiva dos governos. Os incentivos fiscais contribuem para o equilíbrio e o crescimento da economia. As alíquotas, progressivas ou proporcionais, contribuem para a distribuição equitativa da renda.

Todo esse arcabouço jurídico doutrinário tributário contribui para que o tributo exerça com maestria as suas funções. São elas: fiscalidade, extrafiscalidade e parafiscalidade.

---

[15] PEGAS, Paulo Henrique. *Manual de contabilidade tributária.* Rio de Janeiro: Freitas Bastos, 2014, p. 42.

1.2.1 Fiscalidade

O tributo exerce suas funções fiscais quando instituído unicamente com a finalidade arrecadatória, para abastecer os cofres públicos.

1.2.2 Extrafiscalidade

A função extrafiscal é exercida quando o tributo é criado e majorado com finalidade que vai além do interesse meramente arrecadatório, ou seja, impera uma finalidade econômica, política e social.

1.2.3 Parafiscalidade

A parafiscalidade consiste na fiscalização, arrecadação e destinação do tributo. Em alguns casos acaba fomentando, equivocadamente, a guerra fiscal.

> **Guerra fiscal**
>
> O conflito de interesses tira da zona de conforto alguns entes tributantes. A guerra fiscal é um problema das políticas públicas que reflete diretamente nos contribuintes. É a disputa entre entes tributantes por uma fatia da arrecadação.
>
> Juristas e doutrinadores divergem sobre o assunto, pois ao mesmo tempo em que a guerra fiscal pode diminuir as dificuldades regionais gerando emprego e renda para o local em que o contribuinte se localiza e recolhe imposto, ela pode prejudicar as regiões menos favorecidas geograficamente, pois economicamente inexistiria o incentivo fiscal como atrativo para novos empreendimentos.
>
> Para melhor compreender a guerra fiscal, é importante assimilar a competência tributária, conforme demonstrado na Figura 1.4.

Competência tributária	Tributos
União	Imposto de Importação (II); Imposto de Exportação (IE); Imposto de Renda (IR); Imposto sobre Produtos Industrializados (IPI); Imposto sobre Operações de Crédito, Câmbio e Seguros (IOF); Imposto sobre a Propriedade Territorial Rural (ITR); Imposto sobre Grandes Fortunas (IGF); impostos extraordinários (em caso de guerra); empréstimos compulsórios; impostos residuais; contribuições de melhoria; taxas e demais contribuições.
Estados	Imposto sobre Operações Relativas à Circulação de Mercadorias e sobre Prestações de Serviços de Transporte Interestadual, Intermunicipal e de Comunicação (ICMS); Imposto sobre Transmissão Causa Mortis e Doação (ITCMD); Imposto sobre a Propriedade de Veículos Automotores (IPVA); contribuição para o custeio do regime previdenciário e seus servidores públicos estaduais; taxas e contribuições de melhoria.
Municípios	Imposto Predial e Territorial Urbano (IPTU); Imposto sobre Serviços de Qualquer Natureza (ISS); Imposto de Transmissão de Bens Imóveis (ITBI); contribuição para o custeio do regime previdenciário de seus servidores públicos municipais; taxas e contribuições de melhoria.

Figura 1.4 Principais tributos e competência tributária.

> O conflito de interesse surge entre os governantes dos Estados e Municípios na busca por ganhos de curto prazo. Exemplos clássicos da dialética da guerra fiscal são o ISS e o ICMS, pois tanto a prestação de serviços quanto a circulação de mercadorias poderão acontecer envolvendo três espaços geográficos distintos, na sede da empresa, fora do estabelecimento do prestador, em um terceiro lugar diferente dos dois primeiros.

1.3 Estrutura jurídica

Alguns preceitos da estrutura jurídica são amplamente discutidos. Muitos doutrinadores, tributaristas e juristas reconhecem e denominam esses preceitos de elementos fundamentais do tributo. São elementos indispensáveis aos tributos: fato gerador, contribuinte, base de cálculo, alíquota e vencimento.

1.3.1 Fato gerador[16]

O fato gerador é a situação definida em lei que configura e caracteriza o nascimento da obrigação tributária (principal ou acessória) e por natureza pode ser instantâneo, periódico ou continuado[17].

O fato gerador instantâneo, como o próprio nome sugere, perpassa em um espaço muito breve de tempo. Na prática esta situação é corriqueira na circulação de mercadorias, produtos e no momento da prestação de serviços, que, consequentemente, configuram o fato gerador do ICMS, do IPI e do ISS, respectivamente.

Os fatos geradores periódicos ocorrem num lapso temporal mais longo. O IR é o clássico tributo decorrente de fatos periódicos. Na apuração da demonstração de resultado do exercício realizada trimestral ou anualmente, por exemplo, se evidenciam os lucros, configurando o nascimento da obrigação tributária referente ao IR.

Por fim, os fatos geradores continuados, como o próprio nome sugere, são ininterruptos e tendem a ser duráveis no decorrer do tempo. A propriedade de um imóvel ou de um veículo caracteriza estes fatos geradores e culmina no recolhimento do IPTU e do IPVA, respectivamente.

1.3.1.1 Obrigação tributária principal

A obrigação tributária principal surge com a ocorrência do fato gerador, tem por objeto o pagamento de tributo ou penalidade pecuniária e extingue-se com o crédito dela decorrente[18]; em outras palavras, a obrigação tributária principal nada mais é que o ônus tributário devido pelo contribuinte.

---

[16] SABBAG, Eduardo de Moraes. *Manual de direito tributário*. 4. ed. São Paulo: Saraiva, 2012, p. 650-681.
[17] Artigos 114 a 118, do CTN.
[18] BRASIL. *Código Tributário Nacional* (1966). Secretaria da Receita Federal. Lei n. 5.172, de 25/10/1966. Dispõe sobre o Sistema Tributário Nacional e institui normas gerais de direito tributário aplicáveis à União, aos estados e aos municípios. *Portal da Legislação*. Palácio do Planalto, Brasília, DF. Disponível em: <www.planalto.gov.br/ccivil_03/leis/L5172Compilado.htm>. Acesso em: 5 maio 2015.

1.3.1.2 Obrigação tributária acessória

A obrigação tributária acessória decorre da legislação tributária e tem por objeto as prestações, positivas ou negativas, nela previstas no interesse da arrecadação ou da fiscalização dos tributos. O simples fato da sua inobservância converte-se em penalidade pecuniária[19].

1.3.2 Contribuinte

A nossa legislação[20] estabelece pelo menos dois tipos de contribuintes: o de fato e o responsável.

- **Contribuinte de fato**: é a pessoa obrigada ao pagamento de tributo ou penalidade pecuniária quando tem relação pessoal e direta com a situação que constitua o respectivo fato gerador.
- **Contribuinte responsável**: quando, sem revestir a condição de contribuinte, sua obrigação decorra de disposição expressa de lei.

Em síntese, pode-se afirmar que a principal diferença entre o contribuinte de fato e o contribuinte responsável é que sobre o primeiro recai a obrigação de pagamento, enquanto o segundo tem a responsabilidade (de reter, declarar e repassar para os cofres públicos) sem ter a obrigação principal.

Exemplos:

Tributo	Contribuinte de fato	Contribuinte responsável
ISS	Prestador dos serviços	Tomador dos serviços quando obrigado à retenção
ISS	Prestador dos serviços	Prestador dos serviços quando o tomador não retém
IRRF sobre aplicação financeira	Pessoa física ou jurídica que auferiu a renda	Instituição financeira

1.3.3 Base de cálculo

É a unidade de medida adotada pela lei tributária, ou seja, o valor sobre o qual será calculado o ônus fiscal. Pode-se entender ainda como o valor sobre o qual será aplicada a alíquota do tributo.

Como exemplo, no caso do IPTU, a base de cálculo do imposto atrela-se ao valor (venal) e do bem imóvel. No caso de base de cálculo de taxa, esta limita-se ao custo do serviço prestado pelo órgão governamental. Já a base de cálculo das contribuições de melhoria corresponde ao benefício real que a obra pública adicionou ao imóvel da zona valorizada. Assim, os impostos apresentam bases distintas dos demais tributos, sob pena de termos um "imposto disfarçado".

---

[19] Artigo 113, §§ 2º e 3º, do CTN.
[20] Artigo 121, do CTN.

1.3.4 Alíquotas

Corresponde aos percentuais definidos por lei tributária e aplicados sobre a base de cálculo a fim de se apurar o valor da obrigação tributária principal. Ressalta-se que o Poder Executivo poderá alterar as alíquotas ao longo do tempo. Contudo deverá observar estritamente os parâmetros legais (máximo e mínimo, teto e piso, e não apenas um desses patamares, princípios de anualidade etc.). Tais parâmetros podem ser amplos, mas nunca serão ilimitados.

Capacidade contributiva é a capacidade de pagamento do imposto pelo contribuinte de acordo com sua renda. O STF entende que o princípio da capacidade contributiva deve ser respeitado de acordo com a capacidade econômica do contribuinte e que as alíquotas poderão ser progressivas ou proporcionais.

Exemplos:

Tabela progressiva do Imposto de Renda Retido na Fonte (IRPF)	
Base de cálculo (R$)	Alíquota (%)
Até 1.903,98	–
De 1.903,99 a 2.826,65	7,5
De 2.826,66 a 3.751,05	15
De 3.751,06 a 4.664,68	22,5
Acima de 4.664,68	27,5

De acordo com a tabela apresentada do IRRF (valores 2017), observa-se que à medida que a capacidade contributiva do indivíduo aumenta, o IR tem sua alíquota majorada, diferentemente da Contribuição Social sobre o Lucro Líquido (CSLL) das empresas de grande porte, nas quais a alíquota respeita a proporcionalidade independentemente da base de cálculo ou, ainda, da capacidade contributiva.

Exemplo:

Proporcionalidade		
Base de cálculo	Alíquota	CSLL devida
10	9%	0,90
100	9%	9,00
1000	9%	90,00

1.3.5 Vencimento

A Coordenação-Geral de Arrecadação e Cobrança (Codac) da Receita Federal do Brasil publica mensalmente em seu *site* (http://idg.receita.fazenda.gov.br/acesso-rapido/agenda-tributaria) os vencimentos dos prazos para pagamento dos tributos administrados pela Secretaria da Receita Federal do Brasil (RFB) e para a apresentação das principais declarações, demonstrativos e documentos exigidos por esse órgão, definidos em legislação específica. Os vencimentos poderão variar em conformidade com o regime de apuração do tributo.

1.4 Principais atribuições do contador em matéria tributária

O objeto da contabilidade tributária é o controle de um patrimônio, por meio de coleta, armazenamento e processamento das informações tributárias. A mutação das contas tributárias é produto da variação do patrimônio da empresa.

Para realizar o controle do patrimônio é necessário realizar a escrituração, a gestão e o planejamento contábil e tributário de todas as transações (fatos administrativos ou contábeis) envolvidos pelos eventos econômicos.

1.4.1 Escrituração

Por meio do registro (escrituração, lançamento), a contabilidade institui o método de controle patrimonial. A escrituração deverá ser utilizada como ferramenta operacional. O contador tem a liberdade de escolher o sistema que julgar necessário; contudo, independentemente do sistema utilizado, o método deverá ser único (partidas dobradas). Todo lançamento deve ser feito com base em documentos hábeis que comprovem, tanto em nível fiscal quanto comercial e patrimonial, a existência do fato administrativo.

A informação escriturada deverá trazer mais benefícios do que o custo em obtê-la, ser compreensível, relevante, confiável, consistente e de utilidade para o decisor. A escrituração da área fiscal é alimentada, geralmente, por subsistemas (por exemplo, cadastro de clientes, fornecedores e empregados; almoxarifado; estrutura de produtos e de produção; e arquivo fiscal de itens), corroborando para a formatação de um grande banco de dados com informações fiscais relevantes sobre faturamento, contas a pagar e a receber, entradas e saídas de produtos, mercadorias e serviços, sistemas de qualidade e, principalmente, sobre as obrigações tributárias e seus reflexos.

Para tanto, a escrita fiscal reclassifica, armazena e elabora todos os arquivos e livros fiscais decorrentes das entradas e saídas da empresa e dá as informações para o recolhimento dos tributos sobre o faturamento, o resultado ou o patrimônio. Utiliza como documentos externos recibos de depósito bancário, comprovantes de aplicação financeira, notas fiscais, cupons fiscais, faturas, cópias de cheques, escrituras, duplicatas e recibos. A documentação interna envolve requisições de almoxarifados, comunicações de transferências, relatórios de despesas com funcionários, custos de mercadorias etc. Essa discussão será retomada no Capítulo 2.

1.4.2 Gestão tributária

A gestão tributária é um subsistema da empresa e contribui para a tomada de decisão. Encontram-se no processo de gestão tributária atividades de execução, controle e planejamento. Compreende um conjunto de procedimentos e diretrizes:

- Análise do ambiente externo e interno
- Elaboração do planejamento estratégico
- Elaboração das diretrizes e políticas estratégicas

- Planejamento operacional
- Elaboração do plano operacional
- Programação das operações
- Aprovação do programa operacional
- Execução das operações e transações
- Controle
- Ações corretivas

O gestor de tributos deverá avaliar rotinas, práticas e procedimentos fiscais, esclarecendo questões complexas ou controvertidas na dinâmica dos tributos, além de identificar lacunas ou obscuridades da lei e articular comentários sobre a legitimidade das recomendações contidas em expedientes recebidos de advogados e auditores[21]. Essa discussão também será retomada no Capítulo 19.

1.4.3 Planejamento tributário

O planejamento tributário é uma das atribuições do contador; para tanto, este deve ter uma visão holística e de futuro do negócio.

O contador deverá ser sério, exercer com ética as suas prerrogativas e acima de tudo ser honesto ao avaliar as transações e empreendimentos, a fim de fornecer ideias com naturalidade e responsabilidade, que possibilitem a anulação, redução ou adiamento lícito do ônus tributário da empresa[22]. Essa discussão será retomada no Capítulo 19.

1.5 Circunstâncias modificadoras da obrigação tributária

São prerrogativas legais em matéria tributária, ficando reservado exclusivamente à lei estabelecer: suspensão, extinção e exclusão da obrigação tributária principal e outras circunstâncias inibidoras da obrigação tributária principal.

1.5.1 Suspensão

São medidas jurídico-tributárias, amparadas tanto pelo CTN quanto pelo Código de Processo Civil (CPC)[23], que postergam a exigibilidade da obrigação tributária: a moratória, o depósito judicial do montante integral da dívida tributária mediante reclamações e recursos, nos termos das leis reguladoras do processo tributário administrativo, a concessão de medida liminar em mandado de segurança e o parcelamento. Tais obrigações de recolhimento devem ser contabilizadas na data do fato gerador.

Os tributos cuja exigibilidade esteja suspensa não serão dedutíveis na apuração do IR e da CSLL no lucro real[24]. Entretanto, o contribuinte deverá reconhecer a despesa tempes-

---

[21, 22] BORGES, Humberto Bonavides. *Gerência de impostos:* IPI, ICMS, ISS e IR. 8. ed. São Paulo: Atlas. 2015.

[23] BRASIL. Código de Processo Civil. Lei n. 13.105, de 16/3/2015. *Diário Oficial da União*, seção 1, 17/3/2015, p. 1. artigo 539. Palácio do Planalto, Brasília, DF. Disponível em: <www.planalto.gov.br/ccivil_03/_ato2015-2018/2015/lei/l13105.htm>. Acesso em: 14 jan. 2016.

[24] BRASIL. Lei n. 8.981, de 20/1/1995. Altera a legislação tributária federal e dá outras providências. Portal da Legislação. Palácio do Planalto, Brasília, DF. Artigo 41, § 1º. Disponível em: <www.planalto.gov.br/ccivil_03/leis/ L8981.htm>. Acesso em: 14 ago. 2015.

tivamente e adicioná-la na apuração do resultado tributável, uma vez que ela é uma despesa momentaneamente indedutível, tendo em vista que o processo encontra-se *sub judice*.

1.5.1.1 Moratória

É a procrastinação, o adiamento, do prazo de recolhimento do tributo concedido pelo administrador público em matéria tributária para que o contribuinte possa cumprir a obrigação além do dia do vencimento. É muito comum quando um país se encontra em circunstâncias excepcionais, como guerra, estado de calamidade pública ou grave crise econômica.

1.5.1.2 Depósito judicial do montante integral da dívida tributária mediante reclamações e recursos, nos termos das leis reguladoras do processo tributário administrativo; concessão de medida liminar em mandado de segurança; e parcelamento

Ocorrem quando o contribuinte diverge do entendimento do ente tributário. Um litígio é instaurado sobre a legitimidade da obrigação e o processo ainda não foi transitado em julgado, impedindo a exigência do cumprimento da obrigação até que se cesse a eficácia da causa suspensiva; todavia, há necessidade de depósito do valor da causa em questão (corrigidos pela taxa Selic, rendimento de poupança etc.).

Transitado em julgado e decretada a vencedora do certame, o contribuinte haverá o valor do depósito incluindo sua atualização monetária. Se o contribuinte perder o processo, o ente tributário também terá o direito de levantar o valor atualizado.

A classificação contábil desses depósitos judiciais deverá figurar no realizável a longo prazo, conforme a Receita Federal do Brasil (RFB) estabelece no plano de contas referencial, uma vez que, também, dificilmente a solução para o processo dessa natureza demandará um curto período de tempo, pelo fato da imprevisibilidade do término da causa.

Se o depósito judicial estiver relacionado a um passivo contingente, sua evidenciação no balanço patrimonial deverá ser feita no passivo circulante ou exigível a longo prazo pelo valor líquido da obrigação.

O parcelamento, por sua vez, é a forma jurídica que o contribuinte tem de se manter adimplente com o fisco quando não tem condição de cumprir à vista com toda a obrigação principal. Os débitos federais poderão ser parcelados em até 60 prestações mensais e sucessivas. Na prática, a RFB disponibiliza as regras de adesão aos parcelamentos por meio de programas governamentais, como: Programa de Recuperação Fiscal (Refis[25]) e Parcelamento Especial (Paes[26]).

Serão aplicadas as seguintes reduções para pagamento à vista ou para parcelamento, conforme Figura 1.5.

---

[25] BRASIL. Lei n. 9.964, de 10/4/2000. Institui o Programa de Recuperação Fiscal – Refis e dá outras providências e altera as Leis n. 8.036, de 11/5/1990, e 8.844, de 20/1/1994. *Portal da Legislação*. Palácio do Planalto, Brasília, DF. Disponível em: <www.planalto.gov.br/ccivil_03/leis/L9964.htm>. Acesso em: 3 jun. 2015.

[26] BRASIL. Lei n. 10.684, de 30/5/2003. Altera a legislação tributária, dispõe sobre parcelamento de débitos junto à Secretaria da Receita Federal, à Procuradoria-Geral da Fazenda Nacional e ao Instituto Nacional do Seguro Social e dá outras providências. *Portal da Legislação*. Palácio do Planalto, Brasília, DF. Disponível em: <www.planalto.gov.br/ccivil_03/leis/2003/L10.684.htm>. Acesso em: 2 jun. 2015.

Situação do débito/histórico	Multas (mora e ofício)	Multas isoladas	Juros de mora	Encargo legal
Para pagamento à vista				
Débito proveniente de qualquer parcelamento	Redução 100%	Redução 40%	Redução 45%	Redução 100%
Para parcelamento				
Débitos anteriormente incluídos no Refis	Redução 40%	Redução 40%	Redução 25%	Redução 100%
Débitos anteriormente incluídos no Paes	Redução 70%	Redução 40%	Redução 30%	Redução 100%

Figura 1.5 Condições dos programas de recuperação fiscal e parcelamento especial na RFB.

As reduções indicadas na Figura 1.6 não são cumulativas com outras anteriormente concedidas e serão aplicadas somente em relação aos saldos devedores dos tributários.

1.5.1.2.1 Exemplo e contabilização

Escrituração referente aos parcelamentos (Refis/Paes) envolvendo a anistia de juros e multa de mora.

Escrituração referente ao depósito judicial

1. Depósito bancário sobre tributo em discussão durante processo judicial   R$ 1.000,00
    Débito = Depósitos judiciais – Tributários [RLP]   R$ 1.000,00
    Crédito = Caixa e equivalentes [AC]   R$ 1.000,00

2. Depósito bancário de julgamento de verbas rescisórias com empregados   R$ 1.100,00
    Débito = Depósitos judiciais – Trabalhistas [RLP]   R$ 1.100,00
    Crédito = Caixa e equivalentes [AC]   R$ 1.100,00

3. Os depósitos judiciais já efetuados sofreram correção monetária de R$ 100,00, sendo R$ 55,00 dos tributos e R$ 45,00 das verbas rescisórias (este lançamento deve ocorrer mensalmente durante todo o processo).
    Débito = Depósitos judiciais – Tributários [RLP]   R$ 55,00
    Débito = Depósitos judiciais – Trabalhistas [RLP]   R$ 45,00
    Crédito = Variação monetária ativa [Receita financeira]   R$ 100,00

4. Levantamento do valor depositado referente ao ganho da causa tributária   R$ 1.055,00
    Débito = Caixa e equivalentes [AC]   R$ 1.055,00
    Crédito = Depósitos judiciais – Tributários [RLP]   R$ 1.055,00

5. Contabilização da causa trabalhista perdida pela empresa   R$ 1.145,00
    Débito = Salários [Despesas]   R$ 1.145,00
    Crédito = Depósitos judiciais – Trabalhistas [RLP]   R$ 1.145,00

Em conta Tê:

[AC] Caixa e equivalentes		[RLP] Depósitos judiciais – Tributários		[RLP] Depósitos judiciais – Trabalhistas	
	1.000,00 1	1	1.000,00	2	1.100,00
	1.100,00 2	3	55,00	3	45,00
4 1.055,00			1.055,00 4		1.145,00 5

[Receita financeira] Variação monetária ativa		[Despesas] Salários	
	100,00 3	5 1.145,00	

1.5.1.2.2 Observação quanto aos lançamentos

Cabe destacar que de acordo com a NBC TG 25 (R1), cujo título é "Provisões, passivos contingentes e ativos contingentes", os passivos contingentes não devem ser reconhecidos pela entidade como passivos. Por ser uma obrigação possível e não certa, ainda há de ser confirmada se a entidade tem ou não uma obrigação presente que possa conduzir a uma saída de recursos que incorporem benefícios econômicos.

Se em algum momento houver uma probabilidade maior de que seja gerada uma saída de benefícios econômicos futuros, tornar-se-á obrigatório, para um item previamente tratado como passivo contingente, o reconhecimento da provisão nas demonstrações contábeis do período no qual ocorra a mudança na estimativa da probabilidade.

O passivo contingente tem sua ocorrência incerta em virtude de um evento futuro, enquanto nas provisões há incertezas quanto à data do recolhimento e/ou o seu valor.

1.5.2 Extinção

As causas extintivas da obrigação tributária são: pagamento, compensação, transação, remissão, prescrição, conversão do depósito em renda, pagamento antecipado e a homologação do lançamento, consignação em pagamento, decisão administrativa, judicial, decisão judicial passada.

1.5.2.1 Pagamento

O pagamento é a principal modalidade direta de extinção da obrigação tributária. Regra geral o pagamento deverá ser feito em espécie; contudo, a lei ainda faculta a quitação da obrigação por meio do cheque.

Quando a legislação tributária não dispuser a respeito, o pagamento será efetuado na repartição competente do domicílio do sujeito passivo. Cabe destacar ainda que, quando a legislação tributária não fixar o tempo do pagamento, o vencimento do crédito ocorrerá 30 dias após a data em que se considera o sujeito passivo notificado do lançamento[27].

---

[27] BRASIL. Código Tributário Nacional (1966). Secretaria da Receita Federal. Lei n. 5.172, de 25/10/1966. Dispõe sobre o Sistema Tributário Nacional e institui normas gerais de direito tributário aplicáveis à União, aos estados e aos municípios. Capítulo IV, Seção II. *Portal da Legislação*. Palácio do Planalto, Brasília, DF. Disponível em: <www.planalto.gov.br/ccivil_03/leis/L5172Compilado.htm>. Acesso em: 5 maio 2015.

1.5.2.1.1 Exemplo e contabilização

1. IPI apurado no mês 6/X1   R$ 800,00
   Débito = IPI [Contas de resultado]   R$ 800,00
   Crédito = IPI a recolher [PC]   R$ 800,00
2. No mês 7/X1 pagamentos do IPI apurado no mês 6/X1   R$ 800,00
   Débito = IPI a recolher [PC]   R$ 800,00
   Crédito = Caixa e equivalentes [AC]   R$ 800,00

Em conta Tê:

Caixa e equivalentes [AC]		IPI a recolher [PC]		IPI [Contas de resultado]	
			800,00 1	1 800,00	
	800,00 2	2 800,00			

1.5.2.2 Compensação

A compensação é realizada sempre que o contribuinte buscar extinguir uma obrigação tributária mediante a utilização de um crédito tributário. É vedada a compensação mediante o aproveitamento de tributo, objeto de contestação judicial pelo sujeito passivo, antes do trânsito em julgado da respectiva decisão judicial. O Pedido Eletrônico de Restituição, Ressarcimento ou Reembolso e Declaração de Compensação (Perdcomp) é o sistema disponibilizado pela RFB, para a realização da compensação, por exemplo.

1.5.2.2.1 Exemplo e contabilização

1. O valor da CSLL a recolher apurado no mês 6/X1   R$ 730,00
   Débito = CSLL [Contas de resultado]   R$ 730,00
   Crédito = CSLL a recolher [PC]   R$ 730,00
2. Ao final do mês 6/X1, identificou-se um pagamento a maior de CSLL no valor de R$ 350,00 referente a algum mês anterior e fez-se necessário realizar a declaração de compensação via Perdcomp e a escrituração da compensação do tributo.
   Débito = CSLL a recolher [PC]   R$ 350,00
   Crédito = CSLL [Contas de resultado]   R$ 350,00
3. No mês 7/X1 efetuou-se o pagamento da CSLL devida   R$ 380,00
   Débito = CSLL a recolher [PC]   R$ 380,00
   Crédito = Caixa e equivalentes [AC]   R$ 380,00

Em conta Tê:

Caixa e equivalentes [AC]		CSLL a recolher [PC]		CSLL [Contas de resultado]	
			730,00 1	1 730,00	
		2 350,00			350,00 2
	380,00 3	3 380,00			

1.5.2.3 Transação

A lei pode facultar aos sujeitos ativo e passivo da obrigação tributária celebrar transação, mediante concessões mútuas, em função do litígio e da consequente extinção de crédito tributário. Esta ainda indicará a autoridade competente para autorizar a transação em cada caso[28].

Essa modalidade de exclusão da obrigação tributária é comumente encontrada quando o contribuinte paga à vista uma multa referente a um auto de infração e em consequência obtém um "desconto".

1.5.2.3.1 Exemplo e contabilização

1. A personalidade jurídica foi notificada em R$ 5.000,00 pelo ente tributante referente ao IPI não recolhido. O ente tributante concedeu um desconto de 50% caso o contribuinte opte pelo recolhimento em 30 dias.
   Débito = IPI [Conta de resultado]   R$ 5.000,00
   Crédito = IPI a recolher [PC]   R$ 2.500,00
   Crédito = Descontos obtidos [Receita]   R$ 2.500,00

   Em conta Tê:

IPI a recolher [PC]	IPI [Conta de resultado]	Descontos obtidos [Receita]
2.500,00 1	1 5.000,00	2.500,00 1

1.5.2.4 Remissão

A autoridade fazendária poderá perdoar uma obrigação tributária extinguindo-se o crédito. O tratamento contábil da remissão é semelhante ao tratamento contábil dado ao desconto incondicional. A RFB entende que o perdão da dívida no lucro real, por representar um acréscimo patrimonial para o devedor, é tributável pelo IRPJ, pela CSLL, pela Cofins e pelo PIS, uma vez que o lançamento contábil ocorre mediante crédito de receita.

1.5.2.4.1 Exemplo e contabilização

1. CSLL apurada no mês 6/X1   R$ 890,00
   Débito = CSLL [Contas de resultado]   R$ 890,00
   Crédito = CSLL a recolher [PC]   R$ 890,00

2. Tributo anistiado pela RFB – CSLL
   Débito = CSLL a recolher [PC]   R$ 890,00
   Crédito = Receita por anistia tributária [Receita]   R$ 890,00

---

[28] Artigo 171 do CTN.

Em conta Tê:

CSLL a recolher [PC]		CSLL [Contas de resultado]	Receita por anistia tributária [Receita]
	890,00 1	1 890,00	
2 890,00			890,00 2

1.5.2.5 Prescrição

No caso de prescrição, o ente tributante perde o direito de pleitear a intervenção do Judiciário. Tributos federais estão prescritos quando não recolhidos e cobrados no período decadencial. Seguindo a mesma regra, a restituição deverá respeitar o tributo atingido pela decadência.

Havendo dolo, simulação ou fraude na informação contábil-tributária, declaradas por meio das obrigações acessórias lesando o ente tributante, essa regra de prescrição não será aplicada.

1.5.2.5.1 Exemplo e contabilização

1. Valor do IRPJ apurado ao final de 12/X1   R$ 500,00
   Débito = IPPJ – Despesa [Conta de resultado]   R$ 500,00
   Crédito = IRPJ a recolher [PC]   R$ 500,00
2. Passado o período prescritivo, o IRPJ não foi cobrado pelo ente tributante*   R$ 500,00
   Débito = IRPJ a recolher [PC]   R$ 500,00
   Crédito = IRPJ prescrito [Receita]   R$ 500,00

Em conta Tê:

IRPJ a recolher [PC]		IPPJ – Despesa [Conta de resultado]	Receitas com IRPJ prescrito [Receita]
	500,00 1	1 500,00	
2 500,00			500,00 2

* Ressalta-se que a prescrição do tributo é fato que não tem ocorrido com frequência na prática.

1.5.2.6 Outras formas de extinção

Também configuram formas de extinção da obrigação tributária: a conversão do depósito em renda, o pagamento antecipado, a consignação em pagamento, bem como uma decisão administrativa judicial.

1.5.3 Exclusão

A exclusão da obrigação tributária acontecerá por meio de isenções e anistias concedidas pelo ente tributante.

1.5.3.1 Isenções

As isenções são decorrentes de lei que especifique as condições e os requisitos exigidos para a sua concessão. Pode ser restrita a determinada região do território da entidade tributante, em função de condições a ela peculiares. Não é extensiva às taxas, às contribuições de melhoria e aos tributos instituídos posteriormente à sua concessão.

A autoridade administrativa pode conceder a isenção para casos específicos. Atualmente a RFB concede isenção do Imposto sobre a Renda da Pessoa Física para Portadores de Moléstia Grave (síndrome da imunodeficiência adquirida, alienação mental, cardiopatia grave, cegueira, contaminação por radiação, doença de Paget em estados avançados, doença de Parkinson, esclerose múltipla, espondiloartrose anquilosante, fibrose cística, hanseníase, nefropatia grave, hepatopatia grave, neoplasia maligna, paralisia irreversível e incapacitante e tuberculose ativa); isenção do IPI e do IOF para pessoas portadoras de deficiência física, visual, mental severa ou profunda e autistas; isenção do IPI e do IOF para taxistas; isenção de contribuições sociais para as entidades beneficentes de assistência social que cumpram determinados requisitos.

1.5.3.2 Anistia

É o perdão de multas impostas pelo não cumprimento ou o cumprimento equivocado da obrigação tributária. É importante compreender que a isenção dispensa o recolhimento do tributo e a anistia dispensa o recolhimento da multa.

1.5.3.2.1 Exemplo e contabilização

(Neste item serão utilizados os dados constantes na Figura 1.5 do item 1.5.1.2.)

Pressupondo que o contribuinte deve IRPJ e CSLL no valor de R$ 9.685,71, de acordo com a tabela a seguir, e que o contribuinte optou pelo parcelamento incluído no Refis conforme descrito na Figura 1.6 do item 1.5.1.2, obtendo, portanto, uma anistia de 40% da multa de mora devida e 25% dos juros de mora devido.

Tributo	Valor original	Multa de mora		Juros de mora		Débito consolidado
		Valor devido	Valor anistiado	Valor devido	Valor anistiado	Com 50% da multa
	[a]	[b] = [a] × 20%	[c] = [b] – 40%	[d] = [a] × 70%	[e] = [d] – 25%	[f] = [a] + [b] + [d] – [c] – [e]
IRPJ	R$ 6.780,00	R$ 1.356,00	R$ 542,40	R$ 4.746,00	R$ 1.186,50	R$ 11.153,10
CSLL	R$ 2.905,71	R$ 581,14	R$ 232,46	R$ 2.034,00	R$ 508,50	R$ 4.779,90
TOTAL	R$ 9.685,71	R$ 1.937,14	R$ 774,86	R$ 6.780,00	R$ 1.695,00	R$ 15.933,00

Valor devido antes da anistia =	R$ 18.402,86
Valor anistiado =	R$ 2.469,86
Valor líquido devido =	R$ 15.933,00

1. Após o lançamento do reconhecimento da obrigação tributária é necessário a transferência para a conta passiva única, aqui denominada Programa de Recuperação Fiscal (Refis).
   Débito = IRPJ a recolher [PC]   R$ 11.153,10
   Débito = CSLL a recolher [PC]   R$ 4.779,90
   Crédito = Refis [PC]   R$ 15.933,00

2. Reconhecimento da anistia no resultado em face da redução da multa de mora.
   Débito = IRPJ a recolher [PC]   R$ 542,40
   Débito = CSLL a recolher [PC]   R$ 232,46
   Crédito = Receita com anistia [Receita]   R$ 774,86

3. Reconhecimento da anistia no resultado em face da redução dos juros de mora.
   Débito = IRPJ a recolher [PC]   R$ 1.186,50
   Débito = CSLL a recolher [PC]   R$ 508,50
   Crédito = Receita com anistia [Receita]   R$ 1.695,00

4. Pagamento da parcela 1/12 do Refis
   (R$ 15.933,00/12 parcelas do parcelamento)   R$ 1.327,75
   Débito = Refis [PC]   R$ 1.327,75
   Crédito = Caixa e equivalentes [AC]   R$ 1.327,75

Em conta Tê:

Caixa e equivalentes [AC]		IRPJ a recolher [PC]		CSLL a recolher [PC]
	1	11.153,10	1	4.779,90
	2	542,40	2	232,46
1.327,75 4	3	1.186,50	3	508,50

Refis [PC]		Receita com anistia [Receita]	
15.933,00	1	774,86	2
4 1.327,75		1.695,00	3

1.5.4 Circunstâncias inibidoras da obrigação de pagamento do tributo

A imunidade, o diferimento, a alíquota zero e a redução de base de cálculo configuram situações que inibem a obrigação de pagamento dos tributos.

1.5.4.1 Imunidade

A imunidade é a proteção concedida pela CF/1988 aos templos de qualquer culto, aos partidos políticos, inclusive suas fundações, às entidades sindicais de trabalhadores e instituições de educação e de assistência social, sem fins lucrativos. Para o gozo da imunidade, essas instituições estão obrigadas a atender aos requisitos estabelecidos pela RFB[29]. São eles:

- Não remunerar, por qualquer forma, seus dirigentes pelos serviços prestados.
- Aplicar integralmente no país seus recursos na manutenção e no desenvolvimento dos seus objetivos institucionais.
- Manter escrituração completa de suas receitas e despesas em livros revestidos das formalidades que assegurem a respectiva exatidão.
- Conservar em boa ordem, pelo prazo de 5 anos, contado da data da emissão, os documentos que comprovem a origem de suas receitas e a efetivação de suas despesas, bem como a realização de quaisquer outros atos ou operações que venham a modificar sua situação patrimonial.
- Apresentar a obrigação acessória em conformidade com o disposto em ato da Secretaria da Receita Federal.
- Assegurar a destinação de seu patrimônio a outra instituição que atenda às condições para gozo da imunidade, no caso de incorporação, fusão, cisão ou de extinção da pessoa jurídica, ou a órgão público.
- Não distribuírem qualquer parcela de seu patrimônio ou de suas rendas, a qualquer título.
- Outros requisitos, estabelecidos em lei específica, relacionados com o funcionamento das entidades citadas.

As entidades sem fins lucrativos que não se enquadrem na imunidade estarão sujeitas à CSLL, devendo apurar a base de cálculo e recolher e escriturar o tributo nos termos da legislação comercial.

1.5.4.2 Diferimento

O diferimento tributário está relacionado ao prazo de recolhimento do tributo. A operação da industrialização, venda ou prestação de serviço ocorre normalmente, porém o tributo gerado será recolhido na operação subsequente pelo adquirente do produto, mercadoria ou serviço. Contudo, se o responsabilizado não cumprir com o pagamento do imposto diferido, a responsabilidade recairá sobre o vendedor, fabricante ou prestador de serviços.

Existem também algumas situações especiais em que a legislação permite que determinada parcela de provisão do IR possa ser paga num prazo indeterminado, sempre mais de 1 ano da data do balanço. Anualmente deverá ser feita a atualização, e o valor apurado deverá ser lançado como despesa financeira. A contabilização do principal é a mesma da provisão de IR de curto prazo. Esse assunto será retomado no Capítulo 12.

---

[29] BRASIL. Lei n. 9.532, de 10/12/1997. Altera a legislação tributária federal e dá outras providências. Disponível em: <www.planalto.gov.br/ccivil_03/leis/L9532.htm>. Acesso em: 3 jun. 2015. BRASIL. Lei n. 9.732, de 11/12/1998. Altera dispositivos das Leis n. 8.212 e 8.213, ambas de 24/7/1991, da Lei n. 9.317, de 5/12/1996, e dá outras providências. *Portal da Legislação*. Palácio do Planalto, Brasília, DF. Disponível em: <www.planalto.gov.br/ccivil_03/leis/L9732.htm>. Acesso em: 4 jun. 2015.

1.5.4.3 Alíquota zero

Conforme estabelecido no item 1.3.4, as alíquotas correspondem aos percentuais definidos por lei tributária. A alíquota zero não acarretará em uma obrigação tributária principal. Vale destacar que ela não deverá ser confundida com os termos "não incidência" ou "isenção", pois nessa modalidade o tributo incide, porém não haverá recolhimento em virtude de o produto da equação de apuração da obrigação principal ser zero. Tem como finalidade contribuir com a política econômica de incentivo ao consumo (como no caso da redução do IPI para a linha branca e dos veículos).

A vantagem de o ente tributante instituir uma alíquota zero é que, em havendo necessidade desta arrecadação, o ente não necessitará aguardar o próximo exercício social para sua majoração.

1.5.4.4 Redução de base de cálculo

Consiste em uma modalidade que inibe a tributação que beneficia operações e prestações específicas. Comumente aplicada pelo regulamento do ICMS, reduz em determinado percentual o valor que serve para a base de cálculo do imposto.

Exemplo:

1. Em uma operação sem qualquer redução de base de cálculo, o imposto seria apurado da seguinte forma:
   - Valor da operação: R$ 10.000,00
   - Alíquota aplicada: 18%
   - Imposto devido = R$ 10.000,00 x 18% = R$ 1.800,00

2. Com a redução de base de cálculo, o imposto seria apurado da seguinte forma:
   - Valor da operação: R$ 10.000,00
   - Redução da base de cálculo: 20%
   - Base de cálculo reduzida em 20% = R$ 8.000,00
   - Imposto devido = R$ 8.000,00 x 18% = R$ 1.440,00

1.6 Retenções

A retenção ocorre quando a lei atribui uma responsabilidade solidária à fonte pagadora. Nesses casos, o contratante deverá se responsabilizar pelo desconto e repasse do tributo para os cofres públicos. O assunto será retomado no Capítulo 18.

1.7 Incentivos fiscais

Incentivos fiscais poderão ser contabilizados como reserva de incentivos fiscais, que é uma reserva de lucro decorrente de a empresa ter recebido doações governamentais para investimentos. Caso queira que o valor recebido, seja em dinheiro seja em bens, não sofra tributação do imposto de renda, ela deverá transferir o valor que transitou pela demonstração do resultado do exercício para uma reserva de lucros denominada reserva de incentivos fiscais.

Na legislação e práticas contábeis vigorantes até 31/12/2007, as doações governamentais recebidas para investimentos eram debitadas no realizável a longo prazo em contrapartida direta à reserva de capital no patrimônio líquido. Essa possibilidade não existe mais, e todas as doações governamentais recebidas devem ser contabilizadas como receita na demonstração de resultados e seu valor não será classificado como reserva de capital, e sim como reserva de lucros.

Vamos supor que a empresa tenha recebido o valor de R$ 20.000,00 para um projeto de pesquisa a fundo perdido, ou seja, não haverá a necessidade de devolver o dinheiro para o governo. Os lançamentos seriam os seguintes:

Exemplo numérico:

1. Recebimento de doação governamental em dinheiro
2. Transferência do valor constante da demonstração do resultado para reserva

Todas as movimentações foram feitas com saldo bancário

Lançamentos

1	Débito	Bancos conta movimento	20.000,00	Ativo circulante
1	Crédito	Receita de doações	20.000,00	Receita
2	Débito	Lucros acumulados	20.000,00	Patrimônio líquido
2	Crédito	Reserva de incentivos fiscais	20.000,00	Patrimônio líquido

Em conta Tê:

Bancos conta movimento	Lucros acumulados	Reserva de incentivos fiscais
1 20.000,00	2 20.000,00	20.000,00 2

Receita de doações
20.000,00 1

Questões e exercícios

1. A Lei n. 5.172, de 25/10/1966, dispõe sobre o Sistema Tributário Nacional e institui normas gerais do direito tributário aplicáveis à União, aos estados e aos municípios. O Código Tributário Nacional (CTN) estabelece que **tributo**:
   ( ) não constitui sanção por ato ilícito.
   ( ) é cobrado mediante atividade administrativa plenamente vinculada.
   ( ) deve ser instituído em lei.
   ( ) Todas as alternativas acima estão corretas.

2. Pela teoria da divisão dos tributos denominada pentapartite, adotada pelo Supremo Tribunal Federal, tributo é um gênero. Quais são as suas classes? Explique-as.

3. Quais são as principais diferenças entre os impostos e as taxas?

4. Leia atentamente as informações abaixo:

   I – Poderá ser cobrada pela União, pelos estados, pelo Distrito Federal ou pelos municípios, no âmbito de suas respectivas atribuições, contanto que haja nexo causal entre a melhoria havida e a realização da obra pública.

   II – Poderá ser instituído somente em casos excepcionais, definidos em lei complementar como: decorrentes de calamidade pública, de guerra ou sua iminência; ou investimento público de caráter urgente e de relevante interesse nacional.

   III – São tributos destinados ao financiamento, por toda a sociedade, de forma direta e indireta, de gastos direcionados à atuação da União em manter a ordem social. Uma vez arrecadados pela União, não serão partilhados com outros entes federados.

   IV – Poderão ser instituídos pela União, pelos estados, pelos municípios e pelo Distrito Federal, e a forma de criação deve seguir ritos jurídicos próprios, inerentes a cada esfera governamental com atribuições e obrigações específicas, bem como a forma de sua destinação. Surge independente da contraprestação estatal em relação ao contribuinte e serão classificados em diretos ou indiretos de acordo sua incidência.

   Sendo o **tributo** um gênero, as suas classes são:
   K – Contribuição de melhoria
   L – Empréstimo compulsório
   M – Imposto
   N – Contribuições sociais
   Assinale a alternativa correspondente:
   ( ) I-L, II-K, III-M, IV-N
   ( ) I-K, II-L, III-N, IV-M
   ( ) I-L, II-K, III-N, IV-M
   ( ) I-K, II-M, III-N, IV-L

5. Alguns preceitos da estrutura jurídica tributária são amplamente discutidos. Quais são estes preceitos ou elementos indispensáveis (fundamentais) aos tributos, segundo doutrinadores, tributaristas e juristas? Explique-os.

6. Descreva as principais atribuições do contador em matéria tributária.

7. Sabendo que a suspensão do crédito tributário é uma das medidas jurídico-tributárias amparadas tanto pelo CTN quanto pelo CPC, que posterga a exigibilidade da obrigação tributária, diferencie a moratória do depósito judicial do montante integral da dívida tributária mediante reclamações e recursos. Quando a suspensão deverá ser contabilizada?

8. Um litígio é instaurado sobre a legitimidade da obrigação e o processo ainda não foi transitado e julgado, impedindo a exigência do cumprimento da obrigação até que se cesse a eficácia da causa suspensiva; todavia, há necessidade de depósito do valor da causa em questão (corrigidos pela taxa Selic, pelo rendimento de poupança etc.). Faça a escrituração do depósito judicial tributário e trabalhista nos valores de R$ 5.000,00 e R$ 5.500,00, respectivamente. Em seguida, faça a escrituração da correção monetária, referente ao corrente mês, de: R$ 500,00, sendo R$ 275,00 dos tributos e R$ 225,00 das verbas rescisórias.

9. Continuando os dados da questão anterior: o processo foi transitado em julgado. O contribuinte venceu o litígio tributário e perdeu a causa trabalhista. Faça a escrituração.

10. A empresa XXX apurou, ao final do primeiro trimestre de 2016, R$ 5.000,00 de impostos. Contudo, ao final do trimestre a empresa também identificou um pagamento a maior de imposto no valor de R$ 500,00, referente à competência anterior. Após a declaração de compensação (Perdcomp), como ficaria a escrituração da compensação do imposto e o pagamento da parcela devida, uma vez que a compensação é realizada sempre que o contribuinte busca extinguir uma obrigação tributária mediante a utilização de um crédito tributário?

11. A personalidade jurídica foi notificada em R$ 7.000,00 pelo ente tributante referente ao imposto não recolhido. O ente tributante concedeu um desconto de 50% caso o contribuinte opte em recolher tudo em 30 dias. Faça a escrituração contábil do desconto obtido.

12. Quais são as principais diferenças entre prescrição e remissão do crédito tributário?

13. Quais são as principais formas de exclusão da obrigação tributária concedidas pelo ente tributante? Explique-as.

14. Quais são as principais circunstâncias inibidoras da obrigação de pagamento do tributo?

15. A literatura aponta que o governo tem três funções básicas: alocativa, estabilizadora e distributiva. Quais são as funções dos tributos?

16. Conforme os artigos 153 e 154, inciso I, da Constituição Federal, compete à União os seguintes tributos:
    ( ) Imposto sobre Operações de Crédito, Câmbio e Seguro ou Relativas a Títulos ou Valores Mobiliários (IOF), Imposto sobre a Transmissão (Onerosa) *Inter Vivos* de Bens Imóveis (ITBI) e Imposto sobre Produtos Industrializados (IPI).
    ( ) Imposto sobre a Renda e Proventos de Qualquer Natureza (IR), Imposto sobre Transmissão *Causa Mortis* e Doações (ITCMD) e Imposto sobre a Transmissão (Onerosa) *Inter Vivos* de Bens Imóveis (ITBI).
    ( ) Imposto sobre Transmissão *Causa Mortis* e Doações (ITCMD), Imposto sobre Importação (II) e Imposto sobre a Circulação de Mercadorias e sobre Prestações de Serviços de Transporte Interestadual e Intermunicipal e de Comunicação (ICMS).
    ( ) Imposto sobre Exportação (IE), Imposto sobre Produtos Industrializados (IPI) e Imposto sobre Operações de Crédito, Câmbio e Seguro ou Relativas a Títulos ou Valores Mobiliários (IOF).

capítulo 2
Arquitetura Tributária Brasileira, Regimes de Incidência Tributária, Enquadramentos, Atuação do Fisco e Crimes Contra a Ordem Tributária

Caracterizamos como arquitetura tributária brasileira uma visão panorâmica de todo o conjunto de variáveis fiscais e societárias que direcionam os diversos enquadramentos e regimes de incidência tributários em nosso país. A arquitetura tributária brasileira compreende:

- O Código Tributário Nacional (CTN).
- Todas as legislações tributárias emanadas do CTN em âmbito federal, estadual e municipal.
- Certos tipos de empresas para fins de tributação.
- Regimes de incidência tributária e enquadramentos.
- Procedimentos operacionais de apuração, declaração e recolhimento dos tributos.

A arquitetura tributária brasileira é considerada operacionalmente complexa, porque, em determinados casos, perpassa a legislação societária, a forma como as empresas podem ser organizadas, interferindo até na forma de apuração de seus resultados.

2.1 Arquitetura tributária brasileira

Para sustentar suas atividades governamentais, o Brasil goza de uma crescente arrecadação tributária, como demonstra a Figura 2.1.

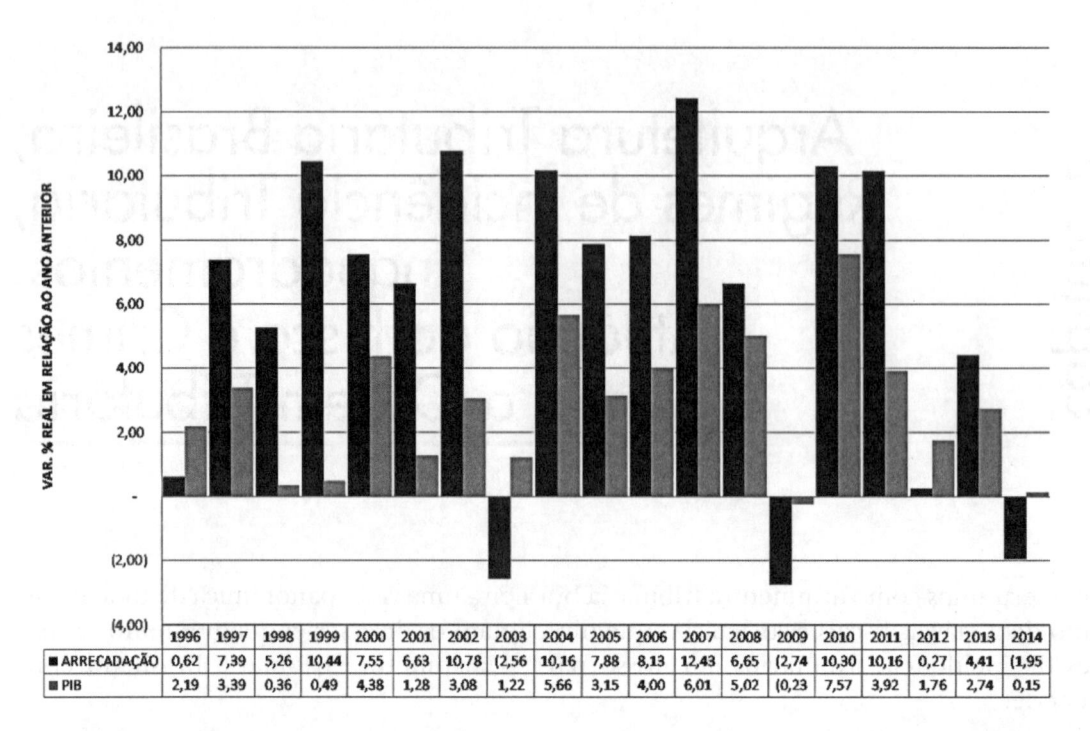

	1996	1997	1998	1999	2000	2001	2002	2003	2004	2005	2006	2007	2008	2009	2010	2011	2012	2013	2014
ARRECADAÇÃO	0,62	7,39	5,26	10,44	7,55	6,63	10,78	(2,56	10,16	7,88	8,13	12,43	6,65	(2,74	10,30	10,16	0,27	4,41	(1,95
PIB	2,19	3,39	0,36	0,49	4,38	1,28	3,08	1,22	5,66	3,15	4,00	6,01	5,02	(0,23	7,57	3,92	1,76	2,74	0,15

Figura 2.1 Variação percentual real da arrecadação das receitas administradas pela RFB x variação percentual do PIB. Período de 1996 a 2014[1].

É crescente o número de siglas, alíquotas e normas que compõem o universo desse contexto. Assim, a origem da obrigação tributária acontece muito antes da circulação de mercadorias, produtos e serviços. Isso acontece já na abertura de uma empresa. Para tanto, é necessário compreender os tipos de empresas para fins de tributação, pois o simples fato de abrir um negócio já configura fato gerador de inúmeras obrigações principais e acessórias.

2.2 Tipos de empresas para fins de tributação

As questões tributárias permeiam os empreendimentos desde a sua abertura. Para potencializar as ações em prol da geração de riqueza dos empreendimentos, é necessário compreender as formas legais para a sua constituição e os seus reflexos no tributo. É importante também que os envolvidos na abertura do negócio tenham consciência de que a qualidade das informações afeta diretamente a produtividade, a competitividade, a lucratividade e principalmente a apuração do tributo.

A determinação da atividade econômica, o grupo de pessoas responsáveis pelo empreendimento, o capital investido e o gasto com colaboradores são variáveis determinantes na constituição e tributação da empresa. O porte da empresa é uma variável de suma importância na determinação da forma de recolhimento do tributo e pode inclusive trazer benefícios tributários e não tributários, conforme será demonstrado no Capítulo 9.

---

[1] BRASIL. *Análise da Arrecadação das Receitas Federais*. Ministério da Fazenda, Brasília, DF: Centro de Estudos Tributários e Aduaneiros da Secretaria da Receita Federal. p. 48. Disponível em: <http://idg.receita.fazenda.gov.br/dados/receitadata/arrecadacao/relatorios-do-resultado-da-arrecadacao/arrecadacao-2016/marco2016/analise-mensal-mar-2016.pdf>. Acesso em: 29 mar. 2017.

Apresentaremos a seguir os principais tipos de empresa: Empresa Individual de Responsabilidade Limitada (Eireli), empresário individual, empreendedor individual ou MEI, sociedade simples, sociedade empresária, sociedade em nome coletivo, sociedade em comandita simples, sociedade limitada, sociedade anônima, sociedade em comandita por ações, empresas subordinadas à aprovação prévia de órgãos do governo, empresas sem fins lucrativos, de caráter filantrópico, recreativo, cultural e científico e associações civis.

O Departamento de Registro Empresarial Público, de posse de dados fornecidos pelas juntas comerciais, confecciona mensalmente um relatório estatístico que evidencia os registros e arquivamentos por tipo empresarial (conforme a Figura 2.2, referente apenas ao mês de setembro de 2015 das micro e pequenas empresas).

1– Registro/arquivamento por tipo empresarial (exceto MEI)			
Natureza Jurídica	**Constituição**	**Alteração**	**Extinção**
Empresário	14.527	67.348	17.405
Sociedade empresária limitada	17.862	75.870	9.640
Sociedade anônima	219	7.022	20
Cooperativa	61	619	11
Empresa individual de responsabilidade limitada	8.237	13.091	677
Outros tipos jurídicos	53	394	12
Total	**40.959**	**164.344**	**27.765**

Figura 2.2 Registros e arquivamentos por tipo empresarial[2].

2.2.1 Empresa individual de responsabilidade limitada (Eireli)

A expressão Eireli passou a ser adotada sob essa denominação a partir de 8 de janeiro de 2012. A Eireli é constituída por uma única pessoa responsável na totalidade pelo patrimônio devidamente integralizado, que não poderá ser inferior a 100 vezes o maior salário mínimo vigente no país.

Por se tratar de uma empresa de responsabilidade limitada, o patrimônio do empresário está protegido, ou seja, não responde por dívidas da empresa. Essa limitação de responsabilidade será descaracterizada no caso de constatado abuso ou fraude por parte da empresa ou do empresário.

Ao final do "nome empresarial" deverá ser acrescida a sigla Eireli. O empresário que constituir uma Eireli poderá figurar em uma única empresa dessa modalidade.

A maior vantagem tributária concedida pela Eireli foi facilitar aos profissionais autônomos a constituição de uma personalidade jurídica. A Eireli poderá se enquadrar em qualquer regime tributário (item 2.3 e Capítulos 9, 11 e 12), caso não incorra nas vedações definidas pelo CGSN. O empreendedor individual de responsabilidade limitada poderá valer-se inclusive de uma tributação menos onerosa.

2.2.2 Empresário individual

O empresário individual é a pessoa física que exerce atividade econômica sem a necessidade de um sócio. Diferente da Eireli, o empresário individual não tem a responsabilidade limitada ao patrimônio da empresa e também não há exigência mínima de um capital a integralizar.

---

[2] BRASIL. *Relatório estatístico mensal nacional.* Departamento de Registro Empresarial e Integração. Secretaria Especial da Micro e Pequena Empresa, set. 2015, 1p. Disponível em: <http://drei.smpe.gov.br/assuntos/estatisticas/pasta-mensal-nacional-2015/relatorio-estatistico-mensal-setembro-2015.pdf>. Acesso em: 29 mar. 2017.

A razão social da empresa poderá indicar o nome completo ou abreviado da pessoa física, acrescentando, se preferir, designação mais precisa do gênero de atividade. Assim como a Eireli, o empresário individual poderá se enquadrar em qualquer regime tributário (item 2.3 e Capítulos 8, 11 e 12), caso não incorra nas vedações do CGSN, valendo-se, inclusive, de uma tributação menos onerosa.

2.2.3 Empreendedor individual (MEI)

É a pessoa física que trabalha por conta própria e que se legaliza como pequeno empresário. Foi regulamentada pela Lei Complementar n. 128, de 19/12/2008, na tentativa de fornecer condições tributárias especiais para a legalização do trabalhador informal. A razão social do MEI será o nome completo do empreendedor seguido de seu CPF.

O MEI será enquadrado no Simples Nacional, contudo estará isento dos tributos federais (IR, PIS, Cofins, IPI e CSLL). Pagará apenas um valor fixo mensal (atualizado anualmente de acordo com o salário mínimo), que será destinado para custear a Previdência Social, o ICMS e/ou o ISS.

O gasto tributário estará limitado ao valor fixo mensal de R$ 47,85 (comércio ou indústria), R$ 51,85 (prestação de serviços) ou R$ 52,85 (comércio e serviços), sendo R$ 46,85 destinados ao INSS e R$ 6,00 ao ISS.

Esses recolhimentos contribuirão para a seguridade do empreendedor (aposentadoria por idade e/ou invalidez, auxílio-doença, salário-maternidade). Entretanto, para constituir-se como MEI e gozar de tais benefícios, a sua receita bruta anual deverá ser de até R$ 60.000,00 e poderá ter, no máximo, um empregado, remunerado com o piso da categoria ou salário-mínimo.

O governo federal disponibiliza um portal (www.portaldoempreendedor.gov.br) a fim de orientar os cidadãos tanto na forma de constituição da empresa quanto em seus direitos e obrigações.

2.2.4 Sociedade simples

A sociedade simples é constituída para a exploração de atividade de prestação de serviços intelectuais (de natureza científica, literária ou artística) e de cooperativa. Seu quadro societário deverá ser composto por no mínimo duas pessoas, que responderão ilimitadamente pelas dívidas contraídas pela empresa. Não pode ser confundida com a sociedade empresária (item 2.2.5).

Muitos juristas entendem que a sociedade simples, e não somente a sociedade empresária, pode ser constituída em nome coletivo (item 2.2.5.1), comandita simples (item 2.2.5.2) e limitada (item 2.2.5.3).

Em regra geral, as sociedades simples são de menor porte e poderão se enquadrar em qualquer regime tributário (item 2.3 e Capítulos 9, 11 e 12), caso não incorram nas vedações do CGSN.

Um exemplo clássico de sociedade simples são as cooperativas, tendo como atividade econômica principal viabilizar a atividade dos seus cooperados.

2.2.5 Sociedade empresária

A sociedade empresária exerce a atividade econômica organizada por meio de empresa e não diretamente pelos sócios. Em regra geral desenvolvem atividades econômicas mais complexas, de porte maior que as sociedades simples. São constituídas sob a forma de sociedade em nome coletivo, sociedade em comandita simples, sociedade limitada, sociedade anônima e sociedade em comandita por ações.

A forma do recolhimento tributário dessas sociedades dependerá, dentre as diversas possibilidades, principalmente da atividade econômica, do porte da instituição, do gasto com pessoal, do giro do estoque e da margem de lucro. Poderão se enquadrar em qualquer regime tributário (item 2.3.2 e Capítulos 11 e 12), inclusive pelo Simples Nacional, mediante o atendimento de algumas condições estabelecidas pelo CGSN (Capítulo 9).

2.2.5.1 Sociedade em nome coletivo

Somente pessoas físicas podem tomar parte na sociedade em nome coletivo, respondendo todos os sócios, solidária e ilimitadamente, pelas obrigações sociais. No ato constitutivo, os sócios podem limitar entre si a responsabilidade de cada um por meio de cotas. Sua administração compete exclusivamente aos sócios[3].

2.2.5.2 Sociedade em comandita simples

A sociedade em comandita simples difere dos demais tipos de sociedade, basicamente, na composição societária e não necessariamente nos tributos e na forma de contabilização. Nesse tipo de sociedade existem basicamente duas categorias de sócios[4]:

- **Comanditados**: pessoas físicas responsáveis solidária e ilimitadamente pelas obrigações sociais, que não estão obrigadas à reposição de lucros recebidos de acordo com o balanço.
- **Comanditários**: obrigados somente pelo valor de sua cota.

A maior dificuldade desse formato de sociedade é que somente os sócios comanditados podem administrar a sociedade.

2.2.5.3 Sociedade limitada

A sociedade limitada é um tipo de constituição corriqueira composta por, no mínimo, dois sócios, pessoas físicas ou jurídicas. Foi criada para dar maior garantia ao patrimônio particular dos sócios, ou seja, todos os sócios respondem solidariamente pela integralização do capital, e as suas responsabilidades são restritas ao valor de suas cotas. Por esse motivo deverá ser acrescido ao nome empresarial a palavra "limitada", por extenso ou abreviadamente (Ltda.).

Diferentemente da sociedade em comandita simples, sua administração pode ser exercida por sócio ou não sócio, desde que devidamente nomeado. A maior dificuldade desse tipo de sociedade consiste em captar recursos com terceiros para capital de giro quando não se tem o aval pessoal de todos os sócios.

---

[3] BRASIL. Código Civil. Lei n. 10.406, de 10/1/2002. Institui o Código Civil. Artigos 1.039 a 1.044. *Portal da Legislação*. Palácio do Planalto, Brasília, DF. Disponível em: <www.planalto.gov.br/ccivil_03/LEIS/2002/L10406.htm>. Acesso em: 14 jul. 2015.

[4] Código Civil. Lei n. 10.406, de 10/1/2002. Institui o Código Civil. Artigos 1.045 a 1.051. *Portal da Legislação*. Palácio do Planalto, Brasília, DF. Disponível em: <www.planalto.gov.br/ccivil_03/LEIS/2002/L10406.htm>. Acesso em: 14 jul. 2015.

2.2.5.4 Sociedade anônima

Esse tipo de sociedade é comum entre empreendimentos de grande porte. A sociedade deve ser composta por no mínimo dois acionistas, pessoas físicas ou jurídicas. Essa regra não se aplica apenas à sociedade subsidiária integral, que poderá ser constituída, mediante escritura pública, por um único acionista.

O capital divide-se em ações, responsabilizando cada sócio ou acionista somente pelo preço de emissão das ações que subscrever ou adquirir[5]. Dessa forma, não há solidariedade pela integralização como nas sociedades limitadas (item 2.2.2.3). É obrigatória a indicação do objeto social, acompanhada da denominação com a expressão "companhia" ou "sociedade anônima", escrita por extenso, na razão da empresa.

Na prática, esse tipo de sociedade encontra maior facilidade na captação de recursos com custo menor, uma vez que, via de regra, admite a negociação de ações em bolsa de valores e mercado de capitais. Evidências empíricas demonstram maior profissionalização dos envolvidos.

A sociedade anônima pode ser aberta ou fechada. Caracteriza-se sociedade anônima de capital aberta, também denominada companhia aberta, quando suas ações são negociadas em mercado aberto (bolsas de valores). As ações das sociedades anônimas de capital fechado podem ter suas ações negociadas entre seus sócios ou no chamado mercado de balcão (que necessita do conhecimento de pessoas específicas).

O fato de a sociedade anônima ser aberta ou fechada não interfere necessariamente em determinado enquadramento tributário.

2.2.5.5 Sociedade em comandita por ações

Tem seu capital dividido em ações, regendo-se pelas normas relativas à sociedade anônima (item 2.2.2.4). Somente o acionista tem qualidade para administrar a sociedade e, como diretor, responde subsidiária e ilimitadamente pelas obrigações da sociedade. Se houver mais de um diretor, serão solidariamente responsáveis, depois de esgotados os bens sociais[6].

---

[5] BRASIL. Código Civil. Lei n. 10.406, de 10/1/2002. Institui o Código Civil. Artigo 1.088. *Portal da Legislação*. Palácio do Planalto, Brasília, DF. Disponível em: <www.planalto.gov.br/ccivil_03/LEIS/2002/L10406.htm>. Acesso em: 14 jul. 2015.

[6] BRASIL. Código Civil. Lei n. 10.406, de 10/1/2002. Institui o Código Civil. Artigo 1.090 a 1.092. *Portal da Legislação*. Palácio do Planalto, Brasília, DF. Disponível em: <www.planalto.gov.br/ccivil_03/LEIS/2002/L10406.htm>. Acesso em: 14 jul. 2015. BRASIL, Lei n. 12.973, de 13/5/2014. Altera a legislação tributária federal relativa ao Imposto sobre a Renda das Pessoas Jurídicas – IRPJ, à Contribuição Social sobre o Lucro Líquido – CSLL, à Contribuição para o PIS/Pasep e à Contribuição para o Financiamento da Seguridade Social – Cofins; revoga o Regime Tributário de Transição – RTT, instituído pela Lei n. 11.941, de 27/5/2009; dispõe sobre a tributação da pessoa jurídica domiciliada no Brasil, com relação ao acréscimo patrimonial decorrente de participação em lucros auferidos no exterior por controladas e coligadas; altera o Decreto-Lei n. 1.598, de 26/12/1977, e as Leis n. 9.430, de 27/12/1996, 9.249, de 26/12/1995, 8.981, de 20/1/1995, 4.506, de 30/11/1964, 7.689, de 15/12/1988, 9.718, de 27/11/1998, 10.865, de 30/4/2004, 10.637, de 30/12/2002, 10.833, de 29/12/2003, 12.865, de 9/10/2013, 9.532, de 10/12/1997, 9.656, de 3/6/1998, 9.826, de 23/8/1999, 10.485, de 3/7/2002, 10.893, de 13/7/2004, 11.312, de 27/6/2006, 11.941, de 27/5/2009, 12.249, de 11/6/2010, 12.431, de 24/6/2011, 12.716, de 21/9/2012, e 12.844, de 19/7/2013, e dá outras providências. *Portal da Legislação*. Palácio do Planalto, Brasília, DF. Disponível em: <www.planalto.gov.br/ccivil_03/_ato2011-2014/2014/Lei/L12973.htm>. Acesso em: 18 abr. 2016.

2.2.6 Empresas subordinadas à aprovação prévia de órgãos do governo

Constituir uma empresa no Brasil não é tarefa fácil. Muitas atividades econômicas dependem de autorização prévia, de órgãos do governo, para funcionamento.

A constituição de empresas estrangeiras no território nacional dependerá de autorização prévia do Ministério do Desenvolvimento, Indústria e Comércio Exterior. Em se tratando de instituição financeira estrangeira, dependerá ainda de autorização do Bacen.

As estatais (de economia mista e pública) são autorizadas pelos governos federal, estaduais e municipais.

Atos constitutivos de empresas de cursos de formação de vigilantes, segurança de pessoas físicas, transporte de valores e vigilância patrimonial passarão pelo crivo do Departamento de Polícia Federal; e o funcionamento das empresas de telecomunicações e radiodifusão deverá ser aprovado pelo Ministério da Comunicação.

As instituições financeiras ou assemelhadas dependerão de autorização prévia do Banco Central do Brasil. São elas: bancos comerciais, bancos de desenvolvimento, bancos de investimento, bancos múltiplos, caixas econômicas, cooperativas de crédito, sociedades corretoras de câmbio e de títulos e valores mobiliários, sociedades de arrendamento mercantil, sociedades de crédito imobiliário, sociedades de crédito, financiamento e investimento, sociedades de investimento, sociedades distribuidoras de títulos e valores mobiliários.

Já as empresas de previdência complementar, seguradoras e de capitalização deverão ser autorizadas pela Superintendência de Seguros Privados.

A autorização e o controle de concessionárias de transporte terrestre coletivo de passageiros e/ou ferroviário é dada pela Agência Nacional de Transportes Terrestres e os transportes aéreos são monitorados e controlados pelo Ministério da Aeronáutica.

2.2.7 Outros tipos de entidades

Listamos a seguir alguns tipos de entidades:

- **entidades sem fins lucrativos**[7]: são instituições de educação e de assistência social que não apresentam superávit em suas contas ou, quando apresentam, o destinam integralmente à manutenção e ao desenvolvimento dos seus objetivos sociais. Essas empresas, junto com as associações e os templos de qualquer natureza, estão imunes ao IR desde que atendidos os requisitos demonstrados no item 1.5.4.1; e

- **instituições de caráter filantrópico, recreativo, cultural e científico e as associações civis**[8]: são as instituições que prestam serviços para os quais foram instituídas, sem fins lucrativos, e os colocam à disposição de determinado grupo de pessoas a que se destinam. Essas instituições estão isentas do IR desde que comprovem tal situação mediante escrituração contábil. Aplica-se às entidades filantrópicas e beneficentes de assistência social, para efeito de pagamento da contribuição para o PIS, a alíquota de 1% sobre a folha de pagamento e de gozo da isenção da Cofins, como disposto no artigo 55 da Lei n. 8.212, de 1991.

---

[7] Artigo 12, § 3º, da Lei n. 9.532, de 1997, alterado pelo artigo 10 da Lei n. 9.718, de 1998, e Lei Complementar n. 104, de 2001.
[8] Artigo 15 da Lei n. 9.532, de 1997.

2.3 Regime de incidência tributária e enquadramentos

O regime de incidência tributária diz respeito à cumulatividade ou não do tributo. A cumulatividade de um tributo caracteriza-se quando não há possibilidade de recuperação do mesmo tributo pago nas aquisições de insumos. Em contrapartida, quando há possibilidade de recuperação do tributo pago, caracteriza-se como regime não cumulativo. No linguajar mais simplificado, o regime cumulativo é o dito "imposto sobre imposto" ou "imposto em cascata". Os principais tributos que têm a sua estrutura dependente do regime de incidência são o PIS e a Cofins.

O enquadramento tributário é a possibilidade legal de uma empresa optar ou não por determinada forma de apuração e recolhimento de alguns tributos. Sob determinadas condições, as empresas podem optar por:

- estrutura tributária do Simples;
- IR e CSLL pelo Lucro Presumido;
- IR e CSLL pelo Lucro Arbitrado;
- IR e CSLL pelo Lucro Real;
- INSS sobre as verbas salariais;
- INSS sobre o faturamento.

Fica evidente, mais uma vez, a complexidade do sistema tributário brasileiro.

2.3.1 Regime de incidência tributária

O regime de incidência tributária poderá ser cumulativo ou não cumulativo.

2.3.1.1 Cumulativo

O tributo é denominado cumulativo quando o seu valor declarado ou implícito na documentação fiscal não é recuperável (passível de aproveitamento). Dessa maneira, o tributo é suportado pelo emissor do documento fiscal, que o recolhe, sendo que o recebedor da mercadoria não aproveita como crédito os tributos da transação.

Os impostos de importação, exportação e sobre serviços são cumulativos. Já o IPI e o ICMS são não cumulativos, e o PIS e a Cofins diferem segundo o enquadramento tributário. Essa condição de tributação depende, por sua vez, da atividade econômica da empresa, porte etc. (retornaremos ao assunto no item 2.3.2 e nos Capítulos 5, 8, 9, 11 e 12).

Quando o tributo é cumulativo para a empresa, ele deve fazer parte do custo para fins de formação do preço de venda, pois o valor do tributo dentro das compras não poderá ser recuperado via tributação, devendo ser recuperado via preço de venda.

Para a maior parte das empresas prestadoras de serviço, o ICMS dentro das mercadorias adquiridas é custo, pois, em função da atividade econômica delas, sobre o seu faturamento não incide o ICMS. Portanto, para elas, tanto o ICMS quanto o IPI, por exemplo, devem compor o custo dos materiais consumidos.

As situações de cumulatividade mais diferenciadas são a do PIS e da Cofins, porque, quando a empresa ou a operação se enquadra nessa situação, a alíquota incidente sobre a receita é inferior (como será discutido nos Capítulos 11 e 12). Em regra geral, o PIS e a Cofins são cumulativos no enquadramento presumido e não cumulativo no enquadramento do Lucro Real (discutidos no item 2.3.2).

O tributo em cascata (cumulativo) é uma peculiaridade do sistema tributário nacional e onera o contribuinte, pois o tributo incide cumulativamente sobre todas as transações da cadeia produtiva.

No exemplo a seguir será demonstrado o efeito cascata do tributo cumulativo. Para tanto, vamos imaginar que tanto a venda quanto a compra foram executadas à vista, da mesma forma que o recolhimento dos tributos.

A empresa B adquiriu uma mercadoria da empresa A por R$ 100,00 e a revendeu por R$ 200,00 para a empresa C, que, por sua vez, a revendeu por R$ 300,00 para o consumidor D. Pressupondo, apenas em caráter exemplificativo, uma alíquota de 10% cumulativo em toda a cadeia produtiva, a empresa A vai recolher aos cofres públicos R$ 10, B mais R$ 20,00 e C mais R$ 30,00. Dessa forma, o tributo incidente sobre toda a cadeia produtiva totalizará R$ 60,00 de custo para o consumidor final.

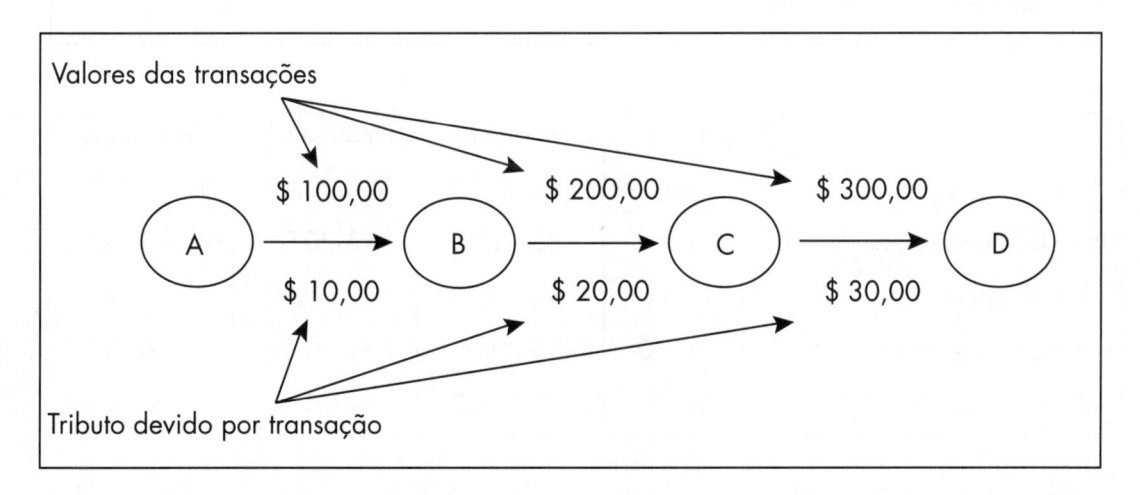

Valores das transações

A → $ 100,00 → B → $ 200,00 → C → $ 300,00 → D

A → $ 10,00; B → $ 20,00; C → $ 30,00

Tributo devido por transação

	[Empresa A]	[Empresa B]	[Empresa C]	[Consumidor D]
Custo de aquisição	xxxxxxx	R$ 100,00	R$ 200,00	R$ 300,00
[a] Tributo a recuperar	xxxxxxx	R$ 0,00	R$ 0,00	xxxxxxx
Valor de venda	R$ 100,00	R$ 200,00	R$ 300,00	xxxxxxx
[b] Tributo a recolher	R$ 10,00	R$ 20,00	R$ 30,00	xxxxxxx
Tributo apurado [b] – [a]	R$ 10,00	R$ 20,00	R$ 30,00	xxxxxxx

2.3.1.2 Não cumulativo

Neste mesmo exemplo, se o regime de incidência tributária fosse não cumulativo, teríamos a seguinte situação:

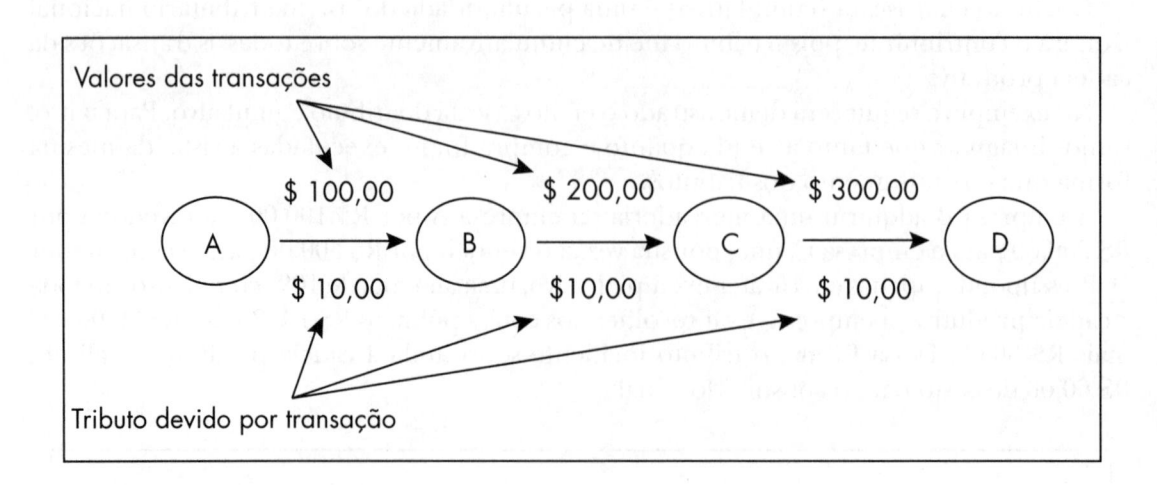

```
Valores das transações
                ↘        ↓         ↘
         $ 100,00    $ 200,00    $ 300,00
    (A) ─────────→ (B) ─────────→ (C) ─────────→ (D)
         $ 10,00      $ 10,00      $ 10,00
                ↗        ↑         ↗
Tributo devido por transação
```

	[Empresa A]	[Empresa B]	[Empresa C]	[Consumidor D]
Custo de aquisição	xxxxxxx	R$ 100,00	R$ 200,00	R$ 300,00
[a] Tributo a recuperar	xxxxxxx	R$ 10,00	R$ 20,00	xxxxxxx
Valor de venda	R$ 100,00	R$ 200,00	R$ 300,00	xxxxxxx
[b] Tributo a recolher	R$ 10,00	R$ 20,00	R$ 30,00	xxxxxxx
Tributo apurado [b] – [a]	R$ 10,00	R$ 10,00	R$ 10,00	xxxxxxx

O total de tributo incidente sobre toda a cadeia produtiva totalizaria R$ 30,00, uma vez que cada contribuinte recolheria apenas R$ 10,00 (10% do valor agregado) e ocorreram apenas três transações até o consumidor final.

Nesse caso, o conceito-base é a teoria do imposto sobre o valor agregado (aplicado na maior parte dos países europeus com o nome de Imposto sobre o Valor Agregado, ou IVA), quando a empresa só recolhe os tributos sobre o lucro bruto da operação.

Nesse tipo de regime de incidência tributária, a empresa credita os tributos sobre as suas compras descontando o valor dos tributos gerados pelas vendas. Em outras palavras, ela recupera os tributos pagos dentro das compras, abatendo-os dos tributos calculados nas suas vendas, conforme demonstrado no exemplo numérico anterior.

Essa situação caracteriza a empresa como contribuinte responsável dos tributos e não contribuinte de fato, uma vez que ela apenas repassa o resultado das operações. O cliente paga os tributos na venda, e a empresa recupera os tributos da compra e recolhe a diferença. Em outras palavras, o papel da empresa é funcionar apenas como agente arrecadador.

No exemplo a seguir demonstraremos que não há impacto de custo para a empresa no caso dos tributos não cumulativos. Para tanto, vamos imaginar que a venda e a compra foram executadas à vista, da mesma forma que o recolhimento dos tributos.

A empresa B adquiriu a mercadoria de A por R$ 1.000,00, creditando R$ 250,00 de tributos não cumulativos. No mesmo dia vendeu a mercadoria para C, por R$ 2.500,00, destacando nos livros fiscais R$ 625,00 de tributos sobre a venda.

Nesse caso, a empresa vai recolher aos cofres públicos apenas R$ 375,00, que é a diferença entre os tributos sobre a venda menos os tributos creditados na compra.

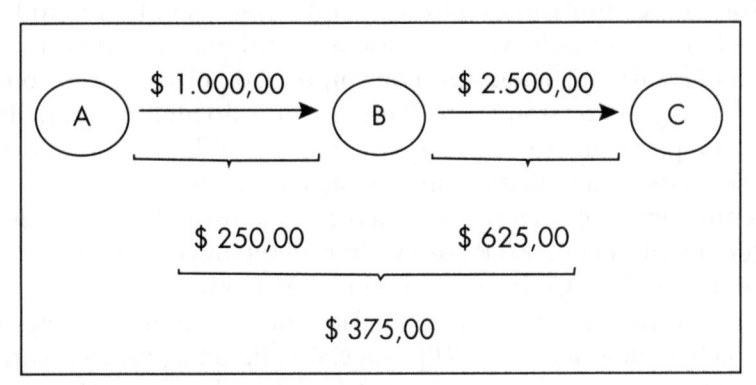

```
    A  --$ 1.000,00-->  B  --$ 2.500,00-->  C

          $ 250,00           $ 625,00
                    $ 375,00
```

[Empresa B] Tributos a recolher

Tributos sobre o valor da venda	R$ 625,00
(−) Tributos sobre o valor de compra	R$ 250,00
(=) Valor a recolher	R$ 375,00

Apesar de recolher ao governo R$ 375, a empresa não arca com o ônus dos tributos não cumulativos, porque, na realidade, quem paga e é onerado é o cliente, o consumidor final.

Vejamos o fluxo de caixa da empresa B.

Valor recebido pela venda de mercadoria	R$ 2.500,00
(−) Valor pago pela compra da mercadoria	R$ 1.000,00
(−) Tributo recolhido	R$ 375,00
(=) Fluxo de caixa gerado	R$ 1.125,00

Vejamos agora a apuração do lucro na transação. O custo da compra de mercadoria para B é o custo líquido dos impostos.

Valor bruto da compra de mercadoria	R$ 1.000,00
(−) Tributos recuperáveis (creditados)	R$ 250,00
(=) Valor líquido da compra	R$ 750,00

A receita efetiva da empresa é a receita líquida dos tributos, já que devem ser entregues (recolhidos) ao governo. Com isso pode-se apurar o lucro obtido nas transações de compra e venda de mercadoria.

Valor bruto da venda de mercadoria	R$ 2.500,00
(−) Valor líquido da compra	R$ 750,00
Tributos sobre o valor da venda	R$ 625,00
(=) Lucro nas operações	R$ 1.125,00

Pode-se observar que o fluxo de caixa gerado é exatamente o valor do lucro das transações de compra e venda sem os tributos, ou seja, na situação de não cumulatividade os tributos não oneram a empresa, mas, sim, o contribuinte final. Em termos de carga tributária, quanto maior a alíquota dos tributos maior será o preço de venda para o consumidor final, sendo este um elemento inibidor da economia. Entretanto, considerada isoladamente, fora do ciclo completo da sua cadeia produtiva, a empresa não é onerada efetivamente.

Esse regime de incidência tributário torna notório que a concorrência predatória (envolvendo crimes contra a ordem tributária, item 2.7) é a variável desestabilizadora da cadeia produtiva e não o gasto com o tributo, como alegado pela classe empresarial. Retomaremos o assunto no item 2.3.2 e nos Capítulos 3, 4, 5, 11 e 12.

2.3.2 Integração de enquadramentos e regime de incidência

São quatro as formas de enquadramento: I) Simples Nacional, II) Lucro Presumido, III) Lucro Real e IV) Lucro Arbitrado. O enquadramento tributário menos oneroso poderá variar de acordo com a atividade econômica da empresa, o porte, o gasto com empregados, a margem de lucro, o giro do estoque etc. Para a escolha do melhor enquadramento, é necessário realizar um planejamento tributário, como discutido no Capítulo 19.

Os regimes de incidência são cumulativo e não cumulativo.

Em linhas gerais, salvo exceções previstas, a legislação fiscal determina que empresas do Lucro Presumido devem recolher o PIS e a Cofins no regime cumulativo, e as empresas do Lucro Real apuram o PIS e a Cofins sob o regime não cumulativo.

Apesar dos enquadramentos tributários inicialmente terem sido arquitetados para atender à apuração da base de cálculo do IRPJ e da CSLL, há uma prática recorrente em compreender a apuração dos demais tributos também nesse contexto. Com a finalidade meramente didática, na tentativa de facilitar o processo de aprendizagem, demonstraremos a forma de apuração dos demais tributos (IPI, PIS, Cofins, ICMS e ISS) em consonância com os enquadramentos.

Alguns dados e figuras fornecidos pela Receita Federal do Brasil elucidam o entendimento dos enquadramentos. O estudo da Receita Federal do Brasil (RFB) procura ampliar o processo de transparência por parte dos órgãos governamentais. Os dados levantados foram extraídos das obrigações acessórias entregues pelos contribuintes e sistemas de informações fiscais (SIF). A Figura 2.3 demonstra ao longo dos anos que a maior parte da arrecadação tributária vem de empresas optantes pelo Lucro Real.

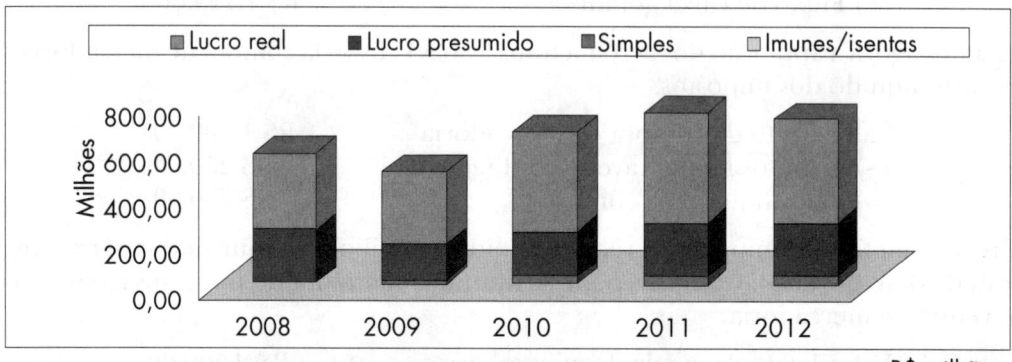

	2008		2009		2010		2011		2012	
Lucro real	328	58,37%	314	65,00%	431	65,27%	475	63,70	447	62,8%
Lucro presumido	233	41,52%	148	30,52%	199	30,22%	237	31,74	229	32,16%
Simples	0	0,00%	21	4,37%	29	4,42%	33	4,43%	35	4,94%
Imunes/isentas	1	0,11%	0	0,10%	1	0,10%	1	0,13%	2	0,22%
Total		**562 100,00%**		**484 100,00%**		**660 100,00%**		**745 100,00%**		**714 100,00%**

Figura 2.3 Arrecadação por enquadramento tributário[9].

---

[9] RIBEIRO, Roberto Name et al. *Dados setoriais 2008/2012*. Receita Federal do Brasil. Centro de Estudos Tributários e Aduaneiros (CETAD), 4 ago. 2014. Disponível em: <www.receita.fazenda.gov.br/publico/estudoTributarios/estatisticas/DadosSetoriais2008_2012.pdf>. Acesso em: 14 mar. 2016.

A Figura 2.4 ratifica a relevância das empresas enquadradas no Lucro Real e evidencia que elas são as que mais movimentam o comércio internacional.

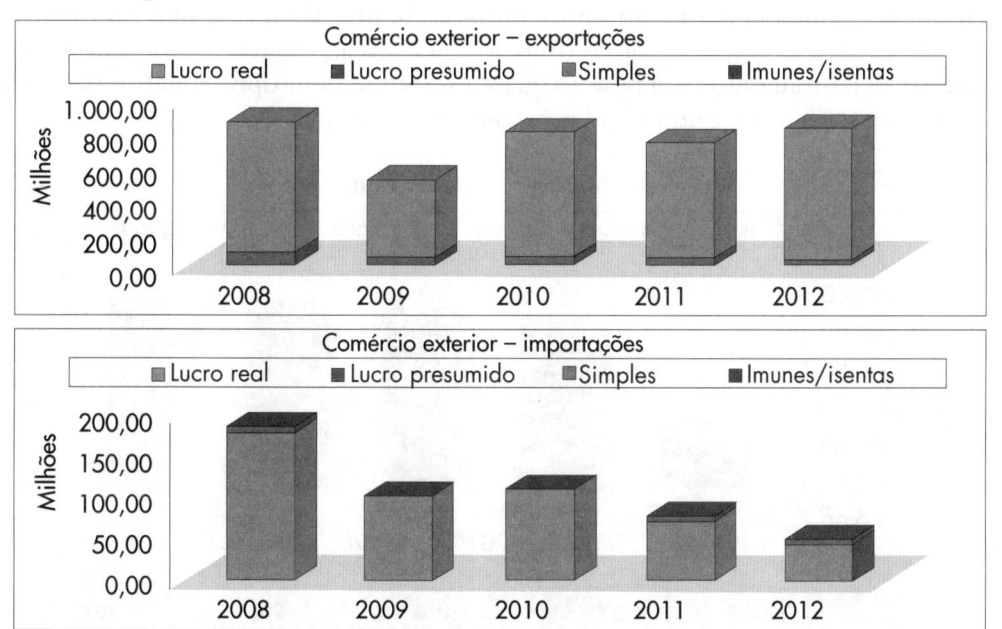

Figura 2.4 Exportações e importações por enquadramento tributário[10].

A Figura 2.5 apresenta o expressivo faturamento das empresas optantes pelo Lucro Real.

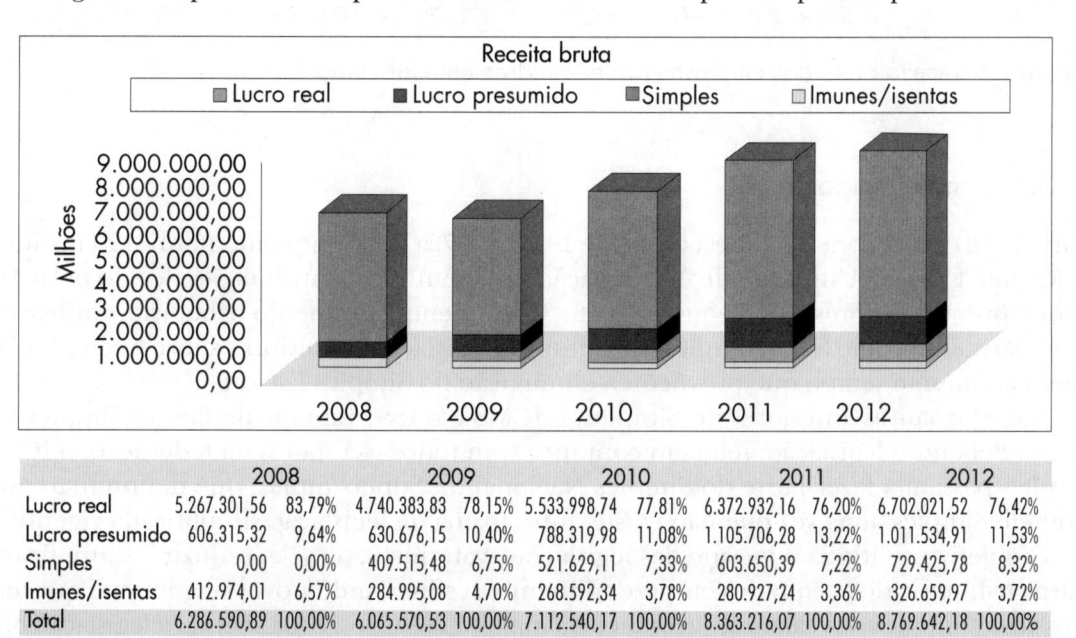

	2008		2009		2010		2011		2012	
Lucro real	5.267.301,56	83,79%	4.740.383,83	78,15%	5.533.998,74	77,81%	6.372.932,16	76,20%	6.702.021,52	76,42%
Lucro presumido	606.315,32	9,64%	630.676,15	10,40%	788.319,98	11,08%	1.105.706,28	13,22%	1.011.534,91	11,53%
Simples	0,00	0,00%	409.515,48	6,75%	521.629,11	7,33%	603.650,39	7,22%	729.425,78	8,32%
Imunes/isentas	412.974,01	6,57%	284.995,08	4,70%	268.592,34	3,78%	280.927,24	3,36%	326.659,97	3,72%
Total	6.286.590,89	100,00%	6.065.570,53	100,00%	7.112.540,17	100,00%	8.363.216,07	100,00%	8.769.642,18	100,00%

Figura 2.5 Receita bruta das empresas por enquadramento tributário[11].

[10, 11] RIBEIRO, Roberto Name et al. *Dados setoriais 2008/2012*. Receita Federal do Brasil. Centro de Estudos Tributários e Aduaneiros(CETAD), 4 ago. 2014. Disponível em: <www.receita.fazenda.gov.br/publico/estudoTributarios/estatisticas/DadosSetoriais2008_2012.pdf>. Acesso em: 14 mar. 2016.

No Brasil, 76% do faturamento das empresas vêm das empresas enquadradas no Lucro Real, e 8% vêm das empresas enquadradas no Simples Nacional.

A Figura 2.6 contribui para o entendimento das figuras 2.2 a 2.5, uma vez que caracteriza que são poucas as empresas optantes pelo Lucro Real; todavia, essas poucas apresentam expressivos faturamentos, em relação quase inversamente proporcional ao das empresas de micro e pequeno porte enquadradas no Simples Nacional.

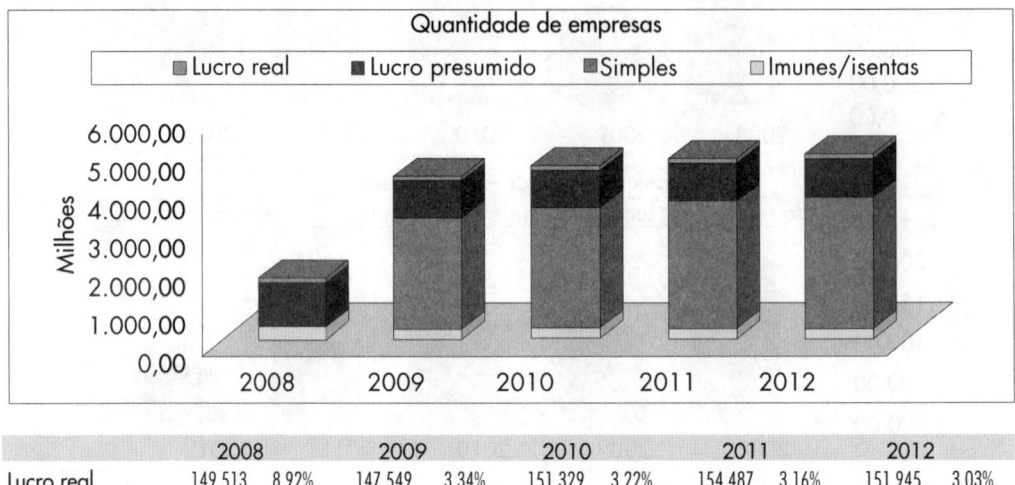

	2008		2009		2010		2011		2012	
Lucro real	149.513	8,92%	147.549	3,34%	151.329	3,22%	154.487	3,16%	151.945	3,03%
Lucro presumido	1.172.059	69,93%	989.735	22,44%	999.110	21,26%	1.039.664	21,29%	1.051.337	20,93%
Simples	–	0,00%	2.984.515	67,66%	3.253.497	69,23%	3.390.536	69,44%	3.526.564	70,22%
Imunes/isentas	354.460	21,15%	289.258	6,56%	295.886	6,30%	298.016	6,10%	292.502	5,82%
Total	1.676.032	100,00%	4.411.057	100,00%	4.699.822	100,00%	4.882.703	100,00%	5.022.348	100,00%

Figura 2.6 Receita bruta das empresas por enquadramento tributário[12].

2.3.2.1 Simples Nacional

Em 14/12/2006, com validade a partir de 1º/7/2007, a Lei Complementar n. 123 instituiu o Regime Especial Unificado de Arrecadação de Tributos e Contribuições devido pelas Microempresas e Empresas de Pequeno Porte. O novo enquadramento tributário, conhecido popularmente como Supersimples, substituiu as legislações anteriores sobre o Simples Federal ao mesmo tempo que provocou a eliminação do Simples Estadual.

Nas normativas anteriores do Simples, o ICMS e o ISS eram facultados ao Simples Federal. Pela nova legislação, feita em conjunto com todos os estados da federação, o ICMS e o ISS passam a fazer parte do Simples Nacional ou Supersimples, que denominaremos aqui de Simples, uma vez que não existe outra forma de legislação simplificada vigente.

O objetivo continua o mesmo das legislações anteriores, ou seja, reduzir e simplificar a carga tributária dos pequenos empreendimentos, estimulando novos negócios, o que, em nosso entendimento, realmente acontece na maioria dos casos. Atualmente, a legislação brasileira trata de forma indiferente as microempresas das empresas de pequeno porte, valendo apenas de alíquotas gradativas em conformidade com o faturamento.

---

[12] RIBEIRO, Roberto Name et al. *Dados setoriais 2008/2012*. Receita Federal do Brasil. Centro de Estudos Tributários e Aduaneiros (CETAD), 4 ago. 2014. Disponível em: <www.receita.fazenda.gov.br/publico/estudoTributarios/estatisticas/DadosSetoriais2008_2012.pdf>. Acesso em: 14 mar. 2016.

A adoção do enquadramento tributário é irretratável dentro do ano-calendário da formalização de opção pelo Simples Nacional. Serão recolhidos de forma simplificada os seguintes tributos: IRPJ, IPI, CSLL, Cofins, PIS, INSS, ICMS e ISS.

Ressalta-se que as empresas optantes por esse enquadramento não precisarão mais fazer a apuração do IPI e do ICMS das entradas e saídas, nem do PIS e da Cofins, e tampouco do ISS, pelo regime não cumulativo.

Não estão contidos no Simples o recolhimento e as obrigações acessórias referentes a INSS, FGTS dos empregados da empresa, IR sobre aplicações financeiras e ganhos de capital, IRRF, II, IE, ITR, e IOF, além do ICMS e do ISS em situações específicas, como de Substituição Tributária (ST).

Nesse enquadramento, o recolhimento do tributo é mensal, sempre no mês subsequente ao período de apuração. Esse enquadramento tem como base de cálculo o faturamento, e o seu recolhimento é feito por meio de uma única guia de recolhimento, denominada Documento de Arrecadação Simplificado (DAS). O governo federal é quem se encarrega de redistribuir aos demais entes confederados o recolhimento, que dependerá da faixa de receita bruta da empresa nos últimos 12 meses anteriores ao período de apuração e do tipo de atividade econômica. O assunto será retomado no Capítulo 9.

2.3.2.2 Lucro Presumido

Lucro Presumido é o enquadramento tributário que consiste na apuração do IRPJ e da CSLL de forma simplificada, ou seja, aplicando-se a alíquota do imposto sobre a presunção do lucro. Desde o ano-calendário de 2014, foi facultado a todo contribuinte a opção pelo Lucro Presumido, exceto às pessoas jurídicas obrigadas ao enquadramento do Lucro Real.

Podem também optar pela tributação com base no Lucro Presumido as pessoas jurídicas que iniciarem atividades ou que resultarem de incorporação, fusão ou cisão, desde que não estejam obrigadas à tributação pelo Lucro Real.

Da mesma forma como os demais enquadramentos tributários, a opção pelo Lucro Presumido é irretratável por todo o ano-calendário da formalização da sua adoção. As empresas optantes por esse enquadramento deverão apurar o PIS e a Cofins, da mesma forma como o ISS, pelo regime cumulativo e diferente do ICMS e do IPI, que são não cumulativos.

Quando a atividade econômica do contribuinte não se enquadrar na metodologia de desoneração da folha de pagamento (Capítulo 10), a pessoa jurídica optante pelo Lucro Presumido deverá recolher o INSS sobre os gastos com pessoal.

No Lucro Presumido é proibida a dedução de incentivos fiscais, exceto quando a empresa for optante pelo Refis e tiver direito à isenção ou redução do IRPJ. Para tanto, ela deverá estar localizada na área de atuação da Sudene ou da Sudam e atender aos procedimentos estabelecidos na Instrução Normativa SRF n. 16/2001.

A apuração do IRPJ e da CSLL será trimestral, e o contribuinte terá até o último dia útil do mês subsequente para o recolhimento dos tributos. Tanto o ICMS quanto o IPI, o INSS e o ISS terão a sua apuração mensal. Para o recolhimento dos impostos e das contribuições federais será utilizado um Documento de Arrecadação das Receitas Federais (Darf), e os demais tributos deverão ser recolhidos mediante a guia autorizada pelo órgão competente. O assunto será retomado no Capítulo 12.

2.3.2.3 Lucro Real

Lucro Real é o enquadramento tributário que consiste na apuração do IRPJ e da CSLL. Em outras palavras, o Lucro Real é o mesmo que o Lucro Tributável, ou Lucro Ajustado, é a base de cálculo do IRPJ e da CSLL. É produto da diferença do Resultado Contábil (+) Adições [despesas não dedutíveis] (–) Exclusões [receitas não tributáveis]. Mais do que nunca é essencial que a informação contábil seja compreensível, relevante, confiável, consistente e de utilidade para o decisor.

Sua adesão é facultada a toda empresa, exceto à MEI. Contudo, desde o ano-calendário de 2014, as pessoas jurídicas cuja receita total, no ano-calendário anterior, tenha sido superior a R$ 78.000.000,00 ou a R$ 6.500.000,00, multiplicado pelo número de meses de atividade, estão obrigadas a aderir ao Lucro Real.

As empresas de atividades financeiras ou assemelhadas subordinadas à aprovação prévia do Bacen ou da Superintendência de Seguros Privados (tratadas no item 2.2.3) que tiverem lucros, rendimentos ou ganhos de capital oriundos do exterior e que usufruam de benefícios fiscais relativos à isenção ou redução do Imposto de Renda, calculados com base no lucro da exploração, também estão obrigadas ao Lucro Real.

Assim como no Lucro Presumido e no Simples Nacional, sua adesão é irretratável por todo o ano-calendário da formalização da sua adoção. As empresas optantes por esse enquadramento deverão apurar o PIS e a Cofins pelo regime não cumulativo, bem como o ICMS e o IPI. O ISS também é cumulativo.

É permitido às empresas enquadradas no Lucro Real a utilização da dedução de incentivos fiscais, decorrentes, por exemplo, de exportação incentivada.

A apuração do IR e da CSLL poderá ser trimestral ou anual. Se a opção for pela apuração trimestral, o recolhimento acontecerá no último dia do mês subsequente ao fato gerador. Já se a apuração acontecer anualmente, o recolhimento será feito por meio de estimativas mensais, de forma antecipada, uma vez que o valor devido somente será reconhecido ao término do exercício social.

A pessoa jurídica poderá, no decurso do exercício social, caso julgue necessário, reduzir ou suspender o pagamento mensal do IRPJ e/ou da CSLL. Nesse caso, se faz necessário demonstrar, por meio de balanços ou balancetes intermediários, que o tributo recolhido por estimativa excede ao montante devido com base na escrituração do período.

O ICMS, o IPI, o PIS e a Cofins são não cumulativos e terão a sua apuração mensal. Já o ISS é cumulativo e, assim como os tributos mencionados, tem apuração mensal. Para o recolhimento dos impostos federais e das contribuições será utilizado um Documento de Arrecadação das Receitas Federais (Darf); os demais tributos serão recolhidos mediante a guia do órgão competente. A continuação da discussão sobre Lucro Real será aprofundada no Capítulo 11.

2.3.2.4 Lucro Arbitrado

De todos os enquadramentos tributários, este é o menos recorrente. O Lucro Arbitrado difere dos demais porque nele a apuração da base de cálculo do imposto de renda, regra geral, é arbitrada pela Receita Federal do Brasil. Apesar de, desde 1995, a legislação ter facultado o autoarbitramento, esse procedimento não se tornou usual devido à majoração dos custos tributários. Na prática, o arbitramento tradicionalmente ocorre quando as autoridades periciam as informações contábeis e identificam graves irregularidades, como fraude ou vícios graves, ou ainda quando a pessoa jurídica deixa de cumprir com as obrigações acessórias relativas ao seu enquadramento. Quando o contribuinte faz uma opção indevida de enquadramento, o seu lucro também pode ser arbitrado.

Quando conhecida a receita bruta da empresa que teve seu lucro arbitrado, são aplicados percentuais fixos e estimados para se obter a base de cálculo da tributação. Todavia, quando não conhecida a receita, a base de cálculo será[13]:

- um inteiro e cinco décimos do lucro real referente ao último período em que a pessoa jurídica manteve escrituração de acordo com as leis comerciais e fiscais;
- quatro centésimos da soma dos valores do ativo circulante, realizável a longo prazo e permanente, existentes no último balanço patrimonial conhecido;
- sete centésimos do valor do capital, inclusive a sua correção monetária contabilizada como reserva de capital, constante do último balanço patrimonial conhecido ou registrado nos atos de constituição ou alteração da sociedade;
- cinco centésimos do valor do patrimônio líquido constante do último balanço patrimonial conhecido;
- quatro décimos do valor das compras de mercadorias efetuadas no mês;
- quatro décimos da soma, em cada mês, dos valores da folha de pagamento dos empregados e das compras de matérias-primas, produtos intermediários e materiais de embalagem;
- oito décimos da soma dos valores devidos no mês a empregados;
- nove décimos do valor mensal do aluguel devido.

O resultado sendo arbitrado não desobriga a comprovação das receitas e o cumprimento das obrigações acessórias; afinal, o arbitramento de lucro em si, por ser um enquadramento tributário, não exclui a aplicação das penalidades cabíveis. Nesse enquadramento, o imposto será determinado por períodos de apuração trimestrais encerrados em 31 de março, 30 de junho, 30 de setembro e 31 de dezembro de cada ano-calendário. Trataremos pormenorizadamente do assunto no Capítulo 12.

2.3.3 Regimes especiais

Os regimes especiais são situações em que o legislador concede ao contribuinte uma desoneração tributária. O contribuinte utiliza um "benefício fiscal" em relação à apuração da base de cálculo e/ou à alíquota.

Regimes especiais são concedidos pelos entes tributantes para determinadas atividades econômicas, setores empresariais e/ou tipos de receita. Atualmente, a Receita Federal do Brasil concede regimes especiais para produtores e importadores de combustíveis biodegradáveis derivados de fontes renováveis, para empresas que trabalham no desenvolvimento de infraestruturas nos setores de transportes, portos, energia, saneamento básico e irrigação (Reidi), no desenvolvimento da atividade de exibição cinematográfica (Recini), na aquisição de bens de capital (Recap) e no melhoramento e desenvolvimento da estrutura portuária (Reporto).

---

[13] BRASIL. Decreto n. 3.000, de 26/3/1999. Regulamenta a tributação, fiscalização, arrecadação e administração do Imposto sobre a Renda e Proventos de Qualquer Natureza. Artigos 532 e 535. *Portal da Legislação*. Palácio do Planalto, Brasília, DF. Disponível em: <www.planalto.gov.br/ccivil_03/decreto/d3000.htm>. Acesso em: 5 set. 2015.

O tratamento tributário diferenciado também pode ser concedido, a título de incentivo, nas esferas estaduais e municipais. Concomitantemente aos regimes especiais, o ente tributante poderá efetuar controles especiais sobre diversas atividades econômicas e setores empresariais. Atualmente controles fiscais especiais existem sobre a produção e comercialização de bebidas, cigarros, biodiesel e papel imune.

2.4 Recolhimento tributário por Substituição Tributária

Há alguns anos, os órgãos governamentais perceberam que boa parte da evasão fiscal ocorria porque os contribuintes que produziam bens de pequeno valor e de grande consumo não emitiam nota fiscal no momento da transação. Em função desse tipo de crime tributário e da falta de fiscalização, formavam-se estoques milionários em poucos metros quadrados de empresa.

Assim, acreditamos que a ideia central da criação da Substituição Tributária foi aumentar a arrecadação do ente tributante, uma vez que a Substituição Tributária consiste, basicamente, na antecipação do recolhimento do tributo.

Na Substituição Tributária o tributo é recolhido na entrada da mercadoria e não no momento da venda. Essa prática diminuiu significativamente a fuga de receita, uma vez que acontece a antecipação do recolhimento tributário. Por essa razão, os estados passaram a adotar cada vez mais a Substituição Tributária. Atualmente podemos identificar mais de 6.500 produtos que adotam o recolhimento tributário por Substituição Tributária nas transações que envolvem o ICMS nos Estados, por exemplo.

Na prática muito se discute sobre a Substituição Tributária no ICMS e no IPI; contudo, cabe salientar que essa metodologia se aplica também ao PIS e à Cofins. Os fabricantes e os importadores de cigarros[14], por exemplo, estão na condição de contribuintes e substitutos dos comerciantes varejistas desse produto, referente ao PIS e à Cofins. Os fabricantes e os importadores de veículos descritos nos códigos 8432.30 e 87.11 da TIPI também se encaixam nessa modalidade. Trataremos novamente do assunto no Capítulo 5.

Para calcular a Substituição Tributária é preciso conhecer antes a Margem de Valor Agregado (MVA). Cada produto tem o seu MVA no ICMS em conformidade com a legislação estadual.

Para o cálculo da Substituição Tributária do PIS e da Cofins no **cigarro**, a base de cálculo serão os valores obtidos pela multiplicação do preço fixado para a venda no varejo, multiplicado por 1,98 (ST PIS) e 1,69 (ST Cofins), e, nos **veículos**, a base de cálculo serão os valores obtidos na pessoa jurídica do fabricante.

No próximo exemplo será demonstrado o efeito da Substituição Tributária no ICMS. Para tanto, vamos imaginar que as vendas ocorrem num período de tempo distinto da compra. A empresa B adquiriu mercadoria de A por R$ 100,00 e posteriormente revenderá para C. Imaginando que a carga tributária dessas transações seja de 18% (ICMS), que o tributo é não cumulativo e que a MVA estabelecida pela legislação é de 30%, teríamos o cenário mostrado a seguir.

---

[14] BRASIL. Instrução Normativa SRF n. 247, de 21/11/2002. Dispõe sobre a Contribuição para o PIS/Pasep e a Cofins, devidas pelas pessoas jurídicas de direito privado em geral. *Diário Oficial da União*, Brasília, DF, 26 nov. 2002. Seção 1, p. 47. Artigos 4º e 48. Disponível em: <http://normas.receita.fazenda.gov.br/sijut2consulta/link.action?visao=anotado&idAto=15123>. Acesso em: 2 fev. 2016.

Antes da Substituição Tributária:

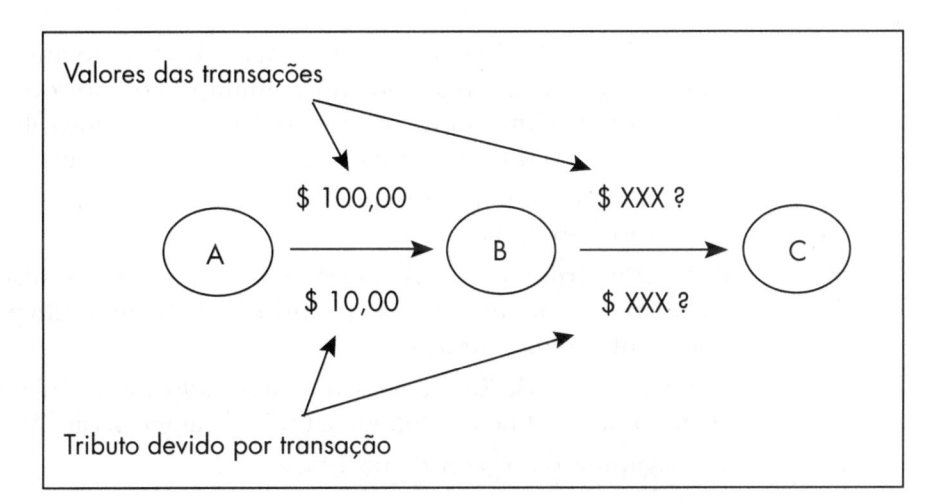

```
Valores das transações
               $ 100,00              $ XXX ?
     ( A ) ─────────► ( B ) ─────────► ( C )
               $ 10,00               $ XXX ?
Tributo devido por transação
```

Antes da Substituição Tributária o recolhimento aconteceria da seguinte forma:

- A empresa A recolheria aos cofres públicos o valor de R$ 18,00, referente ao tributo próprio, na inexistência de crédito.
- O tributo de B seria recolhido somente após a venda para C, quando conhecida a receita e consequentemente o valor agregado.

Com a Substituição Tributária (para a frente), a situação ficaria da seguinte forma:

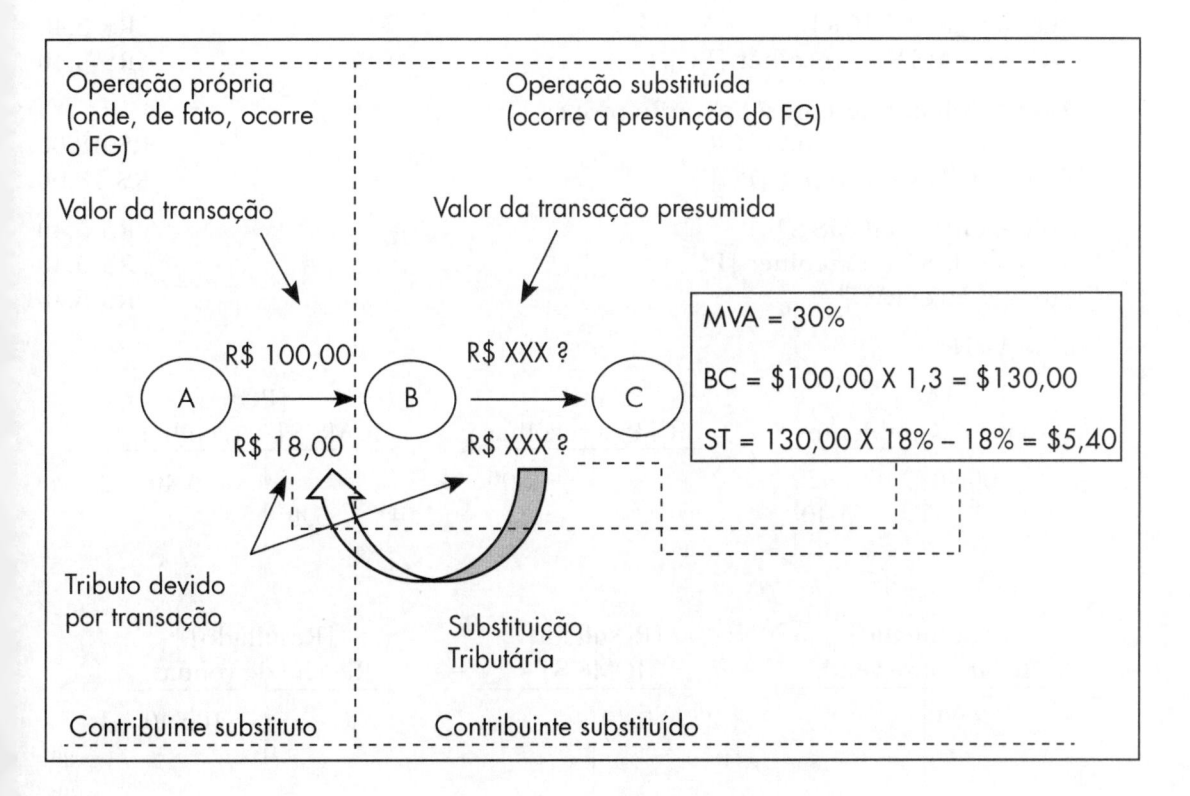

```
Operação própria                    | Operação substituída
(onde, de fato, ocorre              | (ocorre a presunção do FG)
o FG)                               |
                                    |
Valor da transação                  | Valor da transação presumida
                                    |
         R$ 100,00                  |        R$ XXX ?          MVA = 30%
   ( A ) ─────────► ( B )           ─────────► ( C )           BC = $100,00 X 1,3 = $130,00
         R$ 18,00                   |        R$ XXX ?          ST = 130,00 X 18% − 18% = $5,40
                                    |
Tributo devido                      |
por transação                       | Substituição
                                    | Tributária
Contribuinte substituto             | Contribuinte substituído
```

- A empresa A vai recolher aos cofres públicos o valor de R$ 18,00 (caso não tenha crédito tributário) referente ao tributo próprio.
- O valor da venda de A acrescido de 30% será a base de cálculo do tributo antecipado por B. Para cálculo da Substituição Tributária ainda será diminuído o valor do crédito referente ao tributo já recolhido. Sob uma outra ótica, é correto afirmar que sobre o valor agregado (a mercadoria) presumido a Substituição Tributária será calculada.
- A empresa A assume a figura de contribuinte responsável e também deverá recolher R$ 5,40 a título de Substituição Tributária.
- O recolhimento da Substituição Tributária de B deverá ocorrer antes da circulação da mercadoria de A para B. Já o recolhimento do ICMS próprio de A será apurado para recolhimento no mês subsequente ao da transação.
- A nota fiscal de venda de A para B será de R$ 105,40, sendo destacado tanto o tributo próprio de A (R$ 18,00) quanto o valor retido e recolhido a título de antecipação (R$ 5,40).
- B terá uma obrigação de pagamento no valor de R$ 105,40.

2.4.1 Exemplo e contabilização

Contabilização no momento da venda, em (A)

1. Venda à vista no valor de R$ 105,40
   Débito = Caixa e equivalentes [AC] — R$ 105,40
   Crédito = Receita de Vendas [CR] — R$ 105,40

2. Contabilização do ICMS ST
   Dédito = ICMS ST [CR] — R$ 5,40
   Crédito = ICMS ST a recolher [PC] — R$ 5,40

3. ICMS a recolher referente à operação própria
   Débito = ICMS sobre venda [CR] — R$ 18,00
   Crédito = ICMS a recolher [PC] — R$ 18,00

4. Recolhimento do ICMS ST — R$ 5,40
   Débito = ICMS ST a recolher [PC] — R$ 5,40
   Crédito = Caixa [AC] — R$ 5,40

Em conta Tê:

[AC] Caixa e equivalentes		[PC] ICMS a recolher		[PC] ICMS ST a recolher	
1 105,40			18,00 3		5,40 2
	5,40 4	4 5,40			

[Resultado] ICMS sobre venda		[Resultado] ICMS ST		[Resultado] Receita de vendas	
3 18,00		2 5,40			105,40 1

Contabilização em Ⓑ

1. Compra à vista de mercadorias pelo valor de R$ 105,40, sendo R$ 18,00 de ICMS e R$ 5,40 de ICMS ST. Total dos tributos recuperáveis: R$ 23,40. Valor líquido da mercadoria: R$ 82,00

Débito = Mercadorias em estoque [AC]	R$ 82,00
Débito = ICMS a recuperar* [AC]	R$ 23,40
Crédito = Caixa e equivalentes [AC]	R$ 105,40

Conta em Tê:

Caixa e equivalentes [AC]		Mercadorias em estoque [AC]		ICMS a recuperar [AC]
	105,40 1	1 82,00		1 23,40

* Não havendo a previsão de compensação, o ICMS deverá ser incorporado ao custo da mercadoria adquirida. Todavia, ao substituído é assegurado o direito à restituição do tributo de Substituição Tributária correspondente ao fato gerador presumido que não se realizar.

Na prática o regime de Substituição Tributária é muito contestado por empresários, pois, além de antecipar o recolhimento do tributo, em regra geral há que se recolher a diferença tributária na venda, uma vez que nem sempre o valor presumido coincide com o valor real. O contribuinte substituto terá ainda a obrigação de gerar e recolher uma Guia de Informação e Apuração do ICMS (GIA-ST).

Falhas no controle de estoque ou na identificação do produto comprometem a apuração do crédito. Conhecer a legislação do estado de origem e de destino da mercadoria é tão fundamental quanto conhecer as peculiaridades do objeto transacionado.

2.5 Interação entre regimes de incidência tributária e enquadramentos

A legislação tributária brasileira é complexa, ampla e dinâmica. É fundamental que se conheça os pontos de interação entre os regimes e enquadramentos tributários. Mostraremos agora algumas situações que permitem a alteração do enquadramento e algumas situações de interação entre a cumulatividade e a não cumulatividade.

Nos itens anteriores deste capítulo ressaltamos que via de regra a opção por um enquadramento tributário é irretratável por todo o ano-calendário da formalização da sua adoção. São exceções a esse conceito:

- Pessoa jurídica optante pelo Simples Nacional que realiza uma alteração contratual e agora exerce uma atividade impeditiva no Simples deverá alterar o enquadramento no decurso do exercício social.
- Pessoa jurídica optante pelo Simples Nacional ou Lucro Presumido que realiza uma alteração contratual e agora exerce uma obrigada ao Lucro Real.
- Pessoa jurídica optante pelo Simples Nacional que apresentou um faturamento bruto acumulado no ano, no mercado interno, superior em 20% ao limite de R$ 3.600.000,00.
- Pessoa jurídica optante pelo Simples Nacional, Lucro Arbitrado ou Lucro Presumido que apresentou um faturamento bruto acumulado no ano superior a R$ 78.000.000,00.

- Pessoa jurídica que optou pelo Lucro Arbitrado poderá optar, em qualquer trimestre, pela tributação com base no lucro presumido nos demais trimestres, desde que não esteja obrigada à apuração pelo Lucro Real.
- Pessoa jurídica que, no ano-calendário anterior, optou pelo Lucro Real e agora está enquadrada no Lucro Presumido deverá adicionar à base de cálculo do imposto do primeiro trimestre os saldos dos valores cuja tributação foi diferida no exercício social anterior.
- Pessoa jurídica que optou pelo Lucro Presumido poderá optar, em período de apuração imediatamente posterior, pelo Lucro Real. Contudo, deverá incluir na base de cálculo do imposto apurado pelo lucro presumido os ganhos decorrentes de avaliação com base no valor justo que façam parte do valor contábil e, na proporção deste, relativos aos ativos constantes em seu patrimônio.

Além dessas permutas de enquadramento, é importante destacar situações de interação entre os regimes de incidência tributária[15]:

- As microempresas e as empresas de pequeno porte optantes pelo Simples Nacional não farão jus à apropriação nem transferirão créditos relativos a impostos ou contribuições abrangidos pelo Simples Nacional.
- As pessoas jurídicas e aquelas a elas equiparadas pela legislação tributária não optantes pelo Simples Nacional terão direito a crédito correspondente ao ICMS incidente sobre as suas aquisições de mercadorias de microempresa ou empresa de pequeno porte optante pelo Simples Nacional desde que destinadas à comercialização ou industrialização e observado, como limite, o ICMS efetivamente devido pelas optantes pelo Simples Nacional em relação a essas aquisições. Para tanto, a alíquota aplicável ao cálculo do crédito deverá ser informada no documento fiscal e corresponderá ao percentual de ICMS previsto para a faixa de receita bruta a que a microempresa ou a empresa de pequeno porte estiver sujeita no mês anterior ao da operação.

2.6 Atuação do Fisco federal

A RFB tem obtido expressivos resultados devido a sua *performance* na auditoria fiscal e ao avanço da tecnologia. Em 2014, a RFB alcançou o segundo melhor resultado de toda a sua história da fiscalização. Efetuou 365.832 procedimentos de fiscalização, sendo 16.989 auditorias externas e 348.843 revisões de obrigações acessórias. Com isso constituiu um crédito no valor aproximado de R$ 150,5 bilhões[16].

As ações de inteligência fiscal melhoraram a eficiência e a eficácia do resultado financeiro indireto da fiscalização da RFB, evidenciado pela arrecadação espontânea (ou induzida) dos contribuintes. O resultado financeiro atingiu, em 2015, valores superiores a

---

[15] BRASIL. Lei Complementar n. 123, de 14/12/2006. Institui o Estatuto Nacional da Microempresa e da Empresa de Pequeno Porte; altera dispositivos das Leis n. 8.212 e 8.213, ambas de 24/7/1991, da Consolidação das Leis do Trabalho – CLT, aprovada pelo Decreto-Lei n. 5.452, de 1º/5/1943, da Lei n. 10.189, de 14/2/2001, da Lei Complementar n. 63, de 11/1/1990, e revoga as Leis n. 9.317, de 5/12/1996, e 9.841, de 5/10/1999. *Portal da Legislação*. Palácio do Planalto, Brasília, DF. Disponível em: <www.planalto.gov.br/ccivil_03/leis/LCP/Lcp123.htm>. Acesso em: 4 abr. 2015.

[16] SAIS, Rodrigo Morgado. Resultados do 2º semestre de 2014. *Caderno Fato Gerador*, n. 8. Publicação da Assessoria de Comunicação Social da Receita Federal do Brasil. Disponível em: <http://idg.receita.fazenda.gov.br/publicacoes/revista-fato-gerador/revista-fg-8edicao.pdf>. Acesso em: 29 mar. 2017.

R$ 1,2 trilhão, mediante uma elevação no grau de acerto da fiscalização para 92,4% (em 2015)[17]. Monitoramentos de grandes contribuintes, de operações especiais e envolvendo passivos tributários foram ações que caminharam com o avanço tecnológico e contribuíram na diminuição dos crimes contra a ordem tributária.

2.7 Crimes contra a ordem tributária

A Lei n. 8.137, de 27/12/1990, estabelece que constitui crime contra a ordem tributária suprimir ou reduzir tributo e qualquer obrigação acessória mediante as condutas elencadas a seguir.

Reclusão	Crime
2 a 5 anos	• Omitir informação ou prestar declaração falsa às autoridades fazendárias. • Fraudar a fiscalização tributária inserindo elementos inexatos ou omitindo operação de qualquer natureza, em documento ou livro exigido pela lei fiscal. • Falsificar ou alterar nota fiscal, fatura, duplicata, nota de venda ou qualquer outro documento relativo à operação tributável. • Elaborar, distribuir, fornecer, emitir ou utilizar documento que saiba ou deva saber falso ou inexato. • Negar ou deixar de fornecer, quando obrigatório, nota fiscal ou documento equivalente relativo à venda de mercadoria ou prestação de serviço efetivamente realizada ou fornecê-lo em desacordo com a legislação.
6 meses a 2 anos	• Fazer declaração falsa ou omitir declaração sobre rendas, bens ou fatos, ou empregar outra fraude, para eximir-se, total ou parcialmente, de pagamento de tributo. • Deixar de recolher, no prazo legal, valor de tributo, descontado ou cobrado, na qualidade de sujeito passivo de obrigação e que deveria recolher aos cofres públicos. • Exigir, pagar ou receber, para si ou para o contribuinte beneficiário, qualquer porcentagem sobre a parcela dedutível ou deduzida de imposto ou de contribuição como incentivo fiscal. • Deixar de aplicar, ou aplicar em desacordo com o estatuído, incentivo fiscal ou parcelas de imposto liberadas por órgão ou entidade de desenvolvimento. • Utilizar ou divulgar programa de processamento de dados que permita ao sujeito passivo da obrigação tributária possuir informação contábil diversa daquela que é, por lei, fornecida à Fazenda Pública.

---

[17] Plano Anual da Fiscalização da Secretaria da Receita Federal do Brasil para o ano-calendário de 2016: quantidade, principais operações fiscais e valores esperados de recuperação de crédito tributário. Resultados de 2015. Disponível em: <http://idg.receita.fazenda.gov.br/dados/resultados/fiscalizacao/arquivos-e-imagens/plano-anual-fiscalizacao-2016-e-resultados-2015.pdf>. Acesso em: 29 mar. 2017.

A punibilidade dos crimes mencionados será extinta quando o contribuinte promover o pagamento do tributo, inclusive as obrigações acessórias antes do recebimento da denúncia. A Figura 2.7 apresenta os tributos com maior representatividade nas autuações fiscais.

Tributo	Quantidade de autuações		Valor das autuações	
IRPJ	3.057	10,2%	51.206.116.663	35,5%
Cofins	2.744	9,1%	25.994.801.681	18,0%
CSLL	3.034	10,1%	19.761.046.704	13,7%
CP patronal	4.006	13,3%	13.518.804.882	9,4%
IRRF	293	1,0%	7.671.988.954	5,3%
IPI	841	2,8%	6.483.177.450	4,5%
PIS	2.710	9,0%	5.409.548.897	3,8%
IRPF	4.621	15,4%	4.447.032.696	3,1%
Cidere	49	0,2%	2.155.650.390	1,5%
Total das autuações	30.040	71,1%	144.182.604.537	94,8%

Figura 2.7 Tributos com maior representatividade nas autuações fiscais[18].

Questões e exercícios

1. As questões tributárias permeiam os empreendimentos desde a sua abertura. Para potencializar as ações em prol da geração de riqueza dos empreendimentos é necessário compreender as formas legais para a sua constituição e os seus reflexos no tributo. Nesse sentido, descreva cinco tipos de empresa e sua forma de tributação.
2. A sociedade empresária exerce atividade econômica organizada por meio de empresa, não diretamente pelos sócios. Em regra geral são atividades econômicas mais complexas, de porte maior que as Sociedades Simples. Quais são as formas de constituição da sociedade empresarial? Descreva essas formas.
3. Quais são as formas e as diferenças dos regimes de incidência tributária?
4. Quais são as possibilidades de enquadramento tributário no que se refere principalmente à apuração da base de cálculo do IRPJ e da CSLL? Qual é o enquadramento tributário menos oneroso?

---

[18] Dados disponíveis no Plano Anual da Fiscalização da Secretaria da Receita Federal do Brasil para o ano-calendário de 2015: quantidade, principais operações fiscais e os valores esperados de recuperação de crédito tributário. Resultados de 2014. Disponível em:<https://idg.receita.fazenda.gov.br/dados/resultados/fiscalizacao/arquivos-e-imagens/12015_03_05-plano-anual-da-fiscalizacao-2015-e-resultados-2014.pdf>. Acesso em: 19 maio 2017.

5. A Lei Complementar n. 123 instituiu o Regime Especial Unificado de Arrecadação de Tributos e Contribuições devido pelas Microempresas e Empresas de Pequeno Porte com o objetivo de reduzir e simplificar a carga tributária dos pequenos empreendimentos, estimulando novos negócios. Quais são os tributos abrangidos pelo Simples Nacional?

6. Defina os regimes especiais em matéria tributária.

7. Quais são as justificativas para a criação do recolhimento tributário por Substituição Tributária?

8. Na prática, o que dificulta o recolhimento tributário por Substituição Tributária?

9. A legislação tributária brasileira é complexa, ampla e dinâmica. Via de regra, a opção por um enquadramento tributário é irretratável por todo o ano-calendário da formalização da sua adoção. Quais são as exceções dessa última assertiva?

10. Quais condutas estabelecidas pela Lei n. 8.137, de 27/12/1990, constituem crime contra a ordem tributária?

parte II
TRIBUTOS SOBRE COMPRA E VENDA DE MERCADORIAS, PRODUTOS E SERVIÇOS

A demonstração do resultado do exercício tem como referência um período de operações da entidade. Para fins tributários/gerenciais é necessário pelo menos a demonstração do resultado do exercício de cada mês, bem como o resultado acumulado até o mês de apuração. As companhias abertas, no Lucro Real com apuração trimestralmente, (Capítulo 11), por exemplo, são obrigadas a apresentar demonstração do resultado trimestralmente, bem como dos trimestres acumulados até o último trimestre de apresentação. Tanto para fins societários quanto para fins fiscais, a obrigatoriedade mínima é de apresentação da demonstração do resultado anual, razão da expressão legal Demonstração do Resultado do Exercício.

Independentemente do porte da empresa, enquadramento tributário ou regime de incidência do tributo, o exercício compreende o lapso temporal de um ano. Contudo, para fins gerenciais, a DRE pode ser de períodos ajustados e menores que um ano. Para fins societários, o exercício não precisa coincidir com o ano civil de janeiro a dezembro, devendo ser aquele exercício que conste do contrato ou estatuto social. Para fins fiscais é necessário respeitar o ano civil.

A Receita Operacional Bruta compreende o valor total da nota fiscal; exclui os tributos não cumulativos cobrados destacadamente do comprador, como o IPI e o ICMS de substituição tributária; e inclui os demais tributos, como ICMS, PIS, Cofins e ISS. Contudo, conforme interpretação dos CPCs, a demonstração do resultado do exercício deve iniciar-se pela receita operacional líquida.

Os CPCs determinam que tanto a receita bruta como suas deduções não devem ser apresentadas na demonstração do resultado do exercício, devendo apenas ser evidenciadas em nota explicativa, mesmo que essas contas estejam previstas na Lei n. 6.404/1976 e no RIR/1999. A razão principal é que a receita de vendas é o principal elemento para comparação de tamanho das operações entre as empresas.

Como em nosso país há inúmeras situações tributárias, a carga tributária sobre as vendas das empresas é muito variada (compare, a título de exemplo, a carga tributária sobre vendas de bebidas, que é altíssima, com a carga tributária de empresas exportadoras, que pode ser zero). Logo, para fins gerenciais, fica notório que a comparação entre as empresas só deve ser feita pela receita operacional líquida.

capítulo 3

Imposto sobre Produtos Industrializados

O Imposto sobre Produtos Industrializados (IPI) é tributo de competência da União. Sua previsão legal está no artigo 153, inciso IV, da Constituição Federal, e suas disposições estão descritas no Decreto n. 7.212, de 15/6/2010, também chamado de Regulamento do IPI (RIPI), que regulamenta a cobrança, a fiscalização, a arrecadação e a administração do Imposto sobre Produtos Industrializados.

O IPI é um imposto que incide sobre a *circulação* econômica e grava sua etapa inicial, ou seja, sobre a produção e a importação. Como veremos, ele não está sujeito ao Princípio da Anterioridade, mas deve atender ao Princípio da Seletividade. O estabelecimento industrial ou a ele equiparado não é o contribuinte de fato, mas de direito, pois o contribuinte de fato é o consumidor, o comprador do produto[1].

Caracteriza-se industrialização qualquer operação que modifique a natureza, o funcionamento, o acabamento, a apresentação ou a finalidade do produto ou o aperfeiçoe para consumo, como: a que, exercida sobre matérias-primas ou produtos intermediários, importe na obtenção de espécie nova (transformação); a que importe em modificar, aperfeiçoar ou, de qualquer forma, alterar o funcionamento, a utilização, o acabamento ou a aparência do produto (beneficiamento); a que consista na reunião de produtos, peças ou partes e de que resulte um novo produto ou unidade autônoma, ainda que sob a mesma classificação fiscal (montagem); a que importe em alterar a apresentação do produto, pela colocação da embalagem, ainda que em substituição da original, salvo quando a embalagem colocada se destine apenas ao transporte da mercadoria (acondicionamento ou reacondicionamento); a que, exercida sobre produto usado ou parte remanescente de produto deteriorado ou inutilizado, renove ou restaure o produto para utilização (renovação ou recondicionamento)[2].

---

[1] FABRETTI, Láudio Camargo. *Manual de contabilidade tributária*. 11. ed. São Paulo: Atlas, 2009.
[2] Redação dada pelas Leis n. 5.172/1966, artigo 46, parágrafo único, e 4.502/1964, artigo 3º, parágrafo único.

O campo de incidência do IPI abrange todos os produtos com alíquotas previstas na TIPI, mesmo que o produto tenha alíquota zero, com exceção dos produtos classificados como não tributados.

Algumas atividades, no entanto, apesar de terem processo industrial, ou a esse semelhante, não se equiparam à industrialização e não estão no campo de incidência do IPI, como: o preparo de produtos alimentares não acondicionados em embalagem de apresentação; o preparo de refrigerantes à base de extrato concentrado, por meio de máquinas, automáticas ou não, em restaurantes, bares e estabelecimentos similares, para venda direta ao consumidor; a confecção ou preparo de produto de artesanato; a confecção de vestuário por encomenda direta do consumidor ou usuário, em oficina ou na residência do confeccionador; o preparo de produto, por encomenda direta do consumidor ou usuário, na residência do preparador ou em oficina, desde que, em qualquer caso, seja preponderante o trabalho profissional; a manipulação em farmácia, para venda direta ao consumidor, de medicamentos oficinais e magistrais, mediante receita médica[3] etc.

3.1 Legislação básica

O IPI nasceu em 1964 com o nome de Imposto de Consumo, nos termos da Lei n. 4.502/1964, em atendimento ao previsto no artigo 15 da Constituição Federal de 1946, que determinou a criação do Imposto sobre Consumo incidente sobre produtos industrializados. O IPI não incide sobre a produção, mas sobre o consumo, um consumo qualificado, o consumo de produtos industrializados. Em outras palavras, o IPI incide sobre a venda de produtos industrializados.

No ano seguinte, o Sistema Tributário Nacional foi estruturado pela Emenda Constitucional nº 18. Atribuiu-se à União a competência para instituir o Imposto sobre Produtos Industrializados. O texto ainda contemplou os Princípios da Seletividade e da Não Cumulatividade[4].

Os conceitos de não cumulatividade e seletividade, presentes no IPI, serão estudados neste capítulo (itens 3.1.1 a 3.1.3). Basicamente, a não cumulatividade desse tributo prevê que o imposto pago em uma operação será aproveitado na operação subsequente, e a sua seletividade estabelece critérios nos quais a alíquota será determinada conforme a essencialidade do produto.

Em 1966, a Lei n. 5.172/1966 instituiu o Código Tributário Nacional, com fundamento na Emenda Constitucional n. 18/1965, e definiu as regras básicas pelas quais se regeriam o IPI na redação dos artigos 46 a 51. O artigo 46 do CTN definiu a União como competente para legislar sobre o IPI e definiu seu fato gerador. O artigo 47 definiu a base de cálculo do imposto, e o artigo 48 ratificou o Princípio da Essencialidade. O artigo 49 tratou da não cumulatividade do IPI, e o artigo 51 definiu quem é o contribuinte do imposto.

O artigo 1º do Decreto-Lei n. 34/1966 modificou o nome do imposto, denominando-o Imposto sobre Produtos Industrializados. A Constituição Federal de 1988 reservou o artigo 153 para a instituição dos impostos federais, de competência da União, e o inciso IV prevê

---

[3] BRASIL. Decreto n. 7.212, de 15/06/2010. Regulamenta a cobrança, fiscalização, arrecadação e administração do Imposto sobre Produtos Industrializados - IPI. *Portal da Legislação*. Palácio do Planalto, Brasília, DF. Disponível em: <http://www.planalto.gov.br/ccivil_03/_ato2007-2010/2010/decreto/d7212.htm>. Acesso em: 21 maio 2016.
[4] PÊGAS, Paulo Henrique. *Manual de contabilidade tributária*. 8. ed. Rio de Janeiro: Freitas Bastos, 2014.

a criação do IPI. Dentro desse mesmo artigo estão previstos também os Princípios da Não Cumulatividade (§ 3º, inciso II) e da Seletividade (§ 3º, inciso I).

3.1.1 Princípio da Não Cumulatividade

O Princípio da Não Cumulatividade estabelece que o valor do imposto pago em uma operação será compensado com o valor devido na operação seguinte, ou seja, o IPI que uma indústria paga na compra da matéria-prima será compensado com o valor do imposto devido na venda do produto.

O crédito do IPI será garantido ao contribuinte do imposto ao adquirir mercadoria mediante documento fiscal hábil, com o tributo devidamente destacado, mesmo que o fornecedor da mercadoria ainda não tenha recolhido o imposto. Para tanto, também deverão ser respeitadas algumas condições essenciais, explicadas a seguir. A não cumulatividade implica uma desoneração da cadeia produtiva do produto.

O regulamento do IPI, Decreto n. 7.212/2010, estabelece, em seu artigo 225, o Princípio da Não Cumulatividade, consagrado na Constituição Federal de 1988.

As condições essenciais para o aproveitamento do crédito do valor pago de IPI nas entradas de mercadorias são:

- que as mercadorias adquiridas sejam utilizadas no processo industrial, como: matérias-primas, materiais de embalagem etc.;
- que as saídas dos produtos fabricados sejam tributadas pelo IPI. Existem exceções a essa regra, pois algumas saídas isentas de IPI podem gerar crédito para o comprador mesmo que o produto não seja tributado na saída[5].

A não cumulatividade leva em conta as operações realizadas em um período de tempo, ou seja, se os valores dos débitos forem maiores que os valores dos créditos haverá imposto a recolher. Se, ao contrário, os créditos forem maiores que os débitos, não haverá imposto a recolher, pois haverá saldo credor, o qual poderá ser utilizado em período subsequente[6].

São dois os pressupostos da não cumulatividade: devido e cobrado. Se uma indústria adquire insumos, e, por qualquer razão, os revende, terá que estornar o IPI, pois na revenda, ou seja, na operação comercial, não incide o imposto, e, a menos que a lei autorize a manutenção do crédito, este deverá ser estornado se na operação de saída não houver o pagamento do IPI.

Devido e cobrado são termos técnicos objetivos que devem ser entendidos como um efetivo destaque da alíquota do IPI no documento fiscal. É a não cumulatividade integral ou pura, que, prevista expressamente na Constituição Federal de 1988, independe de regulamentação[7].

O valor acrescido não é circunstância de hipótese de incidência do ICM. O Princípio da Não Cumulatividade consiste, tão somente, em abater do imposto devido o montante exigível nas operações anteriores, sem qualquer consideração à existência ou não de valor acrescido[8].

---

[5] OLIVEIRA, Luís Martins et al. *Contabilidade tributária*. 12. ed. São Paulo: Atlas, 2013.
[6] FABRETTI, Láudio Camargo. *Manual de contabilidade tributária*. 11. ed. São Paulo: Atlas, 2009. FABRETTI, Láudio Camargo; FABRETTI, Dilene Ramos. *Direito tributário para os cursos de administração e ciências contábeis*. 7. ed. São Paulo: Atlas, 2009.
[7] CASSONE, Vittorio. *Direito tributário*. 25. ed. São Paulo: Atlas, 2015.
[8] 3º Simpósio Nacional de Direito Tributário. 1978, p. 635-647.

O Princípio da Não Cumulatividade existe para impedir que o ônus do imposto acumule em cada operação. Se já incidiu sobre o insumo, não se deve reproduzir esse ônus no produto final. Por isso existe o crédito, com o qual se impede a acumulação das duas incidências do imposto.

3.1.2 Princípio da Seletividade

O Princípio da Seletividade determina que o imposto deverá ser menos oneroso para os produtos mais essenciais, adotando alíquotas diferentes, que variam de forma inversamente proporcional à essencialidade do produto. Não fosse esse princípio, o IPI atingiria a todos os contribuintes, indistintamente, com o mesmo peso, o que é comum a todos os tributos indiretos, como o ICMS, o PIS e a Cofins. O Princípio da Seletividade permite que os contribuintes com maior capacidade econômica, que adquirem produtos mais sofisticados e menos essenciais, paguem um valor maior de IPI, ao passo que os contribuintes com menor capacidade econômica, que adquirem produtos menos sofisticados e mais essenciais, paguem um valor menor de IPI[9].

Nesse sentido, pelo Princípio da Seletividade, o ônus do IPI deve ser diferente em razão da essencialidade do produto. Para os produtos mais essenciais, a alíquota deve ser menor, podendo ir até zero, e para os menos essenciais a alíquota deve ser maior, indo até o limite fixado em lei para cada produto[10].

A seletividade é definida em função da essencialidade e é concretizada por meio de alíquotas, que são menores para os produtos tidos como essenciais e gradativamente maiores à medida que a essencialidade diminui, sendo mais elevadas para os produtos considerados supérfluos.

O Princípio da Seletividade compara produtos e mercadorias: quanto mais supérfluos forem, tanto maior será a alíquota que sobre eles incidirá; ao contrário, se forem de primeira necessidade, terão alíquotas mais brandas ou, dependendo do caso, até zero. Assim, produtos e mercadorias essenciais, como os componentes da cesta básica de alimentação, devem ter menor tributação que os que a lei considere supérfluos ou nocivos à saúde.

Existe uma visão mais ampla da seletividade do IPI que abrange o cuidado com o meio ambiente e com a economia. A seletividade do IPI está normalmente associada à ideia de atendimento às necessidades individuais, como alimentação, vestuário, medicamento e habitação, mas o princípio tem, além desses propósitos, extensão mais ampla, destacando-se sua importância como instrumento de proteção ao meio ambiente.

A Emenda Constitucional n. 42/2003 estabeleceu que o IPI terá como objetivo incentivar o aumento da competitividade das empresas brasileiras mediante a aquisição de bens de capital de tecnologia mais avançada. Entende-se por bens de capital as máquinas e os equipamentos utilizados na produção e no controle de qualidade dos produtos industrializados[11].

---

[9] PÊGAS, Paulo Henrique. *Manual de contabilidade tributária*. 8. ed. Rio de Janeiro: Freitas Bastos, 2014.
[10] MACHADO, Hugo de Brito. *Curso de direito tributário*. 36. ed. São Paulo: Malheiros. 2015.
[11] FABRETTI, Láudio Camargo. *Manual de contabilidade tributária*. 11. ed. São Paulo: Atlas, 2009. FABRETTI, Láudio Camargo; FABRETTI, Dilene Ramos. *Direito tributário para os cursos de administração e ciências contábeis*. 7. ed. São Paulo: Atlas, 2009.

3.1.3 Outros princípios

O artigo 150 da Constituição Federal de 1988 trata, ainda, de outras questões relevantes no estudo do IPI, como os Princípios Constitucionais das Limitações ao Poder de Tributar, os quais estabelecem regras que limitam o poder do Estado de criar e aumentar tributos. Trataremos aqui dos Princípios da Legalidade, da Anterioridade e da Noventena.

O Princípio da Legalidade está textualmente previsto no capítulo que trata do Sistema Tributário na Constituição Federal.

O princípio diz claramente que somente *lei* (e não decreto, portaria, instrução normativa etc.) *pode criar ou aumentar tributo* e que o aumento de tributo pode se dar não somente pela elevação da alíquota, mas também pela ampliação da base de cálculo.

Podemos afirmar, no entanto, que existem algumas exceções ao Princípio da Legalidade, previstas no artigo 153, § 1°, da Constituição Federal, que trata dos impostos da União e representa, para alguns autores, uma exceção ao Princípio da Legalidade, pois permite que as alíquotas desses impostos sejam alteradas pelo Executivo.

O argumento sobre a exceção ao Princípio da Legalidade advém do fato de que a alteração da alíquota dos tributos pode significar aumento deles se a alíquota for alterada para cima, ou seja, se a alíquota for aumentada. Ora, se a alíquota de tais tributos pode ser alterada por ato do Poder Executivo, isso significa que o Executivo pode "aumentar" tal tributo, sem respaldo da lei, ou seja, por meio de decreto.

Vimos que o Princípio da Legalidade dispõe que tanto a criação como a majoração dos tributos estão sujeitas à estrita legalidade tributária, como preceitua o inciso I do artigo 150 da Carta Magna. Portanto, para alguns, se as alíquotas dos referidos tributos podem ser majoradas por instrumento jurídico que não seja a lei ordinária, estamos diante de uma exceção ao Princípio da Legalidade, pois tal permissão desobedece ao previsto no dispositivo constitucional supracitado.

O Princípio da Anterioridade estabelece que o tributo só pode ser exigível no exercício financeiro seguinte àquele em que foi instituído, ou seja, a lei que cria ou aumenta o tributo deve ter sido editada no exercício anterior ao que o tributo for exigido. Dessa forma, nenhum tributo pode ser exigido ou cobrado no mesmo exercício financeiro em que foi instituído ou aumentado. No Brasil, o exercício financeiro tem início no dia 1° de janeiro e término no dia 31 de dezembro, coincidindo o calendário fiscal com o calendário civil.

Podemos afirmar que esse princípio visa evitar a surpresa, evitar que o Estado imponha aos contribuintes a exigência de pagar tributos de surpresa, sem que haja a possibilidade de um planejamento anual das atividades econômicas. Visa dar ao contribuinte certeza a respeito da carga tributária a ser suportada por ele.

O Princípio da Anterioridade está previsto no artigo 150, inciso III, "b", da Constituição Federal e expressa a ideia de que a lei tributária deve ser conhecida com antecedência, de modo que os contribuintes, pessoas naturais ou jurídicas, saibam com certeza e segurança a que tipo de gravame estarão sujeitos no futuro imediato, podendo dessa forma organizar e planejar seus negócios e suas atividades[12].

A Emenda Constitucional n. 42, de 19/12/2003, acrescentou a alínea "c" ao artigo 150, inciso III, da Constituição Federal de 1988, estabelecendo o Princípio da Noventena, determinando a observância de um prazo mínimo de 90 dias para a entrada em vigor da lei, mesmo que ela obedeça ao Princípio da Anterioridade.

---

[12] COÊLHO, Sacha Calmon Navarro. *Curso de direito tributário brasileiro.* 9. ed. Rio de Janeiro: Forense, 2008.

Isso significa que qualquer aumento do IPI, seja de base de cálculo, seja de alíquota, terá que esperar 90 dias para ter validade. As alíquotas do IPI podem ser aumentadas por decreto, mas precisam esperar 90 dias para entrar em vigor. Esse princípio também é chamado de Princípio da Anterioridade Nonagesimal, pois o aumento do imposto só terá validade após decorridos 90 dias da data da publicação do decreto presidencial[13].

3.2 Elementos essenciais do IPI

Elementos essenciais de um imposto podemos definir como elementos que o artigo 146, III, "a", da Constituição Federal de 1988 reservou à lei complementar determinar, que são o fato gerador, a base de cálculo e o contribuinte. Analisaremos, ainda, a alíquota, outro componente essencial ao estudo de todo imposto.

3.2.1 Fato gerador

O artigo 35 do RIPI determina que o fato gerador do IPI é o desembaraço aduaneiro de produto de procedência estrangeira e a saída de produto do estabelecimento industrial, ou equiparado a industrial. Os artigos 36 e 37 determinam outras operações em que também considera-se ocorrido o fato gerador. O artigo 38, por sua vez, determina as situações que não constituem fato gerador.

O artigo 4º do Regulamento do IPI diz quando ocorre o fato gerador do imposto, ao determinar que[14]:

> [...] caracteriza industrialização qualquer operação que modifique a natureza, o funcionamento, o acabamento, a apresentação ou a finalidade do produto, ou o aperfeiçoe para consumo, tal como:
> I – a que, exercida sobre matérias-primas ou produtos intermediários, importe na obtenção de espécie nova (transformação);
> II – a que importe em modificar, aperfeiçoar ou, de qualquer forma, alterar o funcionamento, a utilização, o acabamento ou a aparência do produto (beneficiamento);
> III – a que consista na reunião de produtos, peças ou partes e de que resulte um novo produto ou unidade autônoma, ainda que sob a mesma classificação fiscal (montagem);
> IV – a que importe em alterar a apresentação do produto, pela colocação da embalagem, ainda que em substituição da original, salvo quando a embalagem colocada se destine apenas ao transporte da mercadoria (acondicionamento ou reacondicionamento); ou
> V – a que, exercida sobre produto usado ou parte remanescente de produto deteriorado ou inutilizado, renove ou restaure o produto para utilização (renovação ou recondicionamento).
> Parágrafo único. São irrelevantes, para caracterizar a operação como industrialização, o processo utilizado para obtenção do produto e a localização e condições das instalações ou equipamentos empregados.

---

[13] PÊGAS, Paulo Henrique. *Manual de contabilidade tributária*. 8. ed. Rio de Janeiro: Freitas Bastos, 2014.
[14] BRASIL. Decreto n. 7.212, de 15/06/2010. Regulamenta a cobrança, fiscalização, arrecadação e administração do Imposto sobre Produtos Industrializados – IPI. *Portal da Legislação*. Palácio do Planalto, Brasília, DF. Disponível em: <http://www.planalto.gov.br/ccivil_03/_ato2007-2010/2010/decreto/d7212.htm>. Acesso em: 21 maio 2016.

Pela definição do citado artigo 4º do RIPI, vimos que o fato gerador do IPI é a saída de produto industrializado de estabelecimento industrial ou equiparado a industrial e o desembaraço aduaneiro de produtos importados.

3.2.1.1 Características da industrialização

A definição legal de industrialização é a ocorrência de uma das seguintes operações: transformação, beneficiamento, montagem, acondicionamento ou reacondicionamento e renovação ou restauração. Essas características foram estabelecidas e detalhadas pelo Decreto n. 7.212, de 15/6/2010, artigo 4º, e pelas Leis n. 5.172, de 1966, artigo 46, parágrafo único, e 4.502, de 1964, artigo 3º, parágrafo único.

3.2.1.1.1 Transformação

Processo exercido sobre as matérias-primas ou produtos intermediários que importe na obtenção de espécie nova. Não havendo nova espécie, não há que se falar em nova classificação fiscal.

3.2.1.1.2 Beneficiamento

Operação que importe em modificar, aperfeiçoar ou, de qualquer forma, alterar o funcionamento, a utilização, o acabamento ou a aparência do produto. Ressalta-se que a classificação fiscal do produto original deverá ser mantida.

3.2.1.1.3 Montagem

A reunião de produtos, peças ou partes e de que resulte um novo produto ou unidade autônoma, ainda que sob a mesma classificação fiscal.

3.2.1.1.4 Acondicionamento ou reacondicionamento

Operação que importe em alterar a apresentação do produto, pela colocação da embalagem, ainda que em substituição do original, salvo quando a embalagem colocada se destine apenas ao transporte da mercadoria. O artigo 6º do RIPI indica as situações em que a embalagem do produto não represente fato gerador do imposto.

3.2.1.1.5 Renovação ou restauração

Operação que, exercida sobre produto usado ou parte remanescente de produto deteriorado ou inutilizado, renove ou restaure o produto para utilização.

Nos casos de renovação ou restauração é importante analisar caso a caso, para se saber se haverá somente a incidência de ICMS e ISSQN ou se haverá, também, a incidência de IPI. A regra geral determina que não será considerado industrialização quando o serviço for prestado diretamente ao tomador do serviço, ao consumidor final, e haverá cobrança do IPI quando houver a figura do intermediário, ou seja, alguém que contrate o serviço para depois revender o produto restaurado.

Algumas atividades, a despeito de terem as mesmas características de industrialização, não configuram fato gerador de IPI. O artigo 5° do RIPI determina que não se considera industrialização:
I – o preparo de produtos alimentares, não acondicionados em embalagem de apresentação:
  a) na residência do preparador ou em restaurantes, bares, sorveterias, confeitarias, padarias, quitandas e semelhantes, desde que os produtos se destinem a venda direta ao consumidor;
  b) em cozinhas industriais, quando destinados a venda direta a corporações, empresas e outras entidades, para consumo de seus funcionários, empregados ou dirigentes;
II – o preparo de refrigerantes, à base de extrato concentrado, por meio de máquinas, automáticas ou não, em restaurantes, bares e estabelecimentos similares, para venda direta ao consumidor;
III – a confecção ou o preparo de produto de artesanato. O artigo 7º do RIPI estabelece as condições necessárias para que o produto de artesanato não seja tributado;
IV – a confecção de vestuário, por encomenda direta do consumidor ou usuário, em oficina ou na residência do confeccionador;
V – o preparo de produto, por encomenda direta do consumidor ou usuário, na residência do preparador ou em oficina, desde que, em qualquer caso, seja preponderante o trabalho profissional;
VI – a manipulação em farmácia, para a venda direta ao consumidor, de medicamentos oficinais e magistrais;
VII – a moagem de café torrado, realizada por comerciante varejista com atividade acessória de moagem, desde que respeitado o preço de venda no varejo, fixado pelo órgão competente;
VIII – a operação efetuada fora do estabelecimento industrial consiste na reunião de produtos, peças ou partes e de que resulte:
  a) edificação (casas, edifícios, pontes, hangares, galpões e semelhantes, e suas coberturas);
  b) instalação de oleodutos, usinas hidrelétricas, torres de refrigeração, estações e centrais telefônicas ou outros sistemas de telecomunicação e telefonia, estações, usinas e redes de distribuição de energia elétrica e semelhantes;
  c) fixação de unidades ou complexos industriais ao solo;
IX – a montagem de óculos, mediante receita médica;
X – o acondicionamento de produtos classificados nos capítulos 16 a 22 da tabela, adquiridos de terceiros, em embalagens confeccionadas sob a forma de cestas de Natal e semelhantes;
XI – o conserto, a restauração e o recondicionamento de produtos usados, nos casos em que se destinem ao uso da própria empresa executora ou quando essas operações sejam executadas por encomenda de terceiros não estabelecidos com o comércio de tais produtos, bem como o preparo, pelo consertador, restaurador ou recondicionador, de partes ou peças empregadas exclusiva e especificamente naquelas operações;
XII – o reparo de produtos com defeito de fabricação, inclusive mediante substituição de partes e peças, quando a operação for executada gratuitamente, ainda que por concessionários ou representantes, em virtude de garantia dada pelo fabricante;
XIII – a restauração de sacos usados, executada por processo rudimentar, ainda que com emprego de máquinas de costura;
XIV – a conversão, para acionamento a álcool, de motor usado de veículo movido por outro combustível.

3.2.2 Alíquotas

O parágrafo único do artigo 69 do RIPI estabelece que as alíquotas do IPI são aquelas constantes na tabela do IPI, conhecida como TIPI. O artigo 189 reafirma o mandamento, ao dispor que o imposto será calculado mediante aplicação das alíquotas, constantes da TIPI, sobre o valor tributável dos produtos.

Atendendo ao Princípio da Seletividade, o *caput* do artigo 69 estabelece que o Poder Executivo, quando se tornar necessário para atingir os objetivos da política econômica governamental, mantida a seletividade em função da essencialidade do produto, ou, ainda, para corrigir distorções, poderá reduzir alíquotas do imposto até zero ou majorá-las até 30 unidades percentuais.

Esse dispositivo legal atende ao Princípio da Seletividade e à exceção ao Princípio da Anterioridade, já estudados neste tópico. O primeiro determina que o imposto deverá ser menos oneroso para os produtos mais essenciais, adotando alíquotas diferentes, que variam de forma inversamente proporcional à essencialidade do produto, e o segundo autoriza o Executivo alterar a alíquota do imposto por meio de decreto, com vigência do aumento no mesmo ano de sua publicação, desde que obedecido o intervalo de 90 dias.

A alíquota zero representa uma solução encontrada pelas autoridades fazendárias para excluir o ônus do imposto sobre certos produtos, temporariamente, sem os isentar. Como a isenção só pode ser concedida por lei, de acordo com o artigo 97, inciso I, do CTN, e a alteração das alíquotas do IPI pode ser feita por decreto, conforme já vimos, o Poder Executivo tem utilizado o expediente de reduzir a zero as alíquotas de certos produtos[15].

3.2.3 Base de cálculo

De acordo com os artigos 190 a 194 do RIPI, a base de cálculo do IPI é o valor da mercadoria, no caso de produto nacional, e o valor do desembaraço, acrescido do Imposto de Importação e dos encargos cambiais, quando se tratar de produto importado. Os artigos 195 e 196 do RIPI estabelecem os valores mínimos a serem considerados para a base de cálculo do imposto, detalhando tais situações. Já os artigos 197 a 199 tratam dos casos em que haverá o arbitramento do valor tributável.

O valor da mercadoria, ou produto, a ser tributado pelo IPI, é o valor da operação, ou seja, o valor cobrado do comprador, nele já abatendo os descontos incondicionais dados pelo vendedor, ou seja, preço efetivamente praticado. O valor da operação é o preço do produto como elemento do contrato de compra e venda. O preço efetivamente praticado não se confunde com o preço previsto na tabela estabelecida pelo vendedor.

A Constituição Federal vigente não permite a alteração da base de cálculo do IPI por ato do Poder Executivo. Assim sendo, qualquer alteração da base de cálculo do IPI por ato do Poder Executivo será considerada inconstitucional.

Em determinadas situações, o IPI deve ser incluído na base de cálculo do ICMS. Trataremos desse assunto no capítulo dedicado ao estudo desse imposto.

3.2.4 Contribuintes

Os contribuintes do IPI são os estabelecimentos industriais, os importadores e os comerciantes de bens de produção, equiparados à indústria, que fizerem essa opção. No artigo 8º do RIPI consta que estabelecimento industrial é o que executa qualquer das operações referidas no artigo 4º (transformação, beneficiamento, montagem, acondicionamento ou reacondicionamento e renovação ou recondicionamento) de que resulte produto tributado, ainda que de alíquota zero ou isento.

---

[15] MACHADO, Hugo de Brito. *Curso de direito tributário*. 36. ed. São Paulo: Malheiros, 2015.

Em muitos casos, a empresa possui mais de um estabelecimento e, algumas vezes, até estabelecimentos destinados ao exercício de atividades diversas. Uma única empresa pode ter estabelecimentos industriais, outros comerciais, outros de prestação de serviços e assim por diante. Assim, para os efeitos do IPI, considera-se cada estabelecimento como um contribuinte autônomo.

Os artigos 9º e 10º do RIPI tratam das empresas comerciais de bens de produção que, obrigatoriamente, equiparam-se a estabelecimento industrial. Já o artigo 11 trata dos contribuintes que podem se inscrever como contribuintes do IPI. Essa possibilidade, que se trata de uma faculdade e não de uma obrigatoriedade, é extensiva aos estabelecimentos comerciais que dão saída a bens de produção, para estabelecimentos industriais ou revendedores, e às cooperativas que se dedicam à venda em comum de bens de produção, recebidos de seus associados para comercialização.

A opção de que trata o artigo 11 deve ser formalizada mediante alteração dos dados cadastrais do estabelecimento no Cadastro Nacional da Pessoa Jurídica (CNPJ), para sua inclusão como contribuinte do imposto, e a desistência à opção será formalizada, também, mediante alteração dos dados cadastrais, a qualquer momento. Durante a vigência da opção deverá o estabelecimento, além de recolher o IPI devido, cumprir as obrigações acessórias dos contribuintes do imposto, como emitir nota fiscal com destaque do IPI, escriturar Livro de Apuração do IPI e prestar as informações previstas nas declarações exigidas pela Receita Federal do Brasil.

O Regulamento do IPI, em seu artigo 14, considera estabelecimentos atacadistas e varejistas as empresas que se dedicarem às seguintes atividades:

- estabelecimento comercial atacadista, o que efetuar vendas: a) de bens de produção, exceto a particulares em quantidade que não exceda a normalmente destinada ao seu próprio uso; b) de bens de consumo, em quantidade superior àquela normalmente destinada a uso próprio do adquirente; e c) a revendedores;
- estabelecimento comercial varejista, o que efetuar vendas diretas ao consumidor, ainda que realize vendas por atacado esporadicamente, considerando-se esporádicas as vendas por atacado quando, no mesmo semestre civil, o seu valor não exceder a 24% do total das vendas realizadas.

O artigo 21 do RIPI determina que o sujeito passivo da obrigação tributária principal é a pessoa obrigada ao pagamento do imposto, ou seja, o contribuinte, quando tenha relação pessoal e direta com a situação que constitua o respectivo fato gerador, e o responsável, quando, sem revestir a condição de contribuinte, sua obrigação decorra de expressa disposição de lei.

São considerados contribuintes, nos termos do artigo 24 do RIPI:

- o importador, em relação ao fato gerador decorrente do desembaraço aduaneiro de produto de procedência estrangeira;
- o industrial, em relação ao fato gerador decorrente da saída de produto que industrializar em seu estabelecimento, bem como quanto aos demais fatos geradores decorrentes de atos que praticar;
- o estabelecimento equiparado a industrial, quanto ao fato gerador relativo aos produtos que dele saírem, bem como quanto aos demais fatos geradores decorrentes de atos que praticar; e

- os que consumirem ou utilizarem em outra finalidade, ou remeterem a pessoas que não sejam empresas jornalísticas ou editoras, o papel destinado à impressão de livros, jornais e periódicos, quando alcançado pela imunidade prevista no inciso I do artigo 18.

São considerados responsáveis as empresas e atividades listadas no artigo 24 do RIPI.

3.3 Principais aplicações

Conforme estudado anteriormente, pelo Princípio da Não Cumulatividade, é assegurado ao contribuinte o direito de creditar-se do imposto anteriormente cobrado na aquisição de insumos (matéria-prima, material de embalagem e produtos intermediários) empregados na industrialização de produtos tributados destinados à venda, salvo disposição expressa na lei.

Para compreender com clareza a definição de insumos, bem como de matéria-prima, material de embalagem e produtos intermediários, é necessário compreender os conceitos de insumos mencionados no artigo 226 do Regulamento do IPI[16].

Matéria-prima e produto intermediário não são definidos pelo Regulamento de IPI, embora se saiba que se trata de insumos. No entanto, a Decisão Normativa CAT n. 42, de 6/6/1982, definiu o conceito de matéria-prima, produto intermediário e produto secundário:

- **Matéria-prima**: é, em geral, toda substância com que se fabrica alguma coisa e da qual é obrigatoriamente parte integrante. Exemplos: a) o minério de ferro, na siderurgia, integrante do ferro-gusa; b) o calcário, na industrialização do cimento, parte integrante do novo produto; e c) o bambu ou o eucalipto, integrante do papel.
- **Produto intermediário**: é aquele que compõe ou integra a estrutura físico-química do novo produto, via de regra, sem sofrer qualquer alteração em sua estrutura. Exemplos: a) pneumáticos, na indústria automobilística; b) dobradiças, na composição de móveis e veículos; e c) cola, na composição de móveis.
- **Produto secundário**: é aquele que, consumido no processo de industrialização, não se integra no novo produto. Exemplos: a) calcário, que na indústria do cimento é matéria-prima, é produto secundário na siderurgia, utilizado para a extração de impurezas do minério de ferro, que se transforma em ferro-gusa; b) óleo de linhaça, usado na cerâmica, consumido na queima e que não compõe o produto final, a telha; e c) materiais líquidos, consumidos na indústria do papel, na operação de secagem.

As embalagens que geram o direito ao crédito do IPI para a indústria são aquelas utilizadas como acondicionamento de apresentação, conforme previsto no inciso II do artigo 6º do RIPI, ou seja, a embalagem que não seja utilizada apenas para o transporte. O que gera direito ao crédito, na verdade, é a aquisição de insumos que servem para produzir a embalagem. As embalagens utilizadas na indústria de perfumaria são de apresentação, ensejando crédito de IPI, pois haverá o débito na saída e esse custo estará incluso no preço do produto final.

Duas decisões do STF elucidam algumas questões controversas sobre o reconhecimento ao crédito de IPI na aquisição de alguns insumos, os quais, ainda que consumidos no pro-

---

[16] CASSONE, Vittorio. *Direito tributário*. 25. ed. São Paulo: Atlas, 2015.

cesso de industrialização, tiveram o direito ao crédito questionado, fazendo com que essa discussão chegasse à Suprema Corte.

A primeira decisão destacada refere-se ao RE n. 96.934-MG, STF, 2ª Turma, que decidiu que a palavra "consumidos", prevista no artigo 32, inciso I, do Regulamento do IPI (Decreto n. 70.162/1972), indica a absorção do produto em termos relativos consideráveis, não o mero desgaste paulatino de partes da instalação, como o revestimento térmico, que se substitui de três em três anos.

A segunda decisão refere-se ao RE n. 96.943-MG, STF, 2ª Turma, cuja decisão faz referência ao ICMS, mas que serve à interpretação do crédito do IPI, que tratou dos materiais refratários utilizados na indústria siderúrgica, que se consomem no processo de fabricação mas não integram o produto. O acórdão menciona que os produtos intermediários que se consomem ou se inutilizam no processo de fabricação, como cadinhos, lixas, feltros etc., não são integrantes ou acessórios das máquinas em que se empregam, mas devem ser computados no produto final para fins de crédito de ICMS, pelo Princípio da Não Cumulatividade, pois, ainda que não integrem o produto final, concorrem direta e necessariamente para ele, já que são utilizados no processo de fabricação nele se consumindo[17].

Para ter direito ao crédito do IPI, o contribuinte deve seguir todos os procedimentos legais exigidos, como destacar o crédito em livros específicos. O contribuinte tem cinco anos para se aproveitar do crédito que tem direito, contados da data da emissão do documento fiscal.

É importante ressaltar que somente pode gerar crédito o produto das entradas de insumos utilizado na elaboração de produtos destinados à venda cujas saídas sejam tributadas. Em regra, se a saída for isenta ou não tributada, ou então com alíquota reduzida ou zero, o crédito deverá ser anulado por meio de lançamento de estorno.

Entretanto, em casos especiais é permitida a manutenção do crédito do IPI mesmo em saída não tributada, isenta ou com alíquota zero, como um meio de incentivo fiscal. Esse direito à manutenção do crédito, porém, deve estar expresso em lei federal[18].

De acordo com a legislação tributária, as condições que devem ser atendidas para que o contribuinte possa se creditar do IPI pago nas compras são:

- o IPI deve estar corretamente destacado em documento fiscal hábil, com atendimento a todas as exigências da legislação pertinente;
- o documento fiscal hábil deve ser emitido por contribuinte em situação regular perante o Fisco, ou seja, que esteja inscrito na repartição competente, encontre-se em atividade no local indicado nos registros formais e possibilite a comprovação dos demais dados cadastrais impressos no documento fiscal.
- o documento fiscal hábil deve ser escriturado no Livro Registro de Entradas[19].

Os importadores são equiparados aos industriais, conforme vimos anteriormente, e, portanto, têm direito ao crédito do IPI pago no desembaraço aduaneiro, desde que a mercadoria importada esteja acompanhada de documentação hábil e que a saída do produto seja tributada.

---

[17] CASSONE, Vittorio. *Direito tributário*. 25. ed. São Paulo: Atlas, 2015.
[18] PÊGAS, Paulo Henrique. *Manual de contabilidade tributária*. 8. ed. Rio de Janeiro: Freitas Bastos, 2014.
[19] OLIVEIRA, Luís Martins et al. *Contabilidade tributária*. 12. ed. São Paulo: Atlas, 2013.

Os comerciantes atacadistas de insumos podem fazer a opção de equiparação aos industriais; se o fizerem, destacarão o IPI relativo à saída de mercadorias. Essa equiparação teve como objetivo permitir o crédito do IPI pelos estabelecimentos industriais na aquisição de insumos de comerciantes atacadistas.

Entretanto, caso o comerciante atacadista não seja equiparado à indústria, e por isso não destaque o IPI na nota fiscal de saída, o adquirente dos insumos pode efetuar o crédito do imposto equivalente a 50% do valor constante na nota fiscal, aplicando sobre ele a alíquota do produto que seria utilizada pela empresa se tivesse que destacar o IPI na nota fiscal.

3.3.1 Circunstâncias inibidoras da obrigação de pagamento do IPI

Algumas questões relevantes no estudo do IPI são a imunidade, a isenção, a não incidência, a suspensão e o diferimento, cujo efeito prático é a desoneração do pagamento do imposto, alguns temporários, e que parecem ser institutos semelhantes, mas com fundamentos e origens diferentes, conforme veremos.

3.3.1.1 A imunidade

É uma limitação constitucional ao poder de tributar do Estado, que visa resguardar a independência dos entes da Federação (União, estados, Distrito Federal e municípios). Trata-se de uma desoneração tributária determinada pela Constituição Federal, o que impede que o legislador comum venha a alterá-la. É um mandamento constitucional.[20]

O artigo 18 do RIPI lista as operações abrangidas pela imunidade[21].

Artigo 18 São imunes da incidência do imposto:
I – os livros, jornais, periódicos e o papel destinado à sua impressão;
II – os produtos industrializados destinados ao exterior;
III – o ouro, quando definido em lei como ativo financeiro ou instrumento cambial;
IV – a energia elétrica, derivados de petróleo, combustíveis e minerais do País.

Para que tenha direito à imunidade, o contribuinte deve dar aos produtos o destino previsto no dispositivo legal, cessando o direito quando houver descumprimento a ele.

3.3.1.2 A isenção

Está prevista no Código Tributário Nacional, em seus artigos 175, inciso I, e 176 a 179. O legislador pode dispensar alguns contribuintes do pagamento de determinado tributo e pode excluir da hipótese de incidência tributária algumas operações. Assim sendo, a isenção pode ser concedida em relação aos seguintes aspectos:

- Espacial: concedida em determinada região ou território.
- Temporal: desoneração ocorre durante um período de tempo.

---

[20] FABRETTI, Láudio Camargo. *Manual de contabilidade tributária*. 11. ed. São Paulo: Atlas, 2009. FABRETTI, Láudio Camargo; FABRETTI, Dilene Ramos. *Direito tributário para os cursos de administração e ciências contábeis*. 7. ed. São Paulo: Atlas, 2009.
[21] BRASIL. Decreto n. 7.212, de 15/06/2010. Regulamenta a cobrança, fiscalização, arrecadação e administração do Imposto sobre Produtos Industrializados – IPI. *Portal da Legislação*. Palácio do Planalto, Brasília, DF. Disponível em: <http://www.planalto.gov.br/ccivil_03/_ato2007-2010/2010/decreto/d7212.htm>. Acesso em: 21 maio 2016.

- Pessoal: quando o benefício alcança um grupo de pessoas, físicas ou jurídicas.
- Material: diminui o alcance do fato gerador ou reduz a base de cálculo, ou a alíquota aplicável; reduzindo o montante do tributo devido; a isenção total de alíquota é o que se denomina alíquota zero, conforme já estudado.

A isenção pode ser condicionada ou incondicionada e por prazo certo ou indeterminado. De qualquer maneira, a isenção só pode ser concedida por lei editada pelo órgão tributante competente para instituir e arrecadar o tributo, ou seja, a isenção do IPI só pode ser concedida por lei federal, haja vista que somente a legislação federal pode tratar do imposto[22].

A isenção é a dispensa de pagamento do tributo e deve constar expressamente na lei. Não anula a obrigação tributária, mas autoriza o seu não cumprimento. A isenção difere da imunidade e da não incidência, sendo sempre relativa a determinado imposto, e, salvo disposição expressa em lei, as isenções do imposto referem-se ao produto e não ao contribuinte ou adquirente[23].

Existem muitas situações em que há isenção do IPI, todas previstas no RIPI nos artigos 54 a 68, e os artigos 81 a 83 e 91 tratam da isenção em relação à Zona Franca de Manaus.

3.3.1.3 A não incidência

Pode ser estabelecida pela Constituição Federal e por norma infraconstitucional. Ocorre quando determinadas operações ou situações, previstas expressamente na lei, não ensejam o pagamento do imposto, ou seja, não ocorre o fato gerador. A utilização do termo "não incidência" pela legislação infraconstitucional pode consistir em isenção, suspensão ou diferimento, e somente o exame da norma tributária dirá qual é a sua natureza jurídica[24].

O artigo 5º do Regulamento do IPI, já estudado neste capítulo, estabelece a não incidência do imposto ao determinar que as operações nele previstas não configuram industrialização, não ocorrendo, portanto, o fato gerador do IPI. Enquanto o artigo 4º do RIPI trata da incidência do IPI, o artigo 5º cuida da não incidência do imposto. O artigo 38 trata de outros casos de não incidência.

3.3.1.4 A suspensão

Significa que, em determinadas operações, o tributo não é devido, sendo exigido em um momento subsequente. O instituto da suspensão é a transferência do momento da incidência do imposto para outro momento, ou seja, posterga-se o momento da sua cobrança sem que se altere o sujeito passivo da obrigação tributária, pois será o próprio contribuinte que fará o pagamento do imposto, em um momento futuro.

No caso do IPI, a suspensão é tratada nos artigos 40 a 42 do regulamento, e os casos de suspensão estão listados nos artigos 43 a 49.

---

[22] FABRETTI, Láudio Camargo; FABRETTI, Dilene Ramos. *Direito tributário para os cursos de administração e ciências contábeis.* 7. ed. São Paulo: Atlas, 2009.
[23] PÊGAS, Paulo Henrique. *Manual de contabilidade tributária.* 8. ed. Rio de Janeiro: Freitas Bastos, 2014.
[24] CASSONE, Vittorio. *Direito tributário.* 25. ed. São Paulo: Atlas, 2015.

3.3.1.5 O diferimento

É o adiamento do pagamento do imposto, que será feito em um momento futuro, por outro contribuinte. Enquanto a suspensão é a postergação do pagamento do imposto para um momento futuro, pelo mesmo contribuinte beneficiado com a suspensão, o diferimento é o adiamento do pagamento do imposto, mas que será feito em uma operação futura, por outro contribuinte.

3.3.2 Exemplo prático de apuração do IPI

Para facilitar a compreensão dos cálculos do IPI e da apuração do valor a ser recolhido, o contribuinte deverá levantar os valores e a natureza das mercadorias adquiridas e os seus respectivos créditos tributários. Da mesma forma, deverão ser identificados os débitos fiscais gerados pelas saídas dos produtos vendidos.

O Livro de Registro de Apuração do IPI é o modelo legal para apuração do tributo. A Secretaria de Estado de Fazenda do Governo do Estado de Mato Grosso, por exemplo, disponibiliza o modelo[25] de Livro de Registo de Apuração do IPI mostrado a seguir.

---

[25] Livro Registro de Apuração do IPI. Modelo 8. Disponível em: <http://app1.sefaz.mt.gov.br/sistema/legislacao/regulamentoicms.nsf/cc90333e16d28a8c0425736e0076800a/ab411ddc9c642d110425739100712838/$FILE/_g9h4lckif4194ahq9ada54jp08h2i0gagal9430679sg48jp09584i81d416kuh259h7i0e0_.doc>. Acesso em: 29 mar. 2017.

Entradas

Codificação			Natureza	Valores contábeis	IPI – Valores fiscais				
Contábil	Fiscal				Operações com crédito do imposto		Operações sem crédito do imposto		
					Base de cálculo	Imposto creditado	Isentas ou não tributadas	Outras	
	1.11	Entradas no estado	Compras para industrialização						
	1.12		Compras para comercialização						
	1.13		Industrialização efetuada por outras empresas						
	1.21		Transferência para industrialização						
	1.22		Transferência para comercialização						
	1.31		Devoluções de vendas de produção do estabelecimento						
	1.32		Devoluções de vendas de mercadorias adquiridas e/ou recebidas de terceiros						
	1.91		Compras para o ativo imobilizado						
	1.92		Transferência para o ativo imobilizado						
	1.93		Compras e/ou transferência de material de consumo						
	1.99		Outras entradas não especificadas						
			Subtotal						

(*continua*)

Imposto sobre Produtos Industrializados 71

(continuação)

Entradas

Codificação		Natureza	Valores contábeis	IPI – Valores fiscais			
Contábil	Fiscal			Operações com crédito do imposto		Operações sem crédito do imposto	
				Base de cálculo	Imposto creditado	Isentas ou não tributadas	Outras
		Entradas de outros estados					
	2.11	Compras para industrialização					
	2.12	Compras para comercialização					
	2.13	Industrialização efetuada por outras empresas					
	2.21	Transferência para industrialização					
	2.22	Transferência para comercialização					
	2.31	Devoluções de vendas de produção do estabelecimento					
	2.32	Devoluções de vendas de mercadorias adquiridas e/ou recebidas de terceiros					
	2.91	Compras para o ativo imobilizado					
	2.92	Transferência para o ativo imobilizado					
	2.93	Compras e/ou transferências de material de consumo					
	2.99	Outras entradas não especificadas					
		Subtotal					
		Entradas do exterior					
	3.11	Compras para industrialização					
	3.12	Compras para comercialização					
	3.31	Devolução de vendas de produção do estabelecimento					
	3.32	Devolução de vendas de mercadorias adquiridas e/ou recebidas de terceiros					
	3.91	Compras para o ativo imobilizado					
	3.93	Compras de material de consumo					
	3.99	Outras entradas não especificadas					
		Totais					

(continua)

(continuação)

Demonstrativo de créditos

001 – Por entradas do mercado nacional						
002 – Por entradas do mercado externo						
003 – Por saídas para o mercado externo						
004 – Estorno de débitos						
005 – Outros créditos						
006 – Subtotal						
007 – Saldo credor do período anterior						
005 – Total						
Observações						

(continua)

Imposto sobre Produtos Industrializados 73

(continuação)

Codificação		Natureza	Valores contábeis	IPI – Valores fiscais			
Contábil / Fiscal				Operações com crédito do imposto		Operações sem crédito do imposto	
				Base de cálculo	Imposto creditado	Isentas ou não tributadas	Outras
		Saídas					
		Para o Estado					
5.01		Vendas a contribuintes					
5.02		Vendas a não contribuintes					
5.03		Transferência para industrialização e/ou comercialização					
5.04		Transferência para uso e/ou consumo próprio					
		Subtotal (5.03 e 5.04)					
5.05		Remessa para industrialização por outros estabelecimentos					
5.06		Remessa para vendas fora do estabelecimento					
5.07		Retorno de industrialização para outros estabelecimentos					
5.08		Devoluções					
5.99		Outras saídas não especificadas					
		Subtotal (5.06 a 5.99)					
		Para outros Estados					
6.01		Vendas a contribuintes para industrialização e/ou comercialização					
6.02		Vendas a contribuintes para uso e/ou consumo próprio					
		Subtotal (6.04 e 6.05)					
6.03		Vendas a não contribuintes					
6.04		Transferências para industrialização e/ou comercialização					
6.05		Transferências para uso e/ou consumo próprio					
		Subtotal (6.04 e 6.05)					
6.06		Remessa para industrialização por outros estabelecimentos					

(continua)

(continuação)

Saídas

Codificação		Natureza	Valores contábeis	IPI – Valores fiscais			
Contábil	Fiscal			Operações com crédito do imposto		Operações sem crédito do imposto	
				Base de cálculo	Imposto creditado	Isentas ou não tributadas	Outras
	6.07	Para outros estados	Remessa para vendas fora do estabelecimento				
	6.08		Retorno de industrialização para outros estabelecimentos				
	6.09		Devoluções				
	6.99		Outras saídas não especificadas				
			Subtotal (6.06 e 6.99)				
	7.01	Para o exterior	Vendas				
	7.99		Outras saídas não especificadas				
			Totais				

(continua)

(continuação)

Apuração dos saldos		
013 – Saldo devedor (débito menos crédito)		
014 – Deduções		
013 – Imposto a recolher		

Guias de recolhimento		Guia de informação	
Número		Número	
Data		Data	
Valor		Valor	
Órgão arrecadador		Órgão arrecadador	

Observações _____
_____

Para fins didáticos, sugerimos que a apuração aconteça mediante o preenchimento da seguinte planilha.

Apuração do IPI					
Data	Crédito fiscal	Débito fiscal	Saldo fiscal	Saldo	Valor a recolher

Os eventos econômicos foram os seguintes:

- Em X1 a empresa adquiriu matéria-prima no valor de R$ 120.000,00, com alíquota de IPI de 10%, gerando um crédito fiscal de R$ 12.000,00.
- Em X1 a empresa realizou venda de parte do produto final, pelo valor de R$ 100.000,00, com alíquota de IPI de 10%, gerando um débito fiscal de R$ 10.000,00.
- Em X2 a empresa adquiriu nova remessa de matéria-prima no valor de R$ 120.000,00, com alíquota de IPI de 10%, gerando um crédito fiscal de R$ 12.000,00.
- Em X2 a empresa realizou venda de parte do produto final, pelo valor de R$ 200.000,00, com alíquota de IPI de 10%, gerando um débito fiscal de R$ 20.000,00.

Nesse sentido, a apuração do IPI a recolher aconteceria como mostrado a seguir.

Apuração do IPI					
Data	Crédito fiscal	Débito fiscal	Saldo fiscal	Saldo	Valor a recolher
X1	R$ 12.000,00	R$ 10.000,00	R$ 2.000,00	CREDOR	0
X2	R$ 12.000,00	R$ 20.000,00	R$ 8.000,00	DEVEDOR	R$ 6.000,00
X3					

- Em X1, saldo credor do IPI foi de R$ 2.000,00. Logo, não há que se falar em recolhimento nessa competência.
- Em X2, o valor do IPI a recolher foi de R$ 6.000,00 [R$ 20.000,00 − R$ 12.000,00 − R$ 2.000,00 (saldo credor de X1)]. Esse valor deverá ser recolhido nos prazos estipulados pela lei, em conformidade com a atividade.
- Logo, em X3 o IPI terá seu valor recolhido somente se o saldo do débito fiscal superar o crédito adquirido nas compras. Caso contrário, o crédito fiscal ficará acumulado para a competência subsequente.

> A metodologia de apuração do tributo não cumulativo foi tratada também no Capítulo 2 (itens 2.3.1 e 2.3.1.2).

3.4 Contabilização básica

O IPI é uma despesa tributária do industrial, que, como vimos, é repassada para o consumidor. Como incide sobre as vendas, é classificada contabilmente como dedução da receita.

Exemplos mais completos de apuração e escrituração do IPI serão tratados no Capítulo 6 (item 6.5).

3.5 Obrigações acessórias

O contribuinte do IPI está obrigado a entregar declarações específicas que variam de acordo com a sua atividade e os produtos transacionados. Com o Sped e a NFe, houve uma diminuição quanto ao volume de declarações obrigatórias aderentes ao IPI. Por exemplo, DNF, DIF-Bebidas e DIF-Cigarros foram extintas. Contudo, cabe destacar que com o Sped o grau de detalhamento das obrigações vigentes aumentou.

Dentre as obrigações comuns aos contribuintes do IPI destacamos:

- a Escrituração Contábil Fiscal (ECF) (entregue no ambiente do Sistema Público de Escrituração Digital – Sped) absorveu as informações referentes ao IPI até então declaradas na DIPJ. Contudo, a obrigatoriedade da DCTF ainda permanece; e
- a Declaração de Débitos e Créditos Tributários Federais (DCTF) deverá ser declarada mensalmente pelos contribuintes do IPI com atividade industrial prevista no artigo 4º do RIPI.

Questões e exercícios

1. Calcule e contabilize as operações a seguir descritas:
    - Aquisição de matéria-prima no valor de R$ 10.000,00, com alíquota de IPI de 8%.
    - Aquisição de material secundário no valor de R$ 2.000,00, com alíquota de IPI de 10%.
    - Aquisição de insumos consumidos no processo industrial no valor de R$ 1.000,00, com alíquota de IPI de 12%.
    - Venda do produto final pelo valor de R$ 20.000,00, com alíquota de IPI de 15%.

2. São princípios tributários aplicáveis ao IPI:
    ( ) seletividade e anterioridade.
    ( ) cumulatividade e seletividade.
    ( ) anterioridade e não cumulatividade.
    ( ) seletividade e não cumulatividade.

3. O Princípio da Seletividade determina:
    ( ) A compensação entre os créditos (aquisições) e os débitos (vendas).
    ( ) A uniformidade das alíquotas.
    ( ) Alíquotas menores para os produtos de maior necessidade.
    ( ) Alíquotas menores para os produtos exportados.

4. O Princípio da Não Cumulatividade determina:
   ( ) A compensação entre os créditos (aquisições) e os débitos (vendas).
   ( ) A saída do produto sem o pagamento do imposto.
   ( ) Alíquotas menores para os produtos de maior necessidade.
   ( ) Isenção para a venda de produtos exportados.

5. Uma empresa teve, no mês, as seguintes operações:
   - Compras de matéria-prima no valor de R$ 400.000,00, com alíquota de IPI de 10%.
   - Vendas de produtos no valor de R$ 300.000,00, com alíquota de IPI de 12%.

   Assinale qual o saldo do IPI no final do mês:
   ( ) Saldo devedor de R$ 18.000,00.
   ( ) Saldo credor de R$ 18.000,00.
   ( ) Saldo devedor de R$ 4.000,00.
   ( ) Saldo credor de R$ 4.000,00.

6. Faça a correlação entre as afirmações a seguir:

   I – A que, exercida sobre matérias-primas ou produtos intermediários, importe na obtenção de espécie nova.

   II – A que importe em modificar, aperfeiçoar ou, de qualquer forma, alterar o funcionamento, a utilização, o acabamento ou a aparência do produto.

   III – A que consista na reunião de produtos, peças ou partes e de que resulte um novo produto ou unidade autônoma, ainda que sob a mesma classificação fiscal.

   IV – A que importe em alterar a apresentação do produto, pela colocação da embalagem, ainda que em substituição da original, salvo quando a embalagem colocada se destine apenas ao transporte da mercadoria.

   V – A que, exercida sobre produto usado ou parte remanescente de produto deteriorado ou inutilizado, renove ou restaure o produto para utilização.

   ( ) Renovação ou recondicionamento.
   ( ) Montagem.
   ( ) Transformação.
   ( ) Acondicionamento ou reacondicionamento.
   ( ) Beneficiamento.

capítulo 4

Imposto sobre Circulação de Mercadorias e Serviços

O Imposto sobre Circulação de Mercadorias e Serviços (ICMS) é um imposto estadual, ou seja, somente o Distrito Federal e os estados podem instituí-lo ou modificá-lo. Cobrado sobre a circulação de mercadorias e serviços, o ICMS está previsto no artigo 155, inciso II, da Constituição Federal, e suas disposições estão descritas na Lei Complementar n. 87/1996 e alterações posteriores.

Originariamente esse imposto restringia sua aplicação à circulação de mercadorias (Emenda Constitucional n. 18, de 1º/12/1965). A Constituição Federal de 1988 permitiu aos estados e ao Distrito Federal instituir esse imposto sobre os serviços de transporte intermunicipal e interestadual e de comunicações, fazendo com que o antigo ICM se transformasse no atual ICMS. No conjunto dessas alterações, o fornecimento de energia elétrica também passou a ser tributado pelo ICMS, sendo a energia elétrica, contudo, caracterizada como mercadoria.

Compreende-se por circulação toda movimentação de mercadoria ou serviço, implicando uma transferência ou transporte entre dois estabelecimentos distintos. Como exemplos de operações de circulação sujeitas ao ICMS estão a venda, a transferência entre estabelecimentos da mesma empresa, a doação, os brindes e as amostras.

4.1 Legislação básica

O ICMS tem sua criação e cobrança autorizadas pela Constituição Federal de 1988, conforme mostrado a seguir.

Artigo 155 Compete aos Estados e ao Distrito Federal instituir impostos sobre:

I – [...]
II – Operações relativas à circulação de mercadorias e sobre prestações de serviços de transportes interestadual e intermunicipal e de comunicação, ainda que as operações e as prestações se iniciem no exterior.

O § 2º do artigo 155, com redação dada pela Emenda Constitucional n. 3, de 1993, determina que o ICMS atenderá ao seguinte:

I – Será não cumulativo, compensando-se o que for devido em cada operação relativa à circulação de mercadorias ou prestação de serviços com o montante cobrado nas anteriores pelo mesmo ou outro Estado ou pelo Distrito Federal.

II – A isenção ou não incidência, salvo determinação em contrário da legislação:
  a) Não implicará crédito para compensação como montante devido nas operações ou prestações seguintes.
  b) Acarretará a anulação do crédito relativo às operações anteriores.

Esse dispositivo legal trata da característica principal do ICMS, que é a não cumulatividade, princípio constitucional já estudado no Capítulo 3. A não cumulatividade prevê que o imposto pago em uma operação é aproveitado na operação subsequente, e a seletividade determina que a alíquota do imposto é estabelecida de acordo com a essencialidade do produto, para que os produtos de maior necessidade tenham alíquotas menores, onerando menos esses produtos. Esses conceitos serão estudados adiante.

A partir da Constituição de 1988, todo imposto pago nas etapas anteriores seria passível de compensação com os débitos existentes por ocasião da venda ou revenda futura. No entanto, o crédito não poderá ser utilizado nos casos em que a saída não seja tributada, exceção feita às vendas ao exterior, que são equiparadas às saídas tributadas.

O inciso III do mesmo § 2º do artigo 155 da Constituição de 1988 trata da seletividade do ICMS:

III – Poderá ser seletivo, em função da essencialidade das mercadorias e dos serviços.

Outra característica relevante do ICMS é o Princípio da seletividade, também estudado no Capítulo 3, que determina que o imposto deverá ser menos oneroso para os produtos mais essenciais, adotando alíquotas diferentes, que variam de forma inversamente proporcional à essencialidade do produto.

A seletividade não é impositiva, ou seja, a Constituição determina que o imposto poderá ser cobrado em função da essencialidade das mercadorias, mas não é obrigatório. Por isso, os produtos considerados de primeira necessidade podem ser tributados com alíquotas inferiores aos demais produtos[1].

A seletividade não pode ser utilizada por mero critério de conveniência e oportunidade, porque se impõe obediência a inúmeros postulados constitucionais, afirmando que não podem ser cometidas arbitrariedades, como é o caso de serem estabelecidas alíquotas mais elevadas com o propósito de incrementar a arrecadação do ICMS relativamente aos bens que não sejam de primeira necessidade[2].

A Constituição de 1988 estabeleceu que o ICMS poderá ser seletivo em função da essencialidade das mercadorias e dos serviços, mas, consciente dos problemas que daí podem decorrer, cuidou de estabelecer fortes limitações a essa faculdade, atribuindo ao Senado Federal competência para estabelecer as alíquotas aplicáveis às operações e prestações, interestaduais e de exportação, e a ele facultando o estabelecimento de alíquotas mínimas e máximas nas operações internas[3].

---

[1] PÊGAS, Paulo Henrique. *Manual de contabilidade tributária*. 8. ed. Rio de Janeiro: Freitas Bastos, 2014.
[2] MELO, José Eduardo Soares. *ICMS:* teoria e prática. 12. ed. São Paulo: Dialética, 2012.
[3] MACHADO, Hugo de Brito. *Curso de direito tributário*. 36. ed. São Paulo: Malheiros, 2015.

O inciso IV do § 2º do artigo 155 da Constituição de 1988 trata da alíquota interestadual do ICMS:

IV – Resolução do Senado Federal, de iniciativa do Presidente da República ou de um terço dos Senadores, aprovada pela maioria absoluta de seus membros, estabelecerá as alíquotas aplicáveis às operações e prestações, interestaduais e de exportação.

Esse dispositivo determina que o Senado Federal é responsável pela definição das alíquotas aplicadas nas operações interestaduais. A escolha do Senado se justifica pela sua representatividade igualitária, pois a Casa é composta por três senadores de cada uma das 27 unidades da Federação.

Os incisos V e VI do § 2º do artigo 155 da Constituição de 1988 tratam também da alíquota interestadual do ICMS:

V – É facultado ao Senado Federal:
  a) estabelecer alíquotas mínimas nas operações internas, mediante resolução de iniciativa de um terço e aprovada pela maioria absoluta de seus membros;
  b) fixar alíquotas máximas nas mesmas operações para resolver conflito específico que envolva interesse de Estados, mediante resolução de iniciativa da maioria absoluta e aprovada por dois terços de seus membros.
VI – Salvo deliberação em contrário dos Estados e do Distrito Federal, nos termos do disposto no inciso XII, "g", as alíquotas internas, nas operações relativas à circulação de mercadorias e nas prestações de serviços, não poderão ser inferiores às previstas para as operações interestaduais.

Esses dois dispositivos tiveram por objetivo estabelecer uma forma de incentivar os estados consumidores, transferindo riqueza para o estado de destino da mercadoria. Esses dois incisos permitem que o ICMS seja um imposto cobrado ao longo do processo produtivo, fazendo com que uma parte do imposto seja devido ao estado produtor e outra parcela seja pago no estado de destino.

Os incisos VII e VIII do § 2º do artigo 155 da Constituição de 1988 tiveram sua redação alterada pela Emenda Constitucional n. 87, de 16/04/2015:

VII – nas operações e prestações que destinem bens e serviços a consumidor final, contribuinte ou não do imposto, localizado em outro Estado, adotar-se-á a alíquota interestadual e caberá ao Estado de localização do destinatário o imposto correspondente à diferença entre a alíquota interna do Estado destinatário e a alíquota interestadual;
VIII – a responsabilidade pelo recolhimento do imposto correspondente à diferença entre a alíquota interna e a interestadual de que trata o inciso VII será atribuída:
  a) ao destinatário, quando este for contribuinte do imposto;
  b) ao remetente, quando o destinatário não for contribuinte do imposto.

Segundo Dower (2015), a Emenda Constitucional n. 87/2015 introduziu no ordenamento jurídico uma nova e surpreendente regra sobre a incidência do ICMS nas operações realizadas entre estados. Embora se trate de alteração na redação de apenas dois dispositivos, a decisão tomada pelo legislador constitucional derivado modifica a essência do imposto.

A redação anterior desses dois dispositivos determinava que nas vendas a outro estado somente era aplicada a alíquota interestadual quando o comprador era contribuinte do ICMS e no momento da entrada da mercadoria no estabelecimento comprador era exigido o pagamento do diferencial de alíquota[4].

Se a venda fosse feita para não contribuinte do ICMS, a empresa vendedora pagava a alíquota interna do produto cobrado em seu estado. Nesse caso, como a venda no outro estado se daria pela alíquota interna, o estado de destino ficaria com a diferença das alíquotas[5].

A alteração representa um avanço em relação a um tema que vem permeando boa parte das atuais discussões jurídicas e políticas relacionadas ao ICMS no contexto da chamada "guerra fiscal". Isso porque se trata de discussão que tomou proporções gigantescas e, obviamente, saiu do controle das autoridades tributárias responsáveis pela disciplina legal ou pela faceta executiva de regulamentação e cobrança do imposto.

Para quem acompanha o ICMS não é difícil entender: ao longo dos últimos anos, os estados economicamente menos favorecidos do país (estados "consumidores") aprenderam a utilizar o ICMS – que é um tributo estadual – a seu favor, utilizando-o como "moeda de troca" na atração de pesados investimentos financeiros para o âmbito territorial de seus estados.

Em outras palavras, o Poder Executivo de variados estados, principalmente das regiões Nordeste, Norte, Centro-Oeste e mesmo do Sul do país (a exemplo do Paraná), desenvolveu uma surpreendente habilidade na arte de convencer empresários nacionais e estrangeiros a investir na construção de fábricas, centros de distribuição, empresas revendedoras e importadoras dentro de seus territórios.

Para isso, utilizou-se de variados mecanismos de desonerações fiscal, direta ou indiretamente ligadas ao ICMS, como as clássicas reduções de base de cálculo e de alíquota, as outorgas de créditos presumidos, diferimento do imposto e concessão de financiamentos bancários com juros subsidiados por meio de instituições financeiras públicas locais. Em troca, ganhou os efeitos positivos que esses investimentos privados são capazes de proporcionar ao desenvolvimento econômico e social dessas regiões, como a geração de emprego e renda e a substancial melhoria da infraestrutura pública local[6].

O artigo 2º da Emenda Constitucional n. 87/2015 alterou também o artigo 99 das Disposições Constitucionais Transitórias, estabelecendo um cronograma de adaptação, período em que esse valor apurado será partilhado entre o estado de origem e o de destino:

Artigo 2º O Ato das Disposições Constitucionais Transitórias passa a vigorar acrescido do seguinte artigo 99:

Artigo 99 Para efeito do disposto no inciso VII do § 2º do artigo 155, no caso de operações e prestações que destinem bens e serviços a consumidor final não contribuinte lo-

---

[4] DOWER, Fabio Cunha. O "novo" ICMS nas operações entre estados após a Emenda Constitucional n. 87/2015 (Emenda Constitucional n. 87015): Impactos tributários. Disponível em: <www.dizerodireito.com.br/2015/04/comentarios-nova-ec-872015-icms-do.html>. Acesso em: 29 mar. 2017.
[5] PÊGAS, Paulo Henrique. Manual de contabilidade tributária. 8. ed. Rio de Janeiro: Freitas Bastos, 2014.
[6] DOWER, Fabio Cunha. O "novo" ICMS nas operações entre estados após a Emenda Constitucional n. 87/2015 (Emenda Constitucional n. 87.015): Impactos tributários. Disponível em: <www.dizerodireito. com.br/2015/04/comentarios-nova-ec-872015-icms-do.html>. Acesso em: 29 mar. 2017.

calizado em outro Estado, o imposto correspondente à diferença entre a alíquota interna e a interestadual será partilhado entre os Estados de origem e de destino, na seguinte proporção:

I – Para o ano de 2015: 20% para o Estado de destino e 80% para o Estado de origem.
II – Para o ano de 2016: 40% para o Estado de destino e 60% para o Estado de origem.
III – Para o ano de 2017: 60% para o Estado de destino e 40% para o Estado de origem.
IV – Para o ano de 2018: 80% para o Estado de destino e 20% para o Estado de origem.
V – A partir do ano de 2019: 100% para o Estado de destino.

Apesar de a Emenda Constitucional n. 87/2015 ter estabelecido que em 2015 o valor do ICMS já devia ter sido partilhado, na prática essa partilha teve início somente em 2016, pois o artigo 3º da Emenda Constitucional n. 87/2015 determinou que esse dispositivo legal só produziria efeito a partir do ano subsequente, ou seja, em 2016. E realmente só entrou em vigência em 2016. O cronograma de adaptação à Emenda Constitucional n. 87/2015 é mostrado a seguir.

Vigência	UF de origem	UF de destino
2016	60%	40%
2017	40%	60%
2018	20%	80%
2019	–	100%

O inciso IX trata da incidência do ICMS na importação de mercadorias do exterior e tem a seguinte redação:

IX – Incidirá também:
　a) sobre a entrada de bem ou mercadoria importados do exterior por pessoa física ou jurídica, ainda que não seja contribuinte habitual do imposto, qualquer que seja a sua finalidade, assim como sobre o serviço prestado no exterior, cabendo o imposto ao Estado onde estiver situado o domicílio ou o estabelecimento do destinatário da mercadoria, bem ou serviço;
　b) sobre o valor total da operação, quando mercadorias forem fornecidas com serviços não compreendidos na competência tributária dos Municípios.

Esse dispositivo permite aos estados e ao Distrito Federal cobrar o ICMS nas operações de importação de produtos do exterior, bem como na venda de mercadorias com o fornecimento de serviços, quando essas operações não forem alcançadas pela legislação do ISSQN, nos termos da Lei Complementar n. 116/2003, cujo tema será estudado no Capítulo 8.

O inciso X trata da não incidência e tem a seguinte redação:

X – Não incidirá:
　a) sobre operações que destinem mercadorias para o exterior, nem sobre serviços prestados a destinatários no exterior, assegurada a manutenção e o aproveitamento do montante do imposto cobrado nas operações e prestações anteriores;
　b) sobre operações que destinem a outros Estados petróleo, inclusive lubrificantes, combustíveis líquidos e gasosos dele derivados, e energia elétrica;

c) sobre o ouro, nas hipóteses definidas no artigo 153, § 5°;
d) nas prestações de serviço de comunicação nas modalidades de radiodifusão sonora e de sons e imagens de recepção livre e gratuita.

A alínea "a" do inciso X trata da garantia constitucional que as exportações não serão tributadas, atendendo a um acordo referendado na Organização Mundial do Comércio (OMC). Não há a cobrança do ICMS quando um produto é vendido para o exterior, mas permite-se a utilização dos créditos obtidos nas compras de matéria-prima e insumos utilizados na fabricação do produto vendido.

Para Melo[7], a partir da Lei Complementar n. 87/1996 toda e qualquer exportação de bens e serviços ficou desonerada do ICMS.

O IPI não compõe a base de cálculo do ICMS nas operações realizadas que destinem produtos e mercadorias para posterior industrialização e comercialização, ou seja, nas operações entre contribuintes o IPI não deve integrar a base de cálculo do ICMS. Logo, nas demais operações, como no caso de aquisição de bens para o ativo imobilizado, o IPI deverá ser incluído na base de cálculo do ICMS.

O inciso XII trata dos temas relativos ao ICMS que devem ser regulados por lei complementar:

XII – cabe à lei complementar:
    a) definir seus contribuintes;
    b) dispor sobre substituição tributária;
    c) disciplinar o regime de compensação do imposto;
    d) fixar, para efeito de sua cobrança e definição do estabelecimento responsável, o local das operações relativas à circulação de mercadorias e das prestações de serviços;
    e) excluir da incidência do imposto, nas exportações para o exterior, serviços e outros produtos além dos mencionados no inciso X, "a";
    f) prever casos de manutenção de crédito, relativamente à remessa para outro Estado e exportação para o exterior, de serviços e de mercadorias;
    g) regular a forma como, mediante deliberação dos Estados e do Distrito Federal, isenções, incentivos e benefícios fiscais serão concedidos e revogados;
    h) definir os combustíveis e lubrificantes sobre os quais o imposto incidirá uma única vez, qualquer que seja a sua finalidade, hipótese em que não se aplicará o disposto no inciso X, "b";
    i) fixar a base de cálculo, de modo que o montante do imposto a integre, também na importação do exterior de bem, mercadoria ou serviço.

O § 3° do artigo 155 da Carta Magna trata da tributação das operações relativas a energia elétrica, serviços de telecomunicações, derivados de petróleo, combustíveis e minerais do país:

§ 3° À exceção dos impostos de que tratam o inciso II do *caput* deste artigo e o artigo 153, I e II, nenhum outro imposto poderá incidir sobre operações relativas a energia elétrica, serviços de telecomunicações, derivados de petróleo, combustíveis e minerais do País.

---
[7] MELO, José Eduardo Soares. *ICMS:* teoria e prática. 12. ed. São Paulo: Dialética, 2012.

Na versão original da Constituição de 1988, esse dispositivo tinha redação semelhante, mas, em vez de trazer a palavra *imposto*, trazia a palavra *tributo*, o que ensejou muita discussão judicial, as quais chegaram até o Supremo Tribunal Federal. Os impostos mencionados nesse parágrafo são o ICMS, o imposto de importação e o imposto de exportação.

4.1.1 Princípios constitucionais

Os princípios constitucionais estudados no Capítulo 3 são aplicáveis ao ICMS: Princípios da Legalidade, da Anterioridade e da Noventena, todos eles tratados no artigo 150 da Carta Magna.

> Artigo 150 Sem prejuízo de outras garantias asseguradas ao contribuinte, é vedado à União, aos Estados, ao Distrito Federal e aos Municípios:
> I – Exigir ou aumentar tributo sem lei que o estabeleça (Legalidade)
> II – [...]
> III – Cobrar tributos
>   a) [...]
>   b) no mesmo exercício financeiro em que haja sido publicada a lei que os houver instituído ou aumentado (Anterioridade);
>   c) antes de decorridos noventa dias da data em que haja sido publicada a lei que os instituiu ou aumentou, observado o disposto na alínea "b" (Noventena).

4.1.2 O ICMS nas leis complementares

O ICMS teve suas regras básicas definidas pelo Convênio ICM n. 66/1988, revogado pela Lei Complementar n. 87, em 13/9/1996, conhecida como Lei Kandir.

A Lei Complementar n. 87/1996 foi alterada pelas Leis Complementares n. 92/1997, 99/1999, 102/2000, 114/2002, 120/2006 e 138/2010. No estado de São Paulo, o ICMS está regulamentado pelo Decreto n. 45.490/2000.

4.1.3 O Conselho Nacional de Política Fazendária (Confaz)

O Conselho Nacional de Política Fazendária tem por finalidade promover ações necessárias à elaboração de políticas e harmonização de procedimentos e normas inerentes ao exercício da competência tributária dos estados e do Distrito Federal, bem como colaborar com o Conselho Monetário Nacional (CMN) na fixação da política de dívida pública interna e externa dos estados e do Distrito Federal e na orientação às instituições financeiras públicas estaduais[8].

O Confaz tem a responsabilidade de simplificar e harmonizar as normas tributárias do ICMS. Além de manter arquivado os protocolos firmados entre duas ou mais unidades federativas, cabe-lhe a responsabilidade pela promoção dos convênios com o propósito de promover a concessão ou revogação de isenções, incentivos e benefícios fiscais tratados na Constituição, conforme estabelece o artigo 3º do Convênio ICMS 133/1997 (consolidado até o Convênio ICMS 80/2012).

---

[8] Redação dada pelo Convênio ICMS 133/1997 (consolidado até o Convênio ICMS 80/2012), artigo 1º.

4.1.4 Os convênios

Celebrados entre as unidades da Federação, são uma das espécies de normas complementares das leis, dos tratados e das convenções internacionais e dos decretos, conforme o artigo 100, inciso IV, do Código Tributário Nacional (CTN). Cabe ao Confaz promover sua celebração, conforme disposto na Lei Complementar n. 24, de 7/1/1975.

Todos os convênios ficam disponíveis após a publicação no *Diário Oficial da União*, no *site* do Confaz (www.confaz.fazenda.gov.br/legislacao/convenios). A título de exemplo, seguem alguns convênios publicados e disponibilizados:

- Convênio ICMS 17, de 24/3/2016: autoriza o Estado de Santa Catarina a conceder crédito presumido nas aquisições de equipamento Medidor Volumétrico de Combustíveis (MVC).
- Convênio ICMS, de 8/4/2016: autoriza o Estado de Mato Grosso a dispensar ou reduzir juros e multas mediante parcelamento de débitos fiscais relacionados ao ICMS, na forma que especifica.
- Convênio ICMS 35, de 8/4/2016: autoriza o Estado do Amazonas a conceder isenção do ICMS nas saídas internas de energia elétrica destinadas à rede hoteleira.

Além da isenção, dispensa ou redução de juros e multas, e concessão de crédito presumido, podem ser celebrados convênios estabelecendo reduções de base de cálculo e critérios de devolução do tributo.

4.1.5 Os protocolos

O Convênio ICMS 133/1997 aprova o Regimento do Conselho Nacional de Política Fazendária (Confaz) e estabelece, no artigo 38, que dois ou mais estados e o Distrito Federal poderão celebrar entre si protocolos, estabelecendo procedimentos comuns visando:

- a implementação de políticas fiscais;
- a permuta de informações e fiscalização conjunta;
- a fixação de critérios para elaboração de pautas fiscais;
- outros assuntos de interesse dos estados e do Distrito Federal.

Todos os protocolos ficam disponíveis, após a publicação no *Diário Oficial da União*, no *site* do Confaz (www.confaz.fazenda.gov.br/legislação/protocolos). A título de exemplo, seguem alguns protocolos publicados e disponibilizados:

- Protocolo ICMS 23, de 8/4/2016: dispõe sobre as operações realizadas por estabelecimentos industriais localizados na Zona Franca de Manaus por meio de armazém-geral localizado no Município de Cariacica (ES).
- Protocolo ICMS 24, de 18/4/2016: dispõe sobre a adesão do Estado do Mato Grosso às disposições do Protocolo ICMS 51/2015, que dispõe sobre a simplificação dos procedimentos de fiscalização nos postos fiscais de controle de mercadorias em trânsito, relacionados às empresas de transportes e veículos de cargas, participantes do Projeto Canal Verde Brasil-ID.
- Protocolo ICMS 28, de 3/5/2016: dispõe sobre a exclusão do Estado da Bahia do Protocolo ICMS 44/2013, que estabelece a substituição tributária em relação às operações antecedentes interestaduais com desperdícios e resíduos de metais não ferrosos e alumínio em formas brutas quando o produto for destinado a estabelecimento industrial.

4.2 Elementos essenciais do ICMS

Por elementos essenciais de um imposto podemos entender os elementos que o artigo 146, inciso III, "a", da Constituição de 1988 reservou à lei complementar determinar, que são o fato gerador, a base de cálculo e o contribuinte. Estudaremos, ainda, a alíquota, outro componente essencial ao estudo de todo imposto.

O artigo 2º da Lei Complementar n. 87/1996 determina que o imposto incide sobre:

I – Operações relativas à circulação de mercadorias, inclusive o fornecimento de alimentação e bebidas em bares, restaurantes e estabelecimentos similares.

II – Prestações de serviços de transporte interestadual e intermunicipal, por qualquer via, de pessoas, bens, mercadorias ou valores.

III – Prestações onerosas de serviços de comunicação, por qualquer meio, inclusive a geração, a emissão, a recepção, a transmissão, a retransmissão, a repetição e a ampliação de comunicação de qualquer natureza.

IV – Fornecimento de mercadorias com prestação de serviços não compreendidos na competência tributária dos Municípios.

V – Fornecimento de mercadorias com prestação de serviços sujeitos ao imposto sobre serviços, de competência dos Municípios, quando a lei complementar aplicável expressamente o sujeitar à incidência do imposto estadual.

Esse dispositivo legal coloca sob incidência do ICMS a circulação de mercadorias em geral, a prestação de serviços de transportes intermunicipal e interestadual, a prestação de serviços de comunicação onerosa e o fornecimento de mercadorias na prestação de serviços não alcançadas pelo ISS.

O artigo 3º da Lei Complementar n. 87/1996 trata das operações com o alcance da não incidência, nas quais se encontram a venda de livros, jornais e periódicos, a exportação, a venda de energia elétrica e derivados de petróleo, entre outras.

Artigo 3º O imposto não incide sobre:

I – Operações com livros, jornais, periódicos e o papel destinado a sua impressão.

II – Operações e prestações que destinem ao exterior mercadorias, inclusive produtos primários e produtos industrializados semielaborados, ou serviços.

III – Operações interestaduais relativas a energia elétrica e petróleo, inclusive lubrificantes e combustíveis líquidos e gasosos dele derivados, quando destinados à industrialização ou à comercialização.

IV – Operações com ouro, quando definido em lei como ativo financeiro ou instrumento cambial.

V – Operações relativas a mercadorias que tenham sido ou que se destinem a ser utilizadas na prestação, pelo próprio autor da saída, de serviço de qualquer natureza definido em lei complementar como sujeito ao imposto sobre serviços, de competência dos Municípios, ressalvadas as hipóteses previstas na mesma lei complementar.

VI – Operações de qualquer natureza de que decorra a transferência de propriedade de estabelecimento industrial, comercial ou de outra espécie.

VII – Operações decorrentes de alienação fiduciária em garantia, inclusive a operação efetuada pelo credor em decorrência do inadimplemento do devedor.

VIII – Operações de arrendamento mercantil, não compreendida a venda do bem arrendado ao arrendatário.

IX – Operações de qualquer natureza de que decorra a transferência de bens móveis salvados de sinistro para companhias seguradoras.

4.2.1 Contribuintes

Os contribuintes do ICMS estão definidos no artigo 4º da Lei Complementar n. 87/1996 como qualquer pessoa, física ou jurídica, que realize, com habitualidade ou em volume que caracterize intuito comercial, operações de circulação de mercadoria ou prestações de serviços de transporte interestadual e intermunicipal e de comunicação, ainda que as operações e as prestações se iniciem no exterior.

Determina que é também contribuinte a pessoa física ou jurídica que: a) mesmo sem habitualidade ou intuito comercial; b) importe mercadorias ou bens do exterior, qualquer que seja a sua finalidade; c) seja destinatária de serviço prestado no exterior ou cuja prestação se tenha iniciado no exterior; d) adquira em licitação mercadorias ou bens apreendidos ou abandonados; e) adquira lubrificantes e combustíveis líquidos e gasosos derivados de petróleo e energia elétrica oriundos de outro estado, quando não destinados à comercialização ou à industrialização.

4.2.2 Fato gerador

O fato gerador do ICMS está descrito no artigo 12 da Lei Complementar n. 87/1996, que determina as operações sujeitas ao imposto, incluindo a importação, a entrada no território do estado de lubrificantes e combustíveis líquidos e gasosos derivados de petróleo e energia elétrica oriundos de outro estado, a transferência entre estabelecimentos do mesmo titular, a venda a partir de depósito fechado ou armazém-geral, entre outras.

Artigo 12 Considera-se ocorrido o fato gerador do imposto no momento:

I – Da saída de mercadoria de estabelecimento de contribuinte, ainda que para outro estabelecimento do mesmo titular.
II – Do fornecimento de alimentação, bebidas e outras mercadorias por qualquer estabelecimento.
III – Da transmissão a terceiro de mercadoria depositada em armazém-geral ou em depósito fechado, no Estado do transmitente.
IV – Da transmissão de propriedade de mercadoria, ou de título que a represente, quando a mercadoria não tiver transitado pelo estabelecimento transmitente.
V – Do início da prestação de serviços de transporte interestadual e intermunicipal, de qualquer natureza.
VI – Do ato final do transporte iniciado no exterior.
VII – Das prestações onerosas de serviços de comunicação, feita por qualquer meio, inclusive a geração, a emissão, a recepção, a transmissão, a retransmissão, a repetição e a ampliação de comunicação de qualquer natureza;
VIII – Do fornecimento de mercadoria com prestação de serviços:
    a) não compreendidos na competência tributária dos Municípios;
    b) compreendidos na competência tributária dos Municípios e com indicação expressa de incidência do imposto de competência estadual, como definido na lei complementar aplicável.
IX – Do desembaraço aduaneiro de mercadorias ou bens importados do exterior.
X – Do recebimento, pelo destinatário, de serviço prestado no exterior.

XI – Da aquisição em licitação pública de mercadorias ou bens importados do exterior e apreendidos ou abandonados.

XII – Da entrada no território do Estado de lubrificantes e combustíveis líquidos e gasosos derivados de petróleo e energia elétrica oriundos de outro Estado, quando não destinados à comercialização ou à industrialização.

XIII – Da utilização, por contribuinte, de serviço cuja prestação se tenha iniciado em outro Estado e não esteja vinculada a operação ou prestação subsequente.

4.2.3 Base de cálculo

A base de cálculo do ICMS está regulada no artigo 13 da Lei Complementar n. 87/1996, que determina, como regra geral, o valor da operação, seja ela de produtos, seja de serviços, mas prevê outras situações em que a base de cálculo inclui outros valores, como no caso da importação, em que o ICMS incide sobre os valores pagos a título de imposto de importação e IPI, e a aquisição de lubrificantes e combustíveis líquidos e gasosos derivados de petróleo e energia elétrica oriundos de outro estado.

Artigo 13 A base de cálculo do imposto é:

I – na saída de mercadoria prevista nos incisos I, III e IV do artigo 12, o valor da operação;

II – na hipótese do inciso II do artigo 12, o valor da operação, compreendendo mercadoria e serviço;

III – na prestação de serviço de transporte interestadual e intermunicipal e de comunicação, o preço do serviço;

IV – no fornecimento de que trata o inciso VIII do artigo 12:
   a) o valor da operação, na hipótese da alínea *a*;
   b) o preço corrente da mercadoria fornecida ou empregada, na hipótese da alínea *b*.

V – na hipótese do inciso IX do artigo 12 (desembaraço aduaneiro), a soma das seguintes parcelas:
   a) o valor da mercadoria ou bem constante dos documentos de importação, observado o disposto no artigo 14;
   b) imposto de importação;
   c) imposto sobre produtos industrializados;
   d) imposto sobre operações de câmbio;
   e) quaisquer outros impostos, taxas, contribuições e despesas aduaneiras;

VI – na hipótese do inciso X do artigo 12 (serviço prestado no exterior), o valor da prestação do serviço, acrescido, se for o caso, de todos os encargos relacionados com a sua utilização;

VII – no caso do inciso XI do artigo 12 (licitação e importação), o valor da operação acrescido do valor dos impostos de importação e sobre produtos industrializados e de todas as despesas cobradas ou debitadas ao adquirente;

VIII – na hipótese do inciso XII do artigo 12 (entrada no território do Estado de lubrificantes e combustíveis líquidos e gasosos derivados de petróleo e energia elétrica oriundos de outro Estado), o valor da operação de que decorrer a entrada;

IX – na hipótese do inciso XIII do artigo 12, o valor da prestação no Estado de origem.

O § 1º do artigo 13 trata das despesas cobradas na nota fiscal e que devem ser incluídas na base de cálculo do ICMS, como frete, seguros e outras despesas. Trata também da característica do imposto, que é calculado por dentro, ou seja, o valor do ICMS está incluído no valor da mercadoria cobrada do consumidor:

§ 1º Integra a base de cálculo do imposto, inclusive na hipótese do inciso V do *caput* deste artigo:
   I – O montante do próprio imposto, constituindo o respectivo destaque mera indicação para fins de controle.
   II – O valor correspondente a:
      a) seguros, juros e demais importâncias pagas, recebidas ou debitadas, bem como descontos concedidos sob condição;
      b) frete, caso o transporte seja efetuado pelo próprio remetente ou por sua conta e ordem e seja cobrado em separado.

O § 2º do artigo 13 determina que o IPI não compõe a base de cálculo do ICMS quando a operação for realizada entre contribuintes do imposto e se destine a posterior industrialização ou comercialização do produto.

§ 2º Não integra a base de cálculo do imposto o montante do Imposto sobre Produtos Industrializados, quando a operação, realizada entre contribuintes e relativa a produto destinado à industrialização ou à comercialização, configurar fato gerador de ambos os impostos.

Os §§ 3º a 5º do artigo 13 tratam de questões relativas a operações interestaduais.

§ 3º No caso do inciso IX, o imposto a pagar será o valor resultante da aplicação do percentual equivalente à diferença entre a alíquota interna e a interestadual, sobre o valor ali previsto.
§ 4º Na saída de mercadoria para estabelecimento localizado em outro Estado, pertencente ao mesmo titular, a base de cálculo do imposto é:
   I – o valor correspondente à entrada mais recente da mercadoria;
   II – o custo da mercadoria produzida, assim entendida a soma do custo da matéria-prima, material secundário, mão de obra e acondicionamento;
   III – tratando-se de mercadorias não industrializadas, o seu preço corrente no mercado atacadista do estabelecimento remetente.
§ 5º Nas operações e prestações interestaduais entre estabelecimentos de contribuintes diferentes, caso haja reajuste do valor depois da remessa ou da prestação, a diferença fica sujeita ao imposto no estabelecimento do remetente ou do prestador.

Os artigos 14 a 18 da Lei Complementar n. 87/1996 se referem a outras questões relativas à base de cálculo do ICMS, as quais não serão abordadas aqui por se tratarem de questões especiais, não mencionadas no artigo 13.

Os artigos 19 e 20 da Lei Complementar n. 87/1996 tratam da não cumulatividade, tema já estudado neste capítulo e mais bem estudado no Capítulo 3.

4.2.4 Alíquotas

A alíquota é o percentual estabelecido pelo Fisco para ser aplicado sobre a base de cálculo, ou seja, sobre o valor das operações, para a definição do valor do imposto a ser recolhido, e as alíquotas do ICMS são bastante diversificadas, sendo divididas em alíquotas internas e externas.

Como já visto no estudo dos dispositivos constitucionais acerca do ICMS, os incisos IV e V do § 2º do artigo 155 da Constituição de 1988 tratam da alíquota interestadual do ICMS, e o inciso VI do mesmo parágrafo trata das alíquotas internas.

Esses dispositivos determinam que o Senado Federal é responsável pela definição das alíquotas aplicadas nas operações interestaduais. Determinam, ainda, que as alíquotas internas, nas operações relativas à circulação de mercadorias e nas prestações de serviços, não poderão ser inferiores às previstas para as operações interestaduais.

Para fins da determinação da alíquota interestadual do ICMS, os estados são divididos em regiões, conforme quadro abaixo:[9]

Região Norte	Acre, Amapá, Amazonas, Pará, Rondônia, Roraima e Tocantins
Região Nordeste	Alagoas, Bahia, Ceará, Maranhão, Paraíba, Pernambuco, Piauí, Rio Grande do Norte e Espírito Santo
Região Centro-Oeste	Goiás, Mato Grosso, Mato Grosso do Sul e Distrito Federal
Região Sudeste	Minas Gerais, Rio de Janeiro e São Paulo
Região Sul	Paraná, Santa Catarina e Rio Grande do Sul

Observe que, para a finalidade de determinação da alíquota interestadual do ICMS, o Estado do Espírito Santo é classificado na região Nordeste, apesar de pertencer à região Sudeste na divisão dos estados da Federação.

Conforme determinado pelo Senado Federal, as alíquotas interestaduais são as seguintes:

- Alíquota de 7%: quando a mercadoria for remetida pelos estados do Sul e do Sudeste e tiver como destinatário os estados do Norte, Nordeste e Centro-Oeste.
- Alíquota de 12%: quando a mercadoria for remetida pelos estados do Sul e do Sudeste e tiver como destinatário os estados do Sul e Sudeste.
- Alíquota de 12%: quando a mercadoria for remetida pelos estados do Norte, Nordeste e Centro-Oeste e tiver como destinatário todos os demais estados, incluindo o Distrito Federal.

Em virtude dos anseios dos governantes estaduais e da guerra fiscal, por vezes, a inobservância do Princípio da Seletividade é recorrente por parte dos estados. Muitos elevam os impostos por meio da majoração das alíquotas, desconsiderando a natureza do bem.

---

[9] OLIVEIRA, Luís Martins et al. *Contabilidade tributária*. 12. ed. São Paulo: Atlas, 2013.

4.3 Principais aplicações: quem pode creditar, ICMS sobre o IPI etc., ICMS sobre EE, telecomunicações etc., ICMS de exportação etc.

Conforme estudado, pelo Princípio da Não Cumulatividade é assegurado ao contribuinte o direito de creditar-se do imposto anteriormente cobrado na aquisição de insumos (matéria-prima, material de embalagem e produtos intermediários) empregados na industrialização de produtos tributados destinados a venda, salvo disposição expressa na lei[10].

4.3.1 Créditos do ICMS e o Método Não Cumulativo

As empresas que adquirem mercadorias para revender ou industrializar podem escriturar o ICMS pago nessas aquisições, ou seja, aproveitar como crédito o valor do ICMS por ocasião das compras. Quando essas empresas efetuarem as saídas de tais estoques, deverão pagar o ICMS devido nessas operações e poderão descontar do valor devido na saída o valor pago na entrada.

O pagamento de prestação de serviços de transportes intermunicipal e interestadual, cujas operações sofrem a incidência do ICMS, também darão às empresas o direito ao crédito do ICMS pago, tanto no frete na aquisição da mercadoria quando em sua venda.

É o que determinam os artigos 19 e 20 da Lei Complementar n. 87/1996.

Artigo 19 O imposto é não cumulativo, compensando-se o que for devido em cada operação relativa à circulação de mercadorias ou prestação de serviços de transporte interestadual e intermunicipal e de comunicação com o montante cobrado nas anteriores pelo mesmo ou por outro Estado.

Artigo 20 Para a compensação a que se refere o artigo anterior, é assegurado ao sujeito passivo o direito de creditar-se do imposto anteriormente cobrado em operações de que tenha resultado a entrada de mercadoria, real ou simbólica, no estabelecimento, inclusive a destinada ao seu uso ou consumo ou ao ativo permanente, ou o recebimento de serviços de transporte interestadual e intermunicipal ou de comunicação.

A lei não permite o crédito do ICMS pago nas compras quando as saídas dessas mercadorias estiverem contempladas com isenção ou não incidência. Nesses casos, o crédito do ICMS escriturado deverá ser estornado. É o que determina o § 1º do artigo 20 da Lei Complementar n. 87/1996.

§ 1º Não dão direito a crédito as entradas de mercadorias ou utilização de serviços resultantes de operações ou prestações isentas ou não tributadas, ou que se refiram a mercadorias ou serviços alheios à atividade do estabelecimento.

Quando se tratar de aquisição para o ativo imobilizado, a empresa também poderá creditar-se do ICMS pago nessa operação, mas não poderá fazê-lo no mês da aquisição do bem, mas de acordo com o que dispõe o regulamento do ICMS de cada estado. A Lei Complementar n. 102/2000, vigente desde janeiro de 2001, determinou que os créditos do ICMS

---

[10] BRASIL. Decreto n. 47.060, de 14/10/2016. Atualiza o regulamento do imposto sobre operações relativas à circulação de mercadorias e sobre prestações de serviços de transporte interestadual e intermunicipal e de comunicação. Disponível em: <http://www.fazenda.mg.gov.br/empresas/legislacao_tributaria/ricms_2002_seco/sumario2002.htm>. Acesso em: 4 nov. 2016.

na aquisição para compor o ativo imobilizado das empresas podem ser aproveitados em 48 meses. É mandamento do § 5º do artigo 20 da Lei Complementar n. 87/1996.

§ 5º Para efeito do disposto no *caput* deste artigo, relativamente aos créditos decorrentes de entrada de mercadorias no estabelecimento destinadas ao ativo permanente, deverá ser observado:

I – A apropriação será feita à razão de um quarenta e oito avos por mês, devendo a primeira fração ser apropriada no mês em que ocorrer a entrada no estabelecimento.

II – Em cada período de apuração do imposto, não será admitido o creditamento de que trata o inciso I, em relação à proporção das operações de saídas ou prestações isentas ou não tributadas sobre o total das operações de saídas ou prestações efetuadas no mesmo período.

O inciso III do § 5º do artigo 20 da Lei Complementar n. 87/1996 determina que o crédito do ICMS nas aquisições para o ativo imobilizado deve ser proporcional às saídas tributadas, quando a empresa tiver saídas de produtos isentas ou não tributadas, com exceção das saídas e prestações com destino ao exterior ou as saídas de papel destinado à impressão de livros, jornais e periódicos.

O inciso V determina que, na hipótese de alienação dos bens do ativo permanente, antes de decorrido o prazo de quatro anos contado da data de sua aquisição, não será admitido, a partir da data da alienação, o crédito do ICMS. Obviamente essas saídas não serão tributadas pelo ICMS, deixando apenas a empresa de aproveitar o crédito do imposto a partir dessa data.

Nas compras de bens para uso e consumo, as empresas também podem creditar-se do ICMS pago nessas operações. No entanto, quando da edição da Lei Complementar n. 87/1996, determinou-se que esse direito poderia ser exercido somente a partir do ano de 2001. A Lei Complementar n. 102/2000, no entanto, postergou esse direito para 2003. A Lei Complementar n. 114/2002 adiou a possibilidade de crédito para 2007, e a Lei Complementar n. 122/2006 adiou novamente a permissão, agora para o ano de 2011. Finalmente, a Lei Complementar n. 138/2010 postergou o benefício para 2020.

Em relação ao pagamento das contas de energia elétrica, a Lei Complementar n. 87/1996 permitia que as empresas comerciais e industriais utilizassem o crédito integral do ICMS destacado nas faturas de energia elétrica. No entanto, sua vigência foi até 31 de dezembro de 2000. A partir dessa data passou a vigorar a Lei Complementar n. 102/2000 e sucessivos atos complementares. A utilização do crédito de ICMS restringe-se a três hipóteses:

- quando for objeto de operação de saída de energia elétrica;
- quando consumida no processo de industrialização; e
- quando seu consumo resultar em operação de saída ou prestação para o exterior, na proporção destas sobre as saídas ou prestações totais.

Para as demais hipóteses, a utilização do crédito vem sendo constantemente postergada. Atualmente a previsão é a de que ela seja possível a partir de 1º de janeiro de 2020, conforme determina a Lei Complementar n. 138/2010.

As empresas industriais que queiram se creditar do ICMS destacado nas notas fiscais de energia elétrica devem ter, no entanto, o cuidado de tomar crédito somente da energia consumida no processo industrial, ou poderão, opcionalmente, encomendar um laudo técnico emitido por um perito para quantificar a energia elétrica consumida nos setores de industrialização.

Em relação ao pagamento dos serviços de comunicação, a partir de 1º/1/2001 somente dará direito a crédito o recebimento de serviços de comunicação utilizados pelo estabelecimento (Lei Complementar n. 102/2000):

- ao qual tenham sido prestados na execução de serviços da mesma natureza;
- quando sua utilização resultar em operação de saída ou prestação para o exterior, na proporção desta sobre as saídas ou prestações totais; e
- a partir de 1º de janeiro de 2020, nas demais hipóteses (Lei Complementar n. 138/2010).

Em qualquer situação em que o crédito do ICMS for permitido ao contribuinte, é possível buscar a retroatividade do crédito no período dos últimos cinco anos, caso o crédito do imposto não tenha sido aproveitado, e os valores apurados poderão ser compensados com débitos vincendos do ICMS, atentando-se às normas do regulamento estadual do estado onde estiver situado o estabelecimento.

4.3.1.1 Simples Nacional

As mercadorias adquiridas só gerarão créditos aos adquirentes se destinadas à comercialização ou industrialização. No caso de fornecedor de mercadoria optante pelo Simples Nacional, os contribuintes deverão respeitar as condições estabelecidas no Capítulo 9 (item 9.10).

4.3.2 Exemplo prático da não cumulatividade

Para facilitar a compreensão dos cálculos do ICMS e da apuração do valor a ser recolhido, o contribuinte deverá levantar os valores e a natureza das mercadorias adquiridas e os seus respectivos créditos tributários. Da mesma forma, deverão ser identificados os débitos fiscais gerados pelas saídas das mercadorias vendidas.

O Livro de Registro de Apuração do ICMS é o modelo legal para apuração do tributo.

Para fins didáticos, sugerimos que a apuração aconteça mediante o preenchimento da seguinte planilha:

Apuração do ICMS					
Data	Crédito fiscal	Débito fiscal	Saldo fiscal	Saldo	Valor a recolher

Os eventos econômicos foram os seguintes:

- Em X1, a empresa adquiriu mercadoria no valor de R$ 100.000,00, com alíquota de ICMS de 18%, gerando um crédito fiscal de R$ 18.000,00.
- Em X1, a empresa realizou venda de parte do estoque de mercadorias pelo valor de R$ 50.000,00, com alíquota de ICMS de 18%, gerando um débito fiscal de R$ 9.000,00.
- Em X2, a empresa adquiriu lote de mercadoria no valor de R$ 100.000,00, com alíquota de 18%, gerando um crédito fiscal de R$ 18.000,00.
- Em X2, a empresa realizou venda do estoque total, pelo valor de R$ 250.000,00, com alíquota de ICMS de 18%, gerando um débito fiscal de R$ 20.000,00.

Nesse sentido, a apuração do IPI a recolher aconteceria como mostrado a seguir.

Apuração do IPI					
Data	Crédito fiscal	Débito fiscal	Saldo fiscal	Saldo	Valor a recolher
X1	R$ 18.000,00	R$ 9.000,00	R$ 9.000,00	credor	0
X2	R$ 18.000,00	R$ 45.000,00	R$ 27.000,00	devedor	R$ 18.000,00
X3					

- Em X1, o saldo credor do ICMS a recuperar foi de R$ 9.000,00. Logo, não há que se falar em recolhimento nessa competência.
- Em X2, o valor do ICMS a recolher foi de R$ 18.000,00 [R$ 45.000,00 − R$ 18.000,00 − R$ 9.000,00 (saldo credor de X1)]. Esse valor deverá ser recolhido nos prazos estipulados pela lei, em conformidade com a atividade.
- Logo, em X3 o ICMS terá seu valor recolhido somente se o saldo do débito fiscal superar o crédito adquirido nas compras. Caso contrário, o crédito fiscal ficará acumulado para a competência subsequente.

> A metodologia de apuração do tributo não cumulativo foi tratada também no Capítulo 2 (item 2.3.1 e subitem 2.3.1.2).

4.3.3 Circunstâncias inibidoras da obrigação de pagamento do ICMS

Os conceitos básicos das circunstâncias inibidoras da obrigação de pagamento do tributo foram tratados no Capítulo 1 (item 1.5.4). Os exemplos apresentados neste item encontram-se regulamentados no RICMS MG/2002 atualizado até o Decreto n. 46.990, de 28/4/2016[11].

---

[11] FURLAN, Juliana Campos. *Geração, apropriação e utilização do crédito acumulado.* Disponível em: <http://www.administradores.com.br/artigos/tecnologia/geracao-apropriacao-e-utilizacao-do-credito-acumulado-de-icms/49797/>. Acesso em: 29 mar. 2017.

4.3.3.1 Isenção

São muitas as situações que não ensejam o pagamento do imposto, ou seja, que não implicam a ocorrência do fato gerador. Destacamos duas:

- saída, em operação interna, de muda de planta (até 30/4/2017); e
- saída, em operação interna ou interestadual, de mercadoria de produção própria promovida por instituição de assistência social ou de educação, desde que (indeterminado): a) a entidade não tenha finalidade lucrativa e atenda aos requisitos estabelecidos no RICMS; e b) o valor das vendas de mercadorias realizadas pela entidade, no ano anterior, não tenha sido superior ao equivalente a 615.000 unidades fiscais de Minas Gerais, considerado o valor vigente no mês de dezembro daquele ano.

> É importante atentar para os prazos, as validades!
> No primeiro exemplo, a isenção terá validade até 30/4/2017, e a segunda situação terá validade por tempo indeterminado. Esta situação é corriqueira!

4.3.3.2 Suspensão

O dispositivo legal estabelece que ocorre a suspensão no caso em que a incidência do imposto fica condicionada a evento futuro e não alcança a prestação de serviço de transporte com ela relacionada. Uma situação comum de suspensão é de remessa para conserto.

Para tanto, o contribuinte deverá destacar na documentação fiscal relativa à operação com suspensão a expressão "Operação com suspensão da incidência do ICMS nos termos do item (indicar o número do item) do RICMS".

4.3.3.3 Diferimento

O RICMS MG estabelece que o diferimento do imposto poderá ser instituído, a qualquer tempo, relativamente às operações ou prestações realizadas por determinado contribuinte submetido a regime especial de controle e fiscalização, por ato do Superintendente de Tributação, mediante solicitação do Superintendente de Fiscalização.

Neste momento é importante salientar que, por se tratar de um tributo de competência estadual, cada ente federativo tem a sua norma vigente e deverá ser consultada.

4.4 Substituição tributária

A substituição tributária do ICMS é utilizada pelo governo como forma de antecipação do recolhimento de tributos, bem como para inibir a sonegação ao longo da cadeia produtiva, geralmente de produtos de grande consumo e extensa rede varejista. Em linhas gerais, quem recolhe os tributos é o produtor inicial, para toda a cadeia produtiva, tendo como referência não o preço de venda de seu produto ao cliente, mas, sim, o preço de venda que será obtido ao consumidor final.

Exemplificando, um produtor de bebidas alcoólicas vende cervejas para uma grande rede de atacadista por R$ 0,40 a lata. Este, por sua vez, as revende para outros atacadistas, que as revenderão para bares, que as revenderão para o consumidor final, ao preço médio de R$ 1,00, preço que será arbitrado para fins de base de cálculo. Se o ICMS sobre cerveja for de 18%, o produtor recolherá R$ 0,18 para o governo, mesmo que seu preço de venda seja de R$ 0,40, em que, se se aplicasse a alíquota de 18%, o recolhimento seria de apenas R$ 0,072. O produtor substitui todos os demais contribuintes, ficando o único responsável.

Existem outras modalidades de substituição tributária. Veículos, pneus, bebidas, combustíveis, tintas, vernizes, transporte rodoviário de cargas, fumo, cimento e algumas frutas são exemplos de produtos e serviços que têm esse tipo de tributação. Apesar de termos situações de IPI, PIS, Cofins em substituição tributária, a utilização mais abrangente é do ICMS.

Outrossim, mais recentemente os governos estaduais ampliaram grandemente a utilização desse tipo de tributação, que passou a atingir a maioria das empresas brasileiras. Mesmo empresas do Simples, quando compram produtos enquadrados nessa forma de tributação, têm que recolher, em muitos casos, complementos de ICMS. Além disso, o regime de substituição tributária também foi incorporado nas operações interestaduais com os produtos relacionados.

São muitas as possibilidades de tributação nesse regime, pois cada estado da Federação tem sua regulamentação; além disso, as legislações preveem diversas hipóteses, como destinatário industrializador, destinatário consumidor final, destinatário comerciante etc.

4.5 Tratamentos específicos do crédito acumulado

É de grande importância estabelecer as diferenças conceituais entre saldo credor e crédito acumulado de ICMS, tendo em vista que essas duas situações geram dúvidas em muitas pessoas. O saldo credor é composto pelos chamados créditos básicos, ou seja, é decorrente do confronto positivo entre créditos e débitos do contribuinte em determinado período e que permanece na escrita fiscal, podendo ser utilizado apenas para abater os débitos da própria empresa[12].

O crédito acumulado é aquele que após a apuração do ICMS mensalmente resulte em saldo credor, por meio de débito e crédito, desde que esteja prevista na legislação como geradora de crédito acumulado. O crédito acumulado não é saldo credor, muito embora seja necessária a existência desse saldo positivo para que possa ocorrer apropriação do crédito acumulado.

4.5.1 Formação de crédito acumulado

Consideram-se formação dos créditos acumulados as seguintes situações: a) alíquotas diversificadas em operações de entrada e de saída de mercadoria ou em serviço tomado ou prestado; b) operação ou prestação efetuada com redução de base de cálculo; e c) operação ou prestação realizada sem o pagamento do imposto, como isenção ou não incidência com manutenção do crédito, ou, ainda, abrangida pelo regime jurídico da substituição tributária com retenção antecipada do imposto ou do diferimento.

4.5.2 Alíquotas diversificadas

A aquisição interna de mercadoria tributada à alíquota de 18% é posteriormente revendida com a alíquota interestadual.

---

[12] LOZEKAM, Ivo Ricardo. *A problemática do saldo credor acumulado de ICMS nas empresas.* São Paulo: Fiscosoft, 2012.

Exemplo 1

a) Aquisição de mercadoria (interna): R$ 10.000,00
   Alíquota de ICMS: 18%
   Valor do ICMS a recuperar: R$ 1.800,00
b) Venda de mercadoria (interestadual): R$ 20.000,00
   Alíquota de ICMS: 7%
   Valor do ICMS a recolher: R$ 1.400,00
c) Crédito acumulado: R$ 1.800,00 – R$ 1.400,00 = R$ 400,00

Exemplo 2

a) Aquisição de mercadoria (interna): R$ 6.400,00
   Alíquota de ICMS: 18%
   Valor do ICMS a recuperar: R$ 1.152,00
b) Venda de mercadoria (interestadual): R$ 9.200,00
   Alíquota de ICMS: 12%
   Valor do ICMS a recolher: R$ 1.104,00
c) Crédito acumulado: R$ 1.152,00 – R$ 1.104,00 = R$ 48,00

4.5.3 Redução de base de cálculo

Com relação à base de cálculo ou alíquota reduzida, é unânime o entendimento de que se trata de situações tributadas e que como tal permitem a manutenção dos respectivos créditos por ocasião das compras. A exceção ocorre por conta dos casos em que a legislação estadual estabelece regras diferentes desse tratamento, situações que acabam se constituindo alvo de longas demandas judiciais, em que buscam os contribuintes o pronunciamento do judiciário para ter reconhecidos os seus direitos a estes créditos[13].

Exemplo

a) Aquisição de mercadoria (interna): R$ 5.000,00
   Alíquota de ICMS: 18%
   Valor do ICMS a recuperar: R$ 900,00
b) Venda de mercadoria (interna): R$ 7.000,00
   Redução de base de cálculo 33,33%: R$ 7.000,00 x 33,33% = R$ 2.333,10
   Base de cálculo do ICMS: R$ 7.000,00 – R$ 2.333,10 = R$ 4.666,90
   Alíquota de ICMS: 18%
   Valor do ICMS a recolher: 840,04
c) Crédito acumulado: R$ 900,00 – R$ 840,04 = R$ 59,96

4.5.4 Isenção ou não incidência

Nas saídas de mercadorias em que não ocorre a tributação do ICMS, decorrentes de enquadramento nos institutos da isenção ou não incidência, a manutenção do crédito não é permitida. Existem determinações em contrário, ou seja, benefícios concedidos por alguns estados em geral relacionados a insumos destinados à atividade agropecuária. São os chamados

---

[13] LOZEKAM, Ivo Ricardo. *A problemática do saldo credor acumulado de ICMS nas empresas*. São Paulo: Fiscosoft, 2012.

benefícios da isenção com não estorno do crédito correspondente, razão pela qual algumas dessas saídas também se enquadram nas hipóteses de acúmulo de saldo credor do ICMS.

Exemplo

a) Aquisição de mercadoria (interna): R$ 15.000,00
   Alíquota de ICMS: 18%
   Valor do ICMS a recuperar: R$ 2.700,00
b) Venda de mercadoria (exportação): R$ 22.500,00
   Alíquota de ICMS: ISENTA
c) Crédito acumulado: R$ 2.700,00

4.5.5 Substituição tributária e diferimento

A modalidade de substituição tributária trata-se de uma antecipação do fato gerador em que a Fazenda arbitra o preço de venda final e cobra o imposto antecipadamente, no início da cadeia produtiva, antes de passar pelas demais e chegar ao consumidor final. Ocorre que o preço final arbitrado no início da cadeia pelo qual foi cobrado imposto antecipadamente nem sempre é o mesmo que ocorre quando chega ao consumidor final, ou por vezes nem se realiza[14].

Em relação ao diferimento, apesar de não ter a incidência do imposto, equivale a uma atividade tributada, porém o momento do fato gerador é postergado para a operação seguinte.

Exemplo

Empresa revende combustível sujeito a substituição tributária sem direito ao crédito e ao débito do ICMS.

a) Aquisição de mercadoria: R$ 4.000,00
   Valor do ICMS a recuperar: R$ 0,00
   Frete contratado: R$ 400,00
   Alíquota de ICMS: 12%
   Valor do ICMS a recuperar: R$ 48,00
b) Venda de mercadoria: R$ 8.000,00
   Valor do ICMS a recolher: R$ 0,00
c) Crédito acumulado: R$ 48,00

4.5.6 Apropriação do crédito acumulado

No estado de São Paulo, a Portaria CAT/26 de 2010 institui o sistema eletrônico de administração do crédito acumulado do imposto, sob a denominação Sistema Eletrônico de Gerenciamento do Crédito Acumulado (e-Credac), disponível no *site* da Secretaria da Fazenda. Por meio desse sistema, as empresas previamente cadastradas terão a análise de seus ar-

---
[14] LOZEKAM, Ivo Ricardo. *A problemática do saldo credor acumulado de ICMS nas empresas*. São Paulo: Fiscosoft, 2012.

quivos digitais, visando à aprovação e homologação do respectivo saldo credor acumulado pela Secretaria da Fazenda.

Esse sistema é aplicável somente no estado de São Paulo, sendo utilizado pelos contribuintes que apropriam e utilizam o crédito acumulado do ICMS gerados em razão das hipóteses mencionadas anteriormente. Da mesma forma, o e-Credac permite que a Secretaria da Fazenda possa autorizar a transferência desse crédito devidamente homologado a outras empresas.

Assim, a Secretaria da Fazenda paulista, nos casos que especifica, permite que o saldo credor acumulado de ICMS existente na conta-corrente fiscal de uma empresa seja transferido para a conta-corrente fiscal de outra empresa, para que esta finalmente possa compensar com seus débitos próprios os créditos recebidos em transferência.

Sob a ótica do Fisco paulista, o crédito de ICMS, para ser considerado válido, deve ser, por ordem:

- gerado: quando ocorrer hipótese legal prevista no Regulamento do ICMS/SP;
- apropriado: quando lançado dentro do período em que for gerado;
- homologado: quando a Secretaria da Fazenda aprovar as etapas anteriores; e
- utilizado ou transferido: quando a Secretaria da Fazenda aprovar a sua utilização ou transferência.

É importante ressaltar que a Secretaria da Fazenda poderá condicionar a apropriação:

- à confirmação da legitimidade dos valores lançados a crédito na escrituração fiscal;
- à comprovação de que o crédito originário de entrada de mercadoria em operação interestadual não é beneficiado por incentivo fiscal concedido em desacordo com a legislação de regência do imposto;
- à comprovação da efetiva ocorrência das operações ou prestações geradoras e do seu adequado tratamento tributário; e
- a todos os estabelecimentos dos contribuintes situados em territórios paulistas estarem com os dados atualizados no Cadastro de Contribuinte do ICMS e em dia com as obrigações principais e acessórias e apresentarem mensalmente a Escrituração Fiscal Digital (se obrigado) e arquivos com os registros fiscais de todas as suas operações e prestações.

4.5.7 Transferência de crédito acumulado

Após a devida apropriação do crédito acumulado é necessária sua utilização, que poderá ser feita, conforme as hipóteses descritas no artigo 73 do RICMS/SP:

- para outro estabelecimento da mesma empresa;
- para estabelecimento de empresa interdependente, observando o disposto no § 1º, mediante prévio reconhecimento da interdependência da Secretaria da Fazenda; e
- para estabelecimento fornecedor, observando o disposto no § 2º, a título de pagamento das aquisições feitas por estabelecimento industrial, nas operações de compra descritas no artigo, entre outros.

Segundo os artigos 74 a 76 do RICMS, a transferência só poderá ser considerada legítima se inicialmente obedecer aos seguintes princípios básicos:

- ocorrer entre estabelecimentos de uma mesma unidade da Federação;
- obedecer aos preceitos legais estabelecidos no Regulamento do ICMS dessa unidade da Federação; e
- estar previamente autorizada pela Secretaria da Fazenda dessa unidade da Federação, que primeiro analisará os fundamentos legais que originaram o crédito, bem como a consistência de sua composição, para finalmente autorizar a sua utilização, compensação ou transferência a terceiros.

4.5.8 Devolução de crédito acumulado

O artigo 77 do RICMS/2000 dispõe sobre a devolução do crédito acumulado, nos casos de desfazimento total ou parcial da mercadoria.

4.5.9 Compensação de imposto com o crédito acumulado

O artigo 78 do RICMS/2000 dispõe que, por regime especial, o imposto exigível mediante guia de recolhimentos especiais poderá ser compensando com o crédito acumulado:

- tratando-se de importação, o regime especial só será concedido se o desembarque e o desembaraço aduaneiro forem processados somente em território paulista; e
- no caso de importação de que trata o § 1º, poderá ser compensado com crédito acumulado além do imposto, a multa moratória e os juros de mora, quando for o caso.

4.5.10 Liquidação do débito fiscal com o crédito acumulado

O artigo 79 do RICMS/2000 dispõe que o débito fiscal relativo ao imposto poderá ser liquidado mediante compensação com crédito acumulado, observando os termos do disposto nos artigos 586 a 592 do RICMS/2000.

4.6 Contabilização básica

O ICMS é uma despesa tributária do comerciante que, como vimos, é repassada para o consumidor. Como incide sobre as vendas, é classificado contabilmente como dedução da receita. Dessa forma, na Demonstração do Resultado, o ICMS é apresentado basicamente como se segue:

Faturamento bruto	$
(–) ICMS sobre vendas	($)
Receita bruta	$

Exemplos mais completos de apuração e escrituração do IPI serão tratados no Capítulo 5 (item 5.5).

4.7 Obrigações acessórias

Os contribuintes do ICMS têm algumas obrigações acessórias específicas em relação à escrituração fiscal e apuração do imposto. Entre elas podemos destacar:

- Escrituração da nota fiscal de entradas no Livro de Registro de Entradas.
- Emissão da nota fiscal de saídas.
- Escrituração da nota fiscal de saídas no Livro de Registro de Saídas.
- Escrituração da apuração do ICMS.
- Entrega da Guia de Apuração do ICMS (GIA).

> Novamente destacamos a importância de conhecer a legislação dos estados envolvidos a fim de identificar outras possíveis obrigações acessórias, bem como demais particularidades.

A escrituração dos livros de entradas e saídas deve ser feita diariamente, haja vista que as empresas têm operações diárias, de compra e venda, e toda nota fiscal de compra e venda deve ser escriturada na data da entrada no estabelecimento, no caso da entrada, e na data da emissão, no caso da nota fiscal de saída.

A apuração do ICMS é feita mensalmente, e, por isso, a escrituração da apuração do ICMS e a entrega da GIA serão feitas mensalmente. No caso de empresa que tenha mais de um estabelecimento, essas obrigações deverão ser cumpridas por cada estabelecimento.

Questões e exercícios

1. Faça a apuração do ICMS e do IPI, quando for o caso, e a contabilização dessas operações:
   a) Considere uma empresa comercial que tenha as seguintes operações, todas a prazo:
      - Compra de mercadoria no valor de R$ 15.000,00 com alíquota de ICMS de 18%.
      - Venda da mercadoria no valor de R$ 25.000,00 com alíquota de ICMS de 18%.
   b) Considere uma empresa comercial que tenha as seguintes operações, todas a prazo:
      - Compra de mercadoria no valor de R$ 15.000,00 com alíquota de ICMS de 18%.
      - Venda da mercadoria no valor de R$ 25.000,00 com alíquota de ICMS de 7%.
   c) Considere uma empresa comercial que tenha as seguintes operações, todas a prazo:
      - Compra de mercadoria no valor de R$ 30.000,00 com alíquota de ICMS de 18%.
      - Contratação de frete na compra da mercadoria no valor de R$ 2.000, com alíquota de ICMS de 12%.
      - Venda da mercadoria no valor de R$ 55.000,00 com alíquota de ICMS de 18%.
   d) Considere uma empresa comercial que tenha as seguintes operações, todas a prazo:
      - Compra de mercadoria no valor de R$ 40.000,00 com alíquota de ICMS de 18%.
      - Valor de substituição tributária do ICMS pago na nota fiscal: R$ 4.320,00.
      - Valor total da nota fiscal: R$ 44.320,00.
      - Venda da mercadoria no valor de R$ 65.000,00 com alíquota de ICMS de 18%.
   e) Considere uma empresa comercial que tenha as seguintes operações, todas a prazo:
      - Compra de mercadoria no valor de R$ 35.000,00 com alíquota de ICMS de 18%.
      - Valor do IPI pago na nota fiscal: R$ 4.200,00.

- Valor total da nota fiscal: R$ 39.400,00.
- Venda da mercadoria no valor de R$ 55.000,00 com alíquota de ICMS de 18%.

f) Considere uma empresa industrial que tenha as seguintes operações, todas a prazo:
- Compra de matéria-prima no valor de R$ 40.000,00 com alíquota de 12%.
- Venda do produto no valor de R$ 70.000,00 com alíquota de 10%.
- Alíquota do ICMS de 18%, na compra e na venda.

g) Considere uma empresa industrial que tenha as seguintes operações, todas a prazo:
- Compra de matéria-prima no valor de R$ 50.000,00 com alíquota de 12%.
- Venda do produto no valor de R$ 80.000,00 com alíquota de 15%.
- Alíquota do ICMS de 18% na compra e 12% na venda.

h) Considere uma empresa industrial cujos produtos estejam sujeitos à substituição tributária do ICMS, na condição de substituto tributário, com um índice de valor agregado de 60%. Considere uma empresa que tenha as seguintes operações, todas a prazo:
- Compra de matéria-prima no valor de R$ 50.000,00 com alíquota de 12% de IPI.
- Venda do produto no valor de R$ 105.000,00 com alíquota de 15% de IPI.
- Substituição tributária do ICMS, com IVA de 60%.
- Alíquota do ICMS de 18%, na compra e na venda.

i) Considere uma empresa industrial cujos produtos estejam sujeitos à substituição tributária do ICMS, na condição de substituto tributário, com um índice de valor agregado de 80%. Considere uma empresa que tenha as seguintes operações, todas a prazo:
- Compra de matéria-prima no valor de R$ 50.000,00 com alíquota de 8% de IPI.
- Venda do produto no valor de R$ 105.000,00 com alíquota de 12% de IPI.
- Substituição tributária do ICMS, com IVA de 80%.
- Alíquota do ICMS de 18% na compra e 12% na venda.

2. São princípios tributários aplicáveis ao ICMS:
   ( ) Seletividade, Isonomia e Anterioridade.
   ( ) Cumulatividade, Isonomia e Seletividade.
   ( ) Anterioridade, Seletividade e Não Cumulatividade.
   ( ) Seletividade, Isonomia e Não Cumulatividade.

3. O Princípio da Seletividade determina:
   ( ) a compensação entre créditos e débitos.
   ( ) a uniformidade das alíquotas.
   ( ) alíquotas menores para os produtos de maior necessidade.
   ( ) alíquotas menores para os produtos exportados.

4. O Princípio da Não Cumulatividade determina:
   ( ) a compensação entre créditos e débitos.
   ( ) a saída do produto sem o pagamento do imposto.
   ( ) alíquotas menores para os produtos de maior necessidade.
   ( ) isenção para a venda de produtos exportados.

5. Uma empresa teve, no mês, as seguintes operações:
   - Compras de matéria-prima no valor de R$ 400.000, com alíquota de ICMS de 18%.
   - Vendas de produtos no valor de R$ 300.000, com alíquota de ICMS de 18%.

Assinale qual o saldo do ICMS no final do mês:
( ) Saldo devedor de R$ 18.000,00.
( ) Saldo credor de R$ 18.000,00.
( ) Saldo devedor de R$ 4.000,00.
( ) Saldo credor de R$ 4.000,00.

6. Uma empresa teve, no mês, as seguintes operações:
   - Compras de mercadoria no valor de R$ 500.000, com alíquota de ICMS de 18%.
   - Vendas de produtos no valor de R$ 850.000, com alíquota de ICMS de 12%.

   Assinale qual o saldo do ICMS no final do mês:
   ( ) Saldo devedor de R$ 12.000,00.
   ( ) Saldo credor de R$ 12.000,00.
   ( ) Saldo devedor de R$ 15.000,00.
   ( ) Saldo credor de R$ 15.000,00.

7. Uma empresa industrial cujo produto está sujeito à substituição tributária do ICMS teve as seguintes operações:
   - Compra de matéria-prima no valor de R$ 150.000,00 com alíquota de 8% de IPI.
   - Venda do produto no valor de R$ 250.000,00 com alíquota de 12% de IPI.
   - Substituição tributária do ICMS, com IVA de 80%.
   - Alíquota do ICMS de 18% na compra e 12% na venda.

   a) O valor apurado do IPI é:
      ( ) Saldo devedor de R$ 12.000,00.
      ( ) Saldo credor de R$ 18.000,00.
      ( ) Saldo devedor de R$ 18.000,00.
      ( ) Saldo credor de R$ 12.000,00.

   b) O valor apurado do ICMS é:
      ( ) Saldo credor de R$ 12.000,00.
      ( ) Saldo devedor de R$ 12.000,00.
      ( ) Saldo credor de R$ 3.000,00.
      ( ) Saldo devedor de R$ 3.000,00.

   c) O valor do ICMS cobrado na substituição tributária é:
      ( ) R$ 18.000,00.
      ( ) R$ 12.000,00.
      ( ) R$ 14.400,00.
      ( ) R$ 21.600,00.

8. Uma empresa industrial vende mercadorias para uma empresa comercial pelo valor de R$ 1.175,00, composto da seguinte forma:
   ✓ Preço de vendas   R$ 1.000,00
   ✓ Frete   R$ 100,00
   ✓ Seguro   R$ 40,00
   ✓ IPI   R$ 55,00
   ✓ (–) Desconto   R$ 20,00

   O valor para cálculo do MVA, que representa a base de cálculo do ICMS-ST, será:
   ( ) R$ 1.100,00.
   ( ) R$ 1.140,00.
   ( ) R$ 1.175,00.
   ( ) R$ 1.195,00.

9. Uma empresa industrial vende mercadorias para uma empresa comercial pelo valor de R$ 17.000, composto da seguinte forma:
   ✓ Preço de venda   R$ 15.000,00
   ✓ Frete + Seguro   R$ 1.000,00
   ✓ IPI   R$ 1.600,00
   ✓ (–) Desconto   R$ 600,00

   O valor da base de cálculo do ICMS da operação própria e o valor para cálculo do MVA, que representa a base de cálculo do ICMS-ST, serão, respectivamente:
   (   ) R$ 15.400,00 e R$ 17.600,00.
   (   ) R$ 15.400,00 e R$ 17.000,00.
   (   ) R$ 17.000,00 e R$ 17.600,00.
   (   ) R$ 15.400,00 e R$ 17.000,00.

capítulo 5

PIS e Cofins

Apesar de serem duas contribuições sociais com destinações diferentes, criadas em épocas diferentes, sob a égide de duas Constituições Federais distintas, ambas incidem sobre o faturamento, e as leis que instituíram o regime de contribuição não cumulativa de ambas praticamente fundiram as contribuições em uma só.

Em razão disso, no momento da criação da Cofins, mais de 20 anos após a criação do PIS, muitas empresas ingressaram com ações judiciais questionando a legalidade de tal cobrança, alegando, inclusive, bitributação, haja vista ambas terem a mesma base de cálculo.

Por conta disso, trataremos do estudo do PIS e da Cofins em um único capítulo, pois as regras aplicáveis a um são também aplicáveis à outra. As duas contribuições foram criadas no regime de cobrança cumulativa e, atualmente, ambas têm também cobrança no regime não cumulativo, e todas as regras de cumulatividade e não cumulatividade são as mesmas, diferindo apenas na alíquota de cada uma delas e na destinação de sua arrecadação.

O exame dos balanços gerais da União revela que as contribuições de previdência, cujo total representava, em 1989, apenas 34% da receita tributária, passou a oscilar entre 110% e 121% nos anos de 1990 até 1994. Em 1995 a arrecadação dessas contribuições correspondeu a mais de 148% da receita tributária. Em outras palavras, as contribuições de previdência corresponderam, em 1995, a quase vez e meia de tudo quanto a União arrecadou com todos os seus tributos[1].

5.1 Legislação básica

O PIS, criado 1970, foi tratado na Constituição Federal de 1988 no artigo 239.

> Artigo 239 A arrecadação decorrente das contribuições para o Programa de Integração Social, criado pela Lei Complementar n. 7, de 7 de setembro de 1970, [...] passa, a partir da promulgação desta Constituição, a financiar, nos termos que a lei dispuser, o programa do seguro-desemprego e o abono de que trata o § 3º deste artigo.

---
[1] MACHADO, Hugo de Brito. *Curso de direito tributário*. São Paulo: Malheiros, 2015.

A Cofins é uma das contribuições sociais previstas na Constituição Federal de 1988, e a autorização para a sua cobrança está contida na alínea "b" do inciso I do artigo 195.

> Artigo 195 *A seguridade social será financiada por toda a sociedade*, de forma direta e indireta, nos termos da lei, *mediante recursos provenientes* dos orçamentos da União, dos Estados, do Distrito Federal e dos Municípios, e *das seguintes contribuições sociais*:
> I – do empregador, da empresa e da entidade a ela equiparada na forma da lei, incidentes sobre:
> [...];
> a receita ou o faturamento.

As contribuições para o PIS e a Cofins têm, portanto, finalidades distintas. O PIS financia o seguro-desemprego e o abono salarial anual, e a Cofins financia a previdência social. As contribuições ao PIS e à Cofins são suportadas pelas empresas e calculadas sobre o faturamento bruto mensal. Além das empresas com finalidade de lucro, algumas entidades, pessoas jurídicas sem fins de lucrativos, também estão sujeitas ao recolhimento das contribuições, especialmente em relação ao PIS.

5.1.1 A contribuição ao Programa de Integração Social (PIS)

A contribuição para o Programa de Integração Social foi instituída pela Lei Complementar n. 7, de 7/9/1970. As pessoas jurídicas com fins lucrativos contribuíam com duas parcelas, a primeira deduzida do imposto de renda devido e a segunda como ônus das empresas. As entidades sem fins lucrativos, definidas como empregadoras pela legislação trabalhista[2], contribuíam sobre a folha mensal de salários, à alíquota de 1%. As entidades sem empregados não recolhiam a contribuição[3].

A autorização para a criação desse imposto estava na Constituição Federal de 1967, com a redação dada pela Emenda Constitucional n. 1, de 1969. A Constituição de 1967, com redação da Emenda Constitucional n. 1/1969, autorizava a União a instituir outros impostos, além daqueles já previstos naquela Constituição, com a condição de que não tivessem a mesma base de cálculo e o mesmo fato gerador dos impostos já existentes. Tais impostos também não poderiam ser idênticos aos de competência privativa dos estados, do Distrito Federal e dos municípios.

5.1.1.1 A contribuição ao PIS e a Lei Complementar n. 7/1970

A Lei Complementar n. 7, de 7/9/1970, instituiu, então, o Programa de Integração Social e que as contribuições ao PIS eram devidas por autoridade da lei, sendo as empresas delas devedoras, e que as contribuições se enquadravam rigorosamente no que o artigo 3ª do Código Tributário Nacional define como tributo. As contribuições representavam uma série de prestações compulsórias (não voluntárias), de natureza pecuniária (em moeda), que não constituíam sanção por ato ilícito, configurando-se, portanto, em um tributo.

Dessa forma, como seus fatos geradores não consistiam em qualquer atuação estatal, mas em fatos inteiramente desvinculados e distantes de qualquer atuação do poder público, tra-

---

[2] CARRION, Valentin. *Comentários à CLT.* 23. ed. São Paulo: Saraiva, 1998, p. 28.
[3] Lei Complementar n. 7/1970. *Diário Oficial da União*, de 7/9/1970.

tava-se de imposto. Para Higuchi (2015), antes da atual Constituição Federal, o PIS não tinha natureza tributária, pois os recursos daquelas contribuições eram integralmente creditados nas contas dos empregados[4].

5.1.1.2 A contribuição ao PIS na Constituição Federal de 1988

A Constituição vigente tratou da contribuição ao PIS no artigo 239. A Constituição Federal de 1988 dispôs sobre um novo PIS, que financia o programa de seguro-desemprego e o abono salarial e não tem identidade com o anterior, que financiava a participação dos empregados nos lucros das empresas, traduzindo a fisionomia de um novo tributo. O Supremo Tribunal Federal dirimiu toda e qualquer dúvida que pudesse existir a esse respeito, decidindo que o artigo 239 da Constituição é norma eficácia plena e imediata, mediante a recepção de legislação anterior.

5.1.1.3 A contribuição ao PIS e a Lei n. 9.718/1998

Com a suspensão dos Decretos-Lei n. 2.445/1988 e 2.449/1988 pelo Senado Federal, o governo federal expediu a Medida Provisória n. 1.212, em 28/11/1995, para regular a cobrança da contribuição para o PIS. A Medida Provisória foi reeditada 37 vezes e foi convertida na Lei n. 9.715, de 25/11/1998, com vigência em 1º/2/1999. A Lei n. 9.715/1999 foi alterada pela Lei n. 9.718, de 27/11/1998.

Um aspecto relevante no estudo da contribuição ao PIS refere-se à determinação de quem está sujeito ao seu pagamento. O artigo 2ª da Lei n. 9.715, de 25/11/1998, estabelece quem são os contribuintes do PIS e dispõe que a contribuição para o PIS será apurada mensalmente pelas:

I – pessoas jurídicas de direito privado e as que lhes são equiparadas pela legislação do imposto de renda, [...] com base no faturamento do mês;
II – entidades sem fins lucrativos definidas como empregadoras pela legislação trabalhista e as fundações, com base na folha de salário;
III – pessoas jurídicas de direito público interno, com base no valor mensal das receitas correntes arrecadadas e das transferências correntes e de capital recebidas.

O inciso II usa o termo entidades sem fins lucrativos, que difere de pessoas jurídicas sem fins lucrativos. Assim, o condomínio de prédio, que não tem personalidade jurídica, mas é considerado empregador pela legislação trabalhista, é contribuinte do PIS[5].

5.1.2 A Contribuição para Financiamento da Seguridade Social (Cofins)

Instituída pela Lei Complementar n. 70, de 30/12/1991, a Cofins foi criada com o objetivo de substituir o extinto Finsocial. A Cofins suscitou grandes controvérsias desde sua criação, sendo alvo de constantes demandas judiciais por parte dos contribuintes.

A Lei Complementar n. 70/1991 criou a Cofins com o objetivo de financiar as áreas de saúde, previdência e assistência social, indicando como seus contribuintes as pessoas jurídicas, inclusive a elas equiparadas pela legislação do imposto sobre a renda, de acordo com o artigo 1º da lei.

[4,5] HIGUCHI, Hiromi. *Imposto de renda das empresas*. 40. ed. São Paulo: Atlas, 2015.

Determinou, no artigo 2º, que a contribuição teria alíquota de 2% e incidiria sobre o faturamento mensal, assim considerada a receita bruta das vendas de mercadorias, de mercadorias e serviços e de serviços de qualquer natureza.

Apesar de o artigo 10 ter determinado que o produto da arrecadação da contribuição social sobre o faturamento integraria o Orçamento da Seguridade Social, na prática essa contribuição sempre foi arrecadada e fiscalizada pela Receita Federal, e o dinheiro sempre esteve à disposição do orçamento da União.

O artigo 1º da Lei Complementar n. 70/1991 estabeleceu que os contribuintes da contribuição social sobre o faturamento são as pessoas jurídicas em geral e a elas equiparadas pela legislação do imposto de renda. Não são contribuintes, portanto, as pessoas físicas. Devido à existência de imunidade constitucional e isenções previstas na própria Lei Complementar n. 70/1991, nem todas as pessoas jurídicas são contribuintes da Cofins.

5.2 Regime cumulativo – principais atividades

Os regimes de incidência tributária e enquadramentos foram basicamente apresentados no Capítulo 2 (item 2.3). O regime cumulativo especificamente foi exposto no item 2.3.1.1.

Estão obrigadas ao pagamento do PIS e da Cofins no regime cumulativo as seguintes pessoas jurídicas, entre outras:

- Que tenham seu lucro tributado com base no Lucro Presumido.
- Instituições do Sistema Financeiro.
- Órgãos públicos, autarquias e fundações públicas federais, estaduais e municipais.
- Sociedades cooperativas, exceto as de produção agrícola e as de consumo.
- As receitas sujeitas a substituição tributária ou decorrentes de:
  ✓ venda de álcool para fins carburantes;
  ✓ venda de veículos usados;
  ✓ prestação de serviços de comunicações;
  ✓ venda de jornais e periódicos e de prestação de serviços das empresas jornalísticas e de radiodifusão sonora e de sons e imagens;
  ✓ prestação de serviços de transporte coletivo rodoviário, metroviário, ferroviário e aquaviário de passageiros;
  ✓ prestação de serviços de hospital, pronto-socorro, clínica médica, odontológica, fisioterapia, fonoaudiologia, laboratório de anatomia patológica e de análises clínicas;
  ✓ prestação de serviços de diálise, raios x, radiodiagnóstico, radioterapia e banco de sangue;
  ✓ prestação de serviços de educação infantil, ensinos fundamental e médio e educação superior;
  ✓ prestação de serviços de transporte aéreo coletivo de passageiros, empresas de linhas aéreas domésticas e as de prestação de serviço de transporte de pessoas por empresa de táxi aéreo;
  ✓ prestação de serviços de *call center, telemarketing*, telecobrança e teleatendimento em geral.

Essa lista é exemplificativa, não exaustiva, pois abrange a maioria e as mais comuns atividades sujeitas ao regime de cumulatividade. A lista completa está contida na Lei n. 10.833/2003 e em suas alterações.

As empresas optantes do Simples Nacional também são contribuintes do PIS e da Cofins, mas têm um regime especial de recolhimento, conforme será visto no Capítulo 9.

Já as entidades sem fins lucrativos são contribuintes do PIS sobre a folha de pagamento, devendo pagar a contribuição sobre o valor bruto da folha de salários, à alíquota de 1%. A entidade que não tem empregado está dispensada do pagamento do PIS. São contribuintes do PIS sobre a folha de pagamento os condomínios, as associações e as cooperativas, sendo estas últimas também contribuintes do PIS sobre o faturamento nas operações praticadas com não associados.

Os contribuintes de PIS e Cofins no regime cumulativo pagarão as contribuições sobre a receita bruta, na nova definição dada pela Lei n. 12.973, de 2014, que determinou que receita bruta é aquela obtida com a exploração da atividade descrita no contrato social ou estatuto social, podendo ser venda, revenda, prestação de serviços, locação, intermediação e o que mais estiver disposto na cláusula de objeto social da sociedade. Em resumo, a base de cálculo da contribuição para o PIS e a Cofins é o total das receitas auferidas pela pessoa jurídica.

Não compõem a base de cálculo do PIS e da Cofins:
- As saídas isentas da contribuição ou sujeitas a alíquota zero.
- As saídas com substituição tributária e tributação monofásica.
- As vendas canceladas e os descontos incondicionais concedidos.
- As reversões de provisões e recuperações de créditos baixados como perda que não representem ingresso de novas receitas, como as reversões de PDD.
- O resultado positivo da avaliação de investimentos pelo valor do patrimônio líquido.
- Os lucros e dividendos derivados de participações societárias que tenham sido computados como receita.
- As vendas de bens do ativo não circulante, classificado como investimento, imobilizado ou intangível.
- As vendas para o exterior, bem como para empresa comercial atacadista com o objetivo de exportação, no prazo máximo de 180 dias.
- As receitas financeiras, inclusive as decorrentes do ajuste a valor presente, exceto as provenientes de juros sobre o capital próprio.
- Os ganhos decorrentes de avaliação de ativo e passivo com base no valor justo.
- O IPI e o ICMS cobrados como substituição tributária, quando registrados como receita.

No regime cumulativo, o PIS tem alíquota de 0,65%, e a Cofins, de 3,0%.

Exemplos numéricos

Exemplo 1

Faturamento bruto:	R$ 110.000,00
• IPI incluído no faturamento:	R$ 10.000,00
• Devoluções de vendas:	R$ 5.000,00
• Base de cálculo do PIS e da Cofins:	R$ 95.000,00
Contribuição ao PIS (0,65%) =	R$ 617,50
Contribuição à Cofins (3,0%) =	R$ 2.850,00

Exemplo 2

- Faturamento bruto: R$ 124.400,00
- IPI incluído no faturamento: R$ 10.000,00
- ICMS Substituição Tributária incluído no faturamento: R$ 14.400,00
- Devoluções de vendas: R$ 3.000,00
  Base de cálculo do PIS e da Cofins: R$ 97.000,00
  Contribuição ao PIS (0,65%) = R$ 630,50
  Contribuição à Cofins (3,0%) = R$ 2.910,00

Exemplo 3

- Faturamento bruto: R$ 124.400,00
- IPI incluído no faturamento: R$ 10.000,00
- ICMS Substituição Tributária incluído no faturamento: R$ 14.400,00
- Devoluções de vendas: R$ 3.000,00
  Base de cálculo do PIS e da Cofins: R$ 97.000,00
  Contribuição ao PIS (0,65%) = R$ 630,50
  Contribuição à Cofins (3,0%) = R$ 2.910,00

Exemplo 4

- Faturamento bruto: R$ 150.000,00
- Venda de mercadorias isentas incluídas no faturamento: R$ 20.000,00
- Devoluções de vendas: R$ 8.000,00
  Base de cálculo do PIS e da Cofins: R$ 122.000,00
  Contribuição ao PIS (0,65%) = R$ 793,00
  Contribuição à Cofins (3,0%) = R$ 3.660,00

Exemplo 5

Entidade sem fins lucrativos
- Folha de pagamento – valor bruto: R$ 25.000,00
- Contribuição ao PIS (1%): R$ 250,00

5.3 Regime não cumulativo – principais aplicações: quem pode creditar

O PIS tornou-se uma contribuição não cumulativa pela Lei n. 10.637/2002, e a Cofins, pela Lei n. 10.833/2002. Na verdade, ambas tornaram-se parcialmente não cumulativas, pois, como vimos no tópico anterior, a maioria das empresas ainda paga as contribuições no regime cumulativo.

A não cumulatividade é um princípio constitucional tributário hoje amplamente difundido (estudado nesta obra em vários capítulos, especialmente quando analisamos o IPI e o ICMS), e sua aplicação ao PIS e à Cofins é muito semelhante. No entanto, a não cumulatividade para essas contribuições é apenas parcial. Além disso, com a implementação desse regime houve um brutal aumento das alíquotas e criou-se muita burocracia.

As pessoas jurídicas sujeitas à apuração do PIS e da Cofins no regime não cumulativo poderão descontar créditos para fins de determinação dessas contribuições. Os créditos são decorrentes das operações elencadas a seguir.

- **Bens adquiridos para revenda**: para as empresas comerciais esse é o item de maior valor de crédito, pois trata das mercadorias adquiridas para revenda, as quais geram crédito de PIS e de Cofins, com exceção das compras que estejam nas situações de vedação de crédito já tratadas, que são compras que terão as saídas isentas da contribuição ou sujeitas a alíquota zero e as saídas com substituição tributária e tributação monofásica.
- **Bens e serviços utilizados como insumos na prestação de serviços ou na fabricação de bens ou produtos destinados à venda**: nos bens e serviços utilizados como insumo na prestação de serviços e na produção de bens destinados à venda, inclusive combustíveis e lubrificantes, temos a mais complexa e controversa questão relativa ao crédito de PIS e Cofins, pois temos uma questão importante a responder: O que são insumos? Podemos classificar como insumos tudo aquilo que é consumido em um processo, seja para a fabricação de bens, seja para prestação de serviços, ou tudo aquilo que é utilizado pela empresa para desenvolver suas atividades. Assim, seriam insumos as despesas dedutíveis para fins de IRPJ, ou seja, as necessárias, usuais e normais para as transações, operações e atividades da empresa? A lei exige que os bens e serviços sejam efetivamente utilizados pela empresa para produzir bens ou prestar os serviços, e não simplesmente adquiridos ou consumidos em suas operações. Aparentemente, o conceito de insumo não está limitado aos bens e serviços utilizados diretamente nas atividades da empresa, pois a lei inclui expressamente o crédito sobre combustíveis e lubrificantes, que, na maioria das vezes, são materiais auxiliares ou intermediários. O conceito de insumo é mais adequado à atividade industrial. Segundo o Parecer Normativo n. 65/1979, geram direito ao crédito (IPI), além dos insumos que se integram ao produto final, como matérias-primas, produtos intermediários e material de embalagem, quaisquer outros bens, ou seja, os outros insumos, desde que não contabilizados pelo contribuinte no seu ativo permanente, que sofram, em função de ação exercida diretamente sobre o produto em fabricação, ou por ele diretamente sofrida, alterações tais como o desgaste, o dano ou a perda de propriedades físicas ou químicas.
- **Energia elétrica consumida nos estabelecimentos da pessoa jurídica**: os gastos com energia elétrica podem ser creditados integralmente para o cálculo de PIS e de Cofins.
- **Contraprestação de arrendamento mercantil**: veja o Capítulo 6.
- **Aluguéis de prédios, máquinas e equipamentos pagos a pessoa jurídica**: veja o Capítulo 6.
- **Armazenagem de mercadoria e frete e na operação de venda, quando o ônus for suportado pelo vendedor**: os gastos com armazenagem podem ser incluídos na base de cálculo do crédito de PIS e Cofins. Trata-se de gastos com o armazenamento de mercadorias e matéria-prima quando as empresas comerciais e industriais necessitam que seus estoques, ou parte deles, sejam guardados em depósito de terceiros. Esse crédito guarda coerência com a possibilidade de crédito com aluguéis de imóveis e depreciação de imóveis próprios, ou seja, o crédito em relação à estocagem dos produtos e mercadorias pode ser feito tanto quando a empresa tem seu próprio imóvel, via depreciação, como na hipótese de locar um imóvel, via aluguel. Da mesma forma, se a empresa não tem imóvel próprio, nem imóvel locado, pode recorrer a armazéns-gerais para a estocagem de seus produtos e mercadorias, tendo o mesmo direito ao crédito de PIS e Cofins. Em relação ao gasto com fretes, esse se refere aos fretes pagos na entrega de suas vendas, quando suportados pela empresa vendedora, pois os fretes pagos na aquisição de matérias-primas e mercadorias são contabilizados como custos, gerando crédito nessa operação também.

- **Encargos de depreciação e amortização**: veja o Capítulo 6.
- **Bens recebidos em devolução**: conforme mencionado anteriormente, as devoluções de vendas e vendas canceladas são excluídas da base de cálculo do PIS e da Cofins.

No regime de não cumulatividade, a contribuição para o PIS tem alíquota de 1,65% e a contribuição para a Cofins tem alíquota de 7,6%.

Exemplos numéricos

Exemplo 1 Empresa industrial com as seguintes operações:
- Faturamento bruto: R$ 110.000,00
- IPI incluído no faturamento: R$ 10.000,00
- Devoluções de vendas: R$ 5.000,00
- Compra de matéria-prima e insumos: R$ 40.000,00
- Gasto com energia elétrica: R$ 2.000,00
- Gasto com aluguel de imóvel: R$ 3.000,00
- Gasto com depreciação do imobilizado: R$ 1.000,00
  Base de cálculo do PIS e da Cofins: R$ 49.000,00
  Contribuição ao PIS (1,65%) = R$ 808,50
  Contribuição à Cofins (7,6%) = R$ 3.724,00

Exemplo 2 Empresa industrial com as seguintes operações:
- Faturamento bruto: R$ 124.400,00
- IPI incluído no faturamento: R$ 10.000,00
- ICMS Substituição Tributária incluído no faturamento: R$ 14.400
- Devoluções de vendas: R$ 3.000,00
- Compra de matéria-prima e insumos: R$ 54.000,00
- Gasto com energia elétrica: R$ 2.000,00
- Gasto com aluguel de imóvel: R$ 3.000,00
- Gasto com depreciação do imobilizado: R$ 1.000,00
  Base de cálculo do PIS e da Cofins: R$ 37.000,00
  Contribuição ao PIS (1,65%) = R$ 610,50
  Contribuição à Cofins (7,6%) = R$ 2.812,00

Exemplo 3 Empresa comercial com as seguintes operações:
- Faturamento bruto: R$ 150.000,00
- Venda de mercadorias isentas incluídas no faturamento: R$ 20.000,00
- Devoluções de vendas: R$ 8.000,00
- Compra de mercadorias: R$ 95.000,00
- Gasto com energia elétrica: R$ 2.000,00
- Gasto com aluguel de imóvel: R$ 3.000,00
- Gasto com depreciação do imobilizado: R$ 1.000,00
- Gasto com frete para entrega das vendas: R$ 4.000,00
  Base de cálculo do PIS e da Cofins: R$ 17.000,00
  Contribuição ao PIS (1,65%) = R$ 280,50
  Contribuição à Cofins (7,6%) = R$ 1.292,00

Exemplo 4 Empresa comercial com as seguintes operações:

• Faturamento bruto:	R$ 180.000,00
• Venda de mercadorias com substituição tributária incluída no faturamento:	R$ 20.000,00
• Devoluções de vendas:	R$ 8.000,00
• Compra de mercadorias:	R$ 105.000,00
• Gasto com energia elétrica:	R$ 2.000,00
• Gasto com aluguel de imóvel:	R$ 3.000,00
• Gasto com depreciação do imobilizado:	R$ 1.000,00
• Gasto com frete para entrega das vendas:	R$ 5.000,00
Base de cálculo do PIS e da Cofins:	R$ 36.000,00
Contribuição ao PIS (0,65%) =	R$ 594,00
Contribuição à Cofins (3,0%) =	R$ 2.736,00

5.4 Substituição tributária e tributação monofásica

Alguns produtos têm as contribuições para o PIS e a Cofins apuradas e recolhidas de forma especial, diferente de tudo o que estudamos até agora. Trata-se da tributação monofásica ou concentrada, na qual as contribuições passaram a ser devidas em uma única etapa da cadeia produtiva, com alcance em todo o processo e elevação das alíquotas.

A tributação monofásica ou concentrada nas contribuições para o PIS e a Cofins se assemelham à substituição tributária, para a frente, adotada em relação ao ICMS. A principal diferença é que no caso do ICMS o contribuinte substituto recolhe o imposto em relação à sua própria operação e o imposto devido nas demais fases da cadeia produtiva, pelos contribuintes substituídos, estimando o valor da venda do produto no varejo e aplicando-se a alíquota do ICMS sobre esse valor.

No caso das contribuições para o PIS e a Cofins, a tributação monofásica ou concentrada é aplicada sobre a mesma base de cálculo das demais operações, ou seja, sobre o faturamento, mas as alíquotas são majoradas e as saídas têm as alíquotas das contribuições reduzidas a zero. Existem muitos detalhes integrados entre o modelo de tributação monofásica ou concentrada e os métodos cumulativo e não cumulativo das contribuições para o PIS e a Cofins[6].

A cobrança de PIS e Cofins sobre as receitas das vendas de alguns produtos é feita por regime misto, ou seja, a matéria-prima pode estar no regime cumulativo ou não cumulativo, isenta ou alíquota zero. Na venda de produto acabado pela indústria ou de mercadoria importada, as alíquotas são maiores porque nas revendas pelas distribuidoras ou varejistas não há tributação, seja por isenção, seja por alíquota zero.

No regime não cumulativo, a indústria tem crédito sobre materiais adquiridos e consumidos na produção dos bens destinados à venda. A empresa importadora pode utilizar como crédito as duas contribuições pagas na importação. Estão nesse regime os combustíveis carburantes, veículos automotores, peças e acessórios para veículos, medicamentos, artigos de perfumaria, refrigerantes, cervejas, águas minerais, embalagens para bebidas e cigarros.

---

[6] PÊGAS, Paulo Henrique. *Manual de contabilidade tributária*. 8. ed. Rio de Janeiro: Freitas Bastos, 2014.

Os produtos sujeitos a tributação monofásica ou concentrada têm de estar previstos expressamente em lei. Em muitos produtos o enquadramento no regime é feito por meio da TIPI, como no caso dos medicamentos, bebidas e veículos. A Lei Complementar n. 70/1991, que instituiu a Cofins, adotou a substituição tributária para cigarros e combustíveis[7].

Fornecemos a seguir uma lista com os principais produtos sujeitos a tributação monofásica ou concentrada:

- Combustíveis derivados de petróleo e biodiesel: tributação na refinaria.
- Indústria farmacêutica e de cosméticos: tributação na indústria ou na importação.
- Cervejas, águas e refrigerantes: produtos com elevado grau de complexidade nos cálculos, os quais estão consolidados na página eletrônica da RFB.
- Veículos, máquinas e autopeças: tributação na fábrica ou na importação.
- Fabricantes e importadores de cigarros: tributação na fábrica ou na importação.

Os contribuintes que vendem esses produtos nas etapas seguintes devem aplicar alíquota zero para PIS e Cofins, e os contribuintes varejistas optantes do Simples Nacional deverão excluir a receita de venda desses bens no cálculo do valor devido a cada mês.

5.5 Apuração e contabilização básica de IPI, ICMS, PIS e Cofins (cumulativo e não cumulativo)

Neste item trataremos, por meio de exemplos numéricos, da apuração do IPI (Capítulo 3), ICMS (Capítulo 4), PIS e Cofins, bem como suas respectivas escriturações no regime cumulativo e não cumulativo.

5.5.1 Regime cumulativo

O regime cumulativo é basicamente para o PIS e a Cofins. Há também uma associação tributária entre a tributação do IR pelo lucro presumido com o regime cumulativo e do IR sobre o lucro real com o regime não cumulativo. Em princípio, o ICMS sempre será pelo regime não cumulativo. O IPI é não cumulativo quando os produtos forem vendidos entre empresas industriais e é cumulativo depois da compra por empresa comercial ou de serviços. As tabelas 5.1 e 5.2 mostram um exemplo sumário de nota fiscal e apuração do custo da mercadoria ou material no regime cumulativo.

---

[7] HIGUCHI, Hiromi. *Imposto de renda das empresas*. 40. ed. São Paulo: Atlas, 2015.

Tabela 5.1 Exemplo sumário de uma nota fiscal de compra de material

Nota fiscal número	Quantidade	Preço unitário	Total
Mercadoria XYZ	100	250,00	25.000,00
IPI – 10%			2.500,00
Valor total da nota fiscal			27.500,00
ICMS destacado na NF – 18%			4.500,00
PIS (não destacado na NF) – 1,65%			412,50
Cofins (não destacado na NF) – 7,6%			1.900,00

Tabela 5.2 Apuração do custo da mercadoria por empresa que não credita tributos

Custo de aquisição	27.500,00
(–) ICMS recuperável creditado	–4.500,00
Custo total da nota fiscal para estoque	24.900,00

As tabelas 5.3 e 5.4 mostram uma nota fiscal de venda neste regime e apuração da receita líquida de venda da transação.

Tabela 5.3 Exemplo de nota fiscal de venda de mercadoria – regime cumulativo

Nota fiscal número	Quantidade	Preço unitário	Total
Produto XYZ	100	600,00	60.000,00
Valor total da nota fiscal			60.000,00
ICMS destacado na NF – 18%			10.800,00
PIS (não destacado na NF) – 0,65%			390,00
Cofins (não destacado na NF) – 3,0%			1.800,00

É necessário destacar que no regime não cumulativo as alíquotas de PIS e Cofins são menores. O PIS cai de 1,65% do regime não cumulativo para 0,65% no regime cumulativo, e a Cofins cai de 7,6% do regime não cumulativo para 3,0% no regime cumulativo.

Tabela 5.4 Apuração da receita líquida de venda

Valor total da nota fiscal	60.000,00
(–) ICMS debitado	–10.800,00
(–) PIS debitado	–390,00
(–) Cofins debitado	–1.800,00
= Valor de venda líquida dos tributos	47.010,00

A Tabela 5.5 mostra a apuração dos tributos a serem recolhidos.

Tabela 5.5 Apuração do recolhimento dos tributos

Tributo	Tributos sobre a compra	Tributos sobre a venda	Tributos a recolher
ICMS	4.500,00	10.800,00	6.300,00
PIS	0,00	390,00	390,00
Cofins	0,00	1.800,00	1.800,00
Soma	4.500,00	12.990,00	8.490,00

Em seguida transformamos os dados das tabelas em exemplo numérico para demonstração dos lançamentos contábeis.

Exemplo numérico

1. Aquisição de material com tributos no regime cumulativo para PIS e Cofins.
2. Venda de produto no regime não cumulativo PIS e Cofins e não cumulativo para ICMS.
3. Recolhimento dos tributos.
Todas as movimentações foram feitas com saldo bancário.

Lançamentos				
Nº	Lançamento	Conta contábil	Valor – $	Conta de:
1	Débito	Estoque	23.000,00	Ativo circulante
1	Débito	ICMS a recolher	4.500,00	Passivo circulante
1	Crédito	Bancos conta movimento	27.500,00	Ativo circulante
2	Débito	Bancos conta movimento	60.000,00	Ativo circulante
2	Crédito	Receita operacional bruta	60.000,00	Passivo circulante
2	Débito	Tributos sobre a venda	10.800,00	Passivo circulante
2	Crédito	ICMS a recolher	10.800,00	Despesa
2	Débito	Tributos sobre a venda	390,00	Passivo circulante
2	Crédito	PIS a recolher	390,00	Despesa
2	Débito	Tributos sobre a venda	1.800,00	Despesa
2	Crédito	Cofins a recolher	1.800,00	Ativo circulante
3	Débito	ICMS a recolher	6.300,00	Passivo circulante
3	Débito	PIS a recolher	390,00	Passivo circulante
3	Débito	Cofins a recolher	1.800,00	Passivo circulante
3	Crédito	Bancos conta movimento	8.490,00	Ativo circulante

Em conta Tê:

Estoques		ICMS a recolher		Bancos conta movimento	
1 23.000,00		1 4.500,00	10.800,00 2	2 60.000,00	27.500,00 1
		3 6.300,00			8.490,00 3
			0,00	24.010,00	

PIS recolher		Cofins a recolher		Tributos sobre a venda	
	390,00 2		1.800,00 2	2 10.800,00	
3 390,00		3 1.800,00		2 390,00	
	0,00		0,00	2 1.800,00	
				12.990,00	

Receita bruta de venda	
	60.000,00 2

A Tabela 5.6 mostra o valor da receita líquida e o valor do lucro bruto ou valor agregado, partindo da suposição que a mercadoria em estoque será vendida em seguida.

Tabela 5.6 Apuração da receita líquida e do lucro bruto/valor agregado

Valor da receita bruta de venda	60.000,00
(–) Tributos sobre a venda	–12.990,00
= Valor da receita líquida de venda	47.010,00
(–) Custo do material/mercadoria	–23.000,00
= Lucro bruto ou valor agregado	24.010,00

Ressaltamos novamente que o valor do lucro bruto na operação de compra e venda de R$ 24.010,00 é o que efetivamente a empresa ganhou com a transação. Isso fica claro quando comparamos com o valor do saldo bancário que contém as transações de venda, compra e recolhimento de tributos, que apresenta o mesmo saldo final.

Fica claro mais uma vez que os tributos não são custo nem receita para a empresa. Os tributos são do governo, e a empresa é simplesmente um agente arrecadador. Quem de fato assume o ônus dos tributos é o consumidor final.

5.5.2 Regime não cumulativo

O regime não cumulativo é o regime considerado normal, tanto em nosso país como em outras partes do mundo. É o recolhimento dos tributos sobre o valor agregado (IVA – Imposto sobre o Valor Agregado, ou VAT – Vale Added Tax). O valor agregado é a diferença entre o valor de venda da mercadoria e o valor de compra da mesma mercadoria:

> Valor agregado = valor de venda – valor de compra

Dessa maneira, no regime de recolhimento não cumulativo, o valor efetivamente a ser recolhido é a diferença dos tributos cobrados do cliente na venda menos o valor dos tributos pagos ao fornecedor na compra das mercadorias:

> Recolhimento dos tributos no regime não cumulativo =
> valor dos tributos sobre a venda (−) valor dos tributos sobre a compra

No linguajar fiscal e contábil, dizemos que os tributos sobre a venda são debitados e os tributos sobre a compra são creditados. O recolhimento ao Fisco, estadual ou federal, será pela diferença. É também importante ressaltar que os tributos sobre compra e venda de mercadorias não são custos para a empresa no ato da compra, assim como não são receitas para a empresa no ato da venda. Os tributos são do governo, e a empresa não deixa de ser simplesmente um agente arrecadador.

Dessa maneira, a receita para a empresa é a receita líquida, excluindo os tributos sobre ela. Da mesma forma, a despesa ou custo para a empresa é o valor da compra, excluindo os tributos recuperáveis.

As tabelas 5.7 e 5.8 apresentam um exemplo de nota fiscal de compra de material para empresa industrial no regime não cumulativo que credita todos os tributos, assim como a apuração do valor para estocagem do material, sem os tributos recuperáveis.

Tabela 5.7 Exemplo sumário de uma nota fiscal de compra de material

Nota fiscal número	Quantidade	Preço unitário	Total
Material XYZ	100	250,00	25.000,00
IPI – 10%			2.500,00
Valor total da nota fiscal			27.500,00
ICMS destacado na NF – 18%			4.500,00
PIS (não destacado na NF) – 1,65%			412,50
Cofins (não destacado na NF) – 7,6%			1.900,0

Tabela 5.8 Apuração do custo do material por indústria que credita os tributos

Custo de aquisição	27.500,00
(−) IPI recuperável creditado	−2.500,00
(−) ICMS recuperável creditado	−4.500,00
(−) PIS recuperável creditado	−412,50
(−) Cofins recuperável creditado	−1.900,00
Custo total da nota fiscal para estoque	18.187,50

Partindo da premissa de que a indústria venderá o produto transformado a partir do material, as tabelas 5.9 e 5.10 mostram um exemplo de nota fiscal e a apuração do valor da venda líquida dos tributos.

Tabela 5.9 Exemplo sumário de uma nota fiscal de venda de produto

Nota fiscal número	Quantidade	Preço unitário	Total
Produto XYZ	100	600,00	60.000,00
IPI – 8%			4.800,00
Valor total da nota fiscal			64.800,00
ICMS destacado na NF – 18%			10.800,00
PIS (não destacado na NF) – 1,65%			990,00
Cofins (não destacado na NF) – 7,6%			4.560,00

Tabela 5.10 Apuração da receita líquida de vendas

Valor total da nota fiscal	64.800,00
(–) IPI debitado	–4.800,00
(–) ICMS debitado	–10.800,00
(–) PIS debitado	–990,00
(–) Cofins debitado	–4.560,00
= Valor da venda líquida dos tributos	43.650,00

A Tabela 5.11 mostra a apuração dos tributos para recolhimento ao Fisco estadual e federal no regime não cumulativo, no qual o recolhimento será a diferença entre os tributos sobre a venda menos os tributos sobre a compra.

Tabela 5.11 Apuração do recolhimento dos tributos

Tributo	Tributos sobre a compra	Tributos sobre a venda	Tributos a recolher
IPI	2.500,00	4.800,00	2.300,00
ICMS	4.500,00	10.800,00	6.300,00
PIS	412,50	990,00	577,50
Cofins	1.900,00	4.560,00	2.660,00
Soma	9.312,50	21.150,00	11.837,50

Com os dados das tabelas 5.7 a 5.11 faremos a contabilização do exemplo numérico.

Exemplo numérico

1. Aquisição de material com tributos recuperáveis no regime não cumulativo.
2. Venda de produto no regime não cumulativo.
3. Recolhimento dos tributos.
Todas as movimentações foram feitas com saldo bancário.

Lançamentos				
Nº	Lançamento	Conta contábil	Valor - $	Conta de:
1	Débito	Estoque	18.187,50	Ativo circulante
1	Débito	IPI a recolher	2.500,00	Passivo circulante
1	Débito	ICMS a recolher	4.500,00	Passivo circulante
1	Débito	PIS a recolher	412,50	Passivo circulante
1	Débito	Cofins a recolher	1.900,00	Passivo circulante
1	Crédito	Bancos conta movimento	27.500,00	Ativo circulante
2	Débito	Bancos conta movimento	64.800,00	Ativo circulante
2	Crédito	Receita operacional bruta*	60.000,00	Passivo circulante
2	Crédito	IPI a recolher	4.800,00	Passivo circulante
2	Débito	Tributos sobre a venda**	10.800,00	Despesa
2	Crédito	ICMS a recolher	10.800,00	Passivo circulante
2	Débito	Tributos sobre a venda	990,00	Despesa
2	Crédito	PIS a recolher	990,00	Passivo circulante
2	Débito	Tributos sobre a venda	4.560,00	Despesa
2	Crédito	Cofins a recolher	4.560,00	Ativo circulante
3	Débito	IPI a recolher	2.300,00	Passivo circulante
3	Crédito	ICMS a recolher	6.300,00	Passivo circulante
3	Débito	PIS a recolher	577,50	Passivo circulante
3	Crédito	Cofins a recolher	2.660,00	Passivo circulante
3	Crédito	Bancos conta movimento	11.837,50	Ativo circulante

* Porque entende que é cobrado do comprador destacado do valor da venda.
** Despesa classificada no grupo de receita de vendas como conta retificadora.

Em conta Tê:

Estoques		IPI a recolher			Bancos conta movimento		
1 18.187,50		1 2.500,00				27.500,00	1
			4.800,00	2	2 64.800,00		
		3 2.300,00				11.837,50	3
			0,00		25.462,50		

ICMS a recolher		PIS a recolher			Cofins a recolher		
1 4.500,00		1 412,50			1 1.900,00		
	10.800,00 2		990,00	2		4.560,00	2
3 6.300,00		3 577,50			3 2.660,00		
	0,00		0,00			0,00	

Venda bruta		Tributos sobre a venda	
	60.000,00 2	2 10.800,00	
		2 990,00	
		2 4.560,00	
		16.350,00	

A Tabela 5.12 mostra o valor da receita líquida e o valor do lucro bruto ou valor agregado, partindo da suposição de que a mercadoria em estoque será vendida em seguida.

Tabela 5.12 Apuração da receita líquida e do lucro bruto/valor agregado

Valor da receita bruta de venda	60.000,00
(−) Tributos sobre a venda	−16.350,00
= Valor da receita líquida de venda	43.650,00
(−) Custo do material/mercadoria	−18.187,50
= Lucro bruto ou valor agregado	25.462,50

É importante ressaltar que o valor do lucro bruto na operação de compra e venda de R$ 25.462,50 é o que efetivamente a empresa ganhou com a transação. Isso fica claro quando comparamos com o valor do saldo bancário que contém as transações de venda, compra e recolhimento de tributos, que apresenta o mesmo saldo final.

5.6 Obrigações acessórias

Os contribuintes do PIS e da Cofins, bem como os contribuintes do IPI e do ICMS, têm nas obrigações acessórias a entrega de declarações específicas que dependem de sua atividade e dos produtos com os quais realizam suas operações. No entanto, com o início da utilização do Sped, algumas declarações foram extintas, uma vez que o Fisco está recebendo as informações consolidadas de forma eletrônica.

Dessa forma, as empresas do Lucro Real deixaram, recentemente, de fazer o Dacon e passaram a adotar apenas o padrão uniforme do Sped para prestar informações dos fatos geradores das contribuições sociais. As demais empresas já tinham sido desobrigadas com a Instrução Normativa n. 1.325, de 26/12/2012.

Os contribuintes do PIS e da Cofins são obrigados a entregar Declaração de Débitos e Créditos Tributários Federais (DCTF) mensalmente. A DCTF é uma obrigação acessória mensal que demanda do contribuinte os valores devidos de diversos tributos federais (débitos) e respectivos créditos referentes a IRPJ, IRRF, CSLL, PIS, Cofins, IPI, IOF, contribuição previdenciária sobre a receita, ITR, Cide-Combustível e remessa.

A Escrituração Contábil Fiscal (ECF) é a sucessora da DIPJ. Ela exige do contribuinte um grau de detalhamento maior que a obrigação acessória anterior e nela serão informadas todas as operações que permeiam a base de cálculo do IRPJ e CSLL. Todas as empresas enquadradas no Lucro Real, Lucro Presumido e Lucro Arbitrado estão obrigadas a entregar a ECF. Dispensadas estão as optantes pelo Simples, os órgãos públicos, as autarquias e as fundações públicas, bem como as empresas inativas.

Questões e exercícios

1. Calcular as contribuições para o PIS e a Cofins devidas por uma empresa industrial, no regime cumulativo, com as seguintes operações:
   - Faturamento bruto: R$ 133.000,00.
   - IPI incluído no faturamento: R$ 13.000,00.
   - Devoluções de vendas: R$ 3.000,00.

2. Calcular as contribuições para o PIS e a Cofins devidas por uma empresa industrial, no regime cumulativo, com as seguintes operações:
   - Faturamento bruto: R$ 182.550,00.
   - IPI incluído no faturamento: R$ 15.000,00.
   - ICMS Substituição Tributária incluído no faturamento: R$ 17.550,00.
   - Devoluções de vendas: R$ 4.000,00.

3. Calcular as contribuições para o PIS e a Cofins devidas por uma empresa comercial, no regime cumulativo, com as seguintes operações:
   - Faturamento bruto: R$ 180.000,00.
   - Venda de mercadorias isentas incluídas no faturamento: R$ 20.000,00.
   - Devoluções de vendas: R$ 5.000,00.

4. Calcular as contribuições para o PIS e a Cofins devidas por uma empresa comercial, no regime cumulativo, com as seguintes operações:
   - Faturamento bruto: R$ 280.000,00.
   - Venda de mercadorias com substituição tributária incluída no faturamento: R$ 40.000,00.
   - Devoluções de vendas: R$ 8.000,00.

5. Calcular a contribuição para o PIS devida por uma entidade sem fins lucrativos, com as seguinte operação:
   - Folha de pagamento – valor bruto: R$ 45.000,00.

6. Calcular as contribuições para o PIS e a Cofins devidas por uma empresa industrial, no regime não cumulativo, com as seguintes operações:
   - Faturamento bruto: R$ 143.750,00.
   - IPI incluído no faturamento: R$ 18.750,00.

- Devoluções de vendas: R$ 5.000,00.
- Compra de matéria-prima e insumos: R$ 40.000,00.
- Gasto com energia elétrica: R$ 2.000,00.
- Gasto com aluguel de imóvel: R$ 3.000,00.
- Gasto com depreciação do imobilizado: R$ 1.000,00.

7. Calcular as contribuições para o PIS e a Cofins devidas por uma empresa industrial, no regime não cumulativo, com as seguintes operações:
   - Faturamento bruto: R$ 188.700,00.
   - IPI incluído no faturamento: R$ 22.500,00.
   - ICMS Substituição Tributária incluído no faturamento: R$ 16.200.
   - Devoluções de vendas: R$ 3.000,00.
   - Compra de matéria-prima e insumos: R$ 54.000,00.
   - Gasto com energia elétrica: R$ 2.000,00.
   - Gasto com aluguel de imóvel: R$ 3.000,00.
   - Gasto com depreciação do imobilizado: R$ 1.000,00.

8. Calcular as contribuições para o PIS e a Cofins devidas por uma empresa comercial, no regime não cumulativo, com as seguintes operações:
   - Faturamento bruto: R$ 190.000,00.
   - Venda de mercadorias isentas incluídas no faturamento: R$ 35.000,00.
   - Devoluções de vendas: R$ 12.000,00.
   - Compra de mercadorias: R$ 95.000,00.
   - Gasto com energia elétrica: R$ 2.000,00.
   - Gasto com aluguel de imóvel: R$ 3.000,00.
   - Gasto com depreciação do imobilizado: R$ 1.000,00.
   - Gasto com frete para entrega das vendas: R$ 6.000,00.

9. Calcular as contribuições para o PIS e a Cofins devidas por uma empresa comercial, no regime não cumulativo, com as seguintes operações:
   - Faturamento bruto: R$ 220.000,00.
   - Venda de mercadorias com substituição tributária incluída no faturamento: R$ 45.000,00.
   - Devoluções de vendas: R$ 15.000,00.
   - Compra de mercadorias: R$ 125.000,00.
   - Gasto com energia elétrica: R$ 2.000,00.
   - Gasto com aluguel de imóvel: R$ 3.000,00.
   - Gasto com depreciação do imobilizado: R$ 1.000,00.
   - Gasto com frete para entrega das vendas: R$ 7.000,00.

capítulo 6

Crédito de Tributos sobre Imobilizações

Algumas operações realizadas pela empresa geram créditos de tributos que podem ser compensados com débitos, como ICMS, PIS e Cofins, que serão abordados nos tópicos seguintes.

A legislação federal atual permite a empresas enquadradas em regimes fiscais não cumulativos aproveitar o crédito do ICMS, do PIS e da Cofins na aquisição de bens destinados ao ativo imobilizado de empresas industriais e comerciais. Existem algumas exceções, quando o produto final da empresa é isento ou não tributado.

O ICMS é aproveitado em 48 meses, e o PIS e a Cofins, em 24 meses. Em relação ao PIS e à Cofins, a legislação dá a opção de se efetuar o crédito mensalmente em valor equivalente à depreciação contabilizada.

Em relação ao ICMS, esses créditos devem ser controlados em um livro fiscal denominado Controle de Créditos de ICMS do Ativo Permanente (Ciap). Os demais impostos incidentes sobre as compras de bens para o ativo imobilizado, como IPI e imposto de importação, não podem ser recuperados e devem ser ativados.

O controle dos créditos relativos ao PIS e à Cofins é feito por meio das diversas declarações entregues pelas empresas ao Fisco, as obrigações acessórias da legislação tributária (Capítulo 4).

6.1 Legislação básica

Trataremos, neste tópico, da legislação básica aplicável ao crédito do ICMS, do PIS e da Cofins na aquisição de bens destinados ao ativo imobilizado.

6.1.1 Crédito de ICMS

Quando se tratar de aquisição para o ativo imobilizado, a empresa poderá creditar-se do ICMS pago nessa operação, mas não poderá fazê-lo no mês da aquisição do bem, mas de acordo com o que dispõe o regulamento do ICMS de cada estado. A Lei Complementar n. 102/2000, vigente desde janeiro de 2001, determinou que os créditos do ICMS na aquisição para compor o ativo imobilizado das empresas podem ser aproveitados em 48 meses. É mandamento do § 5º do artigo 20 da Lei Complementar n. 87/1996:

§ 5º Para efeito do disposto no *caput* deste artigo, relativamente aos créditos decorrentes de entrada de mercadorias no estabelecimento destinadas ao ativo permanente, deverá ser observado:

I – A apropriação será feita à razão de 1/48 avos por mês, devendo a primeira fração ser apropriada no mês em que ocorrer a entrada no estabelecimento.

II – Em cada período de apuração do imposto, não será admitido o creditamento de que trata o inciso I, em relação à proporção das operações de saídas ou prestações isentas ou não tributadas sobre o total das operações de saídas ou prestações efetuadas no mesmo período.

O inciso III do § 5º do artigo 20 da Lei Complementar n. 87/1996 determina que o crédito do ICMS nas aquisições para o ativo imobilizado deve ser proporcional às saídas tributadas, quando a empresa tiver saídas de produtos isentas ou não tributadas, com exceção das saídas e prestações com destino ao exterior ou as saídas de papel destinado à impressão de livros, jornais e periódicos.

O inciso V determina que na hipótese de alienação dos bens do ativo permanente, antes de decorrido o prazo de quatro anos contado da data de sua aquisição, não será admitido, a partir da data da alienação, o crédito do ICMS. Obviamente essas saídas não serão tributadas pelo ICMS, deixando apenas a empresa de aproveitar o crédito do imposto a partir dessa data.

Nessa hipótese, não será admitido, a partir da data da alienação, o creditamento da fração que corresponderia ao restante do quadriênio, conforme determinação da Lei Complementar n. 102, de 11/6/2000, artigo 20, § 5º, e Ajuste Sinief n. 3/2001.

6.1.2 Crédito de PIS e Cofins

A autorização para se efetuar o crédito de PIS sobre a aquisição de bens para o ativo imobilizado foi dada pela Lei n. 10.637, de 30/12/2002, que instituiu o regime não cumulativo do PIS, com alíquota de 1,65%. A não cumulatividade é parcial porque nem toda contribuição paga na operação anterior gera crédito. A não cumulatividade da Cofins foi instituída pela Lei n. 10.833, de 29/12/2003. Essas duas leis foram alteradas pelas Leis n. 10.865, de 30/4/2004, e 10.925, de 23/7/2004.

Com redação dada pela Lei n. 12.973/2014, o artigo 3º da Lei 10.833/2003 permite calcular crédito de Cofins em relação a várias operações, aplicáveis também ao PIS. Entre elas estão:

- Valor das contraprestações de operações de arrendamento mercantil de pessoa jurídica, exceto de optantes pelo Simples.
- Máquinas, equipamentos e outros bens incorporados ao ativo imobilizado, adquiridos ou fabricados para locação a terceiros, ou para utilização na produção de bens destinados à venda ou na prestação de serviços.
- Edificações e benfeitorias em imóveis próprios ou de terceiros, utilizados nas atividades da empresa.
- Depreciação de máquinas, equipamentos e outros bens do ativo imobilizado.

A Lei n. 12.973, de 2014, acresceu o inciso XI ao artigo 3º da Lei n. 10.833, de 2003, permitindo calcular os créditos de PIS e Cofins sobre bens incorporados ao ativo intangível, adquiridos para utilização na prestação de serviços. Segundo Higuchi (2015), a redação deveria ser bens adquiridos ou consumidos, e não só adquiridos. Na maioria das concessões de bens públicos, os investimentos são contabilizados no ativo intangível porque ao término da concessão, os bens são revertidos para órgão concedente. Nas concessões de rodovias e energia elétrica, os bens do ativo intangível são, em sua maioria, construídos pelas concessionárias e não adquiridos[1].

6.2 Possibilidade de crédito

Estudaremos, neste tópico, algumas questões relevantes nas diversas possibilidades de crédito na aquisição de bens para o ativo imobilizado, pois a legislação tem se alterado com muita frequência, especialmente em relação ao crédito de PIS e Cofins.

6.2.1 Créditos de ICMS

Relativamente aos créditos decorrentes de entrada de mercadorias no estabelecimento destinadas ao ativo imobilizado, ocorridas a partir de 1°/1/2001, deverá ser observado:

- A apropriação será feita à razão de 1/48 avos por mês, devendo a primeira fração ser apropriada no mês em que ocorrer a entrada no estabelecimento.
- Em cada período de apuração do imposto, não será admitido o creditamento de que trata o item em relação à proporção das operações de saídas ou prestações isentas ou não tributadas sobre o total das operações de saídas ou prestações efetuadas no mesmo período.

O montante do crédito a ser apropriado será o obtido pela seguinte fórmula:

$$\frac{\text{valor total do crédito} \times 1/48 \times \text{valor das operações de saídas e prestações tributadas}}{\text{total das operações de saídas e prestações}}$$

O quociente de 1/48 avos será proporcionalmente aumentado ou diminuído, *pro rata die*, caso o período de apuração seja superior ou inferior a um mês.

6.2.2 Créditos de PIS e Cofins

As pessoas jurídicas sujeitas à apuração do PIS e da Cofins no regime não cumulativo poderão descontar créditos para fins de determinação dessas contribuições. Os créditos são decorrentes das seguintes operações:

- Bens adquiridos para revenda.
- Bens e serviços utilizados como insumos na prestação de serviços ou na fabricação de bens ou produtos destinados à venda.
- Energia elétrica consumida nos estabelecimentos da pessoa jurídica.
- Aluguéis e contraprestação de arrendamento mercantil.
- Aluguéis de prédios, máquinas e equipamentos pagos a pessoa jurídica.
- Armazenagem de mercadoria e frete e na operação de venda, quando o ônus for suportado pelo vendedor.

---

[1] HIGUCHI, Hiromi. *Imposto de renda das empresas*. 40. ed. São Paulo: Atlas, 2015.

- Encargos de depreciação e amortização.
- Bens recebidos em devolução.

O inciso IV do artigo 3º da Lei n. 10.833/2003 autoriza calcular o crédito sobre os aluguéis de prédios, máquinas e equipamentos, pagos a pessoa jurídica, utilizados nas atividades da empresa, sem restringir à utilização na produção de bens ou serviços, permitindo o crédito nas atividades administrativas.

A dúvida é saber se os veículos são considerados em máquinas e equipamentos, pois as empresas utilizam automóveis de locadoras, e se deveriam tomar crédito nos aluguéis. Em relação às empresas prestadoras de serviços, o aluguel de automóveis, ônibus e caminhões gera crédito de PIS e Cofins, pois representa insumo na prestação de serviços[2].

Em relação à contraprestação de arrendamento mercantil, o inciso V do artigo 3º da Lei n. 10.833/2003, com a redação dada pelo artigo 21 da Lei n. 10.865/2004, permite calcular o crédito sobre o valor das contraprestações de operações de arrendamento mercantil. Com a mudança da redação, as despesas financeiras de empréstimos e financiamentos não entram na base de cálculo dos créditos. O artigo 27 da Lei n. 10.865/2004 dispõe que o Poder Executivo poderá autorizar o crédito sobre despesas financeiras, inclusive para as pagas a domiciliadas no exterior, mas dificilmente a autorização se concretizará[3].

A Resolução n. 921/2001 do Conselho Federal de Contabilidade determina, no item 10.2.2.1.1, que o valor do bem arrendado integra o imobilizado no ativo permanente, devendo ser identificado como objeto de arrendamento financeiro, em contrapartida ao valor total das contraprestações e do valor residual, que deve ser registrado no passivo circulante ou no exigível a longo prazo.

Dos encargos de depreciação e amortização, incorridos no mês, relativos a máquinas, equipamentos e outros bens incorporados ao ativo imobilizado adquiridos a partir de maio de 2004, para utilização na produção de bens destinados a venda, ou na prestação de serviços (ver IN SRF n. 457, de 2004), seguem algumas observações:

- opcionalmente, o contribuinte poderá calcular esse crédito, em relação às máquinas e equipamentos, no prazo de quatro anos, mediante a aplicação, a cada mês, das alíquotas de 7,6% (Cofins) e 1,65% (contribuição para o PIS/Pasep) sobre o valor correspondente a 1/48 avos do valor de aquisição do bem, de acordo com a IN SRF n. 457, de 2004;
- para os bens adquiridos depois de 1º de outubro de 2004, o contribuinte poderá calcular esse crédito, em relação às máquinas, aparelhos, instrumentos e equipamentos, novos, relacionados em ato do Poder Executivo, no prazo de dois anos, mediante a aplicação, a cada mês, das alíquotas de 7,6% (Cofins) e 1,65% (contribuição para o PIS/Pasep) sobre o valor correspondente a 1/24 avos do valor de aquisição do bem (artigo 2º da Lei n. 11.051, de 2004, Decreto n. 5.222, de 2004, e IN SRF n. 457, de 2004);
- opcionalmente, o contribuinte poderá calcular esse crédito, relativo à aquisição de vasilhames referidos no inciso IV do artigo 51 dessa lei, destinados ao ativo imobilizado, no prazo de 12 meses, à razão de 1/12 avos, ou, na hipótese de opção pelo regime de tributação previsto no artigo 52 dessa lei, poderá creditar-se 1/12 avos do valor da contribuição incidente, mediante alíquota específica, na aquisição dos vasilhames, de acordo com regulamentação da Secretaria da Receita Federal;

---

[2] HIGUCHI, Hiromi. *Imposto de renda das empresas.* 40. ed. São Paulo: Atlas, 2015.
[3] HIGUCHI, Hiromi. *Imposto de renda das empresas.* 40. ed. São Paulo: Atlas, 2015.

- o contribuinte que tenha projeto aprovado na forma do artigo 1º da Medida Provisória n. 2.199-14, de 2001, em microrregiões menos desenvolvidas definidas em regulamento localizadas nas áreas de atuação das extintas Sudene e Sudam, tem direito ao desconto desse crédito no prazo de 12 meses (Lei n. 11.196, de 2005, artigo 31);
- não integram o valor das máquinas, dos equipamentos e de outros bens fabricados para incorporação ao ativo imobilizado, os custos de mão de obra paga a pessoa física; e da aquisição de bens ou serviços não sujeitos ao pagamento da contribuição, inclusive no caso de isenção, esse último quando revendidos ou utilizados como insumo em produtos ou serviços sujeitos à alíquota 0 (zero), isentos ou não alcançados pela contribuição.

Ainda em relação à depreciação de máquinas, equipamentos e outros bens do ativo imobilizado, o inciso VI do artigo 3º da Lei n. 10.833/2003, com a redação dada pelo artigo 43 da Lei n. 11.196/2005, permite calcular o crédito sobre os encargos da depreciação de máquinas, equipamentos e outros bens incorporados ao ativo imobilizado, adquiridos ou fabricados para locação a terceiros, ou para utilização na produção de bens destinados à venda ou prestação de serviços. Não integram o valor dos bens fabricados para incorporação ao ativo imobilizado os custos da mão de obra paga a pessoa física ou na aquisição de bens ou serviços não sujeitos ao pagamento de PIS e Cofins.

Aquela redação impede que as empresas meramente comerciais computem na base de cálculo do crédito os encargos de depreciação de quaisquer bens móveis, inclusive veículos. As empresas industriais só podem calcular o crédito sobre as depreciações de bens utilizados na produção de bens destinados à venda. Com isso, as depreciações de caminhões utilizados na distribuição de produtos fabricados não entram na base de cálculo de crédito. As empresas prestadoras de serviços podem computar na base de cálculo as depreciações de quase a totalidade dos bens do ativo imobilizado, porque, direta ou indiretamente, são utilizados na prestação de serviços.

A Instrução Normativa n. 457, de 18/10/2004, disciplinou a utilização de créditos de PIS e Cofins sobre a depreciação de máquinas, equipamentos e outros bens incorporados ao ativo imobilizado e não permite calcular o valor da dedução sobre a parcela da depreciação acelerada incentivada.

Dos encargos de depreciação e amortização, incorridos no mês, relativos a edificações e benfeitorias em imóveis próprios ou de terceiros, adquiridas ou realizadas a partir de maio de 2004, utilizados nas atividades da empresa, há a seguinte observação: o direito ao desconto de créditos sobre máquinas, equipamentos e outros bens incorporados ao ativo imobilizado e edificações e benfeitorias não se aplica ao valor decorrente da reavaliação de bens e direitos do ativo imobilizado.

O inciso VII do artigo 3º da Lei n. 10.833/2003 autoriza o crédito sobre a depreciação das edificações e benfeitorias em imóveis de terceiros utilizados nas atividades da empresa. A base de cálculo do crédito será a depreciação de todos os imóveis utilizados pela empresa, seja na produção industrial, na área comercial e administrativa, seja na prestação de serviços. Esses gastos, no entanto, se realizados em imóveis dos sócios, não serão amortizáveis, sob pena de incidir em distribuição disfarçada de lucros[4].

As pessoas jurídicas poderão optar pelo desconto, no prazo de 12 meses, dos créditos de PIS e Cofins nas aquisições, a partir de maio de 2008, de máquinas e equipamentos des-

---
[4] HIGUCHI, Hiromi. *Imposto de renda das empresas*. 40. ed. São Paulo: Atlas, 2015.

tinados à produção de bens e serviços, conforme reza o artigo 1º da Lei n. 11.774, de 2008. A partir de agosto de 2011, os créditos puderam ser utilizados em prazos decrescentes, conforme a data de aquisição do bem, e a partir de julho de 2012 o crédito passou a ser integral, na redação dada pelo artigo 4º da Lei n. 12.546, de 2011.

Os créditos de PIS e Cofins incidentes na aquisição no mercado interno ou na importação de bens de capital destinados à produção ou fabricação de produtos elencados na Lei n. 11.529/2007 poderão ser descontados integralmente no mês de aquisição.

6.3 Resumo das incidências cumulativa e não cumulativa

Todas as empresas contribuintes do ICMS têm direito ao crédito do ICMS sobre a aquisição de ativo imobilizado. No entanto, nem todas as empresas contribuintes de PIS e Cofins têm direito ao crédito sobre a aquisição de ativo imobilizado, mas somente aquelas que apuram tais contribuições pelo regime cumulativo.

A seguir evidencia-se um quadro comparativo entre os regimes de incidências cumulativa e não cumulativa para o PIS e para a Cofins.

Incidência cumulativa	Incidência não cumulativa
Não se pode utilizar crédito.	Permitida a utilização de créditos.
Alíquota de 0,65% e 1,46 para o PIS.	Alíquota de 1,65% para o PIS.
Alíquota de 3%, 4% e 6,74 para a Cofins.	Alíquota de 7,6% para a Cofins.
Aplica-se a pessoas jurídicas tributadas pelo Lucro Presumido ou Arbitrado e não se aplica à pessoa jurídica tributada pelo Lucro Real, exceto nos específicos em lei.	Não se aplica às pessoas jurídicas tributadas pelo Lucro Presumido, Arbitrado e optantes pelo Simples.

6.4 Contabilização

Como exemplo de contabilização, faremos os lançamentos da compra de um equipamento para uso operacional por R$ 10.000,00 + 10% de IPI, totalizando uma nota fiscal no valor de R$ 11.000,00, paga em cheque. O valor do ICMS recuperável é R$ 1.800,00 (18%), o valor do crédito do PIS é R$ 165,00 (1,65%) e o valor do crédito da Cofins é R$ 760,00 (7,60%). Nesse caso, a empresa poderá aproveitar o crédito de ICMS, PIS e Cofins:

ICMS: crédito de 1/48 avos por mês = R$ 1.800,00/48 = R$ 37,50 por mês

PIS: crédito de 1/24 avos por mês = R$ 165,00/24 = R$ 6,88 por mês

Cofins: crédito de 1/24 avos por mês = R$ 760,00/24 = R$ 31,67 por mês

Exemplo

Débitos e créditos

1. **Pela aquisição do equipamento**
   D = Imobilizado   R$ 8.275,00
   D = ICMS a recuperar [AC]   R$ 450,00

D = ICMS a recuperar [ANC]	R$ 1.350,00
D = PIS a recuperar [AC]	R$ 82,50
D = PIS a recuperar [ANC]	R$ 82,50
D = Cofins a recuperar [AC]	R$ 380,00
D = Cofins a recuperar [ANC]	R$ 380,00
C = Bancos	R$ 11.000,00

2. **Pelo aproveitamento mensal do crédito**

D = ICMS a recolher	
C = ICMS a recuperar	R$ 37,50
D = PIS a recolher	
C = PIS a recuperar	R$ 6,88
D = Cofins a recolher	
C = Cofins a recuperar	R$ 31,67

6.5 Obrigações acessórias

Como obrigação acessória, o contribuinte precisa escriturar o controle de crédito de ICMS de ativo imobilizado (Ciap), conforme disposições do Ajuste Sinief n. 3/2001, combinado com as respectivas legislações estaduais. A parte da parcela que não for compensada no mês deverá ser objeto de estorno.

A seguir, apresentamos três modelos de controle de crédito (Ciap).

Ciap – Demonstrativo analítico

N. ordem	Bem	Aquisição	Início do crédito	Fim do período	Saída/venda do bem
1	Veículo	2/1/2014	2/1/2014	2/12/2018	
2	*Notebook*	4/6/2015	4/6/2015	4/5/2019	
3	Equipamento	1º/8/2015	1º/8/2015	1º/7/2019	
4					
5					
6					

Perda do bem	N. NF	Custo do bem	Valor ICMS	Valor do crédito	Cota
	003066	54.000,00	8.100,00	337,50	24/48
	009407	3.000,00	540,00	10,62	07/48
	000479	10.000,00	1.800,00	37,50	05/48

Ciap – Modelo C

Controle de crédito de ICMS de ativo permanente							Ano: 2015	
1. IDENTIFICAÇÃO DO CONTRIBUINTE								
Nome:								
2. DEMONSTRATIVO DA BASE DO CRÉDITO A SER APROPRIADO								
IDENTIFICAÇÃO DO BEM					VALORES DO ICMS			
Número	Data	NF		Descrição	ICMS		Dedução	Saldo
1	2/1/2014	003066		Veículo	8.100,00			8.100,00
2	4/6/2015	009407		*Notebook*	540,00			540,00
3	1º/8/2015	000479		Equipamento	1.800,00			1.800,00
4								
5								
6								
7								
8								
9								
3. DEMONSTRATIVO DA APURAÇÃO DO CRÉDITO A SER EFETIVAMENTE APROPRIADO								
Mês	Operações a prestações			Coeficiente de crédito	Saldo acumulado		Fração mensal	Crédito apropriado
	Tributadas e exportações	Total de saídas						
Jan.				1,00			1/48	337,50
Fev.				1,00			1/48	337,50
Mar.				1,00			1/48	337,50
Abr.				1,00			1/48	337,50
Maio				1,00			1/48	337,50
Jun.				1,00			1/48	348,12
Jul.				1,00			1/48	348,12
Ago.				1,00			1/48	385,62
Set.				1,00			1/48	385,62
Out.				1,00			1/48	385,62
Nov.				1,00			1/48	385,62
Dez.				1,00			1/48	385,62

Ciap – Modelo D

Controle de crédito de ICMS de ativo permanente			Ano: 2015	
1. IDENTIFICAÇÃO DO CONTRIBUINTE				
Contribuinte: Distribuidora de Lubrificantes West Brasil Ltda.			Inscrição Estadual: 535.xxx.xxx.xx	
Bem: Veículo				
2. ENTRADA				
Fornecedor: Cia. A			Número da Nota Fiscal 003066	
Número do LRE: 002	Folha do LRE: 54	Data da entrada: 2/1/2014		ICMS 8.100,00
3. SAÍDA				
Número da Nota Fiscal	Modelo:		Data da saída:	
4. PERDA				
Tipo de evento:			Data:	
5. APROPRIAÇÃO MENSAL DO CRÉDITO				

1º ano			2º ano		
Mês	Fator	Valor	Mês	Fator	Valor
Jan./14			Jan./15		
Fev./14			Fev./15		
Mar./14			Mar./15		
Abr./14			Abr./15		
Maio/14			Maio/15		
Jun./14			Jun./15		
Jul./14			Jul./15		
Ago./14			Ago./15		
Set./14			Set./15		
Out./14			Out./15		
Nov./14			Nov./15		
Dez./14			Dez./15		

(continua)

(continuação)

3° ano			4° ano		
Mês	Fator	Valor	Mês	Fator	Valor
Jan./16			Jan./17		
Fev./16			Fev./17		
Mar./16			Mar./17		
Abr./16			Abr./17		
Maio/16			Maio/17		
Jun./16			Jun./17		
Jul./16			Jul./17		
Ago./16			Ago./17		
Set./16			Set./17		
Out./16			Out./17		
Nov./16			Nov./17		
Dez./16			Dez./17		

Questões e exercícios

1. Uma empresa adquiriu um equipamento para uso operacional por R$ 20.000,00, pagamento além desse valor mais IPI de 12%, com pagamento em cheque. O ICMS recuperável é 18%, o crédito do PIS é 1,65% e o da Cofins é 7,60%. Pede-se:
   a) apurar o valor da nota fiscal e o valor a ser imobilizado, considerando que a empresa poderá aproveitar o crédito de ICMS (48 meses), PIS e Cofins (24 meses);
   b) apurar o valor do crédito de ICMS, PIS e Cofins a ser recuperável; e
   c) contabilizar a aquisição do equipamento e a primeira parcela do crédito dos impostos.

2. Uma empresa adquiriu uma máquina para uso operacional por R$ 120.000,00, pagamento além desse valor mais IPI de 8%, com pagamento em cheque. O ICMS recuperável é 18%, o crédito do PIS é 1,65% e o da Cofins é 7,60%. Pede-se:
   a) apurar o valor da nota fiscal e o valor a ser imobilizado, considerando que a empresa poderá aproveitar o crédito de ICMS (48 meses), PIS e Cofins (24 meses);
   b) apurar o valor do crédito de ICMS, PIS e Cofins a ser recuperável; e
   c) contabilizar a aquisição do equipamento e a primeira parcela do crédito dos impostos.

capítulo 7

Imposto de Importação e Imposto de Exportação[1]

Trataremos, neste capítulo, dos impostos incidentes nas operações do comércio exterior, especialmente o Imposto de Importação e o Imposto de Exportação. Trataremos, também, dos impostos e contribuições devidos nas operações de importação: IPI, ICMS, PIS e Cofins.

O Imposto sobre a Importação de Produtos Estrangeiros (II) é um dos impostos mais antigos existentes no Brasil, segundo Pêgas[2] (2014), tendo sido a principal fonte de arrecadação tributária no século XIX. Atualmente, tem uma relativa importância na composição da carga tributária, pois, conforme acordo referendado na Organização Mundial do Comércio (OMC), não há tributação sobre a venda ao exterior de produtos de países exportadores, o que transfere a cobrança para o país consumidor. Nesse particular, o Imposto de Importação vem respondendo por – em torno de – 2% da carga tributária, conforme pode ser visto na tabela a seguir.

Arrecadação do Imposto sobre a Importação (em R$ milhões)					
Ano	Arrecadação	Evolução (%)	Ano	Arrecadação	Evolução (%)
2003	8.143,00	–	2009	15.895,00	–7,2%
2004	9.181,00	13,0%	2010	21.118,00	32,1%
2005	9.062,00	–1,3%	2011	26.758,00	26,7%
2006	10.036,00	10,7%	2012	31.085,00	16,2%
2007	12.186,00	21,4%	2013	37.197,00	19,7%
2008	17.123,00	40,5%			

---

[1] Neste capítulo, contamos com a colaboração e a revisão do professor Roberto Carlos da Silva, especialista em comércio exterior.
[2] PÊGAS, Paulo Henrique. *Manual de contabilidade tributária*. 8. ed. Rio de Janeiro: Freitas Bastos, 2014.

Em 2010 houve um aumento na participação do Imposto sobre a Importação na carga tributária no Brasil, basicamente em função da valorização do real diante do dólar, o que fez aumentar consideravelmente o volume de importações na economia brasileira. Nos anos subsequentes ficou no patamar de 2%.

O Imposto sobre a Importação é, predominantemente, um imposto regulador de mercado, com função extrafiscal, ou seja, ele é mais importante como instrumento de proteção da indústria nacional do que como instrumento de arrecadação de recursos financeiros para o Tesouro Público. Se não existisse o Imposto sobre a Importação, a maioria dos produtos industrializados no Brasil não teria condições de competir no mercado com seus similares produzidos em países economicamente mais desenvolvidos. Isso porque esses países têm custo industrial reduzido devido à racionalização da produção e ao desenvolvimento tecnológico[3].

Além disso, vários países subsidiam as exportações de produtos industrializados, de sorte que os seus preços ficam consideravelmente reduzidos. Assim, o Imposto sobre a Importação funciona como um valioso instrumento de política econômica.

Como vimos, o Imposto sobre a Importação é um imposto federal, cujo objetivo é regulatório e protecionista. Ele age taxando produtos produzidos no exterior para que não haja uma concorrência desleal com produtos brasileiros. Por ser regulatório, a Constituição Federal previu que esse imposto não precisa obedecer ao Princípio da Anterioridade estudado no Capítulo 3, ou seja, alterações nas alíquotas podem valer para o mesmo ano em que tenha sido publicado o ato normativo que o aumentou.

O Imposto de Exportação (IE) praticamente não é mais cobrado em razão das orientações mais modernas relativas à aplicação dos tributos. Encontramos, nas lições de Machado (2015), que o Imposto de Exportação também tem função predominantemente extrafiscal, pois presta-se mais como instrumento de política econômica do que como fonte de recursos financeiros para o Estado. Por ser regulatório, também não se aplica ao Imposto de Exportação o Princípio da Anterioridade, ou seja, alterações nas alíquotas podem ser cobradas no mesmo ano da publicação do ato normativo que o aumentou. Até mesmo a indicação dos produtos sujeitos ao imposto é feita pelo Poder Executivo[4].

A utilização do Imposto de Exportação é eventual, já que ele não representa fonte de receita orçamentária permanente, pois, se isso ocorresse, poderia haver prejuízo para a economia do país, que enfrenta grandes dificuldades na disputa pelos mercados estrangeiros. Por isso, a incidência do Imposto de Exportação fica a depender de situações ocasionais, ligadas à conjuntura econômica.

A finalidade do Imposto de Exportação é regular o mercado externo em benefício da economia local. Se o governo tem necessidade de reduzir a exportação de determinado produto brasileiro, para garantir o abastecimento do mercado interno, aumenta a alíquota do Imposto de Exportação, tornando o produto brasileiro mais caro e reduzindo sua exportação. Por outro lado, para estimular a exportação e trazer riqueza ao país, o Imposto de Exportação raramente é cobrado, para tornar o produto brasileiro competitivo no mercado internacional. Como estímulo à exportação, também não há cobrança de IPI, ICMS, PIS e Cofins sobre essas operações, conforme estudado nos capítulos específicos desses tributos.

---

[3] MACHADO, Hugo de Brito. *Curso de direito tributário*. São Paulo: Malheiros, 2015.
[4] PÊGAS, Paulo Henrique. *Manual de contabilidade tributária*. 8. ed. Rio de Janeiro: Freitas Bastos, 2014.

7.1 O Imposto de Importação (II)

A Constituição Federal de 1988 e o Código Tributário Nacional autorizaram a apuração dos Impostos de Importação. Atualmente, a administração das atividades aduaneiras e todas as demais operações que permeiam o comércio exterior estão regulamentadas pelo Decreto n. 6.759, de 5/2/2009.

O campo de incidência do Imposto de Importação abrange a mercadoria estrangeira, inclusive sobre bagagem de viajante e sobre seus bens enviados como presente, amostra ou a título gratuito, e a mercadoria nacional ou nacionalizada exportada que retorne ao país, nos termos do artigo 69 do Regulamento Aduaneiro.

De acordo com o artigo do Regulamento Aduaneiro, não haverá incidência do Imposto de Importação nas mercadorias que retornem ao país pelos motivos a seguir: a) enviadas em consignação e não vendidas no prazo autorizado; b) devolvidas por motivo de defeito técnico, para reparo ou para substituição; c) de modificação na sistemática de importação por parte do país importador; d) de guerra ou de calamidade pública; e e) por outros fatores alheios à vontade do exportador.

7.1.1 Fato gerador

Conforme o artigo 72 do Regulamento Aduaneiro, Decreto n. 6.759/2009, o fato gerador do Imposto de Importação é a entrada de mercadoria estrangeira no território aduaneiro, que compreende todo o território nacional (artigo 2º do Regulamento Aduaneiro). Para efeito de cálculo do Imposto de Importação, considera-se ocorrido o fato gerador (artigo 73 do Regulamento Aduaneiro):

- na data do registro da Declaração de Importação (DI) de mercadoria submetida a despacho para consumo;
- no dia do lançamento do correspondente crédito tributário, quando se tratar de:
  - ✓ bens contidos em remessa postal internacional não sujeitos ao regime de importação comum;
  - ✓ bens compreendidos no conceito de bagagem, acompanhada ou desacompanhada;
  - ✓ mercadoria constante de manifesto ou de outras declarações de feito equivalente, cujo extravio ou avaria for apurada pela autoridade aduaneira; e
  - ✓ mercadoria estrangeira que não tenha sido objeto de declaração de importação, na hipótese em que tenha sido consumida ou revendida, ou não seja localizada (redação dada pelo Decreto n. 7.213/2010);
- na data do vencimento do prazo de permanência da mercadoria em recinto alfandegado, se iniciado o respectivo despacho aduaneiro antes de aplicada a pena de perdimento da mercadoria.

O fato gerador do imposto é a entrada em território nacional do produto importado do exterior com o ânimo de ser internado no país. Por suposto, nos casos de navios, trens, caminhões e aeronaves que adentrem o país de passagem ou que aqui pousem, estacionem ou atraquem e depois partam para outros destinos com as mercadorias que transportam, não há que se cogitar de fato gerador[5].

---
[5] COÊLHO, Sacha Calmon Navarro. *Curso de direito tributário brasileiro*. 9. ed. Rio de Janeiro: Forense, 2008.

7.1.2 Base de cálculo

Nos termos do Código Tributário Nacional, quando a alíquota for específica, a base de cálculo será a unidade de medida adotada pela lei para o caso. Quando a alíquota for *ad valorem*, a base de cálculo será o preço normal que o produto, ou seu similar, alcançaria, ao tempo da importação, em uma venda em condições de livre concorrência, para entrega no porto ou lugar de entrada do produto no país. E, finalmente, tratando-se de produto apreendido ou abandonado, levado a leilão, a base de cálculo será o preço da arrematação.[6] A base de cálculo do Imposto de Importação será, nos termos do artigo 75 do Regulamento Aduaneiro, o preço da mercadoria acrescido dos valores do frete e seguro internacional (valor CIF).

7.1.3 Alíquotas

Existem duas espécies de alíquotas no Imposto de Importação, segundo Machado (2015); a alíquota específica, que é expressa por uma quantia determinada, em função da unidade de quantificação dos bens importados; e a alíquota *ad valorem*, indicada em porcentagem a ser calculada sobre o valor do bem.

As alíquotas do Imposto de Importação são fixadas pela Câmara de Comércio Exterior (Camex), à qual compete alterar as alíquotas, observadas as condições e os limites estabelecidos em lei. A alíquota aplicável para o cálculo do Imposto de Importação é a correspondente ao posicionamento da mercadoria na Tarifa Externa Comum, na data da ocorrência do fato gerador, uma vez identificada sua classificação fiscal segundo a Nomenclatura Comum do Mercosul (NCM)[7].

Para efeito de cálculo do Imposto de Importação, os valores expressos em moeda estrangeira deverão ser convertidos em moeda nacional à taxa de câmbio vigente na data em que se considerar ocorrido o fato gerador[8].

7.1.4 Contribuinte

É contribuinte do Imposto de Importação (artigo 104 do Regulamento Aduaneiro): a) o importador, assim considerada qualquer pessoa que promova a entrada de mercadoria estrangeira no território aduaneiro; b) o destinatário de remessa postal internacional indicado pelo respectivo remetente; c) o adquirente de mercadoria entreposta.

É responsável pelo Imposto de Importação (artigo 105 do Regulamento Aduaneiro): a) o transportador, quando transportar mercadoria procedente do exterior ou sob controle aduaneiro, inclusive em percurso interno; b) o depositário, assim considerada qualquer pessoa incumbida da custódia de mercadoria sob controle aduaneiro; c) qualquer outra pessoa que a lei assim designar.

7.2 O Imposto de Exportação (IE)

A cobrança do Imposto de Exportação está autorizada pela Constituição Federal de 1988, em seu artigo 153, inciso II, pelo artigo 23 do Código Tributário Nacional e pelo Decreto

---

[6] MACHADO, Hugo de Brito. *Curso de direito tributário*. 36. ed. São Paulo: Malheiros, 2015.
[7] MACHADO, Hugo de Brito. *Curso de direito tributário*. 36. ed. São Paulo: Malheiros. 2015.
[8] CILLO, Geraldo. *Manual de comércio exterior*. Campinas: Alínea, 2006.

n. 6.759, de 5/2/2009 (Regulamento Aduaneiro). O Imposto de Exportação incide sobre mercadoria nacional ou nacionalizada destinada ao exterior (artigo 212 do Regulamento Aduaneiro). Considera-se nacionalizada a mercadoria estrangeira importada a título definitivo. A Câmara de Comércio Exterior, observando a legislação específica, relacionará as mercadorias sujeitas ao Imposto de Exportação[9].

7.2.1 Fato gerador

O Imposto de Exportação tem como fato gerador a saída de mercadoria do território aduaneiro (artigo 213 do Regulamento Aduaneiro). Para efeito de cálculo do imposto, considera-se ocorrido o fato gerador na data do registro de exportação no Sistema Integrado de Comércio Exterior (Siscomex).

7.2.2 Base de cálculo

A base de cálculo do Imposto de Exportação é o preço normal que a mercadoria, ou sua similar, alcançaria, ao tempo da exportação, em uma venda em condições de livre concorrência no mercado internacional, observadas as normas expedidas pela Câmara de Comércio Exterior (artigo 214 do Regulamento Aduaneiro).

O § 1º do artigo 2º do Decreto-Lei n. 1578, de 11/10/1977, estabeleceu que o preço à vista do produto, FOB ou posto na fronteira, é indicativo do preço normal retromencionado como base de cálculo.

Quando o preço da mercadoria for de difícil apuração ou suscetível de oscilações bruscas no mercado internacional, a Camex fixará critérios específicos ou estabelecerá pauta de valor mínimo para a apuração da base de cálculo. Para efeito da determinação da base de cálculo do imposto, o preço de venda das mercadorias exportadas não poderá ser inferior ao seu custo de aquisição ou produção, acrescido dos impostos e das contribuições incidentes e da margem de lucro de 15% sobre a soma dos custos, mais impostos e contribuições.

7.2.3 Alíquotas

O Imposto de Exportação será calculado pela aplicação da alíquota de 30% sobre a base de cálculo (artigo 215 do Regulamento Aduaneiro). Para atender aos objetivos da política cambial e do comércio exterior, a Camex poderá reduzir ou aumentar a alíquota do imposto. Em caso de elevação, a alíquota do imposto não poderá ser superior a 150%.

Produtos com incidência do Imposto de Exportação

Basicamente, os produtos sobre os quais incidem o imposto são: a) armas e munições, suas partes e acessórios; b) fumo (tabaco) não manufaturado; c) outros produtos de fumo; d) papel para cigarro, mesmo cortado; e) cilindros para filtros de cigarro; f) couros e peles, inteiros, de bovinos, de superfície unitária não superior a 2,6 m (28 pés); g) couros e peles, inteiros, de bovinos, pré-curtidos de outro modo.

---

[9] CILLO, Geraldo. *Manual de comércio exterior*. Campinas: Alínea, 2006.

7.3 Impostos e contribuições incidentes na importação: IPI, ICMS, PIS e Cofins

Conforme estudado anteriormente, ocorre o fato gerador do Imposto sobre Produtos Industrializados (IPI) e do Imposto de Circulação de Mercadorias e Serviços (ICMS) no momento da importação de produtos do exterior.

A ocorrência do fato gerador do IPI nas importações está prevista no artigo 35 do RIPI, que determina que o fato gerador do IPI é o desembaraço aduaneiro de produto de procedência estrangeira e a saída de produto do estabelecimento industrial, ou equiparado a industrial.

A ocorrência do fato gerador do ICMS nas importações está prevista no parágrafo único do artigo 2º do RICMS, o qual determina que incide ICMS sobre a entrada de mercadoria importada do exterior, ainda quando se tratar de bem destinado a consumo ou ativo fixo do estabelecimento.

A resposta à Consulta n. 398, de 30/7/2002, *Boletim Tributário* de agosto de 2002, entre outros esclarecimentos, apresentou o método para cálculo do ICMS devido na importação, conforme se segue:

a) Valor CIF da mercadoria em reais.

b) Valor do Imposto sobre a Importação.

c) Valor do IPI.

d) Valor do IOF.

e) Valor das taxas.

f) Valor das contribuições.

g) Valor das despesas aduaneiras.

h) 18% – alíquota do ICMS na importação.

> Assim sendo, temos a seguinte fórmula:
> a + b + c + d + e + f + g = T (valor da mercadoria importada mais impostos, taxas, contribuições e despesas aduaneiras incidentes na importação)
> T/0,82 = B (base de cálculo do ICMS)
> B x 0,18 = V (valor do ICMS)
> T + V = TN (valor total da nota fiscal a que se referem os artigos 136 e 137 do RICMS/2000).
> **Observação**: o valor do ICMS deve ser incluído na sua própria base de cálculo.

Incidência na importação de bens e serviços

A Lei n. 10.865, de 30/4/2004, resultante da conversão, com emendas, da Medida Provisória n. 164, de 29/1/2004, instituiu as contribuições PIS/PASEP-Importação e Cofins-Importação, as quais são devidas a partir de 1º de maio de 2004, cuja lei foi alterada pela Lei n. 13.137, de 19/6/2015, elevando as alíquotas das novas contribuições.

As contribuições incidem sobre a importação de produtos e serviços provenientes do exterior. Os serviços são os provenientes do exterior prestados por pessoa física ou pessoa jurídica residente no exterior, nas seguintes hipóteses: a) executados no país ou executados no exterior com resultado verificado no país.

Consideram-se também estrangeiros bens nacionais ou nacionalizados exportados que retornem ao país salvo: a) se enviados em consignação e não vendidos no prazo autorizado; b) se devolvidos por motivo de defeito técnico, para reparo ou para substituição; c) por motivo de modificações na sistemática de importação por parte do país importador; d) por motivo de guerra ou de calamidade pública; e e) por outros fatores alheios à vontade do exportador.

São também considerados estrangeiros os equipamentos, as máquinas, os veículos, os aparelhos e os instrumentos, bem como as partes, as peças, os acessórios e os componentes, de fabricação nacional adquiridos no mercado interno pelas empresas nacionais de engenharia e exportados para execução de obras contratadas no exterior, na hipótese de retornarem ao país.

As contribuições não incidirão sobre a importação dos seguintes bens e serviços:

- bens estrangeiros que, corretamente descritos nos documentos de transporte, chegarem ao país por erro inequívoco ou comprovado de expedição e que forem redestinados ou devolvidos para o exterior;
- bens estrangeiros idênticos, em igual quantidade e valor, e que se destinem à reposição de outros anteriormente importados que se tenham revelado, após o desembaraço aduaneiro, defeituosos ou imprestáveis para o fim a que se destinavam, observada a regulamentação do Ministério da Fazenda;
- bens estrangeiros que tenham sido objeto de pena de perdimento, exceto nas hipóteses em que não sejam localizados, tenham sido consumidos ou revendidos;
- bens estrangeiros devolvidos para o exterior antes do registro da declaração de importação, observada a regulamentação do Ministério da Fazenda;
- pescado capturado fora das águas territoriais do país, por empresa localizada no seu território, desde que satisfeitas as exigências que regulam a atividade pesqueira;
- bens aos quais tenha sido aplicado o regime de exportação temporária;
- bens ou serviços importados pelas entidades beneficentes de assistência social, nos termos do § 7º do artigo 195 da Constituição, observado o exposto no artigo 10;
- bens em trânsito aduaneiro de passagem, acidentalmente destruídos;
- bens avariados ou que se revelem imprestáveis para os fins a que se destinavam, desde que destruídos, sob controle aduaneiro, antes de despachados para consumo, sem ônus para Fazenda Nacional;
- o custo do transporte internacional e de outros serviços que tiverem sido computados no valor aduaneiro que serviu de base de cálculo da contribuição.

O fato gerador será a entrada de bens estrangeiros no território nacional e o pagamento, o crédito, a entrega, o emprego ou a remessa de valores a residentes ou domiciliados no exterior como contraprestação por serviço prestado.

Para efeito de cálculo das contribuições, considera-se ocorrido o fato gerador:

- na data do registro da declaração de imposto de bens submetidos a despacho para consumo, inclusive no caso de despacho para consumo de bens importados sob regime suspensivo ou tributação do Imposto de Importação;
- no dia do lançamento do correspondente crédito tributário, quando se tratar de bens constantes de manifesto ou de outras declarações de efeito equivalente, cujo extravio ou avaria for apurado pela autoridade aduaneira;

- na data do vencimento do prazo de permanência dos bens em recinto alfandegado, se iniciado o respectivo despacho aduaneiro antes de aplicada a pena de perdimento, na situação prevista pelo artigo 18 da Lei n. 9.779, de 19/1/1999;
- na data do pagamento do crédito, da entrega, do emprego ou da remessa de valores a residentes ou domiciliados no exterior como contraprestação por serviço prestado.

São contribuintes das contribuições PIS-Importação e Cofins-Importação:

- o importador, assim considerada a pessoa física ou jurídica que promova a entrada de bens estrangeiros no território nacional, equiparando-se a esse o destinatário de remessa postal internacional indicado pelo respectivo remetente e o adquirente de mercadoria entreposta;
- a pessoa física ou jurídica contratante de serviços de residente ou domiciliado no exterior; e
- o beneficiário do serviço na hipótese em que o contratante também seja residente ou domiciliado no exterior.

São responsáveis solidários no recolhimento das contribuições:

- o adquirente de bens estrangeiros, no caso de importação realizada por sua conta e ordem, por intermédio de pessoa jurídica importadora;
- o transportador, quando transportar bens procedentes do exterior ou sob controle aduaneiro, inclusive em percurso interno;
- o representante, no país, do transportador estrangeiro;
- o depositário, assim considerada qualquer pessoa incumbida da custódia de bem sob controle aduaneiro; e
- o expedidor, o operador de transporte multimodal ou qualquer subcontratado para a realização do transporte multimodal.

Na importação de bens, a base de cálculo será o valor aduaneiro que servir ou que serviria de base para o cálculo do Imposto de Importação, acrescido do ICMS incidente no desembaraço aduaneiro e do valor das próprias contribuições.

Na importação de serviços, as contribuições incidirão sobre o valor pago, creditado, entregue, empregado ou remetido para o exterior, antes da retenção do imposto de renda, acrescido do ISS e do valor das próprias contribuições.

Para os prêmios de resseguro cedidos ao exterior, a base de cálculo é de 8% do valor pago, creditado, entregue, empregado ou remetido, não se aplicando nos casos em que o custo do transporte internacional e de outros serviços tenham sido computados no valor aduaneiro que serviu de base de cálculo da contribuição.

A base de cálculo fica reduzida:

- em 30,2%, no caso de importação, para revenda, de caminhões chassi com carga útil igual ou superior a 1.800 kg classificados na posição 87.04 (veículos automóveis para transporte de mercadorias) da TIPI (Tabela do IPI), observadas as especificações estabelecidas pela Secretaria da Receita Federal; e
- em 48,1%, no caso de importação, para revenda, de produtos classificados nos seguintes códigos e posições da TIPI: 84.29, 8432.40.00, 8432.80.00, 8433.20, 8433.30.00, 8433.40.00, 8433.5, 87.01, 8702.10.00 Ex. 02, 8702.90.90 Ex. 02, 8704.10.00, 8705 e

8706.00.10 Ex. 01 (somente os destinados aos produtos classificados nos Ex. 02 dos códigos 8702.10.00 e 8702.90.90).

Como regra geral, as contribuições serão calculadas mediante a aplicação sobre a base de cálculo, das alíquotas de 1,65%, para o PIS-Importação e 7,6% para a Cofins-Importação.

No caso de importação de embalagens para indústria de bebidas, bebidas e gasolina e óleo *diesel*, elas ficam sujeitas ao pagamento do PIS-Importação e da Cofins-Importação, fixada por unidade de produto, conforme os §§ 6º a 8º do artigo 8º da Lei n. 10.865, de 30/4/2004.

Ficam reduzidas a zero as alíquotas das contribuições ao PIS-Importação e à Cofins-Importação das importações dos produtos relacionados nos anexos I e II da Lei n. 10.485, de 3/7/2002, e das importações dos produtos classificados nas posições 27.07, 27.10, 27.11 e 3824.90 da NCM, destinados à industrialização.

Foi publicada a Lei n. 13.137/2015 na edição extraordinária do *Diário Oficial da União*, de 22 de junho de 2015, com objetivo de converter em lei a Medida Provisória n. 668/2015 e promover outras alterações tributárias. Destacam-se as seguintes alterações, que se referem ao aumento das alíquotas do PIS-Importação e da Cofins-Importação. De acordo com a Lei n. 13.137/15, a partir de 1º/5/2015, as alíquotas são: a) na importação de bens (em geral): 2,1% para o PIS/Pasep-Importação e 9,65% para a Cofins-Importação; b) na importação de serviços: 1,65% para o PIS/Pasep-Importação e 7,6% para a Cofins-Importação; c) na importação de produtos farmacêuticos: 2,76% para o PIS/Pasep-Importação e 13,03% para a Cofins-Importação; d) na importação de produtos de perfumaria: 3,52% para o PIS/Pasep-Importação e 16,48% para a Cofins-Importação; e) na importação de máquinas e veículos: 2,62% para o PIS/Pasep-Importação e 12,57% para a Cofins-Importação; f) na importação de pneus e câmaras de ar de borracha: 2,68% para o PIS/Pasep-Importação e 12,35% para Cofins-Importação; g) na importação de autopeças: 2,62% para o PIS/Pasep-Importação e 12,57% para a Cofins-Importação; h) na importação de papel imune: 0,80% para o PIS/Pasep-Importação e 3,20% para a Cofins-Importação. Para mais detalhes sobre produtos sujeitos a alíquotas diferenciadas, consulte os parágrafos do artigo 8º da Lei n. 10.865/2004.

Apresentamos, a seguir, um resumo das alíquotas majoradas.

Produtos	PIS	Cofins
a) Produtos farmacêuticos	2,1%	9,9%
b) Produtos de perfumaria, toucador ou higiene pessoal	2,2%	10,3%
c) Máquinas e veículos	2%	9,6%
d) Pneus novos e câmaras de ar de borracha	2%	9,5%
e) Autopeças (Anexos I e II, da Lei n. 10.485/2002)	2,3%	10,8%
f) Papel imune a impostos	0,8%	3,2%
g) Importação de bens em geral	2,1%	9,65%
h) Importação de serviços	1,65%	7,6%

São isentas das contribuições do PIS-Importação e da Cofins-Importação as importações realizadas pela União, pelos estados, pelo Distrito Federal e pelos municípios, suas autarquias e fundações instituídas e mantidas pelo poder público, pelas missões diplomáticas e repartições consulares de caráter permanente e pelos respectivos integrantes, pelas representações de organismos internacionais de caráter permanente, inclusive de âmbito regional, dos quais o Brasil seja membro, e pelos respectivos integrantes e nas diversas hipóteses constante do inciso II do artigo 9º da Lei n. 10.865, de 30/4/2004.

As pessoas jurídicas sujeitas à apuração da contribuição para o PIS/Pasep e da Cofins, pela sistemática não cumulativa, poderão descontar crédito, para fins de determinação dessas contribuições, em relação às importações sujeitas ao pagamento das contribuições ao PIS/Pasep-Importação e à Cofins-Importação.

O direito ao crédito retromencionado aplica-se em relação às contribuições efetivamente pagas na importação de bens e serviços a partir de 1º de maio de 2004, sendo que o crédito não aproveitado em determinado mês poderá sê-lo nos meses subsequentes.

O referido crédito será apurado mediante a aplicação das alíquotas de 1,65% para a contribuição ao PIS e 7,6% para a contribuição à Cofins, sobre o valor que serviu de base de cálculo das contribuições ao PIS-Importação e à Cofins-Importação, acrescido do valor das próprias contribuições e, quando integrante do custo de aquisição, do IPI vinculado à importação.

Na hipótese de aquisição de máquinas, equipamentos e outros bens incorporados ao ativo imobilizado, adquiridos para utilização na produção de bens destinados à venda, ou na prestação de serviços, o crédito será determinado mediante a aplicação das alíquotas anteriormente referidas (1,65% e 7,6%) sobre o valor da depreciação ou amortização contabilizada a cada mês, ou, opcionalmente, o contribuinte poderá descontar esse crédito, relativo à importação de máquinas e equipamentos destinados ao ativo imobilizado, no prazo de 4 anos, mediante a aplicação, a cada mês, das alíquotas de 1,65% e 7,6% sobre o valor correspondente a 1/48 avos do valor de aquisição do bem, de acordo com regulamentação da Secretaria da Receita Federal.

Os contribuintes não sujeitos à contribuição ao PIS e à Cofins pela sistemática não cumulativa, importadores de produtos de medicamentos e de higiene, veículos automotores e máquinas agrícolas, pneus novos e câmaras de ar de borracha, embalagens para indústria de bebidas e bebidas, poderão creditar-se dos valores das contribuições pagas na importação somente quando esses produtos forem destinados à revenda.

No caso da importação por conta e ordem de terceiros, os créditos referidos serão aproveitados pelo encomendante.

7.4 Exemplos de cálculo e contabilização básica

Após conhecermos a sistemática dos impostos e contribuições incidentes nas operações de venda e compra de bens e serviços, apresentamos a seguir exemplos com cálculos e contabilização.

Operações de compra e venda de produtos – operações no mercado externo

Operação de importação de matéria-prima

- Componentes que integram o custo de aquisição da matéria-prima:
  ✓ fatura do fornecedor estrangeiro;

- ✓ impostos não recuperáveis; e
- ✓ frete, seguro e taxas portuárias.
- Impostos incidentes sobre a importação:
  - ✓ Imposto de Importação, o qual, por não ser recuperável, integrará o custo da matéria-prima; e
  - ✓ IPI, ICMS, PIS e Cofins, os quais, por serem recuperáveis, não integrarão o custo da matéria-prima.
- Base de cálculo do IPI:
  - ✓ valor da fatura do fornecedor;
  - ✓ valor do Imposto de Importação; e
  - ✓ valor do frete e seguro.
- Base de cálculo do ICMS:
  - ✓ valor da fatura do fornecedor;
  - ✓ valor do Imposto de Importação;
  - ✓ valor do IPI;
  - ✓ PIS e Cofins; e
  - ✓ valor do frete e do seguro.

Observação: nas importações utiliza-se o valor de venda da moeda estrangeira para a conversão para a moeda nacional.

Exemplo

Uma empresa industrial nacional importa, dos Estados Unidos da América do Norte, matéria-prima para a fabricação do seu produto.
Informações:

– Valor da matéria-prima	US$ 100.000,00
– Dólar (valor de venda)	R$ 3,10
VA = valor aduaneiro	R$ 310.000,00
a = alíquota do Imposto sobre a Importação	20%
b = alíquota do IPI	10%
c = alíquota do PIS-Importação	1,65%
d = alíquota da Cofins-Importação	7,6%
e = alíquota do ICMS	18%
D = despesas aduaneiras	R$ 2.122,00

Base de cálculo do PIS/Cofins-Importação = (VA × X + D × Y)
Em que:

$$X = \frac{[\,1 + e \times [a + b\,(1 + a)]\,]}{(1 - c - d - e)} = 1{,}457045$$

$$Y = \frac{e}{(1 - c - d - e)} = 0{,}24742268$$

Base de cálculo = (310.000,00 × 1,457045) + (2.122,00 × 0,24742268) = 451.683,95 + 525,03
= R$ 452.208,98

PIS-Importação = R$ 452.208,98 × 1,65% = R$ 7.461,45

Cofins-Importação = R$ 452.208,98 × 7,6% = R$ 34.367,88

Cálculo das bases e dos impostos

a) Imposto de Importação

Valor do material	R$ 310.000,00
Valor do frete	R$ 3.100,00
Valor do seguro	R$ 1.550,00
Base de cálculo	R$ 314.650,00

Imposto de Importação = R$ 314.650,00 × 20% = R$ 62.930,00

b) IPI

Valor do material	R$ 310.000,00
Valor do frete e seguro	R$ 4.650,00
Valor do Imposto sobre a Importação	R$ 62.930,00
Base de cálculo	R$ 377.580,00

IPI = R$ 377.580,00 x 10% = R$ 37.758,00

c) ICMS

Valor do material	R$ 310.000,00
Valor do frete	R$ 3.100,00
Valor do seguro	R$ 1.550,00
Valor do Imposto de Importação	R$ 62.930,00
Valor do IPI	R$ 37.758,00
Valor do PIS	R$ 7.461,45
Valor da Cofins	R$ 34.367,88
Total	R$ 457.167,33

O valor do ICMS deve ser incluído na sua própria base de cálculo. O cálculo do ICMS é: base de cálculo = R$ 457.167,33/0,82 = R$ 557.521,13: ICMS = R$ 557.521,13 × 18% = R$ 100.353,80.

Contabilização da empresa importadora

1. **Pelos pagamentos do frete e seguro da importação**

Débito: importações em andamento	R$ 4.650,00
Crédito: bancos conta movimento	R$ 4.650,00

2. **Pelo pagamento do Imposto sobre a Importação, IPI, PIS, Cofins e ICMS**

Débito: importações em andamento	R$ 242.871,13
Crédito: bancos conta movimento	R$ 242.871,13

3. **Pelo pagamento ao despachante aduaneiro**

Débito: importações em andamento	R$ 2.122,00
Crédito: bancos conta movimento	R$ 2.122,00

4. **Pelo desembaraço aduaneiro da matéria-prima correspondente a US$ 100.000,00, cuja fatura tem vencimento após 20 dias**

Débito: importações em andamento	R$ 310.000,00
Crédito: fornecedores do exterior	R$ 310.000,00

5. **Pela transferência para o estoque da matéria-prima mediante a emissão de uma nota fiscal de entrada pela empresa importadora**

Débito: estoque de matéria-prima	R$ 379.702,00
Débito: IPI a recuperar	R$ 37.758,00
Débito: PIS-Importação a recuperar	R$ 7.461,45
Débito: Cofins-Importação a recuperar	R$ 34.367,88
Débito: ICMS a recuperar	R$ 100.353,80
Crédito: importações em andamento	R$ 559.643,13

6. **No dia da liquidação da fatura do fornecedor estrangeiro é necessário ajustar a obrigação pelo valor de venda do dólar. Se a variação da moeda estrangeira for para maior, constitui uma despesa financeira; se for para menor, constitui uma receita financeira**

Vamos supor que o dólar esteja valendo R$ 3,15.
US$ 100.000,00 x R$ 3,15 = R$ 315.000,00
Variação = R$ 315.000,00 − R$ 310.000,00 = R$ 5.000,00

Débito: despesas financeiras	R$ 5.000,00
Crédito: fornecedores do exterior	R$ 5.000,00

7. **Pela liquidação da fatura do fornecedor estrangeiro debitada pelo Banco do Brasil**

Débito: fornecedores do exterior	R$ 315.000,00
Crédito: bancos com movimento	R$ 315.000,00

Nas operações de importação para integrar o ativo permanente da importadora (máquinas, equipamentos etc.), o registro contábil da entrada do bem no patrimônio da empresa seria DEBITAR a conta que representa o bem no ativo permanente (máquinas, equipamentos etc.). Como nessas operações somente o ICMS é recuperável, o Imposto sobre a Importação, o IPI, o PIS e a Cofins, por se tratar de impostos não recuperáveis, devem ser agregados ao custo de aquisição do bem.

Operação de exportação de produtos:

- Momento do reconhecimento: sob o aspecto contábil, o momento do reconhecimento da receita, no caso de produtos, é quando se configura a transferência da propriedade, e esta ocorre por ocasião do embarque, cabendo nesse momento o registro contábil da receita de venda.

- Valor da receita de exportação: as operações de vendas ao exterior são realizadas em moeda estrangeira, devendo ser convertida em moeda nacional pela taxa cambial (valor de compra) fixada pelo Banco Central do Brasil vigente na data do embarque dos produtos. A variação cambial ocorrida entre a data do embarque e a data do recebimento do cliente do exterior será tratada como Receita Financeira ou Despesa Financeira.

- Tratamento fiscal: a exportação de produtos industrializados não está sujeita:
    ✓ ao IPI;
    ✓ ao ICMS, conforme os artigos 155, § 2º, inciso X, "a", da Constituição Federal de 1988, e 7º, inciso V, do RICMS (Decreto n. 45.490, de 30/11/2000);
    ✓ ao PIS, conforme o artigo 4º da Lei n. 10.367, de 30/12/2002 (PIS não cumulativo); e
    ✓ à Cofins (artigos 7º da Lei Complementar n. 70/91 e 6º, inciso I, da Lei n. 10.833, de 29/12/2003).

Exemplo

Uma empresa industrial brasileira efetua a venda do seu produto para uma empresa norte-americana. Informações:

- venda de 15.000 unidades do produto no total de US$ 25.000,00; e
- dólar (valor de compra): R$ 3,05.

Contabilização da empresa brasileira

1. **Na data do embarque do produto**
   US$ 25.000,00 × R$ 3,05 = R$ 76.250,00
   Débito: clientes do exterior   R$ 76.250,00
   Crédito: vendas no mercado externo   R$ 76.250,00

2. **Atualização do direito a receber do cliente, supondo que, na data do vencimento e recebimento, o valor da compra do dólar seja R$ 2,95**
   US$ 25.000,00 × R$ 2,95 = R$ 73.750,00
   R$ 73.750,00 − R$ 76.250,00 = (R$ 2.500,00)
   Débito: despesas financeiras   R$ 2.500,00
   Crédito: clientes do exterior   R$ 2.500,00

3. **O Banco do Brasil comunica que o cliente liquidou o seu débito**
   Débito: bancos conta movimento   R$ 73.750,00
   Crédito: clientes do exterior   R$ 73.750,00

7.5 Benefício fiscal na exportação

A alavancagem das exportações depende significativamente da redução de custos no mercado interno, bem como da desburocratização das transações internacionais e de incentivos fiscais.

7.5.1 Regime aduaneiro de Drawback

Um incentivo às exportações é o regime aduaneiro de Drawback, utilizado no comércio exterior, que tem como principal objetivo a importação de mercadorias com suspensão, isenção ou restituição dos tributos incidentes na importação de mercadoria utilizada na industrialização de produto exportado ou a exportar.

O regime de Drawback é considerado incentivo à exportação e pode ser aplicado nas seguintes modalidades (artigo 335 do Regulamento Aduaneiro):

- suspensão do pagamento dos tributos exigíveis na importação de mercadoria a ser exportada após beneficiamento ou destinada à fabricação, complementação ou adicionamento de outra a ser exportada;
- isenção dos tributos exigíveis na importação de mercadoria, em quantidade e qualidade equivalente à utilizada no beneficiamento, fabricação, complementação ou adicionamento de produto exportador; e
- restituição, total ou parcial, dos tributos pagos na importação de mercadoria exportada após beneficiamento ou utilizada na fabricação, complementação ou adicionamento de outra exportada.

O regime de Drawback poderá ser concedido a:

- mercadoria importada para beneficiamento no país e posterior exportação;
- matéria-prima, produto semielaborado ou acabado, utilizados na fabricação de mercadoria exportada ou a exportar;
- peça, parte, aparelho e máquina complementar de aparelho, de máquina, de veículo ou de equipamento exportado ou a exportar;
- mercadoria destinada à embalagem, ao acondicionamento ou à apresentação de produto exportado ou a exportar, desde que propicie comprovadamente uma agregação de valor ao produto final;
- animais destinados ao abate e posterior exportação;
- para matéria-prima e outros produtos que, embora não integrando o produto exportado, sejam utilizados na sua fabricação em condições que justifiquem a concessão; ou
- para matéria-prima e outros produtos utilizados no cultivo de produtos agrícolas ou na criação de animais a serem exportados, definidos pela Câmara de Comércio Exterior.

> A lista completa de bens admissíveis no regime de Drawback é a constante no Anexo II do Comunicado Decex n. 21/1997.

O regime de Drawback não será concedido:

- na importação de mercadoria, cujo valor do Imposto de Importação, em cada pedido, for inferior ao limite mínimo fixado pela Camex, sendo que, para atender ao limite previsto, várias exportações da mesma mercadoria poderão ser reunidas em um só pedido de Drawback; e
- na importação de petróleo e seus derivados, com exceção da importação de coque calcinado de petróleo.

Competências do regime de Drawback:

- a concessão do regime na modalidade de "Suspensão" é de competência da Secretaria de Comércio Exterior, devendo ser efetivada, em cada caso, por meio do Sistema Integrado de Comércio Exterior;
- a concessão do regime na modalidade de "Isenção" é de competência da Secretaria de Comércio Exterior; e
- a concessão do regime na modalidade de "Restituição" é de competência da Secretaria da Receita Federal e poderá abranger, total ou parcialmente, os tributos pagos na importação, sendo que a restituição do valor correspondente aos tributos poderá ser feita mediante crédito fiscal, a ser utilizado em qualquer importação posterior.

Outras disposições do regime de Drawback:

- na concessão do regime serão desprezados os subprodutos e os resíduos não exportados, quando seu montante não exceder 5% do valor do produto importado;
- na hipótese de mercadoria isenta do Imposto de Importação, ou cuja a alíquota seja zero, poderá ser concedido o regime relativamente aos demais tributos devidos na importação;
- o prazo de vigência do regime será de um ano, admitida uma única prorrogação por igual período; e

- no caso de importação de mercadoria, na modalidade suspensão, destinada à produção de bens de capital de longo ciclo de fabricação, o prazo máximo de vigência será de 5 anos.

Crédito presumido do IPI na exportação

A Lei n. 9.363, de 13/12/1996, em seu artigo 1º, estabelece que a empresa produtora e exportadora de mercadorias nacionais fará jus a crédito presumido do IPI como ressarcimento das contribuições ao PIS/Pasep e à Cofins incidentes sobre aquisições no mercado interno de matérias-primas, produtos intermediários e material de embalagem para utilização no processo produtivo.

Fará jus ao crédito presumido do IPI a pessoa jurídica produtora e exportadora de produtos industrializados nacionais. O direito ao crédito presumido aplica-se inclusive:

- a produto industrializado sujeito à alíquota zero; e
- nas vendas à empresa comercial exportadora, com o fim específico de exportação.

A base de cálculo do crédito presumido será o somatório dos custos de aquisição, no mercado interno, de insumos correspondentes a MP, PI e ME, utilizados no processo produtivo, sobre os quais incidiram as contribuições do PIS/Pasep e da Cofins.

O crédito presumido será apurado ao final de cada mês em que houver ocorrido exportação ou venda à empresa comercial exportadora com fim específico de exportação. A apuração do crédito presumido será efetuada de forma centralizada pelo estabelecimento matriz da pessoa jurídica produtora ou exportadora.

Para determinar o crédito presumido correspondente a cada mês, o estabelecimento matriz deverá:

a) apurar o total acumulado desde o início do ano até o mês a que se referir o crédito dos custos de aquisição de MP, PI e ME;

b) apurar a relação percentual entre a receita de exportação e a receita operacional bruta acumuladas desde o início do ano até o mês a que se referir o crédito;

c) aplicar a relação percentual, referida na letra "b", sobre o valor apurado de conformidade com a letra "a";

d) multiplicar o valor apurado de conformidade com a letra "c" por 5,37%, cujo resultado corresponderá ao total do crédito presumido acumulado desde o início do ano até o mês de apuração, sendo que a pessoa jurídica, em relação às receitas sujeitas à incidência da contribuição do PIS e da Cofins de forma não cumulativa, não faz jus ao crédito presumido do IPI relativamente ao ressarcimento dessas contribuições;

e) diminuir, do valor apurado de conformidade com a letra "d", o resultado da soma dos seguintes valores de créditos presumidos, relativos ao ano-calendário:

  ✓ utilizados por intermédio de dedução do valor do IPI devido ou de ressarcimento; e
  ✓ com pedido de ressarcimento já entregue à Secretaria da Receita Federal;

f) O crédito presumido, relativo ao mês, será o valor resultante da operação a que se refere a letra "e".

No último trimestre em que houver exportação, ou no último trimestre de cada ano, deverão ser excluídos da base de cálculo do crédito presumido os valores de MP, de PI e de ME utilizados na produção de produtos não acabados e dos produtos acabados, mas não vendidos, cujo valor excluído no final de um ano será acrescido à base de cálculo do crédito presumido correspondente ao 1º trimestre em que houver exportação para o exterior.

A apuração do crédito presumido do IPI será efetuada com base em sistema de custo coordenado e integrado com a escrituração comercial da pessoa jurídica que permita, ao final de cada mês, a determinação das quantidades e dos valores de MP, de PI e de ME utilizados na produção durante o período, e, para tal fim, a pessoa jurídica deverá manter um sistema de controle permanente de estoques, no qual a avaliação dos estoques será efetuada pelo método da média ponderada móvel ou pelo método PEPS (Primeiro a Entrar Primeiro a Sair). Os conceitos de produção, matéria-prima, produtos intermediários e material de embalagem são os constantes da legislação do IPI.

Para os efeitos de apuração do crédito presumido, considera-se:

- receita operacional bruta, o produto da venda de produtos industrializados pela pessoa jurídica produtora e exportadora nos mercados interno e externo;
- receita bruta de exportação, o produto da venda para o exterior e para empresa comercial exportadora com o fim específico de exportação, de produtos industrializados pela pessoa jurídica produtora e exportadora; e
- venda com o fim específico de exportação, a saída de produtos do estabelecimento produtor vendedor para embarque ou depósito, por conta e ordem da empresa exportadora adquirente.

O direito ao ressarcimento da contribuição para o PIS/Pasep e a Cofins, de que trata a Lei n. 9.363, de 13/12/1996, não se aplica às receitas da pessoa jurídica submetida à apuração dessas contribuições na modalidade não cumulativa (Leis n. 10637/2002 e 10.833/2003), ou seja, as pessoas jurídicas tributadas pelo Lucro real.

Na hipótese de a pessoa jurídica auferir, concomitantemente, receitas sujeitas à incidência não cumulativa e cumulativa da contribuição para o PIS/Pasep e a Cofins, fará jus ao crédito presumido do IPI apenas com relação às receitas sujeitas à cumulatividade dessas contribuições.

A empresa comercial exportadora que no prazo de 180 dias, contado da data da emissão da nota fiscal de venda pela pessoa jurídica produtora, não houver efetuado a exportação dos produtos para o exterior, fica obrigada ao pagamento da contribuição para o PIS/Pasep e a Cofins relativamente aos produtos adquiridos e não exportados, bem como de valor equivalente ao do crédito presumido atribuído à pessoa jurídica produtora vendedora.

7.5.2 Preços de transferências nas importações e exportações

As empresas que promovem transações internacionais entre empresas do mesmo grupo econômico devem obedecer às normas que estabelecem parâmetros de valores a serem observados nas operações de importação e exportação de bens, serviços e direitos realizados por pessoa física ou jurídica residente ou domiciliada no Brasil a pessoa física ou jurídica residente e domiciliada no exterior.

A legislação do imposto de renda, por meio da Lei n. 9.430, de 27/12/1996, instituiu normas sobre preços de transferência com o objetivo de coibir a prática de superfaturamento nas importações e subfaturamento nas exportações. Esse tema será visto no Capítulo 12, que trata do Lucro real, haja vista que essas normas se referem ao Imposto de Renda e à contribuição social sobre o lucro das pessoas jurídicas.

7.6 Obrigações acessórias

As empresas que têm algum benefício fiscal na importação, como as tratadas no item 7.5 deste capítulo, têm obrigações acessórias a cumprir, conforme o benefício obtido. No entanto, caso a empresa não tenha qualquer situação especial na importação, não terá obrigação acessória específica além daquelas tratadas no Capítulo 3.

Questões e exercícios

1. Qual é a relevância do Imposto de Importação e do Imposto de Exportação na arrecadação de impostos federais?
2. O Imposto de Importação é tido como um imposto regulador de mercado. Explique.
3. O Imposto de Exportação é considerado um imposto extrafiscal. Explique.
4. Qual é a legislação aplicável ao Imposto de Importação?
5. Qual é o fato gerador do Imposto de Importação?
6. Quem é o contribuinte do Imposto de Importação?
7. Qual é a base de cálculo do Imposto de Importação?
8. Qual é a alíquota do Imposto de Importação?
9. Qual é a legislação aplicável ao Imposto de Exportação?
10. Qual é o fato gerador do Imposto de Exportação?
11. Quem é o contribuinte do Imposto de Exportação?
12. Qual é a base de cálculo do Imposto de Exportação?
13. Qual é a alíquota do Imposto de Exportação?
14. Quais são os impostos e contribuições incidentes na importação?
15. Quais são os impostos e contribuições incidentes na exportação?
16. Qual é a legislação aplicável ao PIS e à Cofins na importação de bens e serviços?
17. Qual é o fato gerador do PIS e da Cofins na importação?
18. Quem é o contribuinte do PIS e da Cofins na importação?
19. Qual é a base de cálculo do PIS e da Cofins na importação?
20. Qual é a alíquota do PIS e da Cofins de importação?

Imposto sobre Serviço de Qualquer Natureza

capítulo 8

O Imposto sobre Serviço de Qualquer Natureza (ISS) está atualmente regulado pela Lei Complementar n. 116, de 31/7/2003, publicada no *Diário Oficial da União* em 1º/8/2003, alterada pela Lei Complementar n. 157, de 29 de dezembro de 2016. Trata-se de um imposto de competência dos municípios e do Distrito Federal que tem como fato gerador a prestação de serviços constantes da lista de serviços anexa à lei, de acordo com o disposto no artigo 1º da referida lei. O imposto incide também sobre o serviço proveniente do exterior do país ou cuja prestação se tenha iniciado no exterior do país.

O ISS é um dos tributos mais controvertidos da nossa literatura e muito contribui para a guerra fiscal. São várias as questões polêmicas que afligem os contribuintes do imposto: qual alíquota utilizar? Utilizar a alíquota da sede do prestador do serviço ou do local da prestação do serviço? Em qual cidade devo recolher o imposto? O fato gerador ocorre na prestação do serviço, na emissão da nota fiscal, no contrato ou no pagamento? Quando o serviço será fato gerador do ISS e quando será fato gerador do ICMS ou do INSS?

Ressalvadas as exceções expressas na citada lista, os serviços nela mencionados não ficam sujeitos ao ICMS, ainda que sua prestação envolva fornecimento de mercadorias. Nesses casos, previstos expressamente na Lei Complementar n. 116/2003, o ISS será cobrado sobre o valor dos serviços e o ICMS será cobrado sobre o valor dos materiais aplicados. Esse tema será abordado no item 8.2.3, que trata da base de cálculo do ISS.

O ISS incide ainda sobre os serviços prestados mediante a utilização de bens e serviços públicos explorados economicamente por meio de autorização, permissão ou concessão, com o pagamento de tarifa, preço ou pedágio pelo usuário final do serviço.

O ISS tem função predominantemente fiscal, sendo importante fonte de receita tributária para os municípios. Embora o ISS não tenha uma alíquota uniforme, não se pode dizer que seja um imposto seletivo, e também não é um imposto extrafiscal relevante[1].

A Lei Complementar n. 116/2003 prevê, em seu artigo 2º, que o ISS não incide sobre:

- as exportações de serviços para o exterior do país; e
- a prestação de serviços em relação de emprego, dos trabalhadores avulsos, dos diretores e membros de conselho consultivo ou de conselho fiscal de sociedades e fundações, bem como dos sócios-gerentes e dos gerentes-delegados; e

---

[1] MACHADO, Hugo de Brito. *Curso de direito tributário*. 29. ed. São Paulo: Malheiros, 2008.

- o valor intermediado no mercado de títulos e valores mobiliários, o valor dos depósitos bancários, o principal, juros e acréscimos moratórios relativos a operações de crédito realizadas por instituições financeiras.

Não se considera exportação de serviços para o exterior os serviços desenvolvidos no Brasil cujo resultado seja aplicado no país, ainda que o pagamento seja feito por residente no exterior.

8.1 Legislação básica

A instituição e a cobrança do ISS estão autorizadas no artigo 156, inciso III, da Constituição Federal de 1988, a qual recepcionou a regulamentação do imposto previsto no Decreto n. 406/1968 e a Lista de Serviços prevista na Lei Complementar n. 56/1987.

A Emenda Constitucional n. 3, de 1993, modificou a redação do inciso III do artigo 156 da Constituição Federal de 1988, que passou a ser a seguinte:

> Artigo 156. Compete aos Municípios instituir impostos sobre:
> III – serviços de qualquer natureza, não compreendidos no artigo 155, II, definidos em lei complementar.

O artigo 155, inciso II, da Constituição Federal de 1988, alterado também pela Emenda Constitucional n. 3, de 1993, trata dos serviços de transporte interestadual e intermunicipal e de comunicação. Portanto, a prestação de serviços de transporte intermunicipal e interestadual e de comunicações não está sujeita ao recolhimento do ISS, pois sobre esses serviços incide a cobrança de ICMS. Atente-se que a prestação de serviços de transportes no âmbito municipal é fato gerador do ISS.

Após a promulgação da Constituição Federal em 1988, o ISS continuou sendo exigido nos termos do Decreto n. 406/1968 e da Lei Complementar n. 56/1987, até que, em 2003, quase 15 anos após a promulgação da Constituição Federal de 1988, o Congresso Nacional aprovou a Lei Complementar n. 116, em atendimento à Emenda Constitucional n. 3/1993, a qual atualizou a lista de serviços e outros elementos essenciais do imposto, como se verá à frente.

8.2 Elementos essenciais do ISS

Trataremos neste tópico da definição dos elementos essenciais do ISS: fato gerador, contribuinte, base de cálculo, alíquota e local da prestação do serviço.

8.2.1 Fato gerador

O fato gerador do ISS está previsto no artigo 1º da Lei Complementar n. 116/2003, o qual reza que o imposto "tem como fato gerador a prestação de serviços constantes da lista anexa, ainda que esses não se constituam como atividade preponderante do prestador". Cassone (2015) nos ensina que a Lei Complementar n. 116/2003, em vez de dar uma definição teórica de serviços, preferiu elaborar uma lista de serviços tributáveis do ISS, que é a lista de serviços anexa à lei.

Isso significa que toda prestação de serviços previstos na lista anexa à Lei Complementar n. 116/2003, realizada por pessoa física ou jurídica, ensejará a obrigação do pagamento do ISS, mesmo que, no caso das pessoas jurídicas, a prestação de serviços não seja a atividade principal da mesma. O que faz nascer a obrigação tributária de pagar o imposto é a prestação de serviços, qualquer que seja sua denominação[2].

A definição do fato gerador do ISS é da lei municipal, mas sempre respeitando os limites fixados na Lei Complementar n. 116/2003, que, por sua vez, não pode infringir o disposto na Constituição Federal. Muito se discutiu se a lista expressa na Lei Complementar n. 116/2003 é exemplificativa ou exaustiva, ou seja, se os municípios podem ou não cobrar o ISS sobre serviços não previstos expressamente, ou seja, ampliar a lista de serviços. O Supremo Tribunal Federal manifestou-se no sentido de que a lista de serviços é taxativa. No entanto, o STF admitiu sua aplicação analógica, o que, na prática, pode significar a ampliação da lista[3].

O STF já decidiu que o ISS não incide na locação de bens móveis. A locação de bens móveis gera ao locador um rendimento sujeito a imposto de renda, e o serviço de intermediação de uma imobiliária, ou empresa locadora de bens móveis, que intermediou a locação do bem, é que está sujeito ao ISS. Não incide também sobre o arrendamento mercantil ou *leasing* e sobre a franquia ou *franchising*.[4]

Não incide o ISS sobre a franquia, pois a atividade de franquia, ou *franchising*, não configura prestação de serviços, porque serviço é sempre uma obrigação de fazer, e não é isso o que acontece na franquia.

Como vimos, não constituem fato gerador do ISS: a) as exportações de serviços para o exterior do país; b) a prestação de serviços em relação de emprego, dos trabalhadores avulsos, dos diretores e membros de conselho consultivo ou de conselho fiscal de sociedades e fundações, bem como dos sócios-gerentes e dos gerentes-delegados; e c) o valor intermediado no mercado de títulos e valores mobiliários, o valor dos depósitos bancários, o principal, juros e acréscimos moratórios relativos a operações de crédito realizadas por instituições financeiras.

Nos serviços de composição gráfica haverá a incidência do ISS quando o serviço for feito por encomenda e personalizado, como, por exemplo, cartões de visitas, notas fiscais, talões de pedidos e papel timbrado. No entanto, quando se tratar de serviços destinados ao comércio, incidirá o ICMS, como, por exemplo, quando se tratar de embalagem e material a ser revendido[5].

No mesmo sentido deve ser tratada a prestação de serviços de recauchutagem ou regeneração de pneus, prevista no item 14.04 da lista de serviços. Se o serviço de recauchutagem for prestado diretamente ao usuário final, ou seja, ao proprietário do pneu a ser renovado, haverá a incidência do ISS sobre o valor total cobrado do consumidor. No entanto, caso a empresa recauchutadora de pneus compre as carcaças de pneus, ou seja, os pneus velhos, e faça sua recauchutagem para revender os pneus recauchutados, essa operação estará equiparada à industrialização, ficando sujeita ao IPI e ao ICMS.

A prestação de serviços de transporte intermunicipal e interestadual está sujeita ao recolhimento de ICMS, e a prestação de serviços de transporte municipal é fato gerador do ISS.

---

[2] PÊGAS, Paulo Henrique. *Manual de contabilidade tributária*. 8. ed. Rio de Janeiro: Freitas Bastos, 2014.
[3] MACHADO, Hugo de Brito. *Curso de direito tributário*. 29. ed. São Paulo: Malheiros, 2008.
[4] CASSONE, Vittorio. *Direito tributário*. 25. ed. São Paulo: Atlas, 2015.
[5] CASSONE, Vittorio. *Direito tributário*. 25. ed. São Paulo: Atlas, 2015.

8.2.2 Contribuinte

De acordo com o artigo 5º da Lei Complementar n. 116, o contribuinte do ISS é o prestador do serviço, pessoa física ou jurídica, chamado de sujeito passivo da obrigação tributária, figurando o município ou o Distrito Federal como o sujeito ativo. Os contribuintes do imposto são, em outras palavras, todas as empresas prestadoras de serviços, ainda que a prestação de serviços não seja a atividade principal da empresa, e as pessoas físicas que prestam serviços como trabalhadores autônomos, sem vínculo empregatício.

Os contribuintes do ISS são os prestadores de serviços, pessoas físicas ou jurídicas, com ou sem estabelecimento fixo, dos serviços especificados na tabela anexa à Lei Complementar n. 116/2003[6].

A Lei Complementar n. 116/2003 determinou, em seu artigo 2º, que o ISS não incide sobre a prestação de serviços em relação de emprego, dos trabalhadores avulsos, dos diretores e membros de conselho consultivo ou de conselho fiscal de sociedades e fundações, bem como dos sócios-gerentes e dos gerentes-delegados. Isso significa que qualquer prestação de serviços que não seja realizada por empresa ou trabalhador autônomo não configura a hipótese de incidência, está fora dela, e, portanto, não incidirá o ISS.

Vimos que é de grande importância fazermos a distinção entre o trabalhador autônomo, contribuinte do ISS, e o trabalhador avulso, que não é contribuinte do imposto. Trabalhador autônomo é o que presta serviços por sua própria conta, sem subordinar-se a quem o contrata. O trabalhador avulso é o que presta serviços com a intermediação do sindicato de sua categoria, regido por legislação específica[7].

Alguns municípios incluíram, em suas legislações sobre o ISS, a figura do responsável tributário, atribuindo aos tomadores de serviço a responsabilidade de retenção e recolhimento do imposto, procedimento que encontra amparo no Código Tributário Nacional e na Lei Complementar n. 116/2003.

Trataremos adiante, em tópico específico (item 8.3), desse contribuinte por sujeição passiva do imposto, os chamados sujeitos passivos indiretos, pois as leis municipais, além de tratar da obrigação dos contribuintes diretos, ou seja, aqueles que têm relação direta com o imposto, por serem os prestadores de serviços, também trataram da responsabilidade tributária em relação ao ISS para os tomadores de serviços, em alguns casos.

8.2.3 Base de cálculo

Dispõe o artigo 7º da Lei Complementar n. 116 que a base de cálculo do imposto é o preço do serviço, entendido como o valor total cobrado em virtude da prestação do serviço, sem nenhuma dedução, nem do próprio valor do imposto. O ISS incide, portanto, sobre a receita bruta. Por exemplo, se uma empresa presta serviços e cobra por ele o valor de R$ 10.000,00, e esteja sujeita à alíquota de 5%, terá de recolher de ISS o valor de R$ 500,00[8].

---

[6] PÊGAS, Paulo Henrique. *Manual de contabilidade tributária*. 8. ed. Rio de Janeiro: Freitas Bastos, 2014.
[7] MACHADO, Hugo de Brito. *Curso de direito tributário*. 29. ed. São Paulo: Malheiros, 2008.
[8] PÊGAS, Paulo Henrique. *Manual de contabilidade tributária*. 8. ed. Rio de Janeiro: Freitas Bastos, 2014.

O § 1º do artigo 7º da Lei Complementar n. 116 estabelece que

[...] quando os serviços descritos pelo subitem 3.04 da lista anexa forem prestados no território de mais de um Município, a base de cálculo será proporcional, conforme o caso, à extensão da ferrovia, rodovia, dutos e condutos de qualquer natureza, cabos de qualquer natureza, ou ao número de postes, existentes em cada Município.

O item 3.04 trata da locação, sublocação, arrendamento, direito de passagem ou permissão de uso, compartilhado ou não, de ferrovia, rodovia, postes, cabos, dutos e condutos de qualquer natureza. Como esses serviços podem ser prestados em rodovias e ferrovias e sua extensão pode cruzar vários municípios, a lei estabelece que o prestador de serviços deve recolher o imposto considerando a alíquota de cada município.

O § 2º do artigo 7º determina que, nos casos dos serviços previstos nos itens 7.02 e 7.05 da lista de serviços, o valor dos materiais fornecidos pelo prestador de serviços não se inclui na base de cálculo do imposto. Em se tratando de prestação de serviços que envolva o fornecimento de mercadorias, sujeito esse fornecimento ao ICMS, segundo previsto na lista de serviços, a base de cálculo do ISS será somente o valor do serviço.

Os serviços aqui tratados são os que se seguem.

- **Serviços previstos no item 7.02**: são os serviços de "Execução, por administração, empreitada ou subempreitada, de obras de construção civil, hidráulica ou elétrica e de outras obras semelhantes, inclusive sondagem, perfuração de poços, escavação, drenagem e irrigação, terraplanagem, pavimentação, concretagem, e a instalação e montagem de produtos, peças e equipamentos". Nesses casos, o fornecimento de mercadorias produzidas pelo prestador de serviços fora do local da prestação dos serviços não está sujeito ao ISS, pois o valor das mercadorias utilizadas na prestação dos serviços fica sujeito ao ICMS.

- **Serviços previstos no item 7.05**: reparação, conservação e reforma de edifícios, estradas, pontes, portos e congêneres. Nesses casos também o valor das mercadorias utilizadas na prestação dos serviços fica sujeito ao ICMS.

- **Serviços previstos no item 14.01**: lubrificação, limpeza, lustração, revisão, carga e recarga, conserto, restauração, blindagem, manutenção e conservação de máquinas, veículos, aparelhos, equipamentos, motores, elevadores ou de qualquer objeto (exceto peças e partes empregadas, que ficam sujeitas ao ICMS).

- **Serviços previstos no item 14.03**: recondicionamento de motores (exceto peças e partes empregadas, que ficam sujeitas ao ICMS).

Atenção especial deve ser dada à questão das empreitadas e subempreitadas. A Lei Complementar n. 56/87 admitia a dedução do preço bruto dos valores dos materiais fornecidos pelo prestador e das subempreitadas já tributadas pelo imposto em alguns tipos de serviços ligados à construção civil. No entendimento de Pêgas (2014), a Lei Complementar n. 56/1987 foi revogada e os dispositivos não foram contemplados na Lei Complementar n. 116/2003, razão pela qual os valores pagos por prestadores da construção civil aos subempreiteiros não podem ser deduzidos da base de cálculo do ISS.

ISS

Outra questão importante no que diz respeito à base de cálculo do ISS se refere aos serviços prestados pelas sociedades de profissionais, ou seja, os serviços prestados pelas sociedades de profissões regulamentadas, em especial as sociedades uniprofissionais, aquelas constituídas por profissionais da mesma área.

Aqui também reside uma polêmica! O § 3º do artigo 9º do Decreto-Lei n. 406/1968 estabelecia que

> [...] quando os serviços a que se referem os itens 1, 4, 8, 25, 52, 88, 89, 90, 91 e 92 da lista anexa forem prestados por sociedades, estas ficarão sujeitas ao imposto, na forma do § 1º, calculado em relação a cada profissional habilitado, sócio, empregado, embora assumindo responsabilidade pessoal, nos termos da lei aplicável.

Os serviços retromencionados são:

1. Médicos, inclusive análises clínicas, eletricidade médica, radioterapia, ultrassonografia, radiologia, tomografia e congêneres.
4. Enfermeiros, obstetras, ortópticos, fonoaudiólogos, protéticos (prótese dentária).
8. Médicos veterinários.
25. Contabilidade, auditoria, guarda-livros, técnicos em contabilidade e congêneres.
52. Agentes da propriedade industrial.
88. Advogados.
89. Engenheiros, arquitetos, urbanistas, agrônomos.
90. Dentistas.
91. Economistas.
92. Psicólogos.

A intenção do legislador foi tributar cada um dos profissionais de cada sociedade, individualmente, deixando de tributar a pessoa jurídica. Assim, o imposto devido por essas sociedades é o equivalente ao valor do imposto fixo, aplicado aos profissionais autônomos, multiplicado pelo número de profissionais que atuam pela sociedade, sócios, empregados e autônomos.[9]

Ocorre que a legislação dos municípios tem disciplinado a questão de outra forma, exigindo, em alguns casos, o pagamento do ISS sobre o valor da receita bruta.

A Lei Complementar n. 116/2003 não revogou os §§ 1º e 3º do artigo 9º do Decreto-Lei n. 406/1968, razão pela qual as leis municipais não podem submeter os trabalhadores autônomos nem as sociedades de profissionais ao ISS calculados sobre os preços dos serviços. No entendimento de Machado (2015), permanecem tais contribuintes sujeitos à alíquota fixa.

A Lei Complementar n. 116/2003 revogou os dispositivos anteriores em relação ao ISS, mas não revogou o artigo 9º do Decreto-Lei n. 406/1968, gerando uma grande confusão. O artigo 9º deveria ter ficado com a seguinte redação:

> *Artigo 9º A base de cálculo do imposto é o preço do serviço.*
> *§ 1º Quando se tratar de prestação de serviços sob a forma de trabalho pessoal do próprio contribuinte, o imposto será calculado por meio de alíquotas fixas ou variáveis, em função da natureza do serviço ou de outros fatores pertinentes, nestes não compreendida a importância paga a título de remuneração do próprio trabalho.*

---
[9] MACHADO, Hugo de Brito. *Curso de direito tributário*. 36. ed. São Paulo: Malheiros, 2015.

A Lei Complementar n. 116/2003 trouxe apenas o *caput* do artigo, definindo a base de cálculo como o preço do serviço (artigo 7º) e não falando mais nada. No entanto, como o § 1º não foi revogado, ele é o amparo para aqueles que defendem a tributação do serviço pessoal em sociedades de profissionais por valores fixos, em vez de utilizar o preço do serviço.

Da forma como foi estabelecido pela Lei Complementar n. 116/2003, caberá às prefeituras de todo o país determinar como bem entenderem qual será a natureza desses serviços e quais serão esses fatores pertinentes[10].

Ainda em relação à essa polêmica das sociedades uniprofissionais, Melo (2008) afirma que essa situação não é tranquila, mas existe fundamento para se entender que as regras pertinentes à prestação de serviços sob a forma de trabalho pessoal do próprio contribuinte devam permanecer sob a sistemática legal anterior, pois a Lei Complementar n. 116/2003 não revogou a legislação anterior, ou seja, não revogou os §§ 1º e 3º do artigo 9º do Decreto-Lei n. 406/1968, razão pela qual as leis municipais não podem cobrar o ISS dos trabalhadores autônomos nem as sociedades de profissionais sobre os preços dos serviços[11].

Não se operou a revogação expressa nem a revogação tácita. A primeira porque a revogação da Lei Complementar n. 56/1987 não pode ser entendida como revogação dos dispositivos do Decreto-Lei n. 406/1968, e a segunda porque não existe a apontada incompatibilidade entre o Decreto-Lei n. 406/1968 e a Lei Complementar n. 116/2003[12].

Essas regras valem para as empresas optantes do Lucro Real e Lucro Presumido. Empresas optantes do Simples e do MEI têm um tratamento diferenciado, o que será estudado no Capítulo 9.

8.2.4 Alíquotas

O artigo 8º da Lei Complementar n. 116 determina que a alíquota máxima do Imposto sobre Serviços de Qualquer Natureza é de 5%. As alíquotas variam de 1% a 5%, e em alguns municípios a alíquota é fixa, ou seja, o imposto cobrado é definido em moeda corrente nacional, independentemente do valor dos serviços.

A Lei Complementar n. 116 definiu a alíquota máxima, que é de 5%, e cada município estabelece a alíquota aplicável a cada serviço constante na lista de serviços sujeitos ao ISS. De acordo com Machado (2014), os municípios são livres para fixar as alíquotas do ISS, mas o artigo 156, § 3º, inciso I, reza que a União poderá, por lei complementar, fixar alíquotas máximas e mínimas. Afirma, ainda, que a alíquota máxima do ISS, de 5%, foi definida pelo artigo 8º da lei complementar e que a alíquota mínima é de 2%, nos termos do artigo 88 do Ato das Disposições Constitucionais Transitórias (ADCT), com a nova redação dada pela Emenda Constitucional n. 3, de 12/6/2012.

Ainda em relação à alíquota mínima do ISS, a Emenda Constitucional n. 37/2002 determinou que cabe à lei complementar a definição das alíquotas máximas e mínimas do ISS e que a definição das alíquotas é tarefa que cabe aos municípios, desde que obedeçam aos limites máximo e mínimo[13].

---

[10] PÊGAS, Paulo Henrique. *Manual de contabilidade tributária*. 8. ed. Rio de Janeiro: Freitas Bastos, 2014.
[11] MELO, José Eduardo Soares de. *ISS*: aspectos teóricos e práticos. 5. ed. São Paulo: Dialética, 2008.
[12] MACHADO, Hugo de Brito. *Curso de direito tributário*. 29. ed. São Paulo: Malheiros, 2008.
[13] PÊGAS, Paulo Henrique. *Manual de contabilidade tributária*. 8. ed. Rio de Janeiro: Freitas Bastos, 2014.

O artigo 8°, inciso III, da Lei Complementar n. 116/2003, estabeleceu a alíquota máxima de 5%, mas nada dispôs sobre a alíquota mínima, prevalecendo a alíquota mínima definida pela Emenda Constitucional n. 37/2002, exceto para os serviços relativos à construção civil. Portanto, desde agosto de 2003, a legislação dos municípios deve observar a alíquota mínima de 2%, e, a partir de 2004, a alíquota máxima de 5%[14].

8.2.5 Local da prestação de serviços

De acordo com o disposto no artigo 3º da Lei Complementar n. 116, "o serviço considera-se prestado e o imposto devido no local do estabelecimento prestador ou, na falta do estabelecimento, no local do domicílio do prestador". Isso significa que, como regra geral, o local da prestação de serviços é o do município da sede do prestador de serviços, onde está localizado o estabelecimento prestador do serviço, mesmo que esse realize os serviços em outro município. Se o prestador de serviços não for estabelecido, o que pode ocorrer com alguns autônomos, pessoas físicas, será considerado o domicílio do prestador de serviços o local da prestação dos serviços, onde será devido o imposto.

Na determinação de qual seja o município competente para a cobrança do ISS, é de grande importância sabermos o que se deve entender por estabelecimento prestador de serviço. Se considera estabelecimento prestador o local onde o contribuinte desenvolve a atividade de prestar serviço, de modo permanente ou temporário, e que configure unidade econômica ou profissional[15].

É o que dispõe o artigo 4º da Lei Complementar n. 116, que reza que

> [...] considera-se estabelecimento prestador o local onde o contribuinte desenvolva a atividade de prestar serviços, de modo permanente ou temporário, e que configure unidade econômica ou profissional, sendo irrelevantes para caracterizá-lo as denominações de sede, filial, agência, posto de atendimento, sucursal, escritório de representação ou contato ou quaisquer outras que venham a ser utilizadas.

Em outras palavras, o local da prestação de serviços é onde o prestador de serviços exercer efetivamente a prestação de serviços, sendo irrelevante a denominação dada a ele. Importante exceção a essa regra é tratada nos incisos I a XXII do artigo 3° da Lei Complementar n. 116, que dispõe sobre os casos em que o imposto será devido no local da prestação dos serviços.

Esse é, talvez, o ponto de maior discussão e polêmica em relação à tributação do ISS, pois a Lei Complementar n. 116/2003 trouxe uma inovação em relação à legislação anterior, determinando a tributação no local da prestação em relação a 20 situações específicas, todas elas expressamente citadas na lei[16].

O local da prestação do serviço não será considerado no município da sede do prestador do serviço, de acordo com artigo 3° da Lei Complementar n. 116/2003, quando o imposto será devido no local:

---
[14] MELO, José Eduardo Soares de. *ISS*: aspectos teóricos e práticos. 5. ed. São Paulo: Dialética, 2008.
[15] MACHADO, Hugo de Brito. *Curso de direito tributário*. 29. ed. São Paulo: Malheiros, 2008.
[16] PÊGAS, Paulo Henrique. *Manual de contabilidade tributária*. 8. ed. Rio de Janeiro: Freitas Bastos, 2014.

1. No caso dos serviços prestados em cada município em cujo território haja extensão de ferrovia, rodovia, postes, cabos, dutos e condutos de qualquer natureza, objetos de locação, sublocação, arrendamento, direito de passagem ou permissão de uso, compartilhado ou não (subitem 3.04 da lista).
2. Na instalação dos andaimes, palcos, coberturas e outras estruturas (subitem 3.05 da lista).
3. Na execução da obra, no caso dos serviços descritos no subitem 7.02 e 7.19 da lista de serviços. Os serviços previstos no item 7.02 são: execução, por administração, empreitada ou subempreitada, de obras de construção civil, hidráulica ou elétrica e de outras obras semelhantes, inclusive sondagem, perfuração de poços, escavação, drenagem e irrigação, terraplanagem, pavimentação, concretagem e a instalação e montagem de produtos, peças e equipamentos. Os serviços previstos no item 7.19 são: acompanhamento e fiscalização da execução de obras de engenharia, arquitetura e urbanismo.
4. Na demolição (item 7.04 da lista).
5. Das edificações em geral, estradas, pontes, portos e congêneres (item 7.05 da lista).
6. Na execução da varrição, coleta, remoção, incineração, tratamento, reciclagem, separação e destinação final de lixo, rejeitos e outros resíduos quaisquer (item 7.09 da lista).
7. Na execução da limpeza, manutenção e conservação de vias e logradouros públicos, imóveis, chaminés, piscinas, parques, jardins e congêneres (item 7.10 da lista).
8. Na execução da decoração e jardinagem, do corte e poda de árvores (item 7.11 da lista).
9. No controle e tratamento do efluente de qualquer natureza e de agentes físicos, químicos e biológicos (item 7.12 da lista).
10. No florestamento, reflorestamento, semeadura, adubação e congêneres (item 7.16 da lista).
11. Na execução dos serviços de escoramento, contenção de encostas e congêneres (item 7.17 da lista).
12. Na limpeza e dragagem (item 7.18 da lista).
13. No local onde o bem estiver guardado ou estacionado (item 11.01 da lista).
14. No local dos bens ou do domicílio das pessoas vigiados, segurados ou monitorados (item 11.02 da lista).
15. No município do armazenamento, depósito, carga, descarga, arrumação e guarda do bem (item 11.04 da lista).
16. No local da execução dos serviços de diversão, lazer, entretenimento e congêneres, com exceção dos trabalhos de produção de eventos, espetáculos, entrevistas, *shows,* balé, danças, desfiles, bailes, teatros, óperas, concertos, recitais, festivais e congêneres (item 12 da lista).
17. No município onde está sendo executado o transporte, no caso dos serviços de transporte municipal (item 16.01 da lista).
18. No estabelecimento do tomador da mão de obra ou, na falta de estabelecimento, onde ele estiver domiciliado, no caso dos serviços de fornecimento de mão de obra, mesmo em caráter temporário, inclusive de empregados ou trabalhadores, avulsos ou temporários, contratados pelo prestador de serviço (item 17.05 da lista).
19. No local da feira, exposição, congresso ou congênere, no que se refere ao serviço de planejamento, organização e administração das mesmas (item 17.10 da lista).
20. No porto, aeroporto, ferroporto, terminal rodoviário, ferroviário ou metroviário, no caso dos serviços portuários, aeroportuários, ferroportuários, de terminais rodoviários, ferroviários e metroviários (item 20 da lista).

Então, nos 20 casos descritos, o ISS será devido no local determinado pela lei, que será, basicamente, o local da prestação do serviço. Nos demais casos, o ISS será devido no local do estabelecimento sede do prestador de serviços, ou, na falta deste, no domicílio do prestador[17].

---

[17] PÊGAS, Paulo Henrique. *Manual de contabilidade tributária.* 8. ed. Rio de Janeiro: Freitas Bastos, 2014.

Muitos municípios têm obrigado prestadores de serviços diversos, não previstos na citada lista de 20 atividades, a recolher o ISS no local da prestação de serviços, não na sede do estabelecimento. Ocorre que esses prestadores de serviços são obrigados a recolher o imposto no município de sua sede, e, sofrendo a retenção no local da prestação do serviço, estariam sujeitos ao pagamento do ISS duas vezes.

Esse procedimento afronta os dispositivos da Lei Complementar n. 116/2003, mas os contribuintes ficam em uma situação complicada, na medida em que essas leis municipais obrigam o tomador do serviço a proceder à retenção do imposto, sob pena de, não o fazendo, ficar responsáveis por seu pagamento. No entanto, esses municípios que assim procedem permitem ao menos que os prestadores de serviços se inscrevam no município em que prestam serviços para não sofrerem a retenção do ISS, para que não tenham que pagar o imposto duas vezes. No caso dos serviços a que se refere o subitem 22.01 da lista anexa à Lei Complementar n. 116, considera-se ocorrido o fato gerador e devido o imposto em cada município em cujo território haja extensão de rodovia explorada, de acordo com o disposto no artigo 3º, § 2º, da Lei Complementar n. 116. O item 22.01 trata dos

> [...] serviços de exploração de rodovia mediante cobrança de preço ou pedágio dos usuários, envolvendo execução de serviços de conservação, manutenção, melhoramentos para adequação de capacidade e segurança de trânsito, operação, monitoração, assistência aos usuários e outros serviços definidos em contratos, atos de concessão ou de permissão ou em normas oficiais.

Considera-se ocorrido o fato gerador do imposto no local do estabelecimento prestador nos serviços executados em águas marítimas, excetuados os serviços descritos no subitem 20.01, de acordo com o disposto no artigo 3º, § 3º, da Lei Complementar n. 116. O item 20.01 trata dos

> [...] serviços portuários, ferroportuários, utilização de porto, movimentação de passageiros, reboque de embarcações, rebocador escoteiro, atracação, desatracação, serviços de praticagem, capatazia, armazenagem de qualquer natureza, serviços acessórios, movimentação de mercadorias, serviços de apoio marítimo, de movimentação ao largo, serviços de armadores, estiva, conferência, logística e congêneres.

8.3 Sujeito passivo direto e indireto

Já dissemos anteriormente que o contribuinte do ISS é o prestador do serviço, pessoa física ou jurídica, chamado de sujeito passivo da obrigação tributária, que é o devedor do imposto e quem tem a obrigação de efetuar seu pagamento.

No entanto, o artigo 6º da Lei Complementar n. 116 permite aos municípios e ao Distrito Federal, mediante lei, atribuir de modo expresso a responsabilidade pelo crédito tributário à terceira pessoa, vinculada ao fato gerador da respectiva obrigação, excluindo a responsabilidade do contribuinte ou atribuindo-a a este em caráter supletivo do cumprimento total ou parcial da referida obrigação, inclusive no que se refere à multa e aos acréscimos legais.

Isso significa que a lei municipal pode atribuir ao tomador do serviço a obrigação de reter o ISS do prestador do serviço e efetuar o seu recolhimento. Nesses casos, os responsáveis pelo recolhimento estão obrigados ao recolhimento integral do imposto devido, multa e acréscimos legais, independentemente de ter sido efetuada sua retenção na fonte. Portanto, o tomador do serviço que for indicado pela lei como sujeito passivo indireto, ou seja, o responsável pela retenção e recolhimento do imposto, ficará sujeito ao pagamento ainda que deixe de efetuar o desconto do prestador do serviço.

Se a lei municipal atribuir ao tomador de serviço a responsabilidade pelo ISS, deve excluir dessa responsabilidade o prestador de serviço, pois, se ele sofrer a retenção do imposto, não deve ser responsabilizado por seu recolhimento, caso o tomador do serviço tenha efetuado a retenção e tenha deixado de recolher o imposto. Isso implicaria fazê-lo suportar duplamente o mesmo ônus, o que, certamente, não é razoável[18].

A hipótese que cuida da responsabilidade supletiva do tomador do serviço pode dar a entender que inicialmente se exige o ISS do responsável (tomador do serviço), e, no caso de verificar-se sua inviabilidade, a cobrança será feita do contribuinte (prestador do serviço). Essa faculdade conferida ao legislador municipal não pode ser exercida sem observância dos critérios norteadores de competência tributária, e, apesar de a responsabilidade poder ser atribuída de forma integral ou supletiva, o município não poderá cobrar do responsável e do contribuinte, de forma simultânea, no caso de inadimplemento[19].

O § 2º do artigo 6º da Lei Complementar n. 116 determina, expressamente, que são considerados sujeitos passivos indiretos:

- o tomador ou intermediário de serviço proveniente do exterior do país ou cuja prestação se tenha iniciado no exterior do país; e
- a pessoa jurídica, ainda que imune ou isenta, tomadora ou intermediária dos serviços descritos nos subitens 3.05, 7.02, 7.04, 7.05, 7.09, 7.10, 7.12, 7.14, 7.15, 7.16, 7.17, 7.19, 11.02, 17.05 e 17.10 da lista de serviços anexa à Lei Complementar n. 116.

As atividades retromencionadas são:
- 3.05: cessão de andaimes, palcos, coberturas e outras estruturas de uso temporário.
- 7.02: execução, por administração, empreitada ou subempreitada, de obras de construção civil, hidráulica ou elétrica e de outras obras semelhantes, inclusive sondagem, perfuração de poços, escavação, drenagem e irrigação, terraplanagem, pavimentação, concretagem e a instalação e montagem de produtos, peças e equipamentos.
- 7.04: demolição.
- 7.05: reparação, conservação e reforma de edifícios, estradas, pontes, portos e congêneres.
- 7.09: varrição, coleta, remoção, incineração, tratamento, reciclagem, separação e destinação final de lixo, rejeitos e outros resíduos quaisquer.
- 7.10: limpeza, manutenção e conservação de vias e logradouros públicos, imóveis, chaminés, piscinas, parques, jardins e congêneres.
- 7.12: controle e tratamento de efluentes de qualquer natureza e de agentes físicos, químicos e biológicos.
- 7.16: florestamento, reflorestamento, semeadura, adubação e congêneres.
- 7.17: escoramento, contenção de encostas e serviços congêneres.
- 7.19: acompanhamento e fiscalização da execução de obras de engenharia, arquitetura e urbanismo.

---
[18] MACHADO, Hugo de Brito. *Curso de direito tributário*. 29. ed. São Paulo: Malheiros, 2008.
[19] MELO, José Eduardo Soares de. *ISS:* aspectos teóricos e práticos. 5. ed. São Paulo: Dialética, 2008.

- 11.02: vigilância, segurança ou monitoramento de bens e pessoas.
- 17.05: fornecimento de mão de obra, mesmo em caráter temporário, inclusive de empregados ou trabalhadores, avulsos ou temporários, contratados pelo prestador de serviço.
- 17.10: planejamento, organização e administração de feiras, exposições, congressos e congêneres.

8.4 Contabilização do ISS

O ISS é uma despesa tributária do prestador de serviços, a qual é classificada contabilmente como dedução da receita. Dessa forma, na demonstração do resultado, o ISS é apresentado como se segue:

Receita bruta	R$
(−) ISS	(R$)
(=) Receita líquida	R$

Para facilitar a compreensão, daremos a seguir um exemplo da contabilização do ISS de uma empresa prestadora de serviços. Considere uma empresa que tenha prestado serviços, para recebimento a prazo, no valor de R$ 100.000,00 e esteja sujeita à alíquota de 5% de ISS.

A contabilização dos serviços e do ISS devido será feita como se segue.

Pela prestação de serviços
D = Clientes (Contas a receber)   R$ 100.000,00
C = Prestação de serviços − Receita operacional   R$ 100.000,00

Pelo ISS devido
D = ISS − Dedução da receita   R$ 5.000,00
C = ISS a recolher   R$ 5.000,00

Pelo pagamento do ISS devido
D = ISS a recolher   R$ 5.000,00
C = Caixa / Banco   R$ 5.000,00

Na demonstração do resultado teríamos
Receita bruta   R$ 100.000,00
(−) ISS   R$ (5.000,00)
(=) Receita líquida   R$ 95.000,00

No caso da sujeição passiva indireta, em que o tomador do serviço estiver obrigado ao desconto e recolhimento do ISS, assumindo a responsabilidade pelo tributo, teríamos a contabilização mostrada a seguir, utilizando o exemplo apresentado.

Pela prestação de serviços
D − Clientes (Contas a receber)   R$ 95.000,00
D − ISS a recuperar/compensar   R$ 5.000,00
C − Prestação de serviços − Receita operacional   R$ 100.000,00

Pelo ISS devido
D – ISS – Dedução da receita   R$ 5.000,00
C – ISS a recolher   R$ 5.000,00

Pela liquidação do ISS devido
D – ISS a recolher   R$ 5.000,00
C – ISS a recuperar/compensar   R$ 5.000,00

Nesse caso, a contabilização do ISS na empresa prestadora dos serviços seria feita como se segue:

Pela contratação dos serviços
D – Despesa de serviços de terceiros   R$ 100.000,00
C – ISS a recolher   R$ 5.000,00
C – Contas a pagar   R$ 95.000,00

8.5 Obrigações acessórias

A Lei Complementar n. 116/2003 não prevê obrigações acessórias para os contribuintes do ISS, as quais são definidas nas leis municipais, variando de um município para outro, razão pela qual não trataremos deste assunto neste tópico. No entanto, trataremos de algumas obrigações acessórias básicas, comuns a todo prestador de serviços.

É responsabilidade do contribuinte prestador de serviço emitir nota fiscal, e esse documento auxiliará na apuração do tributo, uma vez que deverá ser evidenciado o valor do serviço bem como o do imposto. O contribuinte deverá emitir nota fiscal modelo 1 ou A1, ou, quando obrigado a NF-e, deverá emitir a NF-e conjugada (modelo 55). Contribuintes obrigados a declarar a EFD-Contribuições deverão destacar o valor do ISS.

Questões e exercícios

1. Calcule e contabilize a receita bruta e o ISS das seguintes operações:
    - A Cia. Rio das Pedras é uma empresa prestadora de serviços e prestou serviços em seu município, não estando sujeita à retenção do ISS. O valor do serviço prestado foi R$ 2.000,00, e a alíquota do ISS é 5%.
    - A Cia. Santa Bárbara é uma empresa prestadora de serviços e prestou serviços em seu município, estando sujeita à retenção do ISS pelo tomador do serviço. O valor do serviço prestado foi R$ 8.000,00, e a alíquota do ISS é 5%.
    - A Cia. São João Del Rey é uma empresa prestadora de serviços e prestou serviços em seu município e fora dele, estando sujeita à retenção do ISS pelo tomador do serviço no segundo caso. O valor do serviço prestado no município foi R$ 15.000,00 e o valor do serviço prestado fora do município foi R$ 10.000,00, e, em ambos os casos, a alíquota do ISS é 5%.

2. É contribuinte do ISS:
    ( ) O professor universitário.
    ( ) O escritório de contabilidade.
    ( ) Os membros do conselho consultivo de uma empresa.
    ( ) O advogado que presta serviços com vínculo empregatício.

3. Não haverá cobrança do ISS:
   ( ) Na prestação de serviços de sociedade uniprofissionais.
   ( ) Quando o pagamento do serviço for feito em bens.
   ( ) Nos serviços prestados em outros municípios.
   ( ) Nas exportações de serviços ao exterior.

4. Constitui fato gerador do ISS:
   ( ) Aluguel recebido por locação de imóvel.
   ( ) Venda de combustíveis por postos revendedores.
   ( ) Prestação de serviço sob relação de emprego.
   ( ) Exibição de filmes pelos cinemas do município.

5. Uma oficina mecânica prestou serviços de manutenção de um automóvel, cobrando R$ 1.000,00 do cliente, sendo R$ 600,00 pelo serviço e R$ 400,00 pelas peças utilizadas. Considerando a alíquota do ISS e a alíquota de 12% para o ICMS, qual o valor total dos dois impostos desta operação?
   ( ) R$ 120,00
   ( ) R$ 108,00
   ( ) R$ 92,00
   ( ) R$ 78,00

6. A empresa Elevadas cobrou R$ 11.000,00 pelo serviço de manutenção de dois elevadores. Estão incluídas nesse valor as peças hidráulicas, no valor de R$ 2.300,00, as partes mecânicas, no valor de R$ 1.200,00, e as partes dos componentes elétricos, no valor de R$ 2.500,00. Considerando que a empresa está sujeita à alíquota máxima do ISS, qual o valor devido do imposto nessa operação?
   ( ) R$ 250,00
   ( ) R$ 325,00
   ( ) R$ 365,00
   ( ) R$ 385,00

capítulo 9

Simples Nacional

A Lei Complementar n. 123, de 14/12/2006, instituiu o tratamento diferenciado, favorecido e simplificado, a ser dispensado às microempresas e empresas de pequeno porte, denominado Simples Nacional.

O *Boletim Estudos & Pesquisas*, do Sebrae (2016), demonstrou como é crescente o número de pequenos negócios no Brasil assim como a demanda pelo Simples Nacional[1] e seus benefícios diretos e indiretos.

9.1 Conceituação básica

O Regime Especial Unificado de Arrecadação de Tributos e Contribuições devidos pelas Microempresas e Empresas de Pequeno Porte é facultativo. Contudo, quando manifestada a opção, é irretratável para todo o ano calendário e poderá propiciar aos contribuintes *benefícios tributários* e *não tributários*.

A literatura é recorrente em categorizar como *benefícios tributários* a apuração e o recolhimento dos impostos e contribuições, de competência da União, dos estados, do Distrito Federal e dos municípios, de forma *unificada* e *favorecida*, bem como as obrigações acessórias. Já a expressão "unificada" não diz respeito ao recolhimento de imposto único. A literatura usualmente emprega o termo para expressar o recolhimento simplificado, mediante documento único de arrecadação (DAS), dos seguintes impostos e contribuições, conforme Lei Complementar n. 147 de 2014:

---

[1] SERVIÇO BRASILEIRO DE APOIO ÀS MICRO E PEQUENAS EMPRESAS. *Boletim Estudos & Pesquisas*. n. 51, abril de 2016. Disponível em: <www.sebrae.com.br/Sebrae/Portal%20Sebrae/Anexos/boletim%20estudos%20e%20pesquisas_abril%202016.pdf>. Acesso em: 28 mar. 2017.

Documento de Arrecadação do Simples Nacional (DAS)		
Tributos federais	Tributo estadual	Tributo municipal
• Imposto sobre a Renda da Pessoa Jurídica (IRPJ) • Imposto sobre Produtos Industrializados (IPI) • Contribuição Social sobre o Lucro Líquido (CSLL) • Contribuição para o PIS/Pasep • Contribuição para o Financiamento da Seguridade Social (Cofins) • Contribuição Patronal Previdenciária (CPP) para a Seguridade Social, a cargo da pessoa jurídica	• Imposto sobre Operações Relativas à Circulação de Mercadorias e Sobre Prestações de Serviços de Transporte Interestadual e Intermunicipal e de Comunicação (ICMS)	• Imposto sobre Serviços de Qualquer Natureza (ISS)

Cabe destacar que o recolhimento unificado e favorecido deverá ocorrer mensalmente, quando devido.

A expressão "favorecida" é empregada, por exemplo, para descrever as condições de apoio à inovação (conforme Lei Complementar n. 123, seção II), à criação da figura do Microempreendedor Individual (MEI) e principalmente à fixação de alíquotas diferenciadas pelo Simples Nacional para as MEs e EPPs. O benefício tributário também é referente à carga tributária reduzida. As alíquotas variam, para as MEs, de 4% a 17,72% do faturamento e, para as EPPs, de 6,84% a 22,45%, conforme a atividade econômica da empresa e o faturamento bruto acumulado nos 12 meses anteriores ao período de apuração.

Entre os *benefícios não tributários*, podemos destacar: o acesso à justiça (câmaras de conciliação, mediação e arbitragem); o cumprimento simplificado de obrigações trabalhistas e previdenciárias, inclusive obrigações acessórias; a fiscalização orientadora; o acesso a crédito e ao mercado, inclusive quanto à preferência nas aquisições de bens e serviços pelos poderes públicos, à tecnologia, ao associativismo e às regras de inclusão; a inscrição e baixa da empresa, mediante o cadastro nacional único de contribuintes; e a desoneração no protesto de títulos. Em síntese, pode-se dizer que as empresas de micro e pequeno porte encontram-se com tratamentos diferenciados, favorecidos e simplificados nas relações elencadas referentes aos benefícios não tributários.

9.2 Legislação básica

A Constituição da República Federativa do Brasil, de 1988, estabeleceu em seu artigo 179 a seguinte redação:

A União, os Estados, o Distrito Federal e os Municípios dispensarão às microempresas e às empresas de pequeno porte, assim definidas em lei, tratamento jurídico diferenciado, visando a incentivá-las pela simplificação de suas obrigações administrativas, tributárias, previdenciárias e creditícias, ou pela eliminação ou redução destas por meio de lei.

Em 1995, a Emenda Constitucional n. 6 deu nova redação ao artigo 170 da Constituição Federal e ratificou o tratamento favorecido para as empresas de pequeno porte constituídas sob as leis brasileiras e que tinham sede e administração no país. Contudo, somente em 1996, por meio da Lei n. 9.317, foi instituído o Sistema Integrado de Pagamento de Impostos e Contribuições das Microempresas e das Empresas de Pequeno Porte.

O Simples Federal, como ficou popularmente conhecido, instituiu o regime tributário unificando o sistema integrado de pagamento de impostos. O grande erro dessa legislação foi facultar a adesão dos Estados e municípios mediante convênio. Assim, em 1999 foi instituído o Estatuto da Microempresa e da Empresa de Pequeno Porte (Lei n. 9.841, de 5/10/1999). O estatuto basicamente atendia aos itens estabelecidos pelos artigos 170 e 179 da Constituição Federal e complementarmente a Lei n. 9.317.

O estatuto também buscou contemplar o tratamento especial simplificado, de natureza administrativa, previdenciária, trabalhista e creditícia. Contudo, o excesso de atos normativos voltados para a ME e EPP, bem como a baixíssima adesão dos estados e municípios e o congelamento das tabelas por mais de 10 anos, contribuiu para o fim da sua vigência e a criação do atual modelo.

No dia 14 de dezembro de 2006 foi publicada a Lei Complementar n. 123 (o Simples Nacional entrou em vigor dia 1º/7/2007), que alterou os dispositivos das Leis n. 8.212 e 8.213 (ambas de 24/7/1991), da Consolidação das Leis do Trabalho (CLT) (aprovada pelo Decreto-Lei n. 5.452, de 1º/5/1943), da Lei n. 10.189 (de 14/2/2001), da Lei Complementar n. 63 (de 11/1/1990), e revogou as Leis n. 9.317 (de 5/12/1996) e 9.841 (de 5/10/1999).

Assim, a Lei Complementar n. 123 substituiu as legislações anteriores sobre o Simples Federal e, ao mesmo tempo, provocou a eliminação do Simples Estadual. Não há dúvida de que as legislações anteriores foram de grande valia; entretanto, tornar obrigatório, unificado e simplificado a regulamentação e o recolhimento do ICMS e o ISS era necessário. Pela nova legislação, feita em conjunto com todos os estados da federação, o ICMS e o ISS passaram obrigatoriamente a fazer parte do conjunto de tributos recolhidos e regulamentados de forma simplificada.

A Lei Complementar n. 123 instituiu o Comitê Gestor do Simples Nacional (CGSN), que hoje está vinculado ao Ministério da Fazenda e regulamenta a opção, exclusão, tributação, fiscalização, arrecadação, cobrança, dívida ativa e recolhimento das ME e EPPs.

A Lei Complementar n. 147, de 7/8/2014, por sua vez, criou o Comitê para Gestão da Rede Nacional para Simplificação do Registro e da Legalização de Empresas e Negócios (CGSIM). A ele compete regulamentar a inscrição, o cadastro, a abertura, o alvará, o arquivamento, as licenças, a permissão, a autorização, os registros e os demais itens relativos à abertura, legalização e funcionamento de empresários e de pessoas jurídicas de qualquer porte, atividade econômica ou composição societária.

Assim, foi estabelecido que para o ingresso no Simples Nacional é necessário o cumprimento das seguintes condições:

- enquadrar-se na definição de microempresa ou de empresa de pequeno porte;
- cumprir os requisitos previstos na legislação; e
- formalizar a opção pelo Simples Nacional.

Para efeito da legislação fiscal, consideram-se MEs e EPPs a sociedade simples, a empresa individual de responsabilidade limitada e o empresário a que se refere o artigo 966 da Lei n. 10.406, de 10/1/2002 (Código Civil), devidamente registrados no Registro de Empresas Mercantis ou no Registro Civil de Pessoas Jurídicas, conforme o caso, desde que:

- no caso da ME, aufira, em cada ano-calendário, receita bruta igual ou inferior a R$ 360.000,00; e
- no caso da EPP, aufira, em cada ano-calendário, receita bruta superior a R$ 360.000,00 e igual ou inferior a R$ 3.600.000,00.

> No caso de início de atividade no próprio ano-calendário, o limite será proporcional ao número de meses em que a microempresa ou a empresa de pequeno porte houver exercido atividade, inclusive as frações de meses.

Não poderá se beneficiar do tratamento jurídico diferenciado previsto na Lei Complementar n. 123 a pessoa jurídica:

- de cujo capital participe outra pessoa jurídica;
- que seja filial, sucursal, agência ou representação, no país, de pessoa jurídica com sede no exterior;
- de cujo capital participe pessoa física inscrita como empresário ou seja sócia de outra empresa que receba tratamento jurídico diferenciado nos termos desta lei complementar, desde que a receita bruta global ultrapasse o limite de R$ 3.600.000,00 no mercado interno;
- cujo titular ou sócio participe com mais de 10% do capital de outra empresa não beneficiada por esta lei complementar, desde que a receita bruta global ultrapasse o limite estabelecido pela lei complementar;
- cujo sócio ou titular seja administrador ou equiparado de outra pessoa jurídica com fins lucrativos, desde que a receita bruta global ultrapasse o limite de que trata a lei complementar;
- constituída sob a forma de cooperativas, salvo as de consumo;
- que participe do capital de outra pessoa jurídica;
- que exerça atividade de banco comercial, de investimentos e de desenvolvimento, de caixa econômica, de sociedade de crédito, financiamento e investimento ou de crédito imobiliário, de corretora ou de distribuidora de títulos, valores mobiliários e câmbio, de empresa de arrendamento mercantil, de seguros privados e de capitalização ou de previdência complementar;
- resultante ou remanescente de cisão ou qualquer outra forma de desmembramento de pessoa jurídica que tenha ocorrido em um dos cinco anos-calendário anteriores;
- constituída sob a forma de sociedade por ações;
- cujos titulares ou sócios guardem, cumulativamente, com o contratante do serviço, relação de pessoalidade, subordinação e habitualidade.

O objetivo continua o mesmo das legislações anteriores, que é de reduzir e simplificar a carga tributária dos pequenos empreendimentos, estimulando novos negócios, o que, em nosso entendimento, realmente acontece com boa parte dos negócios.

9.3 Necessidade de contabilidade

No mundo real, muitos empresários e "profissionais" acreditam que, quando optantes pelo Simples Nacional, estarão dispensados de fazer a contabilidade.

Cuidado com essa falácia. Esta, seguramente, é uma forma segura de colocar em xeque o pequeno negócio. O objetivo da contabilidade é muito maior. As demonstrações contábeis de MEs e EPPs oferecem informação sobre a mutação patrimonial e os fluxos de caixa da entidade aos proprietários, administradores ou autoridades fiscais, governamentais. Admite-se que uma gama de usuários não está em condições de exigir relatórios contábeis para atender a suas necessidades particulares de informação. Todavia, a ME e a EPP devem atender tanto as exigências fiscais quanto as exigências contábeis.

Entendemos que as leis fiscais são específicas, e seus objetivos diferem da legislação societária. A Lei Complementar n. 123 estabeleceu, em seu artigo 27, que, para fins fiscais, as MEs e as EPPs optantes pelo Simples Nacional poderão, opcionalmente, adotar contabilidade simplificada para os registros e controles das operações realizadas, conforme regulamentação do comitê gestor. O entendimento legal deste texto é que a emissão ou recepção de documento fiscal por meio eletrônico estabelecido pelas administrações tributárias, em qualquer modalidade, de entrada, de saída ou de prestação, na forma estabelecida pelo CGSN, representa sua própria escrituração fiscal.

O artigo 28 ratifica a importância da escrituração quando estabelece que o contribuinte estará excluído do Simples Nacional, por ofício, quando deixar de apresentar escrituração do livro-caixa ou não permitir a identificação da movimentação financeira, inclusive bancária.

O Conselho Federal de Contabilidade, no exercício de suas atribuições legais e regimentais, em conjunto com outras entidades do Comitê de Pronunciamentos Contábeis (CPC), criado pela Resolução CFC n. 1.055/2005, aprovou normas específicas para a contabilidade de pequenas e médias empresas. O comitê tem por objetivo estudar, preparar e emitir pronunciamentos técnicos sobre procedimentos de contabilidade e divulgar informações dessa natureza, visando permitir a emissão de normas uniformes pelas entidades-membro, levando sempre em consideração o processo de convergência às normas internacionais de contabilidade.

Assim, a partir do The International Financial Reporting Standard for Small and Medium-sized Entities (IFRS *for* SMEs) (IASB) a Coordenadoria Técnica do Comitê de Pronunciamentos Contábeis tornou público o Pronunciamento Técnico PME – Contabilidade para Pequenas e Médias Empresas. Nesse pronunciamento não se incluiu as companhias abertas (reguladas pela Comissão de Valores Mobiliários – CVM), as sociedades de grande porte (como definido na Lei n. 11.638/2007), as sociedades reguladas pelo Banco Central do Brasil, pela Superintendência de Seguros Privados e outras sociedades cuja prática contábil é ditada pelo correspondente órgão regulador, uma vez que em função do porte não se enquadrariam nas condições legais estabelecidas pela lei complementar.

As demonstrações contábeis elaboradas de acordo com o Pronunciamento para as PMEs diferem em determinados momentos das exigências legais para fins fiscais ou específicos. Contudo, o comitê sugere a compatibilização de ambos os requisitos por meio da estruturação de controles fiscais com conciliações dos resultados apurados. Destaca-se que a compreensibilidade, relevância, materialidade, confiabilidade, prudência, integralidade, comparabilidade e tempestividade são características qualitativas necessárias para as informações contábeis.

É importante frisar ainda que os eventos econômicos devem ser contabilizados e apresentados em conformidade com a sua essência e não meramente sob sua forma legal ou fiscal, pois isso aumenta a confiabilidade das demonstrações contábeis e dos relatórios fiscais.

No âmbito tributário, o CPC e a Norma Brasileira de Contabilidade TG 1000 determinam que:

- **Balanço Patrimonial**: deve incluir todos os passivos e ativos relativos a tributos correntes, todos os tributos diferidos ativos e passivos (classificados como não circulantes) e todas as provisões.
- **Demonstração do Resultado do Exercício**: deve apresentar as despesas com tributos sobre o lucro, excluindo o tributo alocado, o resultado líquido após os tributos das operações descontinuadas e o resultado após os tributos decorrente da mensuração ao valor justo menos despesas de venda, ou na baixa dos ativos ou do grupo de ativos à disposição para venda que constituem a unidade operacional descontinuada.
- **Demonstração dos Fluxos de Caixa (Atividades Operacionais)**: pagamentos ou restituição de tributos sobre o lucro, a menos que possam ser especificamente identificados com as atividades de financiamento ou de investimento. As estimativas de fluxos de caixa não devem incluir os recebimentos ou pagamentos de tributos sobre a renda.

O item 7.17 do CPC PME R1 e da NBC TG 1000 evidencia que a entidade deve apresentar separadamente os fluxos de caixa derivados dos tributos sobre o lucro e classificá-los como fluxos de caixa das atividades operacionais, a não ser que eles possam ser especificamente identificados com as atividades de investimento e financiamento. Ressalta ainda que, quando os fluxos de caixa derivados dos tributos forem alocados para mais de uma classe de atividade, a entidade deve evidenciar o valor total de tributos pagos.

Os tributos sobre o lucro das PMEs se aplicam às diferenças temporárias que surgem da eliminação dos lucros e prejuízos resultantes das transações dentro do grupo econômico, conforme ICPC 09. Dessa forma, recomenda-se que as empresas contabilizem os tributos sobre o lucro seguindo estes passos[2]:

- Reconhecer o tributo corrente, mensurado pelo valor que inclua o efeito de possíveis consequências da revisão pelas autoridades fiscais.
- Identificar quais ativos e passivos poderiam vir a afetar os lucros tributáveis se tais ativos fossem recuperados ou se tais passivos fossem liquidados pelos seus valores contábeis correntes.
- Determinar as bases fiscais na data do balanço. A base fiscal de ativos e passivos é determinada pelo resultado da venda dos ativos ou liquidação dos passivos pelos seus valores contábeis correntes.

Convém, também, que essas empresas divulguem as seguintes informações, separadamente[3]:

- o tributo corrente e o diferido agregados relacionados com os itens que são reconhecidos como itens do resultado abrangente;

---

[2] CPC PME R1 e a NBC TG 1000, item 29.3.
[3] CPC PME R1 e a NBC TG 1000, item 29.32.

- a explicação das diferenças significativas entre os valores apresentados nas demonstrações do resultado e do resultado abrangente, e os valores reportados às autoridades fiscais;
- a explicação sobre as alterações na alíquota aplicável comparadas com os períodos de divulgação anteriores;
- para cada tipo de diferença temporária e para cada tipo de prejuízos fiscais e créditos fiscais não utilizados:
   ✓ o valor dos passivos fiscais diferidos, ativos fiscais diferidos e provisões (de redução de ativos diferidos) ao fim do período de divulgação (data do balanço);
   ✓ uma análise da alteração nos passivos fiscais diferidos, nos ativos fiscais diferidos e nas provisões durante o período;
- a data de expiração, caso exista, de diferenças temporárias e prejuízos fiscais;
- créditos fiscais não utilizados;
- uma explicação da natureza dos potenciais efeitos do tributo sobre os lucros que resultariam do pagamento de dividendos ou distribuição de lucros aos seus acionistas ou sócios.

9.4 Apuração do débito tributário simplificado

Muitos doutrinadores, pesquisadores e os próprios órgãos competentes, para facilitar a apuração do valor devido mensalmente pelas PMEs, quando optantes pelo Simples Nacional, recomendam a compreensão da lei mediante a sistematização do processo de apuração do tributo em cinco passos[4]:

✓ Identificar e segregar a Receita Bruta Corrente (RBC).
✓ Identificar o anexo e a tabela.
✓ Identificar a Receita Bruta Total (RBT).
✓ Identificar a alíquota.
✓ Calcular a apuração.

Esses cinco passos são detalhados a seguir.

9.4.1 Passo 1 – Identificar e segregar a Receita Bruta Corrente (RBC)

O primeiro passo resume-se em identificar e segregar a Receita Bruta Corrente (RBC) conforme sua natureza. Esta é uma condição basilar e indispensável para a apuração correta do tributo. Considera-se Receita Bruta[5] Corrente o produto da venda de bens e serviços nas operações de conta própria, o preço dos serviços prestados e o resultado nas operações em conta alheia, não incluídas as vendas canceladas e os descontos incondicionais concedidos do mês de apuração do débito tributário simplificado.

---

[4] A Lei Complementar n. 123 e os órgãos competentes, assim como alguns autores, sugerem passos para a apuração do Simples Nacional. Ver: FABRETTI, Láudio Camargo et al. *Simples Nacional*. São Paulo: Atlas, 2013; OLIVEIRA, Gustavo Pedro de. *Contabilidade Tributária*. 4. ed. Ver. atual. São Paulo: Saraiva, 2013; REIS, Luciano Gomes dos et al. *Manual de contabilização dos tributos e contribuições sociais*. São Paulo: Atlas, 2010.
[5] § 1º do artigo 3º, Capítulo II, da Lei Complementar n. 123.

A segregação[6] da RBC deverá considerar a natureza:

- Revenda de mercadorias.
- Venda de mercadorias industrializadas pelo contribuinte.
- Prestação de serviços.
- Locação de bens móveis.
- Receitas decorrentes de operações ou prestações sujeitas à tributação monofásica, bem como, em relação ao ICMS, que o imposto já tenha sido recolhido por substituto tributário ou por antecipação tributária com encerramento de tributação.
- Receitas sobre as quais houve retenção de ISS.
- Receitas sujeitas à tributação em valor fixo ou que tenham sido objeto de isenção ou redução de ISS ou de ICMS na forma prevista nesta lei complementar.
- Receitas decorrentes de exportação, inclusive as vendas realizadas por meio de comercial exportadora ou da sociedade de propósito específico prevista no artigo 56 da Lei Complementar n. 123.
- Receita sobre as quais o ISS seja devido a município diverso do estabelecimento prestador, quando será recolhido no Simples Nacional.

Exemplo

RBC = R$ 30.000,00, sendo:

- RBC_{S1} = R$ 13.000,00 – Revenda de mercadorias
- RBC_{S2} = R$ 12.000,00 – Venda de mercadorias industrializadas pelo contribuinte
- RBC_{S3} = R$ 5.000,00 – Prestação de serviço de corretagem de imóveis

A Receita Bruta Corrente Segregada (RBC_S) é a base de cálculo do Simples Nacional, ou seja, sobre a receita bruta auferida e segregada no mês incidirá a alíquota determinada na forma dos passos 2 e 3 (itens 9.4.2 e 9.4.3). A segregação errada da RBC coloca em xeque a apuração dos tributos. Ressalta-se que esse passo acontece na emissão do documento fiscal. Identificada e segregada a RBC, é necessário executar o passo 2.

9.4.2 Passo 2 – Identificar o anexo e a tabela

A RBC será tributada na tabela do anexo da sua natureza. Para tanto, é necessário identificar qual anexo será utilizado para identificação da alíquota da tabela (passo 4). A Lei Complementar n. 123 consolidada traz seis anexos, e cada um deles apresenta as alíquotas em conformidade com a natureza da receita. A Seção III, da Lei Complementar n. 123 (consolidada), apresenta a descrição da composição dos anexos.

---

[6] § 4º do artigo 18, Seção III, da Lei Complementar n. 123.

Anexo	Natureza da receita
I	Revenda de mercadorias.
II	Venda de mercadorias industrializadas pelo contribuinte.
III	Prestação de serviços vinculados a: locação de bens imóveis e corretagem de imóveis; agências terceirizadas de correios; agências de viagem e turismo; centros de formação de condutores de veículos automotores de transporte terrestre de passageiros e de carga; agências lotéricas; serviços de instalação, de reparos e de manutenção em geral, bem como de usinagem, solda, tratamento e revestimento em metais; transporte municipal de passageiros; fisioterapia; corretagem de seguros; creches, pré-escolas e estabelecimentos de ensino fundamental; escolas técnicas, profissionais e de ensino médio, de línguas estrangeiras, de artes; cursos técnicos de pilotagem; preparatórios para concursos, gerenciais e escolas livres, exceto administração e locação de imóveis de terceiros, academias de dança, de capoeira, de ioga e de artes marciais; escritórios de serviços contábeis que promovam atendimento gratuito relativo à inscrição e à primeira declaração anual simplificada da microempresa individual; demais atividades de prestação de serviços sem previsão expressa de tributação na forma dos Anexos IV, V ou VI e que não tenham sido objeto de vedação previsto na lei complementar do Simples.
IV	Prestação de serviços vinculados a: construção de imóveis e obras de engenharia em geral, inclusive sob a forma de subempreitada, execução de projetos e serviços de paisagismo, bem como decoração de interiores; vigilância, limpeza ou conservação; serviços advocatícios.
V	Prestação de serviços vinculados a: administração e locação de imóveis de terceiros; academias de dança, de capoeira, de ioga e de artes marciais; academias de atividades físicas, desportivas, de natação e escolas de esportes; elaboração de programas de computadores, inclusive jogos eletrônicos, desde que desenvolvidos em estabelecimento do optante; licenciamento ou cessão de direito de uso de programas de computação; planejamento, confecção, manutenção e atualização de páginas eletrônicas, desde que realizados em estabelecimento do optante; empresas montadoras de estandes para feiras; laboratórios de análises clínicas ou de patologia clínica; serviços de tomografia, diagnósticos médicos por imagem, registros gráficos e métodos óticos, bem como de ressonância magnética; serviços de prótese em geral.
VI	Prestação de serviços vinculados a: medicina, inclusive laboratorial e enfermagem; medicina veterinária; odontologia; psicologia; psicanálise; terapia ocupacional; acupuntura; podologia; fonoaudiologia; clínicas de nutrição e de vacinação e bancos de leite; serviços de comissária, de despachante, de tradução e de interpretação; arquitetura, engenharia, medição, cartografia, topografia, geologia, geodésia, testes, suporte e análises técnicas e tecnológicas, pesquisa, *design*, desenho e agronomia; representação comercial e demais atividades de intermediação de negócios e serviços de terceiros; perícia, leilão e avaliação; auditoria, economia, consultoria, gestão, organização, controle e administração; jornalismo e publicidade; agenciamento, exceto de mão de obra; outras atividades do setor de serviços que tenham por finalidade a prestação de serviços decorrentes do exercício de atividade intelectual, de natureza técnica, científica, desportiva, artística ou cultural, que constituam profissão regulamentada ou não, desde que não sujeitas à tributação na forma dos Anexos III, IV ou V.

Dando prosseguimento ao exemplo demonstrado no item 9.4.1 (passo 1), a RBC_S teria a seguinte destinação:

RBC = R$ 30.000,00, sendo:

- RBC_{S1} = R$ 13.000,00 – Revenda de mercadorias – Anexo I
- RBC_{S2} = R$ 12.000,00 – Venda de mercadorias industrializadas pelo contribuinte – Anexo II
- RBC_{S3} = R$ 5.000,00 – Prestação de serviço de corretagem de imóveis – Anexo III

Dessa forma, sobre toda receita de revenda de mercadoria serão aplicadas as alíquotas do Anexo I; sobre a venda de mercadorias industrializadas pelo contribuinte serão aplicadas as alíquotas do Anexo II; e a de corretagem, o Anexo III.

Veja, a seguir, os seis anexos com as respectivas tabelas progressivas, conforme redação dada pela Lei Complementar n. 139, de 10/11/2011:

Anexo I							
Receita bruta em 12 meses (em R$)	Alíquota	IRPJ	CSLL	Cofins	PIS/Pasep	CPP	ICMS
Até 180.000,00	4,00%	0,00%	0,00%	0,00%	0,00%	2,75%	1,25%
De 180.000,01 a 360.000,00	5,47%	0,00%	0,00%	0,86%	0,00%	2,75%	1,86%
De 360.000,01 a 540.000,00	6,84%	0,27%	0,31%	0,95%	0,23%	2,75%	2,33%
De 540.000,01 a 720.000,00	7,54%	0,35%	0,35%	1,04%	0,25%	2,99%	2,56%
De 720.000,01 a 900.000,00	7,60%	0,35%	0,35%	1,05%	0,25%	3,02%	2,58%
De 900.000,01 a 1.080.000,00	8,28%	0,38%	0,38%	1,15%	0,27%	3,28%	2,82%
De 1.080.000,01 a 1.260.000,00	8,36%	0,39%	0,39%	1,16%	0,28%	3,30%	2,84%
De 1.260.000,01 a 1.440.000,00	8,45%	0,39%	0,39%	1,17%	0,28%	3,35%	2,87%
De 1.440.000,01 a 1.620.000,00	9,03%	0,42%	0,42%	1,25%	0,30%	3,57%	3,07%
De 1.620.000,01 a 1.800.000,00	9,12%	0,43%	0,43%	1,26%	0,30%	3,60%	3,10%
De 1.800.000,01 a 1.980.000,00	9,95%	0,46%	0,46%	1,38%	0,33%	3,94%	3,38%
De 1.980.000,01 a 2.160.000,00	10,04%	0,46%	0,46%	1,39%	0,33%	3,99%	3,41%
De 2.160.000,01 a 2.340.000,00	10,13%	0,47%	0,47%	1,40%	0,33%	4,01%	3,45%
De 2.340.000,01 a 2.520.000,00	10,23%	0,47%	0,47%	1,42%	0,34%	4,05%	3,48%
De 2.520.000,01 a 2.700.000,00	10,32%	0,48%	0,48%	1,43%	0,34%	4,08%	3,51%
De 2.700.000,01 a 2.880.000,00	11,23%	0,52%	0,52%	1,56%	0,37%	4,44%	3,82%
De 2.880.000,01 a 3.060.000,00	11,32%	0,52%	0,52%	1,57%	0,37%	4,49%	3,85%
De 3.060.000,01 a 3.240.000,00	11,42%	0,53%	0,53%	1,58%	0,38%	4,52%	3,88%
De 3.240.000,01 a 3.420.000,00	11,51%	0,53%	0,53%	1,60%	0,38%	4,56%	3,91%
De 3.420.000,01 a 3.600.000,00	11,61%	0,54%	0,54%	1,60%	0,38%	4,60%	3,95%

Anexo II								
Receita bruta em 12 meses (em R$)	Alíquota	IRPJ	CSLL	Cofins	PIS/Pasep	CPP	ICMS	IPI
Até 180.000,00	4,50%	0,00%	0,00%	0,00%	0,00%	2,75%	1,25%	0,50%
De 180.000,01 a 360.000,00	5,97%	0,00%	0,00%	0,86%	0,00%	2,75%	1,86%	0,50%
De 360.000,01 a 540.000,00	7,34%	0,27%	0,31%	0,95%	0,23%	2,75%	2,33%	0,50%
De 540.000,01 a 720.000,00	8,04%	0,35%	0,35%	1,04%	0,25%	2,99%	2,56%	0,50%
De 720.000,01 a 900.000,00	8,10%	0,35%	0,35%	1,05%	0,25%	3,02%	2,58%	0,50%
De 900.000,01 a 1.080.000,00	8,78%	0,38%	0,38%	1,15%	0,27%	3,28%	2,82%	0,50%
De 1.080.000,01 a 1.260.000,00	8,86%	0,39%	0,39%	1,16%	0,28%	3,30%	2,84%	0,50%
De 1.260.000,01 a 1.440.000,00	8,95%	0,39%	0,39%	1,17%	0,28%	3,35%	2,87%	0,50%
De 1.440.000,01 a 1.620.000,00	9,53%	0,42%	0,42%	1,25%	0,30%	3,57%	3,07%	0,50%
De 1.620.000,01 a 1.800.000,00	9,62%	0,42%	0,42%	1,26%	0,30%	3,62%	3,10%	0,50%
De 1.800.000,01 a 1.980.000,00	10,45%	0,46%	0,46%	1,38%	0,33%	3,94%	3,38%	0,50%
De 1.980.000,01 a 2.160.000,00	10,54%	0,46%	0,46%	1,39%	0,33%	3,99%	3,41%	0,50%
De 2.160.000,01 a 2.340.000,00	10,63%	0,47%	0,47%	1,40%	0,33%	4,01%	3,45%	0,50%
De 2.340.000,01 a 2.520.000,00	10,73%	0,47%	0,47%	1,42%	0,34%	4,05%	3,48%	0,50%
De 2.520.000,01 a 2.700.000,00	10,82%	0,48%	0,48%	1,43%	0,34%	4,08%	3,51%	0,50%
De 2.700.000,01 a 2.880.000,00	11,73%	0,52%	0,52%	1,56%	0,37%	4,44%	3,82%	0,50%
De 2.880.000,01 a 3.060.000,00	11,82%	0,52%	0,52%	1,57%	0,37%	4,49%	3,85%	0,50%
De 3.060.000,01 a 3.240.000,00	11,92%	0,53%	0,53%	1,58%	0,38%	4,52%	3,88%	0,50%
De 3.240.000,01 a 3.420.000,00	12,01%	0,53%	0,53%	1,60%	0,38%	4,56%	3,91%	0,50%
De 3.420.000,01 a 3.600.000,00	12,11%	0,54%	0,54%	1,60%	0,38%	4,60%	3,95%	0,50%

Anexo III							
Receita bruta em 12 meses (em R$)	Alíquota	IRPJ	CSLL	Cofins	PIS/Pasep	CPP	ISS
Até 180.000,00	6,00%	0,00%	0,00%	0,00%	0,00%	4,00%	2,00%
De 180.000,01 a 360.000,00	8,21%	0,00%	0,00%	1,42%	0,00%	4,00%	2,79%
De 360.000,01 a 540.000,00	10,26%	0,48%	0,43%	1,43%	0,35%	4,07%	3,50%
De 540.000,01 a 720.000,00	11,31%	0,53%	0,53%	1,56%	0,38%	4,47%	3,84%
De 720.000,01 a 900.000,00	11,40%	0,53%	0,52%	1,58%	0,38%	4,52%	3,87%
De 900.000,01 a 1.080.000,00	12,42%	0,57%	0,57%	1,73%	0,40%	4,92%	4,23%
De 1.080.000,01 a 1.260.000,00	12,54%	0,59%	0,56%	1,74%	0,42%	4,97%	4,26%
De 1.260.000,01 a 1.440.000,00	12,68%	0,59%	0,57%	1,76%	0,42%	5,03%	4,31%
De 1.440.000,01 a 1.620.000,00	13,55%	0,63%	0,61%	1,88%	0,45%	5,37%	4,61%
De 1.620.000,01 a 1.800.000,00	13,68%	0,63%	0,64%	1,89%	0,45%	5,42%	4,65%
De 1.800.000,01 a 1.980.000,00	14,93%	0,69%	0,69%	2,07%	0,50%	5,98%	5,00%
De 1.980.000,01 a 2.160.000,00	15,06%	0,69%	0,69%	2,09%	0,50%	6,09%	5,00%
De 2.160.000,01 a 2.340.000,00	15,20%	0,71%	0,70%	2,10%	0,50%	6,19%	5,00%
De 2.340.000,01 a 2.520.000,00	15,35%	0,71%	0,70%	2,13%	0,51%	6,30%	5,00%
De 2.520.000,01 a 2.700.000,00	15,48%	0,72%	0,70%	2,15%	0,51%	6,40%	5,00%
De 2.700.000,01 a 2.880.000,00	16,85%	0,78%	0,76%	2,34%	0,56%	7,41%	5,00%
De 2.880.000,01 a 3.060.000,00	16,98%	0,78%	0,78%	2,36%	0,56%	7,50%	5,00%
De 3.060.000,01 a 3.240.000,00	17,13%	0,80%	0,79%	2,37%	0,57%	7,60%	5,00%
De 3.240.000,01 a 3.420.000,00	17,27%	0,80%	0,79%	2,40%	0,57%	7,71%	5,00%
De 3.420.000,01 a 3.600.000,00	17,42%	0,81%	0,79%	2,42%	0,57%	7,83%	5,00%

Anexo IV						
Receita bruta em 12 meses (em R$)	Alíquota	IRPJ	CSLL	Cofins	PIS/Pasep	ISS
Até 180.000,00	4,50%	0,00%	1,22%	1,28%	0,00%	2,00%
De 180.000,01 a 360.000,00	6,54%	0,00%	1,84%	1,91%	0,00%	2,79%
De 360.000,01 a 540.000,00	7,70%	0,16%	1,85%	1,95%	0,24%	3,50%
De 540.000,01 a 720.000,00	8,49%	0,52%	1,87%	1,99%	0,27%	3,84%
De 720.000,01 a 900.000,00	8,97%	0,89%	1,89%	2,03%	0,29%	3,87%
De 900.000,01 a 1.080.000,00	9,78%	1,25%	1,91%	2,07%	0,32%	4,23%
De 1.080.000,01 a 1.260.000,00	10,26%	1,62%	1,93%	2,11%	0,34%	4,26%
De 1.260.000,01 a 1.440.000,00	10,76%	2,00%	1,95%	2,15%	0,35%	4,31%
De 1.440.000,01 a 1.620.000,00	11,51%	2,37%	1,97%	2,19%	0,37%	4,61%
De 1.620.000,01 a 1.800.000,00	12,00%	2,74%	2,00%	2,23%	0,38%	4,65%
De 1.800.000,01 a 1.980.000,00	12,80%	3,12%	2,01%	2,27%	0,40%	5,00%
De 1.980.000,01 a 2.160.000,00	13,25%	3,49%	2,03%	2,31%	0,42%	5,00%
De 2.160.000,01 a 2.340.000,00	13,70%	3,86%	2,05%	2,35%	0,44%	5,00%
De 2.340.000,01 a 2.520.000,00	14,15%	4,23%	2,07%	2,39%	0,46%	5,00%
De 2.520.000,01 a 2.700.000,00	14,60%	4,60%	2,10%	2,43%	0,47%	5,00%
De 2.700.000,01 a 2.880.000,00	15,05%	4,90%	2,19%	2,47%	0,49%	5,00%
De 2.880.000,01 a 3.060.000,00	15,50%	5,21%	2,27%	2,51%	0,51%	5,00%
De 3.060.000,01 a 3.240.000,00	15,95%	5,51%	2,36%	2,55%	0,53%	5,00%
De 3.240.000,01 a 3.420.000,00	16,40%	5,81%	2,45%	2,59%	0,55%	5,00%
De 3.420.000,01 a 3.600.000,00	16,85%	6,12%	2,53%	2,63%	0,57%	5,00%

Anexo V
1. Será apurada a relação (r) conforme abaixo: $$(r) = \frac{\text{Folha de salários incluídos os encargos (em 12 meses)}}{\text{Receita bruta (em 12 meses)}}$$
2. Nas hipóteses em que (r) corresponda aos intervalos centesimais da Tabela V-A, em que "<" significa menor, ">" significa maior que, "≤" significa igual ou menor que, e "≥" significa maior ou igual que. As alíquotas do Simples Nacional relativas ao IRPJ, ao PIS/Pasep, à CSLL, à Cofins e à CPP corresponderão ao seguinte:

Tabela V-A							
Receita bruta em 12 meses (em R$)	(r) < 0,10	0,10 ≤ (r) e (r) < 0,15	0,15 ≤ (r) e (r) < 0,20	0,20 ≤ (r) e (r) < 0,25	0,25 ≤ (r) e (r) < 0,30	0,30 ≤ (r) e (r) < 0,35	0,35 < (r) e (r) < 0,40	(r) ≥ 0,40
Até 180.000,00	17,50%	15,70%	13,70%	11,82%	10,47%	9,97%	8,80%	8,00%
De 180.000,01 a 360.000,00	17,52%	15,75%	13,90%	12,60%	12,33%	10,72%	9,10%	8,48%
De 360.000,01 a 540.000,00	17,55%	15,95%	14,20%	12,90%	12,64%	11,11%	9,58%	9,03%
De 540.000,01 a 720.000,00	17,95%	16,70%	15,00%	13,70%	13,45%	12,00%	10,56%	9,34%
De 720.000,01 a 900.000,00	18,15%	16,95%	15,30%	14,03%	13,53%	12,40%	11,04%	10,06%
De 900.000,01 a 1.080.000,00	18,45%	17,20%	15,40%	14,10%	13,60%	12,60%	11,60%	10,60%
De 1.080.000,01 a 1.260.000,00	18,55%	17,30%	15,50%	14,11%	13,68%	12,68%	11,68%	10,68%
De 1.260.000,01 a 1.440.000,00	18,62%	17,32%	15,60%	14,12%	13,69%	12,69%	11,69%	10,69%
De 1.440.000,01 a 1.620.000,00	18,72%	17,42%	15,70%	14,13%	14,08%	13,08%	12,08%	11,08%
De 1.620.000,01 a 1.800.000,00	18,86%	17,56%	15,80%	14,14%	14,09%	13,09%	12,09%	11,09%
De 1.800.000,01 a 1.980.000,00	18,96%	17,66%	15,90%	14,49%	14,45%	13,61%	12,78%	11,87%
De 1.980.000,01 a 2.160.000,00	19,06%	17,76%	16,00%	14,67%	14,64%	13,89%	13,15%	12,28%
De 2.160.000,01 a 2.340.000,00	19,26%	17,96%	16,20%	14,86%	14,82%	14,17%	13,51%	12,68%
De 2.340.000,01 a 2.520.000,00	19,56%	18,30%	16,50%	15,46%	15,18%	14,61%	14,04%	13,26%
De 2.520.000,01 a 2.700.000,00	20,70%	19,30%	17,45%	16,24%	16,00%	15,52%	15,03%	14,29%
De 2.700.000,01 a 2.880.000,00	21,20%	20,00%	18,20%	16,91%	16,72%	16,32%	15,93%	15,23%
De 2.880.000,01 a 3.060.000,00	21,70%	20,50%	18,70%	17,40%	17,13%	16,82%	16,38%	16,17%
De 3.060.000,01 a 3.240.000,00	22,20%	20,90%	19,10%	17,80%	17,55%	17,22%	16,82%	16,51%
De 3.240.000,01 a 3.420.000,00	22,50%	21,30%	19,50%	18,20%	17,97%	17,44%	17,21%	16,94%
De 3.420.000,01 a 3.600.000,00	22,90%	21,80%	20,00%	18,60%	18,40%	17,85%	17,60%	17,18%

(continua)

(continuação)

Em que:

3. A alíquota do Simples Nacional relativa ao IRPJ, PIS/Pasep, CSLL, Cofins e CPP apurada na forma apresentada será somada à parcela correspondente ao ISS prevista no Anexo IV.

4. A partilha das receitas relativas ao IRPJ, ao PIS/Pasep, à CSLL, à Cofins e à CPP arrecadadas na forma deste Anexo será realizada com base nos parâmetros definidos na Tabela V-B, em que:

(I) = pontos percentuais da partilha destinada à CPP;

(J) = pontos percentuais da partilha destinada ao IRPJ, calculados após o resultado do fator (I);

(K) = pontos percentuais da partilha destinada à CSLL, calculados após o resultado dos fatores (I) e (J);

(L) = pontos percentuais da partilha destinada à Cofins, calculados após o resultado dos fatores (I), (J) e (K);

(M) = pontos percentuais da partilha destinada à contribuição para o PIS/Pasep, calculados após os resultados dos fatores (I), (J), (K) e (L);

$$(I) + (J) + (K) + (L) + (M) = 100$$

(N) = relação (r) dividida por 0,004, limitando-se o resultado a 100;

(P) = 0,1 dividido pela relação (r), limitando-se o resultado a 1.

Tabela V-B

Receita bruta em 12 meses (em R$)	CPP I	IRPJ J	CSLL K	Cofins L	PIS/Pasep M
Até 180.000,00	N × 0,9	0,75 × (100 − I) × P	0,25 × (100 − I) × P	0,75 × (100 − I − J − K)	100 − I − J − K − L
De 180.000,01 a 360.000,00	N × 0,875	0,75 × (100 − I) × P	0,25 × (100 − I) × P	0,75 × (100 − I − J − K)	100 − I − J − K − L
De 360.000,01 a 540.000,00	N × 0,85	0,75 × (100 − I) × P	0,25 × (100 − I) × P	0,75 × (100 − I − J − K)	100 − I − J − K − L
De 540.000,01 a 720.000,00	N × 0,825	0,75 × (100 − I) × P	0,25 × (100 − I) × P	0,75 × (100 − I − J − K)	100 − I − J − K − L
De 720.000,01 a 900.000,00	N × 0,8	0,75 × (100 − I) × P	0,25 × (100 − I) × P	0,75 × (100 − I − J − K)	100 − I − J − K − L
De 900.000,01 a 1.080.000,00	N × 0,775	0,75 × (100 − I) × P	0,25 × (100 − I) × P	0,75 × (100 − I − J − K)	100 − I − J − K − L
De 1.080.000,01 a 1.260.000,00	N × 0,75	0,75 × (100 − I) × P	0,25 × (100 − I) × P	0,75 × (100 − I − J − K)	100 − I − J − K − L
De 1.260.000,01 a 1.440.000,00	N × 0,725	0,75 × (100 − I) × P	0,25 × (100 − I) × P	0,75 × (100 − I − J − K)	100 − I − J − K − L
De 1.440.000,01 a 1.620.000,00	N × 0,7	0,75 × (100 − I) × P	0,25 × (100 − I) × P	0,75 × (100 − I − J − K)	100 − I − J − K − L
De 1.620.000,01 a 1.800.000,00	N × 0,675	0,75 × (100 − I) × P	0,25 × (100 − I) × P	0,75 × (100 − I − J − K)	100 − I − J − K − L
De 1.800.000,01 a 1.980.000,00	N × 0,65	0,75 × (100 − I) × P	0,25 × (100 − I) × P	0,75 × (100 − I − J − K)	100 − I − J − K − L
De 1.980.000,01 a 2.160.000,00	N × 0,625	0,75 × (100 − I) × P	0,25 × (100 − I) × P	0,75 × (100 − I − J − K)	100 − I − J − K − L
De 2.160.000,01 a 2.340.000,00	N × 0,6	0,75 × (100 − I) × P	0,25 × (100 − I) × P	0,75 × (100 − I − J − K)	100 − I − J − K − L
De 2.340.000,01 a 2.520.000,00	N × 0,575	0,75 × (100 − I) × P	0,25 × (100 − I) × P	0,75 × (100 − I − J − K)	100 − I − J − K − L
De 2.520.000,01 a 2.700.000,00	N × 0,55	0,75 × (100 − I) × P	0,25 × (100 − I) × P	0,75 × (100 − I − J − K)	100 − I − J − K − L
De 2.700.000,01 a 2.880.000,00	N × 0,525	0,75 × (100 − I) × P	0,25 × (100 − I) × P	0,75 × (100 − I − J − K)	100 − I − J − K − L
De 2.880.000,01 a 3.060.000,00	N × 0,5	0,75 × (100 − I) × P	0,25 × (100 − I) × P	0,75 × (100 − I − J − K)	100 − I − J − K − L
De 3.060.000,01 a 3.240.000,00	N × 0,475	0,75 × (100 − I) × P	0,25 × (100 − I) × P	0,75 × (100 − I − J − K)	100 − I − J − K − L
De 3.240.000,01 a 3.420.000,00	N × 0,45	0,75 × (100 − I) × P	0,25 × (100 − I) × P	0,75 × (100 − I − J − K)	100 − I − J − K − L
De 3.420.000,01 a 3.600.000,00	N × 0,425	0,75 × (100 − I) × P	0,25 × (100 − I) × P	0,75 × (100 − I − J − K)	100 − I − J − K − L

Anexo VI

Será apurada a relação (r) conforme abaixo:

$$(r) = \frac{\text{Folha de salários incluídos os encargos (em 12 meses)}}{\text{Receita bruta (em 12 meses)}}$$

A partilha das receitas relativas ao IRPJ, ao PIS/Pasep, à CSLL, à Cofins e à CPP arrecadadas na forma deste Anexo será realizada com base nos parâmetros definidos na Tabela V-B do Anexo V desta lei complementar.

Independentemente do resultado da relação (r), as alíquotas do Simples Nacional corresponderão ao seguinte:

Tabela VI

Receita bruta em 12 meses (em R$)	Alíquota	IRPJ, PIS/Pasep, CSLL, Cofins e CPP	ISS
Até 180.000,00	16,93%	14,93%	2,00%
De 180.000,01 a 360.000,00	17,72%	14,93%	2,79%
De 360.000,01 a 540.000,00	18,43%	14,93%	3,50%
De 540.000,01 a 720.000,00	18,77%	14,93%	3,84%
De 720.000,01 a 900.000,00	19,04%	15,17%	3,87%
De 900.000,01 a 1.080.000,00	19,94%	15,71%	4,23%
De 1.080.000,01 a 1.260.000,00	20,34%	16,08%	4,26%
De 1.260.000,01 a 1.440.000,00	20,66%	16,35%	4,31%
De 1.440.000,01 a 1.620.000,00	21,17%	16,56%	4,61%
De 1.620.000,01 a 1.800.000,00	21,38%	16,73%	4,65%
De 1.800.000,01 a 1.980.000,00	21,86%	16,86%	5,00%
De 1.980.000,01 a 2.160.000,00	21,97%	16,97%	5,00%
De 2.160.000,01 a 2.340.000,00	22,06%	17,06%	5,00%
De 2.340.000,01 a 2.520.000,00	22,14%	17,14%	5,00%
De 2.520.000,01 a 2.700.000,00	22,21%	17,21%	5,00%
De 2.700.000,01 a 2.880.000,00	22,21%	17,21%	5,00%
De 2.880.000,01 a 3.060.000,00	22,32%	17,32%	5,00%
De 3.060.000,01 a 3.240.000,00	22,37%	17,37%	5,00%
De 3.240.000,01 a 3.420.000,00	22,41%	17,41%	5,00%
De 3.420.000,01 a 3.600.000,00	22,45%	17,45%	5,00%

Observação

A empresa de pequeno porte que auferir, no decurso do ano-calendário, receita bruta superior ao limite estabelecido nos anexos, estará excluída do tratamento jurídico diferenciado previsto na Lei Complementar n. 123. Todavia, se o excesso verificado em relação à receita bruta não for superior a 20% (vinte por cento) do respectivo limite, os efeitos da exclusão se darão somente no ano-calendário subsequente; para tanto, sugere-se que, antes do passo 3, calcule-se ainda a Receita Bruta Anual (RBA).

Identificados os anexos e conhecidas as tabelas, é necessário executar o passo 3, a fim de posteriormente identificar a alíquota.

9.4.3 Passo 3 – Identificar a Receita Bruta Total (RBT)

A RBT corresponde à receita bruta acumulada nos 12 meses anteriores à RBC e é essencial para a determinação das alíquotas. Salienta-se que a RBT não deve ser segregada, como a RBC.

Exemplo

Sabendo que a RBC totaliza R$ 30.000,00, referente ao mês de março de 2015, o cálculo da RBT aconteceria da seguinte forma:

Ano	Mês	Faturamento	Cálculo
2014	Março	R$ 27.000,00	
	Abril	R$ 35.000,00	
	Maio	R$ 38.000,00	
	Junho	R$ 30.000,00	
	Julho	R$ 36.000,00	RBT = R$ 430.000,00
	Agosto	R$ 34.000,00	RBC = R$ 30.000,00
	Setembro	R$ 39.000,00	
	Outubro	R$ 41.000,00	
	Novembro	R$ 35.000,00	
	Dezembro	R$ 35.000,00	
2015	Janeiro	R$ 41.000,00	
	Fevereiro	R$ 39.000,00	RBA = R$ 110.000,00
	Março	R$ 30.000,00	

A RBT deste exemplo equivale ao somatório da receita bruta dos meses de março de 2014 a fevereiro de 2015.

9.4.4 Passo 4 – Identificar a alíquota

Para identificar a alíquota, o contribuinte utilizará a RBA, a RBT e a RBC_s.

Em sequência ao exemplo anterior, teríamos:

RBA = R$ 110.000,00 (observe que a RBC compõe a RBA) – Nesse exemplo, a RBA não ultrapassa o limite legal do Simples, portanto não interfere no cálculo.

RBC = R$ 30.000,00, sendo:

- RBC$_{S1}$ = R$ 13.000,00 – Revenda de mercadorias – Anexo I
- RBC$_{S2}$ = R$ 12.000,00 – Venda de mercadorias industrializadas pelo contribuinte – Anexo II
- RBC$_{S3}$ = R$ 5.000,00 – Prestação de serviço de corretagem de imóveis – Anexo III

RBT = R$ 430.000,00 (a RBC não compõe a RBT).

Dessa forma, as alíquotas seriam as seguintes:
– Sobre a receita proveniente de revenda de mercadorias – Anexo I

Receita bruta em 12 meses (em R$)	Alíquota	IRPJ	CSLL	Cofins	PIS/Pasep	CPP	ICMS
De 360.000,01 a 540.000,00	6,84%	0,27%	0,31%	0,95%	0,23%	2,75%	2,33%

– Sobre a receita proveniente da venda de mercadorias industrializadas pelo contribuinte – Anexo II

Receita bruta em 12 meses (em R$)	Alíquota	IRPJ	CSLL	Cofins	PIS/Pasep	CPP	ICMS	IPI
De 360.000,01 a 540.000,00	7,34%	0,27%	0,31%	0,95%	0,23%	2,75%	2,33%	0,50%

– Sobre a receita proveniente da prestação de serviço de corretagem de imóveis – Anexo III

Receita bruta em 12 meses (em R$)	Alíquota	IRPJ	CSLL	Cofins	PIS/Pasep	CPP	ISS
De 360.000,01 a 540.000,00	10,26%	0,48%	0,43%	1,43%	0,35%	4,07%	3,50%

> **Observação**
> Sobre a parcela da RBC que exceder em até 20% o montante determinado pelo teto das tabelas serão aplicadas as alíquotas máximas previstas nos Anexos I a VI, proporcionalmente conforme a natureza da receita.

9.4.5 Passo 5 – Calcular a apuração

Após os quatro passos, para realizar o cálculo basta multiplicar as alíquotas encontradas pela RBC$_S$. Com o objetivo de tornar mais didático o processo de aprendizagem do cálculo, sugere-se acompanhar a finalização da apuração dos exemplos anteriores:

Ano	Mês	Faturamento	Cálculo
2014	Março	R$ 27.000,00	
	Abril	R$ 35.000,00	
	Maio	R$ 38.000,00	
	Junho	R$ 30.000,00	
	Julho	R$ 36.000,00	RBT = R$ 430.000,00
	Agosto	R$ 34.000,00	
	Setembro	R$ 39.000,00	RBC = R$ 30.000,00
	Outubro	R$ 41.000,00	
	Novembro	R$ 35.000,00	
	Dezembro	R$ 35.000,00	
2015	Janeiro	R$ 41.000,00	RBA = R$ 110.000,00
	Fevereiro	R$ 39.000,00	
	Março	R$ 30.000,00	

RBA = R$ 110.000,00
RBT = R$ 430.000,00
RBC = R$ 30.000,00
  RBC_{S1} = R$ 13.000,00
  RBC_{S2} = R$ 12.000,00
  RBC_{S3} = R$ 5.000,00

Importante
$RBC_{S\ (anexo\ 1-6)} \times Alíquota_{(anexo\ 1-6)} = DAS$

Logo:
DAS = (R$ 13.000,00 × 6,84%) + (R$ 12.000,00 × 7,34%) + (R$ 5.000,00 × 10,26%)
DAS = R$ 889,20 + R$ 880,80 + R$ 513,00
DAS = R$ 2.283,00

Atenção

Em caso de início de atividade, os valores da RBT constantes das tabelas dos anexos I a VI da lei complementar devem ser proporcionalizados de acordo com o número de meses de atividade no período.

> No caso de omissão de receita, aplicam-se à microempresa e à empresa de pequeno porte optantes pelo Simples Nacional todas as presunções existentes nas legislações de regência dos impostos e contribuições.

9.5 Apuração do tributo simplificado a partir de receitas decorrentes de substituição tributária

O valor devido mensalmente pela microempresa ou empresa de pequeno porte optante pelo Simples Nacional, como demonstrado no item anterior (9.4), será determinado mediante aplicação das alíquotas constantes das tabelas dos anexos I a VI desta lei complementar.

Conforme estabelecido no quadro do item 9.4.2, o contribuinte deverá segregar, também, as receitas nas operações sujeitas ao regime de substituição tributária, tributação concentrada em uma única etapa (monofásica) e sujeitas ao regime de antecipação do recolhimento do imposto com encerramento de tributação. Nesse sentido, para a apuração do montante devido no mês relativo a cada tributo, serão consideradas as reduções relativas aos tributos já recolhidos.

Exemplo

Considerando que a empresa apresentou o seguinte contexto com relação ao faturamento:

Ano	Mês	Faturamento	Cálculo
2014	Março	R$ 27.000,00	
	Abril	R$ 35.000,00	
	Maio	R$ 38.000,00	
	Junho	R$ 30.000,00	
	Julho	R$ 36.000,00	RBT = R$ 430.000,00
	Agosto	R$ 34.000,00	
	Setembro	R$ 39.000,00	RBC = R$ 30.000,00
	Outubro	R$ 41.000,00	
	Novembro	R$ 35.000,00	
	Dezembro	R$ 35.000,00	
2015	Janeiro	R$ 41.000,00	
	Fevereiro	R$ 39.000,00	RBA = R$ 110.000,00
	Março	R$ 30.000,00	

Sabendo que:
RBC = R$ 30.000,00, sendo:

- RBC_{S1} = R$ 10.000,00 – Revenda de mercadorias – Anexo I
- RBC_{S2} = R$ 10.000,00 – Venda de mercadorias industrializadas pelo contribuinte – Anexo II
- RBC_{S3} = R$ 5.000,00 – Prestação de serviço de corretagem de imóveis – Anexo III
- RBC_{S3} = R$ 5.000,00 – Receitas de revenda de mercadorias decorrentes de operações ou prestações sujeitas à tributação monofásica, bem como, em relação ao ICMS, que o imposto já tenha sido recolhido por substituto tributário ou por antecipação tributária com encerramento de tributação – Anexo I

Teríamos a seguinte apuração:
RBA = R$ 110.000,00
RBT = R$ 430.000,00
RBC = R$ 30.000,00
$\quad RBC_{S1}$ = R$ 10.000,00
$\quad RBC_{S2}$ = R$ 10.000,00
$\quad RBC_{S3}$ = R$ 5.000,00
$\quad RBC_{S1(ST)}$ = R$ 5.000,00
Logo:
– Sobre a receita proveniente de revenda de mercadorias – Anexo I

Receita bruta em 12 meses (em R$)	Alíquota	IRPJ	CSLL	Cofins	PIS/Pasep	CPP	ICMS
De 360.000,01 a 540.000,00	6,84%	0,27%	0,31%	0,95%	0,23%	2,75%	2,33%

– Sobre a receita proveniente da venda de mercadorias industrializadas pelo contribuinte – Anexo II

Receita bruta em 12 meses (em R$)	Alíquota	IRPJ	CSLL	Cofins	PIS/Pasep	CPP	ICMS	IPI
De 360.000,01 a 540.000,00	7,34%	0,27%	0,31%	0,95%	0,23%	2,75%	2,33%	0,50%

– Sobre a receita proveniente da prestação de serviço de corretagem de imóveis – Anexo III

Receita bruta em 12 meses (em R$)	Alíquota	IRPJ	CSLL	Cofins	PIS/Pasep	CPP	ISS
De 360.000,01 a 540.000,00	10,26%	0,48%	0,43%	1,43%	0,35%	4,07%	3,50%

– Receitas de revenda de mercadorias decorrentes de operações ou prestações sujeitas à tributação monofásica, bem como, em relação ao ICMS, que o imposto já tenha sido recolhido por substituto tributário ou por antecipação tributária com encerramento de tributação – Anexo I

Receita bruta em 12 meses (em R$)	Alíquota	IRPJ	CSLL	Cofins	PIS/Pasep	CPP
De 360.000,01 a 540.000,00	4,51%	0,27%	0,31%	0,95%	0,23%	2,75%

Importante

$RBC_{S\ (anexo\ 1-6-ST)} \times Alíquota_{(anexo\ 1-6)} = DAS$

Logo:

DAS = (R$ 10.000,00 × 6,84%) + (R$ 10.000,00 × 7,34%) + (R$ 5.000,00 × 10,26%) + (R$ 5.000,00 × 4,51%)

DAS = R$ 684,00 + R$ 734,00 + R$ 513,00 + R$ 225,50

DAS = R$ 2.156,50

Receitas de revenda de mercadorias decorrentes de operações ou prestações sujeitas à tributação monofásica, bem como, em relação ao ICMS, que o imposto já tenha sido recolhido por substituto tributário ou por antecipação tributária com encerramento de tributação.

Essa situação é recorrente nas operações envolvendo combustíveis e lubrificantes; energia elétrica; cigarros e outros produtos derivados do fumo; bebidas; óleos e azeites vegetais comestíveis; farinha de trigo e misturas de farinha de trigo; massas alimentícias; açúcares; produtos lácteos; carnes e suas preparações; preparações à base de cereais; chocolates; produtos de padaria e da indústria de bolachas e biscoitos; sorvetes e preparados para fabricação de sorvetes em máquinas; cafés e mates, seus extratos, essências e concentrados; preparações para molhos e molhos preparados; preparações de produtos vegetais; rações para animais domésticos; veículos automotivos e automotores, suas peças, componentes e acessórios; pneumáticos; câmaras de ar e protetores de borracha; medicamentos e outros produtos farmacêuticos para uso humano ou veterinário; cosméticos; produtos de perfumaria e de higiene pessoal; papéis; plásticos; canetas e malas; cimentos; cal e argamassas; produtos cerâmicos; vidros; obras de metal e plástico para construção; telhas e caixas-d'água; tintas e vernizes; produtos eletrônicos, eletroeletrônicos e eletrodomésticos; fios; cabos e outros condutores; transformadores elétricos e reatores; disjuntores; interruptores e tomadas; isoladores; para-raios e lâmpadas; máquinas e aparelhos de ar-condicionado; centrifugadores de uso doméstico; aparelhos e instrumentos de pesagem de uso doméstico; extintores; aparelhos ou máquinas de barbear; máquinas de cortar o cabelo ou de tosquiar; aparelhos de depilar, com motor elétrico incorporado; aquecedores elétricos de água para uso doméstico e termômetros; ferramentas; álcool etílico; sabões em pó e líquidos para roupas; detergentes; alvejantes; esponjas; palhas de aço e amaciantes de roupa; venda de mercadorias pelo sistema porta a porta; nas operações sujeitas ao regime de substituição tributária pelas operações anteriores; e nas prestações de serviços sujeitas aos regimes de substituição tributária e de antecipação de recolhimento do imposto com encerramento de tributação[7].

Complementarmente, as atividades de prestação de serviços de comunicação e de transportes interestadual e intermunicipal de cargas, e de transporte intermunicipal e interestadual de passageiros, exceto quando na modalidade fluvial ou quando possuir características de transporte urbano ou metropolitano ou realizar-se sob fretamento contínuo em área metropolitana para o transporte de estudantes ou trabalhadores, serão tributadas na forma do Anexo III, deduzida a parcela correspondente ao ISS e acrescida a parcela correspondente ao ICMS prevista no Anexo I.

A Lei Complementar n. 128, de 19/12/2008, estabeleceu ainda que o tomador do serviço deverá reter o montante correspondente na forma da legislação do município onde estiver localizado. Nesse sentido, ratifica-se a ainda a necessidade da segregação da receita para aplicação da alíquota reduzida.

9.6 Tributos não abrangidos pelo Simples Nacional[8]

O recolhimento do tributo, na forma do item 9.5, não exclui a incidência dos seguintes impostos ou contribuições, devidos na qualidade de contribuinte ou responsável, em relação aos quais será observada a legislação aplicável às demais pessoas jurídicas:
- Imposto sobre Operações de Crédito, Câmbio e Seguro, ou Relativas a Títulos ou Valores Mobiliários (IOF).
- Imposto sobre a Importação de Produtos Estrangeiros.
- Imposto sobre a Exportação, para o Exterior, de Produtos Nacionais ou Nacionalizados (IE).
- Imposto sobre a Propriedade Territorial Rural (ITR).
- Imposto de Renda relativo aos rendimentos ou ganhos líquidos auferidos em aplicações de renda fixa ou variável.
- Imposto de Renda relativo aos ganhos de capital auferidos na alienação de bens do ativo permanente.
  Contribuição para o Fundo de Garantia do Tempo de Serviço (FGTS).
- Contribuição para manutenção da Seguridade Social relativa ao trabalhador.
- Contribuição para a Seguridade Social, relativa à pessoa do empresário, na qualidade de contribuinte individual.
- Imposto de Renda relativo aos pagamentos ou créditos efetuados pela pessoa jurídica a pessoas físicas.

---

[7] Redação dada pela Lei Complementar n. 147, de 7/8/2014 (efeitos: a partir de 1º/1/2016).
[8] § 1º, artigo 12, Capítulo IV da Lei Complementar n. 123 (consolidada).

- Contribuição para o PIS/Pasep, Cofins e IPI incidentes na importação de bens e serviços.
- ICMS devido nas operações sujeitas ao regime de substituição tributária, tributação concentrada em uma única etapa (monofásica) e sujeitas ao regime de antecipação do recolhimento do imposto com encerramento de tributação, na aquisição ou manutenção em estoque de mercadoria desacobertada de documento fiscal, por ocasião do desembaraço aduaneiro, na operação ou prestação desacobertada de documento fiscal e nas operações com bens ou mercadorias sujeitas ao regime de antecipação do recolhimento do imposto, nas aquisições em outros estados e Distrito Federal.
- ISS devido em relação aos serviços sujeitos à substituição tributária ou retenção na fonte e na importação de serviços.

9.7 Contabilização básica

Sabendo-se que o Simples Nacional contempla o recolhimento especial unificado de tributos e contribuições devidos pelas microempresas e empresas de pequeno porte, a contabilização acaba se tornando mais simples. Contabilizando o tributo apurado anteriormente (item 9.6), o reconhecimento da despesa deverá ser registrado da seguinte forma:

1. Contabilização do Simples Nacional a recolher (apuração demonstrada anteriormente no item 9.5)

    Débito = Simples Nacional [CR]   R$ 2.156,50
    Crédito = Simples Nacional a recolher [PC] R$ 2.156,50

2. Pagamento do Simples Nacional

    Débito = Simples Nacional a recolher [PC]   R$ 2.156,50
    Crédito = Caixa e equivalentes [AC]   R$ 2.156,50

    Em conta Tê:

[AC] Caixa e equivalentes		[PC] Simples Nacional a recolher		[CR] Simples Nacional	
	2.156,50 2	2 2.156,50	2.156,50 1	1 2.156,50	

A contabilização pode ser feita segregando os valores de IRPJ, CSLL, Cofins, PIS/Pasep, CPP, ICMS, IPI, ISS. Tais valores segregados são disponibilizados pelo PGDAS após a apuração.

9.8 Obrigações acessórias

O CGSN disponibilizou um centro de atendimento virtual no *site* da Receita Federal, e seu acesso é feito por meio de certificado digital. No *site* www8.receita.fazenda.gov.br/SimplesNacional/, o contribuinte terá acesso gratuito a diversos serviços, como:

- Solicitação de opção pelo Simples Nacional.
- Acompanhamento da formalização da opção pelo Simples Nacional.
- Notificações por SMS do Simples Nacional.
- Cancelamento da solicitação de opção pelo Simples Nacional.
- Resultado do agendamento da opção pelo Simples Nacional.
- PGDAS – cálculo do valor devido e geração do DAS.
- Compensação a pedido.
- Opção pelo regime de apuração de receitas.
- Consulta da declaração transmitida.
- Parcelamento do Simples Nacional.
- Comunicação de exclusão do Simples Nacional.

As principais obrigações acessórias são:

- PGDAS.
- DEFIS.

9.9 Benefícios não tributários[9]

Mesmo as MEs e EPPs não optantes pelo Simples Nacional farão jus aos benefícios não tributários da Lei Complementar n. 123: inscrição e baixa simplificada; acesso aos mercados; simplificação das relações de trabalho; fiscalização orientadora; estímulo ao crédito e à capitalização; acesso à Justiça.

9.9.1 Inscrição e baixa simplificada

O processo de abertura e fechamento das MEs e EPPS deverá acontecer de forma unificada. Para tanto, o processo de registro e de legalização de empresários e de pessoas jurídicas deverá apresentar procedimentos compatibilizados e integrados de modo a evitar a duplicidade de exigências e garantir a linearidade do processo, reduzindo o tempo e o custo de abertura e encerramento da empresa.

9.9.2 Acesso aos mercados

Nas licitações públicas, a comprovação de regularidade fiscal das microempresas e empresas de pequeno porte somente será exigida para efeito de assinatura do contrato. Contudo, as microempresas e empresas de pequeno porte, por ocasião da participação em certames licitatórios, deverão apresentar toda a documentação exigida para efeito de comprovação de regularidade fiscal, mesmo que esta apresente alguma restrição.

Havendo alguma restrição na comprovação da regularidade fiscal, será assegurado o prazo de cinco dias úteis, cujo termo inicial corresponderá ao momento em que o proponente for declarado o vencedor do certame, prorrogável por igual período, a critério da administração

---
[9] Toda redação do item 9.9 (e subitens) foi dada pela Lei Complementar n. 123 consolidada até a Lei Complementar n. 147.

pública, para a regularização da documentação, pagamento ou parcelamento do débito e emissão de eventuais certidões negativas ou positivas com efeito de certidão negativa.

A não regularização da documentação no prazo previsto implicará decadência do direito à contratação, sem prejuízo das sanções previstas, sendo facultado à administração convocar os licitantes remanescentes, na ordem de classificação, para a assinatura do contrato, ou revogar a licitação.

Nas licitações foi assegurada, como critério de desempate, preferência de contratação para as microempresas e empresas de pequeno porte.

A microempresa e a empresa de pequeno porte beneficiárias do Simples usufruirão de regime de exportação que contemplará procedimentos simplificados de habilitação, licenciamento, despacho aduaneiro e câmbio, na forma do regulamento.

9.9.3 Simplificação das relações de trabalho

As microempresas e as empresas de pequeno porte estão dispensadas:

    I – da afixação de quadro de trabalho em suas dependências;
    II – da anotação das férias dos empregados nos respectivos livros ou fichas de registro;
    III – de empregar e matricular seus aprendizes nos cursos dos serviços nacionais de aprendizagem;
    IV – da posse do livro intitulado "Inspeção do Trabalho";
    V – de comunicar ao Ministério do Trabalho e Emprego a concessão de férias coletivas.

Contudo, a mesma lei complementar não dispensa as microempresas e as empresas de pequeno porte dos seguintes procedimentos:

    I – anotações na Carteira de Trabalho e Previdência Social (CTPS);
    II – arquivamento dos documentos comprobatórios de cumprimento das obrigações trabalhistas e previdenciárias, enquanto não prescreverem essas obrigações;
    III – apresentação da Guia de Recolhimento do Fundo de Garantia do Tempo de Serviço e Informações à Previdência Social (GFIP);
    IV – apresentação das Relações Anuais de Empregados e da Relação Anual de Informações Sociais (Rais) e do Cadastro Geral de Empregados e Desempregados (Caged).

9.9.4 Fiscalização orientadora

Quanto aos aspectos trabalhista, metrológico, sanitário, ambiental, de segurança e de uso e ocupação do solo das microempresas e empresas de pequeno porte, a fiscalização deverá ter natureza prioritariamente orientadora, quando a atividade ou situação, por sua natureza, comportar grau de risco compatível com esse procedimento.

Será observado o critério de dupla visita para lavratura de autos de infração, salvo quando for constatada infração por falta de registro de empregado ou anotação da Carteira de Trabalho e Previdência Social (CTPS), ou, ainda, na ocorrência de reincidência, fraude, resistência ou embaraço à fiscalização.

9.9.5 Estímulo ao crédito e à capitalização

O Poder Executivo federal proporá, sempre que necessário, medidas no sentido de melhorar o acesso das microempresas e empresas de pequeno porte aos mercados de crédito e de capitais, objetivando a redução do custo de transação, a elevação da eficiência alocativa, o incentivo ao ambiente concorrencial e à qualidade do conjunto informacional, em especial o acesso e portabilidade das informações cadastrais relativas ao crédito.

Os bancos comerciais públicos e os bancos múltiplos públicos com carteira comercial e a Caixa Econômica Federal manterão linhas de crédito específicas para as microempresas e para as empresas de pequeno porte, devendo o montante disponível e suas condições de acesso serem expressos nos respectivos orçamentos e amplamente divulgados.

Para fins de apoio creditício às operações de comércio exterior das microempresas e das empresas de pequeno porte, serão utilizados os parâmetros de enquadramento ou outros instrumentos de alta significância para as microempresas, empresas de pequeno porte exportadoras segundo o porte de empresas, aprovados pelo Mercado Comum do Sul (Mercosul).

9.9.6 Acesso à Justiça

É facultado ao empregador de microempresa ou de empresa de pequeno porte fazer-se substituir ou representar perante a Justiça do Trabalho por terceiros que conheçam dos fatos, ainda que não possuam vínculo trabalhista ou societário.

9.10 Transferência e aproveitamento de crédito de ICMS

Os contribuintes inscritos no Simples Nacional não farão jus à apropriação de créditos relativos a impostos ou contribuições abrangidos pelo Simples Nacional. Contudo, os contribuintes não optantes pelo Simples Nacional (ou seja, optantes pelo Lucro Real, Lucro Presumido ou Lucro Arbitrado) terão direito ao crédito correspondente ao ICMS, destacado no documento fiscal, nas suas aquisições de mercadorias de empresas optantes pelo Simples Nacional. Entretanto, essas mercadorias adquiridas devem ser destinadas à comercialização ou industrialização e deverá ser observado o ICMS efetivamente devido e destacado pelas optantes pelo Simples Nacional em relação a essas aquisições.

Para a transferência do crédito, o contribuinte vendedor optante pelo Simples deverá informar a alíquota do ICMS recolhido no documento fiscal.

Exemplo

Uma empresa com receita bruta acumulada de R$ 400.000,00, enquadrada no anexo I, recolhe 6,84% de tributo (no Simples Nacional).

Sobre a receita proveniente de revenda de mercadorias – Anexo I

Receita bruta em 12 meses (em R$)	Alíquota	IRPJ	CSLL	Cofins	PIS/Pasep	CPP	ICMS
De 360.000,01 a 540.000,00	6,84%	0,27%	0,31%	0,95%	0,23%	2,75%	2,33%

Nesse caso, a empresa optante pelo Simples Nacional poderá gerar de crédito de ICMS somente 2,33%. É importante ratificar que o aproveitamento desse crédito, por parte da empresa não optante pelo Simples, acontecerá somente se a mercadoria adquirida for destinada à comercialização ou industrialização, e o emissor do documento fiscal, quando optante pelo Simples Nacional, tiver preenchido o campo destinado às informações complementares, ou no corpo do documento, com os seguintes termos[10]:

"EMPRESA OPTANTE PELO SIMPLES NACIONAL. Permite o aproveitamento do crédito de ICMS no valor de R$ [COLOCAR VALOR DO ICMS], correspondente à alíquota de x% [COLOCAR A ALÍQUOTA CORRESPONDENTE A SUA CAPACIDADE CONTRIBUTIVA], nos termos do artigo 23 da LC 123".

9.11 Simples Nacional a partir da Lei Complementar n. 155

No dia 27 de outubro de 2016 foi publicada a Lei Complementar n. 155 com o objetivo de reorganizar e simplificar a metodologia de apuração dos tributos contemplados por este enquadramento.

Além de alterar as tabelas e a metodologia de apuração do Simples é facultado ao contribuinte parcelar (em até 120 meses) os débitos tributários vencidos até a competência de maio de 2016, quando apurados de forma simplificada.

O limite para a opção pelo Simples passará para R$ 4.800.000,00, a partir de 1º de janeiro de 2018. Nesta data entrarão em vigor os novos anexos e a nova metodologia de cálculo dos tributos simplificados. Em relação aos anexos duas grandes mudanças foram introduzidas:

1 – Os anexos e as atividades foram reorganizadas. O número de faixas será reduzido, logo, o número de contribuintes com a mesma carga tributária aumentará. Tal medida busca melhorar a concorrência. Novas atividades também foram permitidas optarem pelo simples.

2 – O valor devido mensalmente será o produto da seguinte equação:

$$\text{Simples Nacional} = \text{RB} \times \text{Alíquota}_{efetiva} \text{ sendo:}$$

$$\text{Alíquota}_{efetiva} = \frac{\text{RBT12} \times \text{Aliq-PD}}{\text{RBT12}}$$

Em que:

I – RBT12: receita bruta acumulada nos 12 meses anteriores ao período de apuração;
II – Aliq: alíquota nominal constante dos anexos I a V desta Lei Complementar;

III – PD: parcela a deduzir constante dos anexos I a V desta Lei Complementar.
Exemplo:
Uma empresa do comércio varejista apresenta as seguintes receitas:
Receita Bruta: R$ 50.000,00
    RBT12 = R$ 200.000,00

---

[10] Artigo 23 da Lei Complementar n. 123/2006; artigo 2º-A da Resolução CGSN 10/2007. Disponível em: www.pfe.fazenda.sp.gov.br/simplesnac_credito.shtm.

A apuração dos tributos a partir de 1º de janeiro de 2018 ficará assim:

Simples Nacional =

$$\frac{R\$ \ 50.000,00 \times (R\$ \ 200.000,00 \times 7,3\% - R\$ \ 5.940,00)}{R\$ \ 200.000,00} = R\$ \ 50.000,00 \times 4,33\%$$

Simples Nacional a recolher = R$ 2.165,00

Questões e exercícios

1. A Lei Complementar n. 123, de 14/12/2006, instituiu o tratamento diferenciado, favorecido e simplificado a ser dispensado às microempresas e empresas de pequeno porte, denominado Simples Nacional. Que impostos e contribuições tiveram o recolhimento unificado?
2. Quais são os benefícios não tributários instituídos pela Lei Complementar n. 123, de 14/12/2006?
3. Que pessoa jurídica não poderá se beneficiar do tratamento jurídico diferenciado previsto na Lei Complementar n. 123?
4. Quais são os principais passos para a apuração do tributo simplificado?
5. Como deverá ser segregada a Receita Bruta Corrente (RBC)?
6. Qual é a finalidade da Receita Bruta Total (RBT) acumulada nos 12 meses anteriores à RBC?
7. Diferencie e exemplifique RBT, RBC e RBA.
8. Descreva cinco situações recorrentes de receitas de revenda de mercadorias provenientes de operações ou prestações sujeitas à tributação monofásica, bem como, em relação ao ICMS, que o imposto já tenha sido recolhido por substituto tributário ou por antecipação tributária com encerramento de tributação.
9. Cite seis tributos devidos na qualidade de contribuinte ou responsável que não serão abrangidos no Documento de Arrecadação Simplificado (DAS).
10. Faça a contabilização da provisão e do pagamento do Simples Nacional sabendo que o DAS devido pelo contribuinte totalizou R$ 7.056,50.
11. Quais as principais obrigações acessórias que o contribuinte optante pelo Simples Nacional está obrigado a declarar?
12. Quais são os principais benefícios não tributários?
13. Em que consiste a simplificação das relações de trabalho?
14. Assinale as proposições verdadeiras com V e as falsas com F.
    ( ) Nas licitações será assegurada, como critério de desempate, a preferência de contratação para as microempresas e empresas de pequeno porte.
    ( ) As microempresas e as empresas de pequeno porte são dispensadas de comunicar ao Ministério do Trabalho e Emprego a concessão de férias coletivas.
    ( ) É facultado ao empregador de ME ou EPP fazer-se substituir ou representar perante a Justiça do Trabalho por terceiros que conheçam dos fatos, ainda que não possuam vínculo trabalhista ou societário.
    ( ) Os bancos comerciais públicos manterão linhas de crédito específicas para as MEs e EPPs.

(   ) A empresa de pequeno porte que auferir, no decurso do ano-calendário, receita bruta superior ao limite estabelecido nos anexos, não estará excluída do tratamento jurídico diferenciado previsto na Lei Complementar n. 123 se o excesso verificado em relação à receita bruta não for superior a 30% do respectivo limite.

ANEXOS

Receita bruta em 12 meses (em R$)		Alíquota	Valor a deduzir (em R$)
1ª faixa	Até 180.000,00	4,00%	–
2ª faixa	De 180.000,01 a 360.000,00	7,30%	5.940,00
3ª faixa	De 360.000,01 a 720.000,00	9,50%	13.860,00
4ª faixa	De 720.000,01 a 1.800.000,00	10,70%	22.500,00
5ª faixa	De 1.800.000,01 a 3.600.000,00	14,30%	87.300,00
6ª faixa	De 3.600.000,01 a 4.800.000,00	19,00%	378.000,00

Faixas	Percentual de repartição dos tributos					
	IRPJ	CSLL	Cofins	PIS/Pasep	CPP	ICMS
1ª faixa	5,50%	3,50%	12,74%	2,76%	41,50%	34,00%
2ª faixa	5,50%	3,50%	12,74%	2,76%	41,50%	34,00%
3ª faixa	5,50%	3,50%	12,74%	2,76%	42,00%	33,50%
4ª faixa	5,50%	3,50%	12,74%	2,76%	42,00%	33,50%
5ª faixa	5,50%	3,50%	12,74%	2,76%	42,00%	33,50%
6ª faixa	13,50%	10,00%	28,27%	6,13%	42,10%	–

Alíquotas e partilha do Simples Nacional – Comércio

Receita bruta em 12 meses (em R$)		Alíquota	Valor a deduzir (em R$)
1ª faixa	Até 180.000,00	4,50%	–
2ª faixa	De 180.000,01 a 360.000,00	7,80%	5.940,00
3ª faixa	De 360.000,01 a 720.000,00	10,00%	13.860,00
4ª faixa	De 720.000,01 a 1.800.000,00	11,20%	22.500,00
5ª faixa	De 1.800.000,01 a 3.600.000,00	14,70%	85.500,00
6ª faixa	De 3.600.000,01 a 4.800.000,00	30,00%	720.000,00

Faixas	Percentual de repartição dos tributos						
	IRPJ	CSLL	Cofins	PIS/Pasep	CPP	IPI	ICMS
1ª faixa	5,50%	3,50%	11,51%	2,49%	37,50%	7,50%	32,00%
2ª faixa	5,50%	3,50%	11,51%	2,49%	37,50%	7,50%	32,00%
3ª faixa	5,50%	3,50%	11,51%	2,49%	37,50%	7,50%	32,00%
4ª faixa	5,50%	3,50%	11,51%	2,49%	37,50%	7,50%	32,00%
5ª faixa	5,50%	3,50%	11,51%	2,49%	37,50%	7,50%	32,00%
6ª faixa	8,50%	7,50%	20,96%	4,54%	23,50%	35,00%	–

Alíquotas e partilha do Simples Nacional – Indústria

	Receita bruta em 12 meses (em R$)	Alíquota	Valor a deduzir (em R$)
1ª faixa	Até 180.000,00	6,00%	–
2ª faixa	De 180.000,01 a 360.000,00	11,20%	9.360,00
3ª faixa	De 360.000,01 a 720.000,00	13,50%	17.640,00
4ª faixa	De 720.000,01 a 1.800.000,00	16,00%	35.640,00
5ª faixa	De 1.800.000,01 a 3.600.000,00	21,00%	125.640,00
6ª faixa	De 3.600.000,01 a 4.800.000,00	33,00%	648.000,00

Faixas	Percentual de repartição dos tributos					
	IRPJ	CSLL	Cofins	PIS/Pasep	CPP	ISS (*)
1ª faixa	4,00%	3,50%	12,82%	2,78%	43,40%	33,50%
2ª faixa	4,00%	3,50%	14,05%	3,05%	43,40%	32,00%
3ª faixa	4,00%	3,50%	13,64%	2,96%	43,40%	32,50%
4ª faixa	4,00%	3,50%	13,64%	2,96%	43,40%	32,50%
5ª faixa	4,00%	3,50%	12,82%	2,78%	43,40%	33,50% (*)
6ª faixa	35,00%	15,00%	16,03%	3,47%	30,50%	–

(*) O percentual efetivo máximo devido ao ISS será de 5%, transferindo-se a diferença, de forma proporcional, aos tributos federais da mesma faixa de receita bruta anual. Sendo assim, na 5ª faixa, quando a alíquota efetiva for superior a 14,92537%, a repartição será:

	IRPJ	CSLL	Cofins	PIS/Pasep	CPP	ISS
5ª faixa com alíquota efetiva superior a 14,92537%	(Alíquota efetiva – 5%) x 6,02%	(Alíquota efetiva – 5%) x 5,26%	(Alíquota efetiva – 5%) x 19,28%	(Alíquota efetiva – 5%) x 4,18%	(Alíquota efetiva – 5%) x 65,26%	Percentual de ISS fixo em 5%

Alíquotas e partilha do Simples Nacional – Receitas de locação de bens móveis e de prestação de serviços não relacionados no § 5º C do art. 18 desta Lei Complementar

	Receita bruta em 12 meses (em R$)	Alíquota	Valor a deduzir (em R$)
1ª faixa	Até 180.000,00	4,50%	–
2ª faixa	De 180.000,01 a 360.000,00	9,00%	8.100,00
3ª faixa	De 360.000,01 a 720.000,00	10,20%	12.420,00
4ª faixa	De 720.000,01 a 1.800.000,00	14,00%	39.780,00
5ª faixa	De 1.800.000,01 a 3.600.000,00	22,00%	183.780,00
6ª faixa	De 3.600.000,01 a 4.800.000,00	33,00%	828.000,00

Faixas	Percentual de repartição dos tributos				
	IRPJ	CSLL	Cofins	PIS/Pasep	ISS (*)
1ª faixa	18,80%	15,20%	17,67%	3,83%	44,50%
2ª faixa	19,80%	15,20%	20,55%	4,45%	40,00%
3ª faixa	20,80%	15,20%	19,73%	4,27%	40,00%
4ª faixa	17,80%	19,20%	18,90%	4,10%	40,00%
5ª faixa	18,80%	19,20%	18,08%	3,92%	40,00% (*)
6ª faixa	53,50%	21,50%	20,55%	4,45%	–

(*) O percentual efetivo máximo devido ao ISS será de 5%, transferindo-se a diferença, de forma proporcional, aos tributos federais da mesma faixa de receita bruta anual. Sendo assim, na 5ª faixa, quando a alíquota efetiva for superior a 12,5%, a repartição será:

Faixa	IRPJ	CSLL	Cofins	PIS/Pasep	ISS
5ª faixa com alíquota efetiva superior a 12,5%	(Alíquota efetiva – 5%) x 31,33%	(Alíquota efetiva – 5%) x 32,00%	(Alíquota efetiva – 5%) x 30,13%	(Alíquota efetiva – 5%) x 6,54%	Percentual de ISS fixo em 5%

Alíquotas e partilha do Simples Nacional – Receitas decorrentes da prestação de serviços relacionados no § 5º I do art. 18 desta Lei Complementar

Receita bruta em 12 meses (em R$)		Alíquota	Valor a deduzir (em R$)
1ª faixa	Até 180.000,00	15,50%	–
2ª faixa	De 180.000,01 a 360.000,00	18,00%	4.500,00
3ª faixa	De 360.000,01 a 720.000,00	19,50%	9.900,00
4ª faixa	De 720.000,01 a 1.800.000,00	20,50%	17.100,00
5ª faixa	De 1.800.000,01 a 3.600.000,00	23,00%	62.100,00
6ª faixa	De 3.600.000,01 a 4.800.000,00	30,50%	540.000,00

Faixas	Percentual de repartição dos tributos					
	IRPJ	CSLL	Cofins	PIS/Pasep	CPP	ISS
1ª faixa	25,00%	15,00%	14,10%	3,05%	28,85%	14,00%
2ª faixa	23,00%	15,00%	14,10%	3,05%	27,85%	17,00%
3ª faixa	24,00%	15,00%	14,92%	3,23%	23,85%	19,00%
4ª faixa	21,00%	15,00%	15,74%	3,41%	23,85%	21,00%
5ª faixa	23,00%	12,50%	14,10%	3,05%	23,85%	23,50%
6ª faixa	35,00%	15,50%	16,44%	3,56%	29,50%	–

Alíquotas e partilha do Simples Nacional – Receitas decorrentes da prestação de serviços relacionados no § 5º C do art. 18 desta Lei Complementar

Fonte: BRASIL. Lei Complementar n. 155, de 27 de outubro de 2016. Altera a Lei Complementar n. 123, de 14 de dezembro de 2006, para reorganizar e simplificar a metodologia de apuração do imposto devido por optantes pelo Simples Nacional; altera as Leis n. 9.613, de 3 de março de 1998, 12.512, de 14 de outubro de 2011, e 7.998, de 11 de janeiro de 1990; e revoga dispositivo da Lei n. 8.212, de 24 de julho de 1991. Disponível em: <http://www.planalto.gov.br/ccivil_03/leis/LCP/ Lcp155.htm>. Acesso em: 9 jan. 2017.

capítulo 10

INSS sobre Faturamento

A contribuição previdenciária patronal é o tributo para fazer face ao sistema previdenciário nacional e é recolhida ao Instituto Nacional de Seguridade Social (INSS), comumente denominada INSS patronal. A regra geral estabelece que a base de cálculo é o somatório das verbas salariais (salários, décimo terceiro, férias, horas extras, adicionais etc.). A Lei n. 12.546, de 14/12/2011, introduziu critério adicional para apurar a base do cálculo da contribuição sobre o faturamento.

Esse novo critério de cálculo teve como princípio econômico diminuir a carga tributária sobre o custo da folha de pagamento e foi denominado "desoneração da folha" ou "Plano Brasil Maior", sendo sua aplicação restrita a algumas atividades econômicas selecionadas e estabelecidas em lei.

No seu surgimento, as empresas constantes das atividades econômicas selecionadas passaram a apurar obrigatoriamente o tributo a ser recolhido pelo critério do faturamento. A Lei n. 13.161/2015 tornou facultativa a base de cálculo a ser adotada pelas atividades econômicas selecionadas, fazendo a opção no início de cada exercício social (conforme Apêndice III – Declaração de Opção da Sistemática de CPRB, artigo 9º, § 6º, da IN RFB n. 1436/2013, anexo III), sendo irretratável essa opção durante o exercício corrente. A atual legislação eliminou a condição de critério temporário, passando a ser permanente.

Até o fechamento desta obra foi publicada a MP 774/2017, alterando a Lei n. 12.546, que coloca o fim da desoneração para diversos segmentos até então beneficiários. Tal medida terá implicações a partir de 1º de julho de 2017. Ressalta-se que não haverá alterações para o segmento da construção civil e transporte. As empresas de comunicação (empresas jornalísticas, de radiodifusão sonora e de sons e imagens) também poderão se beneficiar da desoneração a partir de 1º de julho.

10.1 Legislação básica e mudanças na estrutura conceitual

O processo de apuração do INSS sobre o faturamento se deu com a obrigatoriedade da desoneração da folha de pagamento, uma forma atípica de gasto público. Estudos da OCDE demonstram que estímulos pautados em impostos têm maior impacto no crescimento da sociedade.

Até a MP 540 de 2/8/2011, convertida na Lei n. 12.546, de 14/12/2011, a contribuição previdenciária patronal de 20% era calculada sobre o total da remuneração paga, devida ou creditada ao segurado empregado, trabalhador avulso e contribuinte individual. A partir da supracitada lei, muitos contribuintes passaram a recolher 1% ou 2% sobre a receita bruta e não mais os 20% sobre a folha.

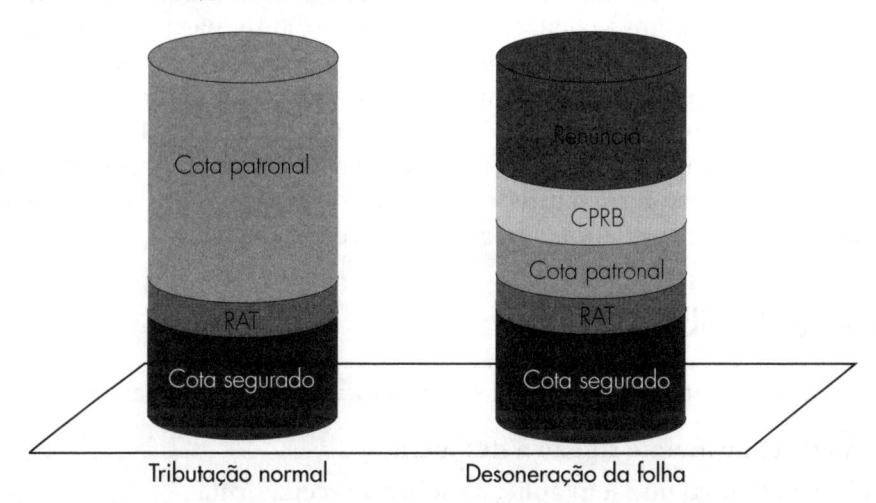

Figura 10.1[1] Exemplo ilustrativo da composição da contribuição previdenciária.

Foram muitas e sucessivas as alterações na legislação que normatiza a desoneração. Por meio de pesquisas, o governo identificou setores e produtos com a tributação elevada e, a partir de 2011, começou a incluir empresas nesse regime de acordo com o tipo de atividade e produtos fabricados.

Atualmente, as atividades e os produtos previstos nas leis de desoneração facultam o recolhimento, por parte da empresa, do seu INSS sobre a receita bruta ou sobre o total de remunerações pagas, devidas ou creditadas aos segurados empregados, trabalhadores avulsos e contribuintes individuais.

A MP 540 foi convertida na Lei n. 12.546, de 15/12/2011. Esta e suas sucessivas alterações (MP 582, Lei n. 12.794; MP 601, Lei n. 12.844) estabeleceram que a adesão das indústrias ao sistema de desoneração deverá respeitar exclusivamente a NCM do produto fabricado e nunca a CNAE da atividade da empresa. Contudo, quanto ao comércio varejista, a adesão acontecerá exclusivamente por CNAE. Por fim, para as empresas prestadoras de serviços existem hipóteses de adesão conforme o enquadramento por CNAE e por descrição da atividade.

A desoneração da folha foi instituída em caráter temporário e teria seu término em 2014. Contudo, os resultados inicialmente positivos da desoneração foram ratificados com a publicação da MP 651, convertida na Lei n. 13.043/2014, que tornou permanente as contribuições previdenciárias incidentes sobre a receita bruta.

Até dezembro de 2014, a renúncia fiscal com a desoneração ultrapassou os 22 bilhões de reais e começou a comprometer a arrecadação da contribuição previdenciária e a com-

---

[1] SILVA, Alessandro Costa et al. Desoneração da folha de pagamento – estimativa de renúncia e metodologia de cálculo. Receita Federal. p. 3. Disponível em: <www.receita.fazenda.gov.br/publico/arre/RenunciaFiscal/Desoneracaodafolha.pdf>. Acesso em: 29 maio 2017.

petitividade industrial. Assim, a partir de dezembro de 2015, a Lei n. 13.161 facultou a adesão à desoneração da contribuição previdenciária das empresas que desenvolvam as atividades enquadradas e tributadas conforme estabelecido na Lei n. 12.546/2011.

A partir de 1º de dezembro de 2015, 56 setores da economia tiveram aumentadas as suas alíquotas. As empresas que pagavam alíquota de 1% de contribuição previdenciária sobre a receita bruta ao INSS passaram a pagar 2,5%. Setores que antes pagavam alíquota de 2% passaram a contribuir com 4,5%. Tratamentos diferenciados são dados para alguns casos específicos, como o tratamento dado às empresas jornalísticas, de rádio e televisão, além dos fabricantes de vans e ônibus, que antes contribuíam ao INSS com 1% sobre o faturamento bruto e que passaram a recolher 1,5%. Da mesma forma, as empresas de transporte rodoviário, ferroviário e metroferroviário de passageiros e empresas de *call center*, que antes pagavam alíquota de 2%, passaram a pagar 3% da receita bruta.

10.2 Apuração do tributo

O cálculo do INSS sobre faturamento pode ser sintetizado em quatro passos[2]:

- Identificação do contribuinte sujeito à desoneração.
- Identificação da alíquota que será aplicada sobre a receita bruta.
- Extração das informações do contribuinte.
- Apuração.

Os passos sugeridos pela própria legislação e trabalhados por muitos doutrinadores serão detalhados a seguir.

10.2.1 Passo 1 – Identificação do contribuinte sujeito à desoneração

Neste passo, o profissional contábil deverá identificar a condição do contribuinte, no mês de referência do cálculo, diante da sujeição à desoneração da folha. Para isso, é necessário verificar o tipo de atividade preponderante da empresa (indústria, comércio ou serviço) e, de acordo com essa condição, identificar as seguintes informações:

- **Indústria**: verificar, exclusivamente, se a NCM do produto fabricado se enquadra na desoneração.
- **Comércio varejista**: verificar, exclusivamente, se a CNAE da empresa se enquadra na desoneração.
- **Prestadora de serviço**: verificar se a CNAE e/ou a descrição da atividade se enquadram na desoneração.

---

[2] A Lei n. 12.546, de 15/12/2011, assim como alguns autores, sugere passos para o cálculo da desoneração. Ver: SILVA, Alessandro Costa, et al. Desoneração da folha de pagamento – estimativa de renúncia e metodologia de cálculo. Receita Federal. p. 3. Disponível em: <www.receita.fazenda.gov.br/publico/arre/RenunciaFiscal/Desoneracaodafolha.pdf>. Acesso em: 19 abr. 2017. AFONSO, Jose Roberto; PINTO, Vilma da Conceição. Texto de discussão n. 41: Composição da desoneração (completa) da folha de salários. FGV – IBRE. Julho de 2014. Disponível em: <http://portalibre.fgv.br/lumis/portal/file/fileDownload.jsp?fileId=8A7C82C54726056201474091A2920299>. Acesso em: 19 abr. 2017.

Para facilitar a operacionalização deste passo 1, o Apêndice I (Relação de Atividades Sujeitas à CPRB – Anexo I da IN RFB n. 1.436, de 2013) deste capítulo deverá ser consultado. Destacamos que a relação de produtos sujeitos à CPRB – Anexo II da IN RFB n. 1.436, de 2013, encontra-se disponível no *link* <http://normas.receita.fazenda.gov.br/sijut2consulta/link.action?idAto=48917&visao=anotado>.

10.2.2 Passo 2 – Identificação da alíquota que será aplicada sobre a receita bruta

Os critérios estabelecidos no item 10.2.1 indicam se a empresa deve recolher e qual alíquota será aplicada sobre a receita bruta, conforme item 10.1.

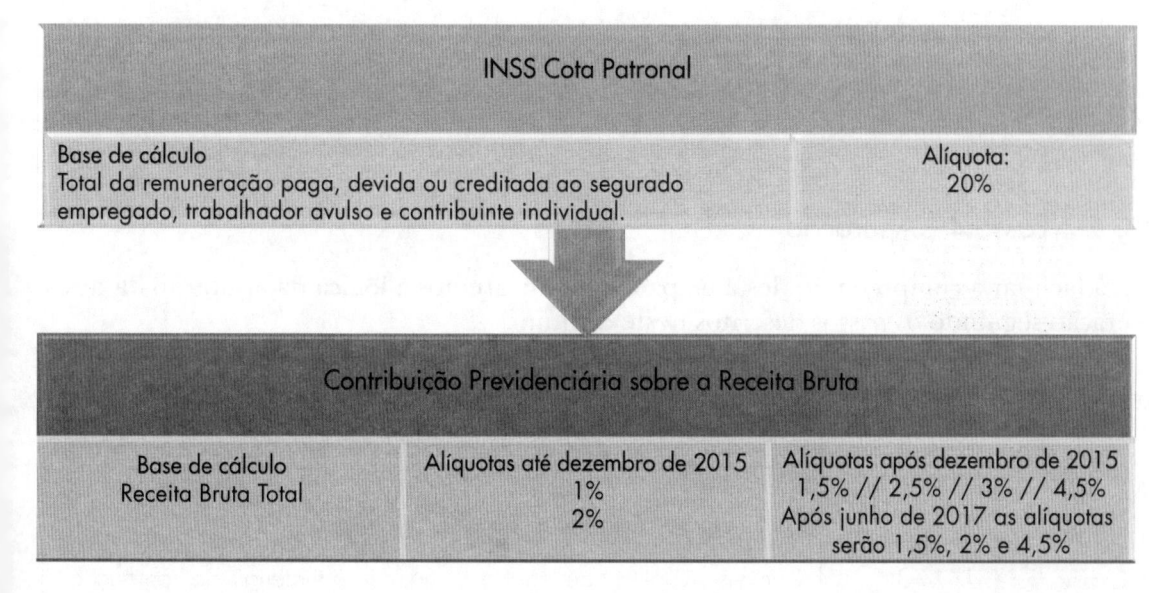

INSS Cota Patronal	
Base de cálculo Total da remuneração paga, devida ou creditada ao segurado empregado, trabalhador avulso e contribuinte individual.	Alíquota: 20%

Contribuição Previdenciária sobre a Receita Bruta		
Base de cálculo Receita Bruta Total	Alíquotas até dezembro de 2015 1% 2%	Alíquotas após dezembro de 2015 1,5% // 2,5% // 3% // 4,5% Após junho de 2017 as alíquotas serão 1,5%, 2% e 4,5%

O Apêndice 1 deste capítulo traz o Anexo I da IN RFB n. 1.436, de 2013. Ele relaciona as atividades sujeitas e ainda apresenta a alíquota que deverá ser aplicada sobre a base de cálculo. Ou seja, este apêndice o ajudará a encontrar a alíquota correta para a apuração do tributo.

10.2.3 Passo 3 – Extração das informações do contribuinte

Nesta etapa, conhecida a atividade do contribuinte, a CNAE e a NCM do produto fabricado, deverão ser levantadas as seguintes informações:

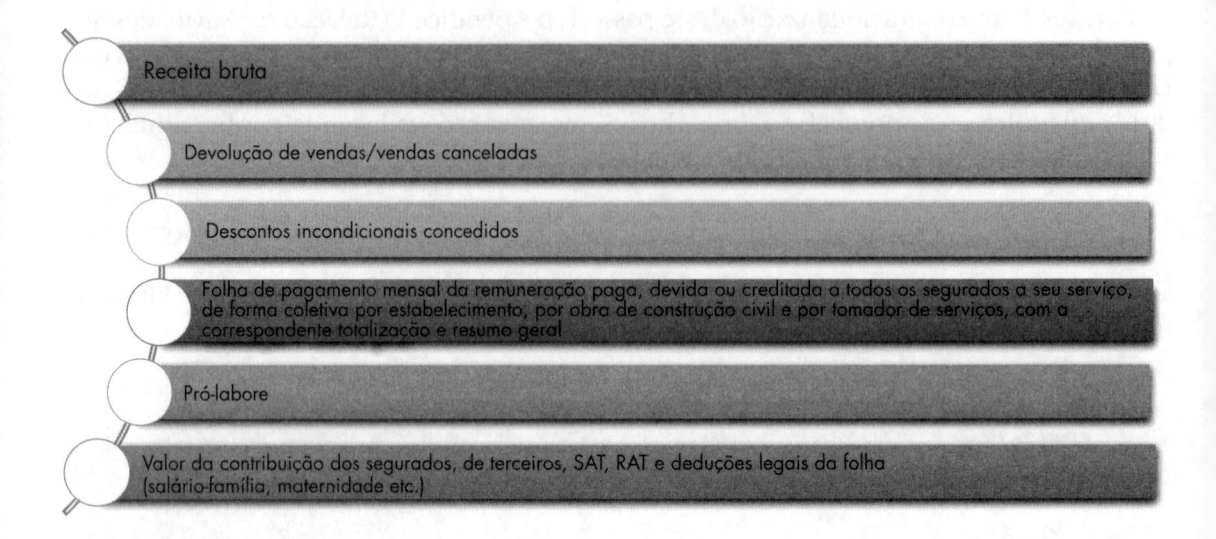

- Receita bruta
- Devolução de vendas/vendas canceladas
- Descontos incondicionais concedidos
- Folha de pagamento mensal da remuneração paga, devida ou creditada a todos os segurados a seu serviço, de forma coletiva por estabelecimento, por obra de construção civil e por tomador de serviços, com a correspondente totalização e resumo geral
- Pró-labore
- Valor da contribuição dos segurados, de terceiros, SAT, RAT e deduções legais da folha (salário-família, maternidade etc.)

10.2.4 Passo 4 – Apuração

Para facilitar a compreensão desta etapa exemplificaremos a lógica da apuração da desoneração seguindo os passos descritos neste capítulo.

Seção:	G	Comércio; reparação de veículos automotores e motocicletas
Divisão:	47	Comércio varejista
Grupo:	474	Comércio varejista de material de construção
Classe:	4744-0	Comércio varejista de ferragens, madeira e materiais de construção
Subclasse:	4744-0/05	Comércio varejista de materiais de construção não especificados anteriormente

Exemplo

Conforme descrito no item 10.2.1, o primeiro passo é identificar o contribuinte sujeito à desoneração. No caso, optamos por exemplificar uma empresa de médio porte do comércio varejista, optante pelo Lucro Presumido. Logo, devemos verificar, exclusivamente, se a CNAE da empresa se enquadra na desoneração.

Optamos por exemplificar uma empresa com a CNAE 4744-0/05.

Esta atividade enquadra-se na desoneração, até junho de 2017 (Apêndice 1 – Relação de Atividades Sujeitas à CPRB – Anexo I da IN RFB n. 1.436, de 2013), e sua subclasse compreende 26 atividades do comércio varejista especializado nos seguintes materiais de construção:

Artefatos de cimento, gesso e amianto	Gesso para construção
Artigos e equipamentos para saunas	Janelas metálicas
Azulejos e cerâmicas	Lixas

(continua)

(continuação)

Bombas-d'água	Películas de poliéster (*insulfilm*) para revestimento de vidros residenciais e comerciais
Bombas hidráulicas	Pias, lavatórios e banheiras
Boxes para banheiro	Piscinas e equipamentos para sua instalação
Caixas-d'água	Pisos e revestimentos cerâmicos para construção
Calhas para construção	Pisos e revestimentos para construção
Cimento	Portas eletrônicas
Divisórias e portas sanfonadas	Portas metálicas
Esquadrias de plástico	Portas sanfonadas
Esquadrias metálicas	Portões eletrônicos
Forro para construção	Rodapés de cerâmica

Conforme o passo 2 (item 10.2.2), após conhecida a atividade e enquadrada na desoneração, o contador deverá identificar a alíquota que será aplicada sobre a receita bruta. Conforme estabelecido na legislação vigente para a CNAE 4744-0/05, até dezembro de 2015 era aplicada a alíquota de 1% sobre a receita bruta, excluídos os descontos incondicionais concedidos, devoluções e as vendas canceladas. Utilizando esse mesmo exemplo prático a partir de dezembro de 2015, se deveria aplicar a alíquota de 2,5%.

O passo seguinte seria levantar as informações necessárias para a apuração do tributo, conforme o item 10.2.3. Neste exemplo trabalharemos com os seguintes valores, apurados na competência julho/2015:

- Receita bruta mensal = R$ 286.289,11
- Devolução de vendas/vendas canceladas = R$ 17.141,56
- Descontos incondicionais concedidos = R$ 902,19
- Folha de pagamento mensal da remuneração paga, devida ou creditada a todos os segurados a seu serviço, de forma coletiva por estabelecimento, por obra de construção civil e por tomador de serviços, com a correspondente totalização e resumo geral = R$ 18.443,81
- Pró-labore = R$ 3.800,00
- Valor da contribuição dos segurados, de terceiros, SAT, RAT e deduções legais da folha (salário-família, maternidade etc.):
    - ✓ Contribuição dos segurados R$ 1.983,21
    - ✓ Contribuição a terceiros R$ 1.069,74
    - ✓ Acidente do trabalho R$ 553,31
    - ✓ (–) Deduções (salário-família) R$ 340,60

Assim, a apuração se daria da seguinte forma[3]:

Planilha para cálculo da desoneração da folha

[a]		
	Receita bruta mensal – Comércio	286.289,11
	Devolução de vendas	17.141,56
	Descontos incondicionais	902,19
	Faturamento total	268.245,36
	Valor-base de cálculo INSS	18.443,81
	Valor do pró-labore	3.800,00
	Valor total da folha	R$ 22.243,81

[b]	Contribuição patronal – GPS da empresa sem a desoneração		
	Base de cálculo do INSS	22.243,81	20,00%
	Valor da cota patronal >>>>>>>>		R$ 4.448,76

[c]	Valor a ser compensado no Sefip >>>	4.448,76

[d]	Cálculo da folha sem a desoneração	
	Contribuição patronal	4.448,76
	Contribuição dos segurados	1.983,21
	Contribuição a terceiros	1.069,74
	Acidente do trabalho	553,31
	(–) Deduções – Salário família	340,60
	(–) Deduções – Salário maternidade	–
	Vator total >>>>	**7.714,42**

[e]	Base de cálculo para a CPRB (Darf 2991)		268.245,36
	Alíquota	1,00%	
	Valor da contribuição previdenciária – Darf >>>		R$ 2.682,45

[f]		
	Contribuição dos segurados	1.983,21
	Contribuição a terceiros	1.069,74
	Acidente do trabalho	553,31
	(–) Deduções – Salário família	340,60
	(–) Deduções – Salário maternidade	–
	Valor do recolhimento na GPS >>>>>>>>>>	3.265,66
[g]	Economia obtida com a desoneração neste mês >>>>>>>	1.766,31

---

[3] Modelo adaptado do contabilista Roberto Mazzoni Camarano.

Em que:

[a] – Corresponde aos valores apurados descritos no início do exemplo e no item 10.2.3.

[b] – Corresponde à contribuição patronal sem a desoneração, ou seja, 20% do total apurado na folha em [a]. Esta etapa é necessária, uma vez que a autoridade tributária estabelece que o contribuinte deverá apurar a contribuição patronal sobre a folha e na mesma competência descontar o valor apurado a título de desoneração.

[c] – O valor apurado em [b] deverá ser lançado no campo de compensação do Sefip.

[d] – Valor total da GPS sem a desoneração.

[e] – Corresponde à apuração manual do valor da Contribuição Previdenciária sobre a Receita Bruta e do DARF a ser recolhido.

[f] – Apuração da GPS com a desoneração. São os mesmos valores de [d], excluindo a cota patronal de 20%. Essa GPS será confeccionada manualmente, desconsiderando o documento fiscal previdenciário gerado pelo Sefip, conforme orientação da Receita Federal, uma vez que o software disponibilizado pela CEF, nessa data, ainda não foi ajustado para atender aos novos atos normativos.

[g] – Economia obtida com a desoneração neste mês. Corresponde a [c] – [e] ou [d] – [e] + [f].

Neste exemplo pode-se observar que o valor devido referente à Contribuição Previdenciária sobre a Receita Bruta encontra-se em destaque no campo [e] da planilha e totaliza R$ 2.682,45, evidenciando uma economia R$ 1.766,31 (obtida com a desoneração da folha).

10.3 Obrigação acessória

O valor da contribuição patronal (20% sobre a folha) a ser compensado deverá ser informado no Sefip e demonstrado no "Comprovante de Declaração das Contribuições a Recolher à Previdência Social", no campo "Compensação".

A GPS gerada pelo Sefip deverá ser desprezada, uma vez que o sistema apura incorretamente os valores. Nessa situação, o contador deverá gerar manualmente (ou utilizar um sistema particular) a guia de recolhimento previdenciário.

A CPRB deverá ser recolhida por meio de Darf. O artigo 7° da Lei n. 12.546/2011 estabelece que os setores tributados com alíquota de 2% deverão ter o documento de arrecadação preenchido com o código 2985. No caso da utilização da alíquota de 1%, o Darf deverá ser preenchido com o código 2991 e alterações posteriores.

10.4 Contabilização básica

De acordo com as normas contábeis vigentes, a contribuição previdenciária incidente sobre o faturamento deve ser contabilizada em conta de resultado como uma dedução da receita bruta, no conjunto dos tributos incidentes sobre as vendas.

Exemplo

1. Registro de contribuição previdenciária calculada sobre o faturamento, no valor de R$ 2.682,45, apurada e demonstrada no item 10.2.4 (passo 4).

Débito = Contribuição previdenciária
  incidente sobre o faturamento*   [Contas de resultado]   R$ 2.682,45
Crédito = Contribuição previdenciária
sobre faturamento a pagar   [PC]   R$ 2.682,45

2. Registro do pagamento da contribuição previdenciária calculada sobre o faturamento

Débito = Contribuição previdenciária sobre
faturamento a pagar   [PC]   R$ 2.682,45
Crédito = Caixa e equivalentes   [AC]   R$ 2.682,45

Em conta Tê:

Caixa e equivalentes [AC]		CP sobre o faturamento a pagar [PC]		CP sobre o faturamento [CR]	
	2.682,45 2	2.682,45	2.682,45 1		
				1	2.682,45

---

*Apesar de usual, nosso entendimento em relação à classificação deste tributo, outrossim, é diferente. Entendemos que, mesmo que a base de cálculo seja a receita bruta, essa despesa faz parte do conjunto de encargos sociais salariais e deveria ser assim contabilizada.

Questões e exercícios

1. Quais são os quatro passos para calcular a CPRB?
2. Como identificar o contribuinte sujeito à CPRB ("desoneração")?
3. Quais informações são necessárias para o cálculo da CPRB?
4. Faça a contabilização, de acordo com as normas contábeis vigentes, da contribuição previdenciária a pagar, calculada sobre o faturamento, no valor de R$ 4.600,00.
5. A GPS gerada pelo Sefip poderá ser utilizada para recolhimento da CPRB?
6. Calcule a CPRB de uma empresa do comércio varejista de brinquedos e artigos recreativos, enquadrada na subclasse CNAE 4763-6/011.

   Dados referentes a junho de 2016:
   Receita bruta mensal = R$ 122.527,98
   Devolução de vendas/vendas canceladas = R$ 8.352,69
   Folha de pagamento mensal da remuneração paga, devida ou creditada a todos os segurados a seu serviço, de forma coletiva por estabelecimento, por obra de construção civil e por tomador de serviços, com a correspondente totalização e resumo geral = R$ 20.367,81
   Pró-labore = R$ 3.800,00
   Valor da contribuição dos segurados, de terceiros, SAT, RAT e deduções legais da folha (salário família, maternidade etc.):
   ✓ Contribuição dos segurados   R$ 2.143,83
   ✓ Contribuição a terceiros   R$ 1.181,33
   ✓ Acidente do trabalho   R$ 611,03
   ✓ (−) Deduções (salário-família)   R$ 361,74

Apêndice I – Relação de Atividades Sujeitas à CPRB – Anexo I da IN RFB n. 1.436, de 2013

Setor	Data de ingresso	Alíquotas	
1. Serviços de Tecnologia da Informação (TI) e de Tecnologia da Informação e Comunicação (TIC)			
Análise e desenvolvimento de sistemas		Até 31/07/2012	2,5%
Programação			
Análise e desenvolvimento de sistemas			
Programação	1º/12/2011	De 1º/08/2012 a 30/11/2015	2,0%
Processamento de dados e congêneres			
Elaboração de programas de computadores, inclusive de jogos eletrônicos			
Licenciamento ou cessão de direito de uso de programas de computação		A partir de 1º/12/2015	4,5%
Assessoria e consultoria em informática			
Suporte técnico em informática, inclusive instalação, configuração e manutenção de programas de computação e bancos de dados			
Planejamento, confecção, manutenção e atualização de páginas eletrônicas			
Atividades de concepção, desenvolvimento ou projeto de circuitos integrados	1º/08/2012	Até 30/11/2015 A partir de 1º/12/2015	2,0% 14,5%
Suporte técnico em informática, inclusive instalação, configuração e manutenção de programas de computação e bancos de dados, bem como serviços de suporte técnico em equipamentos de informática em geral.	1º/04/2013 1º/11/2013	Até 31/05/2013 E Até 30/11/2015 A partir de 1º/12/2015	2,0% 2,0% 4,5%
Execução continuada de procedimentos de preparação ou processamento de dados de gestão empresarial, pública ou privada, e gerenciamento de processos de clientes, com o uso combinado de mão de obra e sistemas computacionais (BPO)	1º/03/2015	Até 30/11/2015 a partir de 1º/12/2015	2,0% 4,5%
2. Teleatendimento			
Call Center	1º/04/2012	Até 31/07/2012 De 1º/08/2012 Até 30/11/2015 A partir de 1º/12/2015	2,5% 2,0% 3,0%

(continua)

(continuação)

Setor	Data de Ingresso	Alíquotas	
3. Setor Hoteleiro			
Empresas enquadradas na subclasse 5510-8/01 da Classificação Nacional de Atividades Econômicas – CNAE 2.0	1°/08/2012	Até 30/11/2015 A partir de 1°/12/2015	2,0% 4,5%
4. Setor de Transportes e Serviços Relacionados			
Transporte rodoviário coletivo de passageiros, com itinerário fixo, municipal, intermunicipal em região metropolitana, intermunicipal, interestadual e internacional enquadradas nas classes 4921-3 e 4922-1 da CNAE 2.0	1°/01/2013	2,0%	
Manutenção e reparação de aeronaves, motores, componentes e equipamentos correlatos	1°/01/2013	Até 30/11/2015 A partir de 1°/12/2015	1,0% 2,5%
Transporte aéreo de carga	1°/01/2013	Até 30/11/2015	1,0%
Transporte aéreo de passageiros regular			
Transporte marítimo de carga na navegação de cabotagem			
Transporte marítimo de passageiros na navegação de cabotagem			
Transporte marítimo de carga na navegação de longo curso		A partir de 1°/12/2015	1,5%
Transporte marítimo de passageiros na navegação de longo curso			
Transporte por navegação interior de carga			
Transporte por navegação interior de passageiros em linhas regulares			
Navegação de apoio marítimo e de apoio portuário	1°/01/2013	Até 30/11/2015 A partir de 1°/12/2015	1,0% 2,5%
Manutenção e reparação de embarcações1	1°/04/2013 1°/11/2013	Até 03/06/2013 E Até 30/11/2015 A partir de 1°/12/2015	1,0% 1,0% 2,5%
Transporte ferroviário de passageiros, enquadradas nas subclasses 4912-4/01 e 4912-4/02 da CNAE 2.0	1°/01/2014	2,0%	
Transporte metroferroviário de passageiros, enquadradas na subclasse 4912-4/03 da CNAE 2.0			

(continua)

(continuação)

Setor	Data de ingresso	Alíquotas	
Empresas que realizam operações de carga, descarga e armazenagem de contâineres em portos organizados, enquadradas nas classes 5212-5 e 5231-1 da CNAE 2.0	1°/01/2014	Até 30/11/2015	1,0%
Transporte rodoviário de cargas, enquadradas na classe 4930-2 da CNAE 2.0		A partir de 1°/12/2015	1,5%
Transporte ferroviário de cargas, enquadradas na classe 4911-6 da CNAE 2.0			
Serviços auxiliares ao transporte aéreo de carga	1°/12/2015	1,5%	
Serviços auxiliares ao transporte aéreo de passageiros regular			
5. Construção Civil			
Empresas do setor de construção civil, enquadradas nos grupos 412, 432, 433 e 439 da CNAE 2.01	1°/04/2013	Até 03/06/2013 E	2,0%
		Até 30/11/2013	2,0%
	1°/11/2013	A partir de 1°/12/20152	4,5%
Empresas de construção civil de obras de infraestrutura, enquadradas nos grupos 421, 422, 429 e 431 da CNAE 2.0		Até 30/11/2015	2,0%
	1°/01/2014	A partir de 1°/12/2015	4,5%
6. Comércio Varejista			
Lojas de departamentos ou magazines, enquadradas na Subclasse CNAE 4713-0/011	1°/04/2013 E 1°/11/2013	Até 03/06/2013 E	1,0%
Comércio varejista de materiais de construção, enquadrado na Subclasse CNAE 4744-0/051			
Comércio varejista de materiais de construção em geral, enquadrado na Subclasse CNAE 4744-0/991			
Comércio varejista especializado de equipamentos e suprimentos de informática, enquadrado na Classe CNAE 4751-21			
Comércio varejista especializado de equipamentos de telefonia e comunicação, enquadrado na Classe CNAE 4752-11			

(continua)

(continuação)

Setor	Data de ingresso	Alíquotas	
Comércio varejista especializado de eletrodomésticos e equipamentos de áudio e vídeo, enquadrado na Classe CNAE 4753-91	1°/04/2013 E 1°/11/2013	De 1°/11/2013 Até 30/11/2015	1,0%
Comércio varejista de móveis, enquadrado na Subclasse CNAE 4754-7/011			
Comércio varejista especializado de tecidos e artigos de cama, mesa e banho, enquadrado na Classe CNAE 4755-51			
Comércio varejista de outros artigos de uso doméstico, enquadrado na Classe CNAE 4759-81			
Comércio varejista de livros, jornais, revistas e papelaria, enquadrado na Classe CNAE 4761-01			
Comércio varejista de discos, CDs, DVDs e fitas, enquadrado na Classe CNAE 4762-81			
Comércio varejista de brinquedos e artigos recreativos, enquadrado na Subclasse CNAE 4763-6/011		A partir de 1°/12/2015	2,5%
Comércio varejista de artigos esportivos, enquadrado na Subclasse CNAE 4763-6/021			
Comércio varejista de cosméticos, itens de perfumaria e de higiene pessoal, enquadrado na Classe CNAE 4772-51			
Comércio varejista de artigos do vestuário e acessórios, enquadrado na Classe CNAE 4781-41			
Comércio varejista de calçados e artigos de viagem, enquadrado na Classe CNAE 4782-21			
Comércio varejista de itens saneantes domissanitários, enquadrado na Subclasse CNAE 4789-0/051			
Comércio varejista de artigos fotográficos e para filmagem, enquadrado na Subclasse CNAE 4789-0/081			
Comércio varejista de itens farmacêuticos, sem manipulação de fórmulas, enquadrado na Subclasse CNAE 4771-7/01	1°/04/2013	Até 03/06/2013	1,0%

(continua)

(continuação)

Setor	Data de ingresso	Alíquotas	
7. Setor Industrial (Enquadradas na Tabela de Incidência do Imposto sobre Itens Industrializados – TIPI, aprovada pelo Decreto n. 7.660, de 23 de dezembro de 2011, nos códigos indicados)			
3926.20.00, 40.15, 4202.11.00, 4202.21.00, 4202.31.00, 4202.91.00, 4205.00.00, 42.03, 43.03, 4818.50.00, capítulos 61 e 62, 63.01 a 63.05, 6812.91.00, 9404.90.00	1°/12/2011	Até 31/07/2012	1,5%
		A partir de 1°/08/2012	Ver Anexo II
41.04 a 41.07, 41.14, 8308.10.00, 8308.20.00, 9506.62.00, 96.06.10.00, 9606.21.00, 9606.22.00	1°/04/2012	Até 31/07/2012	1,5%
		A partir de 1°/08/2012	Ver Anexo II
6309.00, 64.01 a 64.063	1°/08/2012	Até 30/11/2015	1,0%
		A partir de 1°/12/2015	1,5%
87.02 (exceto código 8702.90.10)4	1°/08/2012	Até 30/11/2015	1,0%
		A partir de 1°/12/2015	1,5%
02.03, 02.10.14	1°/08/2012	1,0%	
0206.30.00, 0206.4, 02.07, 02.09, 0210.99.00, 03.02 (exceto 0302.90.00), 03.03, 03.04, 0504.00, 05.05, 1601.00.00, 16.02, 1905.90.90 Ex 014	1°/01/2013	1,0%	
1901.20.00 Ex 015	1°/01/2013	Até 28/02/2015 E	1,0%
	1°/12/2015	1,0%	
Empresas que produzem os itens classificados na TIPI nos códigos referidos no Anexo II	Ver Anexo II	Até 30/11/2015	1,0%
		A partir de 1°/12/2015	2,5%
8. Jornalismo			
Empresas jornalísticas e de radiodifusão sonora e de sons e imagens de que trata a Lei n. 10.610, de 20 de dezembro de 2002, enquadradas nas classes 1811-3, 5811-5, 5812-3, 5813-1, 5822-1, 5823-9, 6010-1, 6021-7 e 6319-4 da CNAE 2.0	1°/01/2014	Até 30/11/2015	1,0%
		A partir de 1°/12/2015	1,5%

1 – Pode antecipar para 4 de junho sua inclusão na tributação substitutiva prevista no art. 1° desta Instrução Normativa, mediante o recolhimento, até o prazo de vencimento, da contribuição substitutiva relativa a junho de 2013.

2 – A alíquota permanecerá 2% (dois por cento) até o encerramento das obras matriculadas no Cadastro Específico do INSS – CEI nos períodos compreendidos entre 1° de abril de 2013 e 31 de maio de 2013, entre 1° de junho de 2013 e 31 de outubro de 2013 (nos casos em que houve opção pela CPRB) e entre 1° de novembro de 2013 e 30 de novembro de 2015.

3 – Vigência restabelecida pela Lei n. 13.161, de 2015, a partir de 1° de dezembro de 2015.

4 – Retirados do Anexo II porque passaram a ter alíquota diferenciada dos demais a partir de 1° de dezembro de 2015, em razão da Lei n. 13.161, de 31 de agosto de 2015.

5 – O Capítulo 19 foi incluído pela Lei n. 12.715, de 12 de setembro de 2012, com vigência a partir de 1° de janeiro de 2013. A Lei n. 13.043, de 13 de novembro de 2014, excluiu os códigos 1901.20.00 e 1901.90.90 da Contribuição Previdenciária sobre a Receita Bruta (CPRB) a partir de 1° de março de 2015. A Lei n. 13.161, de 31 de agosto de 2015, reincluiu o código 1901.20.00 a partir de 1° de dezembro de 2015 com alíquota de 1%.

A Lei n. 12.546/2011, que dispõe sobre a desoneração da folha de pagamento, sofreu alterações por meio da Medida Provisória n. 774/2017. A relação apresentada anteriormente é válida para todos os cálculos realizados até 1° de julho de 2017 (competência). Após esse período somente poderão optar pela desoneração: a) as empresas de transporte rodoviário coletivo de passageiros, com itinerário fixo, municipal, intermunicipal em região metropolitana, intermunicipal, interestadual e internacional; b) empresas de transporte ferroviário de passageiros; c) empresas de transporte metroferroviário de passageiros, enquadradas; d) empresas da construção civil; e) empresas da construção de obras de infraestrutura; f) empresas do ramo de comunicação. Sendo aplicado sobre a receita de "a", "b" e "c" a alíquota de 2%; de "d" e "e" a líquota de 4,5%, e de "f" a alíquota de 1,5%.

Apêndice II – Declaração de Opção da Sistemática de Recolhimento das Contribuições Previdenciárias
(Art. 9°, § 6° da IN RFB n. 1436/2013)

CNPJ
NOME EMPRESARIAL

Declaro, <u>sob as penas da Lei</u>, para fins do disposto no art. 9°, § 6°, da Instrução Normativa RFB n. 1436/2013, que a empresa acima identificada recolhe a contribuição previdenciária incidente sobre o valor da receita bruta, em substituição às contribuições previdenciárias incidentes sobre a folha de pagamento, previstas nos incisos I e III do caput do art. 22 da Lei n. 8.212, de 24 de julho de 1991, na forma do caput do art. 7° (ou 8°) da Lei n. 12.546, de 14 de dezembro de 2011. Declaro também ter conhecimento de que a opção tem caráter irretratável.

_____, _____ de _____ de ____.
　　　Local　　　　　　　　　de　　　　　　　Data

Representante legal

Nome:
Qualificação:
CPF:
Assinatura:

parte III

TRIBUTOS SOBRE O LUCRO

Em nosso país, fundamentalmente temos três tributações que envolvem tributos sobre o lucro para as pessoas jurídicas:

- tributação para empresas do Simples[1], na qual parte da alíquota a ser aplicada sobre o faturamento bruto corresponde a tributos sobre o lucro para empresas com faturamento anual até R$ 3.600.000,00;
- tributação no regime do Lucro Presumido para empresas com faturamento anual no ano anterior até R$ 78.000.000,00; e
- tributação no regime de Lucro Real para as demais empresas.

Há também outra possibilidade que é o enquadramento no regime de Lucro Arbitrado. Os regimes de Lucro Presumido e Lucro Arbitrado serão tratados no Capítulo 12.

É importante ressaltar que a adoção de qualquer desses regimes é opcional em determinadas situações. Por exemplo, se uma empresa tiver um faturamento bruto inferior a R$ 3.600.000,00, que poderia enquadrar-se no Simples, mas se quiser optar pelo regime de Lucro Presumido ou Lucro Real, isto é possível. Para tanto, basta fazer uma estimativa da carga tributária e escolher a que julgar conveniente.

Quando o faturamento bruto anual for superior a R$ 3.600.000,00, mas inferior a R$ 78.000.000,00, há também a opção de a empresa optar tanto pelo Lucro Presumido quanto pelo Lucro Real. Essa opção, contudo, não é possível para empresas com faturamento bruto anual superior a R$ 78.000.000,00, pois nesse caso já estarão enquadradas obrigatoriamente no regime de Lucro Real. Essas opções podem ser feitas anualmente e, em havendo possibilidade, não há nenhum problema de em um ano estar em um regime e em outro ano em outro regime.

É fundamental lembrar que *o regime básico de tributação é o Lucro Real e que o sistema Simples e o Lucro Presumido ou Lucro Arbitrado são opções permitidas sob condições determinadas.*

---

[1] Regime tributário tratado no Capítulo 9.

capítulo 11

Lucro Real

Para fins tributários, Lucro Real nada mais é que o lucro tributável, ou seja, o lucro líquido obtido na demonstração de resultado do Exercício, ajustado pelas adições, exclusões e compensações prescritas ou autorizadas pela legislação vigente, conforme o artigo 247 do RIR/1999.

11.1 Conceituação básica

Os tributos sobre o lucro em nosso país são dois:

- Imposto de Renda das Pessoas Jurídicas (IRPJ); e
- Contribuição Social sobre o Lucro Líquido (CSLL).

A base geral para a apuração dos tributos sobre o lucro enquadra-se no conceito geral da legislação, que é a tributação sobre a renda e proventos de qualquer natureza. Para as pessoas jurídicas, em linhas gerais, o lucro antes do imposto de renda e contribuição social sobre o lucro líquido, apurado segundo as práticas contábeis, contempla o conceito de renda e proventos de qualquer natureza.

Fica clara a enorme abrangência (ou total abrangência) da base para apuração dos tributos sobre o lucro, uma vez que a legislação contempla objetivamente o conceito de "proventos de qualquer natureza". Nesse sentido, exceto exclusões determinadas objetivamente pela legislação, qualquer rendimento será objeto de tributação.

O conceito básico de *renda* para as pessoas jurídicas é o lucro obtido nas suas operações, apurado conforme as normas contábeis vigentes no país.

11.2 Legislação básica: contábil e tributária

O imposto de renda e a contribuição social sobre o lucro são de competência da União. Toda a legislação sobre os tributos sobre o lucro está contida no Regulamento do Imposto de Renda de 1999 (RIR/1999).

O RIR/1999 foi introduzido pelo Decreto n. 3.000, de 26/3/1999, que regulamentou a tributação, fiscalização, arrecadação e administração do Imposto sobre a Renda e Proventos de Qualquer Natureza. O RIR/1999 contempla a tributação das pessoas físicas e jurídicas. A regulamentação das pessoas jurídicas está no Livro II, que se inicia com o artigo 146.

O RIR/1999 regulamentou, fundamentalmente, as disposições do Decreto-Lei n. 1.598/1977. O Decreto-Lei n. 1.598/1977 adaptou o imposto de renda para as novas práticas contábeis introduzidas pela Lei n. 6.404/1976, a lei das sociedades anônimas, na qual, no Capítulo XV, contempla a estrutura das demonstrações financeiras obrigatórias para todas as empresas.

O Capítulo XV da Lei n. 6.404/1976 trata:

- do exercício social;
- das demonstrações financeiras obrigatórias e notas explicativas;
- da escrituração contábil;
- da estrutura e apresentação das contas do balanço patrimonial;
- dos critérios de avaliação do ativo;
- dos critérios de avaliação do passivo;
- da demonstração de lucros ou prejuízos acumulados;
- da demonstração do resultado do exercício;
- da demonstração dos fluxos de caixa e do valor adicionado;
- do lucro, das reservas e dos dividendos;
- da definição do lucro líquido e da provisão do imposto de renda;
- da proposta de destinação do lucro;
- das reservas e retenção de lucros;
- dos limites e saldo das reservas;
- dos dividendos e dividendos obrigatórios.

Dessa maneira, é fundamental o conhecimento de que a apuração dos tributos sobre o lucro passa, obrigatoriamente, pela apuração do resultado (lucro ou prejuízo) pela contabilidade regulada pela Lei n. 6.404/1976 e as normas contábeis vigentes no país.

A estrutura contábil da Lei n. 6.404/1976 foi alterada pelas Leis n. 11.638/2007 e 11.941/2009 para a introdução e adaptação às normas contábeis internacionais do International Financial Reporting Standards (IFRS), passando a vigorar a partir de 1º/1/2010. As novas normas contábeis são de responsabilidade do Conselho Federal de Contabilidade (CFC), que instituiu o CPC-Comitê de Pronunciamentos Contábeis para esta tarefa. Objetivamente, as novas normas contábeis, denominadas práticas contábeis, são emitidas pelo CPC e, para fins de pesquisa e utilização, deve-se recorrer ao *site* do CPC.

Em 13/5/2014 foi emitida a Lei n. 12.973/2014 contendo as adaptações tributárias da legislação do imposto de renda, PIS e Cofins às Leis n. 11.638/2007 e 11.941/2009, vigorante a partir de 1º/1/2015. As alterações foram incorporadas ao RIR/1999, que havia sido estruturado a partir do Decreto-Lei n. 1.598/1977. A Figura 11.1 mostra o resumo da integração dessas legislações.

Estrutura legal societária e fiscal

Contabilidade:
- Lei n. 6.404/1976 das Sociedades Anônimas Formatação Contábil desde 1º/1/1978 Vigente até: 31/12/2009
- Lei n. 11.638/2007 (IFRS) Lei n. 11.941/2009 (IFRS) Alteraram a Lei n. 6.404/1976 Vigente a partir de: 1º/1/2010

Imposto de renda:
- Decreto Lei n. 1.598/1977 Regulamento do Imposto de Renda – RIR/99 Vigente até: 31/12/2014
- Lei n. 12.973/2014 Alterações no Regulamento do Imposto de Renda - RIR/99 Vigente a partir de: 1º/1/2015

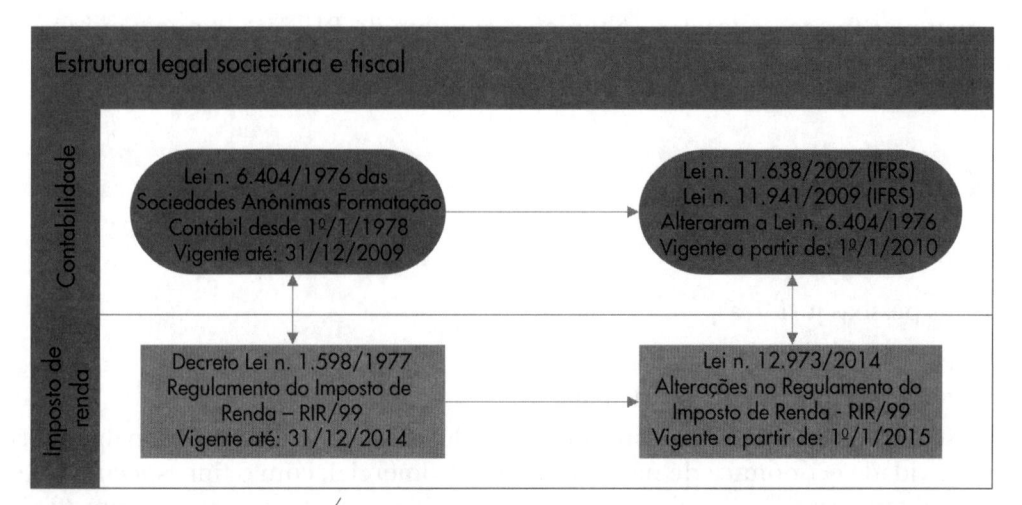

Figura 11.1 Estrutura legal: societária e fiscal.

É importante ressaltar que os documentos legais e fiscais que prevalecem são a Lei n. 6.404/1976 e o RIR/1999. Ou seja, todas as alterações já foram feitas, esses diplomas legais continuam com os mesmos nomes e todas as pesquisas devem ser direcionadas para a Lei n. 6.404/1976 e RIR/1999. Em resumo temos:

- societariamente, a estrutura antiga das demonstrações contábeis determinada pela Lei n. 6.404/1976 foi válida até 31/12/2009;
- societariamente, as alterações das Leis n. 11.638/2007 e 11.941/2009, que contêm as adaptações para os padrões internacionais de contabilidade, são obrigatórias desde 1º/1/2010;
- para fins tributários, a estrutura antiga das demonstrações contábeis determinada pela Lei n. 6.404/1976 foi válida até 31/12/2014; e
- para fins tributários, a nova estrutura das demonstrações contábeis determinada pelas Leis n. 11.638/2007 e 11.941/2009 é obrigatória desde 1º/1/2015.

As principais alterações legais do imposto de renda que vieram depois do Decreto-Lei n. 1.598/1977 e antes da Lei n. 12.973/2014 foram as seguintes:

- A Lei n. 7.689, de 16/12/1988, introduziu a Contribuição Social sobre o Lucro Líquido (CSLL).
- A Lei n. 9.249, de 26/12/1995, produziu importantes alterações no Decreto-Lei n. 1.598/1977, quais sejam:
  ✓ extinguiu a correção monetária de balanço que vigorou até 31/12/1995;
  ✓ criou o adicional de 10% do imposto de renda; e
  ✓ instituiu a despesa de juros sobre o capital próprio e a alíquota de 12% de CSLL para Lucro Presumido.
- A Lei n. 9.065, de 20/6/1995, instituiu a imprescritibilidade do prejuízo fiscal compensável, bem como seu aproveitamento limitado, a 30% do lucro antes do imposto de renda dos próximos exercícios.
- A Lei n. 9.430, de 27/12/1996, introduziu o conceito de preços de transferências (*transfer princing*) a partir de 1997, para regular as transações internacionais de produtos e serviços entre unidades da mesma corporação.

De qualquer forma, todas essas alterações constam do RIR/1999, que continua sendo o principal argumento de pesquisa, análise e interpretação da legislação dos tributos sobre o lucro.

11.3 Contribuintes

São contribuintes do IR e da CSLL:

- todas as pessoas jurídicas;
- as empresas individuais;
- as sociedades em conta de participação;
- as pessoas físicas que, em nome individual, explorem, habitual e profissionalmente, qualquer atividade econômica de natureza civil ou comercial, com o fim especulativo de lucro, mediante venda a terceiros de bens ou serviços, exceto que exerçam profissionais listadas no RIR/1999; e
- as pessoas físicas que promoverem a incorporação de prédios em condomínio ou loteamento de terrenos.

11.3.1 Contribuintes imunes

São considerados imunes, guardadas as observâncias do RIR/1999:

- templos de qualquer culto;
- partidos políticos, suas fundações e entidades sindicais dos trabalhadores; e
- instituições de educação e assistência social sem fins lucrativos.

11.3.2 Contribuintes isentos

Estão isentos do imposto sobre o resultado, exceto sobre ganhos de capital e receitas financeiras:

- instituições de caráter filantrópico, recreativo, cultural e científico e associações civis sem fins lucrativos;
- entidades de previdência privada;
- empresas estrangeiras de transporte, se forem isentas no país de origem; e
- associações de poupança e empréstimo sob a forma de sociedade civil, sem fins lucrativos.

11.3.3 Não incidência

As sociedades cooperativas que obedecerem ao disposto na legislação específica não terão incidência do imposto sobre suas atividades econômicas, de proveito comum, sem objetivo de lucro. Contudo, pagarão o imposto calculado sobre os resultados positivos das operações e atividades estranhas a sua finalidade, como comercialização de produtos adquiridos de não associados.

11.4 Fato gerador

É a situação que faz nascer a obrigação tributária.

11.4.1 Fato gerador do imposto de renda

O imposto de renda tem como fato gerador a aquisição da disponibilidade econômica ou jurídica, sendo elas[2]:

- de renda, assim entendido o produto do capital, do trabalho ou da combinação de ambos; e
- de proventos de qualquer natureza, assim entendidos os acréscimos patrimoniais não compreendidos no inciso anterior.

A incidência do imposto independe da denominação da receita ou do rendimento, da localização, da condição jurídica ou da nacionalidade da fonte, da origem e da forma de percepção[3].

Na hipótese de receita ou de rendimento oriundos do exterior, a lei estabelecerá as condições e o momento em que se dará sua disponibilidade.

Em outras palavras, no Lucro Real, o fato gerador do imposto de renda é a obtenção de lucro no período de apuração. Ressalta-se que para o cálculo do lucro tributável o profissional contábil deverá ajustar o resultado do exercício (item 11.5) com as adições e exclusões (item 11.6).

11.4.2 Fato gerador da CSLL

Da mesma forma que o imposto de renda, configura-se fato gerador da CSLL o lucro obtido (ajustado) no exercício.

11.5 Base de cálculo

A base de cálculo para apuração do IR e da CSLL sobre o Lucro Real é o lucro contábil ajustado pelas adições e exclusões determinadas ou permitidas pela legislação tributária, ficando assim:

```
Lucro real (lucro tributável)
= Lucro contábil antes do IR e da CSLL
(+) adições determinadas pela legislação
(−) exclusões permitidas pela legislação
= Lucro real
```

---

[2] Artigo 43 do RIR.
[3] Redação dada pela LCP n. 104, de 2001.

Em linhas gerais, as adições representam

- despesas não dedutíveis naquele exercício, ou seja, despesas que foram contabilizadas na apuração do lucro contábil, mas o RIR/1999 não aceita sua validade como dedutibilidade fiscal no exercício em questão (provisões temporárias não dedutíveis); e
- receitas excluídas temporariamente na apuração do lucro real em exercícios anteriores e que, agora realizadas, devem ser objeto de tributação e, portanto, adicionadas à base de cálculo do Lucro Real.

As exclusões representam, em linhas gerais:

- incentivos fiscais com agregação de custos ou despesas adicionalmente ao contabilizado como despesa dedutível no exercício (depreciação acelerada, incentivos fiscais sobre gastos com pesquisa e desenvolvimento);
- receitas não tributáveis contabilizadas no exercício (dividendos, equivalência patrimonial); e
- despesas não dedutíveis em exercícios anteriores, mas dedutíveis na apuração do Lucro Real no exercício em que foram realizadas (provisões temporárias não dedutíveis em exercícios anteriores).

As adições e exclusões estão consolidadas no RIR/1999, alterado por diversas legislações e mais recentemente pela Lei n. 12.973/2015, que adaptou o imposto de renda às novas normas contábeis brasileiras decorrentes da adoção das normas internacionais do IFRS.

A terminologia internacional denomina *lucro tributável* o equivalente ao Lucro Real da nossa legislação. As principais adições e exclusões estão apresentadas no item 11.8 deste capítulo.

11.6 Período de apuração

O período de apuração normal estipulado pela legislação é o período trimestral, conforme o artigo 220 do RIR/1999:

> Artigo 220 O imposto será determinado com base no lucro real, presumido ou arbitrado, por períodos de apuração trimestrais, encerrados nos dias 31 de março, 30 de junho, 30 de setembro e 31 de dezembro de cada ano-calendário.

Contudo, a empresa poderá optar pelo *regime anual*. Nesse caso, porém, *apesar de a denominação ser de regime anual, a apuração e os recolhimentos deverão ser feitos em períodos mensais*. Optando pelo regime anual, o recolhimento mensal será por estimativa. A estimativa poderá ser feita de duas maneiras: pela base de cálculo idêntica ao do Lucro Presumido[4] ou pela base de cálculo do Lucro Real. A Figura 11.2 demonstra as opções de período de apuração.

---

[4] A base de cálculo do Lucro Presumido está no Capítulo 12.

Período de apuração do IR e da CSLL (Lucro Real)

Trimestral: 31/03; 30/06; 30/09; 31/12

Anual — Estimativa mensal: 31/01; 28/02; 31/03; 30/04; 31/05; 30/06; 31/07; 31/08; 30/09; 31/10; 30/11; 31/12

Apuração mensal por:

SUSPENSÃO*

REDUÇÃO*

OU

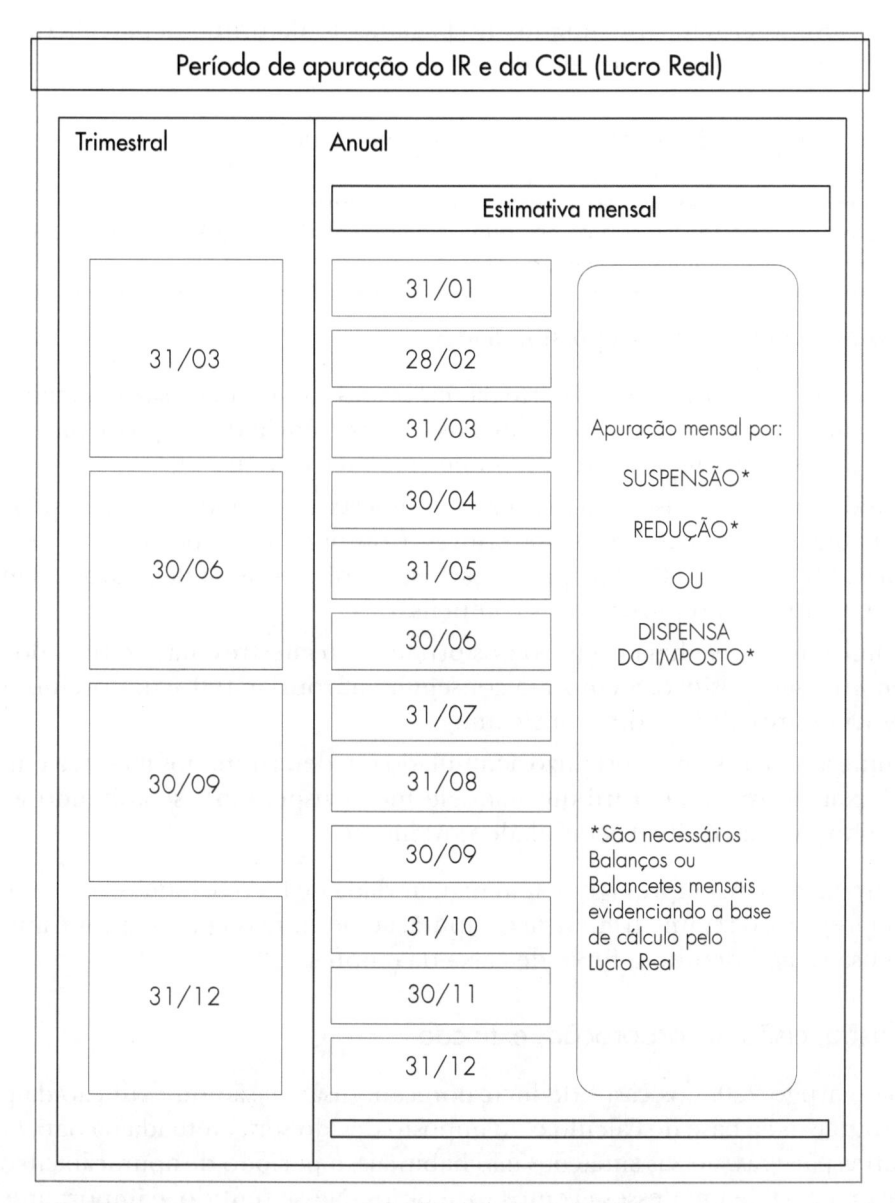

DISPENSA DO IMPOSTO*

*São necessários Balanços ou Balancetes mensais evidenciando a base de cálculo pelo Lucro Real

Figura 11.2[5] Período de apuração e recolhimento do IR e da CSLL

O objetivo da legislação ao manter como período obrigatório o período trimestral está em equalizar os procedimentos de recolhimento das três possibilidades de apuração, que são o Lucro Real, o Lucro Presumido e o Lucro Arbitrado e manter uma regularidade mínima de arrecadação. Esse modelo também infere que a SRF estimula a adoção do Lucro Presumido para a maior parte das empresas, regime que facilita também para o contribuinte, por ser de apuração mais simplificada.

---

[5] Figura criada pelos autores com base: BRASIL. Decreto n. 3.000, de 26/3/1999. Regulamenta a tributação, fiscalização, arrecadação e administração do Imposto sobre a Renda e Proventos de Qualquer Natureza. *Portal da Legislação*. Brasília, DF: Palácio do Planalto. Disponível em: <www.planalto.gov.br/ccivil_03/decreto/d3000.htm>. Acesso em: 5 set. 2015.

A opção deverá ser feita anualmente, no pagamento da primeira parcela do tributo, e será irretratável para todo o ano-calendário.

11.6.1 Decisão: período trimestral *versus* regime anual

> A questão que fica nesta decisão é: por que as empresas do Lucro Real tendem a optar pelo regime anual, com recolhimentos mensais?

A resposta está nas seguintes possibilidades:

- é bastante comum para a maior parte das empresas a questão da sazonalidade, na qual, em determinados meses ou trimestres existe a ocorrência de prejuízo, mesmo que, ao final do período anual, a empresa termine com lucro tributável;
- no período trimestral, caso haja prejuízo no trimestre, este poderá ser compensado com lucros tributáveis em trimestres posteriores. Contudo, a compensação sempre será limitada a 30% do Lucro Real de períodos posteriores, o que pode provocar lentidão no aproveitamento de prejuízos fiscais compensáveis;
- no regime anual, caso haja prejuízo nos primeiros trimestres mas no final do ano o resultado final seja positivo, a empresa conseguirá apropriar 100% dos prejuízos dos primeiros trimestres, dentro do próprio ano;
- no regime anual, caso haja prejuízo acumulado em determinados meses, a empresa poderá deixar de recolher o tributo naquele mês (suspensão), só voltando a recolher quando houver Lucro Real acumulado novamente.

Por outro lado, para empresas que têm regularidade de lucro tributável e não veem perspectiva de prejuízo, o regime trimestral de apuração permite recolhimentos trimestrais em vez de mensais, melhorando o fluxo de caixa da empresa.

11.6.2 Fusão, cisão, incorporação, extinção

Conforme o artigo 220, nos casos de incorporação, fusão, cisão ou extinção da pessoa jurídica, a apuração da base de cálculo e do imposto devido será efetuada na data do evento.

Em outras palavras, nessas situações não habituais, o período de apuração encerra-se na data da ocorrência de um desses eventos societários. Nesse sentido, é importante destacar que as empresas resultantes ou remanescentes de cisão ou de qualquer outra forma de desmembramento da pessoa jurídica, que tenha ocorrido nos últimos cinco anos, ficam impedidas de manifestar opção pelo Simples Nacional (Lei Complementar n. 123/2006).

11.7 Alíquotas

As alíquotas são:

- IRPJ: 15% sobre o lucro tributável;
- IRPJ: 10% sobre o lucro tributável que exceder a R$ 240.000,00 anuais ou R$ 20.000,00 mensais;
- CSLL: 9% sobre o lucro tributável.

O somatório nominal das alíquotas indicam uma carga tributária máxima de 34% sobre o lucro tributável (Lucro Real). Contudo, como há possibilidades de várias adições ou exclusões da base de cálculo do Lucro Real, a *alíquota contábil efetiva* pode ser maior ou menor do que a alíquota máxima nominal, quando aplicada ao valor do lucro contábil que dá início à apuração do Lucro Real.

11.8 Principais adições e exclusões e controle no Lalur

Alguns exemplos de adições:

- Doações que não sejam para entidades filantrópicas regulamentadas como tais.
- Excesso de provisão para credores incobráveis acima dos valores permitidos pelo RIR/1999.
- Qualquer provisão lançada em despesa que não seja provisão para incobráveis, provisão para o 13º e provisão para férias.
- Prejuízo de equivalência patrimonial em investimentos em coligadas e controladas.
- Valor das transferências internacionais acima dos preços parâmetros.
- Depreciação contábil superior à fiscal.
- Valor da diferença a maior da depreciação acelerada decorrente de incentivos fiscais excluída em exercícios anteriores.
- Depreciação de reavaliações e ajustes de avaliação patrimonial de ativos.
- Despesas particulares dos sócios contabilizadas na empresa etc.

Alguns exemplos de exclusões:

- Lucro de equivalência patrimonial em investimentos em coligadas e controladas.
- Dividendos ou lucros recebidos de participação em outras empresas.
- Depreciação com cálculo fiscal superior à depreciação com cálculo contábil.
- Depreciação acelerada decorrente de incentivos fiscais.
- Incentivo sobre gastos com pesquisa e desenvolvimento até 60% ou 80% do valor gasto no exercício etc.

É necessário ressaltar que algumas atividades ou projetos específicos de interesse do governo federal podem conter outras adições ou exclusões específicas.

11.8.1 Principais alterações do RIR/1999 promovidas pela Lei n. 12.973/2014

As práticas contábeis que introduziram as normas do IFRS na contabilidade brasileira ensejam a contabilização de eventos econômicos com aplicação de conceitos subjetivos ou não previstos na legislação fiscal brasileira, como ajuste a valor justo, *impairment* (provisão para desvalorização de ativos), ajuste a valor presente, contabilização como imobilizado de *leasing* financeiro etc.

Como regra geral, todos os novos conceitos não foram aceitos pela nova legislação tributária (Lei n. 12.973/2014), porque, basicamente, tratam-se de eventos de despesas e receitas não realizadas temporariamente. Esses eventos não realizados temporariamente só serão considerados dedutíveis ou tributáveis, para fins de apuração do Lucro Real, quando realizados. Nesse sentido é importante entender o conceito de realização para fins contábeis e tributários.

Realização, para fins contábeis e tributários, é a extinção de um ativo ou passivo individual dos registros em contas contábeis. Geralmente a realização se dá por recebimento, pagamento, venda, alienação, baixa, doação etc. Assim, um ativo ou passivo individual é realizado quando liquidado contabilmente, ou seja, é baixado dos registros contábeis.

A Lei n. 12.973/2014, já incorporada ao RIR/1999, assim se posicionou sobre os novos conceitos contábeis:

a) Os ajustes a valor presente contabilizados no exercício deverão ser estornados – adicionados ou excluídos – para fins de apuração do Lucro Real (por exemplo, se da receita de vendas foi excluído valor a título de ajuste a valor presente, esse valor deverá ser retornado como receita bruta).

b) A contabilização da depreciação e despesas financeiras de *leasing* financeiro imobilizado deverão ser adicionadas; em contrapartida, as contraprestações pagas como redução da dívida do financiamento poderão ser excluídas.

c) Caso a empresa tenha feito capitalização de juros de financiamentos em ativos imobilizados, esses valores poderão ser excluídos como despesas financeiras.

d) Os valores contabilizados como provisão para desvalorização de ativos no teste de recuperabilidade (*impairment*) deverão ser adicionados, podendo ser excluídos quando da realização do ativo ou passivo por alienação ou baixa.

e) Gastos com desenvolvimento ativados como intangíveis poderão ser excluídos como despesas. Contudo, o valor da amortização contábil desses gastos deverá ser adicionado posteriormente.

f) Os ajustes a valor justo de ativos ou passivos, sejam de ganhos ou perdas, devem ser adicionados ou excluídos, podendo ser considerados como perdas ou ganhos apenas na realização desses ativos ou passivos.

g) O valor da depreciação contabilizada em valor inferior ao permitido pelo RIR pode ser excluído do lucro líquido para apuração do Lucro Real.

h) Aquisição de controlada ou coligada: o valor pago pelo Goodwill – ágio por expectativa de rentabilidade futura –, enquanto não realizado, não será dedutível, mesmo que tenha havido amortização contábil (também não dedutível).

i) Aquisição de controlada ou coligada: o ganho proveniente de compra vantajosa, que corresponde ao excesso do valor justo dos ativos líquidos da investida, na proporção da participação adquirida, em relação ao custo de aquisição do investimento, será computado na determinação do Lucro Real no período de apuração da alienação ou baixa do investimento.

j) A pessoa jurídica que absorver patrimônio de outra, em virtude de incorporação, fusão ou cisão, na qual detinha participação societária adquirida com ágio por rentabilidade futura (*goodwill*), poderá excluir, para fins de apuração do Lucro Real dos períodos de apuração subsequentes, o saldo do referido ágio, à razão de 60 avos, no máximo, para cada mês do período de apuração.

k) A pessoa jurídica que absorver patrimônio de outra, em virtude de incorporação, fusão ou cisão, na qual detinha participação societária adquirida com ganho proveniente de compra vantajosa, deverá computar, para fins de apuração do Lucro Real dos períodos de apuração subsequentes, o referido ganho, à razão de 60 avos, no mínimo, para cada mês do período de apuração.

l) Subvenção para investimento e doações feitas pelo poder público não serão computadas na determinação do Lucro Real, desde que seja registrada em reserva de lucros, que somente poderá ser utilizada para absorção de prejuízos ou aumento de capital social.

m) Despesas com emissão de ações: os custos associados às transações destinadas à obtenção de recursos próprios, mediante a distribuição primária de ações ou bônus de subscrição contabilizados no patrimônio líquido, poderão ser excluídos, na determinação do Lucro Real, quando incorridos.

n) Tributação de ganhos em subsidiária no exterior: o ajuste do valor do investimento em controlada, direta ou indireta, domiciliada no exterior, equivalente aos lucros por ela auferidos antes do imposto de renda (equivalência patrimonial), deverá ser computado na determinação do lucro real e da base da CSLL. Poderá deduzir o imposto de renda já pago no exterior, até o limite do imposto de renda incidente no Brasil.

Uma inovação (ruim) da Lei n. 12.973/2014 foi a recriação do conceito de ativo diferido para as despesas pré-operacionais (artigo 11), quando diz que as despesas pré-operacionais ou pré-industriais não poderão ser deduzidas como despesas. Serão deduzidas no Lucro Real em cotas fixas mensais e no prazo mínimo de cinco anos a partir do início das operações ou atividades das novas instalações.

De um modo geral, as adições e exclusões para fins de IRPJ também são as mesmas para a CSLL.

Os lucros distribuídos sob a forma de dividendos não são dedutíveis para fins da tributação no Lucro Real. Já a distribuição de lucros sob a forma de juros sobre o capital próprio são dedutíveis como despesas financeiras. Esses dois temas estão tratados no Capítulo 13.

11.8.2 Controle do Lalur

O Livro de Apuração do Lucro Real (Lalur) contempla a finalização legal da escrituração da apuração do Lucro Real, que corresponde às antigas Declaração do Imposto de Renda (DIR) e Declaração de Informações da Pessoa Jurídica (DIPJ). Atualmente, em conjunto com outras obrigações da escrituração fiscal digital, o Lalur também é apresentado nesta mídia.

Analogamente ao Lalur em livros de papel, o Lalur digital (e-Lalur) contempla as duas partes:

- Parte I: em que se evidencia a apuração do Lucro Real, partindo do lucro contábil e destacando as adições e exclusões.
- Parte II: destinada ao controle das adições ou exclusões que farão parte da apuração do Lucro Real de exercícios futuros.

O controle na Parte II também compreende o controle dos prejuízos fiscais compensáveis em exercícios futuros, tanto da base de cálculo compensável do IR como da CSLL.

11.9 Exemplo de cálculo introdutório

A Tabela 11.1 mostra um exemplo de cálculo de IR e CSLL no regime de Lucro Real, partindo de um lucro contábil anual de R$ 800.000,00 e assumindo valores aleatórios para adições e exclusões.

Tabela 11.1 Exemplo de cálculo de IR e CSLL no Lucro Real

Base de cálculo – R$	IRPJ	CSLL
Lucro Líquido do exercício antes do IR e CSLL	800.000,00	800.000,00
(+) Adições		
Doações não dedutíveis	20.000,00	20.000,00
Provisão para perdas em processos trabalhistas	42.000,00	42.000,00
Provisão para desvalorização – *impairment*	85.000,00	85.000,00
Soma	147.000,00	147.000,00
(–) Exclusões		
Incentivo de pesquisa e desenvolvimento	50.000,00	50.000,00
Depreciação fiscal complementar à contábil	45.000,00	45.000,00
Lucro de equivalência patrimonial em controlada	12.000,00	12.000,00
	107.000,00	107.000,00
= *Lucro Real*	840.000,00	840.000,00
Alíquotas do tributo – % – Normais	15%	9%
Alíquotas do tributo – % – Adicional sobre lucro excedente a R$ 240.000,00	10%	–
Valor dos tributos a serem recolhidos – $		
IRPJ/CSLL normal	126.000,00	75.600,00
IRPJ excedente	60.000,00	0,00
Total	186.000,00	75.600,00

Os cálculos efetuados foram:

IR – 15%= R$ 840.000,00 × 15% = R$ 126.000,00
IR – Adicional de 10% = R$ 840.000,00 (–) 240.000,00 = R$ 600.000,00 × 10% = R$ 60.000,00
CSLL – 9% = R$ 840.000,00 × 9% = R$ 75.600,00

11.9.1 Exemplo de contabilização

A contabilização do valor do IR e da CSLL deve ser como despesa na demonstração do resultado do exercício contra tributos a recolher.

Exemplo numérico

1.	Valor do IR e CSLL do período
2.	Pagamento do IR e CSLL
Todas as movimentações foram feitas com saldo bancário	

Lançamentos

N.	Lançamento	Conta contábil	Valor – $	Conta de:
1	Débito	Despesas de IR e CSLL	261.600,00	Despesa
1	Crédito	IR a recolher	186.000,00	Passivo circulante
1	Crédito	CSLL a recolher	75.600,00	Passivo circulante
2	Débito	IR a recolher	186.000,00	Passivo circulante
2	Débito	CSLL a recolher	75.600,00	Passivo circulante
2	Crédito	Bancos conta movimento	261.600,00	Ativo circulante

Em conta Tê:

```
        Despesas de IR/CSLL                       IR a recolher
    1    261.600,00    |                                  |  186.000,00    1
                       |                  2   186.000,00  |
                       |                                  |       0,00

        Bancos conta movimento                    CSLL a recolher
                       |  261.600,00   2                  |   75.600,00    1
                       |                  2    75.600,00  |
                       |                                  |       0,00
```

11.10 Incentivos e deduções do imposto devido

O artigo 229 do RIR/1999 prevê a dedução, para fins de pagamento, do imposto apurado pelo Lucro Real, além dos pagamentos já efetuados e retenções na fonte, também uma série de incentivos fiscais instituídos pela legislação federal.

A Figura 11.3 mostra o conjunto desses incentivos, que são descontados diretamente do imposto devido, cada um com suas regulamentações específicas.

Essas deduções não são consideradas subvenções governamentais para investimento e não devem ser contabilizadas como receitas de doações. Representam apenas valor a menor de imposto de renda a pagar.

Figura 11.3 Aproveitamento dos incentivos fiscais, dedução como despesa operacional ou dedução do imposto devido

Incentivo	Dedução como despesa operacional	Dedução do imposto devido	Limite do imposto devido	Legislação básica
1. Licença-maternidade e licença-paternidade (Empresa Cidadã)	Não	Valor total da despesa das remunerações	Sem limite	Lei n. 11.770/2008 Lei n. 13.257/2016
2. Programa de Alimentação do Trabalhador (PAT)	Sim	Valor total da despesa	Até 4%, em conjunto com demais incentivos	Decretos n. 5/1991 e 2.101/1996
3. Operações culturais e artísticas Lei Rouanet				
a) Doações e patrocínios Tipo I	Sim	40% – Doações 30% – Patrocínios	Até 4%, em conjunto com demais incentivos	Lei n. 8.313/91 Arts. 25/26
b) Doações e patrocínios Tipo II	Sim	Valor total da despesa	Até 4%, em conjunto com demais incentivos	Decreto n. 5.761/2006
4. Atividade audiovisual	Não	Valor total da despesa	Até 3%, em conjunto com 4% dos demais incentivos	Lei n. 8.313/91, Lei n. 9.874/1999 Decreto n. 5.761/2006
5. Fundos dos Direitos da Criança e do Adolescente	Sim, por exclusão no Lalur	Valor total das doações	Até 1% de forma isolada	Lei n. 8.685/1993 Decreto n. 974/1993
6. Projetos desportivos ou paradesportivos	Não	Valor total das doações ou patrocínios	Até 1% de forma isolada	Decreto n. 794/1993 Lei n. 9.249/1995
7. Estatuto do Idoso	Não	Valor total das doações ou patrocínios	Até 1% de forma isolada	Lei n. 11.438/2006 Lei n. 11.472/2007
8. Programa Nacional de Apoio à Atenção Oncológica	Não	Valor total das doações ou patrocínios	Até 1% de forma isolada	Estatuto do Idoso
9. Programa Nacional de Apoio à Atenção da Saúde da Pessoa com Deficiência	Não	Valor total das doações ou patrocínios	Até 1% de forma isolada	PRONON
10. Vale-cultura	Não	Valor total da despesa	Até 1% de forma isolada	PRONAS/PCD
				Lei n. 12.761/2012

Fonte: Adaptado de Consultoria LEFISC – Grupo DPG.

11.10.1 Excessos de valores não aproveitados no exercício

Os gastos com a remuneração dos empregados do período de extensão das licenças, das empresas que optam pelo programa Empresa Cidadã, serão totalmente aproveitáveis, sem nenhum limite. Caso, com o aproveitamento desses gastos com a redução do imposto de renda devido, a empresa passe a ter imposto de renda credor (a recuperar), o valor a recuperar será aproveitado em exercícios posteriores via redução, compensação ou restituição.

Os gastos com o programa de alimentação do trabalhador que não forem aproveitados dentro dos 4% do limite do imposto devido poderão ser aproveitados nos dois próximos exercícios sociais, a partir do qual não poderão mais ser aproveitados.

Os gastos com operações culturais e artísticas e atividade audiovisual que não forem aproveitados dentro dos 4% do limite do imposto devido não poderão ser aproveitados em exercícios futuros.

Os gastos com as doações ao Fundo dos Direitos da Criança e do Adolescente, projetos desportivos e paradesportivos, Estatuto do Idoso, Programa Nacional de Apoio à Atenção Oncológica e Pessoas com Deficiências e vale-cultura, caso suplantem o valor de 1% do imposto de renda devido, não poderão ser aproveitados nem no próprio exercício como despesa operacional nem em exercícios futuros como redução do imposto de renda devido.

11.10.2 Exemplo de cálculo e contabilização de incentivos fiscais redutores do imposto devido

Para iniciar a exemplificação, vamos partir de uma demonstração do resultado de um exercício anual, com os dados até o lucro antes do IR/CSLL, mostrado na Tabela 11.2.

Tabela 11.2 Demonstração do resultado do exercício antes do IR

Receita operacional bruta	100.000.000,00
(−) Tributos sobre a receita	−25.000.000,00
Receita operacional líquida	75.000.000,00
Custo dos produtos e serviços vendidos	−41.250.000,00
Lucro bruto	33.750.000,00
Despesas operacionais	
Recorrentes	−14.250.000,00
Com incentivos fiscais	
Licença-maternidade e licença-paternidade	−210.000,00
Programa de Alimentação do Trabalhador (PAT)	−330.000,00
Lei Roaunet − Tipo I − Doações	−20.000,00
Lei Roaunet − Tipo I − Patrocínio	−10.000,00
Lei Roaunet − Tipo II − Doações	−5.000,00
Resultados financeiros	
Receitas financeiras	600.000,00
Despesas financeiras	−200.000,00
Lucro antes do IR/CSLL	19.325.000,00

Nesta demonstração já está destacado o valor pago ao longo do ano dos incentivos de licença-maternidade e Lei Rouanet, que já deve estar contabilizado como despesas operacionais. O valor do PAT está também contabilizado como despesa operacional de encargo social e pode ensejar aproveitamento também como incentivo fiscal até 4% do imposto de renda devido.

Os demais incentivos têm características diferentes de contabilização, uma vez que são, fundamentalmente, deduções do imposto de renda devido de forma direta. O valor do investimento em audiovisual é um ativo, uma vez que se espera renda futura dele na forma de bilheteria, receita por transformação em outras mídias etc.

Esses incentivos estão relacionados a seguir como outros eventos.

Outros eventos	
Foram retidos 15% de IRRF sobre as receitas financeiras contabilizado no ativo como IR a recuperar	90.000,00
Foi feito investimento em atividade audiovisual contabilizado como investimento e não como despesa	88.000,00
Foram feitas as seguintes doações:	
Fundos dos Direitos da Criança e do Adolescente	30.000,00
Projetos desportivos e paradesportivos	17.000,00
Estatuto do Idoso	5.000,00
Programa atenção oncológica	30.000,00
Programa de assistência a pessoas com deficiência	12.000,00
Vale-cultura	5.000,00

A primeira etapa da apuração do imposto de renda é fazer a apuração do Lucro Real com os eventos mencionados, uma vez que há incentivos que devem ser adicionados e outros que podem ser excluídos, como mostra a Tabela 11.3.

Tabela 11.3 Apuração do Lucro Real

Lucro antes do IR/CSLL	19.325.000,00
(+) Adições	
Licença-maternidade e paternidade	210.000,00
Lei Roaunet – Tipo II – Doações	5.000,00
(–) Exclusões	
Investimento em atividade audiovisual	–88.000,00
= Lucro Real	19.452.000,00

Verifica-se que o total gasto nas remunerações da licença-maternidade e da licença-paternidade é adicionado porque é deduzido depois, diretamente do imposto devido. O mesmo acontece com as doações da Lei Rouanet, que rotulamos de Tipo II. A exclusão do valor do investimento em atividade audiovisual decorre de que a contabilização de seu pagamento é no ativo como investimento.

A Tabela 11.4 demonstra a apuração do imposto de renda considerando as possibilidades de deduções do imposto devido.

Tabela 11.4 Comprovação do limite de dedução até 4% do imposto devido

4% do imposto devido – alíquota de 15% (4% × $ 2.917.800,00)	116.712,00
Aproveitamentos	
Atividade audiovisual – até 3% do imposto devido (R$ 2.917.800,00 × 3%)	87.534,00
Lei Roaunet – Tipo I – Doações (R$ 20.000,00 × 40%)	8.000,00
Lei Roaunet – Tipo I – Patrocínio (R$ 40.000,00 × 30%)	3.000,00
Lei Roaunet – Tipo II – Doações	5.000,00
Programa de Alimentação do Trabalhador (PAT)*	13.178,00
Total de aproveitamento	116.712,00

* O valor aproveitado foi por diferença entre o total de 4% do imposto devido.

Os principais aspectos são:

- As despesas com o programa Empresa Cidadã são adicionadas ao Lucro Real, mas são dedutíveis integralmente do imposto devido.
- O valor do Fundo dos Direitos da Criança e do Adolescente, projetos desportivos, Estatuto do Idoso, Programa de Atenção Oncológica, Programa de Assistência a Pessoas com Deficiência e vale-cultura não é lançado como despesa, mas, primariamente, como um ativo de adiantamento de doação, para verificação se cada valor pago ultrapassará o limite máximo de dedução de 1% do imposto devido.
- Verifica-se que o valor pago ao Fundo dos Direitos da Criança e do Adolescente e ao programa de Atenção Oncológica foram superiores ao limite de 1% do imposto devido, ambos em R$ 822,00. Esses valores excedentes ao limite deverão ser contabilizados como despesa, no mesmo ano ou no ano seguinte, mas não poderão ser reaproveitados, devendo ser adicionados ao Lucro Real.
- Mesmo investindo R$ 88.000,00 em atividade audiovisual, só foi possível abater do imposto devido R$ 87.534,00 em razão do limite individual de 3% do imposto devido; contudo, foi possível aproveitar o valor de investimento como exclusão do Lucro Real.
- Os valores pagos como incentivos da Lei Rouanet Tipo I foram considerados despesas operacionais dedutíveis, e o incentivo adicional coube dentro do limite total de 4% do imposto devido.
- O valor pago como incentivo da Lei Rouanet Tipo II foi adicionado ao Lucro Real, mas o valor pago pode ser aproveitado inteiramente dentro do limite total de 4% do imposto devido;

- O valor do Programa de Alimentação do Trabalhador (PAT) é uma despesa operacional dedutível; contudo, neste exemplo, do total de R$ 330.000,00 gasto no ano, só foi possível aproveitar adicionalmente como incentivo R$ 13.178,00, porque o limite total de 4% do imposto devido foi primeiramente ocupado pelos outros incentivos, conforme mostra a Tabela 11.5. Caso nos dois próximos anos haja a possibilidade de aproveitamento, isto poderá ser feito.

Tabela 11.5 Demonstração do resultado do exercício depois do IR

Receita operacional bruta	100.000.000,00
(–) Tributos sobre a receita	–25.000.000,00
Receita operacional líquida	75.000.000,00
Custo dos produtos e serviços vendidos	–41.250.000,00
Lucro bruto	33.750.000,00
Despesas operacionais	
Recorrentes	–14.250.000,00
Com incentivos fiscais	
Licença-maternidade e licença-paternidade	–210.000,00
Programa de Alimentação do Trabalhador (PAT)	–330.000,00

Para finalizar, concluímos a demonstração do resultado do exercício com o valor do IR/CSLL devido já reduzido das deduções do imposto devido.

Tabela 11.6 Demonstração do resultado do exercício depois do IR

Receita operacional bruta	100.000.000,00
(–) Tributos sobre a receita	–25.000.000,00
Receita operacional líquida	75.000.000,00
Custo dos produtos e serviços vendidos	–41.250.000,00
Lucro bruto	33.750.000,00
Despesas operacionais	
Recorrentes	–14.250.000,00
Com incentivos fiscais	
Licença-maternidade e paternidade	–210.000,00
Programa de Alimentação ao Trabalhador (PAT)	–330.000,00
Lei Roaunet – Tipo I – Doações	–20.000,00
Lei Roaunet – Tipo I – Patrocínio	–10.000,00

(continua)

Tabela 11.6 Demonstração do resultado do exercício depois do IR   *(continuação)*

Lei Roaunet – Tipo II – Doações	−5.000,00
Resultados financeiros	
Receitas financeiras	600.000,00
Despesas financeiras	−200.000,00
Lucro antes do IR/CSLL	**19.325.000,00**
Despesa de IR/CSLL	−6.165.612,00
Lucro líquido depois do IR/CSLL	**13.159.388,00**

A seguir está a contabilização básica em conta Tê.

Lançamentos contábeis

1	Investimento em audiovisual	88.000,00
2	IRRF de aplicações financeiras	90.000,00
	Doações feitas	
3	Fundos dos Direitos da Criança e do Adolescente	30.000,00
4	Projetos desportivos e paradesportivos	17.000,00
5	Estatuto do Idoso	5.000,00
6	Programa de Atenção Oncológica	30.000,00
7	Programa Assistência a Pessoas com Deficiência	12.000,00
8	Vale-cultura	5.000,00
	Aproveitamento do IR devido	
9	Fundo dos Direitos da Criança e do Adolescente	29.178,00
10	Projetos desportivos e paradesportivos	17.000,00
11	Estatuto do Idoso	5.000,00
12	Programa de Atenção Oncológica	29.178,00
13	Programa Assistência a Pessoas com Deficiência	12.000,00
14	Vale-cultura	5.000,00
15	Empresa Cidadã	210.000,00
16	Lei Roaunet – Tipo I – Doações (R$ 20.000,00 3 40%)	8.000,00
17	Lei Roaunet – Tipo I – Patrocínio (R$ 40.000,00 3 30%)	3.000,00
18	Lei Roaunet – Tipo II – Doações	5.000,00
19	Programa de Alimentação do Trabalhador – PAT	13.178,00
20	Atividade audiovisual – até 3% do imposto devido (R$ 2.917.800,00 3 3%)	87.534,00
21	IR/CSLL devido	6.589.680,00
22	IRRF de aplicações financeiras	90.000,00
23	IR/CSLL recolhido	6.075.612,00

Em conta Tê:
SI = Saldo inicial

Caixa/Bancos			Investimento audiovisual		IRRF Aplicações financeiras		
88.000,00	1	1	88.000,00	SI	90.000,00		
30.000,00	3					90.000,00	22
17.000,00	4				0,00		
5.000,00	5						
30.000,00	6						
12.000,00	7						
5.000,00	8						
6.075.612,00	23						

	Fundo Criança e Adolescente			Projetos desportivos			Estatuto do Idoso		
3	30.000,00		4	17.000,00		5	5.000,00		
		29.178,00	9		17.000,00	10		5.000,00	11
	822,00			0,00			0,00		

	Programa Oncológico			Programa Pessoas com Deficiência			Vale-cultura		
6	30.000,00		7	12.000,00		8	5.000,00		
		29.178,00	12		12.000,00	13		5.000,00	14
	822,00			0,00			0,00		

	IR/CSLL a pagar				Despesa de IR/CSLL		
		6.589.680,00	21	21	6.589.680,00		
9	29.178,00					29.178,00	9
10	17.000,00					17.000,00	10
11	5.000,00					5.000,00	11
12	29.178,00					29.178,00	12
13	12.000,00					12.000,00	13
14	5.000,00					5.000,00	14
15	210.000,00					210.000,00	15
16	8.000,00					8.000,00	16
17	3.000,00					3.000,00	17
18	5.000,00					5.000,00	18
19	13.178,00					13.178,00	10
20	87.534,00					87.534,00	20
22	90.000,00				6.165.612,00		
		6.075.612,00					
23	6.075.612,00						
		0					

11.11 Utilização de saldo credor

A apuração do IR/CSLL a recolher deve considerar os valores retidos desses tributos em transações que a legislação entende que deva haver a retenção na fonte (Imposto de Renda Retido na Fonte – IRRF). O IRRF deve ser decorrente de receitas computadas na apuração do Lucro Real.

Além disso, é possível que a empresa tenha saldo credor desses tributos pendentes das últimas apurações do IR/CSLL, seja do ano ou trimestre anterior, seja de anos e trimestres mais antigos.

O saldo credor de IR/CSLL tende a ocorrer nas seguintes situações principais em que tenha havido IRRF em algumas transações do período:

- prejuízo fiscal no período; e
- IR/CSLL retido na fonte superior ao valor do IR/CSLL devido.

Considerando as situações de IRRF e de saldo credor, o valor a recolher, em síntese, é:

> Valor do IR/CSLL devido
> (–) Valor do IR/CSLL retido nas transações do período
> (–) Aproveitamento de saldo credor de IR/CSLL
> = Valor do IR/CSLL a recolher

O aproveitamento do saldo credor deve vir depois do aproveitamento do IRRF. Caso o IRRF e o saldo credor ultrapassem o valor do IR/CSLL devido, haverá a geração de um novo saldo credor para os próximos períodos. É importante ressaltar que o IRRF na fonte deve ser considerado pelo seu total, não podendo seu saldo ser aproveitado parcialmente, porque ele é que vai gerar o saldo credor dos tributos.

11.11.1 Receitas com IRRF

As principais receitas que ensejam a retenção na fonte são:

- Receitas de prestação de serviços.
- Receitas financeiras de aplicações financeiras.
- Rendimentos do mercado de títulos negociáveis e fundos de investimento.
- Juros sobre o capital próprio.
- Lucros obtidos de subsidiárias no exterior.

11.11.2 Saldos credores mensais no regime anual por estimativa

Nesse regime periódico de apuração, caso um ou outro mês do ano tenha saldo credor, este poderá ser automaticamente aproveitado nos meses seguintes, sem necessidade de enviar nenhuma comunicação ao Fisco por meio de obrigação acessória.

Os saldos credores mensais não podem ser atualizados monetariamente, devendo ser utilizados os valores nominais obtidos.

11.11.3 Saldo credor anual no regime anual por estimativa

Caso a empresa não consiga aproveitar todo o valor do IRRF e o saldo credor de exercícios anteriores no ano, gerando novo saldo credor de IR/CSLL, estes poderão ser utilizados em exercícios seguintes, atualizados monetariamente pela Selic, mensalmente até o final do aproveitamento, a partir de janeiro do exercício subsequente à formação do saldo credor.

Contudo, para o aproveitamento ser legitimado, a empresa deverá emitir a obrigação acessória do Perdcomp, sob pena de ter o aproveitamento do saldo credor rejeitado pela SRFB.

11.11.4 Saldo credor trimestral no regime trimestral

Caso a empresa não consiga aproveitar todo o valor do IRRF e o saldo credor de trimestres anteriores no trimestre, gerando novo saldo credor de IR/CSLL, estes poderão ser utilizados em trimestres seguintes, atualizados monetariamente pela Selic, mensalmente até o final do aproveitamento, a partir do trimestre subsequente à formação do saldo credor.

Contudo, para o aproveitamento ser legitimado, a empresa deverá emitir a obrigação acessória do Perdcomp, sob pena de ter o aproveitamento do saldo credor rejeitado pela SRFB.

11.11.5 Restituição do saldo credor

A legislação permite também, à opção do contribuinte, escolher o pedido de restituição, por meio de preenchimento de obrigação acessória.

Geralmente o pedido de restituição tende a demorar mais em razão de análise pela SRFB e só deve ser feito quando não há vislumbre de o saldo credor poder ser aproveitado no próximo ano.

11.12 Custo dos produtos vendidos e depreciação

A apuração da base de cálculo para o IR/CSLL parte do lucro contábil que deve ser escriturado pelo regime de competência de exercícios, segundo as práticas contábeis da Lei n. 6.404/1976. Dentro desse conceito, o RIR/1999 reforça quais receitas são ou não tributáveis, bem como quais despesas são ou não dedutíveis para formar o Lucro Real. Dentro desse conjunto de despesas, duas merecem atenção especial: a apuração do custo dos produtos vendidos e a despesa de depreciação.

11.12.1 Custo dos produtos vendidos: norma contábil versus norma fiscal do custo arbitrado

A norma contábil determina que o custo dos produtos vendidos deve ser apurado pelo custeamento por absorção considerando o conceito de inventário permanente, ou seja, o custo dos produtos vendidos deve ser apurado mensalmente, não devendo ser apurado por levantamento de estoque ao final do período, mas, sim, pela apuração do custo unitário de todos os produtos e serviços que serão estocados e posteriormente vendidos.

As práticas contábeis nacionais e internacionais determinam que os estoques industriais devem ser avaliados considerando todos os custos industriais. Como os gastos industriais compreendem os custos diretos e indiretos, isso significa que há a necessidade do rateio dos custos indiretos de fabricação, caracterizando como obrigatoriedade a adoção do método do custeamento por absorção. A aplicação do método do custeamento por atividades (Activity Based Costing, ABC) também é aceita, desde que se limite a aplicação do método nos custos indiretos de fabricação e não compreenda despesas administrativas e comerciais.

O RIR/1999 reforça o mesmo conceito, denominando esse procedimento de custo integrado e coordenado, conforme o texto do artigo 294.

Artigo 294 Os produtos em fabricação e acabados serão avaliados pelo custo de produção.
§ 1º O contribuinte que mantiver sistema de contabilidade de custo integrado e coordenado com o restante da escrituração poderá utilizar os custos apurados para avaliação dos estoques de produtos em fabricação e acabados.
§ 2º Considera-se sistema de contabilidade de custo integrado e coordenado com o restante da escrituração aquele:
I – apoiado em valores originados da escrituração contábil (matéria-prima, mão de obra direta, custos gerais de fabricação);
II – que permite determinação contábil, ao fim de cada mês, do valor dos estoques de matérias-primas e outros materiais, produtos em elaboração e produtos acabados;
III – apoiado em livros auxiliares, fichas, folhas contínuas, ou mapas de apropriação ou rateio, tidos em boa guarda e de registros coincidentes com aqueles constantes da escrituração principal;
IV – que permite avaliar os estoques existentes na data de encerramento do período de apropriação de resultados segundo os custos efetivamente incorridos.

Em resumo, o custo integrado e coordenado deve compreender:

- dados históricos, médios;
- informações de valores vindos da contabilidade;
- informações quantitativas da movimentação dos estoques vindas de apontamentos de dados reais; e
- todos os dados de custos incorporados aos produtos fabricados e, posteriormente, vendidos.

11.12.1.1 Custo arbitrado para fins tributários

O RIR/1999, nos artigos 292 a 298, trata tanto do custo integrado e coordenado quanto da utilização do custo arbitrado. O custo arbitrado deverá ser utilizado quando a empresa não conseguir provar que tem o custo integrado e coordenado. Assim, para fins de apuração do Lucro Real tributário e do valor do imposto de renda e da contribuição social sobre o lucro devido, a utilização do custo arbitrado pode ser utilizada.

O custo arbitrado tem os seguintes critérios básicos:

- o valor do custo dos produtos acabados deverá ser avaliado por 70% do maior preço de venda do período de apuração, sem exclusão do ICMS; e
- o valor do custo dos materiais em processamento deverá ser avaliado por 80% do valor atribuído ao custo dos produtos acabados (critério anterior), ou 1,5 vez o maior custo dos materiais adquiridos no período de apuração.

11.12.1.2 Norma fiscal, norma contábil e auditoria externa

Não se recomenda, contudo, em nenhuma hipótese, o custo arbitrado, uma vez que ele impede qualquer visão gerencial e do custo real dos produtos ou serviços, prejudicando sobremaneira a apuração do lucro do período e todo processo de avaliação do desempenho da gestão.

Em tese, as normas contábeis proíbem a adoção do custo arbitrado. Empresas que têm ou são obrigadas a ter suas demonstrações auditadas por auditoria externa independente terão suas demonstrações financeiras ressalvadas no parecer do auditor caso adotem o custo arbitrado.

Contudo, para a SRFB a adoção do custo arbitrado para os estoques, para apuração do custo dos produtos vendidos, é aceitável e não sofre nenhuma restrição legal.

11.12.2 Depreciação como despesa fiscal facultativa

Conforme o artigo 307 do RIR/1999, "podem ser objeto de depreciação todos os bens sujeitos a desgaste pelo uso ou por causas naturais ou obsolescência normal".

É necessário ressaltar que, para o Lucro Real, a despesa de depreciação não é obrigatória. Já para as normas contábeis, a depreciação é obrigatória, devendo ser calculada segundo as normas contábeis.

O valor da depreciação que poderá ser dedutível é aquele calculado segundo os critérios do RIR/1999. Caso o valor da depreciação calculada pelas normas contábeis seja diferente do valor apurado segundo os critérios fiscais, deverá ser feito ajuste na apuração do Lucro Real da seguinte maneira:

- se o valor contabilizado for superior ao valor permitido pela legislação fiscal, a diferença deverá ser adicionada ao livro de apuração do Lucro Real; e
- o valor da depreciação contabilizada em valor inferior ao permitido pelo RIR/1999 poderá ser excluído do lucro líquido para apuração do Lucro Real.

Em resumo, o que prevalecerá será sempre o valor calculado pelas normas RIR/1999.

11.12.2.1 Depreciação não contabilizada em exercícios anteriores

Nosso entendimento é que, se uma empresa optou por não contabilizar a depreciação em exercícios anteriores, ela poderá fazer em exercícios futuros, desde que respeite o valor de aquisição e as taxas de depreciação determinadas pelo RIR/1999.

Entendemos também que, no primeiro ano que voltar a contabilizar a depreciação, o valor não poderá ser decorrente da taxa acumulada não feita até aquele período, mas, sim, utilizar, a partir da contabilização da depreciação, apenas as taxas anuais por ano.

11.13 Transações com empresas vinculadas no exterior: *transfer pricing*

De um modo geral, os preços praticados nas operações internacionais têm sido objeto de regulamentação pela maioria dos países, como uma resposta às práticas empresariais que têm por objetivo a redução da renda tributável. As primeiras iniciativas foram das autoridades fiscais dos Estados Unidos em 1929, que passaram a regular os preços das transações intercompanhias[6].

O preço de transferência internacional (*transfer pricing*) é aquele praticado em operações internacionais entre empresas multinacionais do mesmo grupo econômico. Os objetivos básicos dos governos em regular esses preços são:

- evitar a evasão fiscal de tributos;
- evitar a subavaliação ou superavaliação dos preços das mercadorias e serviços transacionados entre corporações do mesmo grupo;
- evitar transferências inadequadas de divisas; e
- evitar distribuição ilegal de resultados por meio da adulteração dos preços dos produtos e serviços comercializados internacionalmente etc.

11.13.1 O Princípio do Arm's Lenght Transaction

Esse princípio, que pode ser traduzido como *operação em base puramente comercial*, fundamenta as regulamentações de preços de transferência internacionais. De acordo com ele, para negócios e condições comparáveis, o preço das transações realizadas entre partes relaciona-

---

[6] ROSSETO, Vicente (1998). Preços de transferência: comentários à Lei n. 9.430/96. *Caderno de Estudos*, v. 17, p. 1-10. Disponível em: <https://dx.doi.org/10.1590/S1413-92511998000100006>. Acesso em: 19 maio 2017.

das deve ser semelhante ao dos praticados com terceiros, no pressuposto de que a transação foi efetuada em condições semelhantes às que seriam aplicadas entre partes não relacionadas[7].

Esse princípio foi consagrado internacionalmente em 1995 pela Organização para Cooperação Econômica e Desenvolvimento (OECD) e foi adotado e adaptado pelo Brasil pela Lei n. 9.430/1996.

11.13.2 Empresas vinculadas

Consideram-se partes relacionadas, vinculadas ou associadas as pessoas jurídicas de países diferentes que têm algum vínculo comercial ou financeiro, por exemplo:

- matriz ou filial de empresa sediada no exterior;
- empresa controlada ou controladora no exterior;
- empresa coligada no exterior; e
- empresas distribuidoras no exterior onde há grau de dependência comercial.

Além das pessoas jurídicas, as legislações internacionais também tendem a contemplar as pessoas físicas que de alguma forma possam ser beneficiadas por preços de transferências comerciais ou financeiras.

As regras de preços de transferências internacionais aplicam-se tanto às importações quanto às exportações de mercadorias e serviços, incluindo serviços financeiros (receitas e despesas de juros decorrentes de transações financeiras com empresas vinculadas no exterior).

11.13.3 A legislação brasileira

A legislação brasileira (artigos 240 a 245 do RIR/1999) permite a aplicação dos seguintes preços de transferência, ficando a critério da empresa contribuinte a utilização de um deles, dentro de seu negócio de atuação, devendo escolher um para parametrizar as exportações e outro para as exportações.

I – Importações

- Método dos Preços Independentes Comparados (PIC): definido como a média aritmética ponderada dos preços de bens e serviços idênticos ou similares, apurados no mercado brasileiro ou de outros países, em operações de compra e venda, em condições de pagamento semelhantes.
- Método do Preço de Revenda menos Lucro (PRL): definido como a média aritmética dos preços de revenda dos produtos ou serviços, diminuídos dos descontos incondicionais, impostos e contribuições incidentes sobre as vendas, comissões e corretagens e da margem de lucro (20% para alguns setores e 60% para outros).
- Método do Custo da Produção mais Lucro (CPL): definido como o custo médio de produção dos produtos e serviços, idênticos ou similares, no país onde tiverem sido originariamente produzidos, acrescidos dos impostos cobrados pelo referido país e da margem de lucro de 20%.

---

[7] ROSSETO, Vicente (1998). Preços de transferência: comentários à Lei n. 9.430/96. *Caderno de Estudos*, v. 17, p. 1-10. Disponível em: <https://dx.doi.org/10.1590/S1413-92511998000100006>. Acesso em: 19 maio 2017.

II – Exportações

- Método do Preço de Venda nas Exportações (PVEx): definido como a média aritmética ponderada dos preços de venda nas exportações efetuadas pela própria empresa para outros clientes não vinculados à empresa.
- Método do Preço de Venda (por Atacado ou Varejo) no País de Destino, Diminuído do Lucro (PVA/PVV): definido como a média aritmética ponderada dos preços dos produtos e serviços, idênticos ou similares, praticados no mercado atacadista do país de destino, em condições de pagamento semelhantes, diminuídos dos tributos incluídos no preço cobrados no referido país e de margem de lucro sobre o preço de venda (15% e 30%, respectivamente).
- Método do Custo de Aquisição ou Produção mais Tributos e Lucro (CAP): definido como a média aritmética ponderada dos custos de produção ou aquisição dos produtos e serviços exportados, acrescidos dos impostos e contribuições cobrados no Brasil e da margem de lucro de 15% sobre a soma dos custos mais impostos.

Em linhas gerais, os preços de transferências internacionais são adotados como padrões de aferição de preços máximos para as importações e preços mínimos para as exportações, que são utilizados pelos órgãos fiscais e reguladores. Em tese, as empresas podem utilizar qualquer preço de transferência em termos comerciais, mas devem se ater aos padrões contidos nos critérios estabelecidos para fins tributários.

Assim, se o valor das exportações for inferior a qualquer um dos quatro métodos admitidos para esse tipo de operação, a empresa exportadora deverá ser tributada na diferença existente entre o valor real exportado e o valor obtido pelo critério que ela escolhe para parametrizar a operação internacional. Fica claro que o objetivo é impedir subfaturamento das exportações e, consequentemente, menor entrada de divisas e menor base de tributação do lucro.

No caso das importações, se o valor delas for superior a qualquer um dos três métodos admitidos, a empresa importadora deverá ser tributada na diferença entre o valor real da importação e o valor obtido pelo critério que a empresa escolhe para parametrizar essa operação. Assim, o objetivo é impedir importações superfaturadas, que provocarão necessidade adicional de remessa de divisas, bem como reduzirão o lucro tributável no país do estabelecimento importador.

No Brasil, os tributos que serão pagos nos valores reais que excederem aos valores que seriam obtidos pelos preços de transferência são o Imposto de Renda (IR) e a Contribuição Social sobre o Lucro Líquido (CSLL). O imposto de renda tem uma alíquota básica de 15%, mais um adicional aplicável em lucros anuais superiores a R$ 240.000,00, o que, na prática, torna a alíquota igual a 25% para a grande maioria das empresas. A CSLL tem uma alíquota única de 9%, tornando a alíquota total dos tributos sobre o lucro ao redor de 34%.

11.13.4 Exemplos numéricos

As tabelas apresentadas a seguir mostram exemplos de aplicação e cálculo para apuração de eventual excesso de preços de transferência internacionais.

Tabela 11.7 Tributação de Transfer Pricing nas exportações com empresas relacionadas

Discriminação	Quantidade	Preço unitário – US$	Total
Situação I			
Exportação realizada (a)	200	3,000.00	600,000
Exportação com *Transfer Pricing* adotado (b)	200	2,400.00	480,000
Diferença (a – b)		600.00	120,000
Impostos sobre o lucro			34%
Valor a ser recolhido			0
Situação II			
Exportação realizada (a)	200	2,000.00	400,000
Exportação com *Transfer Pricing* adotado (b)	200	2,400.00	480,000
Diferença (a – b)		(400.00)	(80,000)
Impostos sobre o lucro			34%
Valor a ser recolhido			27,200

A Tabela 11.7 mostra dois exemplos de exportações para empresas do mesmo grupo econômico. Na Situação I, a exportação para a empresa relacionada foi efetuada ao preço unitário de US$ 3,000.00. Parametrizando a exportação por um dos preços de transferências possíveis, o preço mínimo a ser praticado na exportação seria de US$ 2,400.00. Nessa situação, a empresa exportou por um preço o superior ao mínimo exigido e não haverá penalidade tributária.

Na Situação II, o preço de transferência constante na fatura de exportação foi de US$ 2,000.00. Como o parâmetro utilizado pela empresa exigia um preço mínimo de exportação de US$ 2,400.00, a empresa tem de recolher o equivalente a US$ 27,200.00 para o governo do país da unidade exportadora.

No caso das importações prevalece o inverso. Se o preço efetivamente negociado e constante da declaração de importação for superior ao preço de transferência adotado como parâmetro, haverá a tributação do valor da diferença. Assim, na Situação I da Tabela 11.8, a empresa recebedora pagou pela importação o preço de US$ 24.00, valor superior ao permitido pela legislação. Assim, ela terá que recolher o equivalente a US$ 136,000 em tributos para o governo do estabelecimento da unidade importadora. No caso da Situação II, o preço da importação é inferior ao preço parâmetro, e, assim, não haverá penalidade tributária.

Tabela 11.8 Tributação de Transfer Pricing nas importações com empresas relacionadas

Discriminação	Quantidade	Preço unitário – US$	Total
Situação I			
Importação realizada (a)	200.000	24.00	4,800,000
Importação com Transfer Pricing adotado (b)	200.000	22.00	4,400,000
Diferença (a – b)		2.00	400,000
Impostos sobre o lucro			34%
Valor a ser recolhido			136,000
Situação II			
Importação realizada (a)	200.000	20.00	4,000,000
Importação com Transfer Pricing adotado (b)	200.000	22.00	4,400,000
Diferença (a – b)		(2.00)	(400,000)
Impostos sobre o lucro			34%
Valor a ser recolhido			0

11.13.5 Apuração do Lucro Real

Os dados das tabelas 11.7 e 11.8 estão em moeda estrangeira. Os valores apurados deverão ser convertidos para a moeda brasileira.

O valor em reais das diferenças identificadas das exportações e importações será adicionado ao lucro líquido para apuração do Lucro Real. Essas diferenças são consideradas diferenças permanentes, isto é, não serão objeto de escrituração na Parte B do Lalur porque seu efeito é definitivo pela adição feita para apuração do Lucro Real.

11.14 Imposto de renda diferido de prejuízos fiscais compensáveis

Apesar de tratarmos genericamente de Imposto de Renda (IR), o correto é tratarmos como tributos sobre o lucro, uma vez que em nosso país há dois tributos sobre o lucro: o imposto de renda propriamente dito e a Contribuição Social sobre o Lucro Líquido (CSLL).

O imposto de renda é uma composição de duas alíquotas: 15% para qualquer empresa até o valor de lucro tributável de R$ 240.000,00 anuais e mais 10% da parcela do lucro tributável que ultrapassa R$ 240.000,00 anuais. A CSLL é uma alíquota geral de 9%. Na prática, para a maioria das empresas, a alíquota total dos dois tributos é praticamente 34% do lucro tributável.

Em nossa legislação tributária, quando a empresa tem prejuízo contábil que também se caracteriza como um prejuízo fiscal, o valor do prejuízo fiscal pode ser compensado com lucros futuros, resguardando o critério de que a compensação não pode ultrapassar 30% do lucro obtido nos períodos subsequentes. A compensação é imprescritível, ou seja, o contribuinte nunca perde o direito do crédito gerado pelo prejuízo fiscal compensável.

Dessa maneira, sempre que a empresa tem um prejuízo contábil que se caracteriza como prejuízo fiscal compensável (que é a maioria dos casos), nasce com o prejuízo fiscal compensável um crédito tributário que poderá ser aproveitado em anos subsequentes contra lucros tributáveis de períodos futuros.

A norma contábil exige a contabilização desse crédito no realizável a longo prazo, uma vez que o período de compensação é incerto, tendo como contrapartida um lançamento na demonstração do resultado como receita de IR/CSLL. A norma também determina que, caso não haja vislumbre de aproveitamento do crédito, este ativo não deverá ser contabilizado (o que raramente acontece).

Para exemplificar, vamos supor que no ano X1 a empresa teve um prejuízo contábil que gerou um prejuízo fiscal compensável do mesmo valor de R$ 50.000,00. Esse valor gera um crédito tributário de tributos diferidos de 24% desse valor (15% de IR e 9% de CSLL) no montante de R$ 12.000,00. Vamos supor também que no ano de X2 a empresa obteve um lucro contábil e igualmente tributável de R$ 200.000,00, podendo com isso compensar o prejuízo fiscal do ano anterior.

Exemplo numérico

1. IR/CSLL de prejuízo fiscal compensável R$ 12.000,00 do ano X1
2. IR/CSLL do lucro tributável do ano X2 – R$ 48.000,00
3. Compensação do IR/CSLL diferido no ano X2 – R$ 12.000,00
4. Recolhimento do IR/CSLL do ano X2 – R$ 36.000,00

Todas as movimentações foram feitas com saldo bancário

Cálculos do IR/CSLL compensável

1 Prejuízo fiscal do ano X1 = R$ 50.000,00 × 24% = R$ 12.000,00
2 IR/CSLL do lucro tributável do ano X2 – R$ 200.000,00 × 24% = R$ 48.000,00
3 Recolhimento do IR/CSLL do ano X2 = R$ 36.000,00 (R$ 48.000,00 (–) R$ 12.000,00)

	Lançamentos			
N.	Lançamento	Conta contábil	Valor – $	Conta de:
1	Débito	IR/CSLL diferido	12.000,00	Realizável a longo prazo
1	Crédito	Despesa de IR/CSLL	12.000,00	Receita
2	Débito	IR/CSLL	48.000,00	Despesa
2	Crédito	IR/CSLL a pagar	48.000,00	Passivo circulante
3	Débito	IR/CSLL a pagar	12.000,00	Passivo circulante
3	Crédito	IR/CSLL diferido	12.000,00	Realizável a longo prazo
4	Débito	IR/CSLL a pagar	36.000,00	Passivo circulante
4	Crédito	Bancos conta movimento	36.000,00	Ativo circulante

Em conta Tê:

IR/CSLL diferido			Receita de IR/CSLL – Ano X1	
1	12.000,00			12.000,00 1
		12.000,00 3		
	0,00			

IR/CSLL a pagar			Despesa de IR/CSLL – Ano X2	
		48.000,00 2	2 48.000,00	
3	12.000,00			
4	36.000,00			
	0,00			

Bancos conta movimento	
	36.000,00 4

11.15 Imposto de renda diferido sobre diferenças temporárias

A norma contábil brasileira CPC 32-Tributos sobre o Lucro trata tanto da provisão do imposto de renda e da contribuição social sobre o lucro corrente a pagar quanto dos tributos diferidos.

Os tributos diferidos sobre o lucro são os valores a pagar ou a realizar em períodos futuros decorrentes de diferenças temporárias de base fiscal e base contábil de elementos de despesa e receita; em outras palavras, são exclusões ou adições à base de cálculo do lucro contábil, para chegar ao lucro tributável, que serão adicionadas ou excluídas em períodos seguintes.

A contabilização do IR/CSLL diferido só alcança as empresas tributadas no regime de Lucro Real, não alcançando as empresas do regime de Lucro Presumido e do Simples.

Quanto à apuração do lucro tributável (Lucro Real), o Fisco não aceita determinadas despesas, que são consideradas adições, bem como permite alguns incentivos ou aproveitamento de receitas, que são consideradas exclusões.

As adições e exclusões podem ser permanentes ou temporárias. As adições permanentes, depois de adicionadas uma vez, não permitem seu aproveitamento em períodos futuros. Da mesma forma, as exclusões permanentes, quando excluídas uma vez, não voltam a ser objeto de tributação futura. As adições temporárias serão objetivo de dedutibilidade futura, e as exclusões temporárias serão objeto de tributação em períodos futuros.

Assim, o imposto de renda diferido é o procedimento de provisionar, para mais ou para menos, o valor dos tributos sobre o lucro decorrente das diferenças temporárias, que serão objeto de aproveitamento ou tributação em períodos futuros, com o objetivo de adequar o valor dos tributos sobre o lucro dentro do regime de competência de exercício.

Dessa maneira, se em determinado período a empresa apresenta diferenças temporárias tributáveis ou dedutíveis em períodos futuros, o valor dos tributos sobre os lucros a pagar naquele ano será diferente do total da provisão do IR/CSLL contabilizado como despesa. A contrapartida desses lançamentos será em conta de ativo não circulante, se de aproveitamento futuro, ou passivo não circulante, se de pagamento futuro.

Exemplos de adições temporárias são:

- provisão para desvalorização de ativos, dedutíveis na realização;
- excesso de depreciação fiscal sobre a depreciação contábil, em nosso país denominada depreciação acelerada prevista em lei;
- provisão para passivos eventuais; e
- ajuste a valor justo contabilizado como despesa etc.

Exemplos de exclusões temporárias são:

- valor da compra vantajosa na incorporação de coligadas e controlada;
- ajuste a valor justo contabilizado como receita; e
- eventual reavaliação de ativos etc.

Para exemplificar, vamos imaginar que uma empresa tenha propriedade para investimentos e ao final do ano verificou que o imóvel, que havia sido adquirido no ano X1 por R$ 200.000,00, teve uma valorização comprovada por laudo de avaliação e em 31/12/X1 teria um valor de mercado de R$ 240.000,00. A empresa adotou a opção de avaliar a propriedade para investimento a valor justo. Para fins tributários, o ajuste a valor justo de propriedades para investimentos só será tributável na realização (na venda). Assim, no ano X1 a valorização de R$ 40.000,00 não ensejará tributos a pagar (imposto de renda corrente); apenas ensejará imposto de renda diferido a ser contabilizado no passivo não circulante.

11.15.1 Exemplo numérico e contabilização: passivo de imposto de renda diferido

Para completar o exemplo, vamos supor que no ano seguinte a empresa vendeu a propriedade por R$ 260.000,00 realizando o lucro. Como o valor contábil estava em R$ 240.000,00, a empresa teve um lucro adicional em X2 de R$ 20.000,00. Vamos também partir da premissa de que a empresa havia apurado um lucro das operações de R$ 100.000,00 no fim do ano X1 e havia apurado um lucro nas operações de R$ 110.000,00 no fim do ano X2, para exemplificar também o cálculo do imposto de renda corrente. Como a empresa vendeu a propriedade em X2, o valor do imposto de renda diferido deverá agora ser objeto de transferência para o passivo circulante.

Exemplo numérico

1. Aquisição da propriedade para investimento em 1º/1/X1 R$ 200.000,00
2. Ajuste a valor justo por valorização da propriedade baseado em laudo de avaliação de R$ 240.000,00 em 31/12/X1
3. Cálculo e contabilização do IR corrente e IR diferido no ano X1
4. Pagamento do IR corrente

5. Venda da propriedade por R$ 260.000,00 obtendo lucro adicional de R$ 20.000,00
6. Contabilização da baixa do ativo
7. Cálculo e contabilização do IR corrente e IR diferido no ano X2
8. Pagamento do IR corrente

Todas as movimentações foram feitas com saldo bancário

Cálculos

IR Corrente e IR Diferido Ano X1

Demonstração do resultado Ano X1 antes do IR

Lucro das operações	100.000,00
Ajuste a valor justo de propriedade para investimentos	40.000,00
= Lucro antes do IR	140.000,00

Demonstração do Lucro Real Ano X1

Lucro antes do IR	140.000,00
(–) Exclusão de receita não tributável	
Ajuste a valor justo de propriedade para investimentos	–40.000,00
= Lucro tributável (Lucro Real)	100.000,00

Valor do IR a ser contabilizado como despesa Ano X1

IR corrente (IR a pagar) - Alíquota de 24% (IR 15% + CSLL 9%)	24.000,00
IR diferido sobre exclusão temporária	9.600,00
IR total contabilizado como despesa	33.600,00

IR Corrente e IR Diferido Ano X2

Demonstração do resultado Ano X1 antes do IR

Lucro das operações	110.000,00
Ganho na venda do ativo	20.000,00
= Lucro antes do IR	130.000,00

Demonstração do lucro real Ano X1

Lucro antes do IR	130.000,00
(+) Adição da receita de ajuste a valor justo de X1	
Ajuste a valor justo de propriedade para investimentos	40.000,00
= Lucro tributável (Lucro Real)	170.000,00

Valor do IR a ser contabilizado como despesa Ano X1

IR corrente (IR a pagar) - Alíquota de 24% (IR 15% + CSLL 9%)	40.800,00
(–) IR diferido sobre exclusão temporária	–9.600,00
IR total contabilizado como despesa	31.200,00

Lançamentos				
1	Débito	Propriedades para investimentos	200.000,00	Investimentos
1	Crédito	Bancos conta movimento	200.000,00	Ativo circulante
2	Débito	Propriedades para investimentos	40.000,00	Investimentos
2	Crédito	Ajuste a valor justo	40.000,00	Receita
3	Débito	Despesa de IR	33.600,00	Despesa
3	Débito	IR a pagar	24.000,00	Passivo circulante
3	Crédito	IR diferido	9.600,00	Passivo não circulante
4	Débito	IR a pagar	24.000,00	Passivo circulante
4	Crédito	Bancos conta movimento	24.000,00	Ativo circulante
5	Débito	Bancos conta movimento	260.000,00	Ativo circulante
5	Crédito	Outras receitas	260.000,00	Receita
6	Débito	Outras despesas	240.000,00	Despesa
6	Crédito	Propriedades para investimentos	240.000,00	Investimentos
7	Débito	Despesa de IR	31.200,00	Despesa
7	Débito	IR a pagar	40.800,00	Passivo circulante
7	Débito	IR diferido	9.600,00	Passivo não circulante
8	Débito	IR a pagar	40.800,00	Passivo circulante
8	Crédito	Bancos conta movimento	40.800,00	Ativo circulante

Em conta Tê:

	Propriedade para investimentos				Bancos conta movimento	
1	200.000,00				200.000,00	1
2	40.000,00				24.000,00	4
		240.000,00	6	5	260.000,00	
	0,00				40.800,00	8

```
         Receita de ajuste
          a valor justo                              IR a pagar
                  | 40.000,00   2                         | 24.000,00   3
                  |                    4    24.000,00     |
                  |                                       | 40.800,00   7
         Despesa de IR – Ano X1       8    40.800,00      |
     3   33.600,00 |                                      | 0,00
                  |                              IR diferido
                  |                                       | 9.600,00    3
         Despesa de IR – Ano X2       7    9.600,00       |
     7   31.200,00 |                                      | 0,00
                  |
                  |
                  |
            Outras receitas                       Outras despesas
                  | 260.000,00   5      6   240.000,00    |
```

A Tabela 11.9 apresenta a demonstração dos resultados para os dois exercícios, evidenciando a apresentação do imposto de renda corrente em conjunto com o imposto de renda diferido.

Tabela 11.9 Apresentação da demonstração do resultado

Resultado	Ano X1	Ano X2
Lucro das operações	100.000,00	110.000,00
Ajuste a valor justo	40.000,00	0,00
Outras receitas	0,00	260.000,00
Outras despesas	0,00	–240.000,00
Lucro antes do IR	140.000,00	130.000,00
IR corrente a pagar	–24.000,00	–40.800,00
IR diferido	–9.600,00	9.600,00
Lucro líquido depois do IR	106.400,00	98.800,00

11.15.2 Alíquota nominal e alíquota efetiva

Ao ajustar a contabilização do imposto de renda ao regime de competência pela introdução do imposto de renda diferido, a alíquota do imposto de renda na demonstração, somando o imposto de renda corrente a pagar com o imposto de renda diferido, será igual à alíquota nominal, conforme mostra a Tabela 11.10.

Tabela 11.10 Demonstração da alíquota nominal e efetiva de IR

Ano X1	Não diferindo	Diferindo
Lucro contábil	140.000,00	140.000,00
Pagamento do IR	24.000,00	24.000,00
IR diferido	0,00	9.600,00
Soma do IR como despesa	24.000,00	33.600,00
Alíquota efetiva sobre o lucro contábil	17,1%	24,0%
Ano X1	Não diferindo	Diferindo
Lucro contábil	130.000,00	130.000,00
Pagamento do IR	40.800,00	40.800,00
IR diferido	0,00	–9.600,00
Soma do IR como despesa	40.800,00	31.200,00
Alíquota efetiva sobre o lucro contábil	31,4%	24,0%

Verifique que não fazendo o diferimento no ano X1 a alíquota efetiva sobre o lucro contábil é de 17,1%; já com a contabilização do imposto de renda diferido, a alíquota a ser evidenciada na demonstração do resultado é igual à alíquota nominal. O mesmo acontece no ano X2; a alíquota a pagar apresenta 31,4%, ao passo que diferindo a alíquota demonstrada apresenta-se igual à nominal.

11.15.3 Classificação no balanço patrimonial

Tanto o ativo de imposto de renda diferido de diferenças temporárias ou prejuízo fiscal compensável quanto o passivo de imposto de renda diferido de diferenças temporárias devem ser classificados no ativo e passivo não circulante.

Também não é possível fazer a contabilização pelo líquido do ativo menos o passivo de imposto de renda diferido, ou vice-versa. Os valores de imposto de renda diferido, ativos e passivos, não podem ser compensados (*net* ou *match*), devendo sempre ser apresentados separadamente.

11.15.4 Outras situações do imposto de renda diferido de diferenças temporárias

Os procedimentos contábeis apresentados a seguir são exemplos que devem considerar o tratamento dos tributos diferidos, pois em princípio todos eles ensejam diferenças temporárias, uma vez que a legislação não os considera realizáveis no exercício inicial de contabilização.

- Ajuste a valor presente de créditos de longo prazo prefixados.
- Investimentos em coligadas e controladas com ágio ou deságio na aquisição.
- Ajuste a valor justo de propriedade para investimentos.
- Provisão para desvalorização de ativos.
- Ajuste a valor justo de ativos biológicos.
- Ajuste a valor justo de intangíveis.
- Provisão para passivos eventuais.
- Reserva de reavaliação e custo atribuído.
- Ajustes de avaliação patrimonial.
- Demonstração dos resultados abrangentes.

11.15.5 Exemplo numérico e contabilização: ativo de imposto de renda diferido

No ano 1, uma empresa teve um lucro antes do IR/CSLL de R$ 20.000,00 mas detectou a necessidade de uma provisão para despesas contingentes (processos trabalhistas, tributários etc. ainda não julgados) de R$ 2.000,00, ficando seu lucro líquido antes do IR/CSLL em R$ 18.000,00. O valor de R$ 2.000,00 não é dedutível no ano como provisão, sendo adicionado para fins de tributação e pagamento de IR/CSLL. O valor do IR/CSLL foi pago dentro do ano.

No ano 2, a contingência foi realizada no mesmo valor e não houve a necessidade de ajustar o valor lançado como despesa no ano anterior. Contudo, a empresa, para fins de tributação, recupera o valor adicionado no ano 1, considerando uma exclusão tributável para o ano 2.

Cálculos – Ano 1	$
Lucro antes do IR/CSLL (inclui R$ 2.000 de provisão)	18.000
(+) Adição	
Provisão para contingências	2.000
= Lucro Real	20.000
Provisão de IR/CSLL a recolher – 24%	
. Sobre o valor antes da adição	4.320
. Sobre o valor da provisão para contingências	480
Soma	4.800
Ano 2	**$**
Lucro antes do IR/CSLL	18.000
Lucro antes do IR/CSLL	18.000
(+) Exclusão	
Provisão para contingências	(2.000)
= Lucro Real	16.000
Provisão de IR/CSLL a recolher – 24%	
. Sobre o valor antes da exclusão	4.320
. Sobre o valor da provisão realizada	(480)
Soma	3.840

Em conta Tê: Ano 1

```
    IR corrente – DRE        IR diferido – DRE              Caixa/Bancos
1      4.800                         480    1                           4.800   2




              IR/CSLL a pagar           IR diferido – Ativo
                         4.800   1    1       480
         2     4.800
```

Em conta Tê: Ano 2

```
   IR corrente – DRE          IR diferido – DRE              Caixa/Bancos
1      3.840             1        480                              3.840    2


       IR/CSLL a pagar            IR diferido – Ativo
                    3.840   1   SI    480
       2    3.840                            480    1
```

11.15.6 Contabilização alternativa: imposto de renda corrente e imposto de renda diferido

Pode-se fazer contabilização alternativa sem passar o imposto de renda diferido pela demonstração do resultado (DRE), indo diretamente para o ativo, como mostrado a seguir.

Ano 1	Débitos e créditos			Conta de
1.	Débito = Provisão IR/CSLL pelo IR/CSLL sobre o lucro antes da adição	=$	4.320	Resultado
	Débito = IR/CSLL Diferido pelo IR/CSLL sobre o valor da provisão adicionada	=$	480	Ativo circulante/Realizável a longo prazo
	Crédito = IR/CSLL a recolher pelo valor do IR a ser pago	=$	4.800	Passivo circulante
2.	Débito = IR/CSLL a recolher	=$	4.800	Passivo circulante
	Crédito = Caixa/Bancos pelo valor do IR/CSLL recolhido	=$	4.800	Ativo circulante
Ano 2				
1.	Débito = Provisão IR/CSLL	=$	4.320	Resultado
	Crédito = IR/CSLL a recolher pelo IR/CSLL sobre o lucro antes da exclusão	=$	4.320	Passivo circulante
	Débito = IR/CSLL a recolher	=$	480	Passivo circulante
	Crédito = IR/CSLL diferido pelo IR/CSLL aproveitamento contábil do ativo diferido	=$	480	Ativo circulante/Realizável a longo prazo
2.	Débito = IR/CSLL a recolher	=$	3.840	Passivo circulante
	Crédito = Caixa/Bancos pelo valor do IR/CSLL recolhido	=$	3.840	Ativo circulante

Em conta Tê: Ano 1

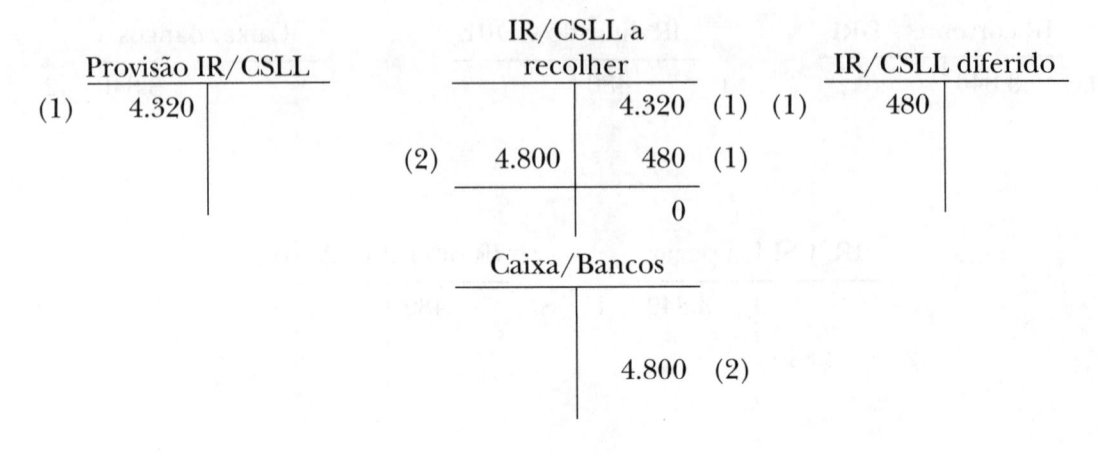

	Provisão IR/CSLL			IR/CSLL a recolher				IR/CSLL diferido	
(1)	4.320				4.320	(1)	(1)	480	
			(2)	4.800	480	(1)			
					0				

Caixa/Bancos

	4.800	(2)

Em conta Tê: Ano 2

	Provisão IR/CSLL			IR/CSLL a recolher			IR/CSLL diferido	
(1)	4.320		(1)	480	4.320	(1)	480	(1)
			(2)	3.840				
				0				

Caixa/Bancos

	3.840	(2)

Questões e exercícios

Recomendamos a leitura dos Capítulos 11 e 12 antes de iniciar a resolução das questões que se seguem.

1. Partindo do balancete de verificação dado a seguir e considerando os eventos econômicos apresentados em seguida:
   a) faça os lançamentos em conta Tê;
   b) apure a demonstração do resultado do período;
   c) levante o balanço patrimonial de 31/12/X1.
   O lucro obtido será adicionado à conta de lucros acumulados, cujo saldo deverá ser deduzido da proposta de distribuição de dividendos.

Eventos econômicos de 1º/10 a 31/12/X1

1. Fazer a apuração do IR/CSLL a pagar pelos critérios do Lucro Presumido e do Lucro Real.
   Fazer o lançamento em despesa de IR/CSLL com o menor valor obtido pelos dois regimes.
2. Pagamento de 90% do IR/CSLL a pagar.
3. Distribuição de 40% do lucro líquido a ser pago no ano seguinte.

Balancete de verificação em 30/9/X1	Saldo – $	
Conta	Devedor	Credor
Ativo circulante		
Bancos conta movimento	120.000,00	
Contas a receber de clientes	110.000,00	
Estoque de mercadorias	150.000,00	
Ativo não circulante		
Imobilizado		
Imóveis	220.000,00	
Máquinas, equipamentos, móveis	50.000,00	
Passivo circulante		
Fornecedores		65.000,00
IR e CSLL a pagar		0,00
Dividendos a distribuir		0,00
Passivo não circulante		
Empréstimos e financiamentos		120.000,00
Patrimônio líquido		
Capital social		400.000,00
Lucros acumulados		0,00
Despesas		
Custo das mercadorias vendidas	425.800,00	
Salários e encargos sociais	110.000,00	
Multas não dedutíveis	18.000,00	
Receitas		
Receita bruta de vendas		720.000,00
Receita de serviços		80.000,00
Tributos sobre a receita	196.200,00	
Receitas financeiras		15.000,00
Total	1.400.000,00	1.400.000,00

2. Caracterizado um *leasing* financeiro, o valor das contraprestações mensais será:
   ( ) contabilizado como despesa operacional.
   ( ) contabilizado dentro do custo dos produtos vendidos.
   ( ) contabilizado como uma despesa financeira.

( ) contabilizado como imobilizado.
( ) contabilizado como redução do endividamento financeiro.
3. Partindo do balancete de verificação dado a seguir e considerando os eventos econômicos apresentados em seguida:
a) faça os lançamentos em conta Tê;
b) apure a demonstração do resultado do período;
c) levante o balanço patrimonial de 31/12/X1.
O lucro obtido será adicionado à conta de lucros acumulados.

Balancete de verificação em 30/9/X1	Saldo – $	
Conta	Devedor	Credor
Ativo circulante		
Bancos conta movimento	120.000,00	
Contas a receber de clientes	110.000,00	
Estoque de mercadorias	150.000,00	
Ativo não circulante		
Imobilizado		
Imóveis	220.000,00	
Máquinas, equipamentos, móveis	50.000,00	
Passivo circulante		
Fornecedores		65.000,00
IR e CSLL a pagar		0,00
Dividendos a distribuir		0,00
Passivo não circulante		
Empréstimos e financiamentos		120.000,00
Patrimônio líquido		
Capital social		400.000,00
Lucros acumulados		0,00
Despesas		
Custo das mercadorias vendidas	458.800,00	
Provisão para passivos eventuais	0,00	
Juros de empréstimos	0,00	
Receitas		
Receita bruta de vendas		720.000,00
Tributos sobre a receita	196.200,00	
Total	1.305.000,00	1.305.000,00

Eventos econômicos de 1º/10 a 31/12/X1

1. Processo trabalhista com valor provável de quitação de R$ 17.000,00 ainda em discussão em 31/12/X1. Fazer o lançamento em despesa de IR/CSLL diferido sobre esse valor.
2. Contratação de empréstimo em 1º/10/X1 no valor de R$ 180.000,00 a ser pago em 36 parcelas, com a primeira a vencer em 1º/12/X1, com juros mensais de 1% ao mês.
3. Pagamento da primeira parcela do empréstimo em 31/12/X1.
4. Fazer a provisão do IR/CSLL corrente do ano a pagar no ano que vem; regime Lucro Real.

Lucro Presumido e Arbitrado

capítulo 12

Primeiro, é fundamental reforçar que o regime básico de tributação é o Lucro Real e que o sistema Simples e o Lucro Presumido ou Arbitrado são opções permitidas sob condições determinadas.

Conforme exposto no Capítulo 11, a adoção de quaisquer desses regimes é optativa em determinadas situações. Por exemplo, se uma empresa tiver um faturamento bruto inferior a R$ 3.600.000,00, o que possibilita o enquadramento no Simples, mas quiser optar pelo regime de Lucro Presumido ou Lucro Real, isto é possível. Para tanto, basta fazer uma estimativa da carga tributária e escolher a que julgar conveniente.

Quando o faturamento bruto anual for superior a R$ 3.600.000,00, mas inferior a R$ 78.000.000,00, há também a opção de a empresa optar tanto pelo Lucro Presumido quanto pelo Lucro Real. Essa opção de escolha, contudo, não é possível para empresas com faturamento bruto anual superior a R$ 78.000.000,00, pois nesse caso já estarão enquadradas obrigatoriamente no regime de Lucro Real. Essas opções podem ser feitas anualmente, e não há nenhum problema de em um ano estar em um regime e em outro ano, em outro.

O Lucro Arbitrado é praticamente uma extensão dos conceitos e base de cálculo do Lucro Presumido. Ele será utilizado pela autoridade fiscal quando, em princípio, não existir escrituração contábil ou se esta estiver descaracterizada pela autoridade fiscal. Porém, ela pode ser adotada de forma espontânea pelo contribuinte dentro de determinadas condições. Em linhas gerais, quando adotado espontaneamente o regime de Lucro Arbitrado, o valor a ser recolhido do IR é 20% maior do que sob o regime do Lucro Presumido.

12.1 Lucro Presumido

A legislação federal oferece, a cada exercício, uma alternativa de base de cálculo para recolhimento do Imposto de Renda e da Contribuição Social sobre o Lucro para as empresas com receita bruta anual inferior a R$ 78.000.000,00 ou R$ 6.500.000,00 por mês, denominada Lucro Presumido.

Para as empresas que podem se enquadrar nesta legislação, a base de cálculo deixa de ser o lucro contábil, que determina o Lucro Real, e a tributação desses dois impostos dá--se basicamente sobre percentuais determinados sobre a receita bruta. A intenção da legislação não é, na realidade, a redução da carga tributária, mas sim a simplificação do processo de cálculo e arrecadação.

12.1.1 Tributos abrangidos

Os tributos sobre o lucro são os mesmos do Lucro Real:

- Imposto de Renda das Pessoas Jurídicas (IRPJ); e
- Contribuição Social sobre o Lucro Líquido (CSLL).

A base geral para a apuração dos tributos sobre o lucro enquadra-se no conceito geral da legislação, que é a tributação sobre a renda e os proventos de qualquer natureza. No caso do Lucro Presumido, a renda e os proventos de qualquer natureza serão presumidos (presunção de ganhos) em cima da receita bruta.

12.1.2 Legislação básica

O Imposto de Renda e a Contribuição Social sobre o Lucro são de competência da União. Toda a legislação sobre os tributos sobre o lucro está contida no Regulamento do Imposto de Renda de 1999 (RIR/1999), conforme apresentado no Capítulo 11.

A legislação que instituiu o conceito de Lucro Presumido é muito antiga e se deu por meio do Decreto-Lei n. 5.844, de 1943. A atualização dessa forma de tributação foi feita pela Lei n. 9.430/1996, merecendo diversas revisões posteriores. Uma alteração significativa foi feita pela Lei n. 9.249, de 26/12/1995, que aumentou a CSLL para 12%.

12.1.3 Fato gerador

O IR e a CSLL têm como fato gerador a aquisição da disponibilidade econômica ou jurídica, conforme evidenciado no Capítulo 11 do Lucro Real. Contudo, a opção pelo Lucro Presumido dirige o fato gerador pelas regras determinadas para esse regime tributário, em que o conceito de renda e proventos de qualquer natureza é substituído pela receita bruta, adicionando as receitas financeiras e outros ganhos de capital.

12.1.4 Opção pelo Lucro Presumido

Conforme os artigos 516 e 517 do RIR/1999, estão autorizadas a optar pelo Lucro Presumido as pessoas jurídicas cuja receita bruta total, no ano-calendário anterior, tenha sido igual ou inferior a R$ 78.000.000,00 ou R$ 6.500.000,00 mensais, multiplicados pelo número de meses de atividade no ano-calendário anterior, quando inferior a 12 meses.

Só poderão optar pelo regime do Lucro Presumido as pessoas jurídicas que não estejam obrigadas à tributação pelo Lucro Real.

12.1.4.1 Empresas que não podem optar pelo Lucro Presumido

Conforme o artigo 246 do RIR/1999, não podem optar pelo Lucro Presumido, ficando, portanto, obrigadas à apuração do imposto com base no Lucro Real, as pessoas jurídicas:

- cuja receita total, no ano-calendário anterior, tenha sido superior ao limite de R$ 78.000.000,00 ou proporcional de R$ 6.500.000,00 multiplicados pelo número de meses de atividades no ano, se inferior a 12 meses;

- cujas atividades sejam de bancos comerciais, bancos de investimentos, bancos de desenvolvimento, caixas econômicas, sociedades de crédito, financiamento e investimento, sociedades de crédito imobiliário, sociedades corretoras de títulos, valores mobiliários e câmbio, distribuidoras de títulos e valores mobiliários, empresas de arrendamento mercantil, cooperativas de crédito, empresas de seguros privados e de capitalização e entidades de previdência privada aberta;
- que tiverem lucros, rendimentos ou ganhos de capital oriundos do exterior;
- que, autorizadas pela legislação tributária, usufruam de benefícios fiscais relativos à isenção ou redução do Imposto de Renda, calculados com base no lucro da exploração;
- que, no decorrer do ano-calendário, tenham efetuado pagamento mensal do Imposto de Renda pelo regime de estimativa;
- que explorem as atividades de prestação cumulativa e contínua de serviços de assessoria creditícia, mercadológica, gestão de crédito, seleção e riscos, administração de contas a pagar e a receber, compras de direitos creditórios resultantes de vendas mercantis a prazo ou de prestação de serviços (*factoring*).

As pessoas jurídicas referidas nos itens 1, 3, 4 e 5 que aderiram ao Programa de Recuperação Fiscal (REFIS) poderão optar, durante o período em que ficarem submetidas ao programa, pelo regime de tributação com base no Lucro Presumido, inclusive as sociedades em conta de participação.

Por não se equipararem às empresas de seguros, para efeito da obrigatoriedade de tributação pelo Lucro Real, as sociedades corretoras de seguros podem optar pela tributação com base no Lucro Presumido.

12.1.4.2 Manifestação da opção

A opção pela tributação com base no Lucro Presumido será definitiva em relação a todo o ano-calendário e será manifestada com o pagamento da primeira ou única cota do imposto devido correspondente ao primeiro período de apuração de cada ano-calendário.

No caso de início de atividade, a pessoa jurídica que houver iniciado a atividade a partir do segundo trimestre manifestará a opção com o pagamento da primeira ou única cota do imposto devido relativa ao período de apuração correspondente ao início de atividade.

12.1.4.3 Planejamento tributário básico para opção do Lucro Presumido *versus* Lucro Real

São as seguintes situações básicas que devem determinar ou não a opção pelo Lucro Presumido em vez do Lucro Real:

- Caso a empresa vislumbre que terá prejuízo, ela não deve optar pelo Lucro Presumido neste exercício e sim pelo sistema de Lucro Real.
- Caso a empresa estime que a margem de lucro líquido antes dos impostos sobre o lucro seja inferior a 8% (ou 1,5%, 16% ou 32%, conforme o caso), também a opção pelo Lucro Real é mais interessante que a do Lucro Presumido.
- Caso a empresa tenha muitas despesas financeiras, é possível que, mesmo tendo um lucro operacional superior a 8% (ou das outras alíquotas do Lucro Presumido), o lucro antes dos impostos sobre o lucro seja baixo e também interesse à empresa a optar pelo Lucro Real.

- Deve adicionar a esses aspectos a questão da tributação do PIS/Cofins nas situações de cumulatividade ou não cumulatividade.

Dessa maneira, a decisão deverá considerar o conjunto de IR, CSLL e PIS/Cofins. A base para esse estudo simulatório deve ser os dados do plano orçamentário constantes da projeção da demonstração dos lucros para o próximo ano antes dos tributos sobre o lucro.

12.1.5 Bases de cálculo

O Lucro Presumido tem, fundamentalmente, duas bases de cálculo:

- A base de cálculo de presunção percentual de lucro tributável sobre a receita bruta.
- A base de cálculo formada por outras receitas, que não da receita bruta, em que não há aplicação de percentual de presunção de lucro.

12.1.5.1 Receita bruta

A definição de receita bruta (artigo 224 do RIR/1999, Lei n. 8.981/1995) foi alterada, substancialmente, pela Lei n. 12.973/2014, artigo 12, ficando estipulada como se vê a seguir.

A receita bruta compreende:

- o produto da venda de bens nas operações de conta própria;
- o preço da prestação de serviços em geral;
- o resultado auferido nas operações de conta alheia; e
- as receitas da atividade ou objeto principal da pessoa jurídica não compreendidas nos itens anteriores.

As devoluções e os abatimentos da receita de bens e serviços podem ser deduzidos da receita bruta.

Não fazem parte da receita bruta os tributos não cumulativos cobrados, destacadamente, do comprador ou contratante, pelo vendedor dos bens ou serviços na condição de mero depositário. Isso significa que o valor do ICMS (ou eventualmente outros tributos) cobrado do vendedor no regime de *substituição tributária* não compõe a receita bruta para fins da base de cálculo do Lucro Presumido.

No entanto, compõem a receita bruta os tributos sobre ela incidentes e os valores decorrentes do ajuste a valor presente de vendas a prazo que incluem juros prefixados cobrados do cliente.

Ajuste a Valor Presente

O Pronunciamento Técnico CPC 12 Ajuste a Valor Presente, em função de alteração da Lei n. 6.404/1976, feita pela Lei n. 11.638/2007, determina que todos os créditos e obrigações de longo prazo, prefixados, devem ser trazidos a valor presente, e a diferença será considerada despesa ou receita financeira e apropriada periodicamente como tal, devendo esse mesmo critério ser adotado para ativos e passivos de curto prazo, se relevantes.

Para fins contábeis, os ajustes a valor presente devem ser deduzidos da receita bruta para ser considerados como receita financeira. Porém, para fins tributários, essa reclassificação dos juros embutidos nas vendas a prazo não deverá ser considerada para a apuração da receita bruta.

Para exemplificar, a Tabela 12.1 apresenta discriminação de nota fiscal de venda a prazo com cobrança de juros e cobrança de ICMS de substituição tributária. A tabela mostra como deve ser apurada a receita líquida para fins contábeis.

Tabela 12.1 Discriminação de valores de nota fiscal de venda a prazo

	R$	
Valor total da nota fiscal sem IPI – Venda à vista	1.900,00	
(+) Juros embutidos para venda a prazo	100,00	a
Valor total da nota fiscal sem IPI – Venda a prazo	2.000,00	b
Valor do IPI	200,00	c
Valor total da nota fiscal sem substituição tributária do ICMS	2.200,00	d
(+) ICMS de substituição tributária	150,00	e
Valor total cobrado do cliente	2.350,00	f
ICMS incidente sobre a venda – 18%	360,00	g
PIS incidente sobre a venda – 1,65%	33,00	h
COFINS incidente sobre a venda – 7,6%	152,00	i
Receita líquida para fins contábeis	**1.355,00**	j = f – a – c – e – g – h – i

Verifica-se que, para fins contábeis, os valores de IPI, o ICMS de substituição tributária, os juros embutidos na venda a prazo e os tributos incidentes sobre a venda devem ser excluídos para apuração da receita líquida contábil. Os juros embutidos na venda a prazo são considerados, contabilmente, receita financeira e não receita de vendas.

Por outro lado, para fins tributários de Lucro Presumido, que não considera a receita líquida, mas sim a receita bruta, o valor que será base de cálculo para a apuração da presunção de lucro é diferente, como mostra a Tabela 12.2.

Tabela 12.2 Discriminação de valores de nota fiscal de venda a prazo

	R$	
Valor total da nota fiscal sem IPI – Venda à vista	1.900,00	
(+) Juros embutidos para venda a prazo	100,00	a
Valor total da nota fiscal sem IPI – Venda a prazo	2.000,00	b
Valor do IPI	200,00	c

(continua)

Tabela 12.2 Discriminação de valores de nota fiscal de venda a prazo *(continuação)*

	R$	
Valor total da nota fiscal sem substituição tributária do ICMS	2.200,00	d
(+) ICMS de substituição tributária	150,00	e
Valor total cobrado do cliente	2.350,00	f
ICMS incidente sobre a venda – 18%	360,00	g
PIS incidente sobre a venda – 1,65%	33,00	h
Cofins incidente sobre a venda – 7,6%	152,00	i
Receita bruta como base de cálculo do lucro presumido	**2.000,00**	j = f – c – e

Para formar a base de cálculo do Lucro Presumido só não são considerados o IPI e o ICMS de substituição tributária, porque para esses tributos a empresa é considerada apenas um agente arrecadador do governo e não compõe a receita bruta de vendas.

12.1.5.2 Outras receitas da base de cálculo

As principais receitas que são adicionadas à base de cálculo do imposto devido, sem presunção percentual de lucro, são (IN SRF 93/1997):

- os ganhos de receitas financeiras;
- os ganhos de capital;
- as demais receitas e resultados positivos decorrentes de receitas não abrangidas pela apuração da receita bruta, como, por exemplo, receitas de recuperação de despesas de períodos anteriores ou recuperações de créditos incobráveis;
- os juros sobre o capital próprio auferidos;
- o valor resultante da aplicação dos percentuais de que tratam os §§ 1º e 2º do artigo 3º sobre a parcela das receitas auferidas em cada atividade, no respectivo período de apuração, nas exportações às pessoas vinculadas ou aos países com tributação favorecida que exceder ao valor já apropriado na escrituração da empresa, na forma da Instrução Normativa SRF n. 38, de 1997; e
- o valor dos encargos suportados pela mutuária que exceder o limite calculado com base na taxa Libor, para depósitos em dólares dos Estados Unidos, pelo prazo de 6 meses, acrescido de 3% anuais a título de *spread*, proporcionalizados em função do período a que se referirem os juros, quando pagos ou creditados à pessoa vinculada no exterior e o contrato não for registrado no Banco Central.

Os ganhos de capital decorrem principalmente da alienação de ativos de investimentos e imobilizados. O ganho de capital será determinado pelo valor da receita bruta da venda menos o valor líquido contábil do ativo ajustado pelos valores de reavaliação, os ajustes de avaliação patrimonial (exemplo: atualização pelo ICPC 10[1]), os ganhos ou perdas por mensuração posterior a valor justo, os ajustes a valor presente, a provisão para desvalorização de ativos (*impairment*) e a capitalização de juros em imobilizados conforme evidenciado a seguir.

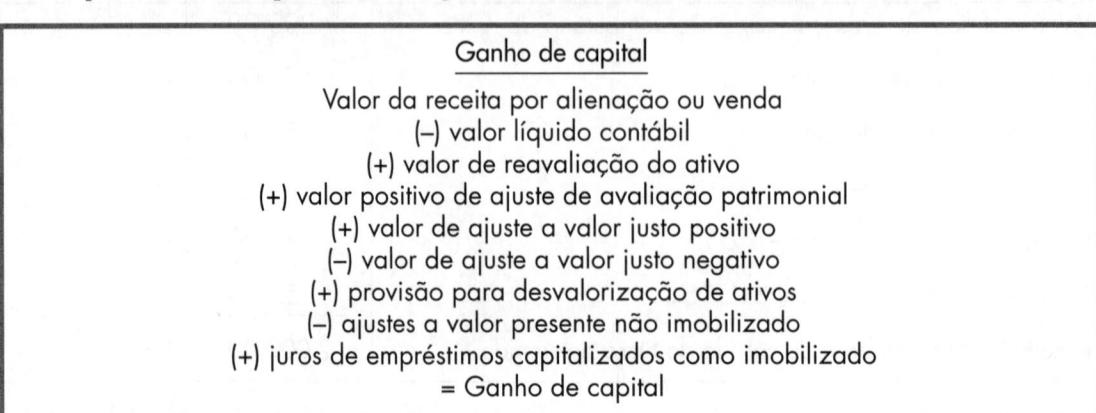

Ganho de capital

Valor da receita por alienação ou venda
(–) valor líquido contábil
(+) valor de reavaliação do ativo
(+) valor positivo de ajuste de avaliação patrimonial
(+) valor de ajuste a valor justo positivo
(–) valor de ajuste a valor justo negativo
(+) provisão para desvalorização de ativos
(–) ajustes a valor presente não imobilizado
(+) juros de empréstimos capitalizados como imobilizado
= Ganho de capital

A Tabela 12.3 mostra um exemplo de um bem imobilizado que foi objeto de venda. O valor da venda foi de R$ 140.000,00, e o valor líquido contábil estava em R$ 166.500,00. Em linhas gerais, todos os valores que compõem o valor líquido contábil do bem decorrente das novas normas contábeis das Leis n. 11.638/2007 e 11.941/2009 não foram aceitos pelo fisco, que mantém apenas o conceito de valor de aquisição e de sua depreciação fiscal.

Tabela 12.3 Valor líquido contábil de imobilizado

	R$
Valor de aquisição excluído de ajuste a valor presente	100.000,00
Correção monetária até 31/12/1995	0,00
Juros de empréstimos capitalizados	25.000,00
Reavaliação do ativo	150.000,00
Atualização pelo ICPC 10	70.000,00
(–) Depreciação do valor de aquisição	–80.000,00
(–) Depreciação da reavaliação	–30.000,00
(–) Depreciação do ICPC 10	–14.000,00
(–) Depreciação de juros de empréstimos capitalizados	–7.500,00
(–) Provisão para desvalorização de ativos	–47.000,00
Valor líquido contábil	**166.500,00**
Valor do ajuste a valor presente quando da imobilização	10.000,00

---

[1] A Interpretação ICPC 10 do Comitê de Pronunciamentos Contábeis (CPC) permitiu um ajuste dos imobilizados em 1º/1/2010 ao custo atribuído (*deemed cost*), entendendo que o ajuste a preços de mercado do bem poderia ser qualificado como custo atribuído. De certa forma, foi uma autorização para uma última reavaliação de ativos, uma vez que o procedimento de reavaliação de ativos foi extinto pela Lei n. 11.638/2007.

O valor de R$ 10.000,00 de ajuste a valor presente significa que o bem havia sido comprado a prazo com juros embutidos na compra, que foram desconsiderados para fins de imobilização, porque foram contabilizados como despesa financeira.

A Tabela 12.4 mostra como deve ser apurado o valor líquido contábil para fins de apurar o ganho de capital a ser incluído na base de cálculo do imposto devido pelo Lucro Presumido.

Tabela 12.4 Custo da baixa do bem para apuração do ganho de capital

	R$
Valor líquido contábil	166.500,00
(−) Juros de empréstimos capitalizados	−25.000,00
(+) Depreciação de juros de empréstimos capitalizados	7.500,00
(−) Reavaliação do ativo	−150.000,00
(+) Depreciação da reavaliação	30.000,00
(−) Atualização pelo ICPC 10	−70.000,00
(+) Depreciação do ICPC 10	14.000,00
(+) Provisão para desvalorização de ativos	47.000,00
(+) Ajuste a valor presente na imobilização	10.000,00
Valor da baixa para apuração do ganho de capital	**30.000,00**

A diferença com o valor líquido contábil é grande porque o valor contábil contempla adições de juros capitalizados e dois aumentos por reavaliações. Em termos práticos, a SRFB só admite, para compor o custo do bem para fins de compor o valor da baixa, os valores de aquisição, sua depreciação e o retorno do ajuste a valor presente estornado quando de sua imobilização.

A Tabela 12.5 mostra o valor do ganho de capital a ser incorporado para apuração do imposto devido.

Tabela 12.5 Apuração do ganho de capital

Receita de venda do imobilizado	140.000,00
(−) Custo da baixa do bem	−30.000,00
Ganho de capital	110.000,00

12.1.5.3 Valores diferidos no Lalur

Transição de Lucro Real para Lucro Presumido: conforme o artigo 520 do RIR/1999, a pessoa jurídica que, até o ano-calendário anterior, houver sido tributada com base no Lucro Real deverá adicionar, à base de cálculo do imposto correspondente ao primeiro período de apuração no qual houver optado pela tributação com base no Lucro Presumido, os saldos dos valores cuja tributação havia diferido, controlados na parte "B" do Lalur.

Transição de Lucro Presumido para Lucro Real: os ganhos de valor justo contabilizados anteriormente ao período do Lucro Real serão computados na base de cálculo do imposto apurado, podendo ser diferido na proporção de sua realização (artigo 16 da Lei n. 12.973/2014). As perdas sofrerão o mesmo procedimento.

12.1.5.4 IRRF de aplicações financeiras

O valor do IRRF sobre rendimentos financeiros poderá ser deduzido do imposto de renda devido para apurar o valor a recolher do imposto.

12.1.5.5 Redução do imposto devido por incentivos fiscais

O regime de Lucro Presumido não permite a dedução do imposto de renda devido de incentivos fiscais do Programa de Alimentação do Trabalhador, Doações aos Fundos da Criança e do Adolescente, Doações ao Fundo do Idoso, Atividades Culturais ou Artísticas e Atividades Audiovisuais.

12.1.5.6 Preços de transferência internacionais

Conforme o item 12.1.5.2, caso a empresa tributada pelo Lucro Presumido faça transações de exportações com empresas vinculadas no exterior, o valor das exportações inferiores aos preços-parâmetro adotados deverá ser adicionado à base de cálculo para apuração do imposto devido. Não se aplicam as regras de preços de transferências internacionais às importações para empresas do regime de Lucro Presumido.

As regras dos preços de transferências aplicam-se também à receita de juros dos empréstimos efetuados com empresa vinculada no exterior.

12.1.5.7 Base de cálculo da receita bruta

Conforme o artigo 518 do RIR/1999, a base de cálculo do imposto e do adicional, em cada trimestre, será determinada mediante a aplicação do percentual de 8% sobre a receita bruta auferida no período de apuração.

As seguintes atividades têm percentual de presunção do Lucro Presumido diferente da regra geral, que é de 8% da receita bruta, também conforme o artigo 518 do RIR/1999, transcrito abaixo.

§ 1º Nas seguintes atividades, o percentual de que trata este artigo será:
I – um inteiro e seis décimos por cento, para atividade de revenda, para consumo, de combustível derivado de petróleo, álcool etílico carburante e gás natural;
II – dezesseis por cento para a atividade de prestação de serviço de transporte, exceto o de carga, para o qual se aplicará o percentual previsto no *caput*;
III – trinta e dois por cento para as atividades de:
   a) prestação de serviços em geral, exceto a de serviços hospitalares;
   b) intermediação de negócios;
   c) administração, locação ou cessão de bens, imóveis, móveis e direitos de qualquer natureza.

§ 2º No caso de serviços hospitalares aplica-se o percentual previsto no *caput*.

§ 3º No caso de atividades diversificadas, será aplicado o percentual correspondente a cada atividade.

§ 4º A base de cálculo trimestral das pessoas jurídicas prestadoras de serviços em geral, cuja receita bruta anual seja de até R$ 120.000,00, será determinada mediante a aplicação do percentual de 16% sobre a receita bruta auferida no período de apuração.

§5º O disposto no parágrafo anterior não se aplica às pessoas jurídicas que prestam serviços hospitalares e de transporte, bem como às sociedades prestadoras de serviços de profissões legalmente regulamentadas.

§ 6º A pessoa jurídica que houver utilizado o percentual de que trata o § 5º para apuração da base de cálculo do imposto trimestral, cuja receita bruta acumulada até determinado mês do ano-calendário exceder o limite de R$ 120.000,00, ficará sujeita ao pagamento da diferença do imposto postergado, apurado em relação a cada trimestre transcorrido.

§ 7º Para efeito do disposto no parágrafo anterior, a diferença deverá ser paga até o último dia útil do mês subsequente ao trimestre em que ocorreu o excesso.

Os percentuais de presunção sobre a receita bruta descritos anteriormente estão resumidos na Tabela 12.6 a seguir.

Tabela 12.6 Alíquotas a serem aplicadas sobre a receita bruta

Espécies de atividades:	Percentuais
Revenda a varejo de combustíveis e gás natural	1,60%
Venda de mercadorias ou produtos	
Transporte de cargas	
Atividades imobiliárias	
Serviços hospitalares	
Atividade rural	
Industrialização com materiais fornecidos pelo encomendante	
Outras atividades não especificadas (exceto prestação de serviços)	8%
Serviços de transporte (exceto o de cargas)	16%
Serviços gerais com receita bruta até R$ 120.000,00/ano	
Serviços profissionais (1)	
Intermediação de negócios	
Administração, locação ou cessão de bens móveis/imóveis ou direitos	
Serviços de construção civil, sem emprego de materiais	
Serviços em geral, para os quais não haja previsão de percentual específico	32%

(1) Serviços profissionais (Sociedades Simples, médicos, dentistas, advogados, contadores, auditores, engenheiros, consultores, economistas etc.)

No caso de exploração de atividades diversificadas, será aplicado sobre a receita bruta de cada atividade o respectivo percentual (1,6% a 32%).

12.1.5.8 Alíquotas de presunção da CSLL

A base de cálculo da CSLL tem apenas duas classificações para presunção do lucro (artigo 22, Lei n. 10.684/2003):

- 12% para receita bruta de venda de mercadorias ou produtos, serviços hospitalares e de transporte; e
- 32% para prestação de serviços em geral, intermediação de negócios, atividades imobiliárias.

12.1.5.9 Regime de competência ou de caixa

A obtenção do valor da receita bruta poderá ser feita adotando-se o regime contábil de competência de exercícios ou o regime de caixa, mesmo que a empresa não apure balanços patrimoniais para o regime de Lucro Presumido.

A receita bruta era considerada pelo regime de competência, ou seja, quando a receita era auferida, independentemente da data de seu pagamento.

A partir da publicação da Instrução Normativa SRF 104/1998 (*DOU*, 26/8/1998), porém, passou-se a admitir o regime de caixa para a tributação da receita bruta. Ou seja, é admissível a tributação da receita bruta somente por ocasião de seu recebimento.

12.1.6 Período de apuração

O imposto com base no Lucro Presumido será determinado por períodos de apuração trimestrais, encerrados nos dias 31 de março, 30 de junho, 30 de setembro e 31 de dezembro de cada ano-calendário.

Início de atividade

A pessoa jurídica que houver iniciado atividade a partir do segundo trimestre manifestará a opção com o pagamento da primeira ou única cota do imposto devido relativa ao período de apuração correspondente ao início da atividade.

12.1.7 Alíquotas

As alíquotas são:

- 15% de imposto de renda;
- 10% de imposto de renda da base de cálculo que exceder por ano ou R$ 60.000,00 por trimestre; e
- 9% de Contribuição Social sobre o Lucro Líquido.

12.1.8 Obrigações acessórias e levantamento do balanço patrimonial

Conforme o artigo 527 do RIR/1999, a pessoa jurídica habilitada à opção pelo regime de tributação com base no Lucro Presumido deverá manter:

I – escrituração contábil nos termos da legislação comercial;
II – Livro Registro de Inventário, no qual deverão constar registrados os estoques existentes no término do ano-calendário;
III – em boa guarda e ordem, enquanto não decorrido o prazo decadencial e não prescritas eventuais ações que lhes sejam pertinentes, todos os livros de escrituração obrigatórios por legislação fiscal específica, bem como os documentos e demais papéis que serviram de base para escrituração comercial e fiscal.

Parágrafo único. O disposto no inciso I deste artigo não se aplica à pessoa jurídica que, no decorrer do ano-calendário, mantiver livro-caixa, no qual deverá estar escriturado toda a movimentação financeira, inclusive bancária.

12.1.8.1 Balanço patrimonial *versus* livro-caixa

Pela legislação societária, qualquer empresa em nosso país é obrigada a levantar o balanço patrimonial anual e, consequentemente, a demonstração do resultado do exercício. Essa determinação aplica-se tanto ao regime de Lucro Presumido quanto ao do Lucro Arbitrado.

Contudo, o parágrafo único do artigo 527 do RIR/1999 dispensa a apresentação à SRFB do balanço patrimonial e da demonstração do resultado do exercício, desde que tenha livro-caixa. A regra fiscal conflita com a regra societária. De qualquer forma, cumprindo a regra fiscal, o contribuinte não sofrerá nenhuma penalidade de obrigação acessória pela SRFB.

12.1.8.2 Balanço de abertura para transição para o Lucro Real

Caso a empresa tenha optado pela apresentação à SRFB apenas do livro-caixa, como optante pelo Lucro Presumido, no exercício em que optar pelo regime de Lucro Real deverá fazer o levantamento de um balanço de abertura.

Transcrevemos o parágrafo único do artigo 19 da Lei n. 8.541/1992 sobre a questão:

> Ocorrendo a mudança de regime tributário, de Lucro Presumido para Lucro Real, a pessoa jurídica que não manteve escrituração contábil fica obrigada a realizar levantamento patrimonial no dia 1º de janeiro seguinte ao do último período-base em que foi tributada pelo Lucro Presumido, a fim de proceder a balanço de abertura e iniciar a escrituração contábil.

Os procedimentos para elaboração do balanço de abertura são basicamente um levantamento de inventário. Todos os itens patrimoniais do ativo e passivo deverão ser inventariados, e os valores a serem considerados devem ser valores oriundos de documentação hábil existente. A diferença (devedora ou credora) do ativo menos o passivo exigível e capital social será lançada no patrimônio líquido em uma conta de Ajuste de Balanço de Abertura, similar à conta de Lucros ou Prejuízos Acumulados.

12.1.9 Principais situações específicas

A legislação prevê algumas situações diferenciadas para algumas atividades específicas, como para imobiliárias e revenda de carros usados.

12.1.9.1 Receita bruta e receita financeira nas atividades imobiliárias

Considera-se receita bruta nas atividades imobiliárias o montante efetivamente recebido em cada período de apuração, relativo às unidades imobiliárias vendidas. Em outras palavras, a receita bruta deve ser apurada pelo regime de caixa. O percentual a ser aplicado é de 8%.

As atividades imobiliárias compreendem loteamento de terrenos, incorporação imobiliária, construção de prédios destinados à venda, bem como a venda de imóveis construídos ou adquiridos para revenda.

A partir de 1º/1/2006 (artigo 34 da Lei n. 11.196/2005), a base de cálculo do imposto sobre a receita financeira de imobiliárias será determinada mediante a aplicação do percentual de 8%. Essa tributação difere das demais atividades, já que a receita financeira das demais atividades não tem presunção de lucro e seu total faz parte da base de cálculo para apuração do tributo devido.

No entanto, essa regra tem lógica, uma vez que a venda de imóveis a prazo com prestações prefixadas incorpora naturalmente juros embutidos, que não deixam de ser um prolongamento do valor da prestação a ser recebida.

12.1.9.2 Receita bruta de revenda de veículos usados

Quando a pessoa jurídica tem como objeto social, declarado em seus atos constitutivos, a compra e venda de veículos automotores, que pratique as vendas em consignação, terá como base de cálculo o valor da diferença entre o valor de venda e o da compra (IN SRF 152/1998), *não* sendo aplicada nenhuma alíquota de presunção.

12.2 Lucro Arbitrado

O regime de Lucro Arbitrado nasceu da Lei n. 8.981/1995, nos artigos 47 e seguintes, com o objetivo de permitir à SRFB tributar de forma arbitrária empresas que não apresentem a escrituração contábil dentro das normas legais e, consequentemente, sem base numérica para comprovar o recolhimento dos tributos de IR e CSLL.

Contudo, foi estendida a possibilidade de o próprio contribuinte, dentro de condições específicas, optar por esse regime de tributação. Nesse caso, a base de cálculo do Lucro Arbitrado é a mesma do Lucro Presumido, só que com adição de 20% a mais em cada alíquota de enquadramento de presunção.

Assim, o Lucro Arbitrado pode acontecer em duas situações:

a) aplicado e calculado pela SRFB quando a empresa não tem escrituração contábil;

b) como opção pelo próprio contribuinte, quando este tiver pelo menos condição de provar o valor da receita bruta.

12.2.1 Lucro Arbitrado pela SRFB

Conforme o artigo 530 do RIR/1999, o imposto devido trimestralmente, no decorrer do ano-calendário, será determinado com base nos critérios do Lucro Arbitrado, quando:

I – o contribuinte, obrigado à tributação com base no Lucro Real, não mantiver escrituração na forma das leis comerciais e fiscais, ou deixar de elaborar as demonstrações financeiras exigidas pela legislação fiscal;

II – a escrituração a que estiver obrigado o contribuinte revelar evidentes indícios de fraudes ou contiver vícios, erros ou deficiências que a tornem imprestável para:
a) identificar a efetiva movimentação financeira, inclusive bancária; ou
b) determinar o Lucro Real;
III – o contribuinte deixar de apresentar à autoridade tributária os livros e documentos da escrituração comercial e fiscal, ou o livro-caixa;
IV – o contribuinte optar indevidamente pela tributação com base no Lucro Presumido;
V – o comissário ou representante da pessoa jurídica estrangeira deixar de escriturar e apurar o lucro da sua atividade separadamente do lucro do comitente residente ou domiciliado no exterior;
VI – o contribuinte não mantiver, em boa ordem e segundo as normas contábeis recomendadas, Livro Razão ou fichas utilizados para resumir e totalizar, por conta ou subconta, os lançamentos efetuados no Diário.

12.2.1.1 Critérios para arbitramento do lucro pela SRFB

A base de cálculo pelo Lucro Arbitrado se dá pela receita bruta, exceto quando ela não é conhecida.

Em casos assim, a base de cálculo, conforme artigo 535 do RIR/1999, será determinada por meio de procedimento de ofício, mediante a utilização de uma das seguintes alternativas de cálculo:

I – um inteiro e cinco décimos do Lucro Real referente ao último período em que a pessoa jurídica manteve escrituração de acordo com as leis comerciais e fiscais;
II – quatro centésimos da soma dos valores do ativo circulante, realizável a longo prazo e permanente, existentes no último balanço patrimonial conhecido;
III – sete centésimos do valor do capital, inclusive a sua correção monetária contabilizada como reserva de capital, constante do último balanço patrimonial conhecido ou registrado nos atos de constituição ou alteração da sociedade;
IV – cinco centésimos do valor do patrimônio líquido constante do último balanço patrimonial conhecido;
V – quatro décimos do valor das compras de mercadorias efetuadas no mês;
VI – quatro décimos da soma, em cada mês, dos valores da folha de pagamento dos empregados e das compras de matérias-primas, produtos intermediários e materiais de embalagem;
VII – oito décimos da soma dos valores devidos no mês a empregados;
VIII – nove décimos do valor mensal do aluguel devido.

12.2.2 Lucro Arbitrado pelo próprio contribuinte

Quando conhecida a receita bruta, mas não exista comprovadamente a escrituração contábil, o contribuinte poderá efetuar o pagamento do imposto correspondente com base no Lucro Arbitrado, observadas as seguintes regras:

I – a apuração com base no Lucro Arbitrado abrangerá todo o ano-calendário, assegurada, ainda, a tributação com base no Lucro Real relativa aos trimestres não submetidos ao arbitramento, se a pessoa jurídica dispuser de escrituração exigida pela legislação comercial e fiscal que demonstre o Lucro Real dos períodos não abrangidos por aquela modalidade de tributação;

II – o imposto apurado na forma do inciso anterior terá por vencimento o último dia útil do mês subsequente ao do encerramento de cada período de apuração.

12.2.3 Base de cálculo da receita bruta

Quando conhecida a receita bruta, mas não exista comprovadamente a escrituração contábil, o contribuinte poderá efetuar o pagamento do imposto correspondente com base no Lucro Arbitrado. A base de cálculo será o percentual aplicado sobre a receita bruta, conforme Tabela 12.7, acrescido das demais receitas que não integram a receita bruta.

Tabela 12.7 Alíquotas a serem aplicadas sobre a receita bruta

Espécies de atividades:	Percentuais
Revenda a varejo de combustíveis e gás natural	1,92%
Venda de mercadorias ou produtos	
Transporte de cargas	
Atividades imobiliárias	
Serviços hospitalares	
Atividade rural	
Industrialização com materiais fornecidos pelo encomendante	
Outras atividades não especificadas (exceto prestação de serviços)	9,6%
Serviços de transporte (exceto o de cargas)	19,2%
Serviços gerais com receita bruta até R$ 120.000/ano	
Serviços profissionais (1)	
Intermediação de negócios	
Administração, locação ou cessão de bens móveis/imóveis ou direitos	
Serviços de construção civil, sem emprego de materiais	
Serviços em geral, para os quais não haja previsão de percentual específico	38,4%

(1) Serviços profissionais (Sociedades Simples, médicos, dentistas, advogados, contadores, auditores, engenheiros, consultores, economistas etc.)

12.2.3.1 Outras receitas da base de cálculo

As principais receitas que são adicionadas à base de cálculo do imposto devido, sem presunção percentual de lucro, identicamente ao Lucro Presumido, são (IN SRF 93/1997):

- os ganhos de receitas financeiras;
- os ganhos de capital;
- as demais receitas e resultados positivos decorrentes de receitas não abrangidas pela apuração da receita bruta, por exemplo, receitas de recuperação de despesas de períodos anteriores ou recuperações de créditos incobráveis;

- os juros sobre o capital próprio auferidos;
- a diferença entre os preços realizados e preços parâmetros nas exportações para empresas vinculadas;
- o valor dos juros recebidos do exterior de empresas vinculadas.

12.2.3.2 Não há o percentual de arbitramento para CSLL

A regra geral que diferencia o Lucro Presumido e o Lucro Arbitrado como opção pelo contribuinte é que o Lucro Arbitrado tem uma adição de 20% sobre todos os percentuais de presunção.

Contudo, não há a adição de 20% para a alíquota da CSLL, que continua sendo:

- 12% para a receita bruta de venda de mercadorias ou produtos, serviços hospitalares e de transporte; e
- 32% para prestação de serviços em geral, intermediação de negócios, atividades imobiliárias.

12.2.4 Limite da receita bruta de Lucro Arbitrado

Apesar de não estar claro ou explícito na legislação, entende-se que, quando houver a espontaneidade do contribuinte em optar pelo Lucro Arbitrado, não há o limite de R$ 78.000.000,00 da receita bruta anual ou R$ 6.500.000,00 mensais, podendo a base da receita bruta ser superior a esses limites, desde que a empresa não consiga provar, por algum motivo, que não tenha a escrituração contábil de acordo com a lei.

12.2.5 Alíquotas

As alíquotas são:

- 15% de imposto de renda;
- 10% de imposto de renda da base de cálculo que exceder por ano ou R$ 60.000,00 por trimestre; e
- 9% de Contribuição Social sobre o Lucro Líquido.

12.2.6 Por que adotar o Lucro Arbitrado

Em princípio, não há nenhuma vantagem de o contribuinte optar pelo lucro arbitrado, uma vez que, podendo adotar o regime de Lucro Presumido, este custa 20% a menos.

As possíveis vantagens poderiam ser:

- ao optar pelo Lucro Arbitrado, o contribuinte não se preocupa com a escrituração contábil completa, podendo ter custos menores de administração;
- se a receita bruta for superior a R$ 78.000.000,00, é possível que a tributação pelo Lucro Arbitrado seja inferior à tributação pelo Lucro Real; e
- a SRFB pode ser mais tolerante com esse tipo de enquadramento, que custa mais caro, podendo ser um expediente (discutível) de não ter as informações da empresa olhadas com atenção maior pelo Fisco.

Essas possíveis vantagens devem ser colocadas contra os custos das possíveis penalidades impostas pelo Fisco pela falta de escrituração contábil regular.

12.2.7 Penalidades

A adoção do Lucro Arbitrado pelo contribuinte sobre a receita bruta não o exime da aplicação das penalidades cabíveis por não cumprir a legislação sobre a escrituração contábil e demonstrações financeiras.

12.3 Exemplo e contabilização: Lucro Presumido

No caso da adoção do Lucro Presumido ou Arbitrado, o conceito de provisão desaparece, uma vez que a condição de cálculo exato dos impostos a serem recolhidos é clara, e não haverá necessidade de estorno ou complemento dos impostos a serem recolhidos. Outra questão importante a salientar é que, apesar de a base de cálculo ser a receita bruta, os valores de IR e CSLL *não podem* ser considerados impostos sobre vendas. Devem ser contabilizados como impostos sobre o lucro, de maneira idêntica às empresas tributadas tradicionalmente pelo sistema tributário de Lucro Real.

A contabilização dos tributos sobre o lucro é a contabilização igual a qualquer despesa.

A Tabela 12.8 mostra um exemplo de cálculo para apuração de IR e CSLL no regime de Lucro Presumido.

Tabela 12.8 Exemplo de cálculo de IR e CSLL no Lucro Presumido

		Base de cálculo – %		Base de cálculo – R$	
Receita	Valor – R$	IR	CSLL	IR	CSLL
Receita bruta de mercadorias	4.000.000,00	8%	12%	320.000,00	480.000,00
Receita bruta de serviços	500.000,00	32%	32%	160.000,00	160.000,00
Receitas financeiras	100.000,00	100%	100%	100.000,00	100.000,00
Ganhos de capital na venda de imobilizado	50.000,00	100%	100%	50.000,00	50.000,00
Base de cálculo total				630.000,00	790.000,00
Alíquotas do tributo – % – Normais				15%	9%
Alíquotas do tributo – % – Adicional sobre lucro excedente a $ 240.000,00				10%	–
Valor dos tributos a serem recolhidos – R$					
IRPJ/CSLL normal				94.500,00	71.100,00
IRPJ excedente				39.000,00	0,00
Total				133.500,00	71.100,00

A contabilização do valor de IR e CSLL é a mesma tanto para o Lucro Real quanto para o Lucro Presumido. É importante ressaltar que, mesmo sabendo que a base de apuração do valor do Lucro Presumido seja fundamentalmente sobre a receita bruta, os valores de IR e CSLL devem ser contabilizados e classificados como tributos sobre o lucro. O mesmo não acontece com o Simples, cujo valor é classificado como despesa redutora da receita bruta de vendas, para apuração da receita operacional líquida.

Questões e exercícios

1. Qual é o fato gerador do IR e da CSLL de uma empresa optante pelo Lucro Presumido?
2. Quais empresas não podem optar pelo Lucro Presumido?
3. Quando deverá ser manifestada a opção pelo Lucro Presumido?
4. Cite quatro itens básicos determinantes ou não da opção pelo Lucro Presumido.
5. Quais são as possíveis bases de cálculo do Lucro Presumido?
6. Quais são os percentuais de presunção do IR e da CSLL quando o contribuinte manifesta a opção pelo Lucro Presumido?
7. Em quais situações a SRFB poderá arbitrar o lucro das empresas?
8. Quais critérios a SRFB utiliza para identificar a base de cálculo do Lucro Arbitrado quando não conhecida a receita bruta do contribuinte?
9. Por que realizar o autoarbitramento?

capítulo 13

Distribuição de Lucros ou Dividendos

A base legal para a distribuição de lucros ou dividendos aos sócios ou acionistas é a Lei n. 6.404/1976, ou seja, a lei societária deve prevalecer sobre a legislação tributária. Dentro dessa estrutura, o que determina os limites para distribuição de lucros ou dividendos é o contrato social, se limitada, ou o estatuto social, se sociedade anônima.

As sociedades anônimas que não preveem os limites para distribuição de lucros ou dividendos deverão, obrigatoriamente, distribuir pelo menos 25% do lucro líquido aos acionistas. Nas sociedades anônimas, a distribuição dos lucros ou dividendos é proporcional.

As empresas limitadas podem prever no seu contrato social que a distribuição dos lucros ou dividendos será feita de forma igualitária para todas as cotas, assim como podem deixar em aberto, e a distribuição será arbitrária para os sócios, desde que eles aprovem em reunião de sócios registrada em ata.

13.1 Sociedades anônimas

As sociedades anônimas deverão fazer a proposta de destinação de lucro por ocasião do encerramento das demonstrações contábeis. Isso quer dizer que, no encerramento das demonstrações contábeis, a administração deverá fazer a proposta de distribuição de lucro, em valor total, valor por ação e por tipo de distribuição, no pressuposto de que a assembleia geral de acionistas fará aprovação posteriormente na assembleia geral ordinária de aprovação das demonstrações financeiras.

13.1.1 Base para distribuição dos lucros

O valor-base para distribuição dos lucros pode ser:

- O lucro líquido do exercício (a situação comum).
- O saldo da conta de lucros acumulados.
- O saldo de reservas de lucros, exceto reserva de incentivos fiscais que legalmente não podem ser distribuídas.

13.1.2 Prejuízos acumulados

Caso a empresa tenha prejuízos acumulados, não será permitida a distribuição de lucros até que eles tenham sido absorvidos por lucros de períodos subsequentes.

Assim, a base inicial para distribuição de lucros é:

> Lucro líquido do exercício
> (–) Prejuízos acumulados
> = Valor-base para distribuição de lucros

A conta de prejuízos acumulados existirá se os prejuízos líquidos de um ou mais exercício forem superiores ao saldo de lucros acumulados, das reservas de lucros e da reserva legal, nessa ordem.

13.1.3 Reserva legal

A legislação societária determina que 5% do lucro líquido do exercício seja destinado à constituição da reserva legal, que será acumulada até atingir 20% do capital social, quando deverá interromper a sua acumulação.

Assim, em tese, o lucro líquido a ser distribuído será no máximo 95% deste, até atingir o limite de 20% do capital social.

13.1.4 Reservas de contingências e de lucros a realizar

A empresa poderá reduzir a base de cálculo para distribuição de lucros com a constituição de reservas de contingências para fazer face a provisões futuras, bem como de lucros a realizar, de resultados contidos no lucro líquido de realização futura, como equivalência patrimonial e receitas financeiras ainda por realizar, de acordo com a legislação.

13.1.5 Ações preferenciais

No caso das companhias abertas, que tenham ações negociadas no mercado, as ações preferenciais deverão conferir aos seus titulares ao menos uma das vantagens a seguir (art. 17, § 1°, da Lei das S.A.):

- direito a participar de uma parcela correspondente a, no mínimo, 25% do lucro líquido do exercício, sendo que, desse montante, lhes será garantido um dividendo prioritário de pelo menos 3% do valor do patrimônio líquido da ação e, ainda, o direito de participar de eventual saldo desses lucros distribuídos, em igualdade de condições com as ordinárias, depois de a estas assegurado dividendo igual ao mínimo prioritário;
- direito de receber dividendos pelo menos 10% maiores que os pagos às ações ordinárias; ou
- direito de serem incluídas na oferta pública em decorrência de eventual alienação de controle.

13.2 Limitadas

A distribuição de lucros nas empresas limitadas deve seguir o constante no contrato social. Todavia, os lucros líquidos de cada exercício social só podem ser distribuídos caso a empresa tenha absorvido por completo a conta de prejuízos acumulados.

13.2.1 Lucro Presumido, Arbitrado e Simples

No caso de a empresa não levantar balanço patrimonial e demais demonstrações contábeis (situação não prevista no Código Civil, mas aceita pela legislação tributária) e estiver enquadrada no sistema Simples, Lucro Presumido ou Arbitrado, poderá haver a distribuição de lucros de acordo com a regra tributária.

Essa possibilidade existe porque, não havendo demonstrações contábeis, não se sabe se a empresa tem ou não prejuízo acumulado; portanto, a distribuição com base na legislação tributária é possível.

13.3 Formas de distribuição de lucros

São três as formas de distribuição de lucros em nossa legislação:

a) por meio de dividendos, para as sociedades anônimas;
b) pela distribuição de lucros para as demais sociedades;
c) por juros sobre o capital próprio (JSCP), alternativamente, para empresas tributadas no regime de Lucro Real, sejam elas sociedades anônimas ou não.

13.3.1 Dividendos ou lucros distribuídos e tributos

Os dividendos ou lucros distribuídos são isentos de qualquer tributação, seja para a empresa que os distribui, seja para a empresa ou pessoas físicas que os recebem, tanto em termos de IRRF como em termos de tributação nas declarações de rendimentos.

O pressuposto lógico é que esses lucros já foram tributados na pessoa jurídica que os gerou.

No entanto, os dividendos ou lucros distribuídos não são dedutíveis para apuração do Lucro Real, ou seja, não são despesas, e sim distribuição de lucros que saem da conta de lucros acumulados.

13.3.2 Juros sobre o capital próprio (JSCP) e tributos

Os juros sobre o capital próprio como forma opcional de distribuição de lucros foram introduzidos pela Lei n. 9.249, de 26/12/1995, como forma de compensar a extinção da correção monetária de balanço, extinção que vigora desde 1º/1/1996, que normalmente apresentava valor de despesa dedutível do lucro operacional e do lucro real.

Portanto, os juros sobre o capital próprio são de opção exclusiva para as empresas do regime de Lucro Real.

A característica tributária básica dos juros sobre o capital próprio é que é uma despesa financeira dedutível para fins de apuração do lucro real; por outro lado, é uma receita tributável para as empresas recebedoras, caso o acionista seja pessoa jurídica.

Quando o sócio ou acionista for pessoa física, os juros sobre o capital próprio recebem a tributação de 15% de IRRF de forma definitiva, não sendo tributáveis adicionalmente na declaração de renda da pessoa física. Portanto, tem uma tributação exclusiva de 15%.

13.3.2.1 Vantagens dos JSCP sobre dividendos: acionistas e sócios pessoas físicas

A vantagem básica dos JSCP sobre dividendos é que eles são dedutíveis como despesa na empresa que os distribui.

Como o conjunto dos tributos sobre o lucro das empresas pode atingir 34% (15% de IR, 10% de adicional, 9% de CSLL) e o IRRF exclusivo na fonte para os acionistas é de 15%, o conjunto empresa/sócios/acionistas tem um ganho tributário ao redor de 19% (34% – 15%).

13.3.2.2 JSCP para pessoas jurídicas sócias ou acionistas e PIS/Cofins

Para as pessoas jurídicas sócias ou acionistas, a vantagem é diminuída para 9,75%, uma vez que os JSCP são receita financeira para a empresa recebedora, e a legislação entende que, nesse caso, deve incidir PIS e Cofins.

Essa dúvida, que existia até julho de 2015, foi dirimida pelo Decreto n. 8.426/2015, vigente a partir de 1º/7/2015, reafirmando as alíquotas do PIS e da Cofins sobre receitas financeiras, ficando mantidas em 1,65% e 7,6%, respectivamente, as alíquotas da contribuição para o PIS/Pasep e da Cofins aplicáveis aos juros sobre o capital próprio.

13.3.3 Comparação JSCP *versus* dividendos/lucros distribuídos

As diferenças básicas de tributação estão apresentadas na Tabela 13.1.

Tabela 13.1 Diferenças de tributação para resultados distribuídos

	Pessoa jurídica		Pessoa física
	Distribuidora	Recebedora	Recebedora
Lucros e dividendos			
Dedutibilidade na distribuição	indedutível	–	–
Tributação no recebimento	–	não tributável	isento
Retenção de IR na Fonte – IRRF	não há	não há	não há
Juros sobre o capital próprio (JSCP)			
Dedutibilidade na distribuição	dedutível*	–	–
Tributação no recebimento	–	tributável**	Exclusivo na fonte
Retenção de IR na Fonte – IRRF	15%	–	Exclusivo na fonte

* Até montante determinado pela legislação tributária.
** Tributável, mas compensável com o IRRF. A RFB entende que incide também PIS e Cofins sobre os JSCP recebidos por pessoas jurídicas.

13.4 Base de cálculo para os juros sobre o capital próprio (JSCP)

Conforme o artigo 347 do RIR/1999, a pessoa jurídica poderá deduzir, para efeitos de apuração do lucro real, os juros pagos ou creditados individualmente a titular, sócios ou acionistas, a título de remuneração do capital próprio, calculados sobre as contas do patrimônio líquido e limitados à variação, *pro rata*-dia, da Taxa de Juros de Longo Prazo (TJLP).

O efetivo pagamento ou crédito dos juros fica condicionado à existência de lucros, computados antes da dedução dos juros, ou de lucros acumulados e reservas de lucros, em montante igual ou superior ao valor de duas vezes os juros a serem pagos ou creditados.

Assim, os JSCP têm as seguintes limitações:

- são dedutíveis do imposto de renda até a TJLP, desde que pagos ou creditados individualmente aos sócios ou acionistas;
- têm retenção do imposto de renda na fonte;
- é necessária a existência de duas vezes o valor a ser pago como juros, do lucro líquido ou da conta de lucros acumulados.

Os limites em valores são dois: o valor dos JSCP pode ser o total do lucro líquido, desde que a conta de lucros acumulados tenha saldo pelo menos igual ao dobro do valor a ser distribuído. Se a empresa não tiver saldo de lucros acumulados, o valor dos JSCP só poderá ser a metade do lucro líquido do exercício.

O valor dos juros pagos ou creditados pela pessoa jurídica, a título de remuneração do capital próprio, poderá ser imputado ao valor dos dividendos obrigatórios.

13.4.1 Composição da base de cálculo

A nova base de cálculo, para aplicação da TJLP, foi dada pela Lei n. 12.973/2014, e é composta das seguintes contas do patrimônio líquido:

- Capital social
- Reservas de capital
- Reservas de lucros
- Ações em tesouraria
- Prejuízos acumulados

Não incluem a base de cálculo:

- Reservas de reavaliação
- Ajustes de avaliação patrimonial
- Outros resultados abrangentes
- Lucros acumulados das pequenas e médias empresas[1]

---

[1] A norma contábil CPC PME permite que as PMEs mantenham a conta lucros acumulados à revelia da Lei n. 6.404/1976. Assim, entendemos que, se a PME optar por manter esta conta, ela não deverá fazer parte da base de cálculo dos JSCP, pois a Lei n. 12.973/2014 não incluiu a conta lucros acumulados na base de cálculo dos JSCP.

13.5 Exemplo e contabilização

Para a legislação tributária de imposto de renda, os juros sobre o capital próprio devem ser classificados como despesas financeiras para a empresa que os distribui e receita financeira para a empresa que os recebe. Para fins societários, para atender as práticas contábeis e a Comissão de Valores Mobiliários (CVM), os valores distribuídos a título de JSCP devem ser contabilizados como lucros distribuídos, da mesma forma que os dividendos.

O percentual a ser distribuído é em cima do lucro líquido do exercício. Em nosso país, depois de reservado 5% a título de reserva legal, todo o valor restante do lucro líquido pode ser distribuído. É comum os estatutos ou contratos sociais das empresas determinarem o valor mínimo a ser distribuído anualmente. Para as sociedades anônimas, se não houver previsão no estatuto social, o mínimo a ser distribuído para os acionistas é 25% do lucro líquido anual.

A contabilização deve ser feita a partir da conta de lucros acumulados, na qual, primeiro, foi creditado o lucro líquido do exercício. Veja a seguir um exemplo de contabilização. Vamos supor que a empresa teve um lucro líquido de R$ 800.000,00 e destinará 25% aos sócios ou acionistas sob alguma forma de distribuição, em um total de R$ 200.000,00 a ser pago no ano seguinte.

Todas as movimentações foram feitas com saldo bancário				
Lançamentos		Conta contábil	Valor – R$	Conta de:
N.	Lançamento			
1	Débito	Estoque	18.187,50	Ativo circulante
1	Débito	IPI a recolher	2.500,00	Passivo circulante
1	Débito	ICMS a recolher	4.500,00	Passivo circulante
1	Débito	PIS a recolher	412,50	Passivo circulante
1	Débito	Cofins a recolher	1.900,00	Passivo circulante
1	Crédito	Bancos conta movimento	27.500,00	Ativo circulante
2	Débito	Bancos conta movimento	64.800,00	Ativo circulante

Em conta Tê:

```
        Lucros acumulados              Lucros a distribuir
    1   200.000,00  |                        |  200.000,00   1
                                    2  200.000,00 |
                                                  |    0,00

        Bancos conta
          movimento
                    |  200.000,00   2
```

13.5.1 Demonstração do resultado com JSCP: posição fiscal *versus* posição contábil

A posição fiscal determina que os JSCP devam ser considerados como despesa financeira. Assim, para fins da declaração de rendimentos da pessoa jurídica, a demonstração do resultado do exercício deverá ser feita como mostra a Tabela 13.2.

Tabela 13.2 Demonstração do resultado – Posição fiscal

	R$
Receita operacional líquida	20.000.000,00
(–) Custo das vendas	–12.000.000,00
Lucro bruto	8.000.000,00
(–) Despesas operacionais	–3.500.000,00
Lucro operacional	4.500.000,00
(–) Juros sobre o capital próprio	–900.000,00
Lucro antes do IR/CSLL	3.600.000,00
IR/CSLL	–1.224.000,00
Lucro líquido do exercício	2.376.000,00

No entanto, para fins societários (atender às normas do CPC e CFC), os JSCP não devem ser apresentados como despesa financeira, ficando como apresentados na Tabela 13.3.

Tabela 13.3 Demonstração do resultado – Posição contábil societária

	R$
Receita operacional líquida	20.000.000,00
(–) Custo das vendas	–12.000.000,00
Lucro bruto	8.000.000,00
(–) Despesas operacionais	–3.500.000,00
Lucro operacional antes do IR/CSLL	4.500.000,00
IR/CSLL	–1.224.000,00
Lucro líquido do exercício	3.276.000,00

Nesse caso, o lucro líquido evidenciado é R$ 900.000,00 maior do que o da Tabela 13.2, exatamente o valor dos JSCP.

Os JSCP são considerados diferenças permanentes e não são objeto de apuração do imposto de renda diferido.

13.6 Distribuição de lucros com base no Lucro Presumido e Arbitrado

A distribuição de lucros quando desses enquadramentos é totalmente isenta, considerando a seguinte base de cálculo:

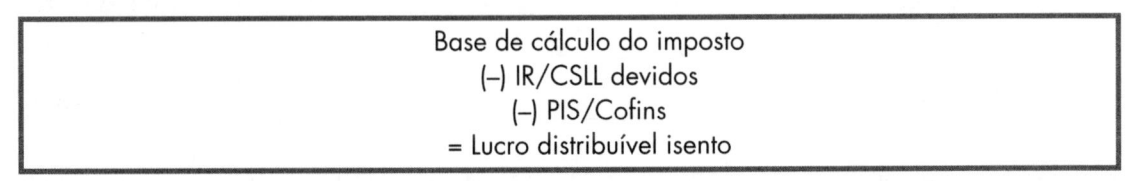

> Base de cálculo do imposto
> (–) IR/CSLL devidos
> (–) PIS/Cofins
> = Lucro distribuível isento

Essa limitação na base de cálculo não se aplica quando o lucro contábil for superior e este for apurado com base na escrituração contábil regular. Para tanto, a empresa deverá apresentar a Escrituração Contábil Digital (ECD).

13.6.1 Exemplo de cálculo

A Tabela 13.4 mostra um exemplo de cálculo dos tributos sobre o lucro presumido e a receita bruta e o valor passível de distribuição aos sócios ou acionistas com isenção de imposto de renda, havendo inexistência na regularidade da escrituração contábil e conhecidas as receitas.

Tabela 13.4 Cálculo do lucro distribuível – Lucro Presumido

Receitas	Valor – R$	Percentual aplicável	Base de cálculo – R$
IR			
Receita bruta de vendas	30.000.000,00	8,0%	2.400.000,00
Receita de serviços	4.000.000,00	32,0%	1.280.000,00
Receitas financeiras	1.000.000,00	100,0%	1.000.000,00
Ganhos de capital	200.000,00	100,0%	200.000,00
Soma			4.880.000,00
IR – 15%			732.000,00
IR adicional – 10%			464.000,00
Soma			1.196.000,00
CSLL			
Receita bruta	30.000.000,00	12,0%	3.600.000,00
Receita de serviços	4.000.000,00	32,0%	1.280.000,00
Receitas financeiras	1.000.000,00	100,0%	1.000.000,00
Ganhos de capital	200.000,00	100,0%	200.000,00
Soma			6.080.000,00
CSLL – 9%			547.200,00
Total do IR/CSLL			1.743.200,00

(*continua*)

Tabela 13.4 Cálculo do lucro distribuível – Lucro Presumido *(continuação)*

Base de cálculo para distribuição do lucro isento	
Base de cálculo do IR	4.880.000,00
(–) IR/CSLL devidos	–1.743.200,00
(–) PIS/Cofins sobre receita bruta de vendas e serviços	–1.241.000,00
Lucro distribuível	1.895.800,00

13.6.2 Lucro distribuível em excesso à base de cálculo fiscal

Caso a empresa tenha a escrituração contábil completa, com balanços patrimoniais e demonstrações de resultados, conforme as normas societárias, ela poderá distribuir lucros que excedam a base de cálculo fiscal até o limite do lucro líquido contábil menos o valor destinado à reserva legal, também isentos de tributação do imposto de renda.

13.7 Distribuição de lucros com base no Simples

Quando optante pelo Simples Nacional e mantida apenas a escrituração do livro-caixa com a identificação da movimentação financeira, a distribuição de lucros ficará limitada à base de cálculo do Lucro Presumido, diminuindo do valor resultante o valor do IRPJ dentro do tributo do Simples recolhido:

> Base de cálculo do imposto como Lucro Presumido
> (–) Parte do IRPJ dentro do Simples recolhido
> = Lucro distribuível isento

Essa limitação não se aplica ao contribuinte optante pelo Simples Nacional quando apresentada a escrituração contábil.

13.7.1 Exemplo de cálculo

A Tabela 13.5 mostra um exemplo de cálculo dos tributos sobre o lucro presumido e a receita bruta e o valor passível de distribuição aos sócios ou acionistas com isenção de IR.

Tabela 13.5 Cálculo do lucro distribuível – Simples

Receitas	Valor – R$	Percentual aplicável	Base de cálculo – R$
IR Presumido			
Receita bruta de vendas	2.200.000,00	8,0%	176.000,00
Receita de serviços	100.000,00	32,0%	32.000,00
Receitas financeiras	50.000,00	100,0%	50.000,00
Ganhos de capital	10.000,00	100,0%	10.000,00
Soma			268.000,00
			27.600,00

(continua)

Tabela 13.5 Cálculo do lucro distribuível – Simples *(continuação)*

Base de cálculo para distribuição do lucro isento	
Base de cálculo presumido	268.000,00
(−) IRPJ do Simples recolhido	−27.600,00
Lucro distribuível	240.400,00

No caso de o contribuinte optante pelo Simples Nacional apresentar um lucro líquido de R$ 300.000,00 na escrituração contábil, este poderá ser distribuído na sua totalidade, uma vez que a limitação mencionada no item 13.7 só se aplica quando a empresa mantém apenas escrituração do livro-caixa com identificação da movimentação financeira.

13.7.2 Lucro distribuível em excesso à base de cálculo fiscal

Identicamente ao Lucro Presumido, caso a empresa tenha a escrituração contábil completa, com balanços patrimoniais e demonstrações de resultados, conforme as normas societárias, ela poderá distribuir lucros que excedem a base de cálculo fiscal até o limite do lucro líquido contábil menos o valor destinado à reserva legal, também isentos de tributação do imposto de renda.

13.8 Distribuição disfarçada de lucro

Os artigos 464 a 468 tratam das possibilidades de presunção de distribuição disfarçada de lucros. As principais possibilidades são:

- alienação, por valor notoriamente inferior ao de mercado, de bem do seu ativo a pessoa ligada;
- aquisição, por valor notoriamente superior ao de mercado, de bem de pessoa ligada;
- pagamento, à pessoa ligada, de aluguéis, *royalties* ou assistência técnica em montante que exceda notoriamente ao valor de mercado;
- realização, com pessoa ligada, de qualquer outro negócio em condições de favorecimento, assim entendidas condições mais vantajosas para a pessoa ligada do que as que prevaleçam no mercado ou em que a pessoa jurídica contrataria com terceiros.

Considera-se pessoa ligada à pessoa jurídica:

- o sócio ou acionista desta, mesmo quando outra pessoa jurídica;
- o administrador ou o titular da pessoa jurídica;
- o cônjuge e os parentes até o terceiro grau, inclusive os afins, do sócio pessoa física de que trata o inciso I e das demais pessoas mencionadas no inciso II.

O valor apurado das diferenças entre o valor da transação realizada e o valor de mercado será computado na determinação do lucro real.

13.9 Prejuízo acumulado na transição do Lucro Presumido para o Lucro Real

A empresa optante pelo Lucro Presumido, que tem a escrituração contábil regularizada, pode apresentar saldo na conta contábil prejuízo acumulado.

Quando uma empresa está com prejuízo acumulado e quer mudar do regime de Lucro Presumido para Lucro Real, fica a questão da distribuição do lucro líquido obtido nos anos seguintes no regime de Lucro Real.

Para a legislação societária, não é possível distribuir lucros enquanto houver a conta de prejuízos acumulados. Contudo, para fins tributários, todos os tributos devidos já foram pagos no regime de Lucro Presumido.

Nosso entendimento é que, tributariamente, é possível distribuir lucros obtidos no regime de Lucro Real, mesmo que haja saldo na conta de prejuízos acumulados, desde que esse saldo tenha sido apurado quando a empresa, tributariamente, estava no regime de Lucro Presumido e mantinha contabilidade regularizada.

Questões e exercícios

1. Quais valores poderão ser base para distribuição dos lucros?
2. Não havendo balanço patrimonial e demais demonstrações contábeis e a empresa estiver enquadrada no sistema Simples, Lucro Presumido ou arbitrado, poderá haver a distribuição de lucros de acordo com a regra tributária?
3. Quais são as formas de distribuição de lucros em nossa legislação?
4. Quais são as vantagens do JSCP sobre dividendos?
5. Quais são as diferenças básicas de tributação dos Lucros e Dividendos em relação ao JSCP?
6. Como deverá ser realizada a distribuição de lucros de uma empresa optante pelo Simples e que mantém apenas a escrituração do livro-caixa?
7. Quais são as possibilidades de presunção de distribuição disfarçada de lucros?

parte IV
TRIBUTOS E ENCARGOS SOBRE A FOLHA DE PAGAMENTO

Nesta parte estão trabalhados os tributos e encargos incidentes sobre a mão de obra. Essas duas variáveis incidentes sobre a mão de obra se encontram entre as maiores despesas para as organizações. Em regra, todas as companhias necessitam de um setor para controle, acompanhamento e pagamento de pessoal, dada a relevância do gasto. Basicamente, o setor de pessoal é responsável pelo levantamento do valor da folha de pagamento mensal e também pelo cálculo e pagamento de todos os encargos inerentes a essa folha.

Nesse contexto, é importante destacar que entendemos como encargos sociais todos os valores com os quais a empresa tem que arcar, desde os próprios funcionários até entidades governamentais. De modo geral, entende-se como salário o valor pago pela efetiva prestação de serviço do funcionário. Dessa forma, pode-se concluir que os valores pagos aos funcionários, mas que não significam tempo de trabalho, serão considerados encargos sociais. Exemplos clássicos desses valores pagos aos funcionários sem efetiva prestação de serviço são férias, 13º salário, DSR etc.

Além desses valores, ainda existem as contribuições obrigatórias perante as entidades governamentais, tanto as referentes às suas contribuições quanto aos recolhimentos obrigatórios a favor dos empregados. Essas despesas são categorizadas como encargos sociais: Contribuição Previdenciária, FGTS, IR, Sistema S etc. Não há um consenso, no mundo real, do que deve ser conceituado como salário ou encargo. Muitas empresas consideram os adicionais por força de lei como encargo social e outras como salário.

As ações das entidades governamentais visando a saúde, a previdência e a assistência social são financiadas por toda a sociedade, conforme estabelecido pelo artigo 195 da Constituição Federal. Para tanto, os empregadores, por meio da legislação, estão sujeitos a três tipos de contribuições sociais incidentes sobre a mão de obra. O INSS será discutido no Capítulo 14, já a Cofins e a CSLL, incidentes sobre o faturamento e sobre o lucro, foram abordadas nos Capítulos 5 e 11, respectivamente. O INSS sobre o faturamento foi discutido no Capítulo 10. Os Capítulos 15 e 16 abordarão os aspectos que norteiam o FGTS e a Contribuição Sindical (dos Empregados e Patronal), respectivamente.

Salienta-se que tanto o IRRF quanto o INSS de responsabilidade do próprio funcionário não são encargos sociais, uma vez que consistem, na realidade, em um gasto do funcionário e não da empresa. Afinal, em ambas as situações a empresa adquire a condição de apenas contribuinte responsável.

Existem ainda situações em que a empresa pode vir a assumir outras despesas com o seu pessoal, de caráter espontâneo, e que ela queira tratá-lo como encargo social. Exemplos corriqueiros são os gastos com assistência médica e social, além dos gastos com o programa de Participação nos Lucros e Resultados (PLR) e previdência privada complementar.

Esse reconhecimento e categorização dos gastos são essenciais, pois na contratação de um funcionário com um salário nominal de, por exemplo, R$ 1.000,00, a empresa deverá ter consciência de que pagará além destes R$ 1.000,00, que serão registrados na CTPS do trabalhador, mais um X% a título de encargos sociais.

O quanto impactam os encargos sociais nas despesas de pessoal é um percentual que poderá variar em razão das particularidades e das características das empresas, como a atividade econômica, o grau de risco exposto à saúde do trabalhador e o enquadramento tributário.

capítulo 14

INSS e Outros Tributos Incidentes sobre a Mão de Obra

Este capítulo apresenta os principais aspectos da legislação que regulamenta a apuração da base de cálculo do INSS, as alíquotas e as formas de contabilização do INSS e das contribuições do Sistema S. Também serão vistas as principais obrigações acessórias aderentes à folha de pagamento.

14.1 INSS

O Instituto Nacional do Seguro Social (INSS) é o órgão pertencente à Receita Federal. A Seguridade Social, por sua vez, compreende um conjunto integrado de ações de iniciativa dos poderes públicos e da sociedade, destinado a assegurar o direito relativo à saúde, à previdência e à assistência social[1].

14.1.1 Legislações básicas

A Lei n. 8.212, de 24/7/1991, e suas alterações posteriores estabeleceram que a seguridade social será subsidiada diversificadamente pela sociedade, em especial pelos trabalhadores, aposentados e empresários. A equidade na forma de participação do custeio da seguridade social, estabelecida pela legislação, fica evidente quando se observa que as empresas (optantes pelo Lucro Real, Presumido, Arbitrado), na qualidade de contribuintes, estão sujeitas à Contribuição Previdenciária Patronal, no montante de 20% sobre o gasto de mão de obra, com seus empregados. As empresas enquadradas no Simples Nacional também estão obrigadas ao recolhimento da Contribuição Previdenciária Patronal; todavia, devido às condições impostas pelo tratamento jurídico diferenciado (Capítulo 9), o montante do imposto será apurado sobre o faturamento das empresas e não mais sobre o gasto com a mão de obra, seguindo a mesma lógica de incidência estabelecida para as empresas enquadradas na desoneração.

---

[1] BRASIL. Lei n. 8.212, de 24/7/1991. Dispõe sobre a organização da Seguridade Social, institui Plano de Custeio e dá outras providências. Artigo 1º. *Portal da Legislação*. Palácio do Planalto, Brasília, DF. Disponível em: <www.planalto.gov.br/ccivil_03/leis/L8212cons.htm>. Acesso em: 7 ago. 2015.

Os planos de benefícios da Previdência Social estão regulamentados pela Lei n. 8.213, de 24/7/1991, e suas alterações posteriores. A Lei n. 9.732, de 11/12/1998, altera os dispositivos das Leis n. 8.212 e 8.213. Já o Decreto n. 3.048, de 6/5/1999, regulamentou a Previdência Social, enquanto a Lei n. 13.189, de 19/11/2015, instituiu o Programa de Proteção ao Emprego.

14.1.2 Base de cálculo

Nasce a obrigação tributária do INSS quando ocorre a remuneração do trabalhador, pessoa física, com ou sem vínculo empregatício. Configurando-se que, em regra, a base de cálculo, para o empregador, será o gasto com a mão de obra. A Tabela 14.1 facilitará a compreensão da incidência do INSS sobre o salário e outras remunerações pagas pelo trabalho ou creditadas à pessoa física que lhe preste serviço. A base de cálculo será sempre o valor total das rubricas com incidência.

Tabela 14.1 Incidência do INSS[2]

Incidência	Há incidência do INSS	Não há incidência do INSS
Rubrica	Adicional de insalubridade	Abono de férias
	Adicional de periculosidade	Alimentação por meio do PAT
	Adicional noturno	Bolsa de estudo (estagiário)
	Adicional de transferência	13º salário – 1ª parcela
	Alimentação	Férias indenizadas
	Aviso prévio	Férias em dobro (parcela referente à dobra)
	Comissões	Indenização por tempo de serviço
	13º salário – 2ª parcela	Indenização do 13º salário
	13º salário na rescisão	Indenização adicional
	Férias normais	Indenização por rescisão antecipada do contrato por prazo determinado
	Gratificações	
	Horas extras ou extraordinárias	Participação nos lucros
	Prêmios	Salário-educação
	Quebra de caixa	Salário-família
	Salários	Vale-transporte
	Salário-maternidade	Uniformes de trabalho

---

[2] Receita Federal. Disponível em: <www.receita.fazenda.gov.br/previdencia/Contribuicoes/TabelaIncidenContrib.htm>. Acesso em: 20 abr. 2017.

Para o trabalhador autônomo, a base de cálculo será o valor da remuneração. No caso de cessão de mão de obra ou empreitada, a base de cálculo será o valor do serviço constante no documento fiscal.

14.1.3 Alíquotas

É importante compreender que as alíquotas mencionadas serão aplicadas às empresas optantes pelo Lucro Real, Presumido ou Arbitrado, quando não enquadradas em nenhum regime especial ou diferenciado, para cálculo da CPP.

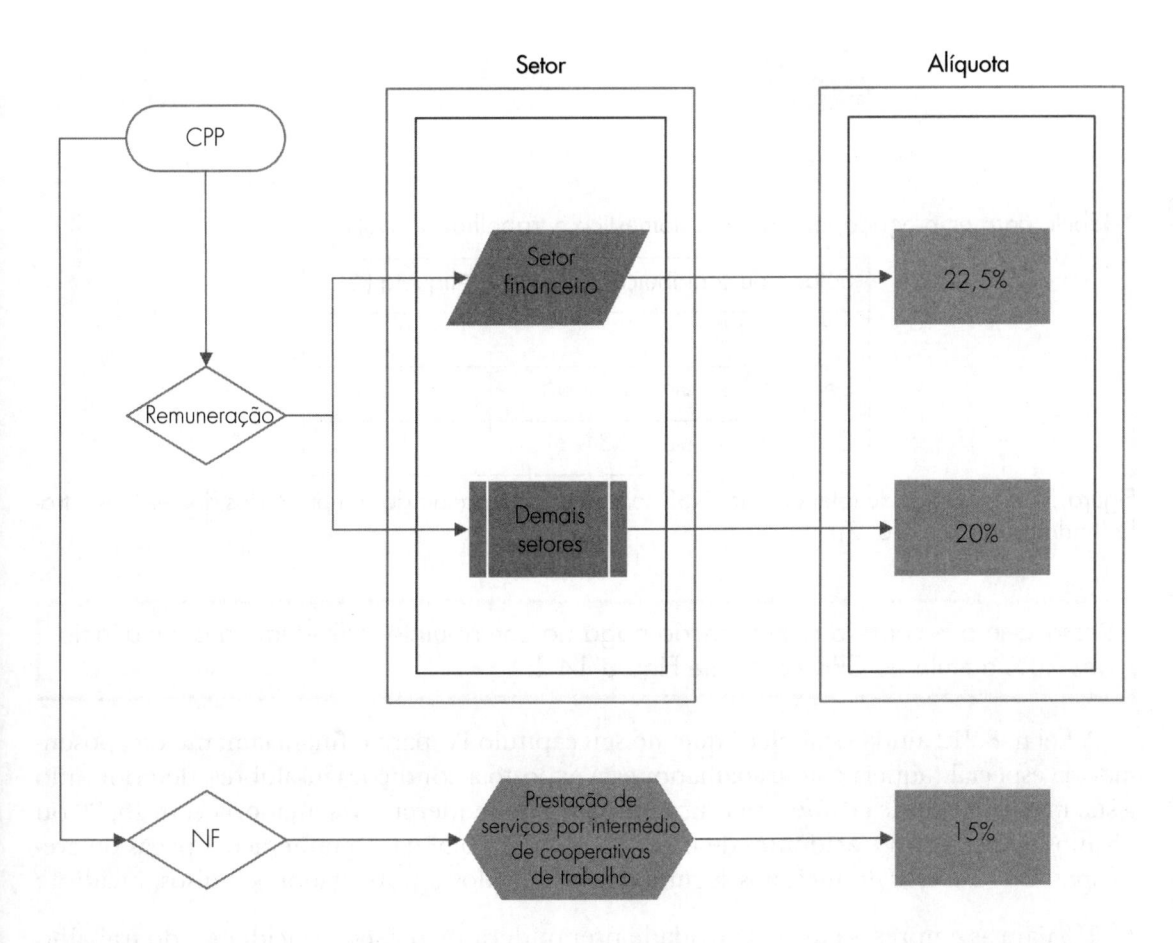

Figura 14.1 Contribuição previdenciária patronal aplicada às empresas optantes pelo Lucro Real Presumido ou Arbitrado.

O INSS de responsabilidade do próprio funcionário, para muitos doutrinadores, não é encargo social, uma vez que configura um gasto do funcionário e não da empresa. Cabe, porém, à empresa fazer a sua retenção e recolhimento. Na Figura apresentada a seguir estão as alíquotas de incidência sobre a remuneração e notas fiscais que as empresas estão obrigadas a descontar e recolher.

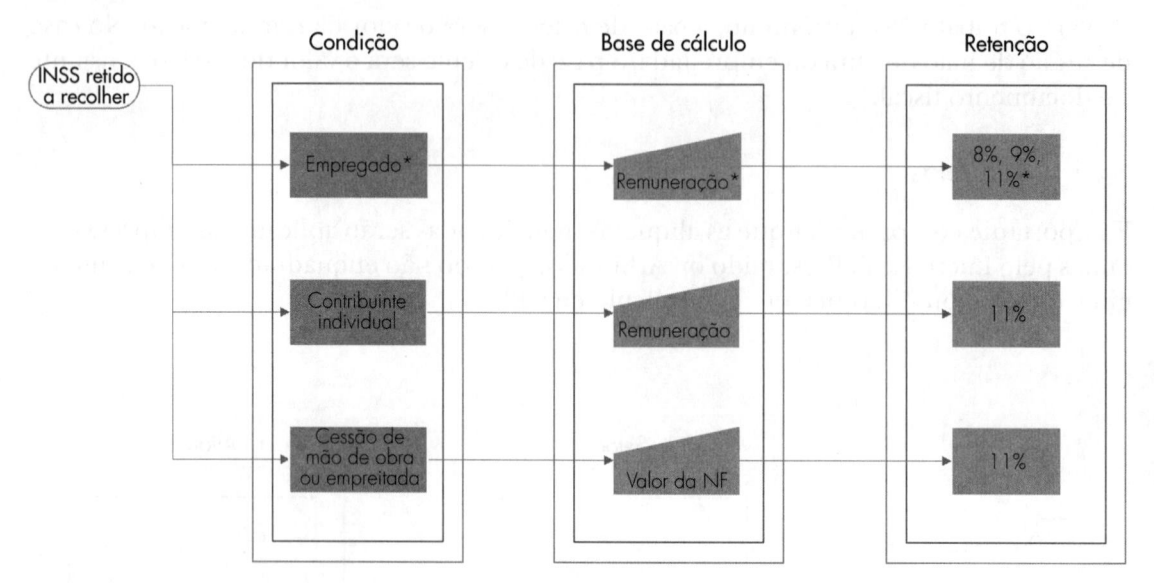

```
                Condição              Base de cálculo              Retenção
INSS retido
a recolher

              ┌─────────────┐      ┌─────────────┐            ┌─────────────┐
              │ Empregado*  │──────│ Remuneração*│────────────│ 8%, 9%,     │
              │             │      │             │            │ 11%*        │
              └─────────────┘      └─────────────┘            └─────────────┘

              ┌─────────────┐      ┌─────────────┐            ┌─────────────┐
              │ Contribuinte│──────│ Remuneração │────────────│    11%      │
              │ individual  │      │             │            │             │
              └─────────────┘      └─────────────┘            └─────────────┘

              ┌─────────────┐      ┌─────────────┐            ┌─────────────┐
              │ Cessão de   │──────│ Valor da NF │────────────│    11%      │
              │ mão de obra │      │             │            │             │
              │ ou empreitada│     │             │            │             │
              └─────────────┘      └─────────────┘            └─────────────┘
```

* Tabela para empregado, empregado doméstico e trabalhador avulso

Salário de contribuição (R$)	Alíquota (%)
Até 1.659,38	8
De 1.659,39 até 2.765,66	9
De 2.765,67 até 5.531,31	11

Figura 14.2 Alíquotas de retenção do INSS sobre a remuneração dos empregados domésticos e trabalhadores avulsos (2017).

> Ressalta-se que sobre a remuneração paga ao contribuinte individual há a incidência dos 20% a título de CPP, conforme Figura 14.1.

A Lei n. 8.212 ainda estabelece que, no seu capítulo IV, para o financiamento da aposentadoria especial (aquela cujo trabalhador está exposto a condições insalubres, deteriorando a sua integridade física e que, em função disso, pode requerer aposentadoria com 15, 20 ou 25 anos de trabalho) e acidentes de trabalho, sobre o total das remunerações pagas ou creditadas, no decorrer do mês, aos segurados empregados e trabalhadores avulsos, incidirá[3]:

- 1% para as empresas em cuja atividade preponderante o risco de acidentes do trabalho seja considerado leve;
- 2% para as empresas em cuja atividade preponderante esse risco seja considerado médio; e
- 3% para as empresas em cuja atividade preponderante esse risco seja considerado grave.

---

[3] BRASIL. Lei n. 9.732, de 11/12/1998. Altera dispositivos das Leis n. 8.212 e 8.213, ambas de 24/7/1991, da Lei n. 9.317, de 5/12/1996, e dá outras providências. *Portal da Legislação*. Palácio do Planalto, Brasília, DF. Disponível em: <www.planalto.gov.br/ccivil_03/leis/L9732.htm>. Acesso em: 4 jun. 2015.

14.2 Contribuições do Sistema S

O Sistema S é um termo que define o conjunto de organizações das entidades corporativas voltadas ao treinamento profissional, assistência social, consultoria, pesquisa e assistência técnica, que, além de ter seu nome iniciado com a letra S, têm a mesma essência, raízes semelhantes e características organizacionais similares. Fazem parte do Sistema S: Serviço Nacional de Aprendizagem Industrial (Senai); Serviço Social do Comércio (Sesc); Serviço Social da Indústria (Sesi); e Serviço Nacional de Aprendizagem do Comércio (Senac). Existem ainda os seguintes: Serviço Nacional de Aprendizagem Rural (Senar); Serviço Nacional de Aprendizagem do Cooperativismo (Sescoop); Serviço Social de Transporte (Sest); Serviço Nacional de Aprendizagem do Transporte (Senat); e Serviço Brasileiro de Apoio às Micro e Pequenas Empresas (Sebrae)[4].

14.2.1 Legislações básicas

As instituições que compõem o Sistema S foram criadas na década de 1940, têm personalidade jurídica ligadas ao setor produtivo, não têm fins lucrativos e objetivam prestar assistência a diversas classes sociais e categorias profissionais. Foram instituídas e regulamentadas inicialmente pelos Decretos-Lei n. 4.048/1942, 4.073/1942, 4.481/1942 e 6.141/1943.

14.2.2 Base de cálculo

Assim como no INSS, nasce a obrigação tributária das contribuições do Sistema S quando ocorre a remuneração do trabalhador, pessoa física, com ou sem vínculo empregatício. Configurando-se que, em regra, a base de cálculo será o gasto com a mão de obra. Incidirá sobre salário e outras remunerações pagas pelo trabalho ou creditadas a pessoa física que lhe preste serviço, da mesma forma como a metodologia do INSS exposta no item 14.1.2. A grande diferença, além dos percentuais de incidência, é a destinação do recurso, uma vez que os valores descontados regularmente (para o Sistema S) deverão ser repassados às respectivas entidades competentes, para financiar atividades que visem o aperfeiçoamento profissional da categoria, bem como o bem-estar social dos trabalhadores.

14.2.3 Alíquotas

As alíquotas das contribuições do Sistema S terão a sua incidência em conformidade com a atividade econômica do contribuinte, definido pelo seu enquadramento no código do Fundo de Previdência e Assistência Social (FPAS), Instrução Normativa RFB n. 1.071, de 15/9/2010; Instrução Normativa RFB n. 1.238, de 11/1/2012.

---

[4] Senado Federal. Glossário legislativo. Disponível em: <www12.senado.leg.br/noticias/glossario-legislativo/sistema-s>. Acesso em: 20 abr. 2017.

Exemplo

Confederação Nacional da Indústria

Grupo de atividade	Código FPAS	Alíquota total – terceiros
1º Alimentação	507	5,8%
2º Vestuário	507	5,8%
3º Construção e mobiliário	507	5,8%
4º Urbanas (saneamento, coleta e tratamento de resíduos, energia, gás, água e esgoto)	507	5,8%
	507	5,8%

Confederação Nacional do Comércio

Grupo de atividade	Código FPAS	Alíquota total – terceiros
1º Comércio atacadista	515	5,8%
2º Comércio varejista	515	5,8%
3º Agentes autônomos do comércio	515	5,8%
4º Comércio armazenador	515	5,8%
5º Turismo e hospitalidade	515	5,8%
6º Serviços de saúde	515	5,8%

Confederação Nacional de Comunicações e Publicidades

Grupo de atividade	Código FPAS	Alíquota total – terceiros
1º Empresas de comunicações (telegráficas, empresa de correios, inclusive franqueadas e telefônicas)	507	5,8%
2º Empresas de publicidade	566	4,5%
3º Empresas jornalísticas	566	4,5%

Todo contribuinte deverá recolher também um montante de 2,5%, do gasto com a mão de obra, a título de salário-educação. Os recursos obtidos mediante aplicação da alíquota de terceiros serão destinados a programas de ensino. A título de ilustração demonstraremos como é feita a composição da alíquota de terceiros.

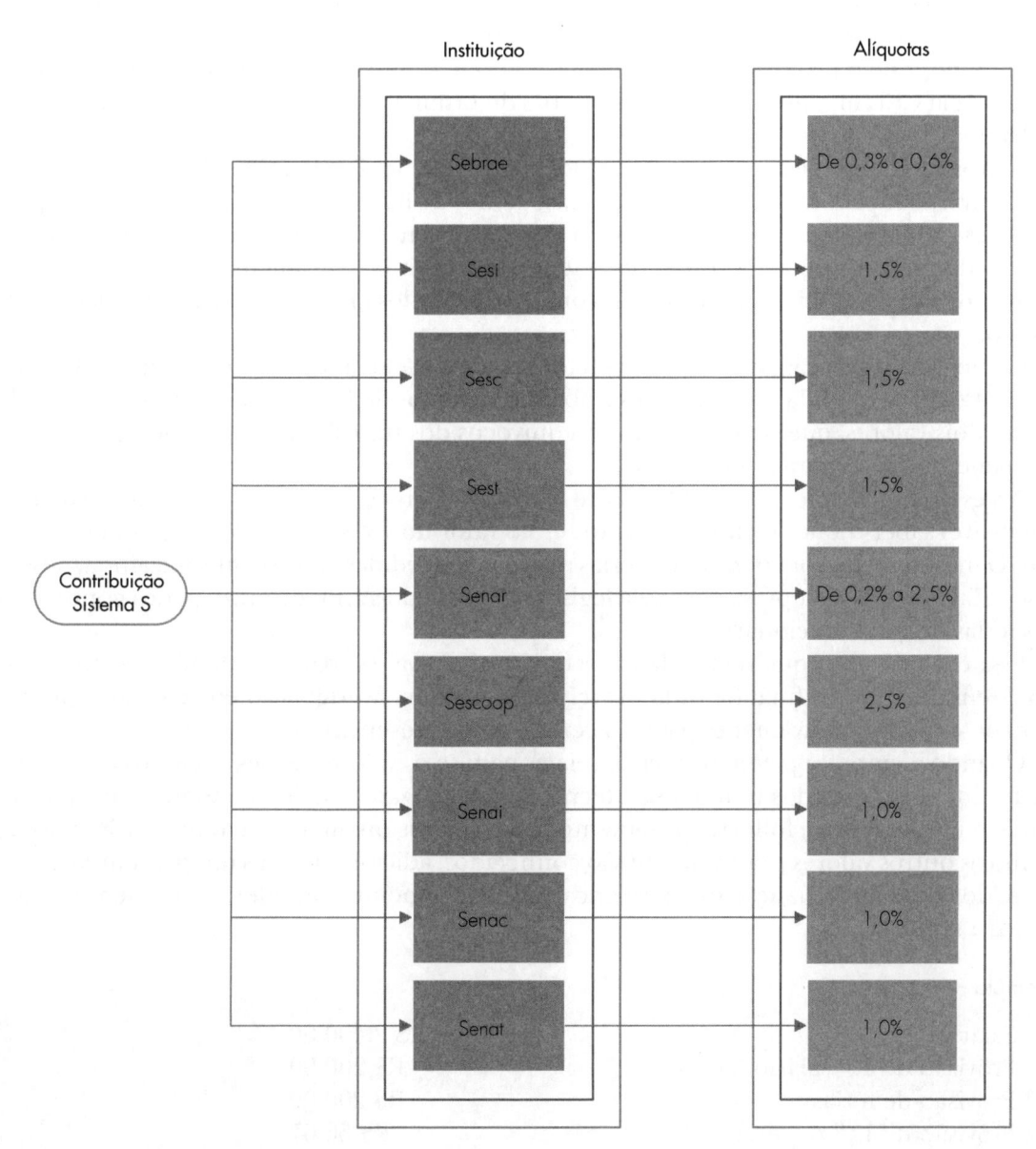

Figura 14.3 Composição da alíquota de terceiros.

14.3 Contabilização básica

Para facilitar o entendimento, apresentaremos, antes da contabilização básica, um exemplo da apuração e dos reflexos dos tributos e principais encargos sobre a folha de pagamento. Para tanto, criamos uma situação em que o empregado tem como remuneração salarial bruta um montante de R$ 2.400,00. Sabe-se que esse salário deve ser provisionado ao final do mês e pago até o 5º dia útil do mês subsequente ao fato gerador.

A fim de demonstrar os reflexos tributários sobre a mão de obra, explicaremos os gastos totais provisionados com férias, 1/3 de férias e 13º salário de uma empresa cuja atividade econômica é industrial, optante pelo Lucro Presumido, com seus funcionários expostos a um grau de risco 3 em relação a acidentes de trabalho. Elucidamos os cálculos das rubricas de férias e 13º, pois estas são as mais corriqueiras na relação contratual trabalhista. Salientamos que o profissional contábil deverá estar atento não somente às verbas estabelecidas pela CLT, mas principalmente às verbas determinadas pelas convenções coletivas de trabalho.

A provisão de despesas, em contabilidade, basicamente significa fazer lançamentos por estimativas, por previsão. E por que nesse caso temos de fazer provisão? Todos sabemos que a despesa com folha de pagamento e seus respectivos encargos tende a ser de maior valor dentro de uma empresa; em razão disso, temos de fazer os lançamentos mês a mês, pelo regime de competência. Em princípio, com os valores dos encargos sociais de férias e 13º salário.

Como pela legislação social os trabalhadores têm direito adquirido de férias e 13º salário, 1/12 avos à medida que o mês foi trabalhado, temos de fazer a contabilização mensal desses dois valores, que, se são direitos inequívocos dos trabalhadores, são obrigações absolutamente certas para as empresas.

Antes do fim do ano, por problemas de reajustes salariais, inflação, dissídio etc., é quase impossível saber o valor exato de quanto será o valor do 13º salário a ser pago em dezembro. O mesmo se dá com o valor das férias a serem concedidas, adicionando-se ainda, nesse caso, o fato de que a empresa tem, pela legislação social, dois anos de prazo para a concessão das férias de cada funcionário.

Essa é a razão por que temos de fazer uma estimativa das parcelas de férias e 13º salário. Mensalmente, ao final de cada exercício, faz-se uma averiguação entre o valor provisionado e o valor efetivamente pago e acertam-se as diferenças.

Quando a empresa já tem histórico, relacionam-se os valores desses encargos com a inflação anual e os salários nominais. A técnica mais utilizada é a de, mensalmente, aplicar um percentual sobre a folha de pagamento para o provisionamento de férias e 13º salário. Como os outros valores praticamente são conhecidos, adiciona-se mais um percentual a esses dados e podemos lançar todos os encargos devidamente apurados, como demonstraremos a seguir.

Exemplo

{*} Salário	R$ 2.400,00
[1] Provisão do 13º salário	R$ 200,00
[2] Provisão de férias	R$ 200,00
[3] Provisão de 1/3 de férias	R$ 66,67
Gasto mensal total com a mão de obra	R$ 2.866,67

Em que:
[1] = 1/12 de salário por mês trabalhado = R$ 2.400,00 /12
[2] = 1/12 de salário por mês trabalhado = R$ 2.400,00 /12
[3] = 1/3 do valor da provisão de férias = R$ 200,00 /3

Tributos incidentes diretamente sobre a mão de obra	
*Previamente conhecidos, pois a atividade econômica é industrial, optante pelo Lucro Presumido, com seus funcionários expostos a um grau de risco 3 em relação a acidentes de trabalho.	
Contribuição Previdenciária Patronal (CPP) –	20%
Acidente de Trabalho –	3%
Senai –	1%
Sesi –	1,5%
Salário-educação –	2,5%
Sebrae –	0,60%
Incra –	0,2%
Total sobre a mão de obra	28,80%

Logo, a planilha do gasto com encargos ficaria assim:

Tributos	Alíquotas	{*}	[1]	[2]	[3]	[1] + [2] + [3]
INSS patronal	20%	R$ 480,00 (= R$ 2.400 x 20%)	R$ 40,00 (= R$ 200 x 20%)	R$ 40,00 (= R$ 200 x 20%)	R$ 13,33 (= R$ 66,67 x 20%)	R$ 93,33
Acidente de trabalho	3%	R$ 72,00 (= R$ 2.400 x 3%)	R$ 6,00 (= R$ 200 x 3%)	R$ 6,00 (= R$ 200 x 3%)	R$ 2,00 (= R$ 66,67 x 3%)	R$ 14,00
Senai	1%	R$ 24,00 (= R$ 2.400 x 1%)	R$ 2,00 (= R$ 200 x 1%)	R$ 2,00 (= R$ 200 x 1%)	R$ 0,67 (= R$ 66,67 x 1%)	R$ 4,67
Sesi	1,5%	R$ 36,00 (= R$ 2.400 x 1,5%)	R$ 3,00 (= R$ 200 x 1,5%)	R$ 3,00 (= R$ 200 x 1,5%)	R$ 1,00 (= R$ 66,67 x 1,5%)	R$ 7,00
Salário-educação	2,5%	R$ 60,00 (= R$ 2.400 x 2,5%)	R$ 5,00 (= R$ 200 x 2,5%)	R$ 5,00 (= R$ 200 x 2,5%)	R$ 1,67 (= R$ 66,67 x 2,5%)	R$ 11,67
Sebrae	0,60%	R$ 14,40 (= R$ 2.400 x 0,60%)	R$ 1,20 (= R$ 200 x 0,60%)	R$ 1,20 (= R$ 200 x 0,60%)	R$ 0,40 (= R$ 66,67 x 0,60%)	R$ 2,80
Incra	0,2%	R$ 4,80 (= R$ 2.400 x 0,20%)	R$ 0,40 (= R$ 200 x 0,2%)	R$ 0,40 (= R$ 200 x 0,2%)	R$ 0,13 (= R$ 66,67 x 0,2%)	R$ 0,93
Total		R$ 691,20	R$ 57,60	R$ 57,60	R$ 19,20	R$ 134,40

Há incidência ainda do FGTS; contudo, como o assunto será tratado no Capítulo 16, o percentual de 8% do FGTS não foi acrescido nesse momento.

Assim, a contabilização básica seria:

1. **Registro de contribuição previdenciária, acidente de trabalho, Senai, Sesi, salário-educação, Sebrae e Incra, calculados sobre o salário.**
   Débito = Contribuição previdenciária sobre a mão de obra
   [Contas de resultado]   R$ 691,20
   Crédito = Contribuição previdenciária a recolher [PC]   R$ 691,20

2. **Registro da contribuição previdenciária calculada sobre a provisão de 13° salário.**
   Débito = Contribuição previdenciária sobre o 13º salário
   [Contas de resultado]   R$ 57,60
   Crédito = Provisão de contribuição previdenciária sobre o 13º salário [PC]   R$ 57,60

3. **Registro da contribuição previdenciária calculada sobre a provisão das férias.**
   Débito = Contribuição previdenciária sobre as férias
   [Contas de resultado]   R$ 57,60
   Crédito = Provisão de contribuição previdenciária sobre as férias [PC]   R$ 57,60

4. **Registro da contribuição previdenciária calculada sobre a provisão do abono de férias.**
   Débito = Contribuição previdenciária sobre o abono de férias
   [Contas de resultado]   R$ 19,20
   Crédito = Provisão de contribuição previdenciária sobre
   o abono de férias [PC]   R$ 19,20

Em conta Tê:

Contribuição previdenciária sobre a mão de obra [CR]		Contribuição previdenciária a recolher [PC]		Contribuição previdenciária sobre o 13º salário [CR]	
			691,20 1		
1 691,20				2 57,60	

Provisão de contribuição previdenciária sobre o 13º salário [PC]		Contribuição previdenciária sobre as férias [CR]		Provisão de contribuição previdenciária sobre as férias [PC]	
	57,60 2	3 57,60			57,60 3

Contribuição previdenciária sobre o abono de [CR]		Provisão de contribuição previdenciária sobre o abono de férias [PR]	
		19,20	4
4	19,20		

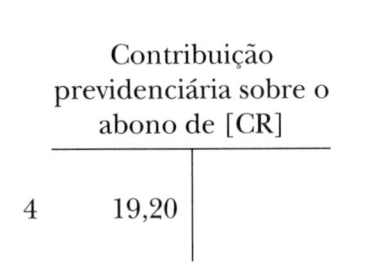

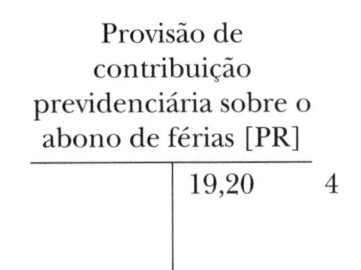

São muitos os encargos sociais que poderão incidir sobre a mão de obra. O reflexo sobre o repouso semanal remunerado é um exemplo clássico e deverá ser computado sempre que ocorram horas extras, conforme estabelece a Súmula n. 172 do TST. Assim como o adicional de insalubridade, periculosidade, adicional noturno, 13º salário (2ª parcela), férias, o RSR reflete na apuração e escrituração dos tributos e contribuições incidentes diretamente sobre a mão de obra. Salientamos que estudos recentes demonstram que esses gastos podem onerar em mais de 100% o gasto com mão de obra (das empresas optantes pelo Lucro Real, Presumido, Arbitrado), evidenciando a relevância do seu provisionamento, bem como da sua escrituração.

> Vale lembrar que, além da contabilização e do recolhimento das contribuições previdenciárias demonstradas neste item, o contribuinte deverá reter, escriturar e repassar a cota-parte do INSS dos empregados, conforme a Figura 14.2.

Para trabalharmos outro exemplo significativo de lançamentos contábeis, vamos imaginar a ocorrência de seis folhas de pagamento ao longo de um semestre, seus respectivos pagamentos e o acerto das provisões, colocando datas teóricas nos fatos, sabendo que a empresa em questão paga os salários no dia 5 do mês seguinte. Estimamos aqui os encargos na ordem de 55% da folha nominal de salários. Para este exemplo, consideramos como encargos sociais INSS, FGTS, 13º salário e férias. Neste exemplo, o objetivo é nos atermos aos lançamentos contábeis e não à apuração dos valores. Optamos por demonstrar o lançamento de todos os encargos sociais em uma única conta.

Código	Data	Evento	Valor *em mil
1	31/7/1X	Valor da folha de pagamento de julho	R$ 200,00
2	31/7/1X	Valor dos encargos previstos na folha de pagamento de julho	R$ 110,00
3	5/8/1X	Pagamento dos salários de julho, em cheque	R$ 200,00
4	7/8/1X	Recolhimento do INSS de julho	R$ 50,00
5	7/8/1X	Recolhimento do FGTS de julho	R$ 16,00
6	31/8/1X	Valor da folha de pagamento de agosto	R$ 210,00
7	31/8/1X	Valor dos encargos previstos na folha de pagamento de agosto	R$ 115,00
8	5/9/1X	Pagamento dos salários de agosto, em cheque	R$ 210,00

(continua)

(continuação)

Código	Data	Evento	Valor *em mil
9	6/8/1X	Recolhimento do INSS de agosto	R$ 52,00
10	6/8/1X	Recolhimento do FGTS de agosto	R$ 17,00
11	30/9/1X	Valor da folha de pagamento de setembro	R$ 220,00
12	30/9/1X	Valor dos encargos previstos na folha de pagamento de setembro	R$ 121,00
13	5/0/1X	Pagamento dos salários de setembro, em cheque	R$ 217,00
14	7/0/1X	Recolhimento do INSS de setembro	R$ 55,00
15	7/0/1X	Recolhimento do FGTS de setembro	R$ 18,00
16	31/0/1X	Valor da folha de pagamento de outubro	R$ 230,00
17	31/0/1X	Valor dos encargos previstos na folha de pagamento de outubro	R$ 126,00
18	5/11/1X	Pagamento dos salários de outubro, em cheque	R$ 233,00
19	7/11/1X	Pagamento de 13º salário e férias, em cheque (demissão)	R$ 8,00
20	7/11/1X	Recolhimento do INSS de setembro	R$ 58,00
21	7/11/1X	Recolhimento do FGTS de setembro	R$ 18,00
22	30/11/1X	Valor da folha de pagamento de novembro	R$ 240,00
23	30/11/1X	Valor dos encargos previstos na folha de pagamento de novembro	R$ 132,00
24	5/12/1X	Pagamento dos salários de novembro, em cheque	R$ 240,00
25	7/12/1X	Recolhimento do INSS de novembro	R$ 60,00
26	7/12/1X	Pagamento de 13º salário, em cheque	R$ 125,00
27	7/12/1X	Pagamento das férias coletivas, em cheque	R$ 130,00
28	7/12/1X	Recolhimento do FGTS de novembro	R$ 19,00
29	31/12/1X	Valor da folha de pagamento de dezembro	R$ 190,00
30	31/12/1X	Valor dos encargos previstos na folha de pagamento de dezembro	R$ 104,00
31	31/12/1X	Estorno de provisão de encargos sociais efetuada a maior	R$ 9,00

Em que:
Lançamentos:

Débito = Salários	[Contas de resultado]
Crédito = Salários a pagar pelo valor da folha de pagamento no último dia do mês (ainda não paga)	[PC]
Débito = Salários a pagar	[PC]
Crédito = Caixa/BCM na ocasião do efetivo pagamento dos salários	[AC]
Débito = Encargos sociais	[Contas de resultado]
Crédito = Encargos sociais a pagar pela previsão do total de encargos sociais sobre a folha de pagamento nominal (ainda não paga)	[PC]
Débito = Encargos sociais a pagar	[PC]
Crédito = Caixa/BCM na ocasião do efetivo pagamento dos encargos sociais sobre a folha de pagamento nominal	[AC]
Débito = Encargos sociais a pagar	[PC]
Crédito = Encargos sociais ao final do exercício, caso as estimativas com encargos sociais sobre a folha de pagamento nominal tenham sido superiores ao real (estorno de provisão)	[Contas de resultado]

ou

Débito = Encargos sociais	[Contas de resultado]
Crédito = Encargos sociais a pagar ao final do exercício, caso as estimativas com encargos sociais sobre a folha de pagamento nominal tenham sido inferiores ao real (estorno de provisão)	[PC]

Em conta Tê:

	Salários [CR]			Encargos sociais [CR]	
1	200		2	110	
6	210		7	115	
11	220		12	121	
16	230		17	126	
22	240		23	132	
29	190		30	104	
	1.290				9 31
				699	

Salários a pagar [PC]				Encargos sociais a pagar [PC]		Encargos sociais [CR]		
		200	1		110	2	200	3
3	200		4	50			50	4
		210	4 5	16			16	5
8	210				115	7	210	8
		220	11 9	52			52	9
13	217		10	17			17	10
		230	16		121	12	217	13
18	233		14	55			55	14
		240	22 15	18			18	15
24	240				126	17	233	18
		190	19 19	8			8	19
		190	20	58			58	20
			21	18			18	21
					132	23	240	24
			25	60			60	25
			26	125			125	26
			27	130			130	27
			28	19			19	28
					104	30		
			31	9				
				73				

O Capítulo 15, item 15.3, traz outro exemplo de contabilização do gasto com a mão de obra, INSS retido e FGTS. Já no Capítulo 16, item 16.2.2, apresentaremos a contabilização da contribuição sindical do empregado além da retenção do INSS.

14.4 Obrigações acessórias aderentes à folha de pagamento

Os débitos tributários aqui demonstrados estão lastreados na folha de pagamento. Dessa forma, podemos afirmar que os tributos e as contribuições aqui destacados deverão ser evidenciados por meio das bases de cálculo declaradas na Sefip, Rais, Caged e no EFD-Social.

Questões e exercícios

1. Qual é o conceito de Seguridade Social?
2. Quando nasce a obrigação tributária do INSS?

3. Descreva cinco rubricas que sofrem incidência do INSS.
4. Descreva cinco rubricas que não sofrem incidência do INSS.
5. Quais serão as alíquotas aplicadas às empresas optantes pelo Lucro Real, Presumido ou Arbitrado (quando não enquadradas em nenhum regime especial ou diferenciado) para o cálculo da CPP?
6. A Lei n. 8.212 estabelece que, no seu capítulo IV, para o financiamento da aposentadoria especial (aquela cujo trabalhador está exposto a condições insalubres, deteriorando a sua integridade física e que, em função disso, pode requerer a aposentadoria com 15, 20 ou 25 anos de trabalho) e acidentes de trabalho, sobre o total das remunerações pagas ou creditadas, no decorrer do mês, aos segurados empregados e trabalhadores avulsos, incidirão quais alíquotas?
7. Quais são as entidades voltadas ao treinamento profissional, assistência social, consultoria, pesquisa e assistência técnica que compõem o Sistema S?
8. Faça a apuração dos tributos sobre a folha de pagamento (CPP, acidente de trabalho, Senai, Sesi, salário-educação, Sebrae, Incra) de um empregado com remuneração salarial bruta de R$ 1.750,00. Demonstre os reflexos tributários sobre a provisão de férias, 1/3 de férias e 13º salário de uma empresa, cuja atividade econômica é industrial, optante pelo Lucro Presumido, com seus funcionários expostos a um grau de risco 3 em relação a acidentes de trabalho.
9. Utilize os resultados apurados na questão 8 e faça a contabilização da contribuição previdenciária, acidente de trabalho, Senai, Sesi, salário-educação, Sebrae e Incra, calculados sobre o salário, provisão de 13º, provisão das férias e abono.

Fundo de Garantia do Tempo de Serviço (FGTS)

capítulo 15

Neste capítulo o leitor conhecerá as particularidades da legislação básica que regulamenta o FGTS, além da conceituação básica, a base de cálculo, a forma de apuração, a contabilização e as obrigações acessórias.

O Fundo de Garantia do Tempo de Serviço (FGTS) foi instituído em 1966. Ele é constituído pelos saldos das contas vinculadas, que devem ser aplicados com atualização monetária e juros[1]. Seus recursos deverão ser aplicados em habitação, saneamento básico e infraestrutura urbana, e as disponibilidades financeiras devem ser mantidas em volume que satisfaça as condições de liquidez e remuneração mínimas necessárias à preservação do poder aquisitivo da moeda[2], a fim de resguardar momentos essenciais da vida do trabalhador e dos seus familiares.

Desde 2012, o FGTS apresenta uma arrecadação líquida superior a 18 bilhões de reais, conforme destacado na Figura 15.1.

---

[1] BRASIL. Lei n. 8.036, de 11/5/1990. Dispõe sobre o Fundo de Garantia do Tempo de Serviço e dá outras providências. *Portal da Legislação*. Palácio do Planalto, Brasília, DF. Disponível em: <www.planalto.gov.br/ccivil_03/leis/L8036consol.htm>. Acesso em: 12 fev. 2016.

[2] BRASIL. Lei n. 8.036, de 11/5/1990. Dispõe sobre o Fundo de Garantia do Tempo de Serviço e dá outras providências. *Portal da Legislação*. Palácio do Planalto, Brasília, DF. Disponível em: <www.planalto.gov.br/ccivil_03/leis/L8036consol.htm>. Acesso em: 12 fev. 2016.

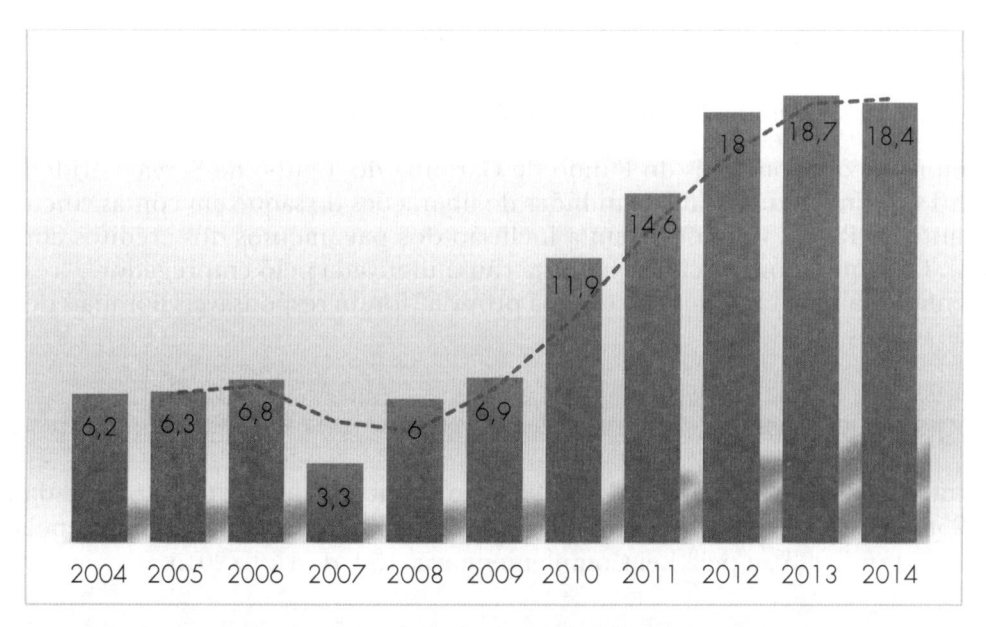

Figura 15.1[3] Evolução da arrecadação líquida do FGTS (2004 a 2014).

A legislação vigente estabelece que o saque do FGTS poderá ocorrer, basicamente, em momentos essenciais na vida do trabalhador e dos seus familiares, quando[4]:

- Rescisão:
    ✓ sem justa causa motivada pelo empregador;
    ✓ por morte do empregado;
    ✓ por extinção da empresa;
    ✓ por culpa recíproca ou força maior;
    ✓ por extinção do contrato de trabalho de prazo determinado;
    ✓ por aposentadoria.
- Aquisição de casa própria.
- Pagamento total ou parcial das prestações decorrentes de financiamento habitacional concedido no âmbito do Sistema Financeiro da Habitação (SFH).
- Necessidade pessoal, urgente e grave (em caso de doenças como aids, neoplastia maligna, entre outras).
- Quando ocorrido desastre natural, decretada calamidade pública e afetada a área da residência do trabalhador.
- Permanência do trabalhador por três anos ininterruptos sem crédito de depósitos.

---

[3] Baseado em: CAIXA ECONÔMICA FEDERAL. *Demonstrações contábeis do Fundo de Garantia do Tempo de Serviço* – Relatório de Administração. Exercício 2014. p. 1. Disponível em: <www.caixa.gov.br/Downloads/fgts-demonstracao-financeira/DEMONSTRACAO_FINANCEIRA_ FGTS_2014.pdf>.
[4] BRASIL. Lei n. 8.036, de 11/5/1990. Dispõe sobre o Fundo de Garantia do Tempo de Serviço e dá outras providências. *Portal da Legislação*. Palácio do Planalto, Brasília, DF. Disponível em: <www.planalto.gov.br/ccivil_03/leis/L8036consol.htm>. Acesso em: 12 fev. 2016.

- Liquidação ou amortização de dívida ou pagamento de parte do financiamento habitacional.
- Idade igual ou superior a 70 anos (sem desligamento do emprego).

As demonstrações contábeis do Fundo de Garantia do Tempo de Serviço evidenciam que em 2014 foram efetuadas 39,04 milhões de liberações de saque em contas vinculadas no montante de R$ 86,3 bilhões (sem a inclusão dos pagamentos dos créditos complementares). Os saques por "rescisão sem justa causa motivada pelo empregador", "rescisão por aposentadoria" e para "aquisição de casa própria" foram responsáveis por mais de 90% do total de valores sacados[5].

15.1 Legislação básica

Foi instituído pela Lei n. 5.107, de 13/9/1966. A retroatividade do FGTS foi tratada pela Lei n. 5.958, de 10/12/1973. Atualmente está regulamentada principalmente pela Lei n. 8.036, de 11/5/1990[6], e pela Lei Complementar n. 150, de 1º/6/2015.

15.2 Base de cálculo e alíquotas

Os empregadores depositarão, mensalmente, sobre o montante incidente (salário e verbas equiparadas) da folha de pagamento, o percentual de 8%. No caso de contrato de trabalho regido pela Lei n. 9.601/1998 e do menor aprendiz, o depósito será de 2%. O Fundo de Garantia se dá no momento da prestação de serviço remunerada.

A Lei nº 4.090, de 13 de julho de 1962, com as modificações introduzidas pela Lei nº 4.749, de 12 de agosto de 1965, seguida das verbas evidenciadas no artigo 15 da Lei nº 8.036, de 11 de maio de 1990 e da orientação dos artigos 457 e 458 da CLT, descrevem as possíveis verbas que compõem a remuneração paga ou devida a cada trabalhador e que integram a base de cálculo do FGTS. São elas: salário, 13º salário, hora extra, adicional (de periculosidade, insalubridade, noturno e de transferência), gorjetas, comissões, repouso semanal remunerado, férias (gratificação e 1/3 sobre férias), licenças (maternidade, paternidade e para tratamento de saúde), aviso prévio (trabalhado e indenizado).

No caso de uma rescisão de contrato de trabalho por iniciativa do empregador (sem justa causa), é devida pelo empregador ao empregado uma multa de 40% sobre o depósito do montante efetuado, além de 10% para custear o pagamento de correção monetária[7].

---

[5] CAIXA ECONÔMICA FEDERAL. Demonstrações Contábeis do Fundo de Garantia do Tempo de Serviço – Relatório de Administração. Exercício 2014. p. 1. Disponível em: <www.caixa.gov.br/Downloads/fgts-demonstracao-financeira/DEMONSTRACAO_FINANCEIRA_FGTS_2014.pdf>. Acesso em: 23 maio 2017.

[6] BRASIL. Dispõe sobre o Fundo de Garantia do Tempo de Serviço, e dá outras providências. *Portal Legislação*, Palácio do Planalto, Brasília, DF. Disponível em: <www.planalto.gov.br/ccivil_03/leis/L8036consol.htm#art32>. Acesso em: 23 maio 2017.

[7] BRASIL. Lei Complementar n. 110, de 29/6/2001. Institui contribuições sociais, autoriza créditos de complementos de atualização monetária em contas vinculadas do Fundo de Garantia do Tempo de Serviço – FGTS e dá outras providências. *Portal da Legislação*. Palácio do Planalto, Brasília, DF. Disponível em: <www.planalto.gov.br/ccivil_03/leis/LCP/Lcp110.htm>. Acesso em: 12 fev. 2016.

> Em linhas gerais, em todas as empresas há um *turn-over* de funcionários (admissões e demissões), parte dos quais podem ser demitidos sem justa causa. Esse aspecto deve ser previsto no plano orçamentário anual das empresas e feita uma provisão anual da média desse tipo de gasto, junto com os demais encargos sociais. Provisão esta que será aferida ao final do ano, como demonstrado no Capítulo 15, item 15.3.

O empregador deverá recolher o FGTS devido até o dia 7 do mês subsequente ao trabalhado. No caso do recolhimento em atraso, o contribuinte responderá pela incidência da Taxa Referencial (TR) sobre a importância devida. Sobre o valor dos depósitos devidos incidirão ainda juros de mora de 0,5% ao mês ou fração e multa, sujeitando-se, também, às obrigações e sanções previstas no Decreto-Lei n. 368, de 19/12/1968.

15.3 Contabilização básica

1. Registro do salário a pagar de um operário que recebe R$ 2.000,00.

Débito = Custo de produção/salário [Conta de resultado]		R$ 2.000,00
Crédito = INSS a recolher (11%)	[PC]	R$ 220,00
Crédito = Salários a pagar	[PC]	R$ 1.780,00

2. Registro do FGTS a recolher

Débito = Custo de produção/FGTS [Contas de resultado]		R$ 160,00
Crédito = FGTS a recolher (8%)	[PC]	R$ 160,00

Em conta Tê:

```
    INSS a recolher [PC]              FGTS a recolher [PC]
          220,00     1                      160,00     2




    Salários a pagar [PC]           Custo de produção/
                                        salário [CR]
        1.780,00     1          1    2.000,00
                                2      160,00
```

> **Observação quanto ao lançamento**
>
> Cabe destacar que será utilizada a conta de despesa administrativa quando o funcionário exercer funções administrativas na empresa. Nesse exemplo, os gastos foram lançados como custo, uma vez que se trata do gasto com um operário (produção). Ressalta-se ainda que no exemplo se demonstrou o lançamento de um funcionário; contudo, o lançamento poderá ser realizado em conjunto, por área ou setor de alocação da mão de obra. Recomenda-se, ainda, que se faça a provisão do FGTS sobre as férias, do 13° e da multa rescisória.

15.4 Obrigações acessórias[8]

É criada e alimentada uma conta do FGTS para cada empregado durante o seu período laboral. As empresas e equiparadas com mais de um estabelecimento poderão, sem autorização prévia, fazer a opção pela centralização total dos depósitos do FGTS. Para tanto, além de enviar tal informação de consolidação (por meio da obrigação acessória), o contribuinte deverá manter, em relação aos estabelecimentos que serão centralizados, o controle segregado dos empregados e contribuintes individuais, bem como os registros contábeis centralizados.

Feita a opção pela centralização, os contribuintes ficam condicionados à realização dos recolhimentos rescisórios na regional de onde foram efetuados os recolhimentos mensais.

Assim, a legislação estabelece que o recolhimento do FGTS deverá ser efetuado por todo contribuinte (pessoa física ou jurídica) que tenha empregado regido pela CLT, e o recolhimento e as declarações deverão sempre ser realizados até o dia 7 do mês subsequente ao fato gerador. O recolhimento deverá ser efetuado utilizando-se dos seguintes documentos:

- GRF – Guia de Recolhimento do FGTS.
- GFIP – Guia de Recolhimento do FGTS e Informação à Previdência Social.
- GRRF – Guia de Recolhimento Rescisório do FGTS.

As Guias de Recolhimento do FGTS e Informação à Previdência Social serão geradas a partir do Sefip. É realizado um depósito conjunto para todos os trabalhadores e separado por meio de uma informação eletrônica digital. O cumprimento dessas obrigações acessórias é indispensável para a CRF.

Documentos sujeitos à fiscalização do INSS (folha de pagamento, atestados médicos, guias de recolhimento etc.) e o período de guarda são objeto de estudo e de diversos entendimentos diferenciados por parte da STN, do MTE e de doutrinadores. A guarda de documentos leva em consideração o prazo prescricional e a decadência[9].

---

[8] MINISTÉRIO do Trabalho e Emprego, Ministério da Fazenda, Caixa Econômica Federal. Manual da GFIP/Sefip: orientação para prestação das informações. Disponível em: <http://idg.receita.fazenda.gov.br/orientacao/tributaria/declaracoes-e-demonstrativos/gfip-sefip-guia-do-fgts-e-informacoes-a-previdencia-social-1/orientacoes-gerais/manualgfipsefip-kit-sefip_versao_84.pdf>. Acesso em: 20 abr. 2017.

[9] BRASIL. Decreto n. 3.048, de 6/5/1999. Aprova o Regulamento da Previdência Social e dá outras providências. *Portal da Legislação*. Palácio do Planalto, Brasília, DF. Disponível em: <www.planalto.gov.br/ccivil_03/decreto/d3048compilado.htm>. Acesso em: 3 ago. 2015

A legislação fixa em 30 anos o prazo de prescrição dos depósitos do Fundo de Garantia do Tempo de Serviço. Por essa razão, GRF e demais documentos e protocolos de dados do FGTS deverão ser guardados por esse período. Já o contrato de trabalho e os livros ou fichas de registro de empregados compõem elementos que subsidiam a apuração e fiscalização do FGTS e apresentam prazo indeterminado para a guarda.

A adimplência com o FGTS deve ser atestada mediante a emissão do certificado de regularidade do fundo de garantia (CRF), disponível em <www.sifge.caixa.gov.br/Cidadao/Crf/FgeCfSCriteriosPesquisa.asp>.

Questões e exercícios

1. Qual é a finalidade do FGTS?
2. Quais situações permitem o saque do FGTS?
3. Quais são as alíquotas utilizadas para a apuração do FGTS?
4. Cite cinco verbas da folha de pagamento que compõem a base de cálculo do FGTS.
5. Quando é devida a multa de 40% do FGTS?
6. Faça o registro contábil do salário e FGTS a pagar de um operário que recebe R$ 3.200,00.
7. Como o contribuinte poderá comprovar sua adimplência com o FGTS?

capítulo 16

Contribuição Sindical

O artigo 149 da Constituição Federal estabelece que a União tem competência para instituir contribuições sociais, de intervenção no domínio econômico e de interesse das categorias profissionais ou econômicas, como instrumento de sua atuação nas respectivas áreas. A contribuição sindical é caracterizada por muitos doutrinadores como uma contribuição econômica (profissional ou corporativa) ou de interesse das categorias profissionais (dos trabalhadores).

O capítulo apresentará a base de cálculo, a forma de apuração, a contabilização e as obrigações acessórias da contribuição sindical patronal e dos empregados.

16.1 Conceituação básica

Para o STF, a contribuição sindical emana de lei e é parafiscal, portanto podemos caracterizá-la como um tributo e não há que se discutir quanto a sua legalidade e exigibilidade, todavia não é um imposto. A contribuição sindical também não se confunde com a contribuição confederativa, uma vez que esta é desprovida de natureza tributária e, portanto, de compulsoriedade. Também não há que se confundir a contribuição sindical com a assistencial.

16.2 Contribuição sindical dos empregados

O Decreto-Lei n. 5.452, de 1º/5/1943, que aprova a Consolidação das Leis do Trabalho, estabelece no Capítulo III as características da contribuição sindical, desde a sua fixação até as normas do seu recolhimento.

Assim, ficou estabelecido que a contribuição sindical é devida por todos aqueles que participarem de determinada categoria econômica ou profissional, ou de profissão liberal a favor do sindicato representativo da mesma categoria ou profissão. Sua feição tributária a torna obrigatória a todos os trabalhadores celetistas, sindicalizados ou não.

A contribuição sindical será recolhida, de uma só vez, apurada anualmente, e corresponderá à remuneração de um dia de trabalho para os empregados, qualquer que seja a forma da referida remuneração[1].

O recolhimento da contribuição sindical referente aos empregados e trabalhadores avulsos será efetuado no mês de abril de cada ano, e o relativo aos agentes ou trabalhadores autônomos e profissionais liberais será realizado no mês de fevereiro[2].

Devida por empregados, trabalhadores autônomos, profissionais liberais e empresas, não recebeu tratamento diferenciado relativo à decadência e prescrição. Portanto, conforme estabelecido no CTN, como o crédito tributário extingue-se após 5 anos, a obrigatoriedade da guarda da contribuição limita-se aos mesmos 5 anos.

16.2.1 Base de cálculo

O Ministério do Trabalho, na condição de sujeito ativo, impõe ao empregador a condição de contribuinte responsável, ficando este obrigado a descontar na folha de pagamento dos seus empregados um dia de salário relativo ao mês de março de cada ano.

Para tanto, a legislação ainda estabelece que um dia de trabalho, para efeito de determinação da contribuição sindical, é o equivalente a:

a) Uma jornada normal de trabalho, se o pagamento ao empregado for feito por unidade de tempo. Exemplos:

- Jornada mensal de 220 horas = Jornada de 8 horas-dia.
- Jornada mensal de 180 horas = Jornada de 6 horas-dia.

b) A 1/30 da quantia percebida no mês anterior, se a remuneração for paga por tarefa, empreitada ou comissão.

Ressalta-se que, quando o salário for pago em utilidades, ou nos casos em que o empregado receba, habitualmente, gorjetas, a contribuição sindical corresponderá a 1/30 da importância que tiver servido de base, no mês de janeiro, para a contribuição do empregado à Previdência Social.

16.2.2 Contabilização básica

1. Registro dos salários a pagar e retenção de R$ 60,00 a título de contribuição sindical e R$ 220,00 de INSS, devidos pelo empregado.

Débito = Despesas administrativas/salário	[Contas de resultado]	R$ 2.000,00
Crédito = INSS a recolher (11%)	[PC]	R$ 220,00
Crédito = Contribuição sindical a recolher (1/30 do salário)	[PC]	R$ 60,00
Crédito = Salários a pagar	[PC]	R$ 1.720,00

---

[1] BRASIL. Lei n. 6.386, de 9/12/1976. Altera dispositivos da Consolidação das Leis do Trabalho, e dá outras providências. Artigo 580. *Portal da Legislação.* Palácio do Planalto, Brasília, DF. Disponível em: <www.planalto.gov.br/ccivil_03/leis/L6386.htm>. Acesso em: 3 ago. 2015

[2] BRASIL. Lei n. 6.386, de 9/12/1976. Altera dispositivos da Consolidação das Leis do Trabalho, e dá outras providências. Artigo 583. *Portal da Legislação.* Palácio do Planalto, Brasília, DF. Disponível em: <www.planalto.gov.br/ccivil_03/leis/L6386.htm>. Acesso em: 3 ago. 2015.

> **Observação quanto ao lançamento**
>
> Será utilizada a conta de despesa administrativa somente se o funcionário exercer funções administrativas na empresa. Os gastos com funcionários alocados na produção, por exemplo, serão contabilizados na conta que represente o custo de produção.

2. Registro do recolhimento da contribuição sindical descontada.

   Débito = Contribuição sindical a recolher [PC] R$ 60,00
   Crédito = Caixa e equivalentes [AC] R$ 60,00

Em conta Tê:

Caixa e equivalentes [AC]		INSS a recolher [PC]		Contribuição sindical a recolher [PC]	
			220,00 1		60,00 1
60,00 2		2 60,00			

Salários a pagar [PC]		Despesas administrativas/ Salário [CR]	
	1.720,00 1	1 2.000,00	

16.2.3 Obrigações acessórias

O recolhimento da contribuição sindical obedecerá ao sistema de guias, de acordo com as instruções expedidas pelo Ministro do Trabalho. Para tanto, um comprovante de depósito da contribuição sindical deverá ser remetido ao respectivo sindicato no prazo de 15 dias. Na falta do sindicato, o comprovante deverá ser remetido à correspondente entidade sindical de grau superior, e, se for o caso, ao Ministério do Trabalho[3].

No caso de o empregador exercer diversas atividades econômicas, o recolhimento deverá ser realizado para a entidade da atividade econômica preponderante do contribuinte, ou seja, a que represente os objetivos principais da empresa e, consequentemente, onde se concentra a maior parte da mão de obra. Essa regra não se aplica somente aos trabalhadores de categoria diferenciada (professores, motoristas etc.). Nesses casos, as obriga-

---

[3] Redação dada pelo artigo 583 da CLT e pela Lei n. 6.386, de 9/12/1976.

ções (principal e acessória) deverão sempre ser efetuadas tendo como beneficiário o sindicato da respectiva categoria profissional.

Em todas as situações, deverá ser anexada ao comprovante de recolhimento a relação nominal dos empregados, discriminando e caracterizando a função, o salário-base e o valor descontado.

A legislação ainda estabelece que os valores referentes à contribuição sindical descontada do empregado deverão ser anotados na carteira de trabalho e na ficha de registro do empregado. Salienta-se que, apesar de a nova CTPS não disponibilizar tal campo de anotação, cabe ao empregador discriminar o desconto da contribuição em anotações gerais. Essa anotação é essencial, pois, caso ocorra mudança do vínculo empregatício, o novo empregador poderá verificar se a contribuição já foi descontada, a fim de não realizar novo abatimento, ou seja, uma bitributação.

16.3 Contribuição sindical patronal

A contribuição sindical patronal coloca a empresa e equiparadas na condição de contribuinte de fato e responsável por este tributo, e o sindicato representativo como ente arrecadador. A empresa que apresentar diversas atividades econômicas deverá efetuar o recolhimento para o sindicato representativo da atividade empresarial preponderante. Não havendo sindicato na base territorial, a contribuição deverá ser recolhida para a Federação.

O recolhimento deverá acontecer sempre até o último dia do mês de janeiro. O atraso sujeita a 10% de acréscimo a título de multa sobre o valor das contribuições e mais 2% de multa por mês de atraso, sendo acrescido ainda 1% de juros ao mês, ou fração de mês.

O Ministério do Trabalho é o órgão responsável por expedir as instruções referentes à distribuição do que é arrecadado. Por exemplo, no caso do comércio, o montante arrecadado é dividido entre as entidades que compõem o sistema confederativo, sendo 5% para a Confederação Nacional do Comércio de Bens, Serviços e Turismo (CNC), 15% para as federações estaduais ou nacionais da categoria; 60% para os sindicatos arrecadadores e 20% para a Conta Especial Emprego e Salário, vinculada ao Fundo de Amparo ao Trabalhador (FAT), do MTE.

16.3.1 Base de cálculo

Tem como base de cálculo o capital social da empresa, registrado na junta comercial ou órgão equivalente.

Salienta-se que a jurisprudência tem firmado o entendimento de que não é devida a contribuição sindical patronal para as empresas optantes pelo Simples nacional. Nesse sentido, também já havia o MTE se manifestado mediante a nota técnica 50 CGRT-SRT de 10/6/2005 e NT 2 CGRT-SRT, de 30/1/2008.

As tabelas com as alíquotas poderão variar conforme a atividade da empresa e sofrerem reajustes anualmente. Para os empregadores e agentes do comércio, por exemplo, organizados em empresas, e para as entidades ou instituições com capital arbitrado, a legislação estabelece as seguintes alíquotas[4]:

---

[4] FECOMERCIOMG. *Tabela de contribuição sindical.* Disponível em: <http://www.fecomerciomg.org.br/contribuicaosindical/#CS2>. Acesso em: 20 abr. 2017.

Tabela 16.1 Tabela de contribuição sindical

Linha	Classe de capital social (em R$)	Alíquota %	Parcela a adicionar (R$)
1	de 0,01 a 26.879,25	Contribuição mínima	215,03
2	de 26.879,26 a 53.758,50	0,8%	–
3	de 53.758,51 a 537.585,00	0,2%	322,25
4	de 537.585,01 a 53.758.500,00	0,1%	860,14
5	de 53.758.500,01 a 286.712.000,00	0,02%	43.866,94
6	de R$ 286.712.000,01 em diante	Contribuição máxima	101.209,34

16.3.2 Contabilização básica

1. Registro do recolhimento da cota mínima, da contribuição sindical patronal.
   Débito = Contribuição sindical patronal   [Conta de resultado]   R$ 179,32
   Crédito = Caixa e equivalentes   [AC]   R$ 179,32

   Em conta Tê:

Caixa e equivalentes [AC]			Contribuição sindical patronal [CR]
179,32	1	1	179,32

16.3.3 Obrigações acessórias

A Portaria 488 do MTE, de 23 de novembro de 2005, tornou obrigatório o uso da Guia de Recolhimento Sindical Urbana (GRSU). Atualmente a sua emissão pode ser efetuada por meio do *site* da Caixa Econômica Federal (www.caixa.gov.br/empresa/pagamentos-recebimentos/pagamentos/grcsu/Paginas/default.aspx). Já a liquidação poderá ser feita em qualquer estabelecimento bancário.

Questões e exercícios

1. Quem são os contribuintes da contribuição sindical dos empregados?
2. Quem são os contribuintes da contribuição sindical patronal?
3. Qual é a base de cálculo da contribuição sindical dos empregados?
4. Qual é a base de cálculo da contribuição sindical patronal?

5. Qual é o período de apuração e recolhimento da contribuição sindical dos empregados?
6. Qual é o período de apuração e recolhimento da contribuição sindical patronal?
7. Faça a contabilização básica do recolhimento da cota máxima da contribuição sindical patronal.

parte V
OUTROS TRIBUTOS, RETENÇÕES E RECUPERAÇÕES

O desenvolvimento desta parte do trabalho está relacionado aos tributos municipais, estaduais e federais, não tratados anteriormente e que, em sua forma de apuração e escrituração, independem do enquadramento tributário do contribuinte.

No âmbito municipal serão discutidas as particularidades do IPTU e do ITBI. Na esfera estadual, contemplaremos discussões sobre o IPVA e o ITCMD. Por fim, em relação aos tributos federais, apresentaremos detalhes da apuração e escrituração do ITR e do IOF.

Nesta parte, além da tributação convencional, apresentaremos situações em que ocorre, obrigatoriamente, a transferência de responsabilidade dos tributos (IR, CSLL, PIS, Cofins, INSS e ISS). Discutiremos sobre a tributação exclusivamente na fonte, a retenção de tributos nos pagamentos efetuados pelos órgãos da administração pública, bem como as regras para a retenção de tributos nos pagamentos efetuados por empresas privadas.

capítulo 17

Outros Tributos

Neste capítulo apresentamos os principais tributos não tratados anteriormente e que independem do enquadramento, modalidade tributária e porte da empresa.
São eles:

- Impostos municipais: IPTU e ITBI.
- Impostos estaduais: IPVA e ITCMD.
- Impostos federais: ITR e IOF.

Sobre esses impostos serão apresentadas as legislações básicas, as bases de cálculo, a apuração e as formas de contabilização.

17.1 Impostos municipais

Compete aos municípios, conforme estabelece a Constituição Federal, estabelecer diretrizes quanto à apuração e recolhimento do IPTU e ITBI.

17.1.1 IPTU

O Imposto sobre a Propriedade Predial e Territorial Urbana (IPTU) é um importante tributo para as municipalidades. A posse do bem coloca a pessoa física ou jurídica na condição de contribuinte de fato somente em situações excepcionais, quando, por exemplo, o proprietário do imóvel urbano é desconhecido.

17.1.1.1 Legislações básicas: contribuinte e fato gerador

A propriedade de um bem imóvel configura o fato gerador do IPTU, e este é de competência municipal, conforme estabelece o artigo 156 da Seção V da CF. Cabe ao município competente (onde o bem estiver localizado) instituir, isentar, enfim, regulamentar, por meio de lei ordinária, o IPTU. A nosso ver, é possível um conflito de competência somente quando um imóvel estiver localizado na zona urbana e sua destinação econômica estiver voltada para as atividades rurais. Em casos assim, possibilitará a tributação distinta, incidindo o IPTU ou o ITR. Todavia, salienta-se que o ITR não incide sobre edificações, mas somente sobre terras.

O artigo 34 do CTN estabelece que o contribuinte do IPTU é o proprietário do imóvel urbano, o titular do seu domínio útil ou o seu possuidor a qualquer título. Entende-se como proprietário a pessoa física ou jurídica que tem domínio sobre a propriedade, não devendo ser confundida com a figura do locatário. Havendo um contrato de locação, existirá a possibilidade de o ônus tributário ser deslocado para o arrendatário; entretanto, esse instrumento não terá força jurídica perante o Fisco.

É importante entender que o arcabouço jurídico doutrinário estabelece que zona urbana é delimitada em lei municipal beneficiada com calçamento, canalização e abastecimento de água, sistema de esgotos sanitários e rede de iluminação pública. Contudo, a lei municipal, em conformidade com o artigo 32 do CTN, pode considerar urbana as áreas urbanizáveis, independente da sua localização.

A Lei n. 10.257, de 10/7/2001, epigrafada de Estatuto das Cidades, estabelece em seu artigo 7º que o município procederá, em casos especiais previstos na lei, à aplicação do IPTU progressivo no tempo, mediante a majoração da alíquota pelo prazo de cinco anos consecutivos, limitando-se ao teto de 15%.

17.1.1.2 Base de cálculo

A base de cálculo é o valor venal do imóvel. O valor venal é o valor constante na escritura de registro de propriedade de imóvel. Para fins de base de cálculo, os municípios têm o direito de corrigir anualmente o valor venal do imóvel para atualização da base de cálculo.

Na prática, o valor venal do terreno resultará da multiplicação de sua área total ou parcial pelo correspondente valor unitário do metro quadrado de terreno constante da planta genérica de valores do respectivo município, aplicados os fatores de correção pertinentes, de acordo com as características e localização do imóvel[1].

Na determinação da base de cálculo, não se considera o valor dos bens móveis mantidos, em caráter permanente ou temporário, no imóvel, para efeito de sua utilização, exploração, aformoseamento ou comodidade[2].

Entendemos que havendo benfeitorias estas devem ser incorporadas ao valor do imóvel.

17.1.1.3 Contabilização básica

1. Registro do pagamento em cota única, em janeiro, do IPTU no valor de R$ 6.000,00. Sabendo-se que o IPTU se refere ao exercício social, ele deverá obedecer ao regime de

---

[1] CAMPINAS. Lei n. 12.445, de 21/12/2005. Altera dispositivos da Lei n. 11.111, de 26/12/2001, que dispõe sobre o imposto sobre a propriedade predial e territorial urbana – IPTU e dá outras providências. *Portal da Legislação*. Palácio do Planalto, Brasília, DF. Disponível em: <https://leismunicipais.com.br/a/sp/c/campinas/lei-ordinaria/2005/1244/12445/lei-ordinaria-n-12445-2005-altera-dispositivos-da-lei-n-11111-de-26-de-dezembro-de-2001-que-dispoe-sobre-o-imposto-sobre-a-propriedade-predial-e-territorial-urbana-iptu-e-da-outras-providencias>. Acesso em: 24 ago. 2015.

[2] BRASIL. Secretaria da Receita Federal. Lei n. 5.172, de 25/10/1966. Dispõe sobre o Sistema Tributário Nacional e institui normas gerais de direito tributário aplicáveis à União, aos estados e aos municípios. *Portal da Legislação*. Palácio do Planalto, Brasília, DF. Disponível em: <www.planalto.gov.br/ccivil_03/leis/L5172Compilado.htm>. Acesso em: 5 maio 2015.

competência. Portanto, será debitado mensalmente 1/12 na conta de despesas pagas antecipadamente.

Débito = Despesas pagas antecipadamente – IPTU   [AC]   R$ 6.000,00
Crédito = Caixa e equivalentes   [AC]   R$ 6.000,00

2. Pela despesa com IPTU apropriada mensalmente. Janeiro – R$ 6.000,00/12 = R$ 500,00

Débito = Despesas administrativas – IPTU   [Conta de resultado]   R$ 500,00
Crédito = Despesas pagas antecipadamente – IPTU   [AC]   R$ 500,00

Observação quanto ao lançamento

Cabe destacar que será utilizada a conta de despesa administrativa somente se o imóvel for utilizado para as instalações da atividade administrativa da empresa. Sendo utilizado para as instalações da fábrica, o valor deverá ser registrado como custo.

Em conta Tê:

Caixa e equivalentes [AC]		Despesas pagas antecipadamente – IPTU [AC]		Despesas administrativas – IPTU [Conta de resultado]	
		1 6.000,00		2 500,00	
6.000,00	1		500,00 2		

17.1.2 ITBI

O Imposto sobre as Transmissões de Bens *Inter Vivos* (ITBI), a qualquer título, por ato oneroso, de bens imóveis, por natureza ou acessão física, e de direitos reais sobre imóveis, exceto os de garantia, bem como cessão de direitos a sua aquisição, é de competência dos municípios.

17.1.2.1 Legislações básicas: contribuinte e fato gerador

Conforme estabelece o artigo 156 da Seção V da CF, o tributo incide sobre a transmissão *inter vivos*. O usucapião, por exemplo, descaracteriza a onerosidade estabelecida no artigo e, portanto, desconfigura a incidência tributária. Caracteriza-se usucapião o modo de obtenção da propriedade de imóvel de terceiros, sem pagamento, que se dá pela posse e utilização prolongada da propriedade, respeitados os requisitos legais.

O CTN trata do assunto nos artigos 35 a 42. Institui que o contribuinte do imposto é qualquer uma das partes na transação tributada, como dispuser a lei, ou seja, tanto o adquirente quanto o transmitente do bem imóvel podem ser intimados como contribuintes do ITBI.

O fato gerador somente ficará caracterizado no momento econômico da transferência patrimonial ou da cessão dos direitos, e as alíquotas incidentes sobre a base de cálculo poderão variar conforme o município.

17.1.2.2 Base de cálculo

O valor venal dos bens imóveis transmitidos ou direitos reais cedidos compõe a base de cálculo do ITBI[3]. Na esteira desse conceito cabe destacar que, para a apuração do tributo, será utilizado o valor de mercado do bem e não o valor de escritura. Esse entendimento é bastante contestado por doutrinadores e juristas, contudo entendemos que o Fisco tem autonomia para contestar e arbitrar o valor utilizado como base de cálculo.

17.1.2.3 Contabilização básica

1. Registro do pagamento integral do ITBI na aquisição de um imóvel no valor de R$ 45.000,00.

   Débito = Imobilizado/Imóveis   [AñC]   R$ 45.000,00
   Crédito = Caixa e equivalentes   [AC]   R$ 45.000,00

   Em conta Tê:

Caixa e equivalentes [AC]		Imobilizado/Imóveis [AñC]	
		1	45.000,00
45.000,00	1		

17.2 Impostos estaduais

Compete aos estados, conforme estabelece a Constituição Federal, estabelecer diretrizes quanto à apuração e recolhimento do Imposto sobre a Propriedade de Veículos Automotores (IPVA) e Imposto sobre Transmissão Causa Mortis e Doação (ITCMD).

17.2.1 IPVA

O Imposto sobre a Propriedade de Veículos Automotores (IPVA) é de competência legislativa estadual, devido onde os veículos automotores foram registrados e licenciados. Não se considera o domicílio do proprietário, tampouco do locatário do automóvel.

---

[3] Redação dada pelo artigo 38 do CTN.

17.2.1.1 Legislações básicas: contribuinte e fato gerador

O IPVA surgiu com a Emenda Constitucional n. 27, de 28/11/1985. É tratado na Seção IV da Constituição da República Federativa do Brasil de 1988 e na Emenda constitucional n. 3, de 17/3/1993.

O contribuinte de fato do IPVA é o proprietário do veículo automotor, ou seja, a personalidade física ou jurídica nomeada no licenciamento do bem.

O fato gerador se resume à propriedade de veículos automotores.

17.2.1.2 Base de cálculo

É o valor atualizado anualmente pela tabela Fipe (Fundação Instituto de Pesquisas Econômicas) do veículo automotor. Observe que não se discute nesse momento a posse, tampouco o usuário do bem.

Entende-se por veículo automotor todo bem móvel, a motor, que circule por seus próprios meios, como motocicletas, motos, motonetas, caminhões, carros etc.

17.2.1.3 Contabilização básica

1. Registro do pagamento em cota única, em janeiro, do IPVA no valor de R$ 600,00. Sabendo-se que o IPVA se refere ao exercício social, esse imposto deverá obedecer ao regime de competência. Portanto, será debitado mensalmente 1/12 na conta de despesas pagas antecipadamente.

Débito = Despesas pagas antecipadamente IPVA	[AC]	R$ 600,00
Crédito = Caixa e equivalentes	[AC]	R$ 600,00

2. Pela despesa com IPVA apropriada mensalmente. Janeiro – R$ 600,00/12 = R$ 50,00

Débito = Despesas administrativas – IPVA	[Conta de resultado]	R$ 50,00
Crédito = Despesas pagas antecipadamente – IPVA	[AC]	R$ 50,00

> **Observação quanto ao lançamento**
>
> Cabe destacar que será utilizada a conta de despesa administrativa somente se o veículo for utilizado na atividade administrativa da empresa. Sendo utilizado na atividade fim da empresa, o valor deverá ser registrado como custo.

Em conta Tê:

Caixa e equivalentes [AC]		Despesas pagas antecipadamente – IPVA [AC]		Despesas administrativas – IPVA [Conta de resultado]	
		1 600,00		2 50,00	
	600,00 1		50,00 2		

17.2.2 ITCMD

Esse tributo incide sobre herança, legados e doações.

17.2.2.1 Legislações básicas: contribuinte e fato gerador

O Imposto sobre Transmissão *Causa Mortis* e Doação (ITCMD) de quaisquer bens ou direitos é de competência dos estados, conforme estabelece o artigo 155 da CF.

O CTN institui que o contribuinte do imposto é o herdeiro ou o legatário, o doador ou o donatário. No caso da doação, o doador pode ser escolhido para ocupar a posição de responsável tributário, caso o donatário não recolha o imposto[4].

O fato gerador somente ficará caracterizado no momento econômico da transferência patrimonial ou da cessão dos direitos, em decorrência de falecimento ou doação. As alíquotas incidentes sobre a base de cálculo poderão variar conforme o estado, desde que respeitado o teto de 8%, conforme a Resolução 09/92.

17.2.2.2 Base de cálculo

Será o valor venal dos bens ou direitos transmitidos e da doação. Na esteira desse conceito, cabe destacar que para a apuração do tributo será utilizado o valor de mercado do bem. Esse entendimento é bastante contestado por doutrinadores e juristas, contudo entendemos que o Fisco também tem autonomia para contestar e arbitrar o valor utilizado como base de cálculo.

17.2.2.3 Contabilização básica

Registro do pagamento integral do ITCMD, no valor de R$ 5.000,00, no ato do recebimento em doação.

Débito = Imobilizado/Imóveis	[AñC]		R$ 5.000,00
Crédito = Caixa e equivalentes	[AC]		R$ 5.000,00

Em conta Tê:

Caixa e equivalentes [AC]		Imobilizado/Imóveis [AñC]	
		1	5.000,00
5.000,00	1		

---
[4] SABBAG, Eduardo de Moraes. *Manual de direito tributário*. 4. ed. São Paulo: Saraiva, 2012.

17.3 Impostos federais

Compete à União, conforme estabelece a Constituição Federal, estabelecer diretrizes quanto à apuração e recolhimento do ITR e IOF. Ressalte-se que a Cide e o IOC também são tributos federais e têm importância para determinadas empresas ou tipos de transações.

17.3.1 ITR

É o Imposto sobre a Propriedade Territorial Rural (ITR) de competência da União[5], apurado anualmente[6].

17.3.1.1 Legislações básicas: contribuinte e fato gerador

O Decreto n. 4.382, de 19/9/2002, regulamenta a tributação, fiscalização, arrecadação e administração do Imposto sobre a Propriedade Territorial Rural (ITR).

O fato gerador do ITR é a propriedade, o domínio útil ou a posse (inclusive por usufruto) de imóvel por natureza, localizado fora da zona urbana do município, em 1º de janeiro de cada ano[7].

O contribuinte é o proprietário do território rural.

Por meio da Instrução Normativa SRF n. 256, de 11/12/ 2002 – RFB, artigo 34, define-se a alíquota do ITR pautando-se pelo total de sua área e pelo grau de utilização da área rural; as alíquotas do ITR são proporcionais e progressivas, conforme Tabela 17.1.

Tabela 17.1 Alíquotas do ITR

Área total do imóvel (em hectares/ha)	Grau de utilização (GU) (em %)				
	Maior que 80%	Maior que 65% até 80%	Maior que 50% até 65%	Maior que 30% até 50%	Até 30%
Até 50 ha	0,03%	0,20%	0,40%	0,70%	1,00%
Maior que 50 ha até 200 ha	0,07%	0,40%	0,80%	1,40%	2,00%
Maior que 200 ha até 500 ha	0,10%	0,60%	1,30%	2,30%	3,30%
Maior que 500 ha até 1.000 ha	0,15%	0,85%	1,90%	3,30%	4,70%
Maior que 1.000 ha até 5.000 ha	0,30%	1,60%	3,40%	6,00%	8,60%
Acima de 5.000 ha	0,45%	3,00%	6,40%	12,00%	20,00%

---

[5] Seção III, artigo 153 da CF.
[6] Instrução Normativa RFB n. 861, de 17/7/2008; artigo 153, VI, da CF; Lei n. 9.393, de 19/12/1996, artigo 1º; Decreto n. 4.382, de 19/9/2002 – Regulamento do Imposto sobre a Propriedade Territorial Rural (RITR/2002), artigo 1º; Instrução Normativa (IN) SRF n. 256, de 11/12/2002 – Regulamento do Imposto sobre a Propriedade Territorial Rural (RITR/2002), artigo 1º; Instrução Normativa (IN) SRF n. 256, de 11/12/2002, artigo 1º.
[7] Lei n. 9.393, de 1996, artigo 1º; RITR/2002, artigo 2º; IN SRF n. 256, de 2002, artigo 1º.

Grau de utilização (GU) é a relação percentual entre a área efetivamente utilizada pela atividade rural e a área aproveitável do imóvel rural; constitui critério, junto com a área total do imóvel rural, para a determinação das alíquotas do ITR[8].

17.3.1.2 Base de cálculo

Tem como base de cálculo o Valor da Terra Nua Tributável (VTNt). Entende-se por terra nua o preço de mercado, excluído o valor das construções, instalações, benfeitorias, culturas permanentes, pastagens, florestas plantadas[9].

17.3.1.3 Contabilização básica

Dada a sua complexidade, demonstraremos, por meio de um exemplo prático, a apuração e escrituração do ITR, a fim de facilitar o entendimento do leitor.

Planilha de apuração do ITR			
Legenda	Dados		Unidades
[a]	Área total do imóvel	4.000,00	hectares
[b]	Florestas nativas	200,00	hectares
	Reserva legal	100,00	hectares
	Preservação permanente	150,00	hectares
[c] = [a] – [b]	Área tributável	3.550,00	hectares
[d]	Benfeitorias úteis e necessárias à atividade rural	550,00	hectares
[e] = [c] – [d]	Área aproveitável	3.000,00	hectares
[f]	Distribuição da área utilizada na atividade rural Pastos	200,00	hectares
[g]	Produção vegetal	700,00	hectares
[h]	Granjas	500,00	hectares
[i] = [f] + [g] + [h]	Área utilizada na atividade rural	1.400,00	hectares
[j] = [e]/[i] x 100	Grau de utilização	46,67	%

(*continua*)

---

[8] Lei n. 9.393, de 1996, artigo 10, § 1º, VI; RITR/2002, artigo 31; IN SRF n. 256, de 2002, artigo 34.
[9] Lei n. 9.393, de 1996, artigos 10, §1º, I e III, e 11; RITR/2002, artigos 32 e 33; IN SRF n. 256, de 2002, artigos 32 e 33.

(continuação)

	Planilha de apuração do ITR		
Legenda	Dados		Unidades
[k]	Distribuição da área não utilizada na atividade rural Área inexplorada	100,00	hectares
[l]	Mineração	150,00	hectares
[m] = [k]+[l]	Área não utilizada na atividade rural	250,00	hectares
	Cálculo do valor da terra nua		
[n]	Valor total do imóvel	20.000.000,00	R$
[o]	Valor das benfeitorias	1.549.295,77	R$
[p]	Valor das culturas, pastagens	10.000.000,00	R$
[q] = [n] − [o] − [p]	Valor da terra nua	8.450.704,23	
	Cálculo do imposto		
[r] = [c]/[a] × [q]	Valor da terra nua tributável	7.500.000,00	R$
[s] *	Alíquota de acordo com a tabela	6%	
[t] = [r] × [s]	Imposto calculado	450.000,00	R$

* [s] = Para encontrar a alíquota, o contribuinte deverá observar a Tabela 1 (item 17.3.1.1) de acordo com a área tributável do imóvel ([c] = [a] − [b]) e o seu grau de utilização ([j] = [e]/[i] × 100).

Escrituração do ITR

1. Registro do pagamento em cota única, em janeiro, do ITR no valor de R$ 450.000,00. Sabendo-se que o ITR também se refere ao exercício social, ele deverá obedecer ao regime de competência. Portanto, será debitado mensalmente 1/12 na conta de despesas pagas antecipadamente.

   Débito = Despesas pagas antecipadamente − ITR   [AC]   R$ 450.000,00
   Crédito = Caixa e equivalentes   [AC]   R$ 450.000,00

2. Pela despesa com ITR apropriada mensalmente.
   Janeiro − R$ 450.000,00/12 = R$ 37.500,00

   Débito = Despesas administrativas − ITR   [Conta de resultado] R$ 37.500,00
   Crédito = Despesas pagas antecipadamente − ITR [AC]   R$ 37.500,00

> **Observação quanto ao lançamento**
>
> Cabe destacar que será utilizada a conta de despesa administrativa somente se o imóvel rural for utilizado para as instalações da atividade administrativa da entidade. Sendo utilizado para o cultivo e criação, o valor deverá ser registrado como custo.

Em conta Tê:

Caixa e equivalentes [AC]		Despesas pagas antecipadamente – ITR [AC]		Despesas administrativas – ITR [Conta de resultado]	
		1 450.000,00		2 37.500,00	
450.000,00	1		37.500,00 2		

17.3.2 IOF

O IOF, como o próprio nome sugere, incide sobre operações de crédito, câmbio e seguros[10].

17.3.2.1 Legislações básicas: contribuinte e fato gerador

São contribuintes do IOF as pessoas físicas e jurídicas que efetuarem operações de crédito, câmbio e seguros ou relativas a títulos ou valores mobiliários, conforme estabelece o artigo 66 da Lei n. 5.172, de 25/10/1966.

A cobrança e o recolhimento do imposto são efetuados pelo responsável tributário: a pessoa jurídica que conceder o crédito; as instituições autorizadas a operar em câmbio; as seguradoras ou as instituições financeiras a quem estas encarregarem da cobrança do prêmio de seguro; as instituições autorizadas a operar na compra e venda de títulos ou valores mobiliários[11].

As alíquotas do IOF são proporcionais e diferem em função da razão da base de cálculo, como será demonstrado no item 17.3.2.2.

O IOC é análogo ao IOF e foi instituído pelo Decreto-Lei n. 1.783, de 18/4/1980. É um tributo que incide sobre operações de crédito e de câmbio no ato da celebração de um contrato de financiamento.

17.3.2.2 Base de cálculo

Natureza da operação e base de cálculo	Alíquota
Valor das operações de crédito, câmbio e seguro, ou relativas a títulos e valores mobiliários[12].	Alíquota máxima de 1,5% ao dia.

(*continua*)

---

[10] Artigo 153, V, da CF; artigo 63 do CTN e Decretos n. 6.306/2007 e 6.339/2008.
[11] Subsecretaria de Tributação e Contencioso da RFB.
[12] Lei n. 8.894, de 1994, artigo 1º.

(*continuação*)

Natureza da operação e base de cálculo	Alíquota
Na operação de empréstimo, sob qualquer modalidade, inclusive abertura de crédito, quando não ficar definido o valor do principal a ser utilizado pelo mutuário, inclusive por estar contratualmente prevista a reutilização do crédito, até o termo final da operação, a base de cálculo é o somatório dos saldos devedores diários apurado no último dia de cada mês, inclusive na prorrogação ou renovação[13].	Mutuário pessoa jurídica: 0,0041%. Mutuário pessoa física: 0,0082%.
Na operação de empréstimo, sob qualquer modalidade, inclusive abertura de crédito, quando ficar definido o valor do principal a ser utilizado pelo mutuário, a base de cálculo é o principal entregue ou colocado à sua disposição, ou, quando previsto mais de um pagamento, o valor do principal de cada uma das parcelas[14].	Mutuário pessoa jurídica: 0,0041% ao dia. Mutuário pessoa física: 0,0082% ao dia.
No adiantamento a depositante, a base de cálculo é o somatório dos saldos devedores diários, apurado no último dia de cada mês.	Mutuário pessoa jurídica: 0,0041%. Mutuário pessoa física: 0,0082%.
Nos empréstimos, inclusive sob a forma de financiamento, sujeitos à liberação de recursos em parcelas, ainda que o pagamento seja parcelado, a base de cálculo é o valor do principal de cada liberação.	Mutuário pessoa jurídica: 0,0041% ao dia. Mutuário pessoa física: 0,0082% ao dia.
Nas operações de crédito contratadas por prazo indeterminado e definido o valor do principal a ser utilizado pelo mutuário, a base de cálculo será o valor do principal multiplicado por 365.	Alíquota diária prevista para a operação.
No caso de operação de comercialização, na modalidade de desconto de nota promissória rural ou duplicata rural, quando o título for emitido em decorrência de venda de produção própria.	Alíquota zero.
O valor dos prêmios de seguro pagos.	Alíquota máxima de 25%.

(*continua*)

---

[13] Redação dada pelo Decreto n. 8.392, de 2015.
[14] Redação dada pelo Decreto n. 8.392, de 2015.

(continuação)

Natureza da operação e base de cálculo	Alíquota
Nas operações de câmbio relativas ao ingresso no país de receitas de exportação de bens e serviços; de câmbio de natureza interbancária entre instituições integrantes do Sistema Financeiro Nacional autorizadas a operar no mercado de câmbio e entre estas e instituições financeiras no exterior; de transferências do e para o exterior, relativas a aplicações de fundos de investimento no mercado internacional, nos limites e condições fixados pela Comissão de Valores Mobiliários; de câmbio realizadas por empresas de transporte aéreo internacional domiciliadas no exterior, para remessa de recursos originados de suas receitas locais; de câmbio relativas a ingresso de moeda estrangeira para cobertura de gastos efetuados no país com utilização de cartão de crédito emitido no exterior; de câmbio realizadas para ingresso no país de doações em espécie recebidas por instituições financeiras públicas controladas pela União e destinadas a ações de prevenção, monitoramento e combate ao desmatamento e de promoção da conservação e do uso sustentável das florestas brasileiras, de que trata a Lei n. 11.828, de 20 de novembro de 2008; de câmbio, destinadas ao cumprimento de obrigações de administradoras de cartão de crédito ou de débito ou de bancos comerciais ou múltiplos na qualidade de emissores de cartão de crédito decorrentes de aquisição de bens e serviços do exterior quando forem usuários do cartão União, estados, municípios, Distrito Federal, suas fundações e autarquias; nas liquidações de operações de câmbio para remessa de juros sobre o capital próprio e dividendos recebidos por investidor estrangeiro; nas liquidações de operações de câmbio contratadas por investidor estrangeiro para ingresso de recursos no país, inclusive por meio de operações simultâneas, para constituição de margem de garantia, inicial ou adicional, exigida por bolsas de valores, de mercadorias e futuros; de operações simultâneas de câmbio para ingresso no país de recursos por meio de cancelamento de *Depositary Receipts* (DR), para investimento em ações negociáveis em bolsa de valores; de operações de câmbio contratadas por investidor estrangeiro para ingresso de recursos no país, inclusive por meio de operações simultâneas, para aplicação nos mercados financeiro e de capitais; de operações de câmbio para fins de retorno de recursos aplicados por investidor estrangeiro nos mercados financeiro e de capitais; na operação de compra de moeda estrangeira por instituição autorizada a operar no mercado de câmbio, contratada simultaneamente com operação de venda, exclusivamente quando requerida em disposição regulamentar[15].	Alíquota zero.

(continua)

---

[15] BRASIL. Decreto n. 8.325, de 7/10/2014. Altera o Decreto n. 6.306, de 14/12/2007, que regulamenta o Imposto sobre Operações de Crédito, Câmbio e Seguro, ou relativas a Títulos ou Valores Mobiliários – IOF. *Portal da Legislação*. Palácio do Planalto, Brasília, DF. Disponível em: <www.planalto.gov.br/ccivil_03/_Ato2011-2014/2014/Decreto/D8325.htm>. Acesso em: 4 abr. 2016.

(*continuação*)

Natureza da operação e base de cálculo	Alíquota
Valor das operações de câmbio destinadas ao cumprimento de obrigações de administradoras de cartão de crédito ou de débito ou de bancos comerciais ou múltiplos na qualidade de emissores de cartão de crédito decorrentes de aquisição de bens e serviços do exterior efetuada por seus usuários; valor das operações de câmbio destinadas ao cumprimento de obrigações de administradoras de cartão de uso internacional ou de bancos comerciais ou múltiplos na qualidade de emissores de cartão de crédito ou de débito decorrentes de saques no exterior efetuado por seus usuários; valor das liquidações de operações de câmbio para aquisição de moeda estrangeira em cheques de viagens e para carregamento de cartão internacional pré-pago, destinadas a atender gastos pessoais em viagens internacionais; das liquidações de operações de câmbio para ingresso de recursos no país, inclusive por meio de operações simultâneas, referente a empréstimo externo, sujeito a registro no Banco Central do Brasil, contratado de forma direta ou mediante emissão de títulos no mercado internacional com prazo médio mínimo de até 180 dias.	Seis inteiros e trinta e oito centésimos por cento.
Valor das operações relativas a títulos ou valores mobiliários: aquisição, resgate, cessão ou repactuação de títulos e valores mobiliários; operação de financiamento realizada em bolsas de valores, de mercadorias, de futuros e assemelhadas; aquisição ou resgate de cotas de fundos de investimento e de clubes de investimento; pagamento para a liquidação das operações[16].	Alíquota máxima de 1,5% ao dia.
Preço de aquisição do ouro, desde que dentro dos limites de variação da cotação vigente no mercado doméstico. Tratando-se de ouro físico, oriundo do exterior, o preço de aquisição, em moeda nacional, será determinado com base no valor de mercado doméstico na data do desembaraço aduaneiro.	Alíquota de 1,5%.

17.3.2.3 Contabilização básica

1. Registro do pagamento integral do IOF em operações de crédito, câmbio e seguro, ou relativas a títulos e valores mobiliários no valor de R$ 4.000,00.

   Débito = Despesas financeiras com IOF   [Conta de resultado]   R$ 4.000,00
   Crédito = Caixa e equivalentes   [AC]   R$ 4.000,00

---

[16] Decreto n. 6.306/2007; Lei n. 8.894, de 1994, artigo 2°, II.

Em conta Tê:

Caixa e equivalentes [AC]		Despesas financeiras com IOF [Conta de resultado]
	1	4.000,00
4.000,00 1		

17.3.3 Cide

A Contribuição de Intervenção no Domínio Econômico (Cide) incide sobre a importação e a comercialização de petróleo e seus derivados, gás natural e seus derivados, e álcool etílico combustível[17]. O produto da sua arrecadação será destinado, na forma da lei orçamentária, ao pagamento de subsídios a preços ou transporte de álcool combustível, de gás natural e seus derivados e de derivados de petróleo; financiamento de projetos ambientais relacionados com a indústria do petróleo e do gás; e financiamento de programas de infraestrutura de transportes[18].

Ressalta-se que a Lei n. 10.168, de 29/12/2000, instituiu a contribuição de intervenção de domínio econômico destinada a financiar o Programa de Estímulo à Interação Universidade-Empresa para o Apoio à Inovação.

17.3.3.1 Legislações básicas: contribuinte e fato gerador

Esta contribuição se deu por meio do artigo 149 da CF e foi instituída mediante a Lei n. 10.336, de 19/12/2001.

São contribuintes da Cide o produtor, o formulador e o importador, pessoa física ou jurídica, dos combustíveis líquidos[19]. Para tanto, a legislação considera formulador a pessoa jurídica (conforme Agência Nacional do Petróleo) autorizada a exercer as seguintes atividades[20]:

- aquisição de correntes de hidrocarbonetos líquidos;
- mistura mecânica de correntes de hidrocarbonetos líquidos, com o objetivo de obter gasolinas e diesel;
- armazenamento de matérias-primas, de correntes intermediárias e de combustíveis formulados;
- comercialização de gasolinas e de diesel; e
- comercialização de sobras de correntes.

---

[17] Redação dada pela Lei n. 10.336, de 19/12/2001.
[18] Redação dada pelo artigo 1º, §1º, da Lei n. 10.336, de 19/12/2001.
[19] Redação dada pelo artigo 2º, da Lei n. 10.336, de 19/12/2001.
[20] Redação dada pelo § único do artigo 2º, da Lei n. 10.336, de 19/12/2001.

Assim, as operações de importação e de comercialização no mercado interno de gasolinas, diesel, querosene, óleos combustíveis (*fuel-oil*), gás liquefeito de petróleo (gás de cozinha) e álcool etílico combustível caracterizam o fato gerador deste tributo, quando realizados por contribuintes mencionados nesse item.

Quanto à Cide, destinada a financiar o Programa de Estímulo à Interação Universidade-Empresa para o Apoio à Inovação, o Decreto n. 6.233, de 2007, e a Medida Provisória n. 510 de 2010 (convertida na Lei n. 12.402, de 2/5/2011) estabeleceram que a contribuição é devida pela pessoa jurídica detentora de licença de uso ou adquirente de conhecimentos tecnológicos, bem como aquela signatária de contratos que impliquem transferência de tecnologia, firmados com residentes ou domiciliados no exterior. Atenção: A lei é bem clara! Incidirá quando acontecer a transferência de tecnologia; se houver somente o pagamento pela licença de programas, não se configura o fato gerador dessa contribuição.

17.3.3.2 Base de cálculo

A base de cálculo da Cide é a unidade de medida adotada na Lei n. 10.336, de 19/12/2001, para os produtos com incidência dessa contribuição, tanto na importação quanto na comercialização no mercado interno[21]. Nesse sentido, salienta-se que a base de cálculo da gasolina, do diesel e do querosene é o metro cúbico, enquanto para os óleos combustíveis é a tonelada comercializada[22].

Quanto à Cide, destinada a financiar o Programa de Estímulo à Interação Universidade-Empresa para o Apoio à Inovação, a base de cálculo será composta dos valores pagos, creditados, entregues, empregados ou remetidos, a cada mês, a residentes ou domiciliados no exterior, a título de remuneração relativas a serviços técnicos e de assistência administrativa e semelhantes e *royalties*[23]. Sobre essa base de cálculo será recolhido, até o último dia útil da quinzena subsequente ao mês de ocorrência do fato gerador, 10% a título da contribuição.

Questões e exercícios

1. Qual é o fato gerador do Imposto sobre a Propriedade Predial e Territorial Urbana (IPTU)?
2. Qual é o fato gerador do Imposto sobre as Transmissões de Bens *Inter Vivos* (ITBI)?
3. Qual é o fato gerador do Imposto sobre a Propriedade de Veículos Automotores (IPVA)?
4. Qual é o fato gerador do Imposto sobre Transmissão *Causa Mortis* e Doação (ITCMD)?
5. Qual é o fato gerador do Imposto sobre a Propriedade Territorial Rural (ITR)?
6. Qual é o fato gerador do Imposto sobre operações de crédito, câmbio e seguro, ou relativas a títulos ou valores mobiliários?
7. Qual é o fato gerador da Cide?
8. Quem são os contribuintes do IPTU?

---

[21] Redação dada pelo artigo 4º, da Lei n. 10.336, de 19/12/2001.
[22] Redação dada pela Lei n. 10.636, de 2002.
[23] Redação dada pelo artigo 2º, § 3º, da Lei n. 10.168, de 29/12/2000.

9. Quem são os contribuintes do ITBI?
10. Quem são os contribuintes do IPVA?
11. Quem são os contribuintes do ITCMD?
12. Quem são os contribuintes do ITR?
13. Quem são os contribuintes do IOF?
14. Quem são os contribuintes da Cide?
15. Qual é a base de cálculo do IPTU?
16. Qual é a base de cálculo do ITBI?
17. Qual é a base de cálculo do IPVA?
18. Qual é a base de cálculo do ITCMD?
19. Qual é a base de cálculo do ITR?
20. Qual é a base de cálculo do IOF?
21. Qual é a base de cálculo da Cide?
22. Apure o valor do ITR com base nos seguintes dados:

Dados		
Área total do imóvel	3.800,00	hectares
Florestas nativas	430,00	hectares
Reserva legal	110,00	hectares
Preservação permanente	290,00	hectares
Benfeitorias úteis e necessárias à atividade rural	700,00	hectares
Distribuição da área utilizada na atividade rural		
Pastos	480,00	hectares
Produção vegetal	950,00	hectares
Granjas	350,00	hectares
Distribuição da área não utilizada na atividade rural		
Área inexplorada	80,00	hectares
Mineração	60,00	hectares
Valor total do imóvel	19.500.000,00	R$
Valor das benfeitorias	1.950.000,00	R$
Valor das culturas, pastagens	9.750.000,00	R$

Utilize a planilha a seguir para calcular:

Planilha de apuração do ITR		
Legenda	Dados	Unidades
[a]	Área total do imóvel	hectares
[b]	Florestas nativas	hectares
	Reserva legal	hectares
	Preservação permanente	hectares

Busque na tabela da RFB a área total do imóvel (em hectares).

Área total do imóvel (em hectares)
Até 50 hectares
De 50 hectares a 200 hectares
De 200 hectares a 500 hectares
De 500 hectares a 1.000 hectares
De 1.000 hectares a 5.000 hectares
Acima de 5.000 hectares

Legenda	Dados	Unidades
[c] = [a] − [b]	Área tributável	hectares
[d]	Benfeitorias úteis e necessárias à atividade rural	hectares
[e] = [c] − [d]	Área aproveitável	hectares

Distribuição da área utilizada na atividade rural		
Legenda	Dados	Unidades
[f]	Pastos	hectares
[g]	Produção vegetal	hectares
[h]	Granjas	hectares
[i] = [f] + [g] + [h]	Área utilizada na atividade rural	hectares
[j] = [e]/[i] × 100	Grau de utilização	%

Busque na tabela da RFB o grau de utilização.

Grau de utilização (em %)				
Maior que 80%	De 65% a 80%	De 50% a 65%	De 30% a 50%	Até 30%

Distribuição da área não utilizada na atividade rural		
Legenda	Dados	Unidades
[k]	Área inexplorada	hectares
[l]	Mineração	hectares
[m] = [k] + [l]	Área não utilizada na atividade rural	hectares

Cálculo do valor da terra nua		
Legenda	Dados	Unidades
[n]	Valor total do imóvel	R$
[o]	Valor das benfeitorias	R$
[p]	Valor das culturas, pastagens	R$
[q] = [n] − [o] − [p]	Valor da terra nua	R$

Cálculo do imposto		
Legenda	Dados	Unidades
[r] = [c]/[a] × [q]	Valor da terra nua tributável	R$
[s]	Alíquota de acordo com a tabela da RFB	%
[t] = [r] × [s]	Imposto calculado	R$

capítulo 18

Tributação na Fonte, Retenções e Recuperações

A tributação na fonte ou a retenção nada mais é que a transferência de responsabilidade de recolhimento do tributo com o objetivo de reduzir a evasão fiscal e maximizar a antecipação de receita para a administração pública. A obrigatoriedade, por exemplo, de as empresas contratantes de serviços de pessoas físicas ou jurídicas serem responsáveis pela retenção e recolhimento dos tributos no momento do recebimento do valor do serviço complexifica o cumprimento das regras tributárias, aumentando o chamado custo Brasil. Além da alta carga tributária, encarece o custo das empresas, que deverão contratar mão de obra especializada.

Neste capítulo trataremos da retenção de tributos (IR, CSLL, PIS, Cofins, INSS e ISS) pelo fornecimento de bens ou prestação de serviços a órgãos públicos, autarquias, fundações de administração pública, empresas públicas ou de economia mista e empresas privadas.

Basicamente, os tributos retidos, por exemplo, por uma empresa tomadora de serviço (a contratante que paga pelo serviço) devem ser repassados para os agentes arrecadadores governamentais. Por sua vez, a empresa prestadora do serviço (contratada, que fornece e recebe pelos serviços) pode aproveitar os tributos retidos por meio de compensação ou restituição.

A Figura 18.1 exemplifica o pagamento do serviço e o recolhimento tributário quando o contratante do serviço está desobrigado da retenção do tributo.

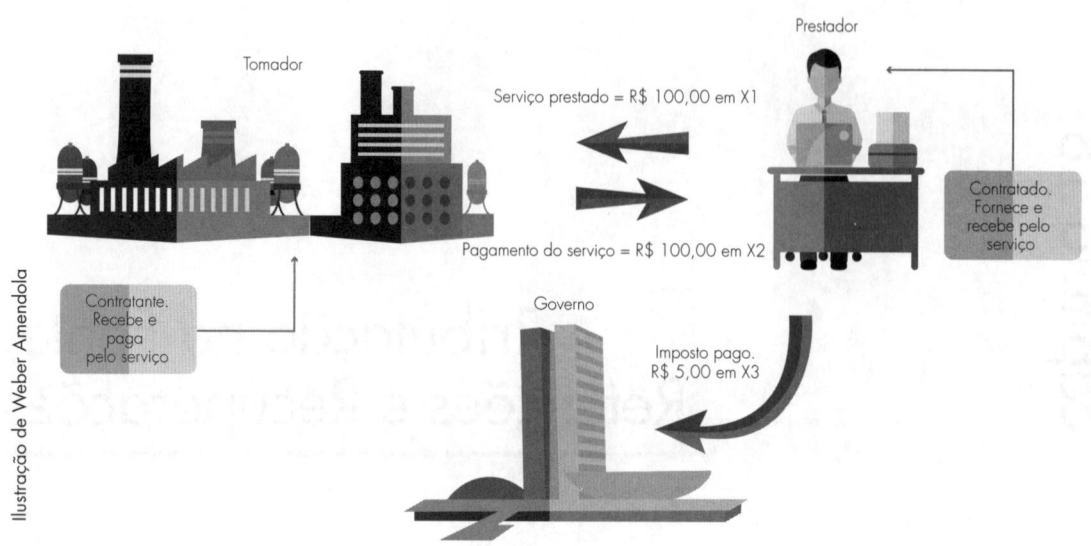

Figura 18.1 Exemplo de prestação de serviço *sem retenção*.

A Figura 18.2 exemplifica o pagamento do serviço e o recolhimento tributário quando o contratante do serviço está obrigado à retenção do tributo. É necessário analisar, com bastante cautela, as duas figuras, para compreender que na Figura 18.2 há transferência de responsabilidade de recolhimento do tributo. No momento da retenção e repasse do tributo, o tomador do serviço contribui para a redução da sonegação, além de antecipar a receita para a administração pública (na Figura 18.1 o recolhimento foi em X3, e na Figura 18.2 ocorreu no exato momento do pagamento do serviço, em X2).

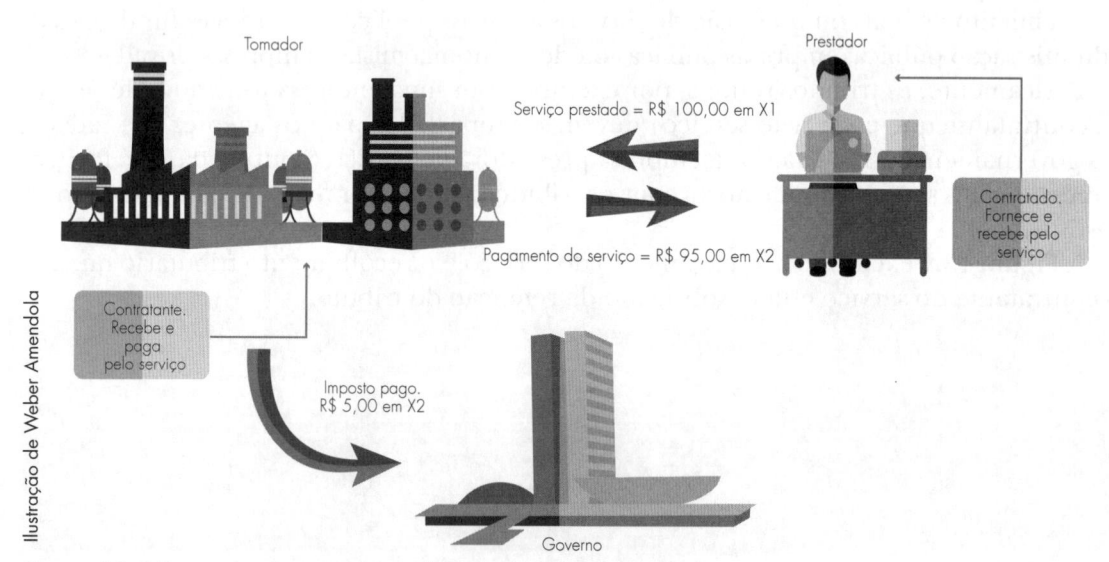

Figura 18.2 Exemplo de prestação de serviço *com retenção*.

18.1 Retenção de tributos nos pagamentos efetuados pelos órgãos da administração pública

A Instrução Normativa RFB n. 1234, de 11/1/2012, e alterações posteriores dispõem sobre a retenção de tributos nos pagamentos efetuados pelos órgãos da administração pública federal direta, autarquias e fundações federais, empresas públicas, sociedades de economia mista e demais pessoas jurídicas que mencionam outras pessoas jurídicas pelo fornecimento de bens e serviços.

18.1.1 Legislações básicas sobre a retenção de IR, CSLL, PIS, Cofins

A instrução normativa regulamenta a retenção do IR, da CSLL, da Cofins e da Contribuição para o PIS/Pasep sobre os pagamentos que efetuarem às pessoas jurídicas, pelo fornecimento de bens ou prestação de serviços em geral, inclusive obras, aos órgãos e entidades da administração pública federal.

Estabelece que não há que se falar em retenção quando os pagamentos forem efetuados a templos de qualquer culto, partidos políticos, instituições de educação e de assistência social, sem fins lucrativos (referidas no artigo 12 da Lei n. 9.532/1997), instituições de caráter filantrópico, recreativo, cultural, científico e às associações civis (referidas no artigo 15 da Lei n. 9.532/1997), sindicatos, federações e confederações de empregados, serviços sociais autônomos, conselhos de fiscalização de profissões regulamentadas, fundações de direito privado e a fundações públicas instituídas ou mantidas pelo Poder Público, condomínios edilícios, Organização das Cooperativas Brasileiras (OCB) (e as Organizações Estaduais de Cooperativas previstas no *caput* e no § 1° do artigo 105 da Lei n. 5.764/71), pessoas jurídicas exclusivamente distribuidoras de jornais e revistas, empresas estrangeiras de transportes marítimos, aéreos e terrestres, relativos ao transporte internacional de cargas ou passageiros (conforme o artigo 176 do Decreto n. 3.000/1999).

Uma lista de situações que dispensam a retenção pode ser encontrada na IN RFB n. 1.234/2012, artigo 5°. Nesse sentido ressalta-se que as retenções de IR, CSLL, PIS e Cofins também não serão aplicáveis a pessoas jurídicas optantes pelo Regime Especial Unificado de Arrecadação de Tributos devidos pelas Microempresas e Empresas de Pequeno Porte (Simples Nacional), conforme dispõe a Lei Complementar n. 123/2006 e o artigo 27 da Lei n. 10.833/2003.

A dispensa da retenção estará sempre restrita aos resultados relacionados com as finalidades essenciais das referidas entidades, não se aplicando ao patrimônio, à renda e aos serviços relacionados com a exploração de atividades econômicas regidas pelas normas aplicáveis a empreendimentos privados, em que haja contraprestação ou pagamento de preços ou tarifas pelo usuário[1].

Os valores retidos deverão ser recolhidos ao Tesouro Nacional, mediante Darf, até o terceiro dia útil da semana subsequente àquela em que tiver ocorrido o pagamento à pessoa

---

[1] BRASIL. Instrução Normativa RFB n. 1.234, de 11/1/2012. Dispõe sobre a retenção de tributos nos pagamentos efetuados pelos órgãos da administração pública federal direta, autarquias e fundações federais, empresas públicas, sociedades de economia mista e demais pessoas jurídicas que menciona a outras pessoas jurídicas pelo fornecimento de bens e serviços. *Diário Oficial da União*, Poder Executivo, Brasília, DF, 12 jan. 2012. Seção 1, p. 22. Disponível em: <http://normas.receita.fazenda.gov.br/sijut2consulta/link.action?idAto=37200&visao=anotado>. Acesso em: 4 maio 2016.

jurídica fornecedora dos bens ou prestadora do serviço ou até o último dia útil da quinzena subsequente à quinzena do fato gerador, de acordo com órgão da administração pública.

Não havendo a retenção (quando obrigatória), ou acontecendo o recolhimento do tributo retido, ou o recolhimento após o vencimento do prazo sem o acréscimo de multa moratória, poderão ser aplicadas as penalidades previstas no RIR/1999. O não cumprimento da obrigação acessória ou o cumprimento inexato das declarações também acarretará em penalidades.

18.1.2 Base de cálculo

A base de cálculo da retenção será o valor a ser pago pelo fornecimento de bens ou prestação de serviços em geral, inclusive obras, aos órgãos e entidades da administração pública federal.

18.1.3 Alíquotas

A Tabela 18.1 resume as alíquotas de retenção, aplicáveis sobre a base de cálculo, respeitada a natureza dos bens fornecidos ou dos serviços prestados.

Tabela 18.1 Percentuais para retenção[2]

Natureza do bem fornecido ou do serviço prestado	Alíquotas				Percentual a ser aplicado	Código da receita
	IR	CSLL	Cofins	PIS		
• Alimentação	1,2	1	3	0,65	5,85	6147
• Energia elétrica						
• Serviços prestados com emprego de materiais						
• Construção civil por empreitada com emprego de materiais						
• Serviços hospitalares de que trata o artigo 30						
• Serviços de auxílio diagnóstico e terapia, patologia clínica, imagenologia, anatomia patológica e citopatológica, medicina nuclear e análises e patologias clínicas de que trata o artigo 31						
• Transporte de cargas, exceto os relacionados no código 8767						

(*continua*)

---

[2] Anexo I da Instrução Normativa RFB n. 1234, de 11/1/2012. Disponível em: <http://normas.receita.fazenda.gov.br/sijut2consulta/link.action?idAto=37200&visao=anotado>. Acesso em: 20 abr. 2017.

Tabela 18.1 Percentuais para retenção (*continuação*)

Natureza do bem fornecido ou do serviço prestado	Alíquotas				Percentual a ser aplicado	Código da receita
	IR	CSLL	Cofins	PIS		
• Produtos farmacêuticos, de perfumaria, de toucador ou de higiene pessoal adquiridos de produtor, importador, distribuidor ou varejista, exceto os relacionados no código 8767 • Mercadorias e bens em geral						
• Gasolina, inclusive de aviação, óleo diesel, gás liquefeito de petróleo (GLP), combustíveis derivados de petróleo ou de gás natural, querosene de aviação (QAV) e demais produtos derivados de petróleo, adquiridos de refinarias de petróleo, de demais produtores, de importadores, de distribuidor ou varejista, pelos órgãos da administração pública de que trata o *caput* do artigo 19 • Álcool etílico hidratado, inclusive para fins carburantes, adquirido diretamente de produtor, importador ou distribuidor de que trata o artigo 20 • Biodiesel adquirido de produtor ou importador, de que trata o artigo 21	0,24	1	3	0,65	4,89	9060
• Gasolina, exceto gasolina de aviação, óleo diesel, gás liquefeito de petróleo (GLP), derivados de petróleo ou de gás natural e querosene de aviação adquiridos de distribuidores e comerciantes varejistas • Álcool etílico hidratado nacional, inclusive para fins carburantes, adquirido de comerciante varejista • Biodiesel adquirido de distribuidores e comerciantes varejistas	0,24	1	0	0	1,24	8739

(*continua*)

Tabela 18.1 Percentuais para retenção (*continuação*)

Natureza do bem fornecido ou do serviço prestado	Alíquotas				Percentual a ser aplicado	Código da receita
	IR	CSLL	Cofins	PIS		
• Biodiesel adquirido de produtor detentor regular do selo "Combustível Social", fabricado a partir de mamona ou fruto, caroço ou amêndoa de palma, produzido nas regiões Norte e Nordeste e no semiárido, por agricultor familiar enquadrado no Programa Nacional de Fortalecimento da Agricultura Familiar (Pronaf)						
• Transporte internacional de cargas efetuado por empresas nacionais • Estaleiros navais brasileiros nas atividades de construção, conservação, modernização, conversão e reparo de embarcações pré-registradas ou registradas no Registro Especial Brasileiro (REB), instituído pela Lei n. 9.432, de 8/1/1997 • Produtos farmacêuticos, de perfumaria, de toucador e de higiene pessoal a que se refere o § 1º do artigo 22, adquiridos de distribuidores e de comerciantes varejistas • Produtos a que se refere o § 2º do artigo 22 • Produtos de que tratam as alíneas "c" a "k" do inciso I do artigo 5º • Outros produtos ou serviços beneficiados com isenção, não incidência ou alíquotas zero da Cofins e da Contribuição para o PIS/Pasep, observado o disposto no § 5º do artigo 2º	1,2	1	0	0	2,2	8767
• Passagens aéreas, rodoviárias e demais serviços de transporte de passageiros, inclusive, tarifa de embarque, exceto as relacionadas no código 8850	2,4	1	3	0,65	7,05	6175
• Transporte internacional de passageiros efetuado por empresas nacionais	2,4	1	0	0	3,4	8850

(*continua*)

Tabela 18.1 Percentuais para retenção (*continuação*)

Natureza do bem fornecido ou do serviço prestado	Alíquotas				Percentual a ser aplicado	Código da receita
	IR	CSLL	Cofins	PIS		
• Serviços prestados por associações profissionais ou assemelhadas e cooperativas	0	1	3	0,65	4,65	8863
• Serviços prestados por bancos comerciais, bancos de investimento, bancos de desenvolvimento, caixas econômicas, sociedades de crédito, financiamento e investimento, sociedades de crédito imobiliário e câmbio, distribuidoras de títulos e valores mobiliários, empresas de arrendamento mercantil, cooperativas de crédito, empresas de seguros privados e de capitalização e entidades abertas de previdência complementar • Seguro-saúde	2,4	1	3	0,65	7,05	6188
• Serviços de abastecimento de água • Telefone • Correio e telégrafos • Vigilância • Limpeza • Locação de mão de obra • Intermediação de negócios • Administração, locação ou cessão de bens imóveis, móveis e direitos de qualquer natureza • *Factoring* • Plano de saúde humano, veterinário ou odontológico com valores fixos por servidor, por empregado ou por animal • Demais serviços	4,8	1	3	0,65	9,45	6190

18.2 Retenção de tributos nos pagamentos efetuados por empresas privadas

A retenção de tributos é uma prática muito utilizada pelo ente governamental para atribuir a um terceiro a responsabilidade de reter e recolher o imposto. Essa prática solidariza a responsabilidade do contribuinte envolvido na transação e minimiza a possibilidade de evasão fiscal.

18.2.1 Legislações básicas sobre a retenção de IR, CSLL, PIS, Cofins

A Lei n. 10.833/2003 regulamenta a retenção na fonte do IR, da CSLL, do PIS e da Cofins sobre os pagamentos efetuados por empresas privadas referentes à prestação de serviços de limpeza, conservação, manutenção, segurança, vigilância, transporte de valores e locação de mão de obra, pela prestação de serviços de assessoria creditícia, mercadológica, gestão de crédito, seleção e riscos, administração de contas a pagar e a receber, bem como pela remuneração de serviços profissionais[3].

Não serão aplicáveis a retenção do PIS, da Cofins e da CSLL a pessoas jurídicas optantes pelo Simples Nacional, conforme dispõe a Lei Complementar n. 123/2006.

18.2.2 Base de cálculo

A base de cálculo da retenção será o valor a ser pago pelo fornecimento de bens ou prestação de serviços em geral, inclusive quando os pagamentos forem efetuados por associações, entidades sindicais, federações, confederações, centrais sindicais, serviços sociais autônomos, sociedades simples, cooperativas, fundações de direito privado ou condomínios.

18.2.3 Alíquotas

As alíquotas de retenção, aplicáveis sobre a base de cálculo nos pagamentos efetuados por empresas privadas, são as seguintes:

Alíquotas de retenção			Percentual a ser aplicado
CSLL	Cofins	PIS	
1%	0,65%	3%	4,65%

Salienta-se que a alíquota de retenção do PIS (3%) e da Cofins (0,65%) aplicam-se inclusive na hipótese de a prestadora do serviço enquadrar-se no regime de não cumulatividade[4].

18.3 Retenção do INSS de serviços de terceiros

A retenção do INSS ocorre, regra geral, nas transações que envolvem cessão de mão de obra e/ou empreitada.

---

[3] BRASIL. Lei n. 10.833, de 29 de dezembro de 2003. Altera a Legislação Tributária Federal e dá outras providências. *Portal da Legislação*. Palácio do Planalto, Brasília, DF. Disponível em: <http://www.planalto.gov.br/ccivil_03/leis/2003/L10.833.htm>. Acesso em: 2 maio 2016.

[4] BRASIL. Lei n. 10.833, de 29 de dezembro de 2003. Altera a Legislação Tributária Federal e dá outras providências. *Portal da Legislação*. Palácio do Planalto, Brasília, DF. Disponível em: <http://www.planalto.gov.br/ccivil_03/leis/2003/L10.833.htm>. Acesso em: 2 maio 2016.

18.3.1 Legislação básica

A Lei n. 9.711, de 20/11/1998, regulamenta a retenção do INSS sobre o valor total dos serviços contidos em nota fiscal, fatura ou recibo referentes à cessão de mão de obra ou empreitada.

Não será aplicável a retenção do INSS a pessoas jurídicas optantes pelo Simples Nacional, conforme dispõe a Lei Complementar n. 123/2006.

18.3.2 Base de cálculo

A base de cálculo será a remuneração do trabalhador, do contribuinte individual ou o valor da cessão de mão de obra ou empreitada destacada em nota fiscal.

Quando a prestação de serviço for acompanhada de fornecimento de material ou utilização de equipamento próprio ou de terceiro ocorrerá o seguinte tratamento[5]:

- Quando o material fornecido ou utilizado for discriminado na nota fiscal, fatura ou recibo de prestação de serviços, a base de cálculo da retenção será o valor dos serviços estabelecidos em contrato.
- Quando o material fornecido ou utilizado não for discriminado na nota fiscal, fatura ou recibo de prestação de serviços, a base de cálculo da retenção será, no mínimo:
  - ✓ 50% do valor bruto da nota fiscal, fatura ou recibo de prestação de serviços;
  - ✓ 30% do valor bruto da nota fiscal, fatura ou recibo de prestação de serviços de transporte de passageiros, quando as despesas de combustível e de manutenção de veículos corram por conta do prestador de serviço; e
  - ✓ 65% quando se referir à limpeza hospitalar e 80% quando se referir às demais limpezas, aplicadas sobre o valor bruto da nota fiscal, fatura ou recibo de prestação de serviço.

18.3.3 Alíquotas

As alíquotas de retenção sobre a remuneração e notas fiscais são mostradas a seguir.

---

[5] Chaves, Francisco Coutinho. *Retenção de tributos: IR, PIS, COFINS, CSLL, INSS e ISS*. São Paulo: Atlas, 2014.

Diagrama

Condição	Base de cálculo	Retenção
Empregado*	Remuneração*	8%, 9%, 11%*
Contribuinte individual	Remuneração	11%
Cessão de mão de obra ou empreitada	Valor da NF	11%

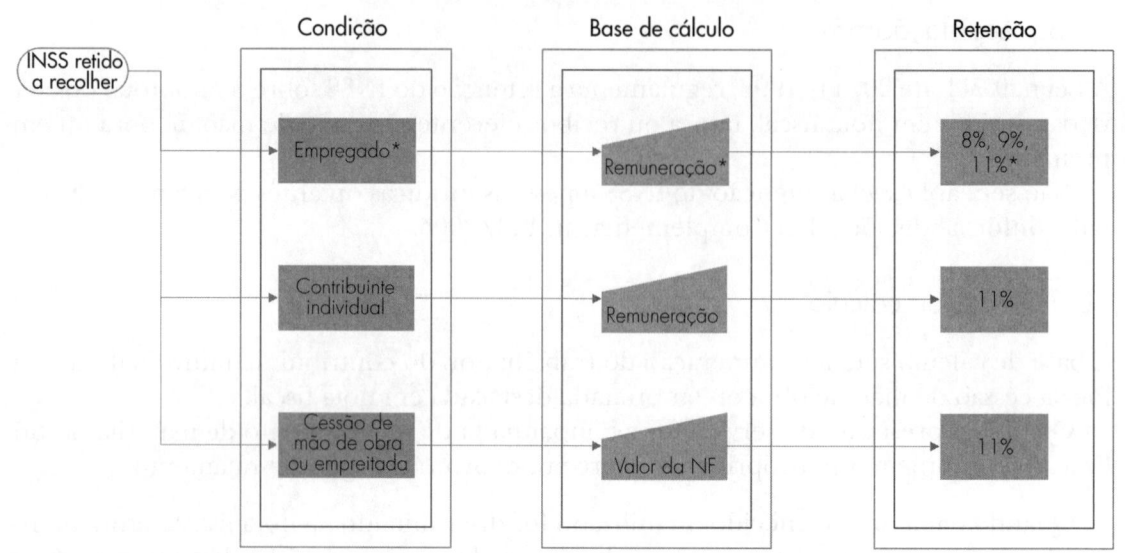

(INSS retido a recolher)

*Tabela para empregado, empregado doméstico e trabalhador avulso.

Salário de contribuição (R$)	Alíquota (%)
Até 1.659,38	8
De 1.659,39 a 2.765,66	9
De 2.765,67 a 5.531,31	11

Figura 18.3 Tabela de retenção do INSS sobre a remuneração de empregados domésticos e trabalhadores avulsos, 2017.

18.4 Retenção de ISS

A cada dia cresce o número de municípios que regulamentam e aderem à prática da retenção de tributos.

18.4.1 Legislação básica

O artigo 6º da Lei Complementar n. 116, de 31/7/2003, estabelece que compete aos municípios e ao Distrito Federal atribuir a responsabilidade pelo crédito tributário à terceira pessoa vinculada ao fato gerador da respectiva obrigação, inclusive no que se refere à multa e aos acréscimos legais ao Imposto sobre Serviços de Qualquer Natureza.

Nesse momento emerge a *guerra fiscal*. O conflito de interesses dos municípios é potencializado pela ausência de norma. O artigo 3º da supracitada lei complementar pontua apenas 22 situações em que é de responsabilidade do tomador do serviço a retenção e o recolhimento do ISS aos cofres públicos, no momento do pagamento da prestação de serviço.

Por se tratar de um tributo de competência dos municípios e do Distrito Federal, surgem a cada dia novas regras e transferências de responsabilidade pelo recolhimento. Por exemplo, o Estado de São Paulo regulamenta a responsabilidade pelo pagamento do ISS por meio da Lei n. 13.701/2003, com a redação dada pelas Leis n. 14.042/2005, 14.125/2005, 14.256/2006, 14.865/2008 e 15.406/2011.

18.4.2 Base de cálculo

A base de cálculo do imposto é o preço do serviço[6].

18.4.3 Alíquotas

A Lei Complementar n. 116/2003, com as alterações impostas pela Lei Complementar n. 157/2016, estabelece o teto do ISS em 5%; já o piso foi fixado em 2% pela Constituição Federal. Compete aos municípios e ao Distrito Federal a fixação da alíquota, respeitados os pontos limítrofes.

18.5 Saldos credores, recuperações e compensações[7]

O valor retido na fonte a título da contribuição para o PIS/Pasep e a Cofins, quando não for possível sua dedução dos valores a pagar das respectivas contribuições no mês de apuração, poderá ser restituído ou compensado com débitos relativos a outros tributos administrados pela Receita Federal.

Fica configurada a impossibilidade da dedução quando o montante retido no mês exceder o valor da respectiva contribuição a pagar no mesmo mês. Nesse sentido, considera-se contribuição a pagar no mês da retenção o valor da contribuição devida descontado dos créditos apurados no respectivo mês.

A restituição poderá ser requerida à Receita Federal a partir do mês subsequente àquele em que ficar caracterizada a impossibilidade de dedução mediante a apresentação do formulário Pedido de Restituição ou Ressarcimento.

18.6 Contabilização básica

Daremos dois exemplos genéricos de contabilização básica: o primeiro elaborado a partir da perspectiva da empresa que está recebendo o serviço; o segundo elaborado a partir da perspectiva da empresa que está fornecendo o serviço.

Em linhas gerais, as alíquotas são aplicadas sobre o valor total dos serviços, exceto no caso do INSS, em que, em determinadas atividades econômicas (construção civil, por exemplo), a legislação permite que a base de cálculo seja reduzida para a aplicação da alíquota. As alíquotas são:

---

[6] BRASIL. Lei Complementar n. 116, de 31/7/2003. Dispõe sobre o Imposto sobre Serviços de Qualquer Natureza, de competência dos municípios e do Distrito Federal, e dá outras providências. *Portal da Legislação*. Palácio do Planalto, Brasília, DF. Disponível em: <www.planalto.gov.br/ccivil_03/leis/LCP/ Lcp116.htm>. Acesso em: 20 out. 2015.

[7] Toda a redação do item 18.5 foi dada pela Subsecretaria de Arrecadação e Atendimento da RFB, publicada em 30/9/2015. Disponível em: <http://idg.receita.fazenda.gov.br/orientacao/tributaria/restituicao-ressarcimento-reembolso-e-compensacao/restituicao/contribuicao-pis-pasep-cofins-retidas-fonte>. Acesso em: 20 abr. 2017.

IR	1% ou 1,5%, conforme o caso
CSLL	1%*
PIS	0,65%*
Cofins	3%*
INSS	11% sobre o total da nota ou sobre a base de cálculo reduzida
ISS	2% a 5%, conforme regras demonstradas no Capítulo 8

*Esses tributos retidos podem ser recolhidos em uma guia única pelo tomador do serviço.

18.6.1 Contabilização básica: na empresa tomadora do serviço

1. **Registro do recebimento de serviço de manutenção de pessoa jurídica no valor de R$ 10.000,00, a prazo. Contabilização da retenção do IR, da CSLL, do PIS, da Cofins, do ISS e do INSS.**
   Considerando uma empresa do Lucro Presumido em que a alíquota do ISS é de 2% e o INSS é aplicado com base de cálculo reduzida de 50%.
   Débito = Serviço de manutenção [Contas de resultado] R$ 10.000,00
   Crédito = Duplicatas a pagar pelo valor [PC] R$ 10.000,00
   da nota fiscal de serviço
   Débito = Duplicatas a pagar [PC] R$ 150,00
   pela retenção do IR (R$ 10.000,00 × 1,5%)
   Débito = Duplicatas a pagar [PC] R$ 100,00
   pela retenção da CSLL (R$ 10.000,00 × 1%)
   Débito = Duplicatas a pagar [PC] R$ 65,00
   pela retenção do PIS (R$ 10.000,00 × 0,65%)
   Débito = Duplicatas a pagar [PC] R$ 300,00
   pela retenção do Cofins (R$ 10.000,00 × 3%)
   Débito = Duplicatas a pagar [PC] R$ 200,00
   pela retenção do ISS (R$ 10.000,00 × 2%)
   Débito = Duplicatas a pagar [PC] R$ 550,00
   pela retenção do INSS (R$ 10.000,00 × 11% × 50%)
   Crédito = Tributos a recolher* [PC] R$ 1.365,00
   pelo valor de todos os tributos retidos
   * Convém abrir uma conta para cada tributo ou para cada grupo de tributo.

2. **Registro do pagamento (líquido dos tributos retidos) do fornecedor, em dinheiro, no valor de R$ 8.635,00.**
   Débito = Duplicatas a pagar [PC] R$ 8.635,00
   Crédito = Caixa [AC] R$ 8.635,00
   pelo valor da nota fiscal líquido dos tributos retidos

3. **Registro do recolhimento dos tributos retidos, nos respectivos vencimentos, em dinheiro, no valor de R$ 1.365,00.**
   Débito = Duplicatas a pagar [PC] R$ 1.365,00
   Crédito = Caixa [AC] R$ 1.365,00
   pelo valor da nota fiscal líquido dos tributos retidos

Em conta Tê:

Caixa [AC]			Serviço de manutenção [CR]		Tributos a recolher [PC]	
8.635,00 2		1 10.000,00				1.365,00 1
1.365,00 3					3 1.365,00	

	Duplicatas a pagar [PC]	
		10.000,00 1
1	150,00	
1	100,00	
1	65,00	0
1	300,00	
1	200,00	
1	550,00	
2	8.635,00	

18.6.2 Contabilização básica: na empresa prestadora do serviço

Para melhor ilustrar, simularemos a geração de tributos pela empresa optante pelo Lucro Real sendo o regime de PIS e Cofins cumulativo, em um período, com a receita de prestação de serviços e apenas com despesa de salários, na qual será exemplificada também a retenção de 11% de INSS dos empregados, a fim de viabilizar a contabilização da compensação do tributo recuperável.

1. **Registro da prestação de serviços de manutenção a prazo com emissão de nota fiscal de prestação de serviço no valor de R$ 10.000,00.**
   Débito = Duplicatas a receber [AC] R$ 10.000,00
   Crédito = Prestação de serviço de [Contas de resultado] R$ 10.000,00
   manutenção pelo valor da nota fiscal de serviço

2. **Registro da folha de pagamento dos funcionários da empresa no valor de R$ 6.000,00.**
   Débito = Salários [Contas de resultado] R$ 6.000,00
   Crédito = Salários a pagar [PC] R$ 6.000,00
   pelo valor da folha de pagamento do período

3. **Registro da retenção do INSS do salário dos funcionários.**

Débito = Salários a pagar	[PC]	R$ 660,00
Crédito = Tributo a recolher – INSS	[PC]	R$ 660,00

pelo valor do INSS retido (R$ 6.000,00 × 11%)

4. **Registro do pagamento da folha de salários líquidos aos funcionários da empresa R$ 5.340,00.**

Débito = Salários a pagar	[PC]	R$ 5.340,00
Crédito = Bancos	[AC]	R$ 5.340,00

pelo pagamento da folha de salários

5. **Registro do recebimento de duplicata do cliente, líquido dos tributos retidos, com crédito bancário.**

Débito = Bancos	[AC]	R$ 8.635,00
Crédito = Duplicatas a receber	[AC]	R$ 8.635,00

pelo recebimento líquido da duplicata

6. **Registro dos tributos recuperáveis, retidos pelos clientes. Total de R$ 1.365,00.**

Débito = Tributo a recolher – IR	[PC]	R$ 150,00

pela retenção do IR (R$ 10.000,00 × 1,5%)

Débito = Tributo a recolher – CSLL	[PC]	R$ 100,00

pela retenção da CSLL (R$ 10.000,00 × 1%)

Débito = Tributo a recolher – PIS	[PC]	R$ 65,00

pela retenção do PIS (R$ 10.000,00 × 0,65)

Débito = Tributo a recolher – Cofins	[PC]	R$ 300,00

pela retenção do Cofins (R$ 10.000,00 × 3%)

Débito = Tributo a recolher – ISS	[PC]	R$ 200,00

pela retenção do ISS (R$ 10.000,00 × 2%)

Débito = Tributo a recolher – INSS	[PC]	R$ 550,00

pela retenção do INSS (R$ 10.000,00 × 11% × 50%)

Crédito = Duplicatas a receber	[AC]	R$ 1.365,00

pelo valor de todos os tributos retidos

7. **Tributos de responsabilidade da empresa, gerados no período, no total de R$ 1.525,00.**

Débito = Tributos sobre o lucro	[Conta de resultado]	R$ 960,00

tributos sobre notas fiscais de venda

Crédito = Tributo a recolher – IR	[PC]	R$ 600,00

pelo IR devido ((R$ 10.000,00 – R$ 6.000,00) × 15%)

Crédito = Tributo a recolher – CSLL	[PC]	R$ 360,00

pela CSLL devida ((R$ 10.000,00 – R$ 6.000,00) × 9%)

Débito = Tributos incidentes sobre vendas	[Conta de resultado]	R$ 565,00

tributos sobre notas fiscais de venda

Crédito = Tributo a recolher – PIS	[PC]	R$ 65,00

pelo PIS devido (R$ 10.000,00 × 0,65)

Crédito = Tributo a recolher – Cofins	[PC]	R$ 300,00

pela Cofins devida (R$ 10.000,00 × 3%)

Crédito = Tributo a recolher – ISS	[PC]	R$ 200,00

pelo ISS devido (R$ 10.000,00 × 2%)

8. **Recolhimento dos tributos nos vencimentos respectivos de R$ 820,00, em dinheiro.**
   Débito = Tributo a recolher – IR   [PC]   R$ 450,00
   pelo recolhimento do IR líquido (R$ 600,00 – R$ 150,00)
   Débito = Tributo a recolher – CSLL   [PC]   R$ 260,00
   pelo recolhimento da CSLL líquido (R$ 360,00 – R$ 100,00)
   Débito = Tributo a recolher – INSS   [PC]   R$ 110,00
   pelo recolhimento do IR líquido (R$ 660,00 – R$ 550,00)
   Crédito = Caixa   [AC]   R$ 820,00
   pelo valor de todos os tributos recolhidos

   Em conta Tê:

Caixa [AC]			Bancos [AC]			Receita de prestação de serviço de manutenção [CR]	
	820,00	8		5.340,00	4		10.000,00 1
			5	8.635,00	3		
	820,00			3.295,00			10.000,00

	Duplicatas a receber [AC]			Salários [CR]		Tributos incidentes sobre vendas [CR]	
1	10.000,00		2	6.000,00		7	565,00
	8.635,00	5					
	1.365,00	6					
0				6.000,00			565,00

	Salários a pagar [PC]			Tributos sobre o lucro [CR]		Tributos a recolher – ISS [PC]	
	6.000,00	2	7	960,00	6	200,00	
3	660,00					200,00	7
4	5.340,00						
	0			960,00		0	

Tributos a recolher – INSS [PC]				Tributos a recolher – PIS [PC]			Tributos a recolher – Cofins [PC]		
6	550,00	660,00	4	6	65,00		6	300,00	
8	110,00					65,00 7			300,00 7
		0				0			0

Tributos a recolher – CSLL [PC]				Tributos a recolher – IR [PC]		
6	100,00	360,00 7		6	150,00	
8	260,00			8	450,00	600,00 7
		0				0

18.7 Obrigação acessória

A Instrução Normativa RFB n. 1234, de 11/1/2012, estabelece em seu Anexo I o modelo de declaração a ser apresentado pela pessoa jurídica que não esteja sujeita à retenção, na fonte, do IRPJ, da CSLL, da Cofins e da contribuição para o PIS/Pasep, por ser uma instituição de educação ou uma entidade beneficente de assistência social, que atendam às condições legais para tal dispensa.

Da mesma forma, o Anexo II da referida instrução normativa traz um modelo de declaração para entidades que cumulativamente ainda preenchem os seguintes requisitos:

- é entidade sem fins lucrativos;
- presta serviços para os quais foi instituída e os coloca à disposição do grupo de pessoas a que se destinam;
- não remunera, por qualquer forma, seus dirigentes por serviços prestados;
- aplica integralmente seus recursos na manutenção e no desenvolvimento de seus objetivos sociais;
- mantém escrituração completa de suas receitas e despesas em livros revestidos das formalidades que assegurem a respectiva exatidão; e
- conserva em boa ordem, pelo prazo de 5 anos, contado da data da emissão, os documentos que comprovam a origem de suas receitas e a efetivação de suas despesas, bem como a realização de quaisquer outros atos ou operações que venham a modificar sua situação patrimonial.

Dessa forma, o representante legal dessa entidade assume o compromisso de informar à RFB e à unidade pagadora, imediatamente, eventual desenquadramento da presente situação.

ANEXO V
COMPROVANTE ANUAL DE RETENÇÃO

MINISTÉRIO DA FAZENDA Secretaria da Receita Federal do Brasil	COMPROVANTE ANUAL DE RETENÇÃO DE IR CSLL, Cofins e Pis/Pasep (Lei nº 9.430, de 1996, art.64) Ano Calendário _____

1. FONTE PAGADORA

NOME	CNPJ

2. PESSOA JURÍDICA FORNECEDORA DO BEM OU PRESTADORA DO SERVIÇO

CNPJ	NOME COMPLETO

3. RELAÇÃO DE PAGAMENTOS E RETENÇÕES

MÊS DO PAGAMENTO	CÓDIGO DA RETENÇÃO	VALOR PAGO	VALOR RETIDO

4. INFORMAÇÕES COMPLEMENTARES

5. RESPONSÁVEL PELAS INFORMAÇÕES

NOME	DATA	ASSINATURA

Aprovado pela IN RFB nº 1.234, de 11 de janeiro de 2012

O Anexo V, por sua vez, determina o modelo de comprovante anual de retenção. (Anexo disponível em: <http://www.esaf.fazenda.gov.br/institucional/centros-regionais/sao-paulo/arquivos/in-1234-anexo-5-in.pdf>.)

Questões e exercícios

1. A Instrução Normativa RFB n. 1234, de 11/1/2012, que dispõe sobre a retenção de tributos nos pagamentos efetuados pelos órgãos da administração pública federal direta, autarquias e fundações federais, empresas públicas e sociedades de economia mista, estabelece que não há que se falar em retenção em que situação?

2. Quais são os prazos para recolhimento dos tributos (IR, CSLL, PIS, Cofins) retidos pelos órgãos da administração pública?

3. Qual é a base de cálculo da retenção de tributos (IR, CSLL, PIS, Cofins) nos pagamentos efetuados pelos órgãos da administração pública?

4. Cite as alíquotas de retenção de IR, CSLL, PIS e Cofins aplicadas sobre uma atividade de serviço prestado para órgãos da administração pública.

5. Qual é a base de cálculo da retenção de tributos (IR, CSLL, PIS e Cofins) nos pagamentos efetuados por empresas privadas?

6. Quanto à retenção de tributos nos pagamentos efetuados por empresas privadas, quais são as alíquotas de retenção de IR, CSLL, PIS e Cofins?

7. Quais são as possíveis bases de cálculo da retenção do INSS de serviços de terceiros?

parte VI
GESTÃO E PLANEJAMENTO TRIBUTÁRIO

O desenvolvimento desta parte do trabalho está ligado às responsabilidades do profissional contábil em matéria tributária. Compreende os atributos e as peculiaridades da gestão e planejamento dos impostos, taxas e contribuições.

O objetivo principal dessas atividades é melhorar a sustentabilidade tributária do negócio, bem como otimizar os resultados das organizações. Por meio de relatórios deve-se dar informações íntegras, exatas, claras e precisas, a qualquer momento, dos caminhos percorridos pela empresa, a posição atual e os rumos do negócio em matéria tributária.

Temos a dimensão da importância das atividades de gestão e planejamento tributário quando partimos da premissa de que as duas informações mais importantes produzidas pela contabilidade, para uma empresa em condições normais de operação, são o valor do lucro e o valor da empresa, os quais são influenciados e influenciam os tributos recolhidos ou a recolher.

Na base de toda a gestão e planejamento de tributos está o sistema de informação contábil, que busca tornar inteligível tanto o evento econômico como os seus reflexos em matéria tributária. É indispensável compreender e contabilizar corretamente os tributos recolhidos. O conhecimento dos eventos tributários passados explica e justifica o patrimônio presente e permite uma projeção de futuro.

Não abordaremos nesta parte os aspectos relacionados com a contabilidade societária, pois partimos da premissa de que, em linhas gerais, o leitor já tenha conhecimento tanto dos principais eventos econômicos empresariais quanto dos elementos fundamentais das demonstrações e relatórios contábeis.

Dessa maneira, esta parte se restringe a contemplar o conteúdo aplicado e relacionado às principais atividades em matéria tributária.

capítulo 19

Gestão e Planejamento Tributário

A gestão e o planejamento tributário são primordiais para o crescimento econômico e financeiro dos negócios e do país, pois buscam alavancar o resultado contábil e econômico dos empreendimentos mediante a utilização de ferramentas da contabilidade.

Inicialmente é necessário ter conhecimento da arquitetura tributária brasileira. Esta é complexa e falha, envolve um grande número de variáveis que dificultam não somente o entendimento do assunto, mas também a sua operacionalização. O contribuinte, por meio da gestão e do planejamento de tributos, deve sempre tomar ciência das implicações tributárias no patrimônio das organizações.

Um recente estudo do Instituto Brasileiro de Planejamento Tributário (IBPT)[1] evidenciou que, desde a promulgação da Constituição Federal de 1988, foram editadas 5.241.914 normas que regem a vida dos cidadãos brasileiros. Dessa enxurrada de normas editadas no Brasil, nestes 27 anos, cerca de 6,72% se refere à matéria tributária. A pesquisa ainda demonstrou que são 30.680 normas tributárias federais (8,71% das normas tributárias), 103.867 normas tributárias estaduais (29,48% das normas tributárias) e 217.819 normas tributárias municipais (61,82% das normas tributárias). E concluiu que em média foram editadas 45 normas por dia útil, ou 1,87 norma por hora útil.

Partindo-se da premissa de que, para a apuração dos impostos, das taxas e da contribuição de melhoria, o profissional contábil deverá se pautar no conhecimento da legislação tributária vigente, no conhecimento pormenorizado dos eventos econômicos e nos valores estabelecidos pela contabilidade, é possível visualizar a relevância das atividades desenvolvidas por esse profissional, bem como o conhecimento técnico exigido e a sua dedicação de tempo.

Portanto, o contador deve ter ciência e também conscientizar o empresário de que sua atividade profissional não se resume a guardar livros, emitir guias etc. É necessário que o profissional contábil promova reflexões a respeito das suas responsabilidades, da sua dedicação à profissão, e dessa forma encontre elementos para a sua valorização no mercado.

---

[1] AMARAL, Gilberto Luiz do et al. *Quantidade de normas editadas no Brasil*: 27 anos da Constituição Federal de 1988. Curitiba: Estudos do Instituto Brasileiro de Planejamento Tributário, Curitiba, 2015.

Este capítulo destina-se a apresentar um painel das principais atividades do contador em matéria tributária. Todavia, é importante ressaltar que não se tem pretensão de esgotar o assunto.

Em linhas gerais, na prática, as empresas de porte maior utilizam um comitê tributário (composto por advogados, contadores, economistas, administradores, engenheiros etc.) para a gestão e o planejamento. Contudo, o contador tem um papel fundamental nos tópicos que serão apresentados neste capítulo. Em regra geral, principalmente, do contador são exigidas todas as atividades aqui destacadas.

19.1 Gestão tributária

Apesar do forte componente jurídico, esta atividade deveria sempre ser desempenhada por contadores, uma vez que se impõe pela natural tendência de a contabilidade dispor e utilizar tanto das informações societárias quanto das informações fiscais e tributárias. Acrescente-se a isto que a maior parte dos tributos permeia as atividades operacionais de compra e venda; portanto, tem um forte componente operacional, impactando todas as atividades da companhia. É uma tendência natural que as questões tributárias envolvendo as operações tenham a assessoria e o monitoramento do profissional contábil.

Outro fator importante é que essa atividade é conduzida pelos subsistemas de informação societário, fiscal e tributário, permitindo uma visão geral de todos os aspectos da empresa, especialmente dos tributos. O progresso tecnológico e a dinamicidade dada à informação nos últimos anos, aliados à abertura dos mercados e à crescente competitividade, culminaram no estímulo ao desenvolvimento e no uso de sistemas de informações robustos. Novas demandas emergiram, de diversos usuários da contabilidade, de informações mais coerentes, sintéticas e explicativas. A racionalização do ciclo de vida dos tributos possibilitará o conhecimento dos procedimentos do emaranhado fiscal e das etapas burocráticas.

A escrituração fiscal deverá ser utilizada como ferramenta operacional. A informação escriturada necessitará trazer mais benefício ao gestor do que o custo em obtê-la; não obstante, é necessário ser compreensível, relevante, confiável, consistente e de utilidade para o decisor. A transição da rigidez da escrituração fiscal para a fluidez da gestão e do planejamento tributário exigirá a presença de profissionais competentes, éticos e proativos. Da mesma forma, é indispensável para uma boa gestão de tributos o investimento em tecnologia em sistemas de informação específicos e integrados.

A gestão tributária é imprescindível para a sobrevivência e a adaptabilidade do negócio no mundo competitivo, globalizado e de custos tributários elevados.

19.1.1 Sistema de informação de gestão tributária

O profissional contábil é o responsável pela estruturação desse sistema de informação. A base para a existência desse subsistema está na complexa e inconstante legislação brasileira. Além do número elevado de tributos, são muitos e diferentes os métodos de apuração das bases de cálculo e formas de tributação.

Adicionem-se a esses fatores as inúmeras circunstâncias modificadoras e inibidoras da obrigação tributária (suspensões, moratórias, depósitos judiciais, compensações, remissões, prescrições, isenções, anistias, imunidades, diferimentos, retenções, incentivos fiscais etc.), que tornam necessário um detalhamento adequado sobre os tipos de bases de cálculo (despesas, receitas, resultados, saídas, entradas etc.), de modo a permitir um gerenciamento eficaz dos impostos gerados pela empresa, buscando a otimização e a redução do impacto financeiro ocasionado por eles. Complementarmente, as necessidades informacionais do balanço social têm exigido acuracidade nas informações dos impostos e contribuições geradas pela empresa. Independentemente do contexto, os atos normativos devem ser rigorosamente respeitados.

Tendo em vista a magnitude mais comum para as empresas, podemos seccionar esse subsistema em quatro grandes blocos de informações, considerando os diversos tipos de impostos e contribuições:

- impostos e contribuições sobre mercadorias;
- impostos e contribuições sobre o lucro;
- contribuições sobre folha de pagamento; e
- outros impostos, taxas e contribuições.

19.1.2 Objetivos do subsistema de gestão tributária

O principal objetivo desse subsistema é apresentar as informações exatas, claras e tempestivas sobre as bases de cálculo, nas quais os impostos foram gerados (inclusive as exceções tributárias), e seus reflexos no resultado da organização.

Para tanto, o objetivo principal é assim subdividido:

- Interpretar adequadamente toda a legislação que norteia as transações da empresa.
- Informar as bases de cálculo de incidência dos tributos.
- Informar as exceções das bases de cálculo dos tributos.
- Permitir a gestão operacional dos tributos, na busca do impacto mínimo para a empresa.
- Permitir a visão do impacto dos tributos sobre todos os estabelecimentos da(s) empresa(s) e do grupo corporativo.
- Possibilitar o acompanhamento sistemático dos impostos a recuperar, dos créditos tributários pendentes (regulares e contenciosos) e dos impostos parcelados.
- Dar as informações para o balanço social.
- Alimentar e alinhar as obrigações acessórias.
- Evidenciar os efeitos tributários das decisões de investimento.
- Acompanhar a conformidade fiscal de cada transação e negócio.

A gestão tributária é indispensável para a administração de qualquer negócio; portanto, deve acontecer em todas as empresas, independentemente do porte ou enquadramento tributário. Mesmo aquelas organizações que se encontram imunes ou isentas demandam da gestão tributária.

Os gestores de tributos devem sempre ficar atentos às atipicidades, a fim de não comprometer a licitude de todo o trabalho e até mesmo o negócio.

19.1.3 Atributos e funções

A principal função do responsável por esse subsistema é identificar com clareza, precisão e transparência as informações relevantes que serão utilizadas pelos usuários das saídas desse subsistema. A importância dessa função está nas informações geradas pelo subsistema, após coleta e processamento dos dados de outros subsistemas, as quais devem estar no grau adequado de síntese.

Apresentar todas as bases de cálculo implicará na confecção de longos relatórios, que dificultarão o processo de gestão. Sintetização em demasia não permitirá uma gestão adequada. Há que se fazer suficiente condensação para a tomada de decisão e ação. Políticas e procedimentos tributários são estabelecidos nessa etapa.

O gestor de tributos é submerso a um ambiente de tensões, o que exigirá dele habilidades, competências e atributos de liderança, de equipe e conciliatórios.

19.1.4 Operacionalidades do sistema

A operacionalidade básica é a alimentação automática e integrada do sistema. Como o volume de informações geradas sobre os impostos é muito grande, o subsistema deve ter na integração e no interfaceamento abrangente sua principal operacionalidade.

Outra operacionalidade é um processo inteligente de indexação e cálculo de juros moratórios, tendo em vista que os tributos poderão ser objeto de recuperação por vários períodos, ao mesmo tempo que, nos casos de parcelamento de tributos, os pagamentos sofrem o processo de pagamento de juros e multas pela postergação do pagamento.

Investimento em tecnologia e sistemas de contabilidade auxiliará o processo de transferência de informação, tornando mais tempestivas e dinâmicas as ações decisórias.

19.1.5 Informações e relatórios gerados

Deverá ser gerado e emitido um relatório para cada tributo relevante, o qual precisa conter as seguintes informações sobre cada tributo:

- Principais bases de incidência dos impostos.
- Principais bases de não incidência dos impostos.
- Tipos de movimentação mais relevantes (entradas, saídas, importações, exportações, transferências, remessas, despesas operacionais, receitas operacionais, receitas financeiras etc.).
- Prazos de recolhimento, indexador legal se existir, prazo de entrega das guias ou declarações.
- Alíquotas básicas para as movimentações mais relevantes.
- Valor dos impostos debitados, creditados, aproveitados, postergados, diferidos, a recuperar etc.

Atualmente, os tributos que devem merecer relatórios e análises específicas são:

- **Sobre mercadorias, produtos e serviços**: IPI, ICMS, ISS, PIS, Cofins, Imposto de Importação, Imposto de Exportação, tributos com arrecadação simplificada.
- **Sobre o lucro**: imposto de renda, contribuição social, imposto de renda na fonte sobre juros sobre o capital próprio, Lucro Presumido.
- **Sobre a folha de pagamento**: INSS, FGTS, Sesi/Senai/Sest, seguro-acidente etc.
- **Outros**: imposto de renda nas remessas para o exterior, Imposto sobre Operações Financeiras (IOF), imposto/contribuição sobre movimentação financeira, imposto de

renda na fonte, INSS sobre autônomos, Imposto Territorial Rural (ITR), Imposto Predial e Territorial Urbano (IPTU), Imposto sobre Veículos Automotores (IPVA) etc.

Apresentamos, na Figura 19.1, as interações com os outros subsistemas para as quatro áreas desse subsistema.

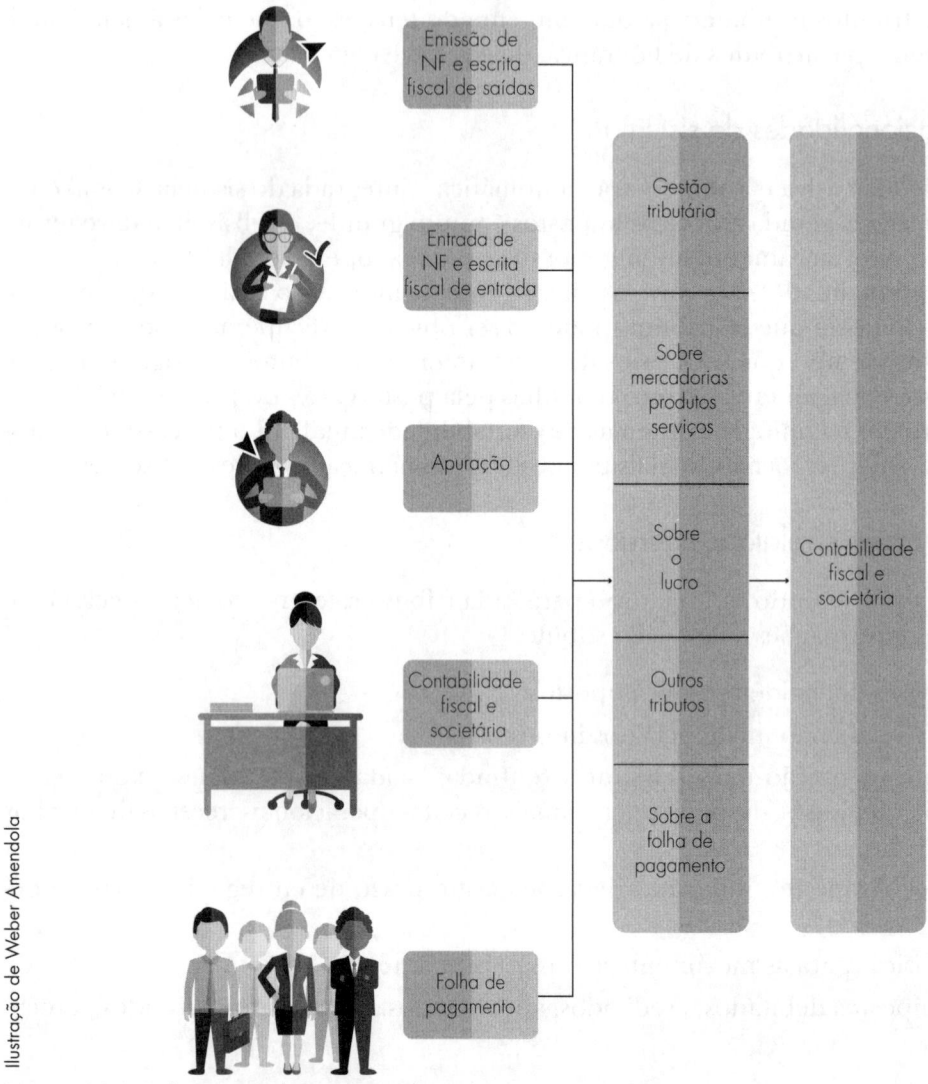

Figura 19.1 Subsistema de gestão tributária.

Periodicamente é necessário verificar a conformidade fiscal dos tributos recolhidos e a recolher; da mesma forma, é necessário acompanhar sistematicamente as isenções, diferimentos, incentivos fiscais etc.

Cumprir com os requisitos legais, bem como recolher os tributos nos prazos estabelecidos em lei, é condição básica para se evitar sansões fiscais. Da mesma forma, é fundamental que as empresas acompanhem e subsidiem os processos fiscalizatórios realizados pelas autoridades fazendárias.

19.1.6 Exemplos de relatórios

A seguir, fornecemos três exemplos de relatórios de acompanhamento de impostos. Os dois primeiros são modelos para acompanhamento dos principais impostos sobre vendas, e o terceiro tem por objetivo apresentar o painel de todos os tributos recolhidos, especialmente para atender ao balanço social.

Tabela 19.1 Acompanhamento de IPI e ICMS

IPI e ICMS Saídas – Base de Cálculo/Imposto	Período 1	Período 2	Período 3	Total
Vendas – Mercado interno	x	x	x	x
Vendas – Mercado externo	x	x	x	x
Vendas – Isentas	x	x	x	x
Transferências remetidas (filiais)	x	x	x	x
Outras movimentações	x	x	x	x
Entradas – Base de cálculo/Imposto				
Compras – Mercado interno	x	x	x	x
Compras – Mercado externo	x	x	x	x
Compras – Isentas	x	x	x	x
Serviços tributados	x	x	x	x
(Energia elétrica, comunicações e fretes)	x	x	x	x
Transferências recebidas (filiais)	x	x	x	x
Outras movimentações	x	x	x	x
Total dos impostos				
IPI debitado	x	x	x	x
IPI creditado	x	x	x	x
IPI a recolher (ou saldo credor)	x	x	x	x
ICMS debitado	x	x	x	x
ICMS creditado	x	x	x	x
ICMS a recolher (ou saldo credor)	x	x	x	x
Escrituração				
Entrega da guia: dia xx				
Recolhimento: dia xx				
Indexação: xx				

Tabela 19.2 Acompanhamento de PIS e Cofins

PIS e Cofins Saídas – Base de cálculo/Imposto	Período 1	Período 2	Período 3	Total
Vendas – Mercado interno	x	x	x	x
Vendas – Mercado externo	x	x	x	x
Vendas – Isentas	x	x	x	x
Transferências remetidas (filiais)	x	x	x	x
Outras movimentações	x	x	x	x
Entradas – Base de cálculo/Imposto				
Compras – Mercado interno	x	x	x	x
Compras – Mercado externo	x	x	x	x
Compras – Isentas	x	x	x	x
Serviços tributados	x	x	x	x
(Energia elétrica, comunicações e fretes)	x	x	x	x
Transferências recebidas (filiais)	x	x	x	x
Outras movimentações	x	x	x	x
Total dos impostos				
IPI debitado	x	x	x	x
IPI creditado	x	x	x	x
IPI a recolher (ou saldo credor)	x	x	x	x
ICMS debitado	x	x	x	x
ICMS creditado	x	x	x	x
ICMS a recolher (ou saldo credor)	x	x	x	x
Escrituração				
Entrega da guia: dia xx				
Recolhimento: dia xx				
Indexação: xx				

Tabela 19.3 Tributos recolhidos

		Tributos recolhidos	Período 1	Período 2	Período 3	Total
IMPOSTOS	PRÓPRIOS	Federais				
		IPI	x	x	x	x
		PIS	x	x	x	x
		IRRF sobre aplicação financeira	x	x	x	x
		IRPJ	x	x	x	x
		ITR	x	x	x	x
		II	x	x	x	x
		Subtotal	x	x	x	x
		Estaduais				
		ICMS	x	x	x	x
		IPVA	x	x	x	x
		Subtotal	x	x	x	x
		Municipais				
		ISS	x	x	x	x
		IPTU	x	x	x	x
		Subtotal	x	x	x	x
	DE TERCEIROS	Federais				
		IRRF – Empregados	x	x	x	x
		IRRF – Terceiros	x	x	x	x
		Subtotal	x	x	x	x
CONTRIBUIÇÕES	PRÓPRIAS	CPP	x	x	x	x
		Sindical patronal	x	x	x	x
		Cofins	x	x	x	x
		Contribuição social	x	x	x	x
		Outras	x	x	x	x
		Subtotal	x	x	x	x
	DE TERCEIROS	INSS – Empregados	x	x	x	x
		INSS – Terceiros	x	x	x	x
		Outras	x	x	x	x
		Subtotal	x	x	x	x
Tributos (próprios)						
Tributos (de terceiros)						
Total geral						

19.2 Planejamento tributário

No ambiente empresarial é comum a utilização dos termos "gestão tributária" e "planejamento tributário" como atividades semelhantes. Contudo, o nosso entendimento é que há uma diferença significativa entre eles.

O planejamento tributário parte de estudos pontuais, estratégicos e específicos objetivando melhorar a carga tributária geral da empresa, por meio de contenciosos, reorganizações societárias etc. Já a gestão tributária consiste, por natureza, no acompanhamento sistemático de todos os tributos da corporação. Geralmente, a partir da rotineira gestão tributária é que emergem as questões para o planejamento tributário.

Quando as questões levantadas pelo sistema de gestão tributária implicam um contencioso ou outra atividade processual, o contador deve juntar-se ao setor jurídico da empresa e auxiliá-lo na gestão do planejamento tributário levantado.

Apesar de serem atividades distintas, o planejamento tributário e a gestão tributária são complementares. Juntas, elas oferecem aos administradores uma visão panorâmica, holística, do tributo e de seus reflexos na organização, envolvendo desde os fundamentos básicos da legislação tributária nacional até a identificação das principais possibilidades de economia lícita de tributos.

O planejamento busca mais que uma economia lícita de tributos. Em muitas situações, procura postergar, de forma lícita, o recolhimento de impostos, taxas e contribuições. Por se tratar de procedimentos lícitos, não há que se falar em sanções.

19.2.1 Planejamento tributário: evasão, elusão ou elisão fiscal

Muitos empresários reconhecem a importância dos tributos somente no momento em que sentem seu impacto no caixa, ou seja, após a ocorrência do fato gerador e do recolhimento dos impostos, taxas e contribuições.

Logo, surgem alternativas contraditórias para reduzir o ônus tributário. Os termos técnicos que melhor definem essas alternativas são:

- Evasão.
- Elisão.
- Elusão.

Não pretendemos, neste capítulo, apresentar uma visão histórica e filosófica dos termos nem tampouco esgotar o assunto; contudo, é necessário compreender as similaridades e as diferenças acerca dos termos, ampliando e permitindo reflexões das práticas que envolvem a matéria, pois não se trata somente de uma simples questão de semântica ou de aspectos axiológicos.

Em muitos casos, o empresariado brasileiro, na ânsia pela redução, extinção ou adiamento desses custos, acaba por praticar um árduo e questionável conjunto de procedimentos pautados em artifícios e condutas ilícitas (declarações falsas, inexatas, omissas...).

As condutas ilícitas acontecem, via de regra, após ocorrido o fato gerador e nascida a obrigação tributária. Tecnicamente, chamamos de evasão a economia tributária proveniente dessas atitudes antiéticas, ilícitas, fraudulentas, de sonegação, descritas no Capítulo 2, item 2.7.

A evasão fiscal geralmente é carregada de vícios inconstitucionais combatidos pela fiscalização da Secretaria da Receita Federal.

Como destacado no Capítulo 2 (item 2.6), o Fisco federal tem buscado cumprir seu papel e suas autuações, e tem obtido expressivos resultados. O plano anual de fiscalização da Receita Federal, de 2016, apresentou um balanço do exercício de 2015 e 2014. O estudo expôs que as ações de inteligência fiscal se concentraram (nos últimos anos) no segmento industrial, em empresas de grande porte, com lançamento de R$ 39,3 bilhões, conforme a Tabela 19.4.

O administrador deve exercer as atribuições que a lei e o estatuto lhe conferem para lograr os fins e no interesse da companhia, satisfeitas as exigências do bem público e da função social da empresa. [...] É vedado ao administrador praticar ato de liberalidade à custa da companhia[2].

A Tabela 19.5 sintetiza as autuações no cenário brasileiro e os créditos levantados por tributo. Corresponde basicamente à ação fiscal da Receita Federal com o objetivo de mitigar a evasão fiscal.

Contrapondo a evasão temos a elisão. Evasão e elisão são expressões polares e, para melhor compreendê-las, basta fazermos uma analogia com um ímã. Ambas têm propriedades iguais, assim como o ímã, porém se encontram em polos opostos, ou seja, as duas buscam a economia de tributos, porém a primeira se baliza em fatores ilícitos, inexatos, e a segunda é obtida por meios legais e inquestionáveis.

A elisão fiscal é produto do planejamento tributário e da postura ética das partes envolvidas. Traduz-se como economia lícita de tributos obtida por meios legais em prol da otimização dos resultados futuros da organização. Assim, as alternativas legais de economia de impostos, taxas e contribuições, quando executadas nos moldes da lei, não simuladas, realizadas antes do fato gerador, tornam-se inquestionáveis e poderão ser tratadas como elisão fiscal.

A elisão não coloca em xeque o tributo apurado nem tampouco a saúde financeira da empresa. Não coloca o contribuinte em condição vulnerável perante o Fisco, uma vez que não está suscetível a penalidades futuras. Um ato elisivo simplesmente guarda o contribuinte dos "abusos" cometidos pela gestão governamental.

Por fim temos o termo elusão. Assim como a evasão e a elisão, a elusão também busca a economia de tributos. Analogamente, é o ponto de intersecção entre a evasão e a elisão. No arcabouço jurídico, esse termo é recorrente quando há uma prática abusiva do planejamento tributário. Em regra geral, na elusão o contribuinte age de forma abusiva nos pontos cegos da lei. Juristas afirmam que a elusão provoca certa feição de licitude nos negócios; contudo, torna-se suscetível a sanções futuras por parte do Fisco. A criatividade aplicada em matéria tributária por vezes é suprimida com autos de infração, uma vez que o contribuinte torna-se mais vulnerável diante da "licitude" dos seus atos e o seu "irrestrito" cumprimento da lei, entretanto, não é incorreto se posicionar diante das falhas, lacunas e inconstitucionalidades do nosso sistema tributário.

É notório que nos moldes da elusão fiscal emergem os grandes entraves jurídicos tributários. É necessário destacar que o retorno esperado com o planejamento tributário deverá sempre compensar os riscos assumidos pela organização.

Antes de caracterizarmos uma atitude do contribuinte como evasiva, elisiva ou elusiva, temos de analisar a legislação que norteia o objeto e conhecer as particularidades dos eventos econômicos e das estruturas e condições das partes envolvidas no negócio. É lícito o contribuinte utilizar seus conhecimentos técnicos para economizar nos excessos tributários.

---

[2] BRASIL. Lei n. 6.404, de 15/12/1976. *Dispõe sobre as sociedades por ações*. Disponível em: <www.planalto.gov.br/ccivil_03/leis/L6404compilada.htm>. Acesso em: 20 abr. 2017.

Tabela 19.4[3] Crédito tributário por segmento

Segmento	2014		2015		Variação 2014 a 2015	
	Quantidade	Crédito (R$)	Quantidade	Crédito (R$)	Quantidade	Crédito
Comércio	2.046	16.079.171.133	1.149	20.919.820.080	-43,8%	30,1%
Prestação de serviços	2.123	18.784.624.411	1.250	15.693.859.516	-41,1%	-16,5%
Indústria	2.424	58.765.239.927	1.432	39.367.230.611	-40,9%	-33,0%
Transporte e serviços relacionados	550	3.581.450.282	314	2.472.871.946	-42,9%	-31,0%
Construção civil	517	2.959.255.416	276	2.635.188.319	-46,6%	-11,0%
Serviços de comunicação, energia e água	95	2.087.803.296	61	1.707.179.901	-35,8%	-18,2%
Serviços financeiros	230	17.056.212.354	133	19.225.017.134	-42,2%	12,7%
Sociedades de participação	136	15.799.210.565	87	12.740.802.009	-36,0%	-19,4%
Outros setores	918	4.689.896.334	556	3.103.556.580	-39,4%	-33,8%
Fiscalização pessoa jurídica	9.039	139.802.863.718	5.258	117.865.526.096	-41,8%	-15,7%
Lançamento de multa PJ	235	54.555.188	140	170.524.036	-40,4%	212,6%
Total revisão de declarações PJ	5.068	4.318.072.727	3.547	2.801.202.590	-30,0%	-35,1%
Total geral pessoa jurídica	14.342	144.175.491.633	8.945	120.837.252.722	-37,6%	-16,2%

[3] Baseado em: MENDES, Paulo Cirilo Santos et al. *Plano anual da fiscalização da Secretaria da Receita Federal do Brasil para o ano calendário de 2016: quantidade, principais operações fiscais e valores esperados de recuperação de crédito tributário*. Resultados de 2015. 30 p. Receita Federal. Disponível em: <https://idg.receita.fazenda.gov.br/dados/resultados/fiscalizacao/arquivos-e-imagens/plano-anual-fiscalizacao-2016-e-resultados-2015.pdf>. Acesso em: 23 maio 2017.

Tabela 19.5[4] Fiscalização e créditos levantados por tributo

Tributo	2014				2015				Variação de
	Total RPF	RPF com crédito	Crédito (A)	% R$	Total RPF	RPF com crédito	Crédito (B)	% R$	
IRPJ	3.734	3.062	51.302.614.586	35,5%	2.162	1.801	44.115.429.321	36,4%	-14,0%
CSLL	3.158	3.039	19.795.235.964	13,7%	1.862	1.793	17.899.616.069	14,8%	-9,6%
IRRF	356	292	7.667.353.806	5,3%	260	207	11.881.102.667	9,8%	55,0%
Cofins	3.070	2.747	26.082.212.318	18,0%	1.733	1.585	16.822.027.113	13,9%	-35,5%
CP patronal	4.521	4.023	13.561.969.912	9,4%	2.832	2.464	9.610.865.476	7,9%	-29,1%
IPI	1.180	847	6.527.880.042	4,5%	517	376	5.798.520.761	4,8%	-11,2%
IOF	221	186	1.531.756.287	1,1%	146	119	847.736.038	0,7%	-44,7%
IRPF	5.130	4.641	4.491.434.590	3,1%	3.150	2.897	3.159.720.177	2,6%	-29,7%
PIS	3.045	2.713	5.423.889.445	3,8%	1.724	1.571	3.442.700.832	2,8%	-36,5%
CP 3°	3.072	2.874	1.488.711.783	1,0%	1.909	1.805	1.198.842.531	1,0%	-19,5%
Muldi	849	784	1.555.088.520	1,1%	558	511	1.778.674.184	1,5%	14,4%
CP Muldi	1.324	1.190	691.047.679	0,5%	682	603	622.705.745	0,5%	-9,9%
Contribuição previdenciária descontada dos segurados	3.643	3.152	1.218.488.002	0,8%	2.098	1.829	500.668.728	0,4%	-58,9%
Pasep	282	275	743.655.374	0,5%	149	146	591.840.468	0,5%	-20,4%
Simples	463	244	285.029.145	0,2%	262	131	116.369.492	0,1%	-59,2%
Cidere	76	49	2.155.650.390	1,5%	42	26	2.746.901.807	2,3%	27,4%
ITR	14	14	16.925.942	0,0%	17	14	33.919.186	0,0%	100,4%
Contribuição previdenciária	9	0	0	0,0%	2	1	920.569	0,0%	
Total: Brasil	0	0	144.556.151.179	100,0%	0	0	121.168.561.163	100,0%	-16,2%

[4] Baseado em: MENDES, Paulo Cirilo Santos et al. Plano anual da fiscalização da Receita Federal do Brasil para o ano calendário de 2016: quantidade, principais operações fiscais e valores esperados de recuperação de crédito tributário. Resultados de 2015. 30 p. Receita Federal. Disponível em: <https://idg.receita.fazenda.gov.br/dados/resultados/fiscalizacao/arquivos-e-imagens/plano-anual-fiscalizacao-2016-e-resultados-2015.pdf>. Acesso em: 23 maio 2017.

19.2.2 Modelo geral para efetivação de planejamento tributário

Conhecidas as vertentes de possibilidades das abordagens tributárias e a licitude necessária para se fazer um planejamento tributário, é possível avançarmos nas discussões das práticas de planejamento tributário.

Dada a natural complexidade do assunto, recomenda-se que a empresa constitua um comitê para discussão dos assuntos tributários, que examine as questões tributárias existentes e a existir de forma periódica. Em geral esse comitê é composto por pessoas que exercem as seguintes funções:

- diretor ou gerente administrativo financeiro;
- *controller* ou contador-geral;
- responsável pelo setor jurídico da empresa; e
- assessor jurídico externo.

Quando determinadas questões envolverem aspectos operacionais, recomenda-se a participação do principal responsável pela atividade. Por exemplo, se a questão é de impostos sobre vendas, recomenda-se a participação do responsável pela emissão das notas fiscais da empresa ou do estabelecimento.

O conhecimento técnico e específico é indispensável no planejamento tributário. O objeto do planejamento tributário deverá sempre ser analisado do ponto de vista político, contábil, fiscal, financeiro, jurídico, econômico, social, tecnológico e ambiental. Negligenciar esses aspectos é uma forma segura de o contribuinte tornar vulnerável a confiabilidade e a validade dos seus procedimentos e resultados, podendo trazer consequências indesejáveis e até mesmo inimagináveis para o negócio.

O planejamento, na prática, é meticuloso! Deve ser estudado por evento econômico, antes do fato gerador, mas nunca negligenciar os reflexos no ambiente geral. Após recolhidos os impostos, estudos podem ser realizados a fim de identificar melhores alternativas para a recuperação dos créditos e possíveis ressarcimentos. Para tanto, conhecer os balizadores da estrutura tributária da empresa é de suma importância.

Definem a estrutura tributária:

- situações tributárias determinadas; e
- opções tributárias (enquadramento, modalidade, regime etc.).

Conduz a apuração dos tributos resguarda pela arquitetura tributária nacional.

Exemplo

Abordaremos neste exemplo as possibilidades práticas de planejamento tributário. Para desenvolver didaticamente esse tema, tomaremos como referência o processo de investimento em uma nova empresa ou em uma nova unidade de negócio no ramo de artigos do vestuário de qualquer material, como vestidos, blusas, calças, roupas íntimas, uniformes escolares e similares.

O segmento econômico do negócio é caracterizado por produtos similares oferecidos ao mercado consumidor. Variáveis como volume, preço, venda, tecnologia, processo, estrutura do produto etc. devem ser definidas com antecedência, da mesma forma que a estrutura tributária da empresa. A necessidade de investimento, bem como a apuração dos tributos, decorre das opções efetuadas em cada uma das variáveis. Todas essas variáveis são interdependentes, o que possibilita a construção de um modelo de decisão orientador.

Assim como nas decisões de investimento, a estrutura tributária decorre de algumas questões:

- Onde produzir?
- Onde vender?
- Onde e de quem comprar?
- Qual o volume normal esperado e o preço médio de venda praticado?
- Quais os resultados esperados?

Essas definições conduzirão não somente a uma estrutura de ativos da empresa ou unidade de negócio mas também à estrutura tributária e do produto como um todo.

Apresentamos, na Figura 19.2, um modelo de decisão, em formato de árvore, que evidencia os principais fundamentos para o processo de investimento, estrutura do ativo e consequentemente dos custos tributários.

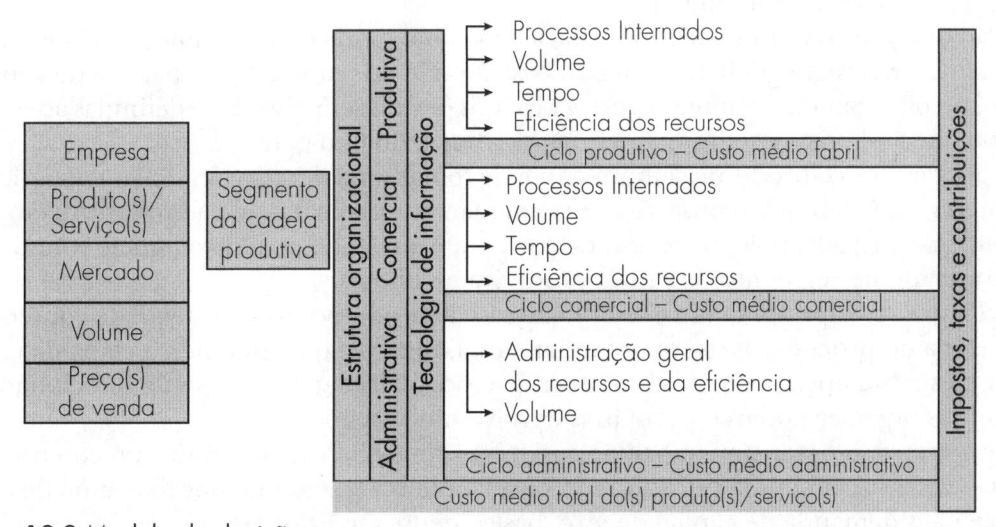

Figura 19.2 Modelo de decisão.

A definição do negócio, o mapeamento do segmento econômico, a definição de qual produto ou linha de produtos a empresa desenvolverá e/ou qual mercado consumidor está disposto a aceitá-lo são itens trabalhados pela empresa no planejamento estratégico. Nesse momento, duas decisões são intrínsecas à decisão da escolha dos produtos e devem ser consideradas ao mesmo tempo: a definição do preço de venda do produto e o volume desejado e/ou esperado de vendas (e, consequentemente, a produção).

Não há como definir um produto sem saber qual preço de venda está associado à escala de produção, ou seja, ao volume que determinará o nível de atividade operacional da nova empresa ou da nova unidade de negócio.

Neste momento, convém lembrar que os conceitos utilizados nessa etapa do processo decorrem dos fundamentos da microeconomia da escala da oferta *versus* a escala da procura, que determinam o preço de equilíbrio em um mercado competitivo. Em ambos os casos, as escalas de oferta e procura projetam as quantidades que serão de interesse do produtor a um determinado preço contra as quantidades de interesse do consumo a um dado preço.

A definição do preço de venda está intrinsecamente ligada à definição do volume a ser produzido e vendido. Não há como imaginar que se possa primeiro determinar qual o produto a ser vendido e depois pensar no preço de venda a ser oferecido. Da mesma forma é necessário analisar antecipadamente os custos tributários, pois eles têm relação íntima com o mercado consumidor, fornecedor e estão estreitamente relacionados ao volume planejado de venda.

Não há como desvincular os custos tributários do processo de tomada de decisão para um novo negócio ou produto, principalmente em meio a um ambiente econômico globalizado, dinâmico, com custos tributários elevados.

Um bom planejamento tributário demanda um estudo das localidades. O local das novas instalações, bem como o local de compra e venda dos produtos e mercadorias, pode contribuir tanto para a redução dos custos tributários quanto para a sua majoração, uma vez que existem locais que oferecem incentivos fiscais (por exemplo, a Zona Franca de Manaus) ou até mesmo estabelecem alíquotas e/ou bases de cálculo diferenciadas (por exemplo, o ICMS do Estado de São Paulo em relação ao Estado de Minas Gerais, mercado nacional *versus* internacional etc.). Há situações em que a loja virtual, por exemplo, é a alternativa mais viável para um empreendimento.

Não obstante, o volume de produção, assim como o preço do produto, condiciona o faturamento. Em regra geral, a receita é a base de cálculo para uma boa parcela de tributos. Logo, no planejamento tributário, essas variáveis devem ser pensadas e definidas ao mesmo tempo que as demais e sempre antes da ocorrência do fato gerador.

Após definido o produto, a empresa tem de tomar uma decisão tão vital ou mais do que as anteriores. A definição consiste em escolher em que etapa da cadeia produtiva a empresa vai entrar e qual a tecnologia necessária para a fabricação do produto daquele volume predeterminado no segmento da cadeia produtiva escolhido.

A Figura 19.3 apresenta um exemplo de cadeia produtiva do setor têxtil de confecções. Esta etapa do processo decisório é fundamental, uma vez que, definida a etapa da cadeia e manifestada a opção pelo produto e serviço escolhido, fatalmente serão direcionadas as estruturas organizacionais e tributárias envolvendo o negócio.

Se a empresa optar por trabalhar nas etapas finais da cadeia produtiva, como no comércio varejista, terá uma estrutura mais horizontalizada, com menor demanda de ativos fixos e mais demanda de capital de giro, basicamente em estoque.

Neste momento emergem três questões que nos remetem a reflexões a respeito do planejamento tributário:

- Em que etapa da cadeia produtiva a empresa vai ingressar?
- A empresa comprará matéria-prima, produto intermediário ou o produto acabado?
- O fornecedor é optante pelo Simples, pelo Lucro Presumido ou outro?

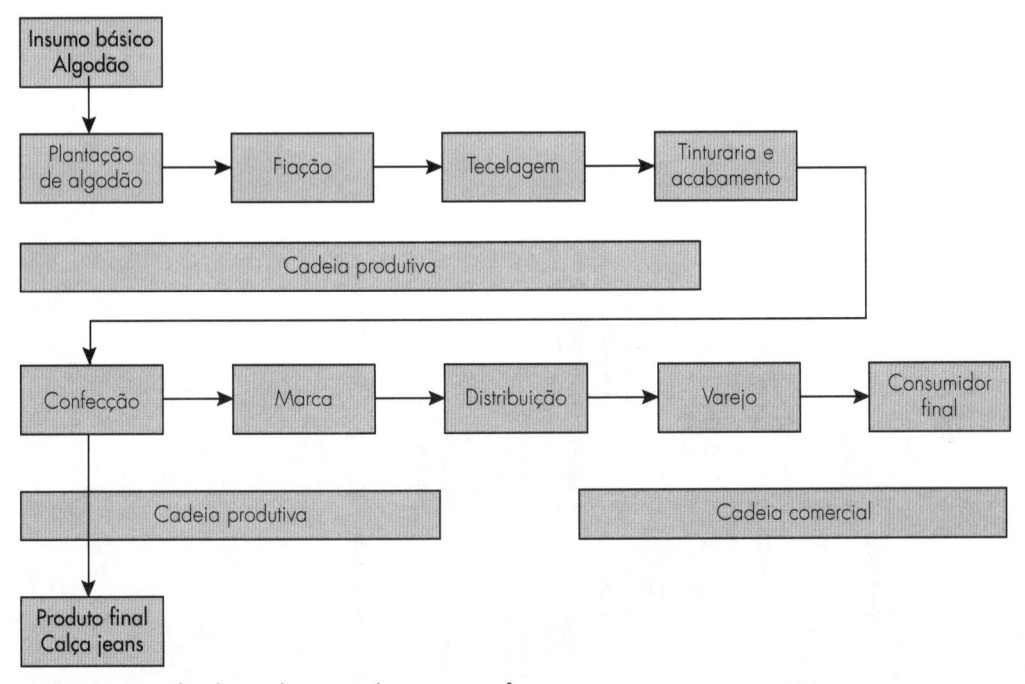

Figura 19.3 Exemplo de cadeia produtiva – confecção.

Analisando a Figura 19.3 identificamos que o produto final é a calça jeans feita de tecido de algodão tingido. Podemos facilmente identificar os seguintes processos de transformação: plantação do algodão, fiação, tecelagem, tinturaria e acabamento, confecção, marca, distribuição e varejo. Os processos são sequenciais; entretanto, o local onde a nova empresa será inserida na cadeia impacta diretamente em custos tributários distintos. As alíquotas do IPI e do ICMS que serão aplicadas sobre a base de cálculo seguramente serão diferentes nas etapas da cadeia produtiva. Da mesma forma, a base de cálculo poderá sofrer alterações, impactando, naturalmente, no resultado final do preço de venda/margem de lucro do produto/mercadoria.

Como destacado, a etapa da cadeia produtiva em que a empresa pretende se inserir desencadeará custos diferenciados. Os gastos com mão de obra, por exemplo, poderão ser influenciados – e, consequentemente, o valor dos tributos. Nesse instante é essencial definir e redefinir os enquadramentos tributários e seus reflexos. Os enquadramentos implicam períodos de apuração e recolhimento distintos, assim como os gastos tributários. Nessa etapa, a busca por incentivos fiscais não deve ser descartada. Da mesma forma, é importante pensar em terceirizações e em seus reflexos tributários.

Em matéria tributária, é aconselhável que se faça uma análise das relações de causa e efeito dos tributos dos possíveis e prováveis fornecedores no processo de produção e os seus reflexos para os clientes. É importante compreender o lugar em que os fornecedores e clientes se encontram na cadeia produtiva e qual a destinação da mercadoria adquirida pelos clientes, uma vez que a tributação difere para situações de venda para posterior revenda das situações de venda para uso e consumo.

Cada contribuinte da cadeia produtiva gera um crédito tributário distinto, e este naturalmente reflete no preço do produto para o consumidor final. Nesse sentido, é correto pensar em um planejamento tributário conjunto e integrado com outros atores da cadeia produtiva (plantação do algodão, fiação, tecelagem, tinturaria e acabamento, confecção,

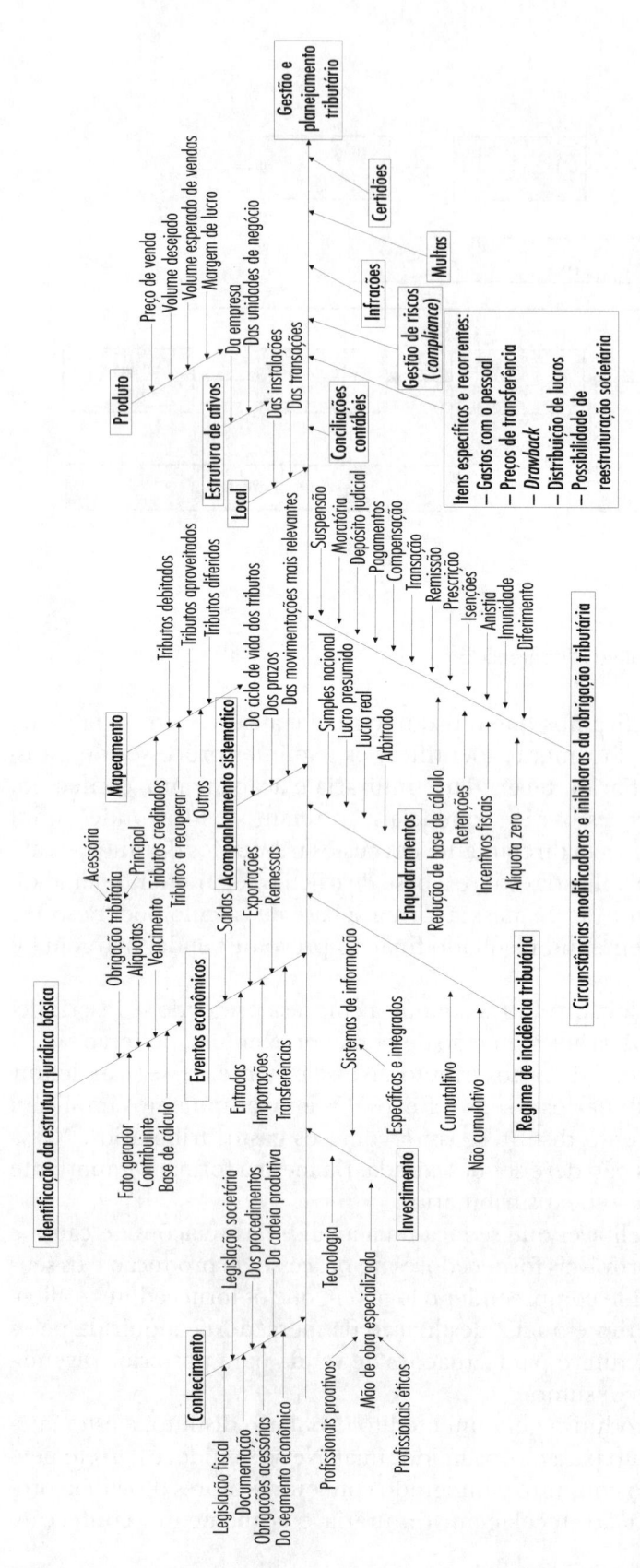

374 Contabilidade e Gestão Tributária: Teoria, Prática e Ensino

Figura 19.4 Variáveis elementares presentes em sistemas tradicionais de gestão e planejamento tributário.

marca, distribuição e varejo), direcionado para o consumidor final (cliente), ultrapassando o âmbito da própria empresa. Uma parceria entre os atores da cadeia produtiva não deve ser descartada, pois poderá promover redução dos custos das mercadorias e produtos e consequentemente promover expressivos ganhos de escala.

Certamente as questões tributárias desencadeadas por decisões de investimento não param por aqui. Por exemplo, as etapas da cadeia produtiva exigem estruturas patrimoniais distintas; logo, o crédito de ICMS, PIS e Cofins sobre imobilizações torna-se uma variável importante. Em algum momento serão exigidas da empresa decisões relacionadas à reestruturação societária, preços de transferência (Capítulo 12, item 12.1.5.6), distribuição de lucros (Capítulo 13, item 13.3) etc. Todas essas decisões apresentam reflexos tributários importantes e demandam planejamento.

Em fase de expansão, em um segundo momento, o contribuinte deverá realizar estudos considerando a possibilidade de abrir novas filiais em contraposição a novas empresas. Na mudança do exercício social, analisar a possibilidade de transição nos enquadramentos tributários é fundamental. Em alguns casos possibilitará a compensação de prejuízos fiscais, e, em outras situações, um novo balanço de abertura será demandado (Capítulo 13, item 13.9).

Finalizando, em resumo, apresentamos na Figura 19.4 as variáveis elementares presentes em sistemas tradicionais de gestão e planejamento tributário.

19.2.3 Possibilidades práticas de planejamento tributário

Como visto, são numerosas as possibilidades de planejamento tributário, e, na maior parte das vezes, elas ficam claras nas decisões de investimento. Damos a seguir alguns exemplos de questionamentos práticos que encaminham um planejamento tributário:

1. Tipo de entidade jurídica:
   a) uma nova unidade administrativa deverá ser um estabelecimento ou uma nova empresa?
   b) é viável criar uma *holding* ou realizar uma reestruturação societária?
   c) convém ser limitada, sociedade anônima aberta ou fechada?

2. Enquadramento tributário:
   a) convém adotar o Simples, Lucro Presumido ou Lucro Real, considerando os limites legais?
   b) qual é a melhor opção de recolhimento: mensal, trimestral ou anual?
   c) é possível transitar entre regime cumulativo e não cumulativo?
   d) é possível diferir ou suspender o recolhimento de tributos?

3. Localização:
   a) convém que a nova entidade jurídica seja localizada em zonas especiais de tributação?
   b) convém que a nova entidade jurídica seja localizada em municípios que oferecem regimes de tributação diferenciada?
   c) a nova entidade jurídica deve estar dentro da mesma região geográfica dos clientes-chave?
   d) a nova entidade jurídica deve estar dentro da mesma região geográfica dos principais fornecedores?

e) a nova entidade jurídica deverá estar no país ou ser estruturada em outros países com cargas tributárias menores?

4. Mercados:
   a) a empresa deve se dedicar ao mercado interno ou reforçar as exportações?
   b) a empresa conseguirá se utilizar de incentivos fiscais de importações e exportações?
   c) o foco em exportações poderá provocar tributos a recuperar de difícil recuperação?

5. Produto ou serviço:
   a) o novo produto ou serviço deverá ser realizado dentro da atual empresa ou é mais conveniente abrir uma nova empresa?

6. Estrutura de custos:
   a) o novo produto ou serviço tem mais participação de mão de obra ou materiais?
   b) é mais vantagem *leasing*, aluguel ou compra de imobilizados?

7. Mão de obra:
   a) é possível transitar entre o INSS sobre faturamento e o INSS sobre a folha?
   b) é possível utilizar benefícios fiscais como PAT-Programa de Alimentação ao Trabalhador e Empresa Cidadã?

8. Estrutura operacional:
   a) é mais vantagem terceirizar?
   b) é mais vantagem adotar um processo produtivo com alto conteúdo tecnológico ou com mais mão de obra?
   c) a contabilidade será centralizada ou não? Será adotado o modelo de CSC-Centro de Serviços Compartilhados?

Reforçamos mais uma vez que estes são exemplos básicos ou elementares, mas que é indispensável levá-los em consideração. Não esgotam o tema, pois inúmeras possibilidades de planejamento tributário se abrem na combinação dos diversos fatores exemplificados.

Questões e exercícios

1. Quais as diferenças básicas entre evasão, elisão e elusão fiscal?
2. É lícito realizar um planejamento tributário?
3. Qual é a finalidade da escrituração fiscal para a gestão e para o planejamento tributário?
4. Quais são os objetivos do subsistema de gestão tributária?
5. Quais são as informações e os relatórios básicos gerados pelo subsistema de gestão tributária?
6. Quais são as diferenças básicas da gestão para o planejamento tributário?
7. Cite dez variáveis elementares presentes em sistemas tradicionais de gestão e planejamento tributário.

capítulo 20

Tributos nos Custos e na Formação de Preços de Venda

Podemos dizer que a formação de preços de venda é a decisão prática mais importante para as empresas. Erros na formação de preços de venda podem levar a empresa ao insucesso. São várias abordagens conceituais para formar preços de venda. Em linhas gerais, pode-se resumir em três principais:

- a partir do mercado;
- por estratégia de marketing;
- pelos custos.

A formação de preços de venda a partir do mercado implica que a empresa tem pouca ou nenhuma possibilidade de alterar os preços de venda de seus produtos e serviços, uma vez que o mercado, altamente concorrencial, determina o preço pelo equilíbrio entre as curvas da oferta e da demanda.

A formação de preços de venda por estratégia de marketing, também denominada *pricing* ou precificação estratégica[1], tem como referência básica trabalhar a psicologia do consumidor por meio da criação ou identificação do valor percebido pelo cliente, buscando pelo maior preço possível para o produto ou serviço, sabendo até que ponto os clientes estariam dispostos a pagar. Essa abordagem aposta na previsível irracionalidade das pessoas, que tendem a comprar mais por impulso do que por racionalidade econômica.

A formação de preços de venda a partir do custo parte da premissa de que o preço de venda tem que cobrir todos os custos e despesas e dar a margem de lucro desejada. Nessa abordagem, a apuração do custo unitário dos produtos e serviços é fundamental, pois este será o valor-base para formar o preço de venda.

Os defensores da abordagem da formação de preços de venda por estratégia de marketing criticam a formação de preços de venda baseada nos custos porque essa abordagem pode impedir a empresa de formar um preço maior e, com isso, abdicar de maior lucratividade e rentabilidade. Aceitam a abordagem de custos apenas para piso de preços, ou seja, o preço mínimo possível.

---

[1] No livro de Padoveze (2013), há um capítulo explorando mais este tema. PADOVEZE, Clovis Luis. *Contabilidade de custos*. São Paulo: Cengage, 2013.

Independentemente da abordagem adotada pela empresa, nosso entendimento é de que a formação de preços baseada nos custos é indispensável, uma vez que, por meio dela, têm-se o parâmetro mínimo para a formação de preços, para que a empresa cubra todos os gastos e obtenha a rentabilidade desejada.

A questão dos tributos permeia por completo não só a formação de preços de venda mas também a formação de custos e tem como referência a estrutura das demonstrações contábeis da demonstração do resultado e do balanço patrimonial. A Figura 20.1 mostra que os tributos permeiam toda a estrutura econômica e financeira da empresa.

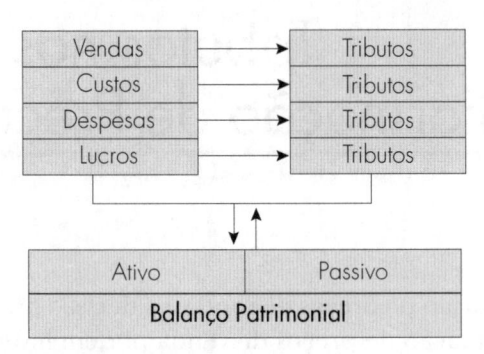

Figura 20.1 Tributos e preço de venda – visão geral.

É relativamente fácil entender que os tributos permeiam o valor das vendas, custos, despesas e lucros. No entanto, os reflexos no ativo e passivo devem ser considerados quando diante de situações não esperadas, como tributos a recuperar com pouquíssimas possibilidades de recuperação (que precisam ser novamente incorporados como despesa na formação de preços de venda), tributos a recolher sobre vendas a prazo (onde há custos financeiros adicionais por antecipar o recolhimento dos tributos sem ter recebido o valor da venda) etc.

Neste capítulo, trataremos exclusivamente das principais possibilidades de incorporação dos tributos no custo dos produtos e serviços, e das metodologias de incorporação dos tributos sobre a venda e sobre os lucros na formação de preços a partir do custo. Não é propósito deste livro discutir aspectos gerenciais e de tomada de decisão sobre preços de venda, temas que são objeto de disciplinas de controladoria, contabilidade de custos e contabilidade gerencial.

20.1 Regra geral de incorporação de tributos nos custos e preços de venda

A regra geral é, fundamentalmente, a norma contábil de contabilização de custos, despesas e receitas operacionais:

- devem ser incorporados às despesas e custo dos produtos e serviços os tributos não recuperáveis;
- não devem ser incorporados às despesas e custo dos produtos e serviços os tributos recuperáveis;
- na formação de preços de venda, devem ser incorporados os tributos em que a empresa se caracteriza como contribuinte (ICMS, PIS, Cofins, Simples);

- na formação de preços de venda, não devem ser incorporados os tributos em que a empresa não se caracteriza como contribuinte (ISS, IPI, ICMS de substituição tributária);
- os tributos sobre o lucro devem ser somados às despesas operacionais na formação do *mark-up* (multiplicador sobre o custo) em conjunto com a margem de lucro desejada.

Todos esses aspectos serão explorados a seguir com exemplos numéricos.

20.2 Estruturação do *mark-up*, margem desejada e tributos sobre o lucro: visão geral

A metodologia mais utilizada para formação de preços de venda é identificar, por meio de cálculos e dos dados constantes do orçamento para o próximo exercício, um índice multiplicador (ou divisor) que, aplicado sobre o custo unitário das mercadorias, produtos ou serviços, obtenha-se o preço de venda que cubra todas as despesas e custos e dê a margem de lucro desejada.

A premissa básica é que o custo unitário das mercadorias, produtos e serviços é o grande elemento diferenciador que permite que os clientes entendam que um produto deva ter um preço de venda maior ou menor que outro.

Em linhas gerais, o custo unitário[2] é apurado no sistema de contabilidade de custo da seguinte forma, considerando a regra geral de contabilização constante do item 20.1:

- o custo de aquisição da mercadoria, no comércio;
- o custo de produção dos produtos e serviços, que leva em conta o custo dos materiais diretos, o custo da mão de obra direta, o custo da depreciação e a média dos custos indiretos por meio de critérios de alocação (apropriação, distribuição e rateio também são sinônimos de alocação), na indústria; e
- o custo de execução dos serviços, que leva em conta o custo dos materiais diretos (se houver), o custo da mão de obra direta, o custo da depreciação e a média dos custos indiretos por meio de critérios de alocação, nas empresas de serviços.

A metodologia que propomos consiste em construir dois *mark-ups*:

- *mark-up* I, para formar o preço de venda sem os tributos sobre a venda; e
- *mark-up* II, para formar o preço de venda com os tributos sobre a venda.

Entendemos que isso é necessário em nosso país uma vez que a empresa pode vender seus produtos e serviços para diversas regiões e mercados com regimes tributários diferentes (exportação, zonas de exportação, Zona Franca de Manaus, dentro do estado, fora do estado, substituição tributária etc.).

20.2.1 Margem de lucro desejada

A metodologia adequada para determinar a margem de lucro desejada para ser incorporada ao *mark-up* parte da rentabilidade desejada.

---

[2] Tema tratado com profundidade no livro de Padoveze (2013). PADOVEZE, Clovis Luis. *Contabilidade de custos*. São Paulo: Cengage, 2013.

Não se deve confundir o conceito de rentabilidade com o conceito de margem ou lucratividade. Rentabilidade é o quanto se ganha ou deve ganhar sobre o valor de investimento; margem é o quanto se ganha em cada venda. A margem é o caminho para se atingir a rentabilidade. O investidor ou proprietário quer rentabilidade, não margem. O padrão para rentabilidade mundial é ao redor de 12% ao ano, considerando ambiente de inflação controlada[3].

A rentabilidade, objetivamente, depende de dois fatores: margem de lucro obtida em cada venda e giro do investimento. O investimento pode ser o ativo operacional total ou o valor do investimento do sócio, acionista ou proprietário (que na contabilidade é representado pelo patrimônio líquido). O giro do investimento representa a capacidade que a empresa tem de produzir a receita líquida com a venda de seus produtos e serviços com o atual investimento. Essa integração é denominada Modelo DuPont[4] e está representada na Figura 20.2. Estamos utilizando como investimento a abordagem da ótica do acionista, sócio ou proprietário.

Modelo DuPont (ótica do patrimônio líquido)

$$\text{Rentabilidade} = \frac{\text{Lucro líquido}}{\text{Patrimônio líquido (investimento)}}$$

$$\text{Rentabilidade} = \text{Giro do investimento} \times \text{Margem de lucro}$$

$$\text{Giro do investimento} = \frac{\text{Receita líquida}}{\text{Patrimônio líquido}}$$

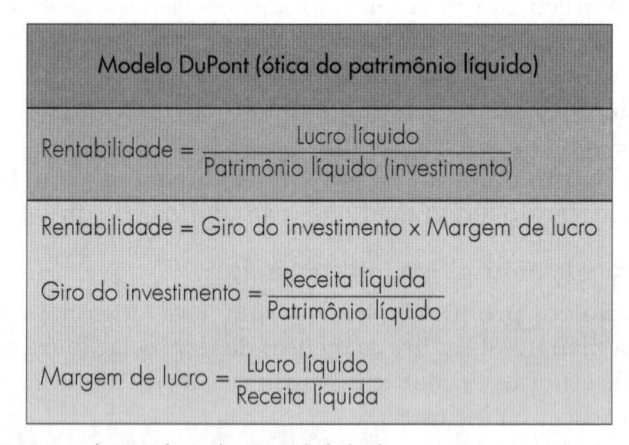

$$\text{Margem de lucro} = \frac{\text{Lucro líquido}}{\text{Receita líquida}}$$

Figura 20.2 Modelo DuPont de análise da rentabilidade.

Não existe padrão para o giro nem para a margem, que são específicos de cada empresa. A busca da maior rentabilidade consiste em aumentar o giro e a margem, ou uma combinação de aumentar o giro mesmo reduzindo a margem.

A rentabilidade é um desejo do sócio, acionista ou proprietário. Ela deve ser definida por ele ou por um custo de oportunidade. Para determinar a margem que deve ser incorporada ao *mark-up*, parte-se da rentabilidade desejada, estima-se o valor da receita líquida possível para o próximo ano e obtém-se a margem desejada por cálculo.

Supondo que o sócio queira uma rentabilidade anual de 15% ao ano, que seu investimento seja de R$ 10.000.000,00 e que o faturamento possível para o próximo ano seja de R$ 20.000.000,00, a margem desejada será:

Rentabilidade desejada = 15% a.a.

Faturamento possível = R$ 20.000.000,00

---

[3] Considera-se inflação controlada a inflação anual não superior a 2%.

[4] O Modelo DuPont, ou Análise DuPont, surgiu em meados da década de 1910, quando o diretor financeiro da DuPont fez um artigo demonstrando o modelo de análise de negócios utilizado pela DuPont.

Valor do investimento = R$ 10.000.000,00
Margem desejada = ?

Aplicando a fórmula temos:

Rentabilidade = Giro do investimento × Margem desejada

$$\text{Margem desejada} = \frac{\text{Rentabilidade}}{\text{Giro do investimento}}$$

$$\text{Giro do investimento} = \frac{20.000.000,00}{10.000.000,00} = 2,00$$

$$\text{Margem desejada} = \frac{15\%}{2,00} = 7,5\%$$

Assim, obtendo-se 7,5% de margem de lucro em cada venda, vendendo R$ 20.000.000, ao final do ano o investidor terá uma rentabilidade de 15% a.a.

> É fundamental ressaltar que os percentuais de margem sobre vendas ou receita devem ser sempre calculados sobre a receita líquida dos tributos sobre a venda, nunca sobre a receita bruta, uma vez que os tributos não são receita da empresa, mas, sim, do governo.

20.2.2 Tributos sobre o lucro: alíquota efetiva

Como complemento da obtenção da margem desejada, é necessário também incorporar no *mark-up* os tributos sobre o lucro (IR/CSLL), uma vez que o investidor quer a rentabilidade líquida dos tributos sobre o lucro. Essa necessidade, em princípio, restringe-se aos regimes tributários do Lucro Presumido, Arbitrado e Lucro Real. Vamos dar ênfase ao Lucro Presumido e Lucro Real.

Para tanto, é necessário identificar a taxa efetiva dos tributos sobre o lucro. A taxa efetiva é a taxa média, que, de fato, a empresa paga de IR/CSLL. A taxa efetiva pode ser a taxa nominal, se não houver adições ou exclusões da base de cálculo de características permanentes ou recorrentes. Em havendo essas adições ou exclusões, a taxa efetiva difere da taxa nominal. Ela é determinada:

- no Lucro Real, considerando as adições e exclusões caracterizadas como permanentes e não considerando as adições e exclusões caracterizadas como temporárias (Capítulo 11); e
- no Lucro Presumido, considerando também a média do IR/CSLL a pagar sobre a receita bruta em conjunto com as demais receitas que são adicionadas na base de cálculo (Capítulo 12).

A Tabela 20.1 mostra um exemplo de cálculo da alíquota efetiva no regime de Lucro Real. Apesar da alíquota nominal ser de 34%, torna-se 28% efetiva, considerando no exemplo duas possibilidades de adições e exclusões permanentes.

Tabela 20.1 Exemplo de taxa efetiva – Lucro Real

Lucro antes do IR/CSLL	2.150.000,00	a
(+) Adições permanentes		
Preços de transferências internacionais	190.000,00	
(–) Exclusões permanentes		
Gastos com pesquisa e desenvolvimento	500.000,00	
Lucro Real	1.840.000,00	
IR – 15%	276.000,00	
IR – 10% adicional	160.000,00	
CSLL – 9%	165.600,00	
Total dos tributos sobre o lucro	601.600,00	b
Alíquota efetiva = b/a	28,0%	

A Tabela 20.2 mostra um exemplo de cálculo da alíquota efetiva no regime de Lucro Presumido.

Tabela 20.2 Exemplo de taxa efetiva – Lucro Presumido

	R$	Alíquota de presunção	Base de cálculo – IR	Alíquota de presunção	Base de cálculo – CSLL	
Receita de vendas	19.750.000,00	8%	1.580.000,00	12%	2.370.000,00	
Receita de serviços	250.000,00	32%	80.000,00	32%	80.000,00	
Receitas financeiras	100.000,00	100%	113.300,00	100%	113.300,00	
Lucro Presumido			1.773.300,00		2.563.300,00	
IR – 15%			265.995,00			
IR – 10% adicional			153.330,00			
CSLL – 9%					230.697,00	
Tributos sobre o lucro			419.325,00	a	230.697,00	b
Total dos tributos sobre o lucro (c = a + b)					650.022,00	c
Lucro antes do IR/CSLL					2.150.000,00	d
Alíquota efetiva = c/d					30,2%	

A alíquota efetiva é obtida dividindo-se o total do IR/CSLL a pagar sobre o lucro antes do IR/CSLL, que é a mesma base do regime de Lucro Real.

20.2.3 Receita líquida esperada ou faturamento normativo

A receita líquida representa a capacidade que a empresa tem de vender no próximo ano, considerando um *mix* de produtos, seus respectivos produtos e preços médios de venda esperados. Para a obtenção desse valor, uma metodologia adequada é utilizar os dados do plano orçamentário de custos e despesas previstos para o próximo ano e adicionar o valor de lucro antes dos tributos sobre o lucro necessário para atender à rentabilidade do investimento.

A Tabela 20.3 mostra um exemplo de cálculo do faturamento normativo ou receita líquida esperada.

Tabela 20.3 Obtenção do faturamento normativo ou receita líquida esperada

Custos e despesas	Valor anual orçado-$
Custos e despesas variáveis do ano	11.000.000,00
Custos indiretos fabris	3.800.000,00
Despesas administrativas	1.200.000,00
Despesas comerciais	1.500.000,00
Despesas financeiras	350.000,00
Soma	17.850.000,00
Lucro desejado antes do IR/CSLL	2.150.000,00
Faturamento normativo	20.000.000,00

20.2.4 Obtenção da margem de lucro desejada para o *mark-up*

Tomando como referência a alíquota efetiva calculada no exemplo do Lucro Presumido, a Tabela 20.4 mostra um exemplo de cálculo da margem de lucro a ser incorporada no *mark-up*.

Tabela 20.4 Obtenção da margem de lucro desejada para o *mark-up*

Valor do investimento	10.000.000,00	a
Rentabilidade desejada	15,0%	b
Lucro desejado depois dos tributos sobre o lucro	1.500.000,00	c = a*b
Alíquota efetiva de IR/CSLL	30,2%	d
Lucro desejado antes dos tributos sobre o lucro	2.150.031,53	e = c : 1 − d
Faturamento normativo	20.000.000,00	f
Margem de lucro média a ser incorporada no *mark-up*	10,75%	g = e : f

A margem desejada para o *mark-up* é uma margem média. No exemplo, a empresa, obtendo 10,75% em cada venda no ano seguinte e faturando R$ 20.000.000,00 de receita líquida, terá um lucro antes do IR/CSLL de R$ 2.150.031,53; subtraindo-se o valor a ser recolhido do IR/CSLL, o investidor terá R$ 1.500.000,00 de lucro ao final do ano, que dará sua rentabilidade desejada de 15% a.a. sobre o valor do seu investimento.

20.2.5 Obtenção do *mark-up* I – sem tributos sobre a venda

Para finalização do cálculo do *mark-up* I, que determinará o índice a ser aplicado sobre o custo unitário das mercadorias, produtos e serviços, devemos adicionar ao percentual da margem de lucro desejada, obtida no item anterior, o percentual médio que as despesas administrativas, comerciais e financeiras representam sobre o faturamento normativo.

O caminho natural é considerar os dados do orçamento do ano ou do próximo ano e fazer a relação percentual sobre o faturamento normativo, conforme mostra a Tabela 20.5.

Tabela 20.5 Obtenção da participação das despesas no faturamento normativo

	Valor	Percentual
Faturamento normativo	20.000.000,00	100,00%
Valores orçados		
Despesas administrativas	1.200.000,00	6,00%
Despesas comerciais	1.500.000,00	7,50%
Despesas financeiras	350.000,00	1,75%

A etapa seguinte é somar os percentuais obtidos na Tabela 20.5 com o percentual da margem de lucro desejada obtido na Tabela 20.4.

Tabela 20.6 Elementos a serem cobertos pelo preço de venda além do custo unitário

	Percentual
Despesas comerciais	6,00%
Despesas administrativas	7,50%
Custo financeiro	1,75%
Margem de lucro desejada	10,75%
Total	26,00%

A finalização do *mark-up* consta da Tabela 20.7. O *mark-up* pode ser matematicamente um divisor ou multiplicador. Adotamos o critério de *mark-up* multiplicador.

Tabela 20.7 Determinação do *mark-up* I – multiplicador

Preço de venda sem tributos (a)	100,00%
(–) Despesas operacionais, custo financeiro e margem desejada (b)	26,00%
= Participação média do custo da mercadoria, do custo médio industrial ou do custo médio dos serviços (c = a – b)	74,00%
Preço de venda sem tributos (a)	100,00%
Custo de aquisição de mercadoria ou produção de um produto ou serviço (c)	74,00%
= Mark-up I (a/c)	1,35135

O *mark-up* I de 1,3515 será aplicado a cada custo unitário de mercadoria adquirida ou custo unitário de produção de produtos ou serviços, para se obter o preço de venda antes dos tributos sobre a venda.

Tabela 20.8 Cálculo do preço de venda a partir do custo unitário e *mark-up* I

Custo unitário (a)	2.000,00
Mark-up I (b)	1,35135
Preço de venda calculado sobre o custo unitário (c= a*b)	2.702,71

Assim, se o custo unitário for de R$ 2.000,00, o preço de venda calculado sobre o custo (ainda sem os tributos sobre a venda) será de R$ 2.702,71, conforme mostra a Tabela 20.8.

20.3 Tributos nos custos e despesas

Os tributos nos custos e despesas:

- devem ser incorporados ao valor do custo ou da despesa, quando não recuperáveis; e
- não devem ser incorporados ao valor do custo ou da despesa quando recuperáveis.

Tributos que não são recuperáveis em qualquer situação:

- tributos e encargos sobre a mão de obra (INSS, FGTS);
- imposto de importação;
- IOF, IOC, IPTU, IPVA, Contribuição Sindical Patronal;
- IRRF de remessas ao exterior; e
- ICMS de energia elétrica da administração etc.

Os tributos IPI, ICMS, PIS e Cofins sobre mercadorias, serviços, custos e despesas seguem a regra do regime tributário da empresa:

- são recuperáveis nos regimes não cumulativos; e
- não são recuperáveis nos regimes cumulativos.

Assim, no regime não cumulativo, não fazem parte do custo das mercadorias, custos e despesas. Já no regime cumulativo, devem ser incorporados ao custo das mercadorias, custos e despesas.

20.3.1 Tributos não recuperáveis: custo ou *mark-up*?

Os tributos sobre gastos contabilizados como custo devem:

- ser incorporados ao custo unitário do item adquirido; e
- ser adicionados ao valor do gasto.

Os tributos sobre gastos contabilizados como despesa devem ser incorporados ao gasto e, posteriormente, farão parte das despesas que comporão o percentual do *mark-up*.

20.4 Mark-up II – incorporação dos tributos no preço de venda

A necessidade de se estruturar dois *mark-ups*, o primeiro para obter o preço de venda sem tributos e o segundo para incorporar os tributos sobre venda, é decorrente de:

- a base matemática dos dois ser diferente (o primeiro tem como base o custo unitário, e o segundo tem como base o preço de venda sem tributos);
- cada tipo de atividade (indústria, comércio, serviços, Simples) ter uma estrutura tributária; e
- mesmo dentro de uma única atividade, haver clientes com regimes tributários diferenciados (mercado interno, mercado externo, dentro do estado, fora do estado, produtos com substituição tributária, venda para industrialização, venda para uso ou consumo etc.), exigindo *mark-ups* diferentes para cada situação tributária.

Desse modo, o contador tem que instruir o setor de custos e formação de preços para estruturar os diversos *mark-ups* necessários.

20.4.1 *Mark-up* II na indústria e regime não cumulativo

A indústria no geral caracteriza-se pelo regime não cumulativo, credita todos os tributos sobre a compra (IPI, ICMS, PIS, Cofins) e cobra do cliente esses mesmos tributos sobre o preço de venda. Na estrutura brasileira, o IPI é cobrado separadamente (por fora), e os outros tributos são embutidos no preço de venda (por dentro). Segue-se um exemplo de carga tributária normal da indústria.

Tributos	%
IPI – destacado: não faz parte do *mark-up*	10%
Tributos do *mark-up*	
ICMS	18%
PIS	1,65%
Cofins	7,6%
Soma	27,25%

Para o cálculo do *mark-up* II de incorporação dos tributos sobre a venda, o IPI ficará fora. Utilizando uma regra de três simples, atribuindo 100% para o que se quer obter, o preço de venda com tributos, que cubra, além do preço de venda sem tributos, também os tributos sobre a venda, o *mark-up* multiplicador será de 1,37457, conforme mostra a Tabela 20.9.

Tabela 20.9 *Mark-up* II na indústria

Preço de venda com tributos (a)	100,00%
Tributos sobre a venda (b)	27,25%
= Preço de venda sem tributos (c = a/b)	72,75%
Mark-up (d = a/c)	**1,37457**
Preço de venda sem tributos – $ (e)	2.000,00
Preço de venda com tributos (f = d*e)	2.749,14

Dessa maneira, o produto que tem um preço de venda sem tributos de R$ 2.000,00 deverá ser vendido por R$ 2.749,14, mais IPI, para cobrir todos os tributos sobre venda.

A Tabela 20.10 testa o cálculo do *mark-up* II.

Tabela 20.10 Teste do *mark-up* II

Discriminação	NF de venda
Valor da mercadoria (a)	2.749,14
IPI - 10% (b)	274,91
Valor total da NF (c)	3.024,05
ICMS – 18% (d)	494,85
PIS – 1,65% (e)	45,36
COFINS – 7,6% (f)	208,93
Valor contábil líquido (g = c – b – d – e – f)	2.000,00

20.4.2 Mark-up II no comércio e regime não cumulativo

No regime não cumulativo no comércio, o *mark-up* será o mesmo. A diferença estará no preço de venda sem tributos, uma vez que o comércio não tem IPI, e o valor do IPI da compra deve ser incorporado ao custo unitário da mercadoria. Assim, os tributos no comércio, regime não cumulativo, são:

Tributos	%
Tributos do *mark-up*	
ICMS	18%
PIS	1,65%
Cofins	7,6%
Soma	27,25%

Tomando como referência os dados da indústria, se o preço de venda líquido da indústria era de R$ 2.000,00, no comércio este terá a adição do valor do IPI, ficando o preço de venda líquido em R$ 2.274,91.

Tabela 20.11 *Mark-up* II no comércio

Preço de venda com tributos (a)	100,00%
Tributos sobre a venda (b)	27,25%
= Preço de venda sem tributos (c = a/b)	72,75%
Mark-up (d = a/c)	**1,37457**
Preço de venda sem tributos – $ (e)	2.274,91
Preço de venda com tributos (f = d * e)	3.127,03

Assim, a aplicação do *mark-up* levará a um preço de venda com tributos de R$ 3.127,03. Esse valor é testado na Tabela 20.12.

Tabela 20.12 Teste do *mark-up* II

Discriminação	NF de venda
Valor da mercadoria (a)	3.127,03
ICMS – 18% (d)	562,87
PIS – 1,65% (e)	51,60
Cofins – 7,6% (f)	237,65
Valor contábil líquido (g = c – b – d – e – f)	2.274,91

20.4.3 Mark-up II no serviço e regime cumulativo

Em linhas gerais, o serviço tende a ficar no regime cumulativo de PIS e Cofins. Além disso, não há ICMS nem IPI. Assim, além de cobrir o PIS e a Cofins com alíquotas de 0,65% e 3,0%, há que se cobrir o ISS, caso ele não seja pago pelo cliente. Se o ISS for destacado (similar ao IPI) e o cliente pagar esse tributo, ele não deverá fazer parte do *mark-up*.

O exemplo de *mark-up* apresentado a seguir parte da premissa de que o ISS será destacado e pago pelo cliente. Assim, não deve fazer parte do *mark-up*.

Tributos	%
ISS – destacado: não faz parte do *mark-up*	2%
Tributos do *mark-up*	
PIS	0,65%
Cofins	3,0%
Soma	3,65%

A estrutura do *mark-up* II em serviços evidencia um multiplicador bem menor do que o aplicado na indústria e comércio. A razão disso é que não há crédito dos tributos de IPI, ICMS, PIS e Cofins, fazendo com que o custo unitário dos serviços seja maior.

Tabela 20.13 *Mark-up* II no serviço

Preço de venda com tributos (a)	100,00%
Tributos sobre a venda (b)	3,65%
= Preço de venda sem tributos (c = a/b)	96,35%
Mark-up (d = a/c)	**1,03788**
Preço de venda sem tributos – $ (e)	3.127,03
Preço de venda com tributos (f = d * e)	3.245,49

Utilizamos como preço de venda sem tributos o valor do preço de venda com tributos fornecido no exemplo anterior do comércio.

A Tabela 20.14 demonstra o cálculo do *mark-up*.

Tabela 20.14 Teste do *mark-up* II

Discriminação	NF de venda
Valor da mercadoria (a)	3.245,49
PIS – 1,65% (e)	21,10
Cofins – 7,6% (f)	97,36
Valor contábil líquido (g = c – b – d – e – f)	3.127,03

20.4.4 Mark-up na indústria na venda para uso e consumo

Quando a indústria vende para clientes que recebem o produto para uso e consumo e não para subsequente industrialização, a regra tributária diz que deverá haver ICMS sobre IPI. Isso posto, o *mark-up* II seria um pouco maior.

O exemplo apresentado a seguir apresenta uma alíquota de 25% de IPI para dar realce à questão do *mark-up* II e da importância de se considerar essa questão.

Tributos	**%**
IPI – destacado: não faz parte do *mark-up*	25%
Tributos do *mark-up*	
ICMS	18%
ICMS sobre IPI – (18% * 25%)	4,5%
PIS	1,65%
Cofins	7,6%
Soma	31,75%

Na identificação dos tributos sobre a venda verifica-se um novo ICMS, agora também sobre o IPI. Como o IPI é de 25% e o ICMS é 18%, o impacto na formação de preço de venda é de 4,5% (18% da alíquota do ICMS multiplicado por 25%, que é a alíquota do IPI).

A Tabela 20.15 mostra o cálculo do *mark-up* II nessa situação tributária.

Tabela 20.15 *Mark-up* II na indústria na venda para uso e consumo

Preço de venda com tributos (a)	100,00%
Tributos sobre a venda (b)	31,75%
= Preço de venda sem tributos (c = a/b)	68,25%
Mark-up (d = a/c)	**1,46520**
Preço de venda sem tributos – $ (e)	2.000,00
Preço de venda com tributos (f = d * e)	2.930,40

A Tabela 20.16 testa o cálculo efetuado.

Tabela 20.16 Teste do *mark-up* II

Discriminação	NF de venda
Valor da mercadoria (a)	2.930,40
IPI – 25% (b)	732,60
Valor total da NF (c)	3.663,00
ICMS – 18% (d)	527,47
ICMS sobre IPI – 18% (e = b * 0,18)	131,87
PIS – 1,65% (f)	48,35
Cofins – 7,6% (g)	222,71
Valor contábil líquido (h = c – b – d – e – f – g)	2.000,00

20.4.5 *Mark-up* no Simples

Em linhas gerais, empresas do Simples enquadram-se no regime cumulativo. Como o Simples resume-se em uma única carga tributária percentual, o cálculo do preço de venda para incorporar o tributo é simular ao das empresas de serviços.

Supondo uma empresa enquadrada na alíquota de 10,45%, o cálculo do *mark-up* II é evidenciado na Tabela 20.17.

Tabela 20.17 *Mark-up* II no Simples

Preço de venda com tributos (a)	100,00%
Tributos sobre a venda – 10,45% (b)	10,45%
= Preço de venda sem tributos (c = a/b)	89,55%
Mark-up (d = a/c)	1,11669
Preço de venda sem tributos – $ (e)	2.000,00
Preço de venda com tributos (f =d * e)	2.233,39

A Tabela 20.18 evidencia a prova do cálculo.

Tabela 20.18 Teste do *mark-up* II

Discriminação	NF de venda
Valor da mercadoria (a)	2.233,39
Simples – 10,45% (b)	233,39
Valor contábil líquido (c = a – b)	2.000,00

20.5 Tributos na formação de preços de venda a prazo

Quando a empresa vende a prazo, há um impacto adicional de custo financeiro nesse tipo de transação porque a empresa receberá o valor da venda do cliente depois que já recolheu todos os tributos sobre essa venda.

Assim, na formação de preços de venda a prazo, existem dois custos financeiros:

- o custo financeiro que deve ser adicionado ao preço de venda à vista em função do prazo a ser dado ao cliente; e
- o custo financeiro pelo *descolamento* entre as datas de recebimento do valor da venda e as datas do recolhimento dos tributos.

A legislação tributária em nosso país proíbe separar o valor dos juros embutidos no valor das vendas a prazo, fazendo com que os tributos incidam tanto sobre o valor da venda na condição de à vista quanto no valor dos juros cobrados do cliente pela venda a prazo.

Como o prazo do recolhimento dos tributos é o mesmo (exceto nas vendas a entidades ligadas ao governo em certos casos), há uma natural antecipação do recolhimento dos tributos em relação ao recebimento da venda, gerando um custo financeiro adicional.

Se o prazo for ao redor de 30 dias, o impacto poderá não ser significativo. Contudo, se o prazo dado aos clientes estender-se mais (há vendas no Brasil com prazos de até 240 dias), o custo financeiro poderá até ser fator de prejuízo, se não forem observadas as regras adequadas de formação de preços de venda a prazo.

A técnica matemática indicada para determinar o custo financeiro adicional de vender a prazo pela antecipação do recolhimento dos tributos é a técnica do Valor Presente Líquido (VPL), comparando a situação de recebimento completo da venda na condição de à vista com a situação do recebimento completo da venda na condição de venda a prazo.

O critério de cálculo a ser adotado é o de juros compostos (juros sobre juros), porque esta é a regra financeira utilizada mundialmente. Vamos tomar como referência uma taxa de juros de 1,5% ao mês, no pressuposto de que este é um custo financeiro de mercado. A premissa é que, se a empresa vende a prazo, ela precisa de capital para financiar essa venda e vai buscar esse dinheiro nos bancos, que cobrarão, no mínimo, 1,5% ao mês sobre o valor emprestado, percentual utilizado como premissa para desenvolver o exemplo.

É necessário transformar a taxa mensal em taxa diária, uma vez que o recolhimento de cada tributo pode dar-se em datas diferentes. A taxa diária de 1,5% ao mês pode ser obtida na máquina financeira HP12C com a seguinte sequência.

Assume-se 1,00 como Valor Presente (PV) e 1,015 como Valor Futuro (FV):

Digita-se:
1,00 CHS PV
1,015 FV
30 n (para 30 dias)
Tecla i (para obter a taxa diária)

A máquina responderá 0,04964103 (para oito casas decimais).

Isso significa que a taxa diária por juros compostos que corresponde à taxa mensal de 1,5% é de 0,04964103% ao dia. Em termos matemáticos, 1,5% corresponde a 0,015, e 0,04964103% corresponde a 0,0004964103.

Vamos partir da premissa de que o IPI é recolhido após 30 dias da venda, o ICMS após três dias da venda e o PIS e a Cofins após 25 dias da venda. O custo financeiro para esses períodos está demonstrado na Tabela 20.19.

Tabela 20.19 Custo financeiro para diversos períodos

Taxa diária de 0,04964103%	Dias	Multiplicador
ICMS	3	1,00148997
PIS/Cofins	25	1,01248447
IPI	30	1,015

Os cálculos foram obtidos pela máquina financeira com os seguintes passos:

Digita-se:
1,00 CHS PV
0,04964103 i
3 n (para três dias)
Tecla FV (para obter o número índice representativo de três dias de juros)

A máquina responderá 1,00148997 para o ICMS.

Digita-se:
1,00 CHS PV
0,04964103 i
25 n (para 25 dias)
Tecla FV (para obter o número índice representativo de três dias de juros)

A máquina responderá 1,01248447 para PIS/Cofins.
Como o IPI é 30 dias, os juros são os mesmos 1,5% adotados.
Em seguida, faz-se o cálculo a Valor Presente na condição de venda à vista, conforme demonstrado na Tabela 20.20.

Tabela 20.20 Valor Presente de uma venda à vista

	Valor Nominal	Taxa de desconto	Valor Presente
Valor da mercadoria (a)	2.749,14	1,00	2.749,14
IPI – 10% (b)	274,91	1,015	270,85
Valor total da NF (c)	3.024,05		3.019,99
ICMS – 18% (d)	494,85	1,00148997	494,11
PIS – 1,65% (e)	45,36	1,01248447	44,80
Cofins – 7,6% (f)	208,93	1,01248447	206,36
Valor contábil líquido (g = a – d – e – f)	2.000,00		2.003,87

É importante observar que, na condição de venda à vista, acontece o contrário: a empresa recebe primeiro o valor total da nota fiscal, para só depois recolher os tributos. Isso significa, financeiramente falando, que ela tem um ganho financeiro, no caso, de R$ 3,87.

A empresa decide vender a prazo para determinado cliente. Supondo que ela venda para 120 dias (quatro meses), o custo financeiro composto de quatro meses, a 1,5% ao mês, é de 6,136355%, obtido pela máquina financeira como se segue.

Digita-se:
1,00 CHS PV
1,5 i
4 n (para quatro meses)
Tecla FV (para obter o número índice representativo de quatro meses de juros)

A máquina responderá 1,06136355, que é o número índice matemático para 6,136355%. Aplicando esse percentual como acréscimo ao preço de venda à vista, teremos o preço de venda a prazo considerando quatro meses de juros mensais de 1,5% ao mês, conforme mostra a Tabela 20.21.

Tabela 20.21 Valor da venda a prazo para 120 dias – juros de 1,5% ao mês

	Valor Nominal
Valor da mercadoria (a)	2.917,84
IPI – 10% (b)	291,78
Valor total da NF (c)	3.209,62
ICMS – 18% (d)	525,21
PIS – 1,65% (e)	48,14
Cofins – 7,6% (f)	221,76
Valor contábil líquido (g = a – d – e – f)	2.122,73

Contudo, mesmo que o valor contábil líquido seja maior do que o valor à vista, trazendo a preços de hoje, verificamos que a empresa perderá dinheiro se não adicionar um custo financeiro adicional pelo descolamento entre o prazo de recebimento do cliente e o prazo de recolhimento dos tributos. A Tabela 20.22 mostra o Valor Presente na condição de venda a prazo se calculado de forma simplista.

Tabela 20.22 Valor Presente de uma venda a prazo sem considerar o descolamento com o recolhimento dos tributos

	Valor Nominal	Taxa de desconto	Valor Presente
Valor da mercadoria (a)	2.917,84	1,061363550	2.749,14
IPI – 10% (b)	291,78	1,015	287,47
Valor total da NF (c)	3.209,62		3.036,61
ICMS – 18% (d)	525,21	1,00148997	524,43
PIS – 1,65% (e)	48,14	1,01248447	47,55
Cofins – 7,6% (f)	221,76	1,01248447	219,02
Valor contábil líquido (g = a – d – e – f)	2.122,73		1.958,14
Valor contábil líquido na condição de à vista (h)			2.003,87
Perda financeira pelo descolamento entre o recebimento da venda e o recolhimento dos tributos (h/g – 1)			2,3355005%

O Valor Presente da venda a prazo considerando apenas o custo financeiro do prazo redundará em um Valor Presente de R$ 1.958,14. Confrontando com o Valor Presente na condição de venda à vista, verificamos que a empresa está perdendo, ainda, 2,3355005%.

Para evitar essa perda, a empresa deverá adicionar esse percentual ao preço de venda a prazo, que já tem 6,136355%. Assim, o custo financeiro total de venda a prazo será de 8,615170%, decorrente da multiplicação dos índices de juros de 6,136355% e 2,3355005% (matematicamente = 1,06136355 * 1,02355005 = 1,08615170).

Dessa maneira, o preço de venda a prazo deverá ser R$ 2.749,24 * 1,08615170 = R$ 2.985,98 (ou R$ 2.986,09, considerando mais casas decimais).

Para provar o cálculo matemático, demonstramos na Tabela 20.23 que o preço de venda a prazo para 120 dias, a 1,5% ao mês, considerando o descolamento do recolhimento dos tributos e o recebimento do valor da venda, é igual ao Valor Presente na condição de venda à vista.

Tabela 20.23 Valor Presente de uma venda a prazo considerando o descolamento com o recolhimento de tributos

	Valor Nominal	Taxa de desconto	Valor Presente
Valor da mercadoria (a)	2.985,98	1,061363550	2.813,35
IPI – 10% (b)	298,60	1,015	294,19
Valor total da NF (c)	3.284,58		3.107,53
ICMS – 18% (d)	537,48	1,00148997	536,68
PIS – 1,65% (e)	49,27	1,01248447	48,66
Cofins – 7,6% (f)	226,93	1,01248447	224,14
Valor contábil líquido (g = a – d – e – f)	2.172,30		2.003,87
Valor contábil líquido na condição de à vista (h)			2.003,87
Perda financeira pelo descolamento entre o recebimento da venda e o recolhimento dos tributos (h/g – 1)			0,0000000%

Questões e exercícios

1. Quais são os principais parâmetros externos de rentabilidade que devem ser analisados para a incorporação da margem desejada no *mark-up*?
2. Explique o que é custo financeiro e o que é custo de financiamento da venda. Quais os componentes de cada um desses elementos que fazem parte da formação do preço de venda?
3. Uma empresa pretende vender R$ 1.000.000 de determinado produto durante o ano. O capital investido no negócio é de R$ 300.000. Qual é a margem de lucro que ela deve considerar no preço de venda sem impostos se deseja uma rentabilidade líquida dos impostos sobre o lucro de 18% sobre o capital investido? Considere que os impostos sobre o lucro representam 40% da margem das vendas antes desses impostos.
4. Uma empresa tem os seguintes percentuais médios sobre vendas líquidas:
   - Despesas comerciais: 12%.
   - Despesas administrativas: 11%.
   - Custo financeiro: 6%.
   - Margem de lucro: 17%.

   Pede-se:
   - calcular o *mark-up* para obtenção de preço de venda sem impostos; e
   - calcular o preço de venda sem impostos de um produto com custo industrial de R$ 150.000.
5. Um produto deve ser vendido à vista por R$ 200,00 por unidade antes dos impostos sobre vendas.
   - ICMS : 18%.

- PIS: 0,65%.
- Cofins: 3,00%.

Pede-se:
- calcular o *mark-up* para incorporação dos impostos sobre o preço de venda sem impostos; e
- calcular o preço de venda com impostos.

6. Uma empresa vende um produto à vista por R$ 2.000,00. Nele estão embutidos os seguintes impostos, que são recolhidos em datas diferentes:
   - ICMS: 18% (com vencimento no dia 1º do mês seguinte);
   - PIS/Cofins: 3,65% (com vencimento no dia 15 do mês seguinte); e
   - não há IPI, e os impostos são calculados sobre o valor da venda.

   Partindo do pressuposto de que a empresa vende regularmente durante o mês, podemos assumir que as vendas ocorrem em média no dia 15. Com isso, podemos considerar que ela recolhe o ICMS 15 dias depois e o PIS/Cofins 30 dias depois.

   Pede-se:
   - calcular o valor líquido (sem impostos) obtido em cada venda, considerando um custo financeiro de 2% por quinzena e 4,04% por mês; e
   - sabendo que a empresa pretende oferecer duas novas modalidades de prazo de recebimento, quando o cliente poderá tanto pagar a 30 dias quanto a 60 dias, sempre em uma única parcela, calcular qual deve ser cada um dos preços a serem oferecidos, de tal forma que a empresa obtenha o mesmo valor líquido de impostos obtido no item anterior.

Referências Bibliográficas

AMARAL, Gilberto Luiz do et al. *Quantidade de normas editadas no Brasil:* 27 anos da Constituição Federal de 1988. Estudos do Instituto Brasileiro de Planejamento Tributário, Curitiba, out. de 2015. Disponível em: <www.ibpt.com.br/img/uploads/novelty/estudo/2272/QuantidadeDeNormas201527Anos CF01102015.pdf>. Acesso em: 14 maio 2016.

ANAN JUNIOR, Pedro (Coord.). *Planejamento fiscal:* análise de casos. V. III. São Paulo: Quartier Latin, 2013. 1.157 p.

AFONSO, Jose Roberto; PINTO, Vilma da Conceição. Texto de discussão n. 41: Composição da desoneração (completa) da folha de salários. FGV – IBRE. Jul. de 2014. 59 p. Disponível em: <http://portalibre.fgv.br/lumis/portal/file/fileDownload.jsp?fileId=8A7 C82C54726056201474091A2920299>. Acesso em: 7 jul. 2015.

BARROSO, Luiz Roberto. *Interpretação e aplicação da Constituição.* São Paulo: Saraiva, 1996.

BIO, Sérgio Rodrigues. *Sistemas de informação:* um enfoque gerencial. São Paulo: Atlas, 1985. 183 p.

BORGES, Humberto Bonavides. *Curso de especialização de analistas tributários:* IPI, ICMS, ISS. 2. ed. São Paulo: Atlas, 2003. 298 p.

_____. *Manual de procedimentos tributários:* IPI, ICMS, ISS – Guia prático do gerente, consultor e analista tributário das empresas. 3. ed. São Paulo: Atlas, 2009. 408 p.

_____. *Planejamento tributário:* IPI, ICMS e ISS. Economia de impostos, racionalização de procedimentos fiscais, relevantes questões tributárias. 5. ed. rev. atual e ampl. São Paulo: Atlas, 1999.

_____. *Gerência de impostos:* IPI, ICMS, ISS e IR. 8. ed. São Paulo: Atlas, 2015. 656 p.

BRASIL. Caixa Econômica Federal. *Demonstrações contábeis do Fundo de Garantia do Tempo de Serviço* – Relatório de administração. Exercício 2014. 8 p. Disponível em: <www.caixa.gov.br /Downloads/fgts-demonstracao-financeira/DEMONSTRACAO_FINANCEIRA_FGTS _2014.pdf>. Acesso em: 4 maio 2016.

BRASIL. Código Civil. Lei n. 10.406, de 10/1/2002. Institui o Código Civil. *Portal da Legislação.* Palácio do Planalto, Brasília, DF. Disponível em: <www.planalto.gov.br/ccivil_03/ LEIS/ 2002/L10406.htm>. Acesso em: 14 jul. 2015.

BRASIL Código de Processo Civil. Lei n. 13.105, de 16 mar. 2015. *Diário Oficial da União.* Seção 1, p. 1. Portal da Legislação. Palácio do Planalto, Brasília, DF. Disponível em: <www.planalto.gov.br/ccivil_03/_ato2015-2018/2015/lei/l13105.htm>. Acesso em: 14 jan. 2016.

_____. Código Tributário Nacional (1966). Secretaria da Receita Federal. Lei n. 5.172, de 25/10/1966. Dispõe sobre o Sistema Tributário Nacional e institui normas gerais de direito tributário aplicáveis à União, aos estados e aos municípios. *Portal da Legislação.* Palácio do Planalto, Brasília, DF. Disponível em: <www.planalto.gov.br/ccivil_03/leis/L5172 Compilado.htm>. Acesso em: 5 maio 2015.

_____. Lei Complementar nº 155, de 27 de outubro de 2016. Altera a Lei Complementar no 123, de 14 de dezembro de 2006, para reorganizar e simplificar a metodologia de apuração do imposto devido por optantes pelo Simples Nacional; altera as Leis nos 9.613, de 3 de março de 1998, 12.512, de 14 de outubro de 2011, e 7.998, de 11 de janeiro de 1990; e revoga dispositivo da Lei n. 8.212, de 24 de julho de 1991. *Portal da Legislação*. Palácio do Planalto, Brasília, DF. Disponível em: <http://www.planalto.gov.br/ccivil_03/leis/ LCP/Lcp155.htm>. Acesso em: 9 jan. 2017.

_____. Consolidação das leis do trabalho (1943). Decreto-Lei n. 5.452, de 1°/5/1943. Aprova a consolidação das leis do trabalho. *Portal da Legislação*. Palácio do Planalto, Brasília, DF. Disponível em: <www.planalto.gov.br/ccivil_03/Decreto-Lei/Del5452compilado.htm>. Acesso em: 7 nov. 2015.

_____. Ato Complementar n. 31, de 28/12/1966. Dispõe sobre o imposto de circulação de mercadorias cobrado pelos Estados, extingue o pertencente aos municípios e dá outras providências. *Portal da Legislação*. Palácio do Planalto, Brasília, DF. Disponível em: <www.planal-to.gov.br/ccivil_03/ACP/acp-31-66.htm>. Acesso em: 13 out. 2015.

_____. Constituição (1988). Constituição da República Federativa do Brasil. Brasília, DF: Senado Federal: Centro Gráfico, 1988. 292 p.

_____. Decreto n. 3.000, de 26/3/1999. Regulamenta a tributação, fiscalização, arrecadação e administração do Imposto sobre a Renda e Proventos de Qualquer Natureza. *Portal da Legislação*. Palácio do Planalto, Brasília, DF. Disponível em: <www.planalto.gov.br/ ccivil_03/decreto/d3000.htm>. Acesso em: 5 set. 2015.

_____. Decreto n. 3.048, de 6/5/1999. Aprova o Regulamento da Previdência Social e dá outras providências. *Portal da Legislação*. Palácio do Planalto, Brasília, DF. Disponível em: <www.planalto.gov.br/ccivil_03/decreto/d3048compilado.htm>. Acesso em: 3 ago. 2015.

_____. Decreto n. 4.382, de 19/9/2002. Regulamenta a tributação, fiscalização, arrecadação e administração do Imposto sobre a Propriedade Territorial Rural – ITR. *Portal da Legislação*. Palácio do Planalto, Brasília, DF. Disponível em: <www.planalto.gov.br/ccivil_03/decreto/2002/D4382.htm>. Acesso em: 2 set. 2015.

_____. Decreto n. 6.306, de 14/12/2007. Regulamenta o Imposto sobre Operações de Crédito, Câmbio e Seguro, ou relativas a Títulos ou Valores Mobiliários – IOF. *Portal da Legislação*. Palácio do Planalto, Brasília, DF. Disponível em: <www.planalto.gov.br/ccivil_03/_Ato2007-2010/2007/Decreto/D6306.htm>. Acesso em: 3 abr. 2016.

_____. Decreto n. 6.339, de 3/1/2008. Altera as alíquotas do Imposto sobre Operações de Crédito, Câmbio e Seguro, ou relativas a Títulos ou Valores Mobiliários – IOF. *Portal da Legislação*. Palácio do Planalto, Brasília, DF. Disponível em: <www.planalto.gov.br/ccivil_03/_Ato2007-2010/2008/ Decreto/D6339.htm>. Acesso em: 3 abr. 2016.

BRASIL Decreto n. 7.212, de 15/06/2010. Regulamenta a cobrança, fiscalização, arrecadação e administração do Imposto sobre Produtos Industrializados - IPI. *Portal da Legislação*. Palácio do Planalto, Brasília, DF. Disponível em: <http://www.planalto.gov.br/ccivil_03/_ato2007-2010/2010/ decreto/d7212.htm>. Acesso em: 21 maio 2016.

_____. Decreto n. 8.325, de 7/10/2014. Altera o Decreto n. 6.306, de 14/12/2007, que regulamenta o Imposto sobre Operações de Crédito, Câmbio e Seguro, ou relativas a Títulos ou Valores Mobiliários – IOF. *Portal da Legislação*. Palácio do Planalto, Brasília, DF. Disponível em: <www.planalto.gov.br/ccivil_03/_Ato2011-2014/2014/Decreto/D8325. htm>. Acesso em: 4 abr. 2016.

_____. Decreto n. 8.392, de 20/1/2015. Altera o Decreto n. 6.306, de 14/12/2007, que regulamenta o Imposto sobre Operações de Crédito, Câmbio e Seguro, ou relativas a Títulos ou Valores Mobiliários – IOF. *Portal da Legislação*. Palácio do Planalto, Brasília, DF. Disponível em: <www.planalto.gov.br/ccivil_03/_Ato2015-2018/2015/Decreto/D8392.htm>. Acesso em: 4 abr. 2016.

_____. Decreto n. 47.060, de 14/10/2016. Atualiza o Regulamento do Imposto sobre Operações Relativas à Circulação de Mercadorias e sobre Prestações de Serviços de Transporte Interestadual e Intermunicipal e de Comunicação. *Portal da Legislação*. Palácio do Planalto, Brasília, DF. Disponível em: <http://www.fazenda.mg.gov.br/empresas/legislacao_tributaria/ricms_2002_seco/sumario2002.htm>. Acesso em: 4 nov. 2016.

_____. Instrução Normativa SRF n. 247, de 21 nov. 2002. Dispõe sobre a Contribuição para o PIS/Pasep e a Cofins, devidas pelas pessoas jurídicas de direito privado em geral. *Diário Oficial da União*, Brasília, DF, 25 nov. 2002. Palácio do Planalto. Seção 1, p. 47. Disponível em: <http://normas.receita.fazenda.gov.br/sijut2consulta/link.action?visao=anotado &idAto=15123>. Acesso em: 2 fev. 2016.

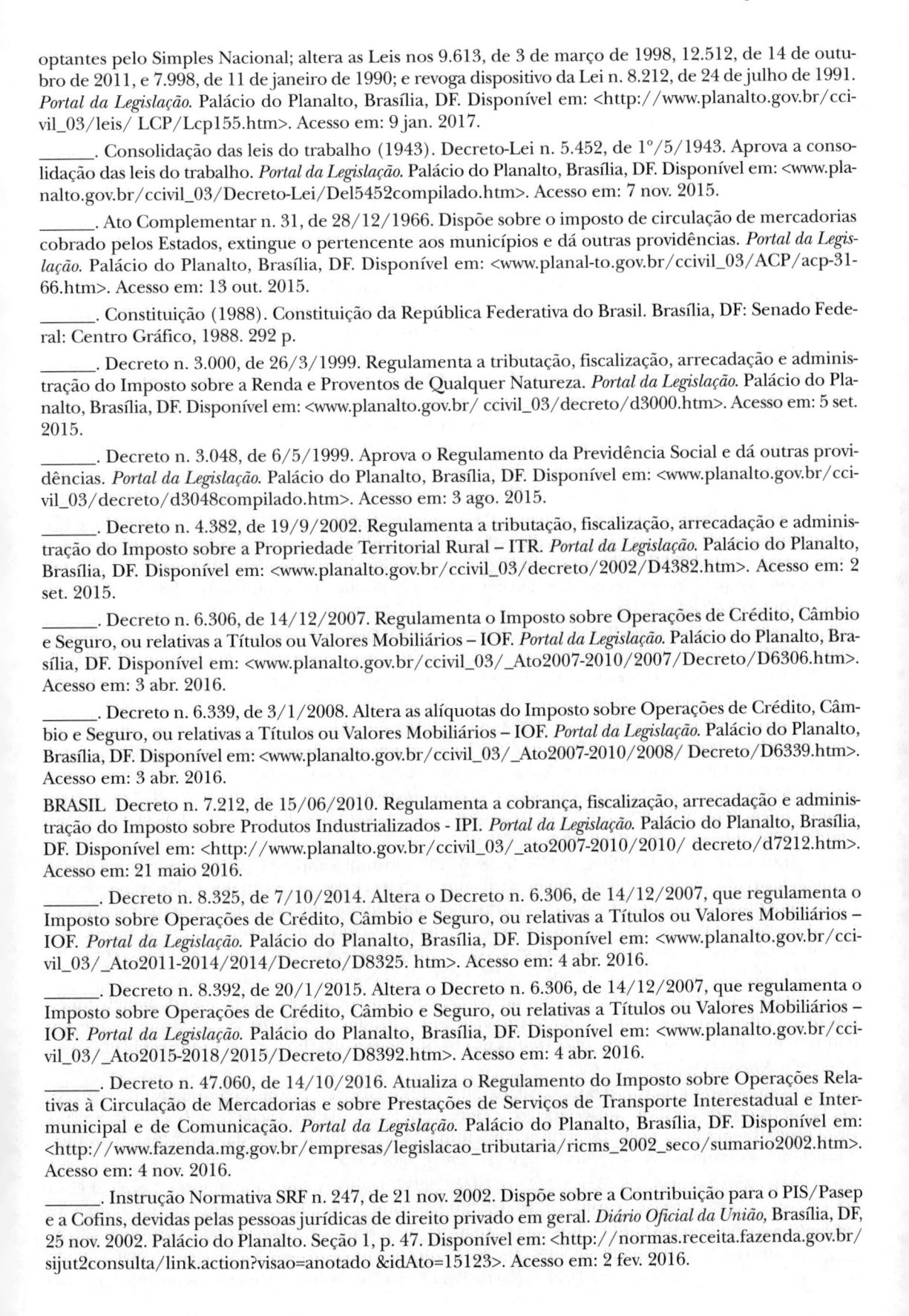

_____. Instrução Normativa SRF n. 341, de 15 jul. 2003. Institui a Declaração de Operações com Cartões de Crédito (Decred) e dá outras providências. *Diário Oficial da União*, Brasília, DF, de 16 jul. 2003. Seção 2, p. 24. Disponível em: <http://normas.receita.fazenda.gov.br/sijut2consulta/ link.action?visao=anotado&idAto=15232>. Acesso em: 10 ago. 2015.

_____. Instrução Normativa SRF n. 726, de 28/2/2007. Dispõe sobre operações de câmbio e a manutenção de recursos no exterior, em moeda estrangeira, relativos a exportações de mercadorias e serviços, e institui a Declaração sobre a Utilização dos Recursos em Moeda Estrangeira Decorrentes do Recebimento de Exportações (Derex). *Diário Oficial da União*, Brasília, DF, 2 mar. 2007. Seção 1, p. 13. Disponível em: <http://normas.receita.fazenda.gov.br/sijut2consulta/link.action?visao=anotado&idAto=15670>. Acesso em: 17 fev. 2016.

_____. Instrução Normativa RFB n. 811, de 28/1/2008. Institui a Declaração de Informações sobre Movimentação Financeira (Dimof) e dá outras providências. *Diário Oficial da União*, Brasília, DF, 29 jan. 2008. Seção 2, p. 23. Disponível em: <http://normas.receita.fazenda.gov.br/sijut2consulta/link.action?idAto=15765&visao=anotado>. Acesso em: 17 ago. 2015.

_____. Instrução Normativa RFB n. 861, de 17/7/2008. Altera a Instrução Normativa SRF n. 256, de 11/12/2002. *Diário Oficial da União*, Brasília, DF, 21 jul. 2008. Seção 3, p. 10. Disponível em: <http://normas.receita.fazenda.gov.br/sijut2consulta/link.action?visao =anotado&idAto=15817>. Acesso em: 4 set. 2015.

BRASIL. Instrução Normativa RFB n. 985, de 22/12/2009. Institui a Declaração de Serviços Médicos (Dmed). *Diário Oficial da União*, Brasília, DF, 23 dez. 2009. Seção 2, p. 37. Disponível em: <http://normas.receita.fazenda.gov.br/sijut2consulta/link.action?idAto =15951>. Acesso em: 20 ago. 2015.

_____. Instrução Normativa RFB n. 1.110, de 24/12/2010. Dispõe sobre a Declaração de Débitos e Créditos Tributários Federais (DCTF) e aprova o Programa Gerador e as instruções para preenchimento da DCTF na versão "DCTF Mensal 1.8". *Diário Oficial da União*, Brasília, DF, 27 dez. 2010. Seção 1, p. 62. Disponível em: <http://normas.receita.fazenda.gov.br/ sijut2consulta/link.action?idAto=16082&visao=anotado>. Acesso em: 9 ago. 2015.

_____. Instrução Normativa RFB n. 1.115, de 28/12/2010. Dispõe sobre a Declaração de Informações sobre Atividades Imobiliárias (Dimob) e dá outras providências. *Diário Oficial da União*, Brasília, DF, 30 dez. 2010. Seção 3, p. 96. Disponível em: <http://normas.receita.fazenda.gov.br/ sijut2consulta/link.action?idAto=16087&visao=anotado>. Acesso em: 13 ago. 2015.

_____. Instrução Normativa RFB n. 1.234, de 11/1/2012. Dispõe sobre a retenção de tributos nos pagamentos efetuados pelos órgãos da administração pública federal direta, autarquias e fundações federais, empresas públicas, sociedades de economia mista e demais pessoas jurídicas que menciona a outras pessoas jurídicas pelo fornecimento de bens e serviços. *Diário Oficial da União*, Brasília, DF, 12 jan. 2012. Seção 1, p. 22. Disponível em: <http://normas.receita.fazenda.gov.br/sijut2consulta/link.action?idAto= 37200&visao=anotado>. Acesso em: 4 maio 2016.

_____. Instrução Normativa RFB n. 1.277, de 28/6/2012. Institui a obrigação de prestar informações relativas às transações entre residentes ou domiciliados no Brasil e residentes ou domiciliados no exterior que compreendam serviços, intangíveis e outras operações que produzam variações no patrimônio das pessoas físicas, das pessoas jurídicas ou dos entes despersonalizados. *Diário Oficial da União*, Brasília, DF, 29 jun. 2012. Seção 2, p. 40. Disponível em: <http://normas.receita. fazenda.gov.br/sijut2consulta/ link.action?idAto= 38212&visao=anotado>. Acesso em: 20 ago. 2015.

_____. Instrução Normativa RFB n. 1.307, de 27/12/2012. Dispõe sobre a Declaração de Benefícios Fiscais (DBF) e dá outras providências. *Diário Oficial da União*, Brasília, DF, 31 dez. 2012. Seção 1, p. 170. Disponível em: <http://normas.receita.fazenda.gov.br/sijut2consulta/link.action? idAto=39240&visao= anotado>. Acesso em: 8 ago. 2015.

_____. Instrução Normativa RFB n. 1.389, de 30/8/2013. Altera a Instrução Normativa n. 1.307, de 27/12/2012, que dispõe sobre a Declaração de Benefícios Fiscais (DBF). *Diário Oficial da União*, Brasília, DF, 2 set. 2013. Seção 3, p. 27. Disponível em: <http://normas.receita.fazenda.gov.br/sijut2consulta/ link.action?visao=anotado&idAto=45387>. Acesso em: 8 ago. 2015.

_____. Instrução Normativa RFB n. 1.422, de 19/12/2013. Dispõe sobre a Escrituração Contábil Fiscal (ECF). *Diário Oficial da União*, Brasília, DF, 20 dez. 2013. Seção 1, p. 38. Disponível em: <http://normas.receita.fazenda.gov.br/sijut2consulta/link.action?visao =anotado&idAto=48711>. Acesso em: 20 ago. 2015

_____. Instrução Normativa RFB n. 1.426, de 20/12/2013. Altera a Instrução Normativa RFB n. 1.307, de 27/12/2012, que dispõe sobre a Declaração de Benefícios Fiscais (DBF) e dá outras providências. *Diá-*

rio Oficial da União, Brasília, DF, 23 dez. 2013. Seção 1, p. 45. Disponível em: <http://normas.receita.fazenda.gov.br/sijut2consulta/link.action?idAto =48750&visao=anotado>. Acesso em: 8 ago. 2015.

BRASIL. Instrução Normativa RFB n. 1.436, de 30/12/2013. Dispõe sobre a Contribuição Previdenciária sobre a Receita Bruta (CPRB), destinada ao Regime Geral de Previdência Social (RGPS), devida pelas empresas referidas nos artigos 7º e 8º da Lei n. 12.546, de 14/12/2011. *Diário Oficial da União*, Brasília, DF, 2 jan. 2014. Seção 1, p. 12. Disponível em: <http://normas.receita.fazenda.gov.br/sijut2consulta/link.action?idAto=48917&visao =anotado>. Acesso em: 3 ago. 2015.

_____. Instrução Normativa RFB n. 1.486, de 13/8/2014. Altera a Instrução Normativa RFB n. 1.420, de 19/12/2013, que dispõe sobre a Escrituração Contábil Digital (ECD). *Diário Oficial da União*, Brasília, DF, 14 ago. 2014. Seção 1, p. 34. Retificação publicada no *DOU* de 11/09/2014, seção 1, p. 2. Disponível em: <http://normas.receita.fazenda.gov.br/sijut2consulta/link.action?visao=anotado&idAto= 55085>. Acesso em: 23 ago. 2015.

_____. Instrução Normativa RFB n. 1.503, de 29/10/2014. Dispõe sobre a Declaração do Imposto sobre a Renda Retido na Fonte (Dirf) e o Programa Gerador da Dirf 2015 (PGD Dirf 2015). *Diário Oficial da União*, Brasília, DF, 30 out. 2014. Seção 1, p. 6. Disponível em: <http://normas.receita.fazenda.gov.br/sijut2consulta/link.action?idAto=57672&visao =anotado>. Acesso em: 17 ago. 2015.

_____. Instrução Normativa RFB n. 1.540, de 5/1/2015. Altera a Instrução Normativa RFB n. 1.234, de 11/1/2012, que dispõe sobre a retenção de tributos nos pagamentos efetuados pelos órgãos da administração pública federal direta, autarquias e fundações federais, empresas públicas, sociedades de economia mista e demais pessoas jurídicas que menciona a outras pessoas jurídicas pelo fornecimento de bens e serviços. *Diário Oficial da União*, Brasília, DF, 6 jan. 2015. Seção 1, p. 11. Disponível em: <http://normas.receita.fazenda. gov.br/sijut2consulta/link.action?visao=anotado&idAto=59937>. Acesso em: 4 maio 2016.

_____. Instrução Normativa RFB n. 1597, de 1/12/2015. Altera a Instrução Normativa RFB n. 1.436, de 30 de dezembro de 2013, que dispõe sobre a Contribuição Previdenciária sobre a Receita Bruta (CPRB), destinada ao Regime Geral de Previdência Social (RGPS), devida pelas empresas referidas nos arts. 7º e 8º da Lei nº 12.546, de 14 de dezembro de 2011. *Diário Oficial da União* , Brasília, DF. Seção 1 p. 19. Disponível em: <http://normas.receita.fazenda.gov.br/sijut2consulta/imprimir.action?visao=original&idAto=69971>. Acesso em: 19 abr. 2017.

_____. Instrução Normativa RFB n. 1.607, de 11/1/2016. Retificado(a) no DOU de 25/5/2016, p. 22. Altera a Instrução Normativa RFB nº 1.436, de 30 de dezembro de 2013, que dispõe sobre a Contribuição Previdenciária sobre a Receita Bruta (CPRB), destinada ao Regime Geral de Previdência Social (RGPS), devida pelas empresas referidas nos arts. 7º e 8º da Lei nº 12.546, de 14 de dezembro de 2011. *Diário Oficial da União*, Brasília, DF. Seção 1, p. 11 Disponível em: <http://normas.receita.fazenda.gov.br/sijut2consulta/link.action?idAto=70867&>. Acesso em: 19 abr. 2017.

_____. Lei Complementar n. 104, de 10/1/2001. Altera dispositivos da Lei n. 5.172, de 25/10/1966 – Código Tributário Nacional. *Portal da Legislação*. Palácio do Planalto, Brasília, DF. Disponível em: <www.planalto.gov.br/ccivil_03/leis/LCP/Lcp104.htm>. Acesso em: 29 jul. 2015.

_____. Lei Complementar n. 110, de 29/6/2001. Institui contribuições sociais, autoriza créditos de complementos de atualização monetária em contas vinculadas do Fundo de Garantia do Tempo de Serviço – FGTS e dá outras providências. *Portal da Legislação*. Palácio do Planalto, Brasília, DF. Disponível em: <www.planalto.gov.br/ccivil_03/leis/LCP/ Lcp110.htm>. Acesso em: 12 fev. 2016.

BRASIL. Lei Complementar n. 116, de 31/7/2003. Dispõe sobre o Imposto sobre Serviços de Qualquer Natureza, de competência dos municípios e do Distrito Federal, e dá outras providências. *Portal da Legislação*. Palácio do Planalto, Brasília, DF. Disponível em: <www.planalto.gov.br/ccivil_03/leis/LCP/ Lcp116.htm>. Acesso em: 20 out. 2015.

_____. Lei Complementar n. 123, de 14/12/2006. Institui o Estatuto Nacional da Microempresa e da Empresa de Pequeno Porte; altera dispositivos das Leis n. 8.212 e 8.213, ambas de 24/7/1991, da Consolidação das Leis do Trabalho – CLT, aprovada pelo Decreto-Lei n. 5.452, de 1º/5/1943, da Lei n. 10.189, de 14/2/2001, da Lei Complementar n. 63, de 11/1/1990, e revoga as Leis n. 9.317, de 5/12/1996, e 9.841, de 5/10/1999. *Portal da Legislação*. Palácio do Planalto, Brasília, DF. Disponível em: <www.planalto.gov.br/ccivil_03/leis/LCP/ Lcp123.htm>. Acesso em: 4 abr. 2015.

_____. Lei Complementar n. 147, de 7/8/2014. Altera a Lei Complementar n. 123, de 14/12/2006, e as Leis n. 5.889, de 8/6/1973, 11.101, de 9/2/2005, 9.099, de 26/9/1995, 11.598, de 3/12/2007, 8.934, de 18/11/1994, 10.406, de 10/1/2002, e 8.666, de 21/6/1993, e dá outras providências. *Portal da Legislação*. Palácio do Planalto, Brasília, DF. Disponível em: <www.planalto.gov.br/ccivil_03/leis/LCP/Lcp147.htm>. Acesso em: 4 abr. 2015.

_____. Lei n. 6.386, de 9/12/1976. Altera dispositivos da Consolidação das Leis do Trabalho e dá outras providências. *Portal da Legislação*. Palácio do Planalto, Brasília, DF. Disponível em: <www.planalto.gov.br/ccivil_03/leis/L6386.htm>. Acesso em: 3 ago. 2015.

_____. Lei n. 6.404, de 15/12/1976. Dispõe sobre as Sociedades por Ações. *Portal da Legislação*. Palácio do Planalto, Brasília, DF. Disponível em: <www.planalto.gov.br/ccivil_03/ leis/L6404compilada.htm>. Acesso em: 21 maio 2016.

_____. Lei n. 8.036, de 11/5/1990. Dispõe sobre o Fundo de Garantia do Tempo de Serviço e dá outras providências. *Portal da Legislação*. Palácio do Planalto, Brasília, DF. Disponível em: <www.planalto.gov.br/ccivil_03/leis/ L8036consol.htm>. Acesso em: 12 fev. 2016.

_____. Lei n. 8.212, de 24/7/1991. Dispõe sobre a organização da Seguridade Social, institui Plano de Custeio e dá outras providências. *Portal da Legislação*. Palácio do Planalto, Brasília, DF. Disponível em: <www.planalto.gov.br/ccivil_03/leis/L8212cons.htm>. Acesso em: 7 ago. 2015.

_____. Lei n. 8.894, de 21/6/1994. Dispõe sobre o Imposto sobre Operações de Crédito, Câmbio e Seguro, ou relativas a Títulos e Valores Mobiliários, e dá outras providências. *Portal da Legislação*. Palácio do Planalto, Brasília, DF. Disponível em: <ww.planalto.gov.br/ccivil_03 /leis/L8894.htm>. Acesso em: 3 abr. 2016.

_____. Lei n. 8.981, de 20/1/1995. Altera a legislação tributária federal e dá outras providências. *Portal da Legislação*. Palácio do Planalto, Brasília, DF. Disponível em: <www.planalto.gov.br/ccivil_03/leis/L8981.htm>. Acesso em: 14 ago. 2015.

_____. Lei n. 9.065, de 20/6/1995. Dá nova redação a dispositivos da Lei n. 8.981, de 20/1/1995, que altera a legislação tributária federal, e dá outras providências. *Portal da Legislação*. Palácio do Planalto, Brasília, DF. Disponível em: <www.planalto.gov.br/ccivil_03/leis/L9065.htm>. Acesso em: 13 jan. 2016.

BRASIL. Lei n. 9.393, de 19/12/1996. Dispõe sobre o Imposto sobre a Propriedade Territorial Rural – ITR, sobre pagamento da dívida representada por Títulos da Dívida Agrária e dá outras providências. *Portal da Legislação*. Palácio do Planalto, Brasília, DF. Disponível em: <www.planalto.gov.br/ccivil_03/leis/L9393.htm>. Acesso em: 2 set. 2015.

_____. Lei n. 9.430, de 27/12/1996. Dispõe sobre a legislação tributária federal, as contribuições para a seguridade social, o processo administrativo de consulta e dá outras providências. *Portal da Legislação*. Palácio do Planalto, Brasília, DF. Disponível em: <www.planalto.gov.br/ccivil_03/leis/ L9430.htm>. Acesso em: 23 nov. 2015.

_____. Lei n. 9.532, de 10/12/1997. Altera a legislação tributária federal e dá outras providências. *Portal da Legislação*. Palácio do Planalto, Brasília, DF. Disponível em: <www.planalto.gov.br/ccivil_03/leis/L9532.htm>. Acesso em: 3 jun. 2015.

_____. Lei n. 9.718, de 27/11/1998. Altera a legislação tributária federal e dá outras providências. *Portal da Legislação*. Palácio do Planalto, Brasília, DF. Disponível em: <www.planalto.gov.br/ccivil_03/leis/L9532.htm>. Acesso em: 17 ago. 2015.

_____. Lei n. 9.732, de 11/12/1998. Altera dispositivos das Leis n. 8.212 e 8.213, ambas de 24/7/1991, da Lei n. 9.317, de 5/12/1996, e dá outras providências. *Portal da Legislação*. Palácio do Planalto, Brasília, DF. Disponível em: <www.planalto.gov.br/ccivil_03/leis/ L9732.htm>. Acesso em: 4 jun. 2015.

_____. Lei n. 9.964, de 10/4/2000. Institui o Programa de Recuperação Fiscal – Refis e dá outras providências e altera as Leis n. 8.036, de 11/5/1990, e 8.844, de 20/1/1994. *Portal da Legislação*. Palácio do Planalto, Brasília, DF. Disponível em: <www.planalto.gov.br/ccivil_03/ leis/L9964.htm>. Acesso em: 3 jun. 2015.

_____. Lei n. 10.168, de 29/12/2000. Institui a contribuição de intervenção de domínio econômico destinada a financiar o Programa de Estímulo à Interação Universidade-Empresa para o Apoio à Inovação e dá outras providências. *Portal da Legislação*. Palácio do Planalto, Brasília, DF. Disponível em: <www.planalto.gov.br/ccivil_03/leis/L10168.htm>. Acesso em: 13 dez. 2015.

_____. Lei n. 10.332, de 19/12/2001. Institui mecanismo de financiamento para o Programa de Ciência e Tecnologia para o Agronegócio, para o Programa de Fomento à Pesquisa em Saúde, para o Programa Biotecnologia e Recursos Genéticos – Genoma, para o Programa de Ciência e Tecnologia para o

Setor Aeronáutico e para o Programa de Inovação para Competitividade e dá outras providências. *Portal da Legislação*. Palácio do Planalto, Brasília, DF. Disponível em: <www.planalto.gov.br/ccivil_03/leis/LEIS_2001/L10332.htm>. Acesso em: 14 dez. 2015.

_____. Lei n. 10.336, de 19/12/2001. Institui a contribuição de intervenção no domínio econômico incidente sobre a importação e a comercialização de petróleo e seus derivados, gás natural e seus derivados e álcool etílico combustível (Cide) e dá outras providências. *Portal da Legislação*. Palácio do Planalto, Brasília, DF. Disponível em: <www.planalto.gov.br/ccivil_03/leis/LEIS_2001/L10336.htm>. Acesso em: 24 mar. 2016.

_____. Lei n. 10.636, de 30/12/2002. Dispõe sobre a aplicação dos recursos originários da contribuição de intervenção no domínio econômico – Cide, incidente sobre a importação e a comercialização de petróleo e seus derivados, gás natural e seus derivados e álcool etílico combustível, atendendo ao disposto no § 2º do artigo 1º da Lei n. 10.336, de 19/12/2001, cria o Fundo Nacional de Infraestrutura de Transportes – FNIT e dá outras providências. *Portal da Legislação*. Palácio do Planalto, Brasília, DF. Disponível em: <www.pla-nalto.gov.br/ccivil_03/leis/2002/l10636.htm>. Acesso em: 2 maio 2016.

BRASIL. Lei n. 10.684, de 30/5/2003. Altera a legislação tributária, dispõe sobre parcelamento de débitos junto à Secretaria da Receita Federal, à Procuradoria-Geral da Fazenda Nacional e ao Instituto Nacional do Seguro Social e dá outras providências. *Portal da Legislação*. Palácio do Planalto, Brasília, DF. Disponível em: <www.planalto.gov.br/ccivil_03/ leis/2003/L10.684.htm>. Acesso em: 2 jun. 2015.

_____. Lei n. 11.371, de 28/11/2006. Dispõe sobre operações de câmbio, sobre registro de capitais estrangeiros, sobre o pagamento em lojas francas localizadas em zona primária de porto ou aeroporto, sobre a tributação do arrendamento mercantil de aeronaves, sobre a novação dos contratos celebrados nos termos do § 1º do artigo 26 da Lei n. 9.491, de 9/9/1997, altera o Decreto n. 23.258, de 19/10/1933, a Lei n. 4.131, de 3/9/1962, o Decreto-Lei n. 1.455, de 7/4/1976, e revoga dispositivo da Medida Provisória n. 303, de 29/6/2006. *Portal da Legislação*. Palácio do Planalto, Brasília, DF. Disponível em: <www.planalto.gov.br/ccivil_03/_ato2004-2006/2006/lei/l11371.htm>. Acesso em: 13 nov. 2015.

_____. Lei n. 11.452, de 27/2/2007. Dispõe sobre a prestação de auxílio financeiro pela União aos estados e aos municípios, no exercício de 2006, com o objetivo de fomentar as exportações do país; altera as Leis n. 8.248, de 23/10/1991, 8.387, de 30/12/1991, 10.865, de 30/4/2004, 11.051, de 29/12/2004, 10.833, de 29/12/2003, 11.314, de 3/7/2006, 11.119, de 25/5/2005, 7.713, de 22/12/1988, 9.250, de 26/12/1995, 11.281, de 20/2/2006, o Decreto-Lei n. 1.593, de 21/12/1977, a Medida Provisória n. 2.185-35, de 24/8/2001, e a Lei n. 10.168, de 29/12/2000, e dá outras providências. *Portal da Legislação*. Palácio do Planalto, Brasília, DF. Disponível em: <www.planalto. gov.br/ccivil_03/_ato2007-2010/2007/Lei/L11452.htm>. Acesso em: 14 dez. 2015.

_____. Lei n. 11.488, de 15/6/2007. Cria o Regime Especial de Incentivos para o Desenvolvimento da Infraestrutura – REIDI; reduz para 24 (vinte e quatro) meses o prazo mínimo para utilização dos créditos da Contribuição para o PIS/Pasep e da Contribuição para o Financiamento da Seguridade Social – Cofins decorrentes da aquisição de edificações; amplia o prazo para pagamento de impostos e contribuições; altera a Medida Provisória n. 2.158-35, de 24/8/2001, e as Leis n. 9.779, de 19/1/1999, 8.212, de 24/7/1991, 10.666, de 8/5/2003, 10.637, de 30/12/2002, 4.502, de 30/11/1964, 9.430, de 27/12/1996, 10.426, de 24/4/2002, 10.833, de 29/12/2003, 10.892, de 13/7/2004, 9.074, de 7/7/1995, 9.427, de 26/12/1996, 10.438, de 26/4/2002, 10.848, de 15/3/2004, 10.865, de 30/4/2004, 10.925, de 23/7/2004, 11.196, de 21/11/2005; revoga os dispositivos das Leis n. 4.502, de 30/11/1964, 9.430, de 27/12/1996, e do Decreto-Lei n. 1.593, de 21/12/1977, e dá outras providências. *Portal da Legislação*. Palácio do Planalto, Brasília, DF. Disponível em: <www.planalto.gov.br/ccivil_03/_ato2007-2010/2007/lei/l11488.htm>. Acesso em: 5 jan. 2016.

_____. Lei n. 11.638, de 28/12/2007. Altera e revoga dispositivos das Leis n. 6.404, de 15/12/1976, e 6.385, de 7/12/1976, e estende às sociedades de grande porte disposições relativas à elaboração e divulgação de demonstrações financeiras. *Portal da Legislação*. Palácio do Planalto, Brasília, DF. Disponível em: <www.planalto.gov.br/ccivil_03/_ato2007-2010/2007/ lei/l11638.htm>. Acesso em: 13 maio 2016.

_____. Lei n. 11.941, de 27/5/2009. Altera a legislação tributária federal relativa ao parcelamento ordinário de débitos tributários; concede remissão nos casos em que especifica; institui regime tributário de transição, alterando o Decreto n. 70.235, de 6/3/1972, as Leis n. 8.212, de 24/7/1991, 8.213, de 24/7/1991, 8.218, de 29/8/1991, 9.249, de 26/12/1995, 9.430, de 27/12/1996, 9.469, de 10/7/1997, 9.532, de 10/12/1997, 10.426, de 24/4/2002, 10.480, de 2/7/2002, 10.522, de 19/7/2002, 10.887, de 18/6/2004, e 6.404, de 15/12/1976, o Decreto-Lei n. 1.598, de 26/12/1977, e as Leis n. 8.981, de 20/1/1995, 10.925, de 23/7/2004, 10.637, de 30/12/2002, 10.833, de 29/12/2003, 11.116, de 18/5/2005, 11.732, de 30/6/2008,

10.260, de 12/7/2001, 9.873, de 23/11/1999, 11.171, de 2/9/2005, 11.345, de 14/9/2006; prorroga a vigência da Lei n. 8.989, de 24/2/1995; revoga dispositivos das Leis n. 8.383, de 30/12/1991, e 8.620, de 5/1/1993, do Decreto-Lei n. 73, de 21/11/1966, das Leis n. 10.190, de 14/2/2001, 9.718, de 27/11/1998, 6.938, de 31/8/1981, e 9.964, de 10/4/2000, e, a partir da instalação do Conselho Administrativo de Recursos Fiscais, os Decretos n. 83.304, de 28/3/1979, e 89.892, de 2/7/1984, e o artigo 112 da Lei n. 11.196, de 21/11/2005, e dá outras providências. *Portal da Legislação*. Palácio do Planalto, Brasília, DF. Disponível em: <www.planalto. gov.br/ccivil_03/_ato2007-2010/2009/ lei/l11941.htm>. Acesso em: 13 maio 2016.

BRASIL. Lei n. 12.441, de 11/7/2011. Altera a Lei n. 10.406, de 10/1/2002 (Código Civil), para permitir a constituição de empresa individual de responsabilidade limitada. *Portal da Legislação*. Palácio do Planalto, Brasília, DF. Disponível em: <www.planalto.gov.br/ccivil_03/_ato2011-2014/2011/lei/l12441.htm>. Acesso em: 14 jul. 2015.

_____. Campinas. Lei n. 12.445, de 21/12/2005. Altera dispositivos da Lei n. 11.111, de 26/12/2001, que dispõe sobre o imposto sobre a propriedade predial e territorial urbana – IPTU e dá outras providências. *Portal da Legislação*. Palácio do Planalto, Brasília, DF. Disponível em: <https://leismunicipais.com.br/a/sp/c/campinas/lei-ordinaria/2005/1244/ 12445/lei-ordinaria-n-12445-2005-altera-dispositivos-da-lei-n-11111-de-26-de-dezembro-de-2001-que-dispoe-sobre-o-imposto-sobre-a-propriedade-predial-e-territorial-urbana-iptu-e-da-outras-providencias>. Acesso em: 24 ago. 2015.

_____. Lei n. 12.546, de 14/12/2011. Institui o Regime Especial de Reintegração de Valores Tributários para as Empresas Exportadoras (Reintegra); dispõe sobre a redução do Imposto sobre Produtos Industrializados (IPI) à indústria automotiva; altera a incidência das contribuições previdenciárias devidas pelas empresas que menciona; altera as Leis n. 11.774, de 17/9/2008, 11.033, de 21/12/2004, 11.196, de 21/11/2005, 10.865, de 30/4/2004, 11.508, de 20/7/2007, 7.291, de 19/12/1984, 11.491, de 20/6/2007, 9.782, de 26/1/1999, e 9.294, de 15/7/1996, e a Medida Provisória n. 2.199-14, de 24/8/2001; revoga o artigo 1º da Lei n. 11.529, de 22/10/2007, e o artigo 6º do Decreto-Lei n. 1.593, de 21/12/1977, nos termos que especifica, e dá outras providências. *Portal da Legislação*. Palácio do Planalto, Brasília, DF. Disponível em: <www.planalto.gov.br/ccivil_03/_ato2011-2014/ 2011/lei/l12546.htm>. Acesso em: 4 out. 2015.

_____. Lei n. 12.973, de 13/5/2014. Altera a legislação tributária federal relativa ao Imposto sobre a Renda das Pessoas Jurídicas – IRPJ, à Contribuição Social sobre o Lucro Líquido – CSLL, à Contribuição para o PIS/Pasep e à Contribuição para o Financiamento da Seguridade Social – Cofins; revoga o Regime Tributário de Transição – RTT, instituído pela Lei n. 11.941, de 27/5/2009; dispõe sobre a tributação da pessoa jurídica domiciliada no Brasil, com relação ao acréscimo patrimonial decorrente de participação em lucros auferidos no exterior por controladas e coligadas; altera o Decreto-Lei n. 1.598, de 26/12/1977, e as Leis n. 9.430, de 27/12/1996, 9.249, de 26/12/1995, 8.981, de 20/1/1995, 4.506, de 30/11/1964, 7.689, de 15/12/1988, 9.718, de 27/11/1998, 10.865, de 30/4/2004, 10.637, de 30/12/2002, 10.833, de 29/12/2003, 12.865, de 9/10/2013, 9.532, de 10/12/1997, 9.656, de 3/6/1998, 9.826, de 23/8/1999, 10.485, de 3/7/2002, 10.893, de 13/7/2004, 11.312, de 27/6/2006, 11.941, de 27/5/2009, 12.249, de 11/6/2010, 12.431, de 24/6/2011, 12.716, de 21/9/2012, e 12.844, de 19/7/2013, e dá outras providências. *Portal da Legislação*. Palácio do Planalto, Brasília, DF. Disponível em: <www.planalto.gov.br/ccivil_03/_ato2011-2014/2014/Lei/ L12973.htm>. Acesso em: 18 abr. 2016.

BRASIL. Norma Brasileira de Contabilidade – CTG 1000 – Adoção Plena da NBC TG 1000. Dispõe sobre a adoção plena da NBC TG 1000. *Portal da Legislação*. Palácio do Planalto, Brasília, DF. Disponível em: <http://portalcfc.org.br/wordpress/wp-content/uploads/ 2013/09/CTG-1000.pdf>. Acesso em: 8 set. 2015.

_____. Resolução CGSN n. 94, de 29/11/2011. Dispõe sobre o Simples Nacional e dá outras providências. *Diário Oficial da União*, Brasília, DF, 1º dez. 2011. Seção 3, p. 50. Disponível em: <http://normas.receita.fazenda.gov.br/sijut2consulta/link.action?visao= anotado&idAto=36833>. Acesso em: 10 jul. 2015.

_____. Supremo Tribunal Federal, Recurso Extraordinário n. 111.954/PR, *Diário da Justiça da União*, Brasília, DF, 24 jun. 1988; AI-AgR 658576/RS; Relator Ministro Ricardo Lewandowski, 1ª Turma, julgamento em 27/11/2007; AI-AgR 679355/RS, Relator Ministro Ricardo Lewandowski, 1ª Turma, julgamento em 27/11/2007.

CALIJURI, Mônica Sionara Schpallir; LOPES, Alexsandro Broedel. *Gestão tributária:* uma abordagem multidisciplinar. São Paulo: Atlas, 2011.

CARRION, Valentin. *Comentários à CLT.* 23. ed. São Paulo: Saraiva, 1998. 379 p.

CARVALHO, Raimundo Eloi de et al. Análise da Arrecadação das Receitas Federais – mar. de 2016. Brasília, DF: Centro de Estudos Tributários e Aduaneiros (Cetad), Receita Federal do Brasil, 2016. p. 48 Disponível em: <http://idg.receita.fazenda.gov.br/dados/receitadata/arrecadacao/relatorios-do-resultado-da-arrecadacao/arrecadacao-2016/marco2016/analise-mensal-mar-2016.pdf>. Acesso em: 3 maio 2016.

CARAZZA, Roque Antônio. *ICMS*. 13. ed. rev. ampl. São Paulo: Malheiros, 2009. 648 p.

CASSONE, Vittorio. *Direito Tributário*. 25. ed. São Paulo: Atlas, 2015. 397 p.

CATELLI, Armando. *Apontamentos de sala de aula*, 1994. Tese (Doutorado em Controladoria e Contabilidade Faculdade de Contabilidade, Economia e Administração da Universidade de São Paulo (FEA/USP), 1994.

CHAVES, Francisco Coutinho. *Retenção de tributos:* IR, PIS, COFINS, CSLL, INSS e ISS. São Paulo: Atlas, 2014. 152 p.

CILLO, Geraldo. *Manual de comércio exterior*. Campinas: Alínea, 2006. 448 p.

COÊLHO, Sacha Calmon Navarro. *Curso de Direito Tributário Brasileiro*. 9. ed. Rio de Janeiro: Forense, 2008.

COMITÊ DE PRONUNCIAMENTOS CONTÁBEIS. *Pronunciamento técnico PME:* contabilidade para pequenas e médias empresas. Disponível em: <www.cpc.org.br/CPC/Documentos-Emitidos/Pronunciamentos/Pronunciamento?Id=79>. Acesso em: 8 set. 2015.

CUNHA, Antônio Geraldo da. *Dicionário etimológico da língua portuguesa*. 4. ed. rev. e ampl. Rio de Janeiro: Lexikon Ed. Digital, 2010. 712 p.

DEPARTAMENTO DE REGISTRO EMPRESARIAL E INTEGRAÇÃO. Relatório Estatístico Mensal Nacional. p. 1. Disponível em: <http://drei.smpe.gov.br/assuntos/estatisticas/ pasta-mensal-nacional-2015/relatorio-estatistico-mensal-setembro-2015.pdf>. Acesso em: 12 fev. 2016.

DOWER, Fabio Cunha. *O "novo" ICMS nas operações entre estados após a Emenda Constitucional n. 87/2015 (EC 87015):* impactos tributários. 2015. Disponível em: <www.dizerodireito.com.br/ 2015/04/comentarios-nova-ec-872015-icms-do.html>. Acesso em: 13 jan. 2016.

FABRETTI, Láudio Camargo; FABRETTI, Dilene Ramos. *Direito tributário para os cursos de administração e ciências contábeis*. 7. ed. São Paulo: Atlas, 2009.

FABRETTI, Láudio Camargo et al. *Simples nacional*. São Paulo: Atlas, 2013. 282 p.

FALCÃO, Amilcar de Araújo. Conceito e espécies de empréstimo compulsório. *Revista de Direito Público*, São Paulo, v. 14, p. 38-46, out./dez. 1970.

FURLAN, Juliana Campos. *Geração, apropriação e utilização do crédito acumulado de ICMS*. 2010. Disponível em: <http://www.administradores.com.br/artigos/tecnologia/geracao-apropriacao-e-utilizacao-do-credito-acumulado-de-icms/49797/>. Acesso em: 22 jan. 2016.

GIAMBIAGI, Fabio; DE ALÉM, Ana Cláudia Duarte. *Finanças públicas:* teoria e prática no Brasil. 4. ed. Rio de Janeiro: Elsevier, 2011.

GOIÁS. Regulamento do Código Tributário do Estado de Goiás. Decreto n. 4.852, de 29/12/1997. Disponível em: <ftp://ftp.sefaz.go.gov.br/sefazgo/legislacao/Rcte/Anexos/ANEXO_09_beneficio_fiscal.htm>. Acesso em: 7 ago. 2015.

GOMES, Elizeu Domingues. *Rotinas trabalhistas e previdenciárias*. 15. ed. Belo Horizonte: RT Prev, 2015. 589 p.

GRZYBOVSKI, Denise e HAHN, Tatiana Gaertner. Educação fiscal: premissa para melhor percepção da questão tributária. *Rev. Adm. Pública* [on-line]. 2006, v. 40, n. 5, p. 841-64. Disponível em: <http://dx.doi.org/10.1590/S0034-76122006000500005>. Acesso em: 15 maio 2016.

HIGUCHI, Hiromi. *Imposto de rendas das empresas; interpretação e prática*. 40. ed. São Paulo: IR Publicações, 2015. 928 p.

KALACHE, Maurício. *Crimes tributários*. 1. ed., 2006 2. tir. Curitiba: Juruá, 2007. 220 p.

LEITE, Joubert da Silva Jeronimo et al. *Manual de gestão e controle de ativos imobilizados*. São Paulo: IOB SAGE, 2016. 200 p.

LOZEKAM, Ivo Ricardo. *A problemática do saldo credor acumulado de ICMS nas empresas*. São Paulo: Fiscosoft, 2012.

MACHADO, Hugo de Brito. *Curso de Direito Tributário*. São Paulo: Malheiros, 2015.

_____. *Curso de Direito Tributário*. 29. ed. São Paulo: Malheiros, 2008.

_____. *Curso de Direito Tributário.* 36. ed. São Paulo: Malheiros, 2015.

MATO GROSSO. Portaria n. 037/2000. Altera a Portaria n. 080/99-SEFAZ, de 21/9/1999, e dá outras providências, Brasília, DF. Disponível em: <http://app1.sefaz.mt.gov.br/Sistema/Legislacao/legislacaotribut.nsf/5edf9c5193c58088032567580038916b/1c36c69165b9605603256915005e6f0a>. Acesso em: 4 set. 2015.

MONTELLA, Maura. *Economia:* passo a passo. 2. ed. Rio de Janeiro: Qualitymark, 2007. 224 p.

MELO, José Eduardo Soares de. *ISS* – aspectos teóricos e práticos. 5. ed. São Paulo: Dialética, 2008.

_____. *Contribuições sociais no sistema tributário.* São Paulo: Malheiros, 2010.

_____. *ICMS* – teoria e prática. 12. ed. São Paulo: Dialética, 2012.

MENDES, Paulo Cirilo Santos et al. *Dados disponíveis no Plano anual de fiscalização da Secretaria da Receita Federal do Brasil para o ano calendário de 2015*: quantidade, principais operações fiscais e os valores esperados de recuperação de crédito tributário. Resultado 2014. 21 p. Disponível em: <http://idg.receita.fazenda.gov.br/dados/resultados/fiscalizacao/arquivos-e-imagens/12015_03_05-plano-anual-da-fiscalizacao-2015-e-resultados-2014.pdf>. Acesso em: 3 abr. 2016.

MENDES. *Plano Anual da Fiscalização da Secretaria da Receita Federal do Brasil para o ano calendário de 2016*: quantidade, principais operações fiscais e valores esperados de recuperação de crédito tributário. Resultados de 2015. 30 p. Disponível em: <http://idg.receita.fazenda.gov.br/dados/resultados/fiscalizacao/arquivos-e-imagens/plano-anual-fiscalizacao-2016-e-resultados-2015.pdf>. Acesso em: 3 abr. 2016.

MINISTÉRIO DO TRABALHO E EMPREGO, MINISTÉRIO DA FAZENDA, CAIXA ECONÔMICA FEDERAL. *Manual da GFIP/SEFIP:* orientação para prestação das informações. Disponível em: <http://idg.receita.fazenda.gov.br/orientacao/tributaria/declaracoes-e-demonstrativos/gfip-sefip-guia-do-fgts-e-informacoes-a-previdencia-social-1/orientacoes-gerais/manualgfipsefip-kit-sefip_versao_84.pdf>. Acesso em: 3 mar. 2016.

NEVES, Newton José de Oliveira e FAGUNDES, Milton. *Mais lucros com menos impostos.* São Paulo: Mission, 1999. 377 p.

OAZEN, Patricia. *Boletim IPI n. 12.* 2ª quinzena. São Paulo: Econet, jun./2012.

OLIVEIRA, Djalma Roberto de. *Gestão fiscal na prática.* 3. ed. São Paulo: IOB Folhamatic, 2014. 219 p.

OLIVEIRA, Gustavo Pedro de. *Contabilidade tributária.* 4. ed. rev. e atual. São Paulo: Saraiva, 2013. 296 p.

OLIVEIRA, Luís Martins et al. *Contabilidade tributária.* 12. ed. São Paulo: Atlas, 2013.

_____. *Manual de contabilidade tributária:* textos e testes com as respostas. 11. ed. São Paulo: Atlas, 2012. 424 p.

PADOVEZE, Clóvis Luís. *Controladoria básica.* 3. ed. rev. e atual. São Paulo: Cengage Lerning, 2016. 372 p.

_____. *Controladoria estratégica e operacional:* conceitos, estrutura, aplicação. 3. ed. São Paulo: Pioneira Thomson Learning, 2012. 503 p.

_____. *Sistema de informações contábeis*: fundamentos e análise. 7. ed. São Paulo: Atlas, 2015.

PÊGAS, Paulo Henrique. *Manual de contabilidade tributária.* 8. ed. Rio de Janeiro: Freitas Bastos, 2014. 804 p.

PEREIRA, Mario Sebastião de Azevedo. *Gestão tributária.* São Paulo: IOB Folhamatic, 2013. 219 p.

PERES, Adriana Manni et al. *Como utilizar créditos fiscais.* São Paulo: Thomson IOB, 2005.

PERES, Adriana Manni; MARIANA, Paulo Antônio. *ICMS e IPI no dia a dia das empresas.* 7. ed. – São Paulo: IOB, 2012.

REIS, Luciano Gomes dos et al. *Manual de contabilização dos tributos e contribuições sociais.* 2. ed. São Paulo: Atlas, 2012. 304 p.

REZENDE, Amaury José et al. *Contabilidade tributária:* entendendo a lógica dos tributos e seus reflexos sobre os resultados das empresas. São Paulo: Atlas, 2010. 288 p.

RIBEIRO, Roberto Name et al. *Dados setoriais 2008/2012.* Disponível pela Receita Federal do Brasil. CETAD – Centro de Estudos Tributários e Aduaneiros. 4 de ago. de 2014. Disponível em: <www.receita.fazenda.gov.br/publico/estudoTributarios/estatisticas/DadosSetoriais2008_2012.pdf>. Acesso em: 14 mar. 2016.

RODRIGUES, Agostinho, I. et al. *Prática tributária nas empresas*: análise de questões tributárias e contábeis atuais e relevantes. São Paulo: Atlas, 2012. 576 p.

ROSA JUNIOR, Luiz E. F. da. *Direito financeiro & direito tributário*. 14. ed. Rio de Janeiro: Renovar, 2000.

ROSSETO, Vicente. (1998). Preços de transferência: comentários à Lei n. 9.430/96. *Caderno de Estudos*, v. 17, p. 1-10. Disponível em: <https://dx.doi.org/10.1590/S1413-92511998000100006>. Acesso em: 23 jul. 2016.

SABBAG, Eduardo de Moraes. *Manual de direito tributário*. 4. ed. São Paulo: Saraiva, 2012. 1158 p.

SAIS, Rodrigo Morgado. Resultados do 2º semestre de 2014. *Caderno Fato Gerador*, n. 8, Brasília, DF, Assessoria de Comunicação Social da Receita Federal do Brasil, 2015. Disponível em: <http://idg.receita.fazenda.gov.br/publicacoes/revista-fato-gerador/revista-fg-8edicao.pdf>. Acesso em: 13 jul. 2015.

SANTANA, Irailson Calado et al. *Carga tributária no Brasil*, 2014. Análise por tributos e bases de Incidência. Brasília, DF: Centro de Estudos Tributários e Aduaneiros (Cetad), Receita Federal do Brasil, out. 2015. 50 p. Disponível em: <http://idg.receita.fazenda.gov.br/dados/receitadata/estudos-e-tributarios-e-aduaneiros/estudos-e-estatisticas/carga-tributaria-no-brasil/29-10-2015-carga-tributaria-2014>. Acesso em: 27 jan. 2016.

SUBSECRETARIA DE ARRECADAÇÃO E ATENDIMENTO DA RECEITA FEDERAL DO BRASIL. *Orientações gerais*: restituição da contribuição para o PIS/Pasep e da Cofins retidas na Fonte, 2015. Disponível em: <http://idg.receita.fazenda.gov.br/orientacao/tributaria/restituicao-ressarcimento-reembolso-e-compensacao/restituicao/contribuicao-pis-pasep-cofins-retidas-fonte>. Acesso em: 4 mar. 2016.

SENADO FEDERAL. *Glossário legislativo*. Disponível em: <www12.senado.leg.br/noticias/glossario-legislativo/sistema-s>. Acesso em: 4 mar. 2016.

SERVIÇO BRASILEIRO DE APOIO ÀS MICRO E PEQUENAS EMPRESAS (2016). *Boletim Estudos e Pesquisas*. Ed. n. 51, abr. 2016. Disponível em: <www.sebrae.com.br/Sebrae/Portal%20Sebrae/Anexos/boletim%20estudos%20e%20pesquisas_abril%202016.pdf>. Acesso em: 16 maio 2016.

SELIGMAN, Edwin Robert Anderson. *The income tax:* a study of the history, theory, and practice of income taxation at home and abroad. The Lawbook Exchange, Ltd., 1914. Disponível em: <https://archive.org/details/cu31924021092733>. Acesso em: 14 jun. 2015.

SHINGAKI, Mario. *Gestão de impostos:* para pessoas físicas e jurídicas. 5. ed. rev. e atual. ampl. São Paulo: Saint Paul, 2007. 384 p.

SILVA, Alessandro Costa et al. *Desoneração da folha de pagamento* – Estimativa de Renúncia e Metodologia de Cálculo. Brasília, DF: Receita Federal do Brasil. p. 41. Disponível em: <www.receita.fazenda.gov.br/publico/arre/RenunciaFiscal/Desoneracaodafolha.pdf>. Acesso em: 25 maio 2015.

SILVA, E. N. Contribuição de melhoria. In: MARTINS, I. G. S. (Coord.). *Curso de direito tributário*. 14. ed. São Paulo: Saraiva, 2013.

SILVA JUNIOR, Paulo Guimarães C. et al. *Manual de prática da OAB 2ª fase:* área tributária. São Paulo: Rideel, 2011. 487 p.

Índice Remissivo

A

Acesso à Justiça, 168, 192, 194
Acesso aos mercados, 192
Acidente de trabalho, 301-302, 307, 310
Acionistas, 3, 34, 173, 280, 283-285, 287-288
Ações preferenciais, 281
Acondicionamento, 55, 60-63, 65, 78, 90, 149
Adições, 219, 223-224, 227, 229-230, 234, 249, 269, 381-382
Alíquota, 11, 13, 23, 25, 35-37, 39, 91, 98-99, 103-104, 130, 176-179, 183, 185-186, 188-189, 194, 197-200, 205, 208, 251, 254, 295-296, 298, 318, 329-333, 338, 348, 374, 382-383
Alíquotas, 9, 13, 62, 77-78, 91, 97, 138-139, 159, 198-200, 205, 211-215, 226, 230, 271-272, 276-278, 295-297, 299, 301, 327, 342-347, 349, 361, 374
   zero, 23, 25, 56, 63, 66, 68, 110, 112, 114-115, 150, 331-332, 374
Anexo, 143, 149, 173-181, 183, 185, 188-190, 194, 202, 205, 207, 211, 215-216, 342, 354-355
Anistia, 17, 20-23, 359, 374
Apêndice, 205, 207, 211, 217
Aplicações, 43, 65, 92, 111, 237, 240, 270, 332
   financeiras, 43, 237, 240, 270
Apropriação, 50, 93, 95, 97, 99-100, 126-127, 133, 194, 241, 379
Aproveitamento de crédito, 194
Apuração, 1, 11, 14-16, 25, 29-30, 35, 39-40, 43-45, 49-50, 52, 54, 64, 69, 75-77, 93-95, 97, 102, 111, 115-122, 126-127, 132, 137, 139, 144, 150-151, 165, 167-168, 173-174, 185, 187-191, 196, 201-202, 204-209, 219-220, 223-229, 234-235, 239-243, 245, 247, 249, 263-264, 266, 269-272, 274-275, 278-279, 282, 286, 293, 299, 303, 307-308, 313-314, 321, 324-327, 329, 337, 358-359, 362, 370, 373, 377
Arbitrado, 35, 40, 44-45, 49-50, 96, 99, 123, 130, 194, 218, 224-225, 241-242, 262-279, 282, 287, 293, 295, 303, 307, 317, 374, 391
Arbitramento, 44-45, 63, 275, 277
Arquitetura Tributária, 1, 29-54, 358, 370
Associações, 31, 36, 110, 222, 341, 345
Ativo, 18, 20, 26, 45, 50, 67, 70-71, 84, 87, 92-93, 110
Atribuições, 14-15, 367
Atributos, 357, 360-361
Atuação, 29, 50, 107

B

Bacen, XV, 36, 44
Baixa, 168, 172, 192, 228, 251, 269
Balanço de abertura, 273, 375
Balanço Patrimonial, 1, 16, 45, 172, 220, 254, 272-273, 282, 378
Banco Central, XV, 36, 147, 171, 267, 333
Base de cálculo, XV, 11-13, 23-25, 40, 43-46, 50, 56, 60, 63, 84, 87, 89-91, 98, 110-112, 123, 128, 138-146, 150, 154, 156-159, 174, 202, 205, 208, 223-224, 226, 230, 241, 262, 265-267, 269-272, 274, 276-278, 284, 287-289, 294-295, 297, 308, 310, 314-315, 317, 322, 324-326, 328, 330-333, 335, 342, 346-347, 349, 363-364, 372-374, 381-382
Beneficiamento, 55, 60-61, 63, 148-149

Benefício
   fiscal, 45, 148, 152
   não tributários, 168, 192

C

Cadastro Sincronizado Nacional, XVIII
Caged, XVIII, 193, 306
Cálculo, 46, 48, 50, 111, 137-138, 140, 142, 144, 146, 184-187, 195, 202, 204, 208, 227, 229-230, 233, 245, 250, 263, 278, 287-288, 291, 329, 338
Certidão, XV, 193
Certidões, 193, 374
CFOP, XV
CGSN, XV, 31-32, 169, 171, 191, 195
Ciclo de vida, 359, 374
CIDE, XVII, 8, 334-335
Circulação de mercadorias, 10-11, 79-80, 84, 87, 91-92, 168
Circunstâncias, 15-16, 28, 67, 95, 359, 374
Cisão, 24, 43, 170, 226, 228
Classificação Nacional de Atividades Econômicas, XV, 212
CMV, XV
CNAE, XV, 203-207, 210, 212-215
CND, XV
Código Fiscal, XV
Código Tributário Nacional, XV, 3, 4, 11, 18, 29, 56, 67, 86, 137, 138, 156
Cofins, XVII, XXII, 8, 20, 34, 36, 35, 40, 43, 44, 46, 52, 54, 58, 97, 106-124, 125-131, 135, 140-144, 145-147, 150, 151, 168, 174-191, 194, 197-201, 220, 265, 266-267, 283, 285, 287, 288, 291, 339, 341, 342-345, 346, 347, 349-355, 364-365, 369, 375, 378, 386-393, 393-396

Comércio varejista, 197, 203-204, 206, 210, 213-214, 298, 343-344, 372
Comitê Gestor, XV, 169, 171
Compensação, 18-19, 28, 49, 80, 84, 92, 101, 192, 209, 226, 233, 247, 374-375
Compensações, 349, 359
Compra, 35, 37-39, 45-46, 49, 54, 57, 63, 66, 70-71, 84, 92-93, 95, 98, 100, 102-104, 112-122, 125, 130, 144, 147, 228, 244, 250, 264, 269, 274-275, 330, 332, 363-364, 372, 376, 386
Conceituação básica, 167, 219, 308, 314
Confaz, 85-86
Conselho Nacional de Política Fazendária, 85
Constituição Federal, XV, 4, 7, 28, 55-60, 63, 67-68, 79, 106-108, 137-138, 147, 154-155, 169, 314, 321, 324, 327, 329, 358
Conta de resultado, XVII, 20-21, 209, 311, 318, 323, 325, 329-330, 333-334, 352
Contabilidade, 1, 14, 158, 171, 227, 241, 290, 300, 357-359, 361, 376, 380
Contabilização, 7, 17, 19-22, 24, 33, 48-49, 77, 101, 115, 121, 130, 144, 146, 148, 164, 191, 209, 227, 230, 233-237, 243, 248, 250, 254, 257, 278-279, 285, 293, 299-300, 303, 308, 311, 314-315, 318, 321-328, 333, 349-351, 378
Contador, 1, 14-15, 27, 207, 209, 271, 276, 358-359, 366, 370, 386
Contribuição, 7, 8, 9, 10, 34, 36, 46, 51, 106-112, 151, 168, 190, 202, 204, 205, 216, 219, 242, 247, 249, 262, 263, 277, 296, 307, 315, 317, 334, 335, 348, 361
Contribuição ao Programa de Integração Social (PIS), XVII, XXII, 8, 20, 33, 36, 35, 40, 43-44, 46, 54, 58, 97, 106-124, 127-130, 135, 140-144, 150-151, 181, 191, 220, 283, 339, 341, 344, 349, 354, 378, 386-387, 389, 393-397
Contribuição de Intervenção no Domínio Econômico (Cide), XVII, 8, 334-335
Contribuição para Financiamento da Seguridade Social (Cofins), XVII, XXII, 8, 33, 36, 35, 40, 43, 44, 46, 54, 58, 97, 106-124, 125-131, 140-144, 150-151, 168, 191, 283, 349
Contribuição Patronal Previdenciária, XVII, 168, 202-204, 206-209, 210, 216, 293, 295, 301-303, 369

Contribuição Sindical, 9, 314-357
Contribuição Sindical dos Empregados, 306
Contribuição Sindical Patronal, 314, 317-318, 385
Contribuição Social sobre o Lucro Líquido, XVII, 10, 13, 22, 27, 34, 107, 123
Contribuições, 1, 4, 7, 8, 10, 22, 42-44, 50, 53, 89, 106-114, 130, 135, 139, 140-173, 187, 190, 191, 194, 244, 291, 297-299, 314, 349, 357, 360, 365, 366-367, 371
Contribuições de melhoria, 1, 4, 6, 10, 12, 22, 27
Contribuinte, 138, 156
Contribuintes, 63-65, 88, 222
 imunes, 222
 isentos, 222
Convênios, 86
CPC, XV, 15, 27, 163-171, 220, 249, 265, 268, 284, 286
CPP, XVII, 168, 176-183, 185, 188-189, 191, 194, 197-201, 295-296, 301, 365
CPRB, 202-203, 205, 207, 208, 209, 211, 216
Crédito acumulado, 95, 97, 99-101
Crimes, 29-53
Critérios, 56, 86, 139, 163, 205, 242, 244, 274-275, 379
CSLL, XVII, 8, 13, 15, 19-24, 34, 35, 40, 43, 44, 52, 123, 168, 176-183, 185, 188-189, 191, 197-201, 219, 221, 222, 223, 225, 229, 230-231, 233-234, 236-239, 239, 240, 245, 247-248, 249, 255-257, 263, 265, 272, 274, 277, 278, 283, 291, 339, 341, 346, 354, 381
CSN, XVIII
Cultural, 31, 36, 175, 222, 341
Cumulativo, 35-37, 40, 43-44, 109-110, 114-118, 130, 351, 375, 386, 389, 391
Custos, 14, 44, 112, 119, 129, 139, 150, 224, 229, 241-242, 244, 359, 366, 371-373, 377-396

D

Darf, XV, 43-44, 209, 341
DBF, XVIII
DCTF, XVIII, 77, 123
Débito fiscal, 76, 95, 101
Débito Tributário Simplificado, 173
Declaração de Benefícios Fiscais, XVIII
Declaração de Débitos e Créditos Tributários Federais, XVIII, 77, 123
Declaração de Informações Econômico-Fiscais da Pessoa Jurídica, XVIII
Declaração de Informações sobre Atividades Imobiliárias, XVIII

Declaração de Informações sobre Movimentação Financeira, XVIII
Declaração de Informações Socioeconômicas e Fiscais, XVIII
Declaração de Operações com Cartões de Crédito, XVIII
Declaração de Serviços Médicos e de Saúde, XVIII
Declaração do Imposto sobre a Propriedade Territorial Rural, XVIII
Declaração do Imposto sobre a Renda Retido na Fonte, XVIII
Declaração Simplificada da Pessoa Jurídica, XVIII
Declarações, XVIII, XXII, 1, 14, 64, 77, 122, 137, 141, 282, 312, 342, 366
DECRED, XVIII
Deduções, 54, 206-208, 210, 231-232, 234-236
DEFIS, XVIII, 192
Demonstrativos, XVIII, XXII, 1, 14, 312
Depósito judicial, 15-18, 27, 374
DEREX, XVIII
Descaracterização, 7, 262, 323
Desoneração, 57, 67, 168, 202-204, 206-209, 293
Devolução 73, 86, 101, 113, 206
Diferimento, 23-24, 67, 69, 82, 96-97, 99, 254, 374
DIMOB, XVIII
DIMOF, XVIII
DIPJ, XVIII, 77, 123, 229
DIRF, XVIII
Distribuição de lucros, 173, 229, 280-290, 374-375
Distribuição disfarçada de lucro, 129, 289
DITR, XVIII
DIVIDENDOS, 110, 113, 220, 224, 227, 229, 280-290, 332
DMED, XVIII
Documento, XV, XVI, XVIII, XXII, 1, 14, 35, 43-44, 50-51, 57, 66, 89, 141, 167-168, 171, 191, 194-196, 209, 221, 312
Documento Fiscal por meio Eletrônico, 171
Drawback, 148-151, 374
DSPJ, XVIII

E

ECD, XVIII, 243, 287
ECF, XVIII, 77, 123, 312
EFD, XVIII
 e-LALUR, XVIII, 229
Elementos essenciais, 60-65, 87-91, 154-162
Elisão, 366-369
Elusão, 366-369
Empreendedor individual, 31

Empresa Individual de Responsabilidade Limitada, XVI, 31
Empresário individual, 31
Empresas de pequeno porte, XVI, 42, 50, 53, 167-169, 191-196, 341
Empresas privadas, 339, 345-346
Empresas sem fins lucrativos, 31
Empréstimo compulsório, 7, 27
Encargos, 63, 89, 113, 128-129, 267, 292, 299-306, 311, 385
Enquadramento, 29-54, 109, 115, 194-195, 203, 218, 262, 274, 277, 287, 292, 297, 321, 360, 370, 373-375
Escrita, 14, 34, 97, 362
Escrituração, XIX, 1, 14, 17-19, 19, 24, 27-28, 44, 77, 102, 151, 171, 229, 241, 247, 267, 275, 303, 328, 329, 354, 359
Escrituração Contábil Digital (Sped Contábil), XVIII, 287
Escrituração Contábil Fiscal, XVIII, 77, 123
Escrituração Fiscal Digital (Sped Fiscal), XVIII, 100, 229
Estímulo ao crédito, 192, 194
Evasão, 46, 243, 339, 366-369
Excessos, 233, 367
Exclusão, 15, 20-21, 86, 169, 192, 235, 242, 255-257
Exclusões, 44, 219, 223-224, 227, 229-230, 249, 381
Exportação, 44, 80-81, 84-85, 87, 92-96, 110, 135-152, 154, 174, 190, 193, 245, 332, 361, 379
Extinção, 15, 18, 21, 24, 226, 228, 282, 309, 366
Extrafiscalidade, 9-10

F
Fato gerador, XVI, 11, 12, 15, 30, 49, 56, 60-61, 62, 64, 68, 87, 88-90, 90, 96, 99, 107, 137, 138, 139, 140-141, 153, 154-155, 162, 223-261, 263, 299, 312, 321, 323-330, 334, 335, 342, 348, 366-367, 370, 372, 374
Faturamento, 8, 14, 35, 41-43, 101, 108, 110-114, 168, 184, 186, 202-218, 262
FGTS, XV, XXI, XVII, XVIII, 43, 190, 291, 302, 303-304, 308-313, 361, 385
Filantrópico, 31, 36, 222, 341
Fiscal, 10-11, 12, 14, 16, 35, 40, 45, 50, 51, 54, 57, 59-67, 70-74, 82, 91, 96, 97, 100, 101, 119, 125, 136, 138, 147, 148, 149, 152, 153, 155, 156, 170, 171-172, 174, 191, 192, 194-195, 203, 209, 221, 227, 229, 234, 241-243, 247, 248, 249, 254, 262, 268, 273, 274-275, 286, 288-289, 295, 339, 348, 359-360, 362, 366, 367, 370

Fiscalidade, 9-10
Fiscalização orientadora, 168, 192-193
Fisco, 16, 29-53, 66, 91, 100, 119-120, 122, 125, 240, 249, 268, 277-278, 322, 324, 326, 367
Folha de pagamento, 43, 45, 110, 110, 202, 203, 204, 206, 206, 217, 275, 291-293, 293, 300, 303-305, 306, 310, 312, 315, 351, 361-362
Frete, 90, 92, 99, 112-114, 127, 138, 145, 363-364
Funções, 1-2, 9-10, 312, 316, 360, 370
Fundo de Garantia do Tempo de Serviço, XVII, 190, 308-313
Fusão, 24, 43, 226

G
Gefip, XVI
Gestão tributária, 14, 359-366, 366
Giro, 33, 40, 372, 380-381

I
ICMS, XVII, XXIVI, 10-11, 25, 35, 40, 42, 43, 44, 46, 49-50, 54, 58, 61, 63, 66, 79-102, 110, 111, 113-122, 125-127, 130-134, 135-136, 140, 142, 153-155, 157, 168-169, 174, 176-177, 185, 188-190, 191, 194-196, 242, 265, 266-267, 285, 361, 363-365, 372-373, 375, 378-379, 385-391, 393-396
IE, XVII, 10, 84, 135-152
II, 10, 62, 85, 89, 135-152, 361, 386
Imobilizações, 125-134, 375
Importação, 8, 10, 35, 55, 63, 83-85, 88-89, 101, 114, 125, 130, 135-152
Imposto
de Exportação, 10, 85, 135-152
de Importação, 10, 12, 63, 85, 135-152, 361, 385
Imposto de Renda
das Pessoas Jurídicas, XVIII, 219
retido na fonte, XVIII, 239
Imposto Predial Territorial Urbano, XVII, 10, 362
Imposto sobre a Exportação, 190
Imposto sobre a Propriedade de Veículos Automotores, XVIII, 10, 324
Imposto sobre a Propriedade Predial e Territorial Urbana, XVIII (Imposto Predial Territorial Urbano), 321, 322
Imposto sobre a Propriedade Territorial Rural, XVIII, 10, 190, 327
Imposto sobre Operações de Crédito, XVII, 10, 28, 190, 332
Imposto sobre Operações Relativas à Circulação de Mercadorias e sobre Prestações de Serviços de Transporte Interestadual, Intermunicipal e de Comunicação, XVII, 10, 92, 168
Imposto sobre Produtos Industrializados, XVII, 28, 55-84, 89, 90, 140, 168
Imposto sobre Serviços de Qualquer Natureza, XVIII, 10, 159, 348, 349
Imposto sobre Transmissão Causa Mortis e Doação, XVIII, 10, 324, 326, 335
Imposto sobre Transmissão de Bens Imóveis, XVIII
Impostos, XXI, 1, 4-5, 7-8, 10, 12, 28, 35, 43-44, 50, 56, 59, 79, 84-85, 89-90, 107, 125, 135-151, 154, 167, 169, 187, 190, 194, 202, 244-247, 262, 264, 278, 321, 324, 327, 357-358, 360-367, 370-371
Impostos estaduais, 321, 324
Impostos federais, 44, 56, 321, 327
Impostos municipais, 321
Imunidade, 23-24, 65, 67-68, 109, 359, 374
Incentivos, 9, 25-26, 43-44, 84-85, 148, 224, 227, 231-236, 249, 270, 280, 359, 362, 372-374
Incentivos fiscais10, 25-26, 44, 148, 224, 227, 231-236, 270, 280, 359, 372-373
Incidência, 1, 5, 25, 27, 29-52, 54, 56-58, 61, 67-68, 83-84, 87-88, 92, 96, 109, 130, 136-137, 139, 150-151, 155-156, 190, 193, 223, 293-297, 307, 311, 335, 360, 374
Incorporação, 24, 43, 129, 222, 226, 228, 250, 274, 378, 386-387
Industrialização, 24, 50, 55, 60-62, 65-66, 68, 70-74, 87-90, 92, 94, 143, 148, 155, 194-195, 276, 386, 390
Indústrias, 203
Infrações, 374
Infraestrutura, 8, 45, 82, 308, 334
Inibidoras, 1, 15, 23, 67, 95, 359, 374
Inscrição, 168-169, 175, 192
INSS, XVII, 8, 35, 43, 153, 202-216, 291, 293-306, 311-312, 315-316, 339, 346-356, 361, 385
INSS sobre faturamento, 202-216
Instituto Nacional de Seguridade Social, XVII, 202-216
Interação, 2, 8, 49-50, 334-335
IOF, XVII, 10, 22, 28, 43, 123, 140, 190, 321, 327, 330, 332-334, 369, 385
IPI, XVII, XXII, 10, 11, 15, 19, 20, 22, 25, 28, 35, 40, 43, 44, 46, 52, 54, 55-77, 80, 84, 84, 86-92, 95, 97, 103, 111-113, 115, 119-121, 122-123, 124, 125, 130, 135, 136, 140-144, 147, 150-151, 168, 177,

185, 188, 191, 266-267, 285, 361, 363, 365, 369, 373, 379, 386-387, 388-391, 393-395
IPTU, XVII, 5, 10-12, 321-323, 362, 365
IPVA, XVIII, 5, 10-11, 321, 324-325, 362, 365, 385
IR, XVIII, 10-11, 13, 15, 24, 35-36, 43, 115, 222-223, 225, 229-231, 233-234, 236, 239-240, 245-258, 262, 265, 274, 278-279, 283, 286-288, 291, 339, 341-346, 350, 381-384
IRPJ, XVIII, 5, 20, 22-23, 40, 43-44, 52, 112, 123, 168, 176-183, 185, 188-189, 191, 194, 197-201, 219, 226, 229-230, 263, 278, 288-289, 354, 365, 369
IRRF, XVIII, 12-13, 43, 123, 234, 237-240, 270, 282-283, 291, 365, 369, 385
Isenção, 22, 25, 43-44, 63, 67-68, 80, 86, 92, 96-97, 129, 148-149, 174, 264, 287-288, 344
ISS, XVIII, XXII, 5, 10-12, 15, 40, 42-44, 54, 87, 142, 153-165, 168-169, 174, 178-179, 181, 183, 185, 188, 190-191, 199-201, 348-349, 361, 365, 379, 389
ITBI, XVIII, 10, 28, 321, 323-324
ITCMD, XVIII, 10, 28, 321, 324, 326
ITR, XVIII, 10, 43, 123, 190, 222, 321, 327-330, 337, 362, 365, 369

J

Juros sobre o capital próprio (JSCP), 110, 221, 229, 240, 267, 277, 282-286, 332, 361

L

Legislação básica, 56, 79, 106, 125, 154, 168, 202, 232, 263, 308, 310, 347-348
Lei, 4, 7, 11, 15, 18, 20, 22, 24-25, 45, 57-59, 63-64, 68, 76, 79, 84, 86, 92, 106, 108, 111, 125, 126, 128, 138, 143, 153, 155-156, 158-163, 165, 169-171, 174, 187, 202, 223, 250, 274, 277, 280, 314, 321-322, 334-335, 348, 362, 367
Leis complementares, XVI, 27, 42, 60, 79, 83-85, 87, 170, 174, 187, 348
Limitadas, 33, 280, 282
Limite, 6, 50, 138, 149, 155, 159, 170, 183, 197, 220, 232-233, 235-236, 241, 263, 267, 277, 281, 288-289, 333
Liquidação, 101, 147, 165, 172, 310, 333
Lista de serviços, 153-155, 157, 159, 163

Livro-caixa, 171, 273, 275, 288-289
Livros fiscais, 14, 38
Lucro
 Arbitrado, 40, 44-45, 50, 194, 218, 225, 262, 273-279
 Presumido, 35, 40-44, 49-50, 109, 115, 123, 130, 159, 194, 206, 218, 221, 224-225, 249, 262-279, 282, 287-290, 299, 361, 374
 Real, 15, 20, 35, 40-45, 50, 54, 115, 122-123, 130, 151, 159, 194, 218-264, 270, 273-275, 278, 282, 289-290, 293, 295, 303, 307, 351, 374

M

Manifestação, 264
Mão de obra, 129, 161, 164, 175, 211, 241, 291, 293-306, 316, 345-348, 374
Margem de lucro, 33, 139, 244, 264, 374
Mercadorias, 2, 5, 11, 14, 35, 49, 54, 57, 67, 69, 71, 79-105, 109, 111-114, 119, 126, 139, 148, 153, 157, 168, 174, 176, 185, 188, 190, 194, 243, 259-260, 272, 275-277, 332, 343, 360-361, 372, 375, 379, 384, 386
Microempresas XVI, 42, 53, 167, 169, 191-196, 341
Modelos, 69, 114, 131, 133, 165, 169, 225, 354, 363, 371, 380
Modificadoras, 1, 15, 359, 374
Monofásica, 112, 114, 174, 188-189, 191
Montagem, 55, 60-61, 63, 157, 161, 163
Moratória, 15-16, 27, 55, 101, 342, 359
Multas, 9, 17, 22, 86, 259, 374

N

Não cumulativo, 35, 37-38, 40, 43-44, 46, 54, 77, 80, 92, 95, 106, 110-111, 114-121, 124, 126, 147, 265, 374
Não incidência, 25, 68, 80, 83, 87, 92, 97-98, 222, 344
Não cumulatividade, 39, 56-58, 65, 80, 90, 94, 103, 106, 111, 126, 265
Necessidade de contabilidade, 171
Nota fiscal (NF), XVI, 46, 48, 51, 54, 64, 67, 90, 102-103, 115-116, 119-120, 140, 151, 153, 165, 266, 347, 350-351, 394

O

Obrigação acessória, 51, 123, 152, 240, 273, 312, 342, 354
Obrigação principal, 12, 16, 25
Obrigação tributária, 1, 7, 11, 15, 18-20, 22, 28, 51, 68, 155, 223, 294, 297, 359, 366, 374

Obrigação tributária acessória, 12
Obrigação tributária principal, 11, 13, 15, 25, 64
Obrigações acessórias, 21, 40, 45, 52, 77, 102, 122, 131, 152, 165, 167, 191, 293, 306, 312, 314, 318, 360, 374
Operacionalidades, 361
Órgãos da administração pública, 341, 343

P

Paes, XVI, 17
Pagamento, 4, 7, 11, 13, 16, 18, 23, 36, 43, 48, 51, 57, 64, 67-69, 92-95, 100, 108-109, 129, 141-143, 148, 153, 162-164, 169, 172, 190, 210, 217, 226, 231, 235, 244, 250, 254, 264, 271, 275, 284, 289, 291-307, 310, 318, 322, 325, 333, 335, 339-341, 346, 361
Parafiscalidade, 9-10
Parcelamento especial, XVI, 16-17
Passivo, 16, 18, 20, 51, 64, 68, 92, 110, 117, 121, 128, 156, 162, 172, 220, 231, 248, 250, 254, 260, 273, 285, 378
PAT, XVI, 233, 236-237
Patrimônio líquido, XIX, 25-26, 110, 229, 259-260, 273, 281, 284, 380
Penalidades, 45, 278, 342, 367
Perdcomp, XVIII, 19, 28, 240
Período de apuração, 43, 93, 126, 168, 196, 224-226, 241, 264, 270, 272, 274, 319
Pessoas físicas, 32, 68, 109, 156, 160, 220, 222, 244, 282-283, 330, 339
PIS, XVIII, 8, 34, 35, 40, 43, 46, 54, 97, 106-124, 126-131, 140, 142-144, 145, 150, 168, 177, 179, 181, 183, 185, 188, 197, 199-201, 265, 283, 287, 339, 341, 343-346, 349, 354, 365, 375, 386, 388, 389, 391-397
Planejamento tributário, 15, 40, 264, 357-376
Prazo, 7, 13, 16, 24, 45, 51, 59, 76, 93, 96, 128-130, 137, 193, 216, 229, 248, 255, 257, 264-267, 273-274, 294, 300, 309, 312, 350, 361-362, 374
Preços de transferências, 151, 221, 243, 245, 270, 382
Preenchimento, 76, 240
Prejuízo acumulado, 226, 282, 290
Prejuízos acumulados, 220, 273, 281-282, 284, 290
Prejuízos fiscais, 173, 226, 229, 247, 375
Prescrição, 18, 21, 313, 315, 374

Prestadora do serviço, 339, 342, 346, 351, 355
Prestadoras de serviços, 128-129, 156, 203, 271
Presunção, 43, 47, 263, 265-266, 270, 272, 274, 277, 289, 382
Procedimentos, 14-15, 43, 50, 66, 85, 171, 192, 211, 225, 255, 273, 359, 361, 366, 370, 374
Produção, 6, 46, 55, 58, 63, 70-71, 96, 109, 112, 114, 126, 128-130, 136, 139, 144, 150, 241, 244, 311, 316, 328, 331, 336-337, 371, 373, 379, 385
Produto, 3, 5, 14, 24, 30, 44, 49, 54-78, 80, 84, 87, 89, 92, 96, 103, 109, 112, 114, 117, 120, 125, 129, 136, 138-140, 143-144, 147-151, 163, 173, 190, 195, 203, 205, 233, 236, 241-245, 262, 265, 271, 276, 334-335, 343-344, 367, 370-380, 383-385, 390
Programa de Alimentação do Trabalhador, XVI, 233, 235-237, 270
Programa de Formação do Patrimônio do Servidor Público (PASEP), 33, 46, 128, 140, 143-144, 150-151, 168, 176-183, 185, 188-189, 191, 197-201, 283, 341, 344, 349, 354-355, 369
Programa de Integração Social, XVIII, 106-108
Protocolos, 85-86, 313

R
Rais, XVIII, 193, 306
Reacondicionamento, 55, 60-61, 63
Receita bruta, XVI, 32, 41, 43, 45, 50, 54, 109, 122, 156, 164, 170, 176, 203, 205, 263, 265-267, 270-271, 274, 276-278, 381
Receita bruta acumulada, XVI, 184
Receita bruta corrente, XVI, 173-174
Receita financeira, XIX, 18, 147, 265-266, 274, 283, 285
Receita financeira nas atividades imobiliárias, 274
Recreativo, 31, 210, 222, 341
Recuperação fiscal, XVII, 16-17, 264
Recuperações, 110, 267, 276, 339-356

Redução, 3, 15, 17, 25, 43, 86, 97-98, 148, 169, 173, 194, 225, 233, 366
Redução de base de cálculo, 23, 25, 97-98, 374
Reestruturação societária, 375
Renovação, 55, 61
Reserva legal, 281, 285, 288-289, 328, 337
Reservas de contingências, 281
Restauração, 61-62, 157
Retenção, 12, 97, 142, 156, 162-163, 191, 239, 283, 295, 339, 341, 344, 355
Retenções, 25
Revenda, 80, 112, 114, 142, 185, 189, 194, 244, 273-274, 276, 373
RFB, XVII, 14, 16, 20, 22, 30, 50, 115, 202, 211, 217, 297, 327, 341, 354

S
Saldos credores, 239, 349
Sefip, XVIII, 209-210, 312
Segmento, 367, 370-371, 374
Segregar, 173, 187
Sem fins lucrativos, 24, 31, 36, 107-108, 110, 222, 341, 354
Serviços de terceiros, 165, 175, 346
Simples Nacional, XV, 32, 40, 42, 44, 49-50, 94, 115, 167-201, 226, 288, 293, 317, 341, 346-347, 374
Simplificação, 169, 192-193, 196, 263
Siscomex, XVIII, 139
Siscoserv, XIX
Sistema de informação, 1, 357, 359
Sistema Público de Escrituração Digital, XIX, 77
Sistema S, 8, 291, 293, 297, 299, 307
Sistema tributário, 2-28, 35, 56, 59, 278, 367
Sistemas tradicionais, 374-375
Sociedade Anônima, 31, 33, 375
Sociedade em comandita por ações, 31, 33-34
Sociedade em comandita simples, 31-33
Sociedade em nome coletivo, 31-32
Sociedade empresária, 31-32

Sociedade limitada, 31-34
Sociedade simples, 31-33, 170
Sociedades anônimas, 31, 33, 220, 280-282, 285, 375
Sócios, 32-33, 52, 129, 158, 173, 280, 283-285, 288
Sped, XVIII, 77, 122
SRFB, XVII, 240, 242, 269, 273-275, 277, 279
Substituição tributária, 43, 46-51, 84, 96-97, 99, 109-115, 187, 190, 265-267, 379
Suspensão, 15, 27, 68-69, 96, 108, 148, 150, 226, 310

T
Tabela, 13, 22, 62, 156, 169, 174, 176, 180, 182-183, 185, 187, 195, 317, 325, 329, 337-338
Tarifa, 9, 153, 344
Taxa(s), XVIII, 1, 4-7, 10, 16, 27, 89, 138, 140, 243, 267, 311, 358, 366, 381-382, 392-393, 396
Tipos de empresas, XXI, 30
Tomadora do serviço, 350
Transação, 18, 20, 35-39, 46-48, 116, 118, 194, 289, 346, 374
Transferência, 23, 68, 70-71, 73, 79, 88, 100, 108, 147, 151, 194, 221, 243-246, 270, 310, 326, 335, 339, 348, 361, 363-364, 374, 382
Transferência de crédito, 100-101
Transformação, 55, 60-61, 373
Tributação na fonte, 339-355
Tributo simplificado, 187-190

V
Valor agregado, XVI, 38, 46, 48, 118, 122
Valores diferidos no Lalur, 269
Vantagens do JSCP, 283, 290
Veículos, 25, 46, 86, 109, 114, 128, 141, 144, 175, 206, 274, 325, 347
Vencimento, 11, 13, 137, 142, 276, 342
Venda, 24, 35, 38-39, 46, 48-51, 54, 56, 57, 62-64, 66, 70-74, 76, 80, 82, 92, 96, 101, 102, 109-124, 126, 129, 135, 139, 144, 147, 150, 172, 188, 206, 208, 210, 228, 242, 244, 250, 259, 265-268, 271, 274, 278, 286, 359, 363-364, 370-374, 377-397
Volume de produção, 372